范仲淹研究文集

（五）

主编 张希清 范国强

图书在版编目(CIP)数据

范仲淹研究文集.5/张希清,范国强主编.—北京:北京大学出版社,2009.11
ISBN 978-7-301-08398-7

Ⅰ.范… Ⅱ.①张…②范… Ⅲ.范仲淹(989～1052)—人物研究 Ⅳ.K827-441

中国版本图书馆 CIP 数据核字(2009)第 197694 号

书　　　名:	范仲淹研究文集(五)
著作责任者:	张希清　范国强　主编
责 任 编 辑:	张文定　张晓蕾
标 准 书 号:	ISBN 978-7-301-08398-7/K・0354
出 版 发 行:	北京大学出版社
地　　　址:	北京市海淀区成府路 205 号　100871
网　　　址:	http://www.pup.cn
电 子 邮 箱:	pw@pup.pku.edu.cn
电　　　话:	邮购部 62752015　发行部 62750672　编辑部 62750112　出版部 62754962
印　　刷　者:	北京中科印刷有限公司
经　　销　者:	新华书店

　　　　　　　787 毫米×1092 毫米　16 开本　23.25 印张　彩插 2 页　550 千字
　　　　　　　2009 年 11 月第 1 版　2009 年 11 月第 1 次印刷

定　　　价: 60.00 元

未经许可,不得以任何方式复制或抄袭本书之部分或全部内容。
版权所有,侵权必究　举报电话:010-62752024
　　　　　　　　　　电子邮箱:fd@pup.pku.edu.cn

范仲淹宋代画像

(中国范仲淹研究会副会长、北京大学历史文化研究所常务副所长、范仲淹三十世孙范国强博士珍藏)

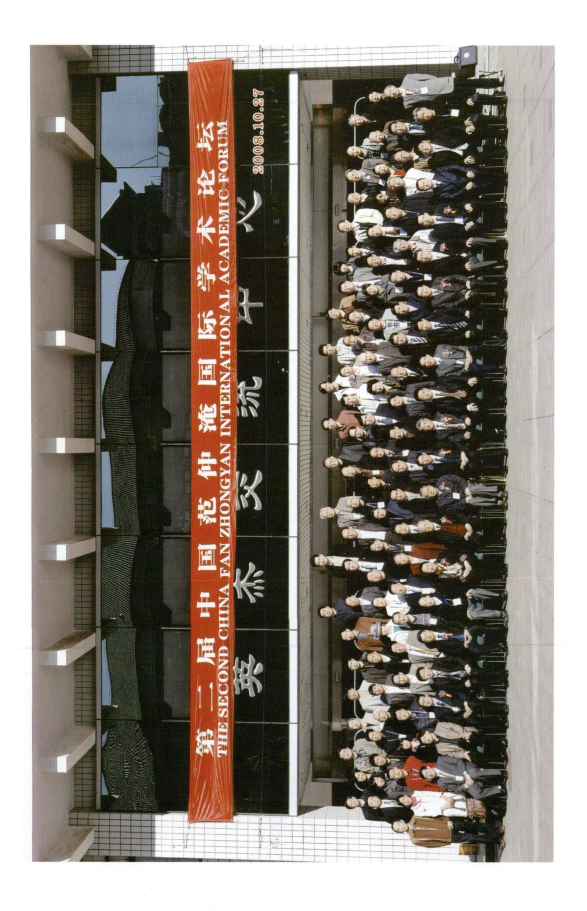

《范仲淹研究文集》(五)编辑委员会

主　任：范敬宜　王文章
副主任：范崇嬿　范国强　梁　衡　朱瑞熙　张希清
委　员：范敬宜　王文章　范崇嬿　范国强　梁　衡　朱瑞熙
　　　　　张希清　范敬中　罗炳良　王敬松　范建民　杨德堂
　　　　　曲延庆　刘文戈　范　章
主　编：张希清　范国强

目 录

序 …………………………………………………………… 张国有(1)
在第二届中国范仲淹国际学术论坛开幕式上的致辞 ………… 范敬宜(3)

政治军事

范仲淹典治地方的贡献
　　——从苏州治水说起 ……………………………〔美〕陈学霖(1)
范仲淹变法新论 …………………………………………… 李裕民(13)
范仲淹与庆历科举改革 …………………………………… 张希清(18)
略谈范仲淹的政绩与思想 …………………………〔日〕木田知生(30)
"以天下为己任"
　　——范仲淹为政之道研究之一 ………………………… 张希清(38)
范仲淹的生平学术思想 …………………………………… 方　健(57)
范仲淹、王安石变法比较研究 …………………………… 李裕民(66)
从朋党之争看包拯与范仲淹 ……………………………… 孔繁敏(71)
范纯仁论朋党
　　——兼析元祐年间"调停"说的起因与影响 …………… 顾宏义(75)
北宋中期文武御边典范
　　——论韩、范战略与狄青陷阵 ………………………… 赵雨乐(87)
范仲淹"修武备"改革的理论与实践 ……………………… 魏天安(100)
试述北宋边防军中的"指使使臣"与"军员"
　　——以范仲淹奏状为核心 ……………………………… 赵冬梅(106)
范仲淹知邓州与邓州人的景范情结 ……………………… 杨德堂(111)

思想学术

《岳阳楼记》留给我们的文化思考和政治财富 …………… 梁　衡(124)

《岳阳楼记》的政治文化内涵 …………………………………… 李存山(137)
宋学——中国思想史上的第二个轴心时代 …………………… 张广保(144)
范仲淹与宋代新儒学 ……………………………………………… 李存山(147)
范仲淹与北宋《春秋》学 ………………………………………… 罗炳良(162)
李觏与范仲淹之交游及政治思想刍论 …………………………… 范立舟(172)
庆历新政指导思想探论 …………………………………………… 郭学信(182)
论范仲淹民本思想的内涵 ………………………………………… 穆朝庆(188)
范仲淹民本思想新探
  ——读《范文正公文集》札记 …………………………… 杨国宜(194)
范仲淹的民本思想及其实践 ……………………………………… 毛丽娅(208)
范仲淹诗词中的民本思想 ………………………………………… 卢 荻(217)
略论范仲淹忠道思想的人文价值体系 …………………………… 郭学信(228)
范仲淹与《十六罗汉因果识见颂》 ……………………………… 毛丽娅(234)

社会经济

宋代苏州的范文正公祠 …………………………………… 〔日〕远藤隆俊(241)
略述范仲淹的体病及其生活与养生 ……………………………… 王明荪(250)
宋代官员子弟的家学、姻亲及师友
  ——以范纯仁为例 ……………………………… 游 彪 赵海梅(260)
从普遍福利到周贫济困
  ——范氏义庄社会保障功能的演变 ……………………… 王卫平(269)

家世家族

范仲淹家世考 ……………………………………………………… 李裕民(276)
范仲淹生平事迹记载考辨
  ——《范文正公年谱》抉误 ………………………… 〔日〕王瑞来(288)
范纯仁生平事迹钩沉 ……………………………………………… 王 菡(301)
范仲淹后裔范正己任官履历及其蜀中行实考 …………………… 李勇先(307)
范仲淹后裔范之柔研究 …………………………………………… 朱明霞(311)

典籍文献

西方历史学家对范仲淹的描述 …………………………〔美〕李弘祺(315)
范仲淹《岳阳楼记》事考 ………………………………… 李伟国(321)
范公偁与《过庭录》 ……………………………………… 任崇岳(338)
《宋故冯翊郡太君张氏墓志铭》考 ……………………… 李伟国(344)

Contents

Preface ·· Zhang Guoyou (1)
Address to the 2nd Conference of the International
    Fan Zhongyan Forum ································ Fan Jingyi (3)

Politics and Stutegies

Fan Zhongyan's Contributions to Local Administration:
    A Case Study of His Irrigation Works in Suzhou ············ Chan Hok-lam (1)
A New Study of Fan Zhongyan's Reforms ····················· Li Yumin (13)
Fan Zhongyan and the Examination Reforms of 1043 ············ Zhang Xiqing (18)
Fan Zhongyan's Achievements in His Official Career and His
    Thoughts ·· Kida Tomoo (30)
"Carrying the Responsibility of the World on One's Shoulders":
    A Study of Fan Zhongyan's Way of Administration ············ Zhang Xiqing (38)
Fan Zhongyan's Life, Scholarship and Thoughts ················ Fang Jian (57)
A Comparative Study of the Reforms of Fan Zhongyan and
    Wang Anshi ·· Li Yumin (66)
Bao Zheng and Fan Zhongyan, From the Perspective of the Factional
    Struggles ·· Kong Fanmin (71)
Fan Chunren's Remarks on Factions:
    A Study of the Causes and Impacts of the Idea of Mediation during
    1086~1093 ·· Gu Hongyi (75)
The Strategies of Han Qi and Fan Zhongyan and the Fight of Di Qing:
    An Exemplar of the Cooperation of the Civil and the Military in
    Border Defence during the Mid-Northern Song ············ Zhao Yule (87)
Fan Zhongyan's Reform Thoughts and Practices in Defence
    Build-up ·· Wei Tianan (100)
A Study of the Bottom-level Organizations of the Frontier
    Guards in Northern Song Dynasty: With the Focus on Fan
    Zhongyan's Memorials ······································ Zhao Dongmei (106)
Fan Zhongyan's Administration in Deng Zhou and Deng Zhou People's
    Worship for Him ··· Yang Detang (111)

Thoughts and Scholarship

The Cultural and Political Legacies of *The Notes of*
    Yueyang Tower ·· *Liang Heng* (124)
The Political and Cultural Connotation of *The Notes of*
    Yueyang Tower ·· *Li Cunshan* (137)
The Song Studies and the Second Axis Period in the Development of
    Chinese Thoughts ·· *Zhang Guangbao* (144)
Fan Zhongyan and the Neo-Confucianism in Song Dynasty ············· *Li Cunshan* (147)
Fan Zhongyan and *The Chunqiu* Studies in Northern
    Song Dynasty ·· *Luo Bingliang* (162)
Li Gou's Interaction with Fan Zhongyan and His
    Political Thoughts ··· *Fan Lizhou* (172)
The Guide Line of the Qingli New Policies ························ *Guo Xuexin* (182)
The Connotation of Fan Zhongyan's Humanistic Thoughts ··········· *Mu Chaoqing* (188)
A New Study of Fan Zhongyan's Humanistic Thoughts ················ *Yang Guoyi* (194)
Fan Zhongyan's Humanistic Thought and His Practices ················ *Mao Liya* (208)
The Humanistic Thoughts in Fan Zhongyan's Poetries ························· *Lu Di* (217)
The Humanistic Value System of Fan Zhongyan's
    Loyalty Thoughts ·· *Guo Xuexin* (228)
Fan Zhongyan and Buddhism: A Case Study ························· *Mao Liya* (234)

Society and Economy

The Suzhou Shrine of Fan Zhongyan in Song Dynasty ············· *Endo Takatoshi* (241)
Fan Zhongyan's Diseases, His Everyday Life and the Way to
    Stay Healthy ·· *Wang Mingsun* (250)
Home Studies, Affinities and Educational Relationships:
    A Case Study of Fan Chunren ····················· *You Biao & Zhao Haimei* (260)
From General Benefits to Relief of the Needy:
    the Changing Roles of the Fan Shi Yi Zhuang in
    Social Security ··· *Wang Weiping* (269)

Family

A Study of Fan Zhongyan's Family Background ······················· *Li Yumin* (276)
A Textual Study of the Records on Fan Zhongyan's Life:
    to Correct the Mistakes in *A Chronology of Fan Zhongyan* ······ *Wang Ruilai* (288)

Fan Chunren's Life and His Official Career ················· *Wang Han* (301)
Fan Zhengji's Career as an Official-scholar and His Activities in Sichuan:
　　A Case Study of the Fan Descendents ················· *Li Yongxian* (307)
A Study of Fan Zhirou, One of Fan Zhongyan's Descendents ········ *Zhu Mingxia* (311)

Literatures

The Western Historians' Narrations of Fan Zhongyan ············ *Thomas H. C. Lee* (315)
A Textual Study of Fan Zhongyan Concerning
　　The Notes of Yueyang Tower ····························· *Li Weiguo* (321)
Fan Gongcheng and the *Guo Ting Lu* ·························· *Ren Chongyue* (338)
A Textual Study of *The Epitaph of Lady Zhang* ················ *Li Weiguo* (344)

序

张国有

范仲淹以《岳阳楼记》一文,名传千古。他的箴言"先天下之忧而忧,后天下之乐而乐",几乎家喻户晓、妇孺皆知。他的诗词文赋,独具一格,不愧为伟大的文学家。范仲淹又是宋学的开创者,可以说没有范仲淹就没有"宋初三先生",张载、李觏等也不会有那么大的学术成就,因而范仲淹也是一位伟大的思想家。范仲淹是一个文人,但在西夏大军压境、北宋西部边防危急之际,他临危受命,担任抗击西夏的军事统帅,提出积极防御的战略方针,经过三年苦战,终于迫使西夏求和,签订了宋夏和议。可见他又是一位具有文韬武略的军事家。范仲淹还十分重视教育,他不但亲自担任应天府学的教授,而且在所任州府,每到一处,都大力兴办学校,还进一步将兴教办学作为庆历新政的一项重要内容,所以,他也是一位伟大的教育家。

更重要的是,范仲淹是一位伟大的政治家。他为官从政三十七年,在许多州县做过地方官,又在朝廷做过京朝官,官至副宰相,主持了北宋前期一场重要的政治改革——"庆历新政"。他以天下为己任,忧国忧民,以民为本,兴利除弊,直言极谏,敢做敢当,实行"士大夫与皇帝共治天下",出将入相,政绩卓著。

范仲淹在当时就受到人们的普遍赞扬。韩琦称赞他:"雄文奇谋,大忠伟节。充塞宇宙,照耀日月。前不愧于古人,后可师于来者。"王安石称他是"一世之师,由初迄终,名节无疵"。黄庭坚则称他是"当时文武第一人"。朱熹也说他"自做秀才时便以天下为己任……一旦仁宗大用之,便做出许多事业。"宋代以后,从元明清直到当代,他也一直受到人们的称赞。在他生前,庆州等地就曾为他建立生祠颂扬他;在他身后,各地则建立了更多的"范文正公祠"纪念他。范仲淹以其先进的思想、宽阔的胸怀与人格的魅力成为当时士人公认的领袖,也成为中国古代士人的典范。直至今天,范仲淹的思想和人格仍然具有借鉴价值和教育意义。

当今,范仲淹研究正在蓬勃开展。早在1989年,在苏州和台北就同时举办了"纪念范仲淹诞辰一千周年国际学术研讨会"。此后,1998年5月,由范国强博士主编重版的《范文正公全集》在北京人民大会堂举行首发式,同时宣告中国范仲淹研究会筹委会成立;2006年12月,中国范仲淹研究会正式成立,并在文化部中国艺术研究院举办了"第一届中国范仲淹国际学术论坛";2008年10月,在北京大学举办了"第二届中国范仲淹国际学术论坛";2009年11月,将在杭州举办"第三届中国范仲淹国际学术论坛"。与此同时,还在江苏苏州、河南邓州、山东邹平、甘肃庆阳等地,举办了多次范仲淹学术研讨会和范仲淹文化节。另外,在范仲淹研究活动的基础上,河南、山东、广西和江苏苏州、浙江建德、湖南岳阳、甘肃庆阳等地,陆续成立了省、市一级的范仲淹研究会。这些社会学术团体的建立,进一步推动了范仲淹研究的开展。近二十年来,尤其是近十年来,范仲淹研究不但取得了丰硕的学术成果,如校点整理了多部《范仲淹全集》,出版了多部《范仲淹传》和《范仲淹研究文集》,而且在传承优秀文化、提高国民素质、推动社会发展方面，也做出了积极的贡献。

2008年10月，在北京大学举办的"第二届中国范仲淹国际学术论坛"，是由中国范仲淹研究会、北京大学历史文化研究所和山东省滨州市人民政府共同主办的。来自美国、日本、新加坡等国和中国大陆及香港、台湾地区的180余名著名学者和其他代表，出席了这次盛会。论坛对范仲淹的政治业绩、学术思想及文学成就等进行了深入探讨，并对进一步开展范仲淹研究进行了讨论。这次编辑出版的《范仲淹研究文集》第五集，是范国强博士主编、人民出版社出版的《范仲淹研究文集》1—4集的续编，主要收录的就是在第二届中国范仲淹国际学术论坛上发表的学术论文，分为政治军事、思想学术、社会经济、家世家族、典籍文献五类，共39篇。本集收录的论文汇集了国内外范仲淹研究的最新成果，反映了当前范仲淹研究的最高水平。范仲淹研究方兴未艾，范仲淹研究的各项活动将会日益活跃，并会不断取得更大的成绩。

全国性社会学术团体、高等院校科研机构与地方政府联合主办国际学术论坛与合作开展文化活动，是一种有益的尝试。北京大学历史文化研究所利用自身的科研实力和学术网络，整合社会资源，搭建学术交流与合作的平台，实现优势互补，取得了丰硕的成果，也为北京大学人文社会科学学科的建设和发展做出了贡献，这是值得鼓励和庆贺的。

就此我还想说的是，人文社会科学领域的学术研究要有两个机制来共同推进：一是本着学术自由创新的精神，鼓励教师依照自己的领域和兴趣，自主选题、自由研究，守正出新。这是"放开一大片自由研究"的机制。二是本着服务国家发展的精神，积聚一批学术力量，共同研究一些非个人难以进行的跨领域、跨学科的大问题。这是"凝聚一两点集中研究"的机制。前者是后者的基础。研究机构要担负后一种责任。对于第一种，需要有学术自由、守正出新的环境；对于第二种，需要通过集合集聚协作合力的方式达到目的。这样，既有个人自由研究的环境，又有合力攻关的平台，全面地推进学术研究工作。北京大学人文社科的研究活动就是按照这样的机制来运作的。北大历史文化研究所在这种环境中一定可以做出更加出色的成就。祝愿范仲淹研究取得更丰硕的成果，祝愿北京大学历史文化研究所不断进步。

（张国有，北京大学副校长、教授）

在第二届中国范仲淹国际学术论坛开幕式上的致辞

范敬宜

女士们、先生们：

今天,我们相聚在中国新文化运动的发祥地——北京大学,隆重举办第二届中国范仲淹国际学术论坛,中外学者200余人济济一堂,共同缅怀这位历史伟人的忧乐精神,共同探讨这位古代先贤的道德文章,以求古为今用、济世安邦,这是一个有着深远意义的历史盛会。在此,我代表中国范仲淹研究会和这次国际学术论坛的组委会,向远道而来的海内外学者表示热烈的欢迎,向全体与会代表、新闻界的朋友们和会务组的同志们表示亲切的问候。

范仲淹的一生,在布衣为名士,在州县为能吏,在边疆为明帅,在庙堂为贤相,在文场为大家。这样的全才,"求之千百年间,盖不一、二见"。他"先天下之忧而忧,后天下之乐而乐"的情操和"以天下为己任"的精神,千百年来一直激励着仁人志士为祖国、为人民奋斗不息,成为中华民族宝贵的精神财富和文化瑰宝。

在人类发展进入21世纪的今天,物质文明正以前所未有的速度,使整个世界变得琳琅满目、目不暇接。而在物质文明高度发达的今天,人们越来越感到一种文化的需要、一种精神的需要。而这种精神文化恰恰就是系统的、平衡的、充满着辩证哲理的"先忧后乐"的思想与"忧患"意识。

世界是系统的,也是矛盾的。在莺歌燕舞、蒸蒸日上的表象下,必然潜伏着众多的矛盾与危机。诸如,信任危机、道德危机、环境危机、能源危机、经济危机、民族危机、军事危机等等。古代先贤范仲淹告诫我们"不以物喜,不以己悲"、"居庙堂之高则忧其民,处江湖之远则忧其君"。"是进亦忧、退亦忧","其必曰:先天下之忧而忧,后天下之乐而乐"。这是何等的眼光,何等的胸襟! 千百年来犹如一盏明灯,照亮人们的方向,照亮人们的心房。

学习研究范仲淹的思想文化,不仅要学习他如何"为人"、如何"为官",更需要学习他改革创新的精神。因为,只有这种改革创新的精神,才是社会进步、民族振兴的原始动力。

京华秋实,群贤毕至。我衷心祝愿第二届中国范仲淹国际学术论坛圆满成功,祝愿大家健康快乐!

(范敬宜,中国范仲淹研究会会长、人民日报原总编辑、第九届全国人大常委会教科文委副主任、清华大学新闻与传播学院院长、教授)

范仲淹典治地方的贡献
——从苏州治水说起

〔美〕陈 学 霖

一

范仲淹,字希文,苏州吴县人,生于宋太宗端拱二年(989),真宗大中祥符八年(1015)、年二十七岁登进士第,仁宗皇祐四年(1052)卒,终年六十有四,谥文正,世以"范文正公"尊称,遗有《范文正公文集》(下称《范集》)若干卷。生平事迹见《宋史》卷三一四本传及楼钥(1137—1217)所编《范文正公年谱》。[①] 这位潜心儒术经学,德业并重,道艺交融,而又励志笃行,高风亮节,文武兼修,以参知政事推动"庆历变法"显名,留下"先天下之忧而忧,后天下之乐而乐"[②]箴言的学者兼政治家,是帝制时代罕见的完人,千年来都是士子学人钦仰向慕、观摩学习的对象。1989—1990年间,台湾的"行政院文化建设委员会"和台湾大学,与苏州市政协及苏州大学都不约而同地举办"纪念范仲淹一千年诞辰国际学术研讨会",出版论文集和整理《范文正公文集》及研究资料,[③]苏州市并且成立范仲淹研究会,凸显学者对前贤的敬仰和怀念,肯定其历史地位,为今后的持续研究奠定优良的基石。

范仲淹一生的伟大功业,宋代以来官私记述传颂不辍,而现代著述亦汗牛充栋,专门传记及论著已有多种。近人研究多数垂意仲淹在政治与军事上的成就——政制的改革,地方吏治的整饬,对西夏和战的贡献——和他在居官时所表现的高风亮节,以身作则的伟大人格等等。从仲淹政治生涯的整体来看,虽然他在朝廷的谠论直言、真知灼见都非常重要,但是他的施政纲领,特别是草拟的改革条陈,与他长年担任地方牧守,体会官僚制度的利弊和民众爱恶所得的经验,实在有很密切的关系。按范仲淹自真宗大中祥符八年(1015)登进士第后进入仕途,到仁宗皇祐四年(1052)病卒徐州,三十馀年间历任大小不同官职,不过大半系

---

  ① 范仲淹传见脱脱等修纂《宋史》(北京:中华书局1977年)卷三一四,页10267;楼钥(1137—1217)编《范文正公年谱》(下称《年谱》),载《范文正公集》(下称《范集》)附录。详王德毅等编《宋人传记资料索引》(下称《资料索引》)(台北:鼎文书局1974年)第二册,页1648。近人撰著传记主要为汤承业《范仲淹研究》(台北:编译馆1977年);程应镠《范仲淹新传》(上海人民出版社1986年);陈荣照《范仲淹研究》(香港:三联书店1987年);及方健《范仲淹评传》(南京大学出版社2001年)。《范集》通行本为《四部丛刊》本二十卷。又参台湾"行政院文化建设委员会"编印《范仲淹研究资汇编》上、下辑(台北,1988年);及周鸿度等编著《范仲淹研究资料汇编》(沈阳出版社1989年)。
  ② 《范集》卷八《岳阳楼记》。
  ③ 台湾主办的研讨会的论文部分收入《范仲淹一千年诞辰国际学术研讨会论文集》(台湾大学文学院编印,1990年)上、下册(下称《范仲淹论文集》)。苏州主办的研讨会的论文部分刊载于《苏州大学学报》(哲学社会科学版)1990年4月《纪念范仲淹诞生一千年学术研讨会论文专辑》(下称《论文专辑》);随后,又由范仲淹研究会选为《范仲淹研究论集》(苏州大学出版社,1995年)(下称《研究论集》)。

充当州郡牧守或巡抚地方的京官,占去仕宦生涯三分有二,累积无数实际经验,使他不但能施展长才,发挥理想,而且洞悉行政关键,明白制度的运作,增进他的管理知识和实际行政能力。因此,他能成为卓越的政治改革家,多得益于长期从地方吏治汲取宝贵经验。这在他于庆历三年(1043)向仁宗(1023—1063在位)上呈的《答手诏条陈十事》,寻求整顿政绩窳政积弊可见一斑。故此,要深入研究这位历史伟人的抱负、政绩,甚至其学术教育的贡献,应该注意他履职地方时的言论与施政,以及这些经验如何增进他对当世政治及其运作的认识。①

范仲淹仕途的一个重要转捩点,是在景祐元年(1034)时年四十六岁,出任故乡苏州的知府。他这项任命在当世的铨叙制度上是破格的,因为根据原则,授官要回避本籍,而他自己亦有意避嫌。② 不过,仲淹的情形很特殊。他二岁丧父,母谢氏以家贫改适淄州长白(今山东淄博县)朱文翰,因从其姓,取名"说",既长,知其身世,因辞母去应天府,忍受穷困,发奋苦学,终于在真宗大中祥符八年(1015)、年二十七岁时以朱说之名登进士第。同年,释褐为广德军(今安徽广德县)司理参军,始迎侍母还姑苏,这是他首次返回故乡。这时他请求恢复范姓,可是族人惧其争享产业,横加质难未果,到明年即天禧元年(1017),改任集庆军(亳州,今安徽亳县)节度使推官时始获准前请。从此复姓范,用今名。③ 此后仲淹历官各地未有重返吴中,到景祐改元,其时苏州被水患,宰执重视人才,于是例外录用为苏州知州。由于早年流落他处,仲淹对故乡怀有深挚的感情,所以履官苏州对他有无限的意义。

此后两年间,除却一度因故暂时离任,范仲淹在这个江南大郡发挥他的学识、才智、经验和能力,整治这个地区的水患,解除祸害,振兴农桑,并且开辟郡城,促进交通,开办府学,培养人才,提升学风,为时虽短,但是政绩斐然,百姓有口皆碑,而晚年更回归故里兴办义学,设置义庄,造福乡梓至巨。笔者襄前曾撰文泛论范氏与苏州地区之发展,今特点出其整治水利的成效以凸显其吏治成绩,及彰示其管治苏州的经验对他日后政绩的影响与历史地位的肯定。④

二

范仲淹就任知州的苏州是开拓极早,经济发达,十分富庶繁荣的江南大郡。这个地区古代是吴国的疆土。吴王阖闾于公元前514年,以丞相伍子胥之请,在其地兴建都城,周围四十七里,开辟水陆各八门。秦时其地属会稽郡,东汉始置吴郡,从会稽分出,有钱塘江以西之地,两晋、南朝郡名相沿不改,至隋代始更称苏州。唐时苏州领有吴、长洲、嘉兴、昆山、常熟、

---

① 详见注1揭近人撰著范氏传记有关章节;及《范仲淹论文集》、《范仲淹研究论集》所收有关论文。关于范仲淹对"庆历新政"的贡献论者最多,可参王德毅《范仲淹与"庆历新政"》、赵令扬《论范仲淹的"庆历新政"》、金中枢《范仲淹与"庆历新政"》,载《范仲淹论文集》下册;朱瑞熙《范仲淹和"庆历新政"研究中的一些问题》;及田泽滨《简论"庆历新政"及其改革主张》,载《研究论集》。其他从略。英文论著见 James T. C. Liu, "An Early Sung Reformer: Fan Chung-yen", in Chinese Thought and Institutions, ed. John K. Fairbank(Chicago: University of Chicago Press, 1957), pp. 105—131.
② 《宋史》卷三一四《范仲淹传》,页10267;《年谱》,页4上—5上,14上。又参第3页注5。
③ 关于范母谢氏在何种情况下改嫁朱氏,及对其子所产生的影响,学者议论纷纷,并作各种考证,事关繁琐而与本题旨少涉,不予复述,可参李丛昕《范仲淹身世考》,载《论文专辑》,页83—86;及顾霆、周星《范仲淹的个性与宋代改嫁旧俗》,载《研究论集》,页299—304。
④ 参陈学霖《范仲淹与苏州地区之发展》,原载《范仲淹论文集》下册,页1083—1150;重刊于拙著《宋史论集》(台北:东大图书公司1993年),页59—123。又参程光裕《范仲淹对桑梓的贡献及其生活情趣》,载《范仲淹论文集》下册,页1043—1082。

海盐、华亭七县。宋初苏州属江南道,太宗太平兴国三年(978)改隶两浙路,领吴、长洲、昆山、吴江、常熟五县,范仲淹临政时情况如此。徽宗政和三年(1113)升苏州为平江府,到南宋宁宗嘉定十年(1217)分昆山之地置嘉定县,苏州自始领六县,迄于元代无改。自唐代起,苏州郡治吴、长洲两县,宋元时代依然。唐时苏州疆域东西四百三十九里,南北三百三十里,宋元时只有东西三百三十五里,南北三百里,较诸唐代缩减不少。

苏州的地理环境与它的经济发展息息相关。这个地区西接太湖,东临大海,东北濒扬子江,东、北、西三面地势略高,中间低洼,湖荡散布,塘浦纵横,号称泽国。外围的高地,从东北面起,昆山、常熟两县频连江海之地,由东南向西北延伸。常熟之南,东为长洲县,西为吴县。吴县之西面,自北而南,山峦起伏,拱绕太湖,如虎丘山、姑苏山、华山、天平山、黄山等。高地环绕的低洼地区,是湖泊淤积的平原,水源充沛,阡陌纵横,最大的源泉来自太湖。太湖之水,古代经由三江入海,但到北宋时,只有松江(又称吴淞)一江。松江源自太湖东南隅,东南流经吴江县,至华亭县青龙镇入海。平原之上,湖泊星罗棋布,其大者如澱山湖、练湖、阳城湖、巴湖、昆湖等。湖外又有荡、溇、淹等潴水之处,而其间有江、河、溪、塘、浦、泾、港等自然或人工水道相连,纵横交错,不可胜数。这些湖泽水道都与太湖贯通,有宣泄的功用,而东、北两面虽然地势较高,亦有塘浦贯穿冈身入海。苏州这样特殊的地形,一方面容易发生水灾,但另一方面提供优良的稻作农业环境,造成富庶繁荣的基础。①

宋朝历来都极注意地方吏治,牧守必选择有才干与声望的大员充任,苏州这样重要的府郡自然如是。但是苏州知州面对的主要问题,不是修饬吏治,开广资源,而是整治水利,振兴农业,因为这地区的经济繁荣是以稻米生产为主干,天旱或潦雨都会有严重的影响。苏州整治水利的重点,就地域而言可分三面:一是太湖沿岸,一是松江下游,一是常熟、昆山的塘浦。这些地方,一旦霖雨,就容易成灾,所以宋代沿吴越治水旧制,在苏州设置开江指挥,分驻于郡城、吴江、常熟、昆山等处,督率士兵及民夫从事各项水利工程,如疏导河流、开凿水道、修筑塘浦等。范仲淹莅临苏州,便立刻面临严峻的治水问题。

范仲淹奉谕出知苏州,系在景祐元年(1034)六月。楼钥编《年谱》记:"夏六月壬申,徙苏州。苏为公乡郡,地滨震泽,田多水患,募游手疏五河,导积水入海……八月,徙明州,转运使上言公治水有绪,愿留以毕其役。九月,诏复知苏州。"李焘(1115—1184)《续资治通鉴长编》(以下简称《长编》)卷一一五将其事系于同年八月丁酉条,略言:"范仲淹知睦州。不半岁,徙苏州。州比大水,民田不得耕。仲淹疏五河,导太湖注之海,募游手兴作……庚子,诏仲淹复知苏州。"②据《年谱》,范仲淹前此因谏废郭皇后事被谪徙睦州(今浙江建德)知州,他之破格

---

① 关于历史上的苏州,特别是宋元时代的发展,主要史料为范成大(1126—1193)《吴郡志》;朱长文(1039—1098)《吴郡图经续记》;王鏊(1450—1524)《姑苏志》;及冯桂芬等纂、李铭皖等修《同治重修苏州府志》(光绪九年[1882]序刊)。近人论著详见梁庚尧《宋元时代的苏州》,《台湾大学文史哲学报》第31期(1982年12月),页223—325;同作者《宋元时代苏州的农业发展》,载宋晞主编《宋史研究集》第17辑(台北:编译馆1986年),页491—523。又略见汪永泽《苏州的变迁和发展》,载《江苏城市历史地理》(南京:江苏科学技术出版社1982年),页74—90。

② 《年谱》,页14上;李焘《续资治通鉴长编》(下称《长编》)(北京:中华书局2004年)卷一一五,页2699。

被调返故乡,系因苏州被水患,宰相吕夷简(979—1044)重视干才,又以其就近,故有此命。①仲淹在《移苏州谢两府》书启曾言:"俟窜居于楚泽,尚假守于桐庐。风俗未殊,足将条教。江山为助,宁慕笑歌。鹤在阴而亦鸣,鱼相忘而还乐。优游吏隐,谢绝人伦。岂谓蒙而克亨,幽而致显。屡改剧藩之寄,莫非名都之行。宗族相荣,缙绅改观,此盖相公仁钧大播,量泽兼包,示噩噩之公朝,存坦坦之言路。"②范仲淹生长于外地,早年坎坷,年近三十登进士第后,几经波折,始能还籍归宗,一旦有机会凯旋显耀桑梓,一展抱负,当是极为欣愉之事。

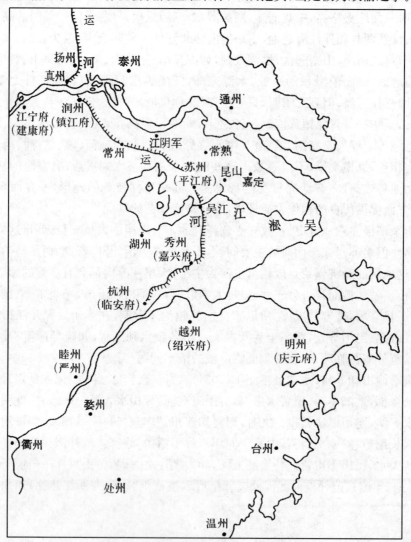

宋代苏州(平江府)形势图

---

① 《年谱》,页12下—13下。仁宗废郭皇后系以九年无子为借口,吕夷简赞成而范仲淹极言不可,二人结怨由此而起。事见李焘《长编》卷一一五,页2696。关于范仲淹对仁宗废后的表态,详刘静贞《与范仲淹的政治理念与实践——藉仁宗废后事件为论》,载《范仲淹论文集》下册,页1373—1397。吕夷简,《宋史》有传,见卷三一一,页10206;详细传记见王德毅编《资料索引》第二册,页1202。关于范吕二人的恩怨,参王德毅《吕夷简与范仲淹》,载氏著《宋史研究论集》(台北:鼎文书局1972年),页119—84。

② 《范集·别集》卷四,页9上—9下。

不过,范仲淹就任不到两月,对水患稍事整顿,即转治明州(今江苏鄞县),到九月始以转运使言其治水有成绩,宜留以毕其功,然后再还回苏州。仲淹出知苏州如此曲折,盖因他认为其地是"祖祢之邦",需要避嫌,故此到职未久便请求迁调。他在《与曹都官》(即曹修睦[979—1046])一书信中有说明:"移守姑苏,以祖祢之邦,别乞一郡,乃得四明,以计司言苏有水灾,俄名乃归。"①这位邀他回任的是蒋堂(980—1054),当时是江南东路转运使。九月返苏州后,范仲淹便专注州事,直到明年三月,诏除尚书礼部员外郎、天章阁待制始离开。

三

范仲淹典治苏州对地方最重要的贡献,莫过于整治水患,特别是疏浚"五河"导流太湖,泄去积水,营救灾困凡十万的民众,并且整顿田亩,恢复耕稼,由是"苏常湖秀,膏腴千里",成为"国家仓庾"。事实上,按前揭《年谱》景祐元年条所记,仲淹莅临之前,苏州已罹大水,他立即进行整治,但尚未完工便移知明州,不过,因为江南东路转运使以其治水有成绩,所以一月后又奉诏调返。因此,范仲淹对水利事务的稔熟,和处理水灾的经验,无疑是他能续任知州,和取得辉煌政绩的主要关键。

中国是以农立国,农业生产离不了水利,故此宋代许多显名的官僚、士大夫对水利事业都很重视,有些还在担任地方官职时得以实践,将经验笔之于篇,作为后继郡守的参考。北宋的江南地区,尤以苏、常一带,开国时已是农业生产的中心,民食赋税所殷倚,因此历代地方官对农业水利都有一些经验。范仲淹本籍吴中,一向又极重视实学与时务,所以很早便留意农桑水利,汲取专门的知识。仲淹的文集收录有关水利的理论性文字不多,但是他对这方面的造诣,于出知苏州之前已占从此次崭露头角,这可见于他在天禧五年至天圣三年间(1021—1025),在监守泰州西溪镇盐仓和移任兴化令时,主持修复捍海堰一事。②

泰州今属江苏,土地肥沃,岁收丰足,惟是地势低洼,且东临大海,每遇风涛,潮水可直抵城下,郡民常被其苦。是州濒海之地,曩昔建有简陋海堰,但日久废圮不治,一旦海涛裂岸,民田便被淹没,祸害至甚。因此范仲淹在天圣元年(1023,时三十五岁),出任权集庆军推官监西溪镇盐仓不久,见到临海田土被海水浸淫,妨害稼穑,便言于发运副使张纶(962—1036),请修复海堤以苏民困。纶甚为称许,遂奏除仲淹为兴化令,使主持其役,但未完工以丁母忧去职,纶由是董承其事。《年谱》天圣四年载范仲淹致书与张纶言复海堰之利,此书《范集》失录,但是《长编》卷一〇四,天圣四年八月丁亥条有记其事云:

> 诏修泰州捍海堰。先是,堰久废不治,岁患海涛冒民田,监西溪盐税范仲淹言于发运副使张纶,请修复之。纶奏以仲淹知兴化县,总其役,难者谓涛患息,则积潦必为灾。纶曰:"涛之患十九,而潦之灾十一,获多亡少,岂不可乎!"役既兴,会大雨雪,惊涛汹汹且至,役夫散走,旋泞而死者百余人。众哗,言堰不可复。诏遣中使按视,将罢之,又诏淮南转运使胡令仪,同仲淹度其可否。今仪力主仲淹议,而仲淹寻以忧去,犹为书抵纶,

---

① 《范集·尺牍》下,页4上。曹修睦《宋史》有传,附叔《曹修古传》后,见卷二九七,页9891;详细传记见王德毅编《资料索引》第三册,页2213。

② 《年谱》,页六下。参汤承业《范仲淹研究》,页217。详见何荣昌《范仲淹与太湖水利》,载《研究论集》,页106—18。

言复堰之利。纶表三请,愿身自总役,乃命纶兼权知泰州,筑堰自小海寨东南至耿庄,凡一百八十里,而于运河置闸,纳潮水以通漕。逾年堰成,流逋归者二千百余户,民为纶立生祠,令仪及纶各迁官。①

根据上述,修复泰州海堰是出自范仲淹的建议,而他本人亦负责策划和监督工程。工事开始未久,不幸遭遇大雨雪,惊涛汹涌,役夫数百人没顶,官民哗然,一时停顿,并招来朝廷中使按视,几乎罢去,幸得淮南转运使胡令仪力保始恢复,不过未几仲淹以丁忧去职。② 此后,发运副使张纶董承工程,于是逾年修筑海堤凡一百八十里,并于运河置闸纳潮水以通漕运。

从这里看来,范仲淹似乎并无凸显的贡献,不过,后来有关修复海堤的记载,都提到他的功绩。例如,元成宗大德五年(1301),安庆路儒学正朱景新上呈的《泰州书院禁约》,便记范氏"因见濒海田土被海水侵咸,有妨耕种,乃相度此地,宜创捍海堰,以救护良田";又说他"创筑捍海堰于西溪之东,计长一百四十六里零六丈六尺(近人考证谓应为二百余里),其高一丈,其阔二丈,为则用砖包砌,截海水于外,护良田于内"。③ 这可见范仲淹在离职之前,已建立工程的规模,为张纶的顺利竣工奠下良好的基础。因此,《年谱》天圣四年条言:

> 按《记闻》,通、泰、海州皆滨海,旧日潮水皆至城下,田土斥卤,不可稼穑。文正公监西溪盐仓,建白于朝,请筑捍海提于三州之境,长数百里以卫民田。朝廷从之,以公为兴化令,掌斯役,发通、泰、楚、海四州民夫治之。既成,民享其利。兴化之民,往往以范为姓。

这便是范仲淹对修筑海堤的实质贡献。《年谱》结语所云:"兴化之民,往往以范为姓",系出司马光(1019—1086)《涑水记闻》笔录,亦可见温公的推重。不过,仲淹是谦谦君子,在所撰的《泰州张侯祠堂颂》与《宋故乾州刺史张公神道碑铭》中,并无一字提及自己的创议,将兴复泰州海堰的功劳全部归诸张纶。④

四

范仲淹所知的苏州,由于三面地势高耸,中间低洼,东临大海,江河纵横,湖泊密布,每逢霖潦便形成泽国,淹没良田,伤害耕稼,造成很大的灾祸。宋朝开国以后,这类灾害频仍,整治水利因此成为急务。例如,太湖沿岸的水患,在天圣元年(1023),曾由两浙曾转运使徐奭等加以整治。他们自市泾以北,赤门以南,筑石堤九十里,"浚积潦,自吴江东赴海,复良田数千项"。⑤ 庆历年间,苏州通判李禹卿,又"堤太湖八十里为渠,……其口蓄水溉田千馀顷"。此外,治水的重点集中在松江下游,和常熟、昆山县的塘浦。松江下游曲折蜿蜒,水流迟缓,很易造成泥沙淤积,妨碍泄水。宝元年间(1038—1039),两浙转运使叶清臣(1000—1049)曾

---

① 《长编》卷一〇四,页2419—2420。张纶《宋史》有传,见卷四二六,页12694;详细传记见王德毅编《资料索引》第三册,页2309。
② 范仲淹曾撰《宋故卫尉少卿分司西京胡公神道碑》,详记胡令仪修筑兴化海堰事。见《范集》卷十一,页11下—12上。胡氏详细传记见王德毅前揭《资料索引》第二册,页1588。
③ 《范集·朝廷优崇》,页3下。汤承业推测海堰长度约为两百余里,见《范仲淹研究》,页239,注8。
④ 《范集》卷六,页3上;卷十一,页4下。参皇甫志新《范仲淹荒政述论》,载《研究论集》,页119—30。
⑤ 王鏊(1450—1524)纂《姑苏志》卷十一《水利志》。

开凿盘龙汇，使其取直道而行；嘉祐年间（1056—1063），转运使李圭等，又在盘龙汇上游另辟水道，使江水直达于海。昆山、常熟塘浦的修治工程最为繁重，因为太湖之水非松江一江能够宣泄，故此需要在苏州北部这两县以人工修筑塘浦，导水分别东流入大海，北流入扬子江。塘浦的开凿，由来已久，早在唐代元和年间（806—820）已开常熟塘；宋真宗天禧、仁宗天圣年间，苏州发生水灾，发运使张纶曾于昆山、常熟各开塘浦，以开导积水，不过并未解决问题，所以范仲淹到任后便面临严重的挑战。①

景祐元年（1034），苏州所逢的水患，又是因为久雨霖潦，江河湖泊泛滥，积水不能退，由是良田委弃，农耕失收，黎民饥馑困苦。范仲淹上任之时，情况已经不佳，故此不辞辛劳，驰赴临海灾场整治。所以他在回复罢任参知政事晏殊（991—1055）的信说："某伏自睦改苏，首捧钓翰，属董役海上。"②前揭《长编》有言"州比大水，民田不能耕"，又说他"疏五河，导太湖注之海，募游手兴作"。这里并无道出治水实况，不过"募游手兴作"一句值得考索，意思是在工程当中，采取以工代赈的办法，寓救济于建设，以求一举解决社会与经济两问题。苏州的水灾，到九月间范仲淹从明州回任后，汹涌依然，为害甚剧，这可见于是时他所书的信牍。他在上揭的《与晏尚书》有言："灾困之氓，其室十万。疾苦纷沓，夙夜营救，智小谋大，厥心惶惶，久而未济。"③在上吕夷简的信又说："姑苏之水，逾秋不退，计司议之于上，穷俗语之于下。某为民之长，岂敢曲沮焉。"④因此，仲淹竭尽心智，日夜谨事，与众协力，一方面紧急营救，一方面经画浚河。

经过实地按察与详细研究，范仲淹认为根据水性与地理环境，苏州水患治本之法还是开浚昆山、常熟间的"五河"，将积水导流太湖，然后注入于海。这样的治水计划，天禧、天圣年间业已实施，是时发运使张纶便曾在其地各开塘浦，疏瀹积水入湖，不过规模过小，不够彻底，没有多大功效。范仲淹到任后，以为松江不能尽泄众湖之水，而河渠虽多，然埋塞已久，不能分解其势，所以应当疏导。因此，他亲至各海浦，监督开浚河道，每河设闸以防潮沙塞堵，由是将诸邑积水分别宣泄，东南入松江，东北入扬子江与大海。这个艰巨的工程，元丰时（1078—1085）朱长文（1039—1089）撰《吴郡图经续记·治水》有记载：

> 自国朝天禧、天圣间，吴中水灾，于是命发运使张纶，同郡守经度，于昆山、常熟，各开众浦，以导积水。景祐中，范文正公来治此州，适当歉岁，深究利病，不苟兴作。公以谓，松江不能尽泄震泽众湖之水，虽北压扬子江，东抵巨海，河渠至多，埋塞已久，不能分其势，今当疏导诸邑之水，东南入于松江，东北入于扬子与海也。于是亲至海浦，开浚五河（询之旧老，云茜泾之类是也）。是时论者沮之。或曰："江水已高，不纳此流。"或曰："日有潮至，水安得下？"或曰："沙因潮至，数年复塞。"或曰："开浚之役，重劳民力。"公以谓，江海善下，故得为百谷王，岂能不下于此？谓江水已高，不纳此流者，非也。彼日之潮，有损与盈，三分其时，损居二焉。乘其损而趋之，势孰可御？谓日有潮至，水安得下者，非也。所导之河，必设诸闸，常时扃之，沙不能塞。每春理其闸外，工减数倍，亦复何

---

① 参王鏊《姑苏志》（台北：台湾学生书局影印，1965）卷十一《水利志》，页167—69；张国维《吴中水利全书》（下称《水利全书》），《四库全书》本（上海：上海古籍出版社，1987），卷十，页6上—6下；《同治重修苏州府志》卷九：页2下—3上。
② 《范集·尺牍》下，页2上，《晏尚书》。
③ 《范集·尺牍》下，页2上，《晏尚书》。晏殊《宋史》有传，见卷三一一，页10195；详细传记见王德毅编《资料索引》第三册，页1959。参汤承业《范仲淹研究》，页219—21。
④ 《范集》卷九《上吕相公并呈中丞咨目》，页18上—20上。

患?谓之因潮至,数年复塞者,非也。东南所殖唯稻,大水一至,秋无他望,偾之遵达沟渎,脱百姓于饥馁,俟道使之,虽劳不怨。谓开浚之役,重劳民力者,非也。于是力破浮议,疏瀹积潦,民到于今受其赐。有盘龙汇者,介于华亭、昆山之间。步其径,才十里,而洄穴迂缓,逾四十里,江流为之阻遏。盛夏大雨,则泛溢旁啮,沦稼穑,坏室庐,殆无宁岁。范公尝经度之,未遑兴作。宝元元年,太史叶公(清臣)漕按本路,遂建议酾为新渠,道直流速,其患遂弭。……①

以上可见范仲淹在展开工程之前,曾遭遇若干横议,认为开浚河道泄水,不但有伤民力,而且日有潮至,招来积沙,数年后会复塞,徒劳无功。不过仲淹按事雄辩,力破浮言,终至于成。这次疏导的"五河",究竟何指?工程费用又为何?上文并无提及。根据明人张国维(1595—1646)所编《吴中水利全书》卷十"水治"条,五河应指茜泾、下张、七鸦、许浦、白茆五大浦泾(同治重修《苏州府志》卷九"水利"一所记略异),而工程一共用钱米十八万三千五百贯石云云。② 从上面的记载,除却开浚五河,范仲淹还经度介于华亭、昆山两县间的盘龙汇,准备浚治,不过未有兴作,谅因已奉调回京。

于范仲淹在苏州任内治水的经过,他本人在景祐二年初,当水患告一段落之时,曾上书吕夷简宰相作详细报告即《上吕相公并呈中丞谘目》。这是一篇研究范氏水利经画及苏州治水的重要文献,后代水利书及地方志略多有收存,爰钞录于后:

  某谘目再拜,上仆射相公:伏蒙回赐钧翰,又访以疏导积水之事,何岩廊之上而意及畎亩,是伊尹耻一物不获之心也。天下幸甚。

  某连蹇之人,常欲省事,及观民患,不忍自安。去年姑苏之水,逾秋不退,计司议之于上,穷俗语之于下。某为民之长,岂敢曲沮焉。然初未甚晓,惑于群说,及按而视之,究而思之,则了然可照,今得一二以陈焉。愿垂钧造,审而勿倦,则浮议自破,斯民之福也。

  姑苏四郊略平,窊而为湖者十之二三,西南之泽尤大,谓之太湖,纳数郡之水。湖东一派泒,浚入于河,谓之松江。积雨之时,湖溢而江壅,横没诸邑。虽北压扬子江,而东抵巨浸,河渠至多,湮塞已久,莫能分其势矣。惟松江退落,浸流始下,或一岁大水,久而未耗,来年暑雨,复为沴焉。人必荐饥,可不经画?今疏导者,不惟使东南入于松江,又使西北入于扬子之与海也,其利在此。夫水之为物,蓄而停之,何为而不害?决而流之,何为而不利?

  或曰:江水已高,不纳此流。某谓不然。江海所以为百谷王者,以其善下之,岂独不下于此邪?江流或高,则必滔滔旁来,岂复姑苏之有乎?矧今开畎之处,下流不息,亦明验矣。

  或曰:日有潮来,水安得下?某谓不然。大江长淮,无不潮也。来之时刻少,而退之时刻多,故大江长淮,会天下之水,毕归于海也。

  或曰:沙因潮至,数年复塞,岂人力之可支?某谓不然。新导之河,必设诸闸,常时扃之,御其来潮,沙不能塞也。每春理其闸外,工减数倍矣。旱岁亦扃之,驻水溉田,可

---

① 朱长文《吴郡图经续记》(下称《图经续记》)卷下,长沙:商务印书馆,1939年,页35—36。
② 《水利全书》卷十,页7上;《同治重修苏州府志》卷九,页3上—3下。后者言范仲淹"亲至海浦,濬白茆、福山、黄泗、许浦、奚浦、三丈浦及茜泾、下张、七了以疏导诸邑之水……"

救潦涸之灾；潦岁则启之，疏积水之患。

或谓开畎之役，重劳民力。某谓不然。东南之田，所植惟稻，大水一至，秋无他望。灾沴之后，必有疾疫乘其羸，十不救一，谓之天灾，实由饥耳。如能使民以时，导达沟渎，保其稼穑，俾百姓不饥而死，曷为其劳哉？民勤而生，不亦愈于惰而死者乎！

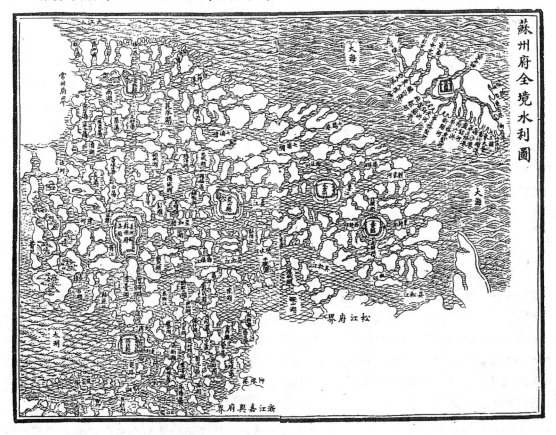

苏州府全境水利图

《吴中水利全书》

或谓力役之际，大费军食。某谓不然。姑苏岁纳苗米三十四万斛，官私之籴，又不下数百万斛。去秋蠲放者三十万，官私之籴无复有焉。如丰穰之岁，春役万人，人食三升，一月而罢，用米九千石耳。荒歉之岁，日以五升，召民为役，因而赈济，一月而罢，用米万五千石耳。量此之出，较彼之入，孰为费军食哉！

或谓陂泽之田，动成渺渺，导川而无益也。某谓不然。吴中之田，非水不殖，减之使浅，则可播种，非必决而涸之，然后为功也。昨开五河，泄去积水，今岁平和，秋望七八；积而未去者，犹有二三，未能播殖。复请增理数道，以分其流，使不停壅，纵遇大水，其去必速，而无来岁之患矣。又松江一曲，号曰盘龙港，父老传云，出水尤利，如总数道而开之，灾必大减。苏、秀间有秋之半，利已大矣。

畎浍之事，职在郡县，不时开导，刺史、县令之职也。然今之世，有所兴作，横议先至，非朝廷主之，则无功而有毁。守土之人，恐无建事之意矣。苏、常、湖、秀，膏腴千里，国之仓庾也。漕浙之任，及数郡之守，宜择精心尽力之吏，不可以寻常资格而授，恐功利不至，重为朝廷之忧，且失东南之利也。

某已具此闻于相府，仰惟中丞有忧天下之心，为亦留意于此焉。干冒威重，卑情不任惶惧之至。①

范仲淹这封信是回答吕夷简前书，看来夷简可能在他重返苏州之后，致函询问治水情况，而在此复书里，仲淹不但详细条列，而且感谢支持，否则便功败垂成。内容有三数要点：首先，范氏指出时论对他所建议开浚海浦河道以泄积水多有非议，以为劳民伤财，可能徒劳无功，然仲淹就姑苏地形与水势，一一驳斥以为可行，前揭之《吴郡图经续记·治水》条已为摘要。其次，仲淹对整治水利所需力役费用与苏州的经济负荷作一缜密分析。他不以为征用役夫会大费军食，因为苏郡米粮丰足，每岁纳苗米三十四万斛，而官私之籴又不下数百万斛；在丰穰之岁，春役万人只用米九千石，而在荒歉之岁，用米亦不过万五千石，故此影响不大。反之，若吝惜费用，以致水患蔓延，良田歉收，百姓饥馑，损害更巨。最后，仲淹强调治水若有效果，必须得到朝廷的支持，否则无功且有毁，因此恳请在位者谨慎选择江浙的郡守，务得精心尽责之吏员，不可以寻常资格而授。简言之，这封信不但表现范仲淹对水利的知识和处事的魄力，而且还流露他的爱国忧民情怀，所以值得史家特别注意。

五

范仲淹知苏州前后虽然短短七月，但为治水竭尽职守，获得显著的成绩，为朝野上下所称许赞扬。从仲淹致吕夷简的信所言"昨开五河，泄去积水，今岁平和，秋望七八；积而未去者，犹有二三，未能播殖"看来，在他离任之时，水涝虽然还未平息，但是稼穑大致回复正常。最重要的是，仲淹整治姑苏水利的计划都获得后继地方长官的肯定，而未完成的计划亦得以陆续实现。例如宝元元年(1038)，两浙转运使叶清臣便疏导盘龙汇以通沪港入海。庆历二年至三年间(1042—1043)，苏州通判与各知县，亦致力开浚湮塞的塘沟及增筑太湖长堤，以防洪水为患。他对治水的见解，很受时论的称许。例如《吴郡图经续记·治水》条便言：

夫治水者，当浚下，下流既通，则上游可道也。范文正公尝与人书云："天造泽国，众流所聚，或淫雨，不能无灾。而江海之涯，地势颇高，沟渎虽多，不决不下。如无所壅，良可减害，若其浚深，江潮乃来。怨沴之时，万户畎溉，此所以旱潦皆为利矣。"此智者之言也。范公之迹固未远，求其旧，缵其功，不亦善哉！②

自此至南宋初年，历任两浙诸郡守整治水利都以范仲淹的策略为模式。下至元成宗大德二年(1298)，当浙省平章政事集议浚决松江，僚属任仁发上书，便援引范仲淹所言，谓"修围、浚河、置闸，三者如鼎足，缺一不可。三者备矣，水旱岂可忧哉？"③可见范公影响的久远。

范仲淹在苏州整治水患，振兴农桑，不但对整个地区的经济有重要的影响，对于他后来所建议全国性的政治改革，亦有很密切的关系。苏州府县面濒东海，江河湖泊满布，阡陌纵

---

① 《范集》卷九《上吕相公并呈中丞谘目》，页18上—20上；《水利全书》卷十七，页1上—4上。参何荣昌《范仲淹与太湖水利》，页112—14。《水利全书》钞录《范集》略有删，标题改作《范仲淹上宰执论水利书》。《年谱》误将《上吕公书》系于景祐元年六月下(页14上)，殆以为范仲淹刚到苏州履任时所上呈，然观其内容，应系作于翌年春季。

② 《图经续记》卷下，页37。

③ 《水利全书》卷十，页7上—9下；23下—24上；《同治重修苏州府志》卷九，页4下，28下，29下，35下，36下。又参何荣昌《范仲淹与太湖水利》，页114—17。

横,农业生产茂盛,稻米尤为大宗,岁有丰收,但是由于地势三面高耸,中间低洼,每遇霖潦,便成泽国,积水不去,酿成巨大灾害,殃及民生经济。仲淹到任之际适逢大水,凭着他对水利的知识与在泰州修筑海堤的经验,随即勘察地形,进行疏浚常熟、昆山间的五大浦泾,结果将积水分别导流入松江、扬子江以至大海,解决水涝和苏复当地的农业生产。范仲淹以"修围、浚河、置闸"为主的治水经画,显然收到实效,不但获得时舆的赞扬,而且后来两浙的地方职守,从南宋一直至元、明两代,都依照这个模式去整治水患。

范仲淹在苏州获得的丰富经验,使他认识到江南地区水利农桑问题的严重,认为这是国家经济命脉所在,须要特别注视。因此,他在庆历三年(1043)上书仁宗言改革时便将此事提出,这见于《答手诏条陈十事》的第六项"厚农桑":

> 臣知苏州日,点检簿书,一州之田,系出税者三万四千顷。中稔之利,每亩得米二石至三石,计出米七百余万石。东南每岁上供之数六百万石,乃一州所出。……曩时两浙未归朝廷,苏州有营田军四都,共七八千人,专为田事,导河筑堤,以减水患,于时民间钱五十文籴白米一石。至皇朝一统,……慢于农政,不复修举,江南圩田,浙西河塘,太半隳废,失东南之大利。今江浙之米,石不下六七百文足,至一贯文省,比于当时,其贵十倍,而民不得不困,国不得不虚矣。……
>
> 臣请每岁之秋,降敕下诸路转运司,令辖下州军吏民,各言农桑之间可兴之利,可去之害,或合开河渠,或筑堤堰、陂塘之类。……如此不绝,数年之间,农利大兴,下少饥岁,上无贵籴,则东南岁籴辇运之费,大可减省。①

末段的结语说:"此养民之政、富国之本也。"足见范公认为整治水利,促进农桑,使江南地区收成丰足,是百姓衣食所殷倚,国家富强之磐石。这些建议关乎民生休戚,府库盈虚,所以得到朝廷的重视,不以范仲淹罢政而废置,故此继任的姑苏牧守都以整顿水利农桑为要务。下至神宗时王安石(1021—1086)拜相,上呈"新法"为改革张本,其中为理财而制定的条目有"农田水利法",内容有"开垦废田、兴修水利、建立堤防"等项,可以说是范仲淹"厚农桑"建议的延续。②

盱衡古今,范仲淹典治苏州有辉煌的政绩,对于整个地区的发展以及他个人的事业,都有很重要和深远的影响。苏州从北宋后期即蓬勃发展成为江南的经济与文化中心,到南宋更为兴旺,以后历元明清三代而不变。很明显的,北宋中叶的发展是一个重要的关键。除却整治水患,促进农桑,振兴经济,安定民生,范仲淹致力开辟郡城,创办府学,而晚年回里归隐又设立义庄义学,对整个地区多元化的发展,都有划时代的贡献。而且,范氏在苏州和其他州郡所获得的吏治经验,增长他对农桑水利的认识,故此,当他在庆历初年向皇帝上书言改

---

① 《范集·政府奏议》上,页 10 上—10 下。
② 王安石的"农田水利法"见徐松编辑《宋会要辑稿》(北京:中华书局 1957 年)《食货》1:27—28。南宋学者吕本,曾对王安石"新法"沿袭范仲淹《答手诏条陈十事》之奏作一比较,指出若干雷同之处,见《宋大事记讲义》,《四库全书》本(上海:上海古籍出版社 1987 年)卷九,页 19 上—19 下。参夏长朴《李觏与王安石》(台北:大安出版社 1989 年),页 173。王安石本传见《宋史》卷三二七;详细传记见王德毅编《资料索引》第一册,页 277—281。中外对王安石的研究极多,不同时代的代表性专著为:James T. C. Liu, Reform in Sung China: Wang An-shih (1021—1086) and his New Policies (Cambridge, Mass.: Harvard University Press, 1959);漆侠《王安石变法》(上海人民出版社 1961 年);东一夫《王安石新法の研究》(东京:风间书房 1970 年);及邓广铭《北宋政治改革家——王安石》(北京:人民出版社 1997 年)。此课题的研究历史详李华瑞《王安石变法研究史》(北京:人民出版社 2004 年)。

革的《答手诏条陈十事》,其中两项便是"劝农桑"与"精贡举",实际上是将苏州经验推广到全国。范仲淹的建议,虽然因为罢政而未能实现,但这两项目的内涵,后来又在王安石的"新政"拟案中提出;而他在苏州推行的赒济和教育同宗的儒家理想,亦相继开花结果,造福社稷,垂诸久远。因此,苏州地区的发展与范仲淹的事业息息相关,千载之后,这个课题值得我们深思。①

---

① 详陈学霖《范仲淹与苏州地区之发展》,《宋史论集》,页89—117;又见内文注释所揭近人有关论著(采自《范仲淹论文集》;《论文专辑》及《研究论集》)。又参汤承业《范仲淹研究》第五、六章;陈荣照《范仲淹研究》第五、六章;及方健《范仲淹评传》第三、五章。

范仲淹变法新论

李 裕 民

研究范仲淹、特别是范仲淹庆历新政的论著着实不少,似乎该说的话都已说尽了。但我读完之后,除了有所收获之外,总还有些不满足,觉得不能完全使我信服。以往研究的切入点,是从存在的社会问题着手,而问题越说越严重,各种危机说接踵而至,有政治危机、军事危机、财政危机、社会危机等等,甚至得出结论:庆历之时,已病入膏肓。[①] 这就是说已得了不治之症。照这样说,范仲淹的药方就是唯一的救命方了,一旦救命方停止服用,这命也就结束了。然而客观事实却是,范仲淹的新政失败了,宋政权岿然不动,社会还在继续前进,甚至处在古代社会的高峰阶段。单就这一点而论,危机说或病入膏肓说,未必确切。因此,我认为,有必要换一个切入点,从整个社会背景去分析,去衡量这问题到底有多大。

以往的论著在评论范仲淹新法失败的原因时,多从政敌和皇帝的态度上下手,对范仲淹全面肯定,对政敌和皇帝统统否定,问题就这么简单?这仅仅是某些人的问题吗?我想,还需要换一个角度,从体制上去作一番考察。

现在将初步的想法写下来,请各位专家同仁指正。

一、危机说并不符合当时的社会实际

1. 政治危机

方健《范仲淹评传》第188页云:"皇权之争吏治败坏导致的政治危机。"

关于皇权之争,主要指太祖与太宗的斧声烛影事及其影响。斧声烛影,学术界主要有两种种观点:一是太祖被太宗害死,二是太祖自己死亡,与太宗无干。我倾向于非正常死亡,因而给太祖、太宗两系后裔留下了阴影,但由于朝廷对宗室防范甚严,不给宗室以实权,因此没有人能掀起什么风浪,神宗时太祖后裔赵世居仅仅因为长得与太祖特别像,以及一些蛛丝马迹的表象,被毫不留情地制造诏狱,将他置于死地。可以说太宗以后皇权是相当稳定的,并没有发生白热化的皇权之争。

一般来说,政治危机当指皇权不稳、政府已不能正常工作。

方健认为是皇权之争吏治败坏导致的政治危机。这里包括两个内容,皇权与吏治。关于前者,只举了太祖与太宗的斧声烛影事,这对仁宗而言,已成为历史的陈迹,虽然暗中可能还有点阴影,已泛不起大浪,更谈不上危机。

---

① 方健《范仲淹评传》(南京大学出版社2001年)收集资料非常丰富,新见迭出,创获颇多。论及庆历新政,篇幅甚多,所论危机说比各家为详,故本文侧重就该书所论提些不同看法。

至于吏治,宋代实行的是以科举制度为核心的官僚政治,在这种制度下,无论什么出身,都有一个平等竞争的机会,只要能考上,不问你原来的出身如何,都可以当官,这比起门阀世袭制来,要进步得多,总体素质也比世袭制高得多,一帮寒素出身的人物成为耀眼的明星,如范仲淹、欧阳修、包拯等。当然,任何一种制度都不可能十全十美,科举制同样如此。几门科目的考试不可能完全解决才能问题、人品问题,因而确实存在范仲淹所说的"才与不才,一途并进。故能政者十无二三,谬政者十有七八"。然而客观地说,有哪一个社会官员们都很能干、都干得好呢?这些只能说是官员中存在的问题,存在问题虽不少,但并没有严重到危机的程度,和北宋后期相比,无疑要好多了。

2. 军事危机

所谓军事危机,主要指军事上常打败仗,有动摇宋政权的危险。①

北宋面对着两个强大的敌国:辽和西夏。真宗初,辽曾打到黄河边上,双方签订了和约,战争宣告结束。仁宗时,双方关系一直稳定,没有再发生战争。

西夏建国后多次与宋交战,宋打过几次败仗。就双方兵力而言,西夏骑兵较强,机动性强,进攻力强。宋方兵多,防御力量较强。就短期而言,西夏处于攻势,宋处守势。在阵地战、运动战中,西夏处于优势,在城寨的攻守战中,西夏不能占到多少便宜,也就是说,不能扩大战果,占领大片领土。它没有像唐代的吐蕃、回纥那样打到关中,更谈不到占领长安。西夏的人力(人口少)、物力(面积小,资源差)远不如宋,如果双方处于相持局面,战争继续进行,双方的优势和劣势就会转化。纵观双方的历史,西夏与宋打打停停,逐步向有利于宋方转化,到北宋晚期,西夏已处于劣势。所以,军事危机之说,不符合当时的实际情况。

3. 财政危机

中国古代社会是一个量入为出的农业社会,一个政权稳定与否很大程度上看其财政收支状况。入大于出,就是经济繁荣;收支相当,就是维持状态;支大于出,走下坡路,支出远大于收入,政权就要垮台。如明代晚期,内忧外患严重:后金不断南侵,战争连年,军费开支庞大;农民造反,经常出兵镇压,也需要大量经费,原有的国家财政已经无力承担,唯有加强对老百姓的搜刮。而恰逢天灾连年,农民生活无着,只能加入反抗行列,可以说,崇祯时期已经处于病入膏肓的地步,尽管皇帝很想励精图治,已经无力回天,这个政权就这样垮了。

所谓财政危机,在古代主要应指支出远远超过收入,政府不得不靠大幅度增加对人民的剥削来解决,这样必然激化政府与人民间的矛盾,导致政权的覆灭。然而仁宗时财政上收入一直大于支出,并没有出现收支不平衡的现象,更不必说严重不平衡了。庆历二、三年间,由于宋夏战争的关系,支出大幅度增加,三司已难于承受,但宋代尚有庞大的皇家宝库可以动用,这样收支也就平衡了。用不着再去加重老百姓的负担。②

---

① 军事危机说,见张其凡《宋初政治探研》第 7 页,暨南大学出版社 1995 年。
② 参汪圣铎《两宋财政史》,中华书局 1995 年。

4. 社会危机

社会危机一般指政府对老百姓剥削压迫过重,引起大规模的农民起义。不少论著谈到庆历时期的阶级矛盾激化时,常常要引欧阳修的一段话:"今盗贼一年多如一年,一火强如一火。"①宋人为了强调变革,引起最高统治者的重视,往往从发展的角度预测未来,使用了一些惊人的形容词,乍一看,似乎很严重。如果查一下具体数字,最大的队伍张海不过由六十多人发展到二百多人而已,并不成大气候,宋政府一出兵,很快就平定了,②不像秦、汉、隋、唐晚期那样,由几万发展到几十万、甚至几百万。

上述各种危机说,很明显是将问题夸大了。再将夸大了的危机合在一起,得出病入膏肓的结论,则离事实更远。

如果从全局看,无论政治、经济、文化、科技等等,宋代都处于中国古代社会的高峰,而仁宗时期又是北宋的峰顶。③ 范仲淹的伟大在于他的目光远大,他站在高峰上能预见走下坡路的未来,而想方设法阻止这一趋势。

二、宋仁宗罢废新政是完全错误的选择吗?

宋仁宗为什么支持范仲淹变法? 他不是一个有魄力的开国君主,但他作为守成君主还是满够格的。他关心国家政权的稳定,看到国家存在许多问题,总想及时解决它,因此起用正直能干的范仲淹等人,而且主动召见他们,请他们提供解决问题的方案。范仲淹和富弼经过一番思考,第二天就拿出来了。从范仲淹提出的十条方案看,它不是救急的,所谓急,自然是指危及政权的内乱外患。如果真是这样的急,那就是派兵派将的问题了。在军事方面,只开了一服慢性药,即在一些地区逐步实行府兵制,因为不太现实,终于被否决了。它是治本的中药,其关键是解决吏治,将那些贪污腐败和无能的官员统统清除掉,换上新鲜血液,吏治就会好转,吏治好了,政权自然就巩固了。这一想法是非常好的。又如重农桑,这是许多官员能看到的事,不是范仲淹的新创造,但好事需要有好的官员去做,才能办成,所以范仲淹的变法重点就在吏治上。这一方案提出后,除了军事这一条外,皇帝和大臣表示赞成,至少没有异议,很快就通过了。

制订方案容易,具体实行困难,范仲淹的蓝图太理想化了,他希望组建一个精干的官僚队伍,这个班子办事效率要比过去高,所得好处却比过去少,大家都先天下之忧而忧,后天下之乐而乐。不用说在当时的条件下难以实现,就是在当今的条件下,也谈何容易。给大家好处,人人都会欢迎,要取消各种优厚的待遇,除了个别人,恐怕都会反对。要抓一个犯罪的官员,大家不会有意见,要裁减一批多余的官员,清除一批无能的官员,就会群起反对。所以当新政一旦实施开来,影响到成千上万的官员利益,很快舆论哗然,反对之声日益高涨。不仅地方官员反对,朝廷要员也随即附和。这样,变法派成了孤立无援的少数。两派的交锋,迫

---

① 《欧阳文忠公集·奏议》卷四《再论置兵御贼札子》,四部丛刊本。
② 范仲淹《范文正公集·奏议》卷下《奏乞招募兵士捉杀张海等贼人事》,四部丛刊本;《欧阳文忠公集·奏议》卷四《论京西盗贼事札子》。
③ 参见李裕民《宋代积贫积弱说商榷》,《陕西师大学报》2004 年 3 期。

使仁宗必须作出痛苦的选择,而且只能二者选一:或者停止新法,或者利用皇帝最高的位子,独断专行地实施下去。如果停止新法,违背了自己支持变法的初衷,打击了范仲淹等变法派的积极性,存在的问题没有解决,但政权还能正常运转,统治依然稳定。如果利用皇帝最高的位子,独断专行地实施下去,能解决一些问题,但又会留下两个后遗症:其一、侵犯了大批官员的利益,而这些人正是统治基础,基础不稳,官员内斗激烈,政权可能会出现危机。其二、破坏了既定的皇帝和士大夫共治天下的政治体制。这一体制是皇帝时代最民主的体制,它的特点是:皇帝和宰相的权利有所缩小,决策、议政圈子扩大,监督职能大大加强,士大夫的舆论监督(即公议)也能起一定的作用。它可以有效地防止皇帝或宰相滥用权力,以免造成政局不稳,社会动乱,以致亡国的局面。两者各有利弊,宋仁宗最后还是选择了前者,我以为这是正确的选择,比较而言,选择前者弊更少些。还应该肯定的是,他虽然没有继续用范仲淹推行新政,但他深知范仲淹是一位正派能干的人,并没有去整范仲淹,而是让范到一些具体部门去发挥作用。这样的结果是,宋仁宗时期成为宋代乃至中国古代最好的时期,政局十分稳定,经济高度发展,科学文化达到空前的高峰,涌现出一大批大师级人物,除了范仲淹、欧阳修之外,又有大文学家苏洵、苏轼、苏辙、曾巩,大科学家沈括、苏颂,大史学家司马光,大理学家周敦颐、张载,程颐、程颢,大文学家、政治家王安石,金石学的开山祖刘敞,大教育家胡瑗等等。这在中国历史上极其罕见的。

不少学者对宋仁宗谴责有加,我以为是不妥的。如果我们对比一下宋神宗对王安石变法的态度,就可以知道,仁宗的选择更明智。宋神宗用王安石变法,在一片反对声中,他选择的是后者,即采取独断专行的做法,推行变法,它破坏了既定的皇帝和士大夫共治天下的政治体制,使监督机构变成皇帝和宰相压制不同意见的工具,大大削弱了监督职能,削弱了士大夫群体的舆论监督作用。这种后遗症在王安石变法的中间已经显现出来,王安石本人也尝到了恶果。对宋神宗钦定的诏狱,王安石毫不客气地当着皇帝的面指出,没有一个办得对的。[①] 神宗这位相当能干的君主尚且如此,到徽宗这样对政治一窍不通的人上台后,就出现大臣或者宦官假借皇帝的名义而为所欲为的弊政,御笔手诏越过正常的政府途径下达,政治搞得一团糟,将社会逐步推向深渊,其祸端就源于神宗这一错误的抉择。

2006 年 6 月 30 日于西安

附记:绍兴四年八月戊寅朔,宗正少卿兼直史馆范冲对高宗讲了一段话:

> 仁宗皇帝之时,祖宗之法,诚有弊处,但当补缉,不可变更。当时大臣如吕夷简之徒,持之甚坚,范仲淹等初不然之,议论不合,遂攻夷简,仲淹坐此迁谪。其后夷简知仲淹之贤,卒擢用之,及仲淹执政,犹欲伸前志,久之自知其不可行,遂已。(李心传《建炎以来系年要录》卷七九)

这说明范仲淹自己也已看到大变并不现实,也就不再坚持。此论范仲淹变法,甚是。"祖宗之法,诚有弊处,但当补缉,不可变更。"范冲父亲是范祖禹,属司马光派,人们常称之为保守派,这是不正确的,范冲的话说明他们认识到祖宗之法有弊病,而不是一切皆对。解决的办

---

① 参见李裕民《宋神宗制造的一桩大冤案》,见《宋史新探》,陕西师大出版社 1999 年。

法应当是补缉,而不是变更。补是一种无碍大局的小变,而不是一点也不能变,变法派与反变法派的区别是补与变的不同,而不是变法与保守的区别。或者用司马光的话来表述,是屋子漏了,可以补一下,而不能动辄拆了重盖。

范仲淹与庆历科举改革

张希清

庆历年间,范仲淹在宋仁宗的支持下推行了一次重大的政治改革,史称"庆历新政"。"庆历新政"的一项重要内容是"精贡举"。有关这次科举改革的研究尚不够深入,现略加论述,敬请方家指正。

一、范仲淹科举改革的提出与实施

早在宋仁宗天圣五年(1027),执掌应天府书院教席的范仲淹在《上执政书》中就建议,要"慎选举,敦教育,使代不乏材"。科举考试,应该"先策论"、"后诗赋"。指出:"先策论以观其大要,次诗赋以观其全才。以大要定其去留,以全才升其等级。有讲贯者,别加考试。人必强学,副其精举。"①

天圣八年,范仲淹出任河中府(治今山西永济西)通判,又上书当时的宰相吕夷简,对制举的考试内容提出建议,指出:"倘昌言于两制,如能命试之际,先之以六经,次之以正史,该之以方略,济之以时务,使天下贤俊翕然修经济之业,以教化为心,趋圣人之门,成王佐之器,十数年间,异人杰士必穆穆于王庭矣,何患俊乂不充、风化不兴乎?"②由此可以看出,范仲淹在科举考试内容方面非常重视六经和正史,在考试文体方面则非常重视论和时务策,以便于培养和选拔经世致用的优秀人才。

庆历三年(1043)八月,范仲淹升任参知政事。九月,宋仁宗开天章阁,召对赐坐,给笔札,使参知政事范仲淹、枢密副使富弼条陈"当世急务"。范仲淹退而列奏,上了著名的《答手诏条陈十事》疏,其三曰:精贡举。略云:

> 今诸道学校,如得明师,当可教人"六经",传治国治人之道。而国家乃专以词赋取进士,以墨义取诸科,士皆舍大方而趋小道,虽济济盈庭,求有才有识者十无一二。况天下危困,乏人如此,将何以救?在乎教以经济之业,取以经济之才,庶可救其不逮。……臣请诸路州郡有学校处,奏举通经有道之士,专于教授,务在兴行。
>
> 其取士之科,即依贾昌朝等起请,进士先策论而后诗赋,诸科墨义之外,更通经旨。使人不专辞藻,必明理道,则天下讲学必兴,浮薄知劝,最为至要。内欧阳修、蔡襄更乞逐场去留,贵文卷少而考较精。臣谓尽令逐场去留,则恐旧人扞格,不能创习策论,亦不能旋通经旨,皆忧弃遗,别无进路。臣请进士旧人三举已上者,先策论而后诗赋,许将三场文卷通考,互取其长;两举、初举者,皆是少年,足以进学,请逐场去留。诸科中有通经

---

① 范仲淹《范文正公文集》卷九《上执政书》,《范仲淹全集》,凤凰出版社2004年,第190页。
② 范仲淹《范文正公文集》卷十《上时相议制举书》,《范仲淹全集》,第209页。

旨者,至终场别问经旨十道,如不能命辞而对,则于知举官前讲说,七通者为合格。不会经旨者,三举已上,即逐场所对墨义,依自来通粗施行;两举、初举者,至于终场日,须八通者为合格。

又外郡解发进士、诸科人,本乡举里选之式,必先考其履行,然后取以艺业。今乃不求履行,惟以词藻、墨义取之,加用封弥,不见姓字,实非乡里举选之本意也。又南省考试举人,一场试诗赋,一场试策,人皆精意,尽其所能,复考较日久,实少舛谬。及御试之日,诗赋文论共为一场,既声病所拘,意思不达,或音韵中一字有差,虽生平苦辛,实时摈逐;如音韵不失,虽末学浅近,俯拾科级。既乡举之处不考履行,又御试之日更拘声病,以此士人进退,多言命运而不言行业。明君在上,固当使人以行业而进,而乃言命运者,是善恶不辨而归诸天也,岂国家之美事哉?

臣请重定外郡发解条约,须是履行无恶、艺业及等者,方得解荐,更不封弥试卷。其南省考试之人,已经本乡询考履行,却须封弥试卷,精考艺业,定夺等第讫,进入御前;选官覆考,重定等第讫,然后开看南省所定等第。[等第]内合同姓名偶有高下者,更不移改;若等第不同者,人数必少,却加封弥,更宣两地参校,然后御前发榜,此为至当。内三人已上,即于高等人中选择,圣意宣放。其考校进士,以策论高、词赋次者为优等,策论平、词赋优者为次等;诸科经旨通者为优等,墨义通者为次等。已上进士、诸科,并以优等及第者,放选注官;次等及第者,守本科选限。①

范仲淹奏疏的主要内容有四:第一,是大兴学校,"教以经济之业"。第二,是进士科改重诗赋为重策论。其措施之一是:"进士先策论而后诗赋";措施之二是,"进士旧人三举已上者……许将三场文卷通考;……两举、初举者……请逐场去留";措施之三是"考校进士,以策论高、词赋次者为优等,策论平、词赋优者为次等"。第三,是"诸科墨义之外,更通经旨"。其措施之一是,"诸科中有通经旨者,至终场别问经旨十道,……七通者为合格。不会经旨者,三举已上,即逐场所对墨义,依自来通粗施行;两举、初举者,至于终场日,须八通者为合格";其措施之二是,"诸科经旨通者为优等,墨义通者为次等"。第四,"重定外郡发解条约,须是履行无恶、艺业及等者,方得解荐,更不封弥试卷"。其南省及殿试考试之人,"已经本乡询考履行,却须封弥试卷,精考艺业"。

宋仁宗遂下诏令两制台阁臣僚详定贡举条制,臣僚们纷纷上书论议。如庆历四年(1044)二月丙辰,崇政殿说书赵师民上疏曰:

九曰革贡举。……今欲先策论以近古,后诗赋以救弊,而华伪滋久,渚滥者众,文或代作,言或预储,不若还乡举里选,复庠序升黜,以教育而察纠之也。②

又如知制诰欧阳修上《论更改贡举事件札子》云:

伏以贡举之法,用之已久则弊,理当变更。然臣谓必先知致弊之因,方可言变法之利。今贡举之失者,患在有司取人先诗赋而后策论,使学者不根经术,不本道理,但能诵诗赋,节抄《六帖》、《初学记》之类者,便可剽盗偶俪,以应试格。而童年新学,全不晓事

---

① 范仲淹《范文正公政府奏议》卷上《答手诏条陈十事》,《范仲淹全集》,第478—479页;李焘《续资治通鉴长编》(以下简称《长编》)卷一四三,庆历三年九月丁卯,中华书局2004年,第3435—3437页。
② 李焘《长编》卷一四六,庆历四年二月丙辰,第3548页。

之人，往往幸而中选。此举子之弊也。今为考官者，非不欲精较能否，务得贤材，而常恨不能如意，太半容于缪滥者，患在诗赋、策论通同杂考，人数既众而文卷又多，使考者心识劳而愈昏，是非纷而益惑，故于舍取往往失之者。此有司之弊也。故臣谓先宜知此二弊之源，方可言变法之利。今之可变者，知先诗赋为举子之弊，则当重策论；知通考纷多为有司之弊，则当随场去留，而后可使学者不能滥选，考者不至疲劳。今若不改通考之法，而但更其试日之先后，则于革弊，未尽其方。……右臣所陈，伏乞特加详览。苟有可采，即乞降付有司，与前所上言参同详议，著于令式。谨具状奏闻。①

欧阳修针对"举子之弊"和"有司之弊"，提出了"先策论后诗赋"和"随场去留"两项改革措施。庆历四年（1044）三月十三日，翰林学士宋祁，御史中丞王拱辰，知制诰张方平、欧阳修，殿中侍御史梅挚，天章阁侍讲曾公亮、王洙，右正言孙甫，监察御史刘湜等九人联合上奏曰：

> 近准敕详定贡举条制者。伏以取士之方，必求其实；用人之术，当尽其材。今教不由于学校，士不察于乡里，则不能核名实；有司束以声病，学者专于记诵，则不足尽人才，此献议者所共以为言也。臣等参考众说，择其便于今者，莫若使士皆土著而教之于学校，然后州县察其履行，则学者修饬矣。故为立学合保荐送之法。夫上之所好，下之所趋也。今先举策论，则文辞者留心于治乱矣；简其程序，则闳博者得以驰骋矣；问以大义，则执经者不专于记诵矣。其诗赋之未能自肆者杂用今体，经术之未能亟通者尚依旧科，则中常之人皆可勉及矣，此所谓尽人之材者也。故为先策论过落、简诗赋考式、问诸科大义之法。此数者，其大要也。其州郡封弥、誊录，进士、诸科帖经之类，皆细碎而无益者，一切罢之。凡其为法者，皆申之以赏罚而劝焉。如此，则养士有素，取材不遗。苟可施行，望赐裁择。②

据《欧阳修全集》卷一〇四《详定贡举条状》，上述联合奏议乃出自欧阳修的手笔。其奏疏新制主要有三：一为"立学合保荐送之法"；二为"先策论过落、简诗赋考式、问诸科大义之法"；三为罢州郡封弥、誊录和进士、诸科帖经。宋仁宗批准了宋祁、欧阳修等人的合奏，遂颁布了贡举新制。据《宋会要辑稿·选举》三之二九及《长编》卷一四七等史书记载，庆历四年（1044）三月乙亥（十三日）所颁诏曰：

> 夫儒者通乎天地人之理，而兼明古今治乱之源，可谓博矣。然学者不得骋其说，而有司务先声病章句以牵拘之，则吾豪隽奇伟之士何以奋焉？士有纯明朴茂之美，而无教学养成之法。其饬身励节者，使与不肖之人杂而并进，则夫懿德敏行之贤何以见焉？此取士之甚弊，而学者自以为患，议者屡以为言。朕慎于改更，比令详酌，仍诏宰府加之参定，皆以谓本学校以教之，然后可求其行实；先策论，则辨理者得尽其说；简程序，则闳博者得见其才。至于经术之家，稍增新制，兼行旧式，以勉中人。其烦法细文，一皆罢去。明其赏罚，俾各劝焉。如此，则待士之意周，取人之道广。夫遇人以薄者，不可责其厚。今朕建学兴善，以尊子大夫之行，而更制革弊，以尽学者之才，其于教育之方，勤亦至矣！

---

① 欧阳修《欧阳修全集》卷一〇四《论更改贡举事件札子》，中华书局2001年，第1590页；黄淮、杨士奇编《历代名臣奏议》卷一六四，上海古籍出版社影印明永乐内府刻本1989年。

② 徐松辑《宋会要辑稿·选举》三之二三，中华书局1957年；《长编》卷一四七，庆历四年三月甲戌，第3563页；欧阳修《欧阳修全集》卷一〇四《详定贡举条状》，第1593—1594页。

有司其务严训导、精察举,以称朕意。学者其思进德修业,而无失其时。凡所科条,可为永式,宜令礼部贡院颁下。①

礼部贡院所颁下的贡举科条,十分详备,其具体内容略见于《长编》卷一四七,庆历四年(1044)三月乙亥(十三日)纪事,而详见于《宋会要辑稿·选举》三之二四至二九。下面,我们将在讨论"庆历科举改革的内容"一节中加以详细引用说明。

二、庆历科举改革的内容

庆历三年(1043)九月,范仲淹在《答手诏条陈十事》中提出"精贡举",宋仁宗命两制台阁臣僚详议,半年之后,即庆历四年三月,颁布了贡举新制。其主要内容有以下三大项共八条新制,现分述如下。

第一大项,即"立学合保荐送之法",共有四条。第一条是,诸路州府军监各令立学,如本处修学人数达到二百人以上,允许另外设置县学。《宋会要辑稿·选举》三之二四载:

> 诸路州府军监除旧有学校外,其余并各令立学。如本处修学人及二百人已上处,许更置县学。若州县未能顿备,即且就文宣王庙或系官屋宇为学舍。仍委本路转运司及本属长吏于幕职州县官内奏选充教授,以三年为一任,在任有人同罪保举者,得替日依例施行。若少文学官可差,即令本处举人众举有德行、艺业之人。在学教授,候及三年,无私过,本处具教授人数并本人履业事状,保明闻奏,当议等第特授恩泽。内有由本学应举及第人多处,亦与等第酬赏。如任满,本处举留者,亦听本官从便。其学校规令,宜令国学详定闻奏,颁下施行。如僻远小郡,举人不多,难为立学处,仰转运司体量闻奏。

第二条,是规定了诸路州府军监学的入学条件。《宋会要辑稿·选举》三之二四载:

> 初入郡学人,须有到省举人二人委保是本乡人事或寄居已久,无不孝不悌、逾滥之行,即不曾犯刑责或曾经官司罚赎、情理不重者,方得入学。

第三条,是应举人必须在学听读一定的时日,方能参加解试。《宋会要辑稿·选举》三之二四至二五载:

> 应取解,逐处在学本贯人,并以入学听习至秋赋投状日前及三百日以上,旧得解人百日以上,方许取应。(秋赋投状日,并依本州军旧制。)内有亲老别无得力弟兄侍养,致在学日数不足,除依例合保外,别召命官一员或到省举人三名委保谙实,亦许取应。其随亲属之官者,许就近入学,候归乡取解,据在学实日及无过犯,给与公凭。

第四条,应举人必须互相结保,有关官员严加稽查,以保明行实。《宋会要辑稿·选举》三之二五载:

> 进士、诸科举人,每三人为一保,所保之事有七:一隐忧匿服;二曾犯刑责;三不孝不悌,迹状彰明;四故犯条宪,两经赎罚,或未经赎罚,为害乡里;五籍非本土,假户冒名;六

---

① 《宋会要辑稿·选举》三之二九《贡举杂录》;《宋大诏令集》卷一五七《建学诏》;李焘《长编》卷一四七,庆历四年三月乙亥,第3563—3564页;吕祖谦《宋文鉴》卷三二《颁贡举条制敕》。

祖、父犯十恶四等以上罪；七身是工商杂类及曾为僧道者，并不得取应。违者，本人依条行遣，同保人殿两举。其保状式具此七事外，余并令礼部贡院重行删定。国子监、开封府取解举人，须五人为一保，仍逐保内要曾到省举人二人。外处取解举人，仰本处知州、通判、职官、录事参军、令佐常切采访。内有犯前项条贯及犯各保状内违碍者，并不得解送。如不举察，或显可保明，妄加抑退者，并科违制，分故失定罪。

《宋会要辑稿·选举》三之二六至二七又载：

省试进士、诸科举人，合保并依发解条。如妄冒过省及第入官而事发者，本人除名，保人殿两举，已及第未得与官，已入官者停见任。已上入学取解到省保人如不实者，事发日，官员坐私罪，举人殿实举。

第二大项，为"先策论过落、简诗赋考式、问诸科大义之法"。共分三条。第一条，是进士考试分为策、论、诗赋三场，帖经、墨义并罢；先策论后诗赋；解试"三场皆通考去留"，省试则随场去留。《宋会要辑稿·选举》三之二五载：

（解试）进士并试三场：先试策三道，一问经史，二问时务；次试论一首；次试诗、赋各一首。三场皆通考去留。旧试帖经、墨义，今并罢。诗、赋、论于"九经"、诸子史内出题，其策题即通问历代书史及时务，并不得于偏僻小处文字中。策每道限五百字以上，论限五百字以上，赋限三百六十字以上，诗限六十字（五言六韵）。赋每韵不限联数，每联不限字数。赋官韵有疑混声，疑者许上请；诗、赋、论题目经史有两说者，许上请。诗韵中字体及声韵同者，各许依本字下注意便用。

《宋会要辑稿·选举》三之二七载：

（省试）进士试三场……先试策三道，一问经旨，二问时务；次论一道；次诗、赋各一道。旧试帖经、墨义，今并罢。初场引试策，先次考校，内有文辞鄙恶者，对所问不备者（谓十事不对五以上），误引事迹者（谓十事误引五以上），虽能成文而理识乖谬者，杂犯不考式者，凡此五等，并更不考论。次场论，内有不识题者，文辞鄙恶，误引事者（十事误用三以上），虽成文而理识乖缪者，杂犯不考式者，凡此五事，亦更不考诗、赋。第三场诗、赋毕，将存留策、论卷子上与诗、赋通考定去留。合格荐名者，出榜告示。

第二条，是"简诗赋考式"。重新规定了策论诗赋的"不考式"、"点式"、"抹式"；并规定"今后进士依自来所试赋格外，特许依仿唐人赋体"。《宋会要辑稿·选举》三之二六载：

三点当一抹，降一等。涂注乙字，并须卷后计数，不得揩洗。每场一卷内涂注乙五字已上为一点，十五字以上为一抹。

策论诗赋不考式十五条：策第一道内少五字；论诗赋不识题；策论诗赋文理纰缪；不写官题；用庙讳、御名；论少五十字；诗赋脱官韵；诗赋落韵，用韵处脱字亦是；诗失平侧，脱字处亦是；重叠用韵；小赋内不见题意，通而词优者非；赋少三十字；诗韵数少剩；诗全用古人一联；诗两韵以前不见题意，通者非。

抹式十二条：误用事；连脱三字；误写官题，须是文理无失但笔误者非；诗赋重叠用事；诗赋不对，诗赋初用韵及用邻韵引而不对者非，及诗赋末两句亦不须对；小赋四句不见题意，通者非；全用古人一联赋语，别以一句对者非；赋少二十字；诗用隔句对；策第一道内全用古今人文字十句以上;策一道内全用经书子史语五十字以上;对策以他辞装,或首尾与题意不相类。

点式四条:借用字;诗赋脱一字;诗偏枯;诗重叠用字。

《宋会要辑稿·选举》三之二七载:

(省试)应出策论诗赋题并考校式,并依发解条格。……

旧制,以词赋声病偶切之类,立为考试式。举人程试,一字偶犯,便遭降等,至使才学博识之士临文拘忌,俯就规检,美辞善意,郁而不伸。如唐白居易《性习相近远赋》、独孤绶《放驯象赋》,皆当时南省所试,其对偶之外,自有意义可观,非如今时拘检太甚。今后进士依自来所试赋格外,特许依仿唐人赋体。

《宋会要辑稿·选举》三之二九载:

御试……进士试策一道,限五百字以上成;赋一道。

另外,对诸科的考试程序也进行了简化。如"九经"、"五经"等科并罢帖经,减少了考试卷数。《宋会要辑稿·选举》三之二七至二八载:

诸科举人,"九经"、"五经"并罢填帖,六场皆问墨义。其余"三礼"、"三传"已下诸科,并依旧法。

"九经"旧是六场十八卷,帖经、墨义相半,今作六场十四卷,并对墨义。第一场,《春秋》、《礼记》、《周易》、《尚书》各五道(为二卷);第二场,《周礼》、《仪礼》、《公羊》、《谷梁》各五道(为四卷);第三场,《毛诗》、《孝经》、《论语》、《尔雅》各五道(为二卷);第四场,《礼记》二十道(为二卷);第五场,《春秋》二十道(为二卷);第六场,《礼记》、《春秋》各十道(为二卷)。

"五经"旧是六场十一卷,帖经、墨义相半,今作六场七卷,并对墨义。第一场,《礼记》、《春秋》共十道(为一卷);第二场,《毛诗》、《周易》各五道(为二卷);第三场,《尚书》、《论语》、《尔雅》、《孝经》各三道(为一卷);第四场、第五场,《春秋》、《礼记》,逐场各十道(为二卷);第六场,《礼记》、《春秋》共十道(为一卷)。

立《开宝通礼》科,国家本欲使人习学仪典,不至废坠,却闻各传误本,惟习节义,殊非崇礼之意。委有司抄录正本,差官考校,令礼部贡院勘会,有人应《通礼》州军,赐一本,许本科举人抄写习读,将来举场只于官本中问义。

第三条,是"问诸科大义"。诸科对大义合格者,所授恩泽等第在对墨义合格者之上。

《宋会要辑稿·选举》三之二八载:

外诸科举人,依旧制场各对墨义外,能明旨趣愿对大义者,于取解、到省家状内具言愿对大义,除逐场试墨义外,至终场并御试各于本科经书内只试大义十道,直取圣贤意义解释对答,或以诸书引证,不须具注疏。

"九经"、"三礼"、"三传"、《毛诗》、《尚书》科愿对大义者,每道所对与经旨相合、文理可采者为通,五通为合格;其中深晓经义、文理俱优者为上等。

"三史"科愿对大义者,每道所对与史意相合、文理可采者为通,五通为合格;其中深明史义、文理俱优者,仍为上等。

> 明法科愿对大义者,并立甲乙罪犯,引律令断罪,每道所断与律令相合、文理可采者为通,五通为合格;其中深明律意,文理俱优者,仍为上等。
>
> 举人讲通三经以上,进士非纰缪、诸科无九否者,过落外许自陈牒,具言曾于某处讲说某经,召举人三人保明,即依前项别试大义十道,以五通为各格。仍令讲诵与所对大义相合者,具奏取旨。

《宋会要辑稿·选举》三之二九载:

> 御试……诸科试墨义十道,对大义者即问大义十道,出题目并考试条格,并依省试。对大义入上等并合格人及试中讲说及等者,所授恩泽等第,当议在对墨义及第人之上。

第三大项,诸路州府解试不再封弥、誊录;而国子监、开封府解试及省试、殿试则仍封弥、誊录。《宋会要辑稿·选举》三之二五载:

> 国子监、开封府发解,就试人数既多,其进士、诸科卷子并依旧封弥、誊录外,诸州发解,已令知州、通判、职官、令录等保明行实,更不封弥、誊录。仰试官、监官与长吏通考文艺。其试官,委转运司于本处及邻州选差清白、有文学、通经术之人。

《宋会要辑稿·选举》三之二七载:

> (省试)进士试三场,并依旧封弥、誊录。

《宋会要辑稿·选举》三之二九载:

> 御试举人试卷,并依旧封弥、誊录。

上述庆历科举改革的内容,实际上就是范仲淹《答手诏条陈十事》中第三事"精贡举"的具体化。

三、范仲淹庆历科举改革的作用与意义

通观整个庆历新政,很明显,这是一场以整顿吏治为中心的政治改革。在十项改革措施中,与整顿吏治直接有关的就有"明黜陟"、"抑侥幸"、"精贡举"、"择官长"、"均公田"五项。"精贡举"的目的在于培养和选拔经世致用的优秀人才。范仲淹的庆历科举改革,也的确对于经世致用人才的培养和选拔,具有明显的积极意义。

第一,把科举取士与学校教育结合起来,有利于"教以经济之业,取以经济之才"。[①]

北宋初年,官学教育衰微,景祐(1034—1038)初年,开始允许大藩府立学,并各赐学田五顷,但小州及各县仍无学校。士人应举不要求任何学历,因而国子监与大藩府学也有名无实,如同虚设。《文献通考》卷四十二《学校考》三载:

> 仁宗庆历二年(1042),天章阁侍讲王洙言:"国子监每科场诏下,许品官子弟投保状、家状,量试艺业,充广文、太学、律学三馆学生,多或致千余人,即随秋试召保取解。及科场罢日,生徒散归,讲官倚席。若此,但为游士寄应之所,殊无国子肄业之法,居常讲筵,无一二十人听讲者。"

---

① 范仲淹《范文正公政府奏议》卷上《答手诏条陈十事》,《范仲淹全集》,第478页。

太学尚且如此,大藩府学的情况可想而知。

对于这种情况,范仲淹早就认为必须改变。天圣五年(1027),他在《上执政书》中就指出:"某谓用而不择,贤孰进焉?择而不教,贤孰继焉?宜乎慎选举之方,则政无虚授;敦教育之道,则代不乏人。……乃于选用之际,患其才难,亦由不务耕而求获也。""夫庠序之兴,……斯择材之本,致理之基也。"①他本人除自幼接受初级教育之外,举进士之前,曾在睢阳书院(即应天府书院,在今河南商丘)苦读五年;及第入官之后,又在广德军(今安徽广德)、兴化县(今江苏兴化)、苏州(今属江苏)、润州(今江苏镇江)、越州(今浙江绍兴)等地兴建或扩建官学,并在丁母忧期间在应天府书院执教,深知学校教育的重要。因此,其科举改革的一大措施就是将科举与学校结合起来。其结合的主要手段,就是士人必须在州县学或国子监、太学听读一定时日(一百日、三百日或五百日),才能参加科举考试。这样,太学、州县学就不会出现"但为游士寄应之所,殊无国子肄业之法"的现象了。②

第二,举人合保,官员稽查,保证应举人在"行实"方面具备一定的应举资格。范仲淹在《再进前所陈十事》中说:"精贡举,为天下举人先取履行,次取艺业,将以正教化之本,育卿士之材也。"③如何保证应举人的履行、行实,范仲淹的庆历科举改革主要制定了举人合保、官员稽查的制度。解试、省试进士、诸科应举人,均须三至五人结为一保,保明七事,如有违反,"同保人殿两举",即不准参加此后的两次科举考试;有关官员常切稽查,"如不举察,或显可保明,妄加抑退者,并科违制,分故失定罪"。

其所保明的七事,一为"隐忧匿服",即服丧期间不得参加科举考试,目的在于保证应举人的孝行。二为"曾犯刑责",即不要有犯罪记录。三为"不孝不悌,迹状彰明",目的在于保证应举人的道德质量。四为"故犯条宪,两经赎罚,或未经赎罚,为害乡里",仍然是保证应举人遵纪守法。五为"籍非本土,假户冒名"。宋代本贯取解,各州府都有一定的解额。籍非本土,假户冒名,一是会占有外郡的解额,有失公平;二是行为不端,"假户冒名"本身就是一种欺骗行为。六为"祖、父犯十恶四等以上罪",目的在于保证家庭清白。七为"身是工商杂类及曾为僧道者"。唐代,工商不得入仕;宋代大为放宽。如宋太宗在淳化三年(992)三月二十一日的诏书中,一方面规定:"工商杂类"不得应举;另一方面又说:"如工商杂类人内有奇才异行、卓然不群者,亦许解送。"④此例一开,实际上就没有什么限制了。对于曾为僧道者,宋太宗太平兴国八年(983)十二月甲辰,即诏曰:"自今贡举人内有曾为僧道者,并须禁断。"⑤究其原因何在,宋末元初人马端临认为:"盖惟恐杂流取名第,以玷选举也。"⑥大概是因为恐怕"杂流"科举入仕,而玷污了选举的清名。所有以上七事,都是为了保证应举人在"履行"方面达到一个基本的标准,这对于选拔"卿士之材"是必要的。

第三,解试、省试进士均以策、论、诗赋为三场,先策论,后诗赋,省试随场去留,相当于以策论定去留,以策论诗赋定高下,大为提高了策论在考试内容中的地位,"则文辞者留心于治

---

① 范仲淹《范文正公文集》卷九《上执政书》,《范仲淹全集》,第190、191页。
② 马端临《文献通考》卷四二《学校考》三,中华书局1986年。
③ 范仲淹《范文正公政府奏议》卷上《再进前所陈十事》,《范仲淹全集》,第488页。
④ 《宋会要辑稿·选举》一四之一五。
⑤ 钱若水《宋太宗实录》卷二七,甘肃人民出版社2005年,第19页。
⑥ 马端临《文献通考》卷三一《选举考》四。

乱矣"。① 诗赋与策论孰轻孰重，一直是进士考试中最有争议的问题之一。宋初，"国家专以词赋取进士，……士皆舍大方而趋小道"，因此，"虽济济盈庭，求有才有识者十无一二"。② 早在真宗初年，有识之士就建议"先策论后诗赋"。如咸平五年(1002)十一月庚申，河阳节度判官张知白就上疏曰："先策论，后诗赋，责治道之大体，舍声病之小疵。"③ 真宗虽然"览而嘉之"，但并未付诸实施。大中祥符元年(1008)正月二十一日，冯拯曰："进士比来省试，惟以诗赋进退，不考文论。且江浙举人，专业词赋，以取科名。今岁望令于诗赋合格人内，兼考策论。"④ 真宗同意了冯拯的建议，大概从此进士科开始"兼考策论"。天禧元年(1017)九月二十八日，右正言鲁宗道又言："进士所试诗赋，不近治道……。"真宗曰："前已令进士兼取策论……宜申谕之。"⑤ 天圣五年(1027)正月十六日，仁宗又下诏曰："贡院将来考试进士，不得只于诗赋进退等第，今后参考策论以定优劣"。⑥ 由此看来，"兼考策论"的规定并未得到很好的执行。至庆历四年(1044)，范仲淹改革科举，实行"先策论后诗赋"，又在重策论的道路上前进了一大步。这对选拔经世致用的优秀人才无疑是有益处的。

诗赋是两种文学体裁。对国家统治来说，"诗赋浮靡，不根道德，施于有政，无所用之"。⑦ 以诗赋取士，对于造就文学家、推动文学的发展，或许有一定的作用；对于选拔和造就"经世致用"的人才，不但无益，反而有害。正如司马光所说："至于以赋、诗、论、策试进士，及其末流，专用律赋格诗取舍过落。摘其落韵、失平侧、偏枯不对、蜂腰鹤膝，以进退天下士。不问其贤不肖，虽顽如跖、蹻，苟程试合格，不废高第；行如渊、骞，程试不合格，不免黜落，老死衡茅。是致举人专尚辞华，不根道德，涉猎钞节，怀挟剿剽，以取科名。诘之以圣人之道，未必皆知。其中或游处放荡，容止轻儇，言行丑恶，靡所不至者，不能无之。其为弊亦极矣！"⑧ 而论策，则是古代官僚向皇帝谈古论今、建言奏事的工具。正如韩驹在上宋高宗的奏疏中所说："今日之论，则他日之陈谟而为陛下讲治道者也；今日之策，则他日之奏疏而为陛下议时政者也。"⑨ 就科举考试来说，"诗赋不过工浮词，论策可以验实学"。⑩ 以论策试士，不但可以使举人"留心于治乱"，学其所用，用其所学，而且"论以察其智识，策以辨其谋略"⑪，即"论"可以考察举人关于历代治乱兴衰的知识，"策"可以了解他们对于当代国家大事的对策，以便从中选拔经世致用之士。

第四，"简其程序，则闳博者得驰骋矣"。⑫ 宋初，"以词赋声病偶切之类，立为考试式。举人程试，一字偶犯，便遭降等，至使才学博识之士临文拘忌，俯就规检，美辞善意，郁而不伸。"⑬ 庆历四年重新规定的策论诗赋的"不考式"、"点式"、"抹式"，应该是较宋初简化了许

---

① 《宋会要辑稿·选举》三之二三—二九。
② 范仲淹《范文正公政府奏议》卷上《答手诏条陈十事》，《范仲淹全集》，第478页。
③ 李焘《长编》卷五三，咸平五年十一月庚申，第1169页。
④ 《宋会要辑稿·选举》三之九。
⑤ 《宋会要辑稿·选举》三之一一。
⑥ 《宋会要辑稿·选举》三之一五。
⑦ 李焘《长编》卷二二〇，熙宁四年二月丁巳注，第5336页。
⑧ 司马光《温国文正司马公文集》卷五二《起请科场札子》。
⑨ 黄淮、杨士奇编《历代名臣奏议》卷一一五。
⑩ 马端临《文献通考》卷三一《选举考》四。
⑪ 黄淮、杨士奇编《历代名臣奏议》卷一一五。
⑫ 《宋会要辑稿·选举》三之二三。
⑬ 《宋会要辑稿·选举》三之二七。

多,尤其是规定"今后进士依自来所试赋格外,特许依仿唐人赋体",使应举人减少了一些声病偶对之类的束缚。宋初,专以律赋取进士。律赋之弊主要在于"声病偶切"即限韵和对偶。宋代限韵尤为严格。宋人王栐曰:"国初,进士词赋押韵,不拘平仄次序。太平兴国三年九月,始诏进士律赋,平仄次第用韵。而考官所出官韵,必用四平四仄。词赋自此整齐,读之铿锵可听矣。"① 稍有落韵、失对,即遭贬黜。如张咏太平兴国三年(978)科场试《不阵而成功赋》,有云:"包戈卧鼓,岂烦师旅之威;雷动风行,举顺乾坤之德。""自谓擅场,欲夺大魁。"但因为"包戈卧鼓"与"雷动风行","对耦显失",遂被黜落。② 庆历科举改革,"特许依仿唐人赋体",如唐白居易的《性习相近远赋》、独孤绶的《放驯象赋》,虽然也有对偶、限韵,但在形式上不像宋初那样"拘检太甚",在内容上则言之有物。这样,才学渊博者可以较为自由地驰骋科场,比较充分地展示自己的才能。这对造就和选拔经世致用的人才无疑也是有益处的。

第五,"问以大义,则执经者不专于记诵矣"。③ 宋初,以帖经、墨义取诸科,应举人唯以记诵为功,罕通经书的涵义。正如司马光所说:"有司以帖经、墨义试明经,专取记诵,不询义理。其弊至于离经析注,务隐争难,多方以误之。是致举人自幼至老,以夜继昼,腐唇烂舌,虚费勤劳,以求应格。诘之以圣人之道,懵若面墙。或不知句读,或音字乖讹。"④ 这显然不利于造就和选拔通经致用的人才。范仲淹改革科举,进士"旧试帖经、墨义,今并罢";"诸科举人,'九经'、'五经'并罢填帖,六场皆问墨义"。这样,在进士、诸科中废除了"帖经",而诸科在对墨义之外,更问大义。并在等第、授官等方面,对试大义者多有奖励。大义不必死记硬背经书,"直取圣贤意义解释对答,或以诸书引证,不须具注疏"。⑤ 这样,可以促使应举人通晓经旨,对于造就和选拔通经致用的人才显然也是有益处的。

当然,范仲淹的科举改革也有不妥之处。如"诸州发解,已令知州、通判、职官、令录等保明行实,更不封弥、誊录"⑥,就可能有些不妥。诸州解试,虽有"知州、通判、职官、令录等保明行实",也难免如知谏院包拯所说"或缘其雅素,或牵于爱憎,或迫于势要,或通于贿赂",而不能"尽公"。⑦ 恐怕仍旧封弥、誊录考校,会更为好些。

虽然如此,但属白璧微瑕。综上所述,总的说来,范仲淹的庆历科举改革是一场具有进步意义的改革。

四、范仲淹庆历科举改革的废罢与影响

范仲淹的庆历科举改革虽然具有明显的进步意义,但随着庆历新政的夭折,"精贡举"的种种措施也被废罢了。

首先被废罢的,是诸路州府县学及国子监生徒的在学听读日限。《长编》卷一五三载:

庆历四年(1044)十一月戊午朔(一日),判国子监余靖言:"臣伏见先降敕命并贡举

---

① 王栐《燕翼诒谋录》卷五,中华书局1981年,第48页。
② 文莹《湘山野录》卷上,中华书局1984年,第4页。
③ 《宋会要辑稿·选举》三之二三。
④ 司马光《温国文正司马公文集》卷五二《起请科场札子》。
⑤ 《宋会要辑稿·选举》三之二八。
⑥ 《宋会要辑稿·选举》三之二八。
⑦ 包拯撰、杨国宜校注《包拯集校注》卷一《请依旧封弥誊录考校举人奏》,黄山书社1999年,第15—16页。

条制,国子监生徒听学满五百日方许取应,每十人之中与解三人。其诸路州府军监并各立学及置县学,本贯人并以入学听习三百日,旧得解人百日以上方许取应。后来虽有敕命,曾到省举人与免听读,内新人显有事故给假,并与勘会除破。其如令非画一,难以久行。……伏缘朝廷所赐庄园、房钱等赡之有限,而来者无穷,若遍加廪给,则支费不充,若自营口腹,则贫瘵者众,日有定数,不敢不来,非其本心,同于驱役。……欲乞应国子监太学生徒,如有情愿听读,满五百日,即依先降敕命,将来取解十人之中与解三人;其不满五百日者,并依旧额取解应举。所有开封府及天下州军建立州学处,亦取情愿听读,更不限以日数。所贵寒士营生务学,不失其所。"乃诏罢天下学生员听读日限。

仅仅以"所贵寒士营生务学,不失其所"为由,就轻而易举地将诸路州府县学及国子监生徒的在学听读日限统统废除了。这样,科举重又与学校脱钩,刚刚兴起的兴学高潮又归于沉寂了。

其次被废罢的,是进士考试"先策论而后诗赋"和"诸科墨义之外,更通经旨"。①《长编》卷一五五载:

> 庆历五年(1045)三月己卯(二十三日),诏礼部贡院进士所试诗赋、诸科所对经义,并以旧制考校。先是,知制诰杨察言:"前所更令,不便者甚众,其略以诗赋声病易考,而策论汗漫难知,故祖宗莫能改也。且异时尝得人矣。今乃释前日之利,而为此纷纷,非计之得,宜如故便。"上下其议于有司,而有司请今者考校,宜且如旧制。遂降此诏。②

以"诗赋声病易考,而策论汗漫难知"为理由反对"先策论后诗赋",主要涉及选拔考试的"区分度"问题。对于选拔官员的考试,"区分度"固然重要,但更重要的是"导向性"。也就是说,考试的内容比考试的形式更为重要。正如范仲淹在《上时相议制举书》中所说,不能"不以教育为意,而以去留为功"。范仲淹还进一步指出:

> 若如所量,恐非朝廷劝学育材之道也。何哉? 国家劝学育材,必求为我器用,辅我风教,设使皆明经籍之旨,并练王霸之术,问十得十,亦朝廷教育之本意也。况文有精粗,理有优劣,明试之下,得失尚多,何患去留之难乎?③

王安石熙宁科举改革时,苏轼等人也以"诗赋声病易考,而策论汗漫难知"为理由反对"专取策论而罢诗赋"。王安石反驳说:

> 若谓此科尝多得人,自缘仕进别无他路,其间不容无贤。若谓科法已善,则未也。今以少壮时,正当讲求天下正理,乃闭门学作诗赋,及其入官,世事皆所不习,此乃科法败坏人才,致不如古。④

范仲淹和王安石的话是更有道理的。

最后,到庆历八年(1048)四月,将再开科场,于是将范仲淹的所有庆历科举改革完全废除,所有贡举新制都变为过眼烟云了。《长编》卷一六四载:

---

① 范仲淹《范文正公政府奏议》卷上《答手诏条陈十事》,《范仲淹全集》,第478页。
② 参见《宋会要辑稿·选举》三之三〇。
③ 范仲淹《范文正公文集》卷十《上时相议制举书》,《范仲淹全集》,第209页。
④ 马端临《文献通考》卷三一《选举考四》。

庆历八年(1048)四月丙子(八日),诏科场旧条,皆先朝所定,宜一切无易。时礼部贡院言:"四年,宋祁等定贡举新制,会明年诏下,且听须后举施行。今秋赋有期,缘新制,诸州军发解,但令本处官属保明行实,其封弥、誊录,一切罢之。窃见外州解送举人,自未有封弥、誊录以前,多采虚誉,苟试官别无请托,亦只取本州曾经荐送旧人,其新人百不取一。自封弥以后,考官不见姓名,即须实考文艺,稍合至公。

又新制,进士先试策三道,次试论,次试诗赋。先考策论定去留,然后与诗赋通定高下。然举人每至尚书省,不下五七千人,及临轩覆较,止及数百人。盖诗赋以声病杂犯,易为去留。若专取策论,必难升黜。盖诗赋虽名小巧,且须指题命事,若记问该富,则辞理自精。策论虽有问目,其间数对,多挟他说。若对不及五通尽黜之,即与元定解额不数;若精粗毕收,则滥进殊广。所以自祖宗以来,未能猝更其制。兼闻举人集经史疑义可以出策论题目,凡数千条,谓之"经史质疑"。至于时务,亦有钞撮之要。浮伪滋甚,难为考较。

又旧制,以词赋声病偶切之类,立为考式。今特许仿唐人赋体,及赋不限联数,每联不限字数。且古今文章,务先体要,古未必悉是,今未必悉非。尝观唐人程试诗赋,与本朝所取名人辞艺,实亦工拙相半。俗儒是古非今,不为通论。自二年以来,国子监所试监生,诗赋即以汗漫无体为高,策论即以激讦肆意为工,中外相传,愈远愈滥,非惟渐误后学,实恐将来省试其合格能几何人?伏惟祖宗以来,得人不少,考较文艺,固有规程,不须变更,以长浮薄。请并如旧制。"故降是诏。①

但是,这种倒退只能是暂时的。因为范仲淹的庆历科举改革代表了科举发展的方向,其影响是巨大的。宋神宗熙宁四年(1071),即庆历科举改革被废罢二十六年之后,在王安石变法期间,又推行了一场科举改革。王安石的熙宁科举改革就是范仲淹庆历科举改革的继续和发展,其在很多方面,比范仲淹的庆历科举改革更为坚决和彻底。例如,关于考试科目,庆历新政期间,仍然保留进士、诸科;而王安石变法期间,则废除了明经、诸科,专以进士一科取士。关于进士科的考试内容,庆历新政期间,由以诗赋取进士,改为先策论后诗赋,随场去留;而王安石变法期间,则不但废除了帖经、墨义,而且干脆废除了诗赋,专以经义、论、策试进士。又如经义考试,庆历新政期间,进士、诸科废除了帖经,而诸科仍考试墨义,只是在终场之后加试大义;而王安石变法期间,不但废除了帖经,而且废除了墨义,完全改为考试大义。还有,在王安石变法期间,又掀起了第二次兴学高潮,不但各州府军监皆立学,而且创造了太学三舍考选、升补、推恩之法,上舍上等即可以直接及第授官,通过实行三舍法,将学校与科举更加紧密地联系在一起了。这样,就使宋代科举进入了学校选士与科举取士并行的新阶段。所有这些,都是在范仲淹科举与学校相结合的思想基础上发展起来的。

---

① 据《宋会要辑稿·选举》三之三一校改。

略谈范仲淹的政绩与思想

〔日〕木田知生

范仲淹,字希文,苏州吴县人,北宋中期著名的文武全才的政治家。他生于北宋太宗端拱二年(989),皇祐四年(1052)病逝于徐州,享年64岁。由他少年的时候,随其后父朱姓,原名为朱说。大中祥符四年(1011),"既长,知其世家,感泣去之南都"。① 遂入应天书院就读,刻苦力学。大中祥符八年(1015),登进士第,授官为广德军司理参军,步入仕途。他后来的政绩各层面,前辈学者已经讲了不少,②这里暂不赘述,只是简要地谈谈几项值得进一步探析的问题。

一、政绩概况

范仲淹的政绩,大概可以分为四大类,即政治、军政、教育、社会经济类。他的文学成就,当然不在此限。

范仲淹不容妥协的刚毅政风,时时表现在他的言论上。他常以积极的态度,针砭北宋政权内部的种种难题。天圣七年(1029)十一月冬至,仁宗准备"率百官为上皇太后(章献太后)寿于会庆殿",身为秘阁校理的范仲淹上奏力主不可。《长编》卷一〇八,天圣七年十一月癸亥载:

> 秘阁校理范仲淹奏疏言:"天子有事亲之道,无为臣之礼;有南面之位,无北面之仪。若奉亲于内,行家人礼可也;今顾与百官同列,亏君礼,损主威,不可为后世法。"疏入,不报。晏殊初荐仲淹为馆职,闻之大惧,召仲淹,诘以狂率邀名且将累荐者。仲淹正色抗言曰:"仲淹缪辱公举,每惧不称,为知己羞。不意今日反以忠直获罪门下。"殊不能答。仲淹退,又作书遗殊,申理前奏,不少屈,殊卒愧谢焉。又奏疏请皇太后还政,亦不报,遂乞补外。寻出为河中府通判。③

此后,范仲淹论事益力,逐渐为宰相吕夷简所恨,景祐二年(1035)十二月,除为吏部员外郎、权知开封府。《长编》卷一一七,景祐二年十二月癸亥载:

> 礼部员外郎、天章阁待制范仲淹为吏部员外郎、权知开封府。仲淹自还朝,言事愈急,宰相(即吕夷简)阴使人讽之曰:"待制侍臣,非口舌任也。"仲淹曰:"论思正侍臣职,

---

① 欧阳修《资政殿学士户部侍郎文正范公神道碑铭并序》,《欧阳文忠公集》卷二〇。
② 范国强主编《范仲淹研究文集》,人民出版社2003年,共分六编,收录文章近三百篇。
③ 《续资治通鉴长编》(以下简称《长编》)卷一〇八,天圣七年十一月癸亥条。《涑水记闻》卷十又云:"冬至立仗,礼官定议欲媚章献太后,请天子帅百官献寿于庭,仲淹奏以为不可。晏殊大惧,召仲淹,怒责之,以为狂。仲淹正色抗言曰:'仲淹受明公误知,常惧不称,为知己羞,不意今日更以正论获罪于门下也。'殊惭无以应。"

余敢不勉。"宰相知不可诱,乃命知开封,欲扰以剧烦,使不暇他议,亦幸其有失,亟罢去。仲淹处之弥月,京师肃然称治。①

范仲淹任权知开封府只有半年,而"言事无所避,大臣权幸多忌恶之。……仲淹亦交章对诉,辞愈切,由是降黜"。② 景祐三年五月丙戌,落职,知饶州。比范仲淹晚二十年权知开封府的包拯,也在开封府做出利民政治,深得民心,后世口碑载道。实际上,范、包两人知开封府的政绩以及后人的爱戴和颂扬,有许多共同相近的地方。③ 这些对后世范仲淹评价颇有影响,很值得重视。

范仲淹早年的主要政论见于《范文正公文集》卷九所收的《奏上时务书》(天圣三年上)和《上执政书》(天圣五年上)。正如众所周知,范仲淹后来在庆历三年(1043)八月除参知政事,开展策划改革的新政(历史上叫"庆历新政"),其主要政策内容见于《范文正公政府奏议》卷上所收的《答手诏条陈十事》等一系列奏疏。其"十事"的内容是:一曰明黜陟,二曰抑侥幸,三曰精贡举,四曰择官长,五曰均公田,六曰厚农桑,七曰修武备,八曰减徭役,九曰覃恩信,十曰重命令。其中绝大部分献策,都先后为仁宗所采纳,颁行全国各地。概括起来,范仲淹新政的重点在于对吏治的整顿,吏制改革成为庆历新政的核心部分。其第一步是从选择州县官吏开始的。裁并郡县也是庆历新政的另一项重要内容。可以说,这一系列的政策多为熙宁、元丰年间改革的先声,具有极为重要的历史作用。

庆历新政施行若干时间之后,在改革施政中遭受损失的宗室、高官,组织反对新政,指斥范仲淹、富弼、欧阳修他们结成私党,经过一番争论,结果朋党之论兴起。庆历五年春正月,范仲淹辞去参知政事之职,为资政殿学士、知邠州、兼陕西四路缘边安抚使。枢密副使富弼也被迫离京,为京东西路安抚使、知郓州。④ 范仲淹在《遗表》里,回顾当年的坎坷经历云:

> 自念骤膺于宠遇,固当勉副于倚毗。然而事久弊,则人惮于更张;功未验,则俗称于迂阔。以进贤援能为树党,以敦本抑末为近名。⑤

这就是当年中央政界的现实写照。之后,"庆历新政"诸策也逐渐被废除。新政施行的期间比较短,而北宋政府首次开展的大规模改革的历史意义却相当大。约 25 年后的熙宁、元丰年间,由神宗、王安石来再一次开展变法改革("熙丰改革"或曰"王安石变法")。两次改革虽然是均以失败告终,而其现实效果、后世反响,均有历史意义,其评价实际上难分优劣。

范仲淹有关军政的政见,散见于《范文正公文集》卷十《答赵元昊书》、卷十一《上吕相公书》、卷十五《东染院使种君墓志铭》、卷十七《让观察使表》以及《范文正公政府奏议》卷下所收的《奏陕西河北和守攻备四策》等著作里。其中有关河东、陕西、河北地区"边事"的奏疏甚多。北宋中期,宋夏关系是急不可待的紧要大事。在西北一带散开的宋军和西夏军的最前线里积累不少军机的范仲淹,从大体来看,始终主张反对深入西夏进攻,而主张持久的防御

---

① 《长编》卷一一七,景祐二年十二月癸亥条。"都下谣曰:'朝廷无忧有范君,京师无事有希文。'"楼钥《范文正公年谱》景祐二年条。
② 《长编》卷一一八,景祐三年五月丙戌条。
③ 参看李丛昕《范仲淹与包公戏》,范国强主编《范仲淹研究文集》第四册,人民出版社 2003 年;原载《北京社会科学》1998 年第 1 期。
④ 《长编》卷一五四,庆历五年春正月乙酉条。
⑤ 《范文正公文集》卷十八《遗表》,《范仲淹全集》,薛正兴校点,凤凰出版社 2004 年。

战,其军事结果可以说是使宋夏双方都较为认可的。李涵先生说过:"在范仲淹一生的政治活动中,最重要的有两件大事:一是庆历改革,一是抵御西夏。从结果上说,庆历改革失败了,抵御西夏却取得了成功。"①笔者认为这是令人首肯的评论。

另外,范仲淹在西北战场上采取的爱护军民的政策,富有多层社会意义,值得进一步研究。欧阳修所撰《资政殿学士户部侍郎文正范公神道碑铭并序》说:

> 初,西人籍为乡兵者十数万,既而黥以为军,惟公所部但刺其手,公去兵罢,独得复为民。②

西北差役弓手,范仲淹所部,只刺手背,差役结束之后可以归农。这里可以看到他的利民思想和实际措施。

范仲淹有关教育、育才方面的言论也不乏其例。《范文正公文集》卷八《南京府学生朱从道名述》、《南京书院题名记》、《邠州建学记》、卷十六《代胡侍郎奏乞余杭州学名额表》、卷十九《举滕宗谅状》等,举荐人才、培养贤才的奏状表文甚多,实在不胜枚举。这类举荐、育才的奏章,亦在《范文正公政府奏议》卷下可以找到。可见他注重培养人才的确凿证据。他的《上时相议制举书》,开头就提到"育材之方"云:

> 夫善国者,莫先育材;育材之方,莫先劝学;劝学之要,莫尚宗经。宗经则道大,道大则才大,才大则功大。

范仲淹主张培养人才,先要"宗经",极为重视儒家经典。由此可见他的育才思想基于儒家经典。另有他的《得地千里不如一贤赋》,题下有"贤实邦宝,何地能及"八字韵脚,这也简明扼要地表现他对提拔贤才的重视。③

南宋宝庆元年(1225),知高邮军兴化县陈垓说:

> 诏天下州县皆立学,仁宗朝参知政事范公仲淹请也。……必以范公之学为学,斯无负国家教养天下之至恩,允蹈孔孟垂世立训之格言云。④

陈垓所说的"诏天下州县皆立学"的诏令,是庆历四年(1044)三月乙亥颁布的。⑤ 宋代是中国封建社会最为成熟的时期,政治、经济的发展,带来了文化、科技的空前繁荣,书院文化也得到空前的发展。⑥ 范仲淹基于幼年时期刻苦学习的经验,一生严厉育才。苏州、饶州等各地兴办或重建郡学、书院,积极开展教养人才。同时,他积极奖掖后进晚辈,其中有富弼、孙复、张载、狄青、李觏、胡瑗等,门下之士众多,领域亦广,颇不乏人。⑦

北宋仁宗时期,"积贫积弱"的局面已经相当严重,而范仲淹在财政方面的改革理念以及实际措施,概括起来比较保守,其主要内容只是基本重视农业生产而已。他在晚年,在青州

---

① 李涵《论范仲淹在御夏战争中的贡献》,《宋史研究论文集》,河南人民出版社 1982 年。
② 欧阳修《资政殿学士户部侍郎文正范公神道碑铭并序》,《欧阳文忠公集》卷二〇。
③ 《范文正公别集》卷三《得地千里不如一贤赋》。
④ 陈垓《高邮军兴化县重建县学记》,《范文正公褒贤集》卷三。
⑤ 《长编》卷一四七,庆历四年三月乙亥条。
⑥ 李弘祺《范仲淹与北宋的书院传统》,《范仲淹研究文集》第三册,人民出版社 2003 年;原载《纪念范仲淹一千年诞辰国际学术研讨会论文集》,台大文学院编 1990 年。
⑦ 参看葛绍欧《范仲淹对宋代地方教育的贡献》,《范仲淹研究文集》第三册,人民出版社 2003 年;原载《纪念范仲淹一千年诞辰国际学术研讨会论文集》,台大文学院编,1990 年。

改变了纳赋方法,减免了当地农民负担。据此可以看出他的利民利农作风和思想。他同时主张抑制奇货、厉行节约。然而总的来说,他的财政方面的改革方案不太彻底,尤其是对于当时的土地兼并、赋役不均等严重社会问题,没有适当的认识和实际的措施。①

但是,范仲淹十分重视社会保障制度,不仅是写篇文章,而且亲自实践,晚年在其家乡苏州设立了范氏义庄,照顾范氏宗族,培养范氏后代。从此以后,范氏后代长老连续担任义庄主持人,范氏义庄"实实在在地存在了整整九百年"。② 关于义庄的性质、规模以及其历史意义,直至今天,还存在着值得进一步探讨的余地。

总之,要总结范仲淹的整个政绩,究竟可以归纳于"先天下之忧而忧,后天下之乐而乐"的文意。脍炙人口的这句名言,也许来自《孟子》里。《孟子·梁惠王章句下》云:

> 乐民之乐者,民亦乐其乐;忧民之忧者,民亦忧其忧。乐以天下,忧以天下,然而不王者,未之有也。

欧阳修《资政殿学士户部侍郎文正范公神道碑铭并序》云:

> 公少有大节,其于富贵贫贱毁誉欢戚,不一动其心,而慨然有志于天下,常自诵曰"士当先天下之忧而忧,后天下之乐而乐"也。

据此碑铭看来,《岳阳楼记》里"先天下之忧而忧,后天下之乐而乐"这句脍炙人口的名言,并不是范仲淹撰写《岳阳楼记》时才诞生,而是他平常鼓励自己的一种箴言。黄庭坚《跋范文正公诗》亦云:

> 范文正公在当时诸公间第一品人,故余每于人家见尺牍寸纸,未尝不爱赏弥日,想见其人。所谓"先天下之忧而忧,后天下之乐而乐",此文正公饮食起居之间先行之,而后载于言者也。③

加之,编撰《范文正公年谱》的楼钥也明确表明:

> (庆历六年)九月十五日,作《岳阳楼记》,中有"先天下之忧而忧,后天下之乐而乐"之句,盖公平日允蹈之言也。④

《岳阳楼记》的写作年代很清楚。范仲淹在庆历五年(1045)十一月,被改知邓州(今河南邓州市);⑤《岳阳楼记》是知邓州的第二年(即庆历六年)的九月十五日,应同年老友滕宗谅之嘱托而在邓州写作的。⑥ 此前,滕宗谅也受到弹劾,于庆历四年二月,谪守巴陵郡(即岳州)。曾经在中央政权内部饱尝种种辛酸的范仲淹,在《岳阳楼记》的最后一段云:

> 不以物喜,不以己悲。居庙堂之高,则忧其民;处江湖之远,则忧其君。是进亦忧,退亦忧。然则何时而乐耶?其必曰:先天下之忧而忧,后天下之乐而乐乎!

---

① 参看赵继颜《范仲淹的经济思想》,《范仲淹研究文集》第一册,人民出版社2003年;原载《齐鲁学刊》1981年第2期。
② 范敬宜(范仲淹二十八世孙)《范仲淹研究文集》第一册,序文,人民出版社2003年。
③ 《宋黄文节公文集》卷二六《跋范文正公诗》。
④ 楼钥《范文正公年谱》庆历六年条。
⑤ 《长编》卷一五七、庆历五年十一月乙未条。
⑥ 杨德堂《岳阳楼记出邓州》,刘道兴、杨德堂主编《范仲淹文化研究》,中国文史出版社2006年。滕宗谅,在庆历七年三月病逝。范仲淹撰写《祭同年滕待制文》、《天章阁待制滕君墓志铭》两篇,祈祷冥福。

范仲淹远离国都,身在邓州,回忆往年激烈争论,遥想老友心情处境,吐露出他内心深处的自律箴言。换言之,感慨万千的范仲淹用以平常恪守的语言来表达了他内心深处的自负。如此看来,他"先忧后乐"之辞,别有多层含义。

二、思想基层——佛教因素探析

通读范仲淹诗文,譬如"吾儒之职,去先王之经,则茫乎无所从矣"①等句子为代表,则很容易得知他的思想基层是儒家经学所形成的。可以肯定地说,他是儒学正宗中继往开来的传人。至今不少学人撰写论文来论证范仲淹的儒学思想渊源以及他对宋代理学的影响,②这里不必一一论述了。除此以外,范仲淹和其他大部分的宋儒一样,不仅对佛教深感共鸣,而且对于佛教典籍以及禅理造诣都很深。有学者认为:"儒家人士与僧侣交游,唐宋以来已蔚然成风。范仲淹不过为其中之一。""范仲淹……于佛教的看法及态度,对其所处时代的学术与社会环境亦当有或多或少的影响。在佛教史上,范仲淹被视为外护,对佛教有奖掖维护之功,是了解宋代复杂的儒释关系不可忽视的人物。"③这是基本对的。关于他和佛门僧人的互相认识、频繁交流的情况,通读《范文正公文集》,如卷二《和僧长吉湖居五题》、卷三《留题常熟顶山僧居》、卷八《朝贤送定惠大师诗序》、《天竺山日观大师塔记》以及《与文鉴大师》(《范文正公尺牍》卷下)等几篇文章,可知其概况。

范仲淹曾经写过《上执政书》(《范文正公文集》卷九),其中一部分论及佛教和道教,主张需要适当地加以控制。他说:

> 其徒繁秽,不可不约。今后天下童行,可于本贯陈牒,必诘其乡党。苟有罪戾,或父母在,鲜人供养者,勿从其请。如已受度,而父母在,别无子孙,勿许方游,则民之父母鲜转死于沟壑矣。斯亦养悍独、助孝悌之风也。其京师寺观,多招四方之人,宜给本贯凭由,乃许收录。斯亦辨奸细、复游散之要也。其天下寺观,每建殿塔,蠹民之费动逾数万,止可完旧,勿许创新。斯亦与民阜财之端也。

这篇文章的含义容易使人误解。如果说范仲淹不信佛道所说,尤其说他务要否定佛教教义,那是完全不对的。如上所述,事实证明,他不但不否定佛教,反倒积极接触、爱护佛教,这篇《上执政书》的实际意义,只是为了节俭国费、奉养父母,反对佛道两教浪费国帑民财、破坏社会秩序而已,并不意味着务要抑制佛教本身。

庆历四年(1044)六月,身为参知政事的范仲淹,受命为陕西、河东路宣抚使。④ 他到了保德军水谷(今山西保德县)的传舍时,发现失传已久的尊贵佛经一卷,这就是藏外佛典《十六

---

① 《与胡安定屯田》,《范文正公尺牍》卷下所收。参看凤凰出版社《范仲淹全集》第626页注文,楼钥《范文正公年谱》宝元元年条。
② 参看范国强主编《范仲淹研究文集》第一册所收的诸篇。
③ 黄启江《从范仲淹的释教观看北宋真、仁之际的儒释关系》,《范仲淹研究文集》,人民出版社2003年,第一册;原载《纪念范仲淹一千年诞辰国际学术研讨会论文集》,台大文学院编1990年。范仲淹等北宋士人和佛教界人士的往还材料,多见于藏经史传部语录、笔记等文献,这里暂不详谈。
④ 《长编》卷一五〇,庆历四年六月壬子条。

罗汉因果识见颂》。① 约四年以后,范仲淹作《十六罗汉因果识见颂序》云:

> 余尝览释教《大藏经》,究诸善之理,见诸佛菩萨施广大慈悲力,启利益方便门,自天地山河,细及昆虫草木,种种善谕,开悟迷徒。奈何业结障蔽深高,著恶昧善者多,见性识心者少。故佛佛留训,祖祖垂言,以济群生,以成大愿。所以随函类众圣之诠,总为《大藏》,凡四百八十函,计五千四十八卷,录而记之,俾无流坠。
>
> 余庆历初任知政事,……命余宣抚河东沿边居民将士。途中寓宿保德水谷之传舍,偶于堂檐罅间得故经一卷,名曰《因果识见颂》。其字皆古隶书,乃《藏经》所未录,而世所希闻者也。余颇异之,启轴而观,乃十六国大阿罗汉为摩拏罗多等诵佛说因果识见悟本成佛大法之颂也。……余一句一叹,一颂一悟,以至卷终,胸臆豁然,顿觉世缘大有所悟。……谨于府州承天寺命僧归依别录藏之。厥后示诸讲说高僧,通证者达,皆未见闻,莫不钦信。
>
> 后于戊子岁(即庆历八年),有江陵老僧慧喆见访,因话此颂诸圣秘密,世所希闻。喆传之于武陵僧普焕处,宝之三十余年,未逢别本。余因求副本,正其舛驳,以示善知。故直序其事,以纪其因。
>
> 时戊子仲春,高平范仲淹序。②

见此序文内容,可以看到范仲淹对佛教教义,尤其对《大藏经》的非凡造诣。

另两件资料,也说明范仲淹对禅理的造诣。晁公武撰《郡斋读书志》卷十六所载《古塔主语录》和范仲淹有比较密切的缘分。该文云:

> 古塔主语录三卷右皇朝僧道古撰。范文正喜之,尝亲为疏,请说法,有句云:"道行无玷,孤风绝攀。"时以为非溢美也。

此"古塔主"者,就是承古禅师。《五灯会元》卷十五"云门偃禅师法嗣"条有略传云:

> 饶州荐福承古禅师,操行高洁,禀性虚明。……栖止云居弘觉禅师塔所,四方学者奔凑,因称古塔主也。

"僧道古"者,或许是"僧承古"之误。景祐三年(1036)五月,范仲淹受命知饶州,③同年八月至饶州。四年十月,迎承古禅师住荐福寺。《五灯会元》亦云:

> 景祐四年,范公仲淹出守鄱阳,闻师道德,请居荐福,开阐宗风。

承古禅师到庆历五年(1045)冬十一月辞世。④《古塔主语录》三卷本,是否和现存《荐福承古禅师语录》的内容基本相同,尚未阐明。现存本《荐福承古禅师语录》是一卷本,其正名曰《古禅师语录》,绍圣年间,豫章参学门人文智编纂,现收于《新纂续藏经》第七三册。⑤开头部分,有承古禅师升堂情况的说明云:

---

① 发现《十六罗汉因果识见颂》的经过和经卷的内容,参看上述的黄启江:《从范仲淹的释教观看北宋真、仁之际的儒释关系》。《十六罗汉因果识见颂》一卷,现收于《新纂续藏经》(昭和五十五年,国书刊行会编辑)第二册。首揭范仲淹序文。
② 《范文正公别集》卷四所收《十六罗汉因果识见颂序》。"高平"是范仲淹的出生地,即河北正定高平村。
③ 《长编》卷一一八,景祐三年五月丙戌条。
④ 《佛祖纲目》卷三六。
⑤ 参看李国玲编《宋僧著述考》,四川大学出版社 2007 年,226 页、289 页。

>皇宋景祐四年丁丑岁十月初三日,知郡待制范公,躬率四众,就芝山迎师归本院。

晁公武《郡斋读书志》中"道行无玷,孤风绝攀"句,据现存《荐福承古禅师语录》中的范仲淹疏文,应作"净行无垢,孤风绝攀"。其全文云:

>古师和尚,净行无垢,孤风绝攀。法鼓一鸣,有闻皆耸,神珠四照,无隐不彰。群愿斯归,正乘可示,大众瞻仰,即同如来。谨疏。
>龙图阁待制、知饶州军州事范仲淹疏。

此《荐福承古禅师语录》末段"偈颂",有承古禅师《与范文正公》颂云:

>丈夫各负冲天气,莫认虚名污自身。撒手直须千圣外,纤毫不尽眼中尘。

可见范仲淹对承古禅师的推崇以及承古禅师对他的尊重和担忧。

清代济能纂辑《角虎集》(《新纂续藏经》第六二册所收)卷下,收有范仲淹小传,搜集关于范仲淹和他领悟禅机的四个故事。其全文如下:

>文正公范仲淹居士(嗣法宗道者)公字希文,读书长白山中,一日于寺中,得窖金,覆之不取。及为枢密、参知政事,语僧出金修寺。
>公宿传舍,获故经一卷,名《十六罗汉因果颂》,《藏经》所未录也。付诸梓而为序曰:此颂文,一尊者七首,皆悟本成佛之言。予读之,一颂一悟,方知人世有无边圣法,《大藏》遗焉。
>公守吴日,琅琊觉禅师谒之,留数日。赠以偈曰:"连朝共话释疑团,岂谓浮生半日闲。直欲与师闲到老,尽收识性入玄关。"
>时有宗道者,见雪窦后,超放自如。后忽自检居寿春,不出。常口诵弥陀,以扫帚自净其居。公往见之,问曰:"住山多年,有何旨趣?"宗曰:"山中住,独掩柴门无别趣。三个柴头品字煨,不用援毫文彩露。"公曰:"如何是西来大意?"宗曰:"云开山月露,雨过竹风凉。"又问:"终日念佛,当过甚么?"宗举扫帚作舞势。公豁然领旨,常修净业,以养圣胎。临终之日,谓家人曰:"吾昨夜梦,池中莲花皆作金色,即当随师西去矣。"泊然而逝。

前三个故事都有他本记载,而最后的故事描绘范仲淹临终时的情况,他书不见。宗道者,史上实有其人,《林间录》卷一有他的略传,而无有涉及范仲淹的记载。总之,《角虎集》一书,毕竟是清代编纂的佛书,其内容仍然有些可疑之处,然而有一点值得参考的价值。

范仲淹的思想基层面,理所当然,以儒学为主。此外,有无儒学以外的因素?佛教和道教因素有多大?这些思想因素是否和他的社会救济思想、利民政策有所关联?他的利国利民思想起源于哪些方面?这些都是需要进一步探讨的问题。

如上所述,在范仲淹的思想基层面里,佛教的因素也相当大。加之,道教因素也不见得少。在范仲淹的集子里,处处可以找到他赠送道士的诗文,如《范文正公文集》卷六《赠钟道士》、《赠茅山张道士》等,可谓不乏其例。① 可以说,在范仲淹的思想基层面,儒、佛、道三教融洽无间,互不矛盾,自然而然地形成了范仲淹博大精深的思想结构。

王称十分钦佩范仲淹的高识宏论,赞曰:"仲淹之语忧乐,信所谓有一言而可以终身行之

---

① 关于范仲淹对道家哲理的理解,参看王煜《范仲淹及其门徒对佛道两教的态度》,《范仲淹研究文集》,人民出版社2003年,第一册;原载《纪念范仲淹一千年诞辰国际学术研讨会论文集》,台大文学院编,1990年。

者。虽圣人复起,不易斯言矣。"①对范仲淹表白了至高尊崇之意。范仲淹自负忧国忧民之心不偏不倚,一生走上属于正统范畴的光明大道。因此,在北宋士大夫当中,他不愧为数一数二的示范楷模。

---

① 王称《东都事略》卷五九上《范仲淹传》。

"以天下为己任"
——范仲淹为政之道研究之一

张希清

范仲淹(989—1052)以《岳阳楼记》一文,名传千古;其"先天下之忧而忧,后天下之乐而乐"的名言,几为妇孺皆知。但他不仅是一位伟大的文学家、思想家,而且首先是一位伟大的政治家。他从宋真宗大中祥符八年(1015)三月蔡齐榜进士及第,四月授官广德军(治今安徽广德)司理参军,到仁宗皇祐四年(1052)五月,死于赴知颍州(治今安徽阜阳)任途中的徐州,先后为官从政三十七年。他既历知州县,又位登两府;既出宋夏战争前线为将(陕西四路都部署、经略安抚兼缘边招讨使),又入朝廷为相(参知政事,即副宰相)。王安石评论他:"呜呼我公,一世之师。由初迄终,名节无疵。"①韩琦称赞他:"雄文奇谋,大忠伟节。充塞宇宙,照耀日月。前不愧于古人,后可师于来者。"②黄庭坚则称:"范文正公,当时文武第一人,至今文经武略,衣被诸儒,譬如蓍龟,而吉凶成败不可变更也。"③在范仲淹的从政生涯中,蕴涵着极为宝贵的政治思想和智慧,也蕴涵着极为丰富的经验和教训。而其为政之道最为突出的,则是"以天下为己任"。朱熹说:"范公平日胸襟豁达,毅然以天下国家为己任。"又说:"且如一个范文正公,自做秀才时便以天下为己任,无一事不理会过。一旦仁宗大用之,便做出许多事业。"④《宋史》卷三一四《范仲淹传》亦云:"及陕西用兵,天子以(范)仲淹士望所属,拔用之。及(吕)夷简罢,召还,倚以为治,中外想望其功业,而仲淹以天下为己任,裁削倖滥,考覈官吏,日夜谋虑兴致太平。"关于范仲淹的研究,可谓硕果累累,不胜枚举,但对其"以天下为己任"的为政之道的专门研究,尚不多见。现简要论述如下,敬请方家批评指正。

一、忧患意识:"有忧天下之心"

(一)忧国忧民忧天下

范仲淹的"以天下为己任",首先表现在他"有忧天下之心"。⑤ 中国古代士人,历来具有

---

① 王安石撰、唐武标校点《王文公文集》卷八一《祭范颍州仲淹文》,上海人民出版社1974年,第873页。
② 李裕民、佐竹靖彦共编《增广司马温公全集》卷一〇八《代韩魏公祭范希文》,汲古书院1993年,第364页。
③ 张照、梁诗正等《石渠宝笈》卷二九《宋范仲淹道服赞》黄庭坚跋,台湾商务印书馆影印文渊阁《四库全书》本,第825册,第193页。
④ 黎靖德编《朱子语类》卷一二九《自国初至熙宁人物》,中华书局1986年,第3087、3088页。
⑤ 欧阳修撰、李逸安点校《欧阳修全集》卷六七《与范希文书》,中华书局2001年,第983页。

比较强烈的忧患意识。① 所谓忧患意识,是指人们面临自然、人生、社会所遭遇的苦难而产生的忧虑与思索。春秋战国时期,孔子说:"君子忧道不忧贫。"②又说:"德之不修,学之不讲,闻义不能徙,不善不能改,是吾忧也。"③孔子的忧患主要在于"君子"个人的道德情操。孟子说:"天将降大任于斯人也,必先苦其心志,劳其筋骨,饿其体肤,空乏其身,行拂乱其所为,所以动心忍性,曾益其所不能。人恒过,然后能改;困于心,衡于虑,而后作;征于色,发于声,而后喻。入则无法家拂士,出则无敌国外患者,国恒亡。然后知生于忧患而死于安乐也。"④孟子认为,如果没有"苦难"的磨炼,要培养出刚强意志、奋发精神,是不可能的。忧患足以使人生存发展,安乐足以使人沉沦死亡。孟子的忧患意识则成为一种人生哲学。西汉初年,贾谊多次向汉文帝上书陈述政事,说:"臣窃惟事势,可为痛哭者一,可为流涕者二,可为长太息者六,若其他背理而伤道者,难遍以疏举。进言者皆曰天下已安已治矣,臣独以为未也。曰安且治者,非愚则谀,皆非事实知治乱之体者也。"⑤贾谊所忧患的是国家的安危治乱,他的忧患意识则是一种忧国、忧民、忧天下的社会责任感。

"有忧天下之心"一语大概最早见于唐朝韩愈的上宰相第三书,他说:"今天下一君,四海一国,舍乎此则夷狄矣,去父母之邦矣;故士之行道者不得于朝,则山林而已矣。山林者,士之所独善自养,而不忧天下者之所能安也。如有忧天下之心,则不能矣。故愈每自进而不知愧焉,书亟上、足数及门而不知止焉。"⑥韩愈是"有忧天下之心"的,他"以天下为己任",所以"书亟上、足数及门而不知止",目的在于"行道"于朝。范仲淹在《上资政晏侍郎书》中也说:

> 某天不赋智,昧于几微,而但信圣人之书,师古人之行,上诚于君,下诚于民。韩愈自谓"有忧天下之心",由是时政得失,或尝言之,岂所谓不知量也?⑦

范仲淹的心与韩愈是相通的,都是"有忧天下之心",而谏诤不已。同时代的欧阳修也认为范仲淹"有忧天下之心"。他在《与范希文书》中写道:

> 自去岁在洛阳,闻以言事出睦州。及来京师,又知移常州,寻复得苏州,迁延南方,岁且终矣。南方美江山,水国富鱼与稻,世之仕宦者举善地,称东南。然窃惟希文登朝廷,与国论,每顾事是非,不顾自身安危,则虽有东南之乐,岂能为有忧天下之心者乐哉!⑧

这里的"有忧天下之心者",即是指因极谏废郭后被贬而出知睦州的范仲淹。

范仲淹不但自己"有忧天下之心",而且认为其他臣僚也应该有忧天下之心。他在《上资政晏侍郎书》中说道:"今朝廷必欲求有道之言,在其择而必行,不在其诱于必赏。言而无赏,则真有忧天下之心者,不废其进焉。"⑨他在知苏州时的《上吕相公并呈中丞谘目》中也说:"某

---

① 参见张岂之《历史上的忧患意识》,《炎黄春秋》2000年第11期。
② 杨伯峻译注《论语译注》《卫灵公篇第十五》,中华书局1980年,第168页。
③ 杨伯峻译注《论语译注》《述而篇第七》,第67页。
④ 杨伯峻译注《孟子译注》卷十二《告子章句下》,中华书局1980年,第298页。
⑤ 班固《汉书》卷四八《贾谊传》,中华书局1962年,第2230页。
⑥ 韩愈撰、阎琦校注《韩昌黎文集注释》卷三《后廿九日复上书》,三秦出版社2004年,第244页。
⑦ 范仲淹《范文正公文集》卷十《上资政晏侍郎书》,范能濬编集、薛正兴校点《范仲淹全集》,凤凰出版社2004年,第202页。
⑧ 欧阳修撰、李逸安点校《欧阳修全集》卷六七《与范希文书》,第983页。
⑨ 范仲淹《范文正公文集》卷十《上资政晏侍郎书》,《范仲淹全集》,第204页。

已具此闻于相府,仰惟中丞有忧天下之心,为亦留意于此焉。"①他还以此衡量他人。如在《推委臣下论》中指出,宰辅大臣应该有忧天下之心,建议仁宗广为询访,精意求贤,"其深于正道,有忧天下之心,可备辅相者,记之"。② 其《举张昇自代状》亦云:

> 右,臣伏蒙圣慈特授尚书礼部侍郎。臣伏见工部郎中、集贤院修撰、知润州张昇筮仕以来,清介自立。精思剧论,有忧天下之心;纯诚直道,无让古人之节。朝野推重,臣所不如。乞回臣所授,以允公议。③

范仲淹举张昇自代的理由之一就是"有忧天下之心"。张昇后历官御史中丞、参知政事、枢密使,均有政绩。他"见帝春秋高,前后屡进言储嗣事,卒与韩琦同决策"。"王曾称其有公辅器"。司马光称其"为人忠谨清直,不可干以私"。④ 确实也是一位有忧天下之心者。此外,范仲淹在《户部侍郎赠兵部尚书蔡公墓志铭》中也特意表彰其同年状元蔡齐"以进贤为乐,以天下为忧"。⑤ 他认为蔡齐也是一位"有忧天下之心"者。

(二)"进亦忧,退亦忧","居庙堂之高,则忧其民;处江湖之远,则忧其君"

一般士大夫均如孟子所说:"穷则独善其身,达则兼善天下。"⑥而范仲淹因以天下为己任,有忧天下之心,所以他"进亦忧,退亦忧","居庙堂之高,则忧其民;处江湖之远,则忧其君"。⑦ 这是他的思想境界远远超出一般士大夫之处。

乾兴元年(1022)十二月,时任文林郎、试秘书省校书郎、权集庆军节度推官、监泰州西溪镇盐仓的范仲淹,即上书尚书右丞、枢密副使张知白曰:

> 其大幸者,生四民中,识书学文,为衣冠礼乐之士;研精覃思,粗闻圣人之道。知忠孝可以奉上,仁义可以施下,功名可存于不朽,文章可贻于无穷,莫不感激而兴,慨然有益天下之心,垂千古之志,岂所谓不知量也?……而当世大君子,以某雕虫之技而怜之者有矣,未有谓某之诚可言天下之道者。今复吏于海隅葭莩之中,与国家补锱铢之利,缓则雁谷,猛且贼民,穷荒绝岛,人不堪其忧,尚何道之可进!……恭惟右丞,播洪钧之仁,矜其不肖,以一言置于左右。……使某会遇之日,有益于当时,有垂于将来,乃右丞之道传传而不朽矣。⑧

这不是一封普通的自荐书,而是北宋中期一位新兴士大夫的自白和呼唤。从中可以看出,范仲淹虽然只是一个从九品33阶的身处海隅荒岛的监当官,但他"慨然有益天下之心,垂千古之志",渴望有机会"言天下之道","有益于当时,有垂于将来"。这充分展现出他以天下为己任、有忧天下之心的广阔胸怀和远大志向。

---

① 范仲淹《范文正公文集》卷十一《上吕相公并呈中丞谘目》,《范仲淹全集》,第233页。
② 范仲淹《范文正公文集》卷七《推委臣下论》,《范仲淹全集》,第135页。
③ 范仲淹《范文正公文集》卷十九《举张昇自代状》,《范仲淹全集》,第385页。
④ 脱脱等《宋史》卷三一八《张昇传》,中华书局1977年,第10362—10363页。
⑤ 范仲淹《范文正公文集》卷十四《户部侍郎赠兵部尚书蔡公墓志铭》,《范仲淹全集》,第294页。
⑥ 杨伯峻译注《孟子译注》卷十三《尽心章句上》,第304页。
⑦ 范仲淹《范文正公文集》卷八《岳阳楼记》,《范仲淹全集》,第168页。
⑧ 范仲淹《范文正公文集》卷九《上张右丞书》,《范仲淹全集》,第181页。

天圣三年(1025)四月，范仲淹又直接向垂帘听政的刘太后和宋仁宗上了一封《奏上时务书》，直言极谏，"欲倾臣节，以报国恩"。他提出了救文弊、讲武备、选贤俊、抑侥幸、崇圣德、少巡幸、纳远谋、勿独断等八项建议，着重指出要"外防夷狄、内防奸邪"，"防之于未萌，治之于未乱"。① 此时范仲淹仍为文林郎、监泰州西溪镇盐仓，只不过其阶官升为"守大理寺丞"，即从33阶升为26阶。仍然是身在海隅，心忧天下，而且其忧患更为具体了。真所谓"处江湖之远，则忧其君"。

天圣五年(1027)，范仲淹因丁母忧而执教于应天府(治今河南商丘)书院，教学之余，他又向宰相王曾、张知白，参知政事吕夷简、鲁宗道上了一封洋洋万言的《上执政书》。范仲淹在这封万言书的开头即写道：

> 某居亲之丧，上书言事，逾越典礼，取笑天下，岂欲动圣贤之知，为身名之计乎？某谓居丧越礼，有诛无赦，岂足动圣贤之知耶？……盖闻忠孝者，天下之大本也。其孝不逮矣，忠可忘乎！此所以冒哀上书，言国家事，不以一心之戚，而忘天下之忧，庶乎四海生灵，长见太平。……
>
> 今朝廷久无忧矣，天下久太平矣，兵久弗用矣，士曾未教矣，中外方奢侈矣，百姓反困穷矣。朝廷无忧，则苦言难入；天下久平，则倚伏可畏；兵久弗用，则武备不坚；士曾未教，则贤材不充；中外奢侈，则国用无度；百姓困穷，则天下无恩。苦言难入，则国听不聪矣；倚伏可畏，则奸雄或伺其时矣；武备不坚，则戎狄或乘其隙矣；贤材不充，则名器或假于人矣；国用无度，则民力已竭矣；天下无恩，则邦本不固矣。倘相府思变其道，与国家磐固基本，一旦王道复行，使天下为富为寿数百年，由今相府致君之功也。倘不思变其道，而但维持岁月，一旦乱阶复作，使天下为血为肉数百年，亦今相府负天下之过也。②

居父母之丧期间，按礼是不应该上书言事的。那么，范仲淹为什么冒哀上书、言国家事呢？是为了自己的名声利禄吗？不是。而是"不以一心之戚，而忘天下之忧，庶乎四海生灵，长见太平"，即心忧天下，为国尽忠。

如何磐固国本、复行王道呢？范仲淹说：

> 某窃谓相府报国致君之功，正在乎固邦本，厚民力，重名器，备戎狄，杜奸雄，明国听也。固邦本者，在乎举县令，择郡守，以救民之弊也；厚民力者，在乎复游散，去冗僭，以阜时之财也；重名器者，在乎慎选举，敦教育，使代不乏材也；备戎狄者，在乎育将材，实边郡，使夷不乱华也；杜奸雄者，在乎朝廷无过，生灵无怨，以绝乱之阶也；明国听者，在乎保直臣，斥佞人，以致君于有道也。③

《上执政书》中的这六项改革措施，较之两年前《奏上时务书》中的八项建议，更加完备成熟、切实可行了。苏轼评论说："公在天圣中，居太夫人忧，则已有忧天下、致太平之意，故为万言书以遗宰相，天下传诵。至用为将，擢为执政，考其平生所为，无出此书者。"④

范仲淹平生所为或有超出此书者，但由此足可以看出他"已有忧天下、致太平之意"。此

---

① 范仲淹《范文正公文集》卷九《奏上时务书》，《范仲淹全集》，第177页。
② 范仲淹《范文正公文集》卷九《上执政书》，《范仲淹全集》，第182—184页。
③ 范仲淹《范文正公文集》卷九《上执政书》，《范仲淹全集》，第184页。
④ 苏轼《苏轼文集》卷十《范文正公文集叙》，中华书局1986年，第312页。

书一出，天下传诵。相府宰执虽未付诸实施，但却获得当时首相王曾的极力赞赏。次年，晏殊入朝为御史中丞，当荐馆职。王曾遂指示晏殊推荐范仲淹应试学士院。于是，在服丧期满之后，范仲淹被任命为秘阁校理，踏上立朝行道之路。十五年后，他被擢为执政，遂得以将当年的《上执政书》付诸实施。

范仲淹"进亦忧"，为国事直言极谏。"居庙堂之高，则忧其民"。庆历三年（1043）八月，入朝为参知政事；九月，即上《答手诏条陈十事》，奏言："我国家革五代之乱，富有四海，垂八十年。纲纪制度，日削月侵；官壅于下，民困于外；夷狄骄盛，寇盗横炽，不可不更张以救之。"其忧国忧民之情，溢于言表。当他遭贬黜，到外地做官，则"退亦忧"，"处江湖之远，则忧其君"。如庆历五年（1045）正月，范仲淹罢参知政事，以右谏议大夫、资政殿学士知邠州（治今陕西彬县），兼陕西四路沿边安抚使。他在《谢授知邠州表》中说："臣敢不即日首途，奉召行事？生民疾苦，可得询求，边塞机宜，更当筹虑。用罄臣节，以酬圣知。"①十一月，改知邓州（治今河南邓州），范仲淹在《邓州谢上表》中说："敢不孜孜于善，战战厥心？求民疾于一方，分国忧于千里。上酬圣造，少罄臣诚。"②皇祐四年（1052）五月，范仲淹病逝于赴知颖州任的途中。他在临终所上《遗表》中还说："伏望陛下，调和六气，会聚百祥，上承天心，下徇人欲。明慎刑赏，而使之必当；精审号令，而期于必行。尊崇贤良，裁抑侥幸。制治于未乱，纳民于大中。如此，则不独微臣甘从于异物，庶令率土永寖于淳风。"③真可谓心忧天下，进退皆忧，死而后已。

（三）"先天下之忧而忧，后天下之乐而乐"

庆历六年（1046）九月，范仲淹在邓州，应谪知岳州（治今湖南岳阳）的挚友滕宗谅的请求，撰写了传诵千古的《岳阳楼记》。其末篇云：

> 嗟夫！予尝求古仁人之心，或异二者之为，何哉？不以物喜，不以己悲。居庙堂之高，则忧其民；处江湖之远，则忧其君。是进亦忧，退亦忧，然则何时而乐耶？其必曰："先天下之忧而忧，后天下之乐而乐。"噫！微斯人，吾谁与归！

"先忧后乐"正是范仲淹"以天下为己任"的又一突出表现，也是他的思想境界远远超过一般士大夫之处。"先天下之忧而忧，后天下之乐而乐"的名句虽然在他58岁时才见诸文字，但却是他一贯的思想。欧阳修《资政殿学士户部侍郎文正范公神道碑铭》云："公少有大节，于富贵、贫贱、毁誉、欢戚，不一动其心，而慨然有志于天下，常自诵曰：'士当先天下之忧而忧，后天下之乐而乐也。'其事上遇人，一以自信，不择利害为趋舍。其所有为，必尽其力。"④说明"先忧后乐"是范仲淹经常"自诵"的格言；他之所以有"先忧后乐"的思想，正是因为他具有"慨然有志于天下"的"大节"。

孟子曰："乐民之乐者，民亦乐其乐；忧民之忧者，民亦忧其忧。乐以天下，忧以天下，然

---

① 范仲淹《范文正公文集》卷十八《谢授知邠州表》，《范仲淹全集》，第367页。
② 范仲淹《范文正公文集》卷十八《邓州谢上表》，《范仲淹全集》，第371页。
③ 范仲淹《范文正公文集》卷十八《遗表》，《范仲淹全集》，第378页。
④ 欧阳修撰、李逸安点校《欧阳修全集》卷二一《资政殿学士户部侍郎文正范公神道碑铭》，第333页。

而不王者,未之有也。"①孟子劝告齐宣王:与天下百姓同忧同乐,才能使天下归服。欧阳修曾对孟子的"乐以天下,忧以天下"做过解释。他说:

> 圣人忧以天下,乐以天下。其乐也,荐之上帝、祖考而已,其身不与焉。众人之豫,豫其身耳。圣人以天下为心者也,是故以天下之忧为己忧,以天下之乐为己乐。②

欧阳修进一步解释说,圣人是"以天下为心者",所以"以天下之忧为己忧,以天下之乐为己乐"。而范仲淹"有忧天下之心",所以不但"以天下之忧为己忧,以天下之乐为己乐",而且"先天下之忧而忧,后天下之乐而乐"。其思想境界显然远远超过了亚圣孟子。

范仲淹不但是这样说的,也是这样做的。他一生为官清白,总是"先天下之忧而忧,后天下之乐而乐"。欧阳修《文正范公神道碑》云:"公为人外和内刚,乐善泛爱。丧其母时尚贫,终身非宾客食不重肉,临财好施,意豁如也。及退而视其私,妻子仅给衣食。"③富弼《范文正公墓志铭》云:"公天性喜施与,人有急,必济之,不计家用有无。既显,门中如贱贫时,家人不识富贵之乐。……而殓无新衣,友人醵资以奉葬。诸孤亡所处,官为假屋韩城以居之。"④又史载:"公既贵,常以俭约率家人,且戒诸子曰:'吾贫时,与汝母养吾亲。汝母躬执爨,而吾亲甘旨未尝充也。今而得厚禄,欲以养亲,亲不在矣。汝母又已蚤世。吾所恨者,忍令若曹享富贵之乐也!'"⑤

范仲淹的为官清廉与清官包拯极为相似。包拯"居家俭约,衣服、器用、饮食,虽贵,如初宦时"。⑥范仲淹亦是"既显,门中如贱贫时,家人不识富贵之乐"。包拯与妻子同甘共苦:"孝肃渐贵,夫人与公终日相对,亡声伎珍怪之玩,素风泊然。"⑦范仲淹亦是"及退而视其私,妻子仅给衣食。"

庆历二年(1042),范仲淹在宋夏战争前线上《让观察使第一表》云:"自古将帅与士旅同其安乐,则可共其忧患,而为国家之用。故士未饮而不敢言渴,士未食而不敢言饥。"⑧富弼《范文正公墓志铭》云:"公天性喜施与……每抚边,赐金良厚,而悉以遗将佐。"⑨

范仲淹晚年知杭州,"子弟以公有退志,乘间请治第洛阳,树园圃,以为逸老之地"。他断然拒绝,说:

> 人苟有道义之乐,形骸可外,况居室哉!吾今年逾六十,生且无几,乃谋树第治圃,顾何待而居乎?吾之所患,在位高而艰退,不患退而无居也。且西都士大夫园林相望,为主人者莫得常游,而谁独障吾游者?岂必有诸己而后为乐耶?俸赐之余,宜以赒宗族。若曹遵吾言,毋以为虑。⑩

---

① 杨伯峻译注《孟子译注》卷二《梁惠王章句下》,第33页。
② 欧阳修撰、李逸安点校《欧阳修全集》卷七六《易童子问》卷一,第1109页。
③ 欧阳修撰、李逸安点校《欧阳修全集》卷二一《资政殿学士户部侍郎文正范公神道碑铭》,第336页。
④ 洪业、聂崇歧等编纂《琬琰集删存》卷二,富弼《范文正公仲淹墓志铭》,上海古籍出版社1990年,第192页。
⑤ 范仲淹《范文正公文集》附录一《言行拾遗事录》卷一《常以俭约率家人》,《范仲淹全集》,第793页。
⑥ 包拯撰、杨国宜校注《包拯集校注》附录一《国史本传》,黄山书社1999年,第270页。
⑦ 包拯撰、杨国宜校注《包拯集校注》附录一《宋故永康郡夫人董氏墓志铭》,第281页。
⑧ 范仲淹《范文正公文集》卷十七《让观察使第一表》,《范仲淹全集》,第353页。
⑨ 洪业、聂崇歧等编纂《琬琰集删存》卷二,富弼《范文正公仲淹墓志铭》,第192页。
⑩ 朱熹撰、李伟国校点《五朝名臣言行录》卷七之二《参政范文正公》引《遗事》,《朱子全书》,上海古籍出版社2002年,第12册,第219页。

于是,"尽余俸买田于苏州,号义庄,以聚疏属"。① 范仲淹之乐是"道义之乐",已经远远超出"形骸"、"居室"之外。"心忧天下"即是其乐。

正因为范仲淹"先天下之忧而忧,后天下之乐而乐",所以到处受到尊敬与爱戴。正如欧阳修《文正范公神道碑》所云:"其为政,所至民多立祠画像。其行己临事,自山林处士、里闾田野之人,外至夷狄,莫不知其名字,而乐道其事者甚众。"②李焘《续资治通鉴长编》卷一七二亦载:"死之日,四方闻者莫不嗟惜。为政忠厚,所致有恩,邠、庆二州之民与属羌皆画像立生祠;及其卒也,羌酋数百人为举哀于佛寺,号之如父,斋三日而去。"③

二、主体意识:与天子"共治天下"

随着士大夫主体意识的逐步觉醒,北宋中期出现了士大夫与天子"共治天下"的政治思潮和政治局面。④ 天子与百官"共治天下"一语大概最早起源于班固(32—92)的《汉书》。其卷八十九《循吏传·序》云:

> 及至孝宣,由仄陋而登至尊,兴于闾阎,知民事之艰难。自霍光薨后,始躬万机,厉精为治,五日一听事,自丞相已下各奉职而进。及拜刺史、守相,辄亲见问,观其所由,退而考察所行以质其言,有名实不相应,必知其所以然。常称曰:"庶民所以安其田里而亡叹息愁恨之心者,政平讼理也。与我共此者,其良二千石乎!"

汉宣帝所说"与我共此者",即"与我共治天下者"。《晋书》卷六九《孙波传》即直接写作:"昔汉宣有云:与我共治天下者,其良二千石乎!"而"共治天下"一词大概最早见于张衡(78—139)《论衡》卷十《刺孟篇》:"始于文王而卒传于武王。武王崩,成王、周公共治天下。"东汉何休《春秋公羊传解诂·庄公元年》云,天子应"通贤共治,示不独专"。至曹魏时,则始见于曹操的《求贤令》。《三国志》卷一《魏书一·武帝纪第一》载:"(建安)十五年春,下令曰:'自古受命及中兴之君,曷尝不得贤人君子与之共治天下者乎!'"

在北宋之前,天子与百官"共治天下"一语尚不常见,检索《四库全书》,仅约有二十处;到北宋真宗之后,才开始多起来。据初步考察,出之于其口中或笔下者,就有真宗大中祥符五年(1012),龙图阁待制张知白(?—1028)的上言:"《汉史》载宣帝为明盛之主,美其任人责成,知王道之根本,常曰:'与我共治天下者,其惟良二千石乎!'斯言也,传示不朽,后之人孰不称颂哉!"⑤真宗时,右正言夏竦(985—1051)所进《议选调》策云:"国家膺天成命,司牧元元,分命庶官,共治天下。"⑥胡瑗(993—1059)所撰《周易口义》曰:"九二:刚明之臣,与之共治

---

① 洪业、聂崇歧等编纂《琬琰集删存》卷二,富弼《范文正公仲淹墓志铭》,第192页。
② 欧阳修撰、李逸安点校《欧阳修全集》卷二一《资政殿学士户部侍郎文正范公神道碑铭》,第336页。
③ 李焘《续资治通鉴长编》(以下简称《长编》)卷一七二,皇祐四年五月丁卯,中华书局2004年,第4147页。
④ 参见程民生《论宋代士大夫政治对皇权的限制》,《河南大学学报》(社会科学版)第39卷第3期(1999年5月);张其凡《"皇帝与士大夫共治天下"试析》,《暨南学报》第23卷第6期(2001年11月);王瑞来《宋代士大夫主流精神论——以范仲淹为中心的考察》,《宋史研究论丛》第6辑,河北大学出版社2005年;余英时《朱熹的历史世界:宋代士大夫政治文化的研究》,三联书店2004年;邓小南《祖宗之法——北宋前期政治述略》,三联书店2006年;诸葛忆兵《范仲淹与北宋士风演变》,《中国人民大学学报》2006年第5期等。
⑤ 李焘《长编》卷七八,大中祥符五年七月己巳,第1774页。
⑥ 夏竦《文庄集》卷十三《进策·议选调》,台湾商务印书馆影印文渊阁《四库全书》本,第1087册,第162页。

天下,当绝疑忌之心,以信相待,则兴治之功毕,而终获其吉也。"①蔡襄(1012—1067)所撰《梁适追封安国太夫人阎氏可追封□国夫人制》云:"敕:进登宰路者,所以共治天下。而于其家必极褒崇者,非特慰夫幽途,亦以伸人子之荣遇也。"②沈遘(1028—1067)所撰《戒励贡士敦尚行实诏》云:"凡尔守令师帅官,吾所以共治天下者也,岂不念此!"③熙宁八年(1075),张方平(1007—1091)上言:"昔尧舜之为君,选于众,举十六官,而与皋、夔、稷、契共治天下,犹且明四目,达四聪,而后能协和万邦。虽大圣贤,未有一人之心力而可以成天下之务也。"④等等。此后,谈论士大夫与天子"共治天下"者就更多了。

"共治天下"亦作"共理天下",如《唐大诏令集》卷一〇四《察访刺史县令诏》即云:"汉宣帝云:'与我共理天下者,其惟良二千石乎!'"范仲淹文集中未见"共治天下"一词,只有天圣三年(1025)四月《奏上时务书》说:"自古帝王,与佞臣治天下,天下必乱;与忠臣治天下,天下必安。"⑤但言"共理天下"者,则至少有十处之多。如天圣三年(1025)四月,他在《奏上时务书》中说:"臣又闻先王建官,共理天下,必以贤俊授任,不以爵禄为恩。故百僚师师,各扬其职,上不轻授,下无冒进。此设官之大端也。"⑥天圣五年(1027),他在《上执政书》中说:"某窃览前书,见周汉之兴,圣贤共理,使天下为富为寿数百年,则当时致君者功可知矣。"又说:"某又观今之郡长,鲜克尽心。……苟且之弊,积习成风。俾斯人之徒共理天下,王道何从而兴乎!"⑦天圣八年(1030),他在《上资政晏侍郎书》中说:"盖闻昔者圣人求天下之言,以共理天下,于是命百官箴阙,百工献艺,斯则大臣小臣无非谏也。"⑧天圣八年五月,他在《上时相议制举书》中又说:"后世圣人开学校,设科等,率贤俊以趋之,各使尽其心,就其器,将以共理于天下。"⑨庆历三年(1043)二月,他在《论转运得人许自择知州》中说:"内[外]官虽多,然与陛下共理天下者,唯守宰最要耳。"⑩庆历三年(1043)九月,他在《答手诏条陈十事》中又说:"臣闻先王建侯,以共理天下。今之刺史、县令,即古之诸侯,一方舒惨,百姓休戚,实系其人。故历代盛明之时,必重此任。"⑪他在《六官赋》中说:"今国家博采遗贤,陛明多士,将五帝以齐迈,命六官而共理。"⑫庆历五年,他在《谢转给事中移知邓州表》中也说:"臣敢不寅奉朝经,躬修民政?孜孜共理,少望于前贤;塞塞一心,无忘于大节。"⑬皇祐元年(1049),他在《杭州谢上表》中又说:"虽辽隔于明天,亦荐分于善壤。共理吴会之域,奉扬唐虞之风。"⑭据初步统计,在北宋的士大夫中,范仲淹大概是谈论天子与士大夫"共治天下"最多者之一。

---

① 胡瑗《周易口义》卷十《未济》,影印文渊阁《四库全书》本,第8册,第448页。
② 蔡襄撰、陈庆元等校注《蔡襄全集》卷十三《梁适追封安国太夫人阎氏可追封 国夫人制》,福建人民出版社1999年,第342页。
③ 沈遘《西溪文集》卷四《戒励贡士敦尚行实诏》,《四部丛刊》三编本。
④ 李焘《长编》卷二六九,熙宁八年十月丁巳,第6613页。
⑤ 范仲淹《范文正公文集》卷九《奏上时务书》,《范仲淹全集》,第176页。
⑥ 范仲淹《范文正公文集》卷九《奏上时务书》,《范仲淹全集》,第174页。
⑦ 范仲淹《范文正公文集》卷九《上执政书》,《范仲淹全集》,第183、185—186页。
⑧ 范仲淹《范文正公文集》卷十《上资政晏侍郎书》,《范仲淹全集》,第202页。
⑨ 范仲淹《范文正公文集》卷十《上时相议制举书》,《范仲淹全集》,第209页。
⑩ 范仲淹《范文正公集补编》卷一《论转运得人许自择知州》,《范仲淹全集》,第664页。
⑪ 范仲淹《范文正公政府奏议》卷上《答手诏条陈十事》,《范仲淹全集》,第480页。
⑫ 范仲淹《范文正公别集》卷二《六官赋》,《范仲淹全集》,第427页。
⑬ 范仲淹《范文正公文集》卷十八《谢转给事中移知邓州表》,《范仲淹全集》,第369页。
⑭ 范仲淹《范文正公文集》卷十八《杭州谢上表》,《范仲淹全集》,第372页。

"共治天下"有时亦作"共天下"、"同治天下"、"与治天下",如徐积(1028—1103)所撰《策问》说:"天子之所与共天下者,其人皆出乎士也。"①程颐(1033—1107)解《尧典》"克明俊德"说:"帝王之道也,以择任贤俊为本,得人而后与之同治天下。"②毕仲游(1047—1121)在《理会科场奏状》中说:"异日设官分职,凡所与共天下之治者,必多由科举而进,非细事也。"③

但"共天下"还有另外一层涵义,即"共有天下"、"共享天下"。如西汉张良所说的"君王能与共天下,可立致也"④;及东晋时人所说的"王与马,共天下"⑤。这在宋神宗与文彦博的一次对话中表现得更为明显。《续资治通鉴长编》卷二二一载:

> [宋神宗熙宁四年(1071)三月戊子](文)彦博又言:"祖宗法制具在,不须更张以失人心。"上曰:"更张法制,于士大夫诚多不悦,然于百姓何所不便?"彦博曰:"为与士大夫治天下,非与百姓治天下也。"上曰:"士大夫岂尽以更张为非,亦自有以为当更张者。"

这里的"与士大夫治天下"更侧重的涵义是天子"与士大夫共有天下"、"为士大夫治天下"。

另外,所谓"共治天下",最初涵义是天子与百官共治天下,北宋中期之后,逐渐演变为天子与士大夫共治天下。如上引北宋人徐积(1028—1103)所说:"天子之所与共天下者,其人皆出乎士也。"⑥又如北宋人李若水(1093—1127)所说:"夫人君之所以治天下以有民,所以共治以有士。"⑦又如两宋之际的李纲(1083—1140)说:"臣闻人主所以共治天下者,莫先于人才;所以激励天下者,莫先于士风。"⑧再如两宋之际的陈渊(?—1145)则说:"夫士大夫,天子所与共理者也。"⑨其涵义更加宽泛了。

北宋的皇帝也大多是认可天子与士大夫"共治天下"的。如雍熙二年(985)十二月,太宗曾对宰相李昉等说:"中书、枢密,朝廷政事所出,治乱根本系焉。且天下广大,卿等与朕共理,当各竭公忠,以副任用。"⑩仁宗在《戒励臣僚奏荐敕》中说:"敕:朕制临天下,思与贤材而共治之,故开荐举之路;又于群臣无有疑间,故所荐多亦升任。"⑪

为什么天子必须与士大夫"共治天下"呢?首先,历史发展到宋代,天子不再是神,而是人。秦朝末年,陈胜、吴广起义时就曾提出:"王侯将相宁有种乎!"⑫五代时期,更是政权更迭频繁,正如后晋使相安重荣所说:"天子,兵强马壮者当为之,宁有种耶!"⑬宋朝以军事政变得国,"天命"说也没有太大市场。天子既然是人,就会犯错误,就不应该一人独裁。正如范仲淹所说:

> 圣人之至明也,临万机之事而不敢独断;圣人之至聪也,纳群臣之言而不敢偏听。

---

① 徐积《节孝集》卷二九《策问》,影印文渊阁《四库全书》本,第1101册,第935页。
② 程颢、程颐《河南程氏经说》卷二《尧典》,《二程集》,中华书局1981年,第1035页。
③ 毕仲游《西台集》卷一《理会科场奏状》,影印文渊阁《四库全书》本,第1122册,第6页。
④ 班固《汉书》卷一下《高帝纪第一下》,注云:"师古曰:共有天下之地,割而封之。"第49页。
⑤ 房玄龄等《晋书》卷九八《王敦传》,中华书局1974年,第2554页。
⑥ 徐积《节孝集》卷二九《策问》,影印文渊阁《四库全书》本,第1101册,第935页。
⑦ 李若水《忠愍集》卷一《上何右丞书》,影印文渊阁《四库全书》本,第1124册,第670页。
⑧ 李纲《李纲全集》卷三九《用人材以激士风札子》。
⑨ 陈渊《默堂集》卷十六《答廖用中正言》,《四部丛刊三编》本。
⑩ 李焘《长编》卷二六,雍熙二年十二月,第600页。
⑪ 蔡襄撰、陈庆元等校注《蔡襄全集》卷九《戒励臣僚奏荐敕》,第226页。
⑫ 司马迁《史记》卷四八《陈涉世家》,中华书局1959年,第1952页。
⑬ 薛居正等《旧五代史》卷九八《安重荣传》,中华书局1976年,第1302页。

独断则千虑或失,偏听则众心必离。人心离,则社稷危而不扶;圣虑失,则政教差而弥远。故先王务公共、设百官而不敢独断者,惧一虑之失也;开言路、采群议而不敢偏听者,惧众心之离也。①

其次,由于儒学的复兴,士大夫们认识到在天子之上还有一个儒家的"圣人之道"。要治理好国家,天子的言行必须合于"圣人之道"。而这个"道"往往掌握在宗经学古的士大夫手中。士大夫有责任、也有能力与天子"共治天下"。沈括(1031—1095)《续笔谈》载:

> 太祖皇帝尝问赵普曰:"天下何物最大?"普熟思未答间,再问如前。普对曰:"道理最大。"上屡称善。

太祖与赵普的问对在北宋未见其他记载,而南宋孝宗之后,却屡被引述。南宋大臣留正评论说:"天下惟道理最大,故有以万乘之尊而屈于匹夫之一言,以四海之富而不得以私于其亲与故者。"②这里的"道理"就是儒家的"圣人之道"。早在汉代,戴德《大戴礼记·易本命》云:"王者动必以道,静必以理。"在北宋时期,关于"道"、"理"或"理道"大于天子的说法,也是不少见的。如范仲淹在《睦州谢上表》中说:"理或当言,死无所避。"③在《答手诏条陈十事》中说:"若条贯差失,于事有害,逐处长吏,别见机会,须至便宜而行者,并须具缘由闻奏。委中书、枢密院详察,如合理道,即与放罪。仍便相度,别从更改。"④在《遗表》中仍然说:"伏念臣生而遂孤,少乃从学。游心儒术,决知圣道之可行;结绶仕途,不信贱官之能屈。才脱中铨之冗,遽参丽正之荣。耻为幸人,窃论国体。"⑤范仲淹一生都是用"圣人之道"与天子"共治天下"的。

天子与士大夫应该"共治天下",在北宋中期已经形成一种共识,这在范仲淹的意识中尤为强烈。对天子而言,是应该与士大夫共治天下,这是范仲淹等士大夫们的奏章中经常谈到的;对士大夫而言,是应该与天子共治天下,这在范仲淹等士大夫们的文章中虽然没有明说,但毫无疑义,都是具有这种为政意识的。欧阳修《文正范公神道碑》中所说的"公少有大节,于富贵、贫贱、毁誉、欢戚,不一动其心,而慨然有志于天下",就是有志于与天子"共治天下"。被称为"高平门人"的张载所说的"为天地立心,为生民立道,为去圣继绝学,为万世开太平"⑥,也是要与天子共治天下。"与天子共治天下"这一为政之道是北宋士大夫的一种主体意识和社会责任感。范仲淹就是其中最为典型的代表人物。

三、担当精神:"左右天子谓之大忠"

范仲淹在《范文正公文集》卷八《杨文公(亿)写真赞》中写道:

> 昔王文正公(旦)居宰府仅二十年,未尝见爱恶之迹,天下谓之大雅;寇莱公(准)当国,真宗有澶渊之幸,而能左右天子,如山不动,却戎狄,保宗社,天下谓之大忠;枢密扶风马公(知节),慷慨立朝,有犯无隐,天下谓之至直。此三君子者,一代之伟人也。公与

---

① 范仲淹《范文正公文集》卷九《奏上时务书》,《范仲淹全集》,第178页。
② 《增入名儒讲义皇宋中兴两朝圣政》卷四七,乾道五年三月戊午,《宛委别藏》本。
③ 范仲淹《范文正公文集》卷十六《睦州谢上表》,《范仲淹全集》,第340页。
④ 范仲淹《范文正公政府奏议》卷上《答手诏条陈十事》,《范仲淹全集》,第486页。
⑤ 范仲淹《范文正公文集》卷十八《遗表》,《范仲淹全集》,第377页。
⑥ 张载《张载集》拾遗《近思录拾遗》,中华书局1978年,第376页。

三君子深相交许,情如金石,则公之道,其正可知矣。

景德元年(1004)九月,契丹发兵号称二十万,大举南下,"围瀛州(今治河北河间),直犯贝(治今河北清河)、魏(治今河北大名),中外震骇"。① 十一月,兵临澶州(治今河南濮阳)城下,直接威胁京城开封。宰相寇准力促真宗亲征澶州,渡过黄河,登上北城门楼。"将士望见黄屋,皆呼万岁,声震原野,勇气百倍"。② 此前二日,契丹统军萧挞览被宋军射死,士气大挫。经过多次往返交涉,双方遂订立"澶渊之盟"。王钦若认为:"澶渊之役,(寇)准以陛下为孤注,与虏博耳。"③ 范仲淹则认为:寇准"能左右天子,如山不动,却戎狄,保宗社,天下谓之大忠"。"左右天子谓之大忠",只有这时的范仲淹才能做出这样的评论。他以天下为己任,与天子共治天下,自然就会把为了"却戎狄,保宗社"而"左右天子"看作"大忠"了。而他自己为官从政也正是这样做的。今人有云:"天下者,我们的天下;国家者,我们的国家。我们不说,谁说?我们不做,谁做?"当年范仲淹"以天下为己任",也是敢想敢说、敢作敢当的。

(一)直言极谏,愈黜愈奋

范仲淹认为:"有犯无隐,人臣之常;面折庭诤,国朝之盛。有阙即补,何用不臧!然后上下同心,致君亲如尧舜;中外有道,跻民俗于羲黄。"④"臣不兴谏,则君道有亏;君不从谏,则臣心莫写。……岂不以君之德也,贵纳谏而温恭。"⑤ 所以,"儒者报国,以言为先。"⑥"事君有犯无隐,有谏无讪,杀其身有益于君则为之。"⑦ 立志要像灵乌一样:"警于未形,恐于未炽。""虽死而告,为凶之防。""宁鸣而死,不默而生。"⑧ 他是这样说的,也是这样做的。

天圣七年(1029)冬至,时章献刘太后垂帘听政,仁宗欲率百官于会庆殿为刘太后拜寿,"诏下草仪注,缙绅失色相视,虽切切口语,而畏惮无一敢论者"。⑨ 范仲淹时任秘阁校理,独上疏言:"天子有事亲之道,无为臣之礼;有南面之位,无北面之仪。若奉亲于内,行家人礼可也;今顾与百官同列,亏君体,损主威,不可为后世法。"⑩"疏奏,遂罢上寿仪。"⑪ 又上疏请刘太后还政,说:"今上皇帝春秋已盛……岂若保庆寿于长乐,卷收大权,还上真主,以享天下之养。"⑫"后颇不怿,寻出为河中府通判"。⑬"晏殊初荐仲淹为馆职,闻之大惧。召仲淹,诘以狂率邀名且将累荐者。"⑭ 天圣八年(1030),范仲淹写了一封很长的《上资政晏侍郎书》,说明

---

① 脱脱等《宋史》卷二八一《寇准传》,第9530页。
② 朱熹撰、李伟国校点《五朝名臣言行录》卷四之二《丞相莱国寇忠愍公》引《遗事》,《朱子全书》第12册,第117页。
③ 司马光撰,邓广铭、张希清校点《涑水记闻》卷六,中华书局1989年,第116页。
④ 范仲淹《范文正公文集》卷十六《睦州谢上表》,《范仲淹全集》,第341页。
⑤ 范仲淹《范文正公别集》卷二《从谏如流赋》,《范仲淹全集》,第430页。
⑥ 范仲淹《范文正公文集》卷十七《让观察使第一表》,《范仲淹全集》,第355页。
⑦ 范仲淹《范文正公文集》卷十《上资政晏侍郎书》,《范仲淹全集》,第202页。
⑧ 范仲淹《范文正公文集》卷一《灵乌赋》,《范仲淹全集》,第12页。
⑨ 洪业、聂崇歧等编纂《琬琰集删存》卷二,富弼《范文正公仲淹墓志铭》第186页。
⑩ 李焘《长编》卷一○八,天圣七年十一月癸亥,第2526—2527页。
⑪ 洪业、聂崇歧等编纂《琬琰集删存》卷二,富弼《范文正公仲淹墓志铭》,第186页。欧阳修《文正范公神道碑》云:"其事遂已。"《长编》卷一○八云:"疏入,不报。"今从富弼《墓志铭》与欧阳修《神道碑》。
⑫ 文莹《续湘山野录》,中华书局1984年,第76页。
⑬ 洪业、聂崇歧等编纂《琬琰集删存》卷二,富弼《范文正公仲淹墓志铭》,第186页。
⑭ 李焘《长编》卷一○八,天圣七年十一月癸亥,第2527页。

自己是出于"有忧天下之心",与天子"共理天下",所以"事君有犯无隐,有谏无讪,杀其身有益于君则为之"。"国家冬至上寿之礼"若不正之,"后代必有舅族强炽,窃此为法,以抑制人主者",那时就无可奈何了。"是故轻一死而重万代之法"。此乃"忠臣之分",并非越职言事,"好奇邀名"。① 晏殊终于表示愧谢,仲淹此举给仁宗也留下了深刻的印象。

明道二年(1033)二月,章献刘太后崩。四月,范仲淹被召入朝,任右司谏。宋仁宗时,比较重视谏官,单独设立谏院,成为一个完全独立的中央机构。设知谏院、同知谏院,左、右司谏,左、右正言等谏官,专门负责谏诤皇帝,论奏朝政阙失,弹劾宰相及百官等。② 谏官虽小,但与宰相一样,是最能直接"左右天子"、"与天子共治天下"的。当时身在洛阳的欧阳修在《上范司谏书》中写道:

> 谏官虽卑,与宰相等。天子曰不可,宰相曰可;天子曰然,宰相曰不然:坐乎庙堂之上,与天子相可否者,宰相也。天子曰是,谏官曰非;天子曰必行,谏官曰必不可行:立殿陛之前,与天子争是非者,谏官也。宰相尊,行其道;谏官卑,行其言,言行,道亦行也。

士大夫们对范仲淹寄予了重望,相与语曰:"我识范君,知其贤也。他日闻有立天子陛下,直辞正色面争庭论者,非他人,必范君也。"③ 范仲淹也果然不负众望,在右司谏任上,做了许多"直辞正色面争庭论"的事情。

第一件事,是反对立杨太妃为皇太后、参决军国事。富弼《范文正公墓志铭》云:

> 明年,章后弃长乐,擢为右司谏。属朝廷用章后遗令,策太妃杨氏为皇太后预政。制出,都下汹汹。公上疏极陈:"王者立太后,所以尊亲也,不容冀幸于其间,未闻武武相蹑,一二而数,况复称制以取惑天下耶?臣恐后世有以窥之者。"上悟,第存后位号而止。

因为范仲淹等人的建言,未让杨太妃参决军国事,而仅仅保留了皇太后的称号。

第二件事,是建言遣使安抚江、淮、京东灾伤。明道二年(1033),江、淮、京东大旱,蝗虫成灾,范仲淹多次上疏,建议遣使巡行救灾,均无答复。他找了一个机会,当面对仁宗说:"宫掖中半日不食,当如何?今数路艰食,安可置而不恤!"七月,乃命仲淹为江、淮体量安抚使。他"所至开仓廪,赈乏绝,毁淫祀,奏蠲庐舒折役茶、江东丁口盐钱"。④ 还把太平州(治今安徽当涂)、广德军(治今安徽广德)饥民所吃的乌昧草子封进奏给仁宗。他在《封进草子乞抑奢侈》的奏章中说:"窃见贫民多食草子,名曰'乌昧',并取蝗虫曝干,摘去翅足,和野菜合煮食。……民于饥年艰食如此,国家若不节俭,生灵何以昭苏!臣今取前件草子封进,伏望宣示六宫、藩戚,庶抑奢侈,以济艰难。"⑤ 封进饥民所食草子,让天子宣示后妃、宗室、外戚,以抑制奢侈这样的事情,大概只有范仲淹才做得出来。

第三件事,是极谏废郭后。富弼《范文正公墓志铭》云:

> 适议废郭后,公上书曰:"后者君称,以天子之配至尊,故称后。后所以长养阴教而

---

① 以上均见范仲淹《范文正公文集》卷十《上资政晏侍郎书》,第202—205页。
② 参见贾玉英《宋代监察制度》,河南大学出版社1996年。
③ 欧阳修撰、李逸安点校《欧阳修全集》卷六七《上范司谏书》,第974页。
④ 李焘《长编》卷一一二,明道二年七月甲申,第2623页。
⑤ 赵汝愚编,北京大学中国中古史研究中心校点整理《宋朝诸臣奏议》卷一一《上仁宗封进草子乞抑奢侈》,第94页。

母万国也。故系如此之重,未宜以过失轻废立。且人孰无过?陛下当面谕后失,放之别馆,拣妃嫔老而仁者,朝夕劝导,俟其悔而复其宫,则上有常尊而下无轻议矣。"书奏,不纳。明日,又率其属及群御史伏阁门,论列如前日语。上遣中贵人挥之,令诣中书省。宰相窘,取汉唐废后事为解。公曰:"陛下天姿如尧舜,公宜因而辅成之,奈何欲以前世弊法累盛德耶?"中丞孔道辅,名骨鲠,亦扶公论,议甚切直。又明日晨,率道辅将留百辟班,把宰相庭辩。抵漏舍,会降知睦州,台吏促上道。

明道二年(1033)十二月丙辰,范仲淹与权御史中丞孔道辅同时被贬,"又遣使押道辅及范仲淹亟出城。仍诏谏官、御史,自今并须密具章疏,毋得相率请对,骇动中外。……(杨)偕奏乞与道辅、仲淹俱贬,(郭)劝及(段)少连、富弼再上疏,皆不报"。富弼在上疏中一再指出:"陛下纵私忿,不顾公议,取笑四方,臣甚为陛下不取也。""今陛下举一事而获二过于天下:废无罪之后,一也;逐忠臣,二也。此二者皆非太平之世所行,臣实痛惜之。""今天下凶歉,盗贼如麻,国用空虚,人心惶扰。奸雄观此,已有窥觊之心。陛下当兢兢惕惕,宵衣旰食,日与臣僚讲论安天下之计,犹恐不及。而乃自作弗靖,废嫡后,逐谏臣,使此丑声闻于四方,知陛下不纳谏臣,朝政不举,则奸雄益喜,以为内外皆乱,事势相符,必可集事。臣一念至此,心寒骨颤。此已然之兆,固非臣之臆说也。望陛下审思之,明察之。"①仁宗都置之不理。

废郭后既是仁宗的家事,更是宋朝的国事。在这一事件的背后既有帝、后之间的矛盾,后、妃之间的矛盾,皇帝与太后之间的矛盾,又有宰相与皇后之间的矛盾,台谏官与宰相之间的矛盾,台谏官与皇帝之间的矛盾,等等。其中既有权位之争,又有道义之争。② 范仲淹在被贬至睦州(治今浙江建德东)后所上《睦州谢上表》中说:

> 昨闻中宫摇动,外议喧腾。以禁庭德教之尊,非小故可废;以宗庙祭祀之主,非大过不移。初传入道之言,则臣遽上封章,乞寝诞告;次闻降妃之说,则臣相率伏阁,冀回上心。议方变更,言亦翻覆。臣非不知逆龙鳞者搋斋粉之患,忤天威者负雷霆之诛,理或当言,死无所避。盖以前古废后之朝,未尝致福。

范仲淹认为,郭后无大过,不当废,而且前朝废后,未尝致福而却遭祸,理所当言,所以有犯无隐,死无所避。虽遭贬黜,仍不曲从。范仲淹作为谏官,在君权、相权高压之下,被贬外任,未能"左右天子"而行其道,但在道义上却是胜利者,他表示仍然"含忠履洁,敢移金石之心"。③

景祐二年(1035)八月,范仲淹由知苏州第三次被召入朝,为礼部员外郎、天章阁待制、判国子监,跻身侍从之列。他这次入朝为官不到十个月,也主要做了三件事。第一是揭发入内都都知阎文应的罪恶。文应"专恣不恪,事多矫旨以付外,执政知而不敢违"。两年前他与宰相吕夷简相勾结,怂恿仁宗废了郭后;现在又因有毒死郭后之嫌被罢职外任,而称病不去。范仲淹"闻之不食,将入辩,谓若不胜,必不与之俱生。即以家事属长子。明日,尽条其罪恶,闻于上。上始知,遽命窜文应岭南,寻死于道"。④ 这样,为国家铲除了一大祸害。

第二是治理开封府。富弼《范文正公墓志铭》云:"公自还阙,论事益急。宰相阴使人讽

---

① 李焘《长编》卷一一三,明道二年十二月丙辰,第 2649—2653 页。
② 参见刘静贞《范仲淹的政治理念与实践——借仁宗废后事件为论》,《纪念范仲淹一千周年诞辰国际学术研讨会论文集》,台湾大学文学院编 1990 年;又收入范国强主编《范仲淹研究论文集》(二),人民出版社 2003 年。
③ 范仲淹《范文正公文集》卷十六《睦州谢上表》,《范仲淹全集》,第 341 页。
④ 洪业、聂崇歧等编纂《琬琰集删存》卷二,富弼《范文正公仲淹墓志铭》,第 187 页。

公:'待制主侍从,非口舌任也。'公曰:'论思者,正侍臣之事,予敢不勉!'宰相知不可诱,乃命知开封府,欲挠以剧烦,而不暇他议;亦幸其有失,即罢去。公处之朞月,威断如神,吏缩手不敢舞其奸,京邑肃然称治。"当时京城有民谣曰:"朝廷无忧有范君,京师无事有希文。"①

第三是弹劾宰相吕夷简。吕夷简是太宗、真宗朝三度入相的吕蒙正的侄子,仁宗初即位,他就为参知政事,后也三度入相,共长达11年之久,是仁宗时期任期最长、最受信任的宰相。② 吕夷简长期把持朝政,"进者往往出其门。仲淹言官人之法,人主当知其迟速、升降之序,其进退近臣,不宜全委宰相。又上《百官图》,指其次第,曰:'如此为序迁,如此为不次;如此则公,如此则私,不可不察也。'夷简大为恼火,趁机说:"仲淹迂阔,务名无实。""仲淹闻之,为四论以献,一曰《帝王好尚》,二曰《选贤任能》,三曰《近名》,四曰《推委》,大抵讥指时政。"③建言对宰辅等臣僚应该"委以人臣之职,不委以人君之权","区别邪正,进退左右,操荣辱之柄,制英雄之命,此人主之权也,不可尽委之于下矣"。不然就会发生三家分晋、王莽篡汉、李林甫专权天下丧乱之祸。④"又言:'汉成帝信张禹,不疑舅家,故终有王莽之乱。臣恐今日朝廷亦有张禹坏陛下家法,以大为小,以易为难,以未成为已成,以急务为闲务者,不可不早辨也。'夷简大怒,以仲淹语辨于帝前,且诉仲淹越职言事,荐引朋党,离间君臣。仲淹亦交章对诉,辞愈切,由是降黜。侍御史韩渎希夷简意,请以仲淹朋党榜朝堂,戒百官越职言事。从之。"⑤

景祐三年(1036)五月丙戌,范仲淹由天章阁待制、权知开封府落职知饶州(治今江西波阳)。集贤校理余靖、馆阁校勘尹洙、馆阁校勘欧阳修上书论救,相继遭贬。西京留守推官蔡襄作《四贤一不肖诗》,一时传诵天下。范仲淹《饶州谢上表》云:"有犯无隐,惟上则知;许国忘家,亦臣自信。……此而为郡,陈优优布政四方;必也入朝,增謇謇匪躬之节。庶从师训,无负天心。"⑥表示自己是以身许国,犯颜直谏。现在出知饶州,宽和施政,造福一方;将来一旦入朝,将更加直言极谏,以尽臣节。这是遵从圣人之道,以不辜负皇上的一片心意。

范仲淹在因谏废郭后第二次被贬后所上《睦州谢上表》中说:"既竭一心,岂逃三黜?"不幸被其言中,果然难逃"三黜"之劫。但他却愈黜愈奋,"不以毁誉累其心,不以宠辱更其守"⑦,"徒竭诚而报国,弗钳口以安身"⑧。"乐道忘忧,雅对江山之助;含忠履洁,敢移金石之心"。⑨ 正如富弼《范文正公墓志铭》所云:

  公为学好明经术,……立朝益务劲雅,事有不安者,极意论辩,不畏权幸,不暨忧患,故屡亦见用。然每用必黜之,黜则欣然而去,人未始见其有悔色。或唁之,公曰:"我道则然。苟尚未遂弃,假百用百黜亦不悔。"噫!如公乃韩愈所谓"信道笃而自知明"者

---

① 王称《东都事略》卷五九上《范仲淹传》,影印文渊阁《四库全书》,第382册,第368页。
② 参见王德毅《吕夷简与范仲淹》,《史学汇刊》第四期,1972年4月;又收入《范仲淹研究论文集》(二),人民出版社2003年。
③ 李焘《长编》卷一一八,景祐二年五月丙戌,第2783—2784页。
④ 范仲淹《范文正公文集》卷七《推委臣下论》,第133页。
⑤ 李焘《长编》卷一一八,景祐二年五月丙戌,第2784页。
⑥ 范仲淹《范文正公文集》卷十六《饶州谢上表》,《范仲淹全集》,第343页。
⑦ 范仲淹《范文正公文集》卷十八《邠州谢上表》,《范仲淹全集》,第368页。
⑧ 范仲淹《范文正公文集》卷十六《润州谢上表》,《范仲淹全集》,第344页。
⑨ 范仲淹《范文正公文集》卷十六《睦州谢上表》,《范仲淹全集》,第341页。

也。①

韩琦在《文正范公奏议集序》中亦云：

> 公以王佐之才，遇不世出之主，竭忠尽瘁，知无不为，故由小官擢谏任，危言鲠论，建明规益，身虽可绌，义则难夺。天下正人之路，始公辟之。②

富弼、韩琦是与范仲淹同时为官从政的名臣，他们的评论无疑是入木三分的。

（二）出将入相，敢做敢当

宝元元年（1038）十二月，宋闻西夏主李元昊称帝，遂命知永兴军（治今陕西西安）夏竦、知延州（治今陕西延安）范雍负责抵御西夏。康定元年（1040）正月，元昊于延州的三川口大败宋军，朝野震惊。三月，范仲淹因韩琦推荐，由知越州（治今浙江绍兴）为天章阁待制、知永兴军，旋改陕西都转运使；五月，又与韩琦同为陕西经略安抚副使、同管勾都部署司事。当时，延州新败，人心惶惶，八月，范仲淹主动请求兼知延州。"属亡战日久，兵无纪律，猝有外警，荡然不支。公（按指范仲淹）于是大阅州兵，得万八千人，析为六将，分命裨佐，训敕不数月，举为精锐，士气大振，莫不思战。而寇知我有备，即引去。朝廷推其画诸路，诸路皆以为法。"③其法即为后来"将兵法"的雏形。西夏兵相戒曰："无以延州为意，今小范老子（按指范仲淹）腹中自有数万兵甲，不比大范老子（按指范雍）可欺也。"④西线战局得到初步稳定。

面对西夏，是攻还是守？仁宗与二府大臣展开了激烈的讨论，最后决定采用韩琦所画攻策。康定元年（1040）十二月"乙巳，诏鄜延、泾原两路取正月上旬同进兵，入讨西贼"。⑤早在康定元年五月，范仲淹在陕西都转运使任上就曾上言："为今之计，莫若且严边城，使持久可守；实关内，使无虚可乘。……又闻边臣多请五路入讨，臣窃计之，恐未可以轻举也。"⑥现在，"朝廷既用韩琦等所画攻策，先戒期师"。庆历元年（1041）正月，知延州范仲淹又上言，请求所在鄜延路正月不要出兵，他说："臣所以乞存此一路者，一则惧春初盛寒，士气愈怯，二则恐隔绝情意，偃兵无期。"⑦诏从仲淹所请。仲淹又言："鄜延路入界，比诸路最远。若先修复城寨，却是远图。请以二月半合兵万人，自永平寨进筑承平寨，俟承平寨毕功，又择利进筑，因以牵制元昊东界军马，使不得并力西御环庆、泾原之师，亦与三路俱出无异。"⑧仲淹终于修复承平等前后十二寨，蕃汉之民，相继复业。

庆历元年二月，韩琦命环庆副部署任福率兵出击，又招致好水川之败。三月，朝议欲悉罢诸路行营之号，明示招纳，使贼骄怠，仍密收兵深入讨贼。诏范仲淹体量士气勇怯，如不至

---

① 洪业、聂崇歧等编纂《琬琰集删存》卷二，富弼《范文正公仲淹墓志铭》，第191页。
② 韩琦撰，李之亮、徐正英笺注《安阳集编年笺注》卷二二《文正范公奏议集序》，巴蜀书社，2000年，第724页。
③ 洪业、聂崇歧等编纂《琬琰集删存》卷二，富弼《范文正公仲淹墓志铭》，第188页。
④ 李焘《长编》卷一二八，康定元年八月庚戌，第3036页。
⑤ 李焘《长编》卷一二九，康定元年十二月乙巳，第3062页。
⑥ 李焘《长编》卷一二七，康定元年五月甲戌，第3012页。范仲淹《范文正公别集》卷四《论西事札子》，《范仲淹全集》，第464—465页。
⑦ 李焘《长编》卷一三〇，庆历元年正月丁巳，第3079—3081页。范仲淹《范文正公文集补编》卷一《论夏贼未宜进讨》，《范仲淹全集》，第651页。
⑧ 李焘《长编》卷一三〇，庆历元年正月戊午，第3081页。

畏懦,即可驱策前去,乘机立功。仲淹曰:"今乞且未进兵,必恐虚有劳敝,守犹虑患,岂可深入?臣非不知,不从众议则得罪必速,奈何成败安危之机,国之大事,臣岂敢避罪于其间哉?"①十一月,又上《攻守二议》,建议:"国家用攻,则宜取其近,而兵势不危;用守,则必图其久,而民力不匮。"②庆历二年正月,又上《再议攻守疏》,进一步说明:"攻其远者则害必至,攻其近者则利必随;守以土兵则安,守以东兵则危。"并指出:"招纳之策,可行于其间。"③在"近攻久守"的战略思想指导下,范仲淹采取了一系列措施:一是进修城寨,如在延州修筑青涧城(今陕西清涧),在庆州修筑大顺城(今甘肃华池县东北)等城寨,有力地加强了防御能力。二是招抚属羌,大力争取宋夏交界处的少数民族。三是用土兵,兴营田。四是选将练兵,严明号令。④ 庆历二年十一月,又以范仲淹与韩琦、庞籍为陕西四路都部署、经略安抚兼缘边招讨使,并许"便宜从事"。在范仲淹、韩琦等的指挥下,经过三年的努力,宋夏战争的局面得到扭转。边境上有民谣曰:"军中有一韩,西贼闻之心骨寒;军中有一范,西贼闻之惊破胆。"⑤事实证明,范仲淹的战略思想和行动举措是正确的。正如富弼《范文正公墓志铭》所说:

> 公周施安集,坐可守御,蓄锐观衅,适图进讨。会羌人复修贡,朝廷始议息兵,而从其请,于是不能成殄灭之功。然其阅武练将,可以震敌;城要害,属杂羌,可以扼寇,此后世能者未易其过也。至于垦田阜财,立法著信,爱民全国体,赫赫在人耳目,皆可为破贼之地者,又可道哉!

早在庆历元年正月,元昊派高延德假意请和,"仲淹既见延德,察元昊未肯顺事,且无表章,不敢闻于朝廷,乃自为书谕以逆顺,遣监押韩周同延德还抵元昊"。⑥ 二月,因好水川之败,元昊再次来书,语辞更加傲慢,仲淹当着使者面焚毁其书,而潜录副本闻奏。因被劾不当与元昊通书,又不当将其书焚毁,仲淹被降知耀州(治今陕西耀县)。庆历三年正月,延州言元昊遣使请和,但自称"男邦泥定国兀卒曩霄上书父大宋皇帝",而不称臣。二月,范仲淹不计较两年前被黜知耀州之事,和韩琦一起又上《论元昊请和不可许者三大可防者三奏》,表示:"臣等是以不敢念身世之安,忘国家之忧,须罄刍荛,少期补助。其元昊来人到阙,伏望圣慈于纳和御侮之间,审其处置,为圣朝长久之虑,天下幸甚!"⑦庆历四年五月,宋夏以元昊称臣,宋岁赐二十五万五千、双方互开榷市达成和议。范仲淹是主张"化干戈为玉帛"的,他在庆历二年正月所上《再议攻守疏》中,就指出:"招纳之策,可行于其间。"⑧但是,他在《奏陕西河北和守攻备四策》中又指出:"为今之谋者,莫若择帅练兵,处置边事,日夜计略,为用武之策,以和好为权宜,以战守为实事。彼知我有谋有备,不敢轻举,则盟约可久矣。如不我知,

---

① 李焘《长编》卷一三一,庆历元年三月丙辰,第3111页。
② 李焘《长编》卷一三四,庆历元年十一月,第3203页。范仲淹《范文正公文集》卷七《上攻守二策状》,《范仲淹全集》,第140页。
③ 李焘《长编》卷一三五,庆历二年正月壬戌,第3216页。范仲淹《范文正公文集补编》卷一《再议攻守疏》,《范仲淹全集》,第654页。
④ 参见李涵等著《范仲淹传》第三章《抵御西夏的帅才》,中州古籍出版社1991年。
⑤ 朱熹撰、李伟国校点《五朝名臣言行录》卷七之二《参政范文正公》,《朱子全书》第12册,第213页。
⑥ 李焘《长编》卷一三〇,庆历元年正月末,第3085页。
⑦ 范仲淹《范文正公集补编》卷一《论元昊请和不可许者三大可防者三奏》,《范仲淹全集》,第663页。
⑧ 李焘《长编》卷一三五,庆历二年正月壬戌,第3217页。《范文正公集补编》卷一《再议攻守疏》,《范仲淹全集》,第655页。

轻负盟约,我则乘彼之骄,可困可击,未必能为中国患也。"①这些都是以天下为己任、敢做敢当、许国忘身的表现。

庆历三年三月,宋仁宗曾派内侍宣谕范仲淹、韩琦、庞籍:"候边事稍宁,当用卿等在两地,已诏中书札记。此特出朕意,非臣僚荐举。"②四月,以范仲淹、韩琦为枢密副使,五辞,不许,乃就任。八月,以范仲淹为参知政事、富弼为枢密副使。宋仁宗超擢范仲淹、韩琦、富弼荣登两府之后,"每进见,必以太平责之,数令条奏当世务"。九月,又再赐手诏督促曰:"比以中外人望,不次用卿等,今琦暂往陕西,仲淹、弼宜与宰臣章得象尽心国事,毋或有所顾避。其当世急务有可建明者,悉为朕陈之。"然后,"又开天章阁,召对赐坐,给笔札,使疏于前。仲淹、弼皆皇恐避席,退而列奏。"仲淹所奏即是《答手诏条陈十事》。其十事谓:一曰明黜陟,二曰抑侥幸,三曰精贡举,四曰择官长,五曰均公田,六曰厚农桑,七曰修武备,八曰减徭役,九曰覃恩信,十曰重命令。"上方信向仲淹等,悉用其说。当著为令者,皆以诏书画一,次第颁下。独府兵,辅臣共以为不可而止。"③

《答手诏条陈十事》是范仲淹面对"夷狄骄盛、寇盗横炽",正本清源进行改革的总纲领,也是他为官从政近三十年的总结。如前所述,天圣三年(1025)四月,他曾向刘太后和仁宗上《奏上时务书》;天圣五年,他又向当时的宰相王曾等上《上执政书》;天圣八年,他又曾向当时的宰相吕夷简上《上时相议制举书》,但都没有得到答复,更不用说付诸实施了。另外,他还撰写了《任官惟贤材赋》、《得地千里不如一贤赋》、《选任贤能论》等,在政治上也没有起到太大的作用。这次位登政府,为参知政事,得到天子的信任,他才得以将以往的建言总结、归纳、概括为《答手诏条陈十事》,付诸实施,史称"庆历新政"。

"庆历新政"的主要内容是吏治改革。第一,在官员的选拔方面,一是要改革恩荫制度,限制官僚子弟及其他亲戚荫补入仕的官阶与资格和出官的年龄与资格;"两府、两省不得陈乞子弟、亲戚馆阁职任",此即十事中的"抑侥幸"。④ 二是改革科举制度,"为立学舍、保荐送之法",和"先策论过落、简诗赋考式、问诸科大义之法",此即十事中的"精贡举"。⑤ 第二,在官员的升降方面,一是京朝官须任满三年、无杖以上私罪、有清望官五人保任,方可磨勘。"自请厘务于京师,五年一磨勘,因举及选差勿拘。""凡有善政异绩,或劝农桑获美利,鞫刑狱雪冤枉,典物务能革大弊,省钱谷数多,准事大小迁官升任,选人视此。"此即十事中的"明黜陟"。⑥ 二是令转运使副兼按察使,澄汰所属州县年老、病患、赃污、不材的官员;令待制以上每年举荐省府判官、转运使副、提点刑狱、转运判官。此即十事中的"择官长"。⑦ 第三,在官员的待遇方面,定天下职田,"给其所未给,均其所未均;约为差等,概令周足"。"使其衣食得

---

① 范仲淹《范文正公政府奏议》卷下《奏陕西河北和守攻备四策》,《范仲淹全集》,第530页。
② 李焘《长编》卷一四〇,庆历三年三月末,第3361页。范仲淹《范文正公文集》卷十七《谢传宣表》,《范仲淹全集》,第362页。
③ 李焘《长编》卷一四三,庆历三年九月丁卯,第3444页。参见朱瑞熙《范仲淹"庆历新政"行废考实》,《学术月刊》1990年第2期;方健《范仲淹评传》第三章《庆历新政》,南京大学出版社2001年。
④ 参见范仲淹《范文正公政府奏议》卷上《奏重定臣僚奏荐子弟亲戚恩泽事》,《范仲淹全集》,第515页;《宋大诏令集》卷一六一《任子诏》,中华书局1962年,第612页;《宋大诏令集》卷一九三《诫约两府两省不得陈乞子弟亲戚馆阁职任诏》,第708页。
⑤ 徐松辑《宋会要辑稿·选举》三之二三,中华书局1957年。
⑥ 李焘《长编》卷一四四,庆历三年十月壬戌,第3485页;《宋会要辑稿·职官》一一之一三。
⑦ 李焘《长编》卷一四四,庆历三年十月丙午,第3480页;《长编》卷一五四,庆历五年二月乙卯,第3750页。

足,婚嫁丧葬之礼不废,然后可以责其廉节,督其善政。"此即十事中的"均公田"。① 范仲淹深知:"王者得贤杰而天下治,失贤杰而天下乱。"②"固邦本者,在乎举县令、择郡守,以救民之弊也。"③吏治腐败是最大的腐败。吏治改革是最为艰难的改革。但他知难而进,锐意革新。结果"按察使多所举劾,人心不自安;任子恩薄,磨勘法密,侥幸者不便"④,因为遭到大量贪官、庸官的反对,范仲淹的吏治改革多遭废罢,但他的改革精神却是不可磨灭的。

"庆历新政"的另一项内容是富民强兵。第一,是发展农业生产。范仲淹认为:"圣人之德,惟在善政;善政之要,惟在养民;养民之政,必先务农。"⑤所以,对务农非常重视。庆历四年正月二十八日,仁宗颁《劝农诏》云:"自今在官有能兴水利,课农桑,辟田畴,增户口,凡有利于农者,当议量功绩大小,比附优劣,与改转或升陟差遣,或循资、家便,等第酬奖。……至于省徭役,宽赋敛,使百姓而乐于务农,亦所以广劝民之道也。"⑥此即十事中的"厚农桑",亦即王安石"农田水利法"的雏形。第二,减省徭役。其主要办法是合并县治,以省职役。如"庆历四年五月二十八日,省河南府颍阳、寿安、偃师、缑氏、河清五县,并为镇。"⑦五县虽然不久又复旧了,但这一措施却为王安石变法所继承。此即为十事中的"减徭役"。第三,广施恩信,使郊祀赦书中"宽赋敛,减徭役,存恤孤贫,振举滞淹"等惠及百姓的事情,一一得到施行。此即十事中的"覃恩信"。⑧ 第四,十事中的"修武备",惜未能施行,但其精神却为王安石的"保甲法"所继承。

"庆历新政"的第三项内容是加强法制。即"重其法令,使无敢动摇,将以行天下之政"。⑨立法要慎重,有法要执行;法律有差失,必须上报,经中书、枢密院审查,确有不当,然后再更改。此即十事中的"重命令"。

早在景祐三年(1036),宰相吕夷简将范仲淹贬出朝廷的三大理由之一就是"荐引朋党"。范仲淹荣登二府,推行"庆历新政",以夏竦为首的反对派也是以"朋党"作为主要武器攻击范仲淹的。欧阳修说:"夫欲空人之国而去其君子者,必进朋党之说;欲孤人主之势而蔽其耳目者,必进朋党之说;欲夺国而与人者,必进朋党之说。……惟以朋党罪之,则无免者矣。"⑩与以往不同的是,面对反对派的攻击,范仲淹等并不忌讳朋党。庆历四年(1044)四月,当夏竦把杜衍、范仲淹、欧阳修看作党人时,修乃作《朋党论》上奏给仁宗,公然说:

> 臣闻朋党之说,自古有之,惟幸人君辨其君子、小人而已。大凡君子与君子,以同道为朋,小人与小人,以同利为朋,此自然之理也。……故为人君者,但当退小人之伪朋,用君子之真朋,则天下治矣。⑪

---

① 《宋大诏令集》卷一七八《定职田诏》,第642页;范仲淹《范文正公政府奏议》卷上《奏重定职田顷亩》,《范仲淹全集》,第517页;《答手诏条陈十事》,《范仲淹全集》,第480页。
② 范仲淹《范文正公文集》卷七《选任贤能论》,《范仲淹全集》,第130页。
③ 范仲淹《范文正公文集》卷九《上执政书》,《范仲淹全集》,第184页。
④ 李焘《长编》卷一五〇,庆历四年六月壬子,第3637页。
⑤ 范仲淹《范文正公政府奏议》卷上《答手诏条陈十事》,《范仲淹全集》,第481—482页。
⑥ 徐松辑《宋会要辑稿·食货》六三之一七九至一八〇。
⑦ 徐松辑《宋会要辑稿·方域》一二之一八。
⑧ 范仲淹《范文正公政府奏议》卷上《答手诏条陈十事》,《范仲淹全集》,第485页。
⑨ 范仲淹《范文正公政府奏议》卷上《答手诏条陈十事》,《范仲淹全集》,第486页。
⑩ 欧阳修《新五代史》卷三五《唐六臣传·论》,中华书局1974年,第382页。
⑪ 李焘《长编》卷一四八,庆历四年四月戊戌,第3580—3581页;欧阳修《欧阳修全集》卷十七《朋党论》,第297页。

《长编》卷一四八又载：

> 庆历四年四月戊戌，上谓辅臣曰："自昔小人多为朋党，亦有君子之党乎？"范仲淹对曰："臣在边时，见好战者自为党，而怯战者亦自为党，其在朝廷，邪正之党亦然，唯圣心所察耳。苟朋而为善，于国家何害也？"

二人所言皆为事实。其能直言不讳，是一种自信的表现。范仲淹等人互相往来，彼此支持，乃是出于公心，即"有忧天下之心"，由于"同道"，即"圣人之道"，决非结党营私。正如韩琦祭范仲淹文中所说："与公并命，参翊万枢。凡有大事，为国远图。争而后已，欢言如初。指之为党，岂如是乎！"[①]但是，"朋党"乃天子的一大忌讳，欧阳修、范仲淹的直言忠告不但未能消除仁宗的疑虑，反而造成了严重的后果。[②]庆历四年十一月己巳，仁宗下诏诫励朋党，仲淹乞罢参知政事，诏不许。庆历五年正月乙酉，右正言钱明逸按照宰相章得象等人的旨意，攻击仲淹、富弼"更张纲纪，纷扰国经。凡所推荐，多挟朋党。……乞早废黜，以安天下之心"。[③]仁宗遂罢仲淹参知政事，出知邠州（治今陕西彬县）；罢富弼枢密副使，出知郓州（治今山东东平）。因此，后来不少人将庆历新政失败的主要原因归结为朋党之争。这恐怕需要推敲。庆历新政失败的原因非常复杂，从中值得汲取的经验教训甚多，容以后进一步探讨。

漆侠先生说："1946年秋后，本师邓恭三广铭先生讲授《宋史专题研究》一课，曾论及范仲淹等是作为一个政治集团进行改革的。"由此，漆先生在1992年撰写了《范仲淹集团与庆历新政》一文，多有创新和发明。[④] 不过，是否称为"范仲淹集团"，似乎还需要进一步推敲。因为，在现代汉语里，"集团"是指"为了一定的目的组织起来共同行动的团体"。[⑤]我想是否将范仲淹等人称之为一个新兴的士大夫群体或政治派别更好些。

由以上可以看出，范仲淹推行的"庆历新政"，可以说是"士大夫与天子共治天下"，也可以说是"左右天子谓之大忠"。这次改革虽然失败了，但其在历史上的进步作用应该予以充分肯定；范仲淹等一大批士大夫所表现出来的担当精神，至今仍然闪耀着光辉。

朱熹说："祖宗以来，名相如李文靖（沆）、王文正（旦）诸公，只恁地善，亦不得。至范文正时，便大厉名节，振作士气，故振作士大夫之功为多。"[⑥]《宋史·范仲淹传》也说："每感激论天下事，奋不顾身，一时士大夫矫厉尚风节，自仲淹倡之。"其所说"名节"、"风节"，其实主要就是出于忧国忧民忧天下之心，"先天下之忧而忧，后天下之乐而乐"，直言极谏，敢做敢当，"左右天子谓之大忠"，与天子"共治天下"，"为万世开天平"。这也就是范仲淹的"以天下为己任"的为政之道。范仲淹以其先进的思想、宽阔的胸怀、人格的魅力成为当时士大夫公认的领袖，也成为中国古代士大夫的典范，直至今天，也仍然具有借鉴价值和教育意义。

（原载《邓广铭教授百年诞辰纪念论文集》，中华书局，2008年）

---

① 李裕民、佐竹靖彦共编《增广司马温公全集》卷一〇八《代韩魏公祭范希文》，第364页。
② 参见江小涛、李晓《中国政治通史》第六卷《士大夫的崛起与仁宗朝的政治革新》，泰山出版社2003年。
③ 李焘《长编》卷一五四，庆历五年正月乙酉，第3740页。
④ 漆侠《范仲淹集团与庆历新政——读欧阳修〈朋党论〉书后》，《历史研究》1992年第3期。
⑤ 《现代汉语词典》，商务印书馆，2002年，第593页。
⑥ 黎靖德编《朱子语类》卷一二九《自国初至熙宁人物》，第3086页。

范仲淹的生平学术思想

方 健

中华民族五千年文明史上涌现了许多优秀历史人物,范仲淹无疑是其中的佼佼者。他的人品学问、道德文章,他的文治武功、杰出思想,千百年来启示和激励着一代又一代的志士仁人。范仲淹"行求无愧于圣贤,学求有济于天下",①堪称中国知识分子的典范,其"先忧后乐"的名言至今闪耀着迷人的熠熠光彩。值此这位千古名臣诞生1020年之际,仅概述其生平学术思想,以表达我对这位乡前贤的高山仰止之情。

一

范仲淹(989—1052),字希文,苏州人。宋太宗端拱二年八月二十九日(公元989年10月1日)诞生在真定府(治今河北正定)。其父范墉时为北道重镇成德军节度掌书记。次年,范墉(?—990)即因病与世长辞,终官武宁军(徐州)节度掌书记。墉两娶,生有五子,其三早卒,惟范仲温(985—1050)和仲淹幸存,仲淹即为范墉继娶谢氏所生。范墉去世后,年仅六岁的仲温育于苏州族人。稍后,谢氏则带着仲淹改嫁长山朱文翰,改名朱说,渡过了备尝艰辛的青少年时代。朱文翰曾任安乡知县,范仲淹随继父生母在洞庭湖畔接受了启蒙教育,留下"书台夜雨"的佳话;后又来到朱文翰的故乡淄州长山,攻苦食淡,励志苦读于长白山醴泉寺等地,继父朱文翰终官长山县令。对于继父的"既加养育,复勤训导",仲淹始终怀着"滴水之恩,当涌泉相报"的感激心理,即使在其显贵后仍念念不忘,请以"所授功臣阶勋恩命回赠继父一官",②还悉心关注其丧葬事宜。对朱氏子侄的奏请异姓恩泽,解决求学及生活困难等问题,也关怀备至,视同范氏子弟,体现了一代名臣的风范。

范仲淹二十岁时,曾远游陕西,结识名士王镐(?—1027),一起啸傲于鄠、杜之间,抚琴论《易》,极尽其欢,晚年仍满怀深情地怀念这位旧友。约略稍前,范仲淹还与王洙(997—1057)有布素之游,奠定了终生不渝的友情。这种出行和交游,开阔了青年范仲淹的视野。

大中祥符(1008—1016)年间,范仲淹在著名的宋代四大书院之一——应天书院求学,数年的刻苦力学生涯使他"大通六经之旨"。③青年范仲淹虽"出处穷困"、"布素寒姿",但却矢志不渝,勤奋学习,自觉磨炼意志,确立了其卓荦不群的理想人格,"忧思深远"的忧患意识和"忧国忧民"④的远大抱负。如果说,"不为良相则为良医"⑤是范仲淹的初衷,那末在南都学

---

① 纪昀《四库全书总目提要》卷一五二。
② 《宋会要辑稿》仪制一〇之一六。
③ 《欧阳修全集》卷二一《范仲淹神道碑》,《宋史·范仲淹传》也称:"泛通六经,[尤]长于易"。
④ 《范文正公文集》卷一六《让观察使第三表》、卷一七《谢转礼部侍郎表》。
⑤ 吴曾《能改斋漫录》卷一三。

舍他已有了"慨然有志于天下"①的人生信念。

大中祥符八年(1015)的进士及第,是范仲淹人生道路上的里程碑。是榜江西人萧贯殿试第一,但鄙薄南人的寇准(961—1023),硬是说服真宗,让莱州胶水(今山东平度)人蔡齐(988—1039)状元及第,这和他坚持不让王钦若(962—1025)拜相一样,体现了他人才观念上狭隘的地域观念,范仲淹却对这位名相的刚毅果敢,勇于决断,推崇备至。

仲淹释褐初仕广德军司理参军,首先奉母侍养。他治狱廉平,清正自守,常与知军大异其趣而挺然不从。刚正不阿,卓然而立的操守已始见于筮仕之初。天禧元年(1017),范擢文林郎、权集庆军(亳州)节度推官,时知州上官佖,通判杨日严,十分倚重这位才华横溢的年青幕僚。次年,三十岁的范仲淹有燕赵之行,留下了豪情满怀的《河朔吟》,抒发了他收复燕云失地的壮志雄心。他还奉母命归宗复姓,上表陈请时有一联四六名句,化用范蠡、范雎故事,用事精切,显示了他的文学才华和文字功力。

天禧五年(1021),仲淹调官监西溪盐仓。这位僻居海隅的监当官,颇有怀才不遇,壮志难酬之感,不避自荐之嫌上书时为执政的张知白(962—1028),向他倾吐心声:"卑栖曾未托椅梧,敢议雄心万里途。"②八百余年后,民族英雄林则徐(1780—1850)也直抒胸臆:"位卑未敢忘忧国",实出同一机杼。范仲淹同年挚友滕宗谅(991—1047),时官泰州从事,两人志趣相投,时相过从,唱酬无已,他们在东海之滨结下情逾骨肉的金石之交。他和富弼(1004—1083)也在海陵结下终身不渝的忘年交。当时,富弼侍父而来读书于此(弼父富言监泰州酒税)。

天圣三年(1025),范仲淹创议重修捍海堰,与滕宗谅一起主持这项工程,因气候条件恶劣,遭遇挫折。但仲淹不为所动,向朝廷力陈,得到淮南转运使胡令仪(960—1046)、发运副使张纶(962—1036)的支持,在胡、张的主持下,于四年秋重新开工,历时三年,这条横跨通、泰、楚三州,长达150里的捍海堰终于完成。虽然仲淹因守母丧离开了泰州,但当地人民仍将其命名为"范公堤"。三州均立有范公生祠,杨皋《画像赞》云:"我思范公,水远堤长。""青衫下僚"的"名世高节",是永远留在当地人民心中的丰碑,范公堤在近千年的"捍患御灾"③中发挥了重要作用,遗址迄今犹存。范仲淹写有《堰记》,总结他第一次治水的实践经验,可惜这部水利名著早已散佚。

天圣五年(1027)正月,晏殊(991—1055)罢执政为南京留守,辟守丧居此的范仲淹掌应天府学教席。次年还荐仲淹应学士院试,除秘阁校理,范的仕宦生涯实现了一次重要转折。从此,他对小自己二岁的晏殊终身事之,体现了其尊师重道的可贵品格。范仲淹在执掌府学的教学实践中初步形成了其教育思想和人才观。在南都守丧期间,范仲淹向宰相上万言书,提出了他最初的改革新思维,不仅成为庆历新政的蓝图,也启示了王安石(1021—1086)的熙丰变法。苏轼(1036—1101)高度评价了这一"天下传诵"的万言书,称:"至用为将,擢为执政,考其平生所为,无出此书者。"④首相王曾(978—1038)对这通万言书极为赞赏,暗示晏殊荐范召试馆职。在宋仁宗时期,人才的脱颖而出,时贤先达的荐拔赏识,大力提携,也是重要原因。范仲淹对此深有体会,在他跻身名流后,比他的前辈做得更多、更好。在人才的破

---

① 《欧阳修全集》卷二一《范仲淹神道碑》。
② 《范文正公文集》卷三《西溪书事》,康熙岁寒堂本。
③ 本节引文均见《方舆胜览》卷四五。
④ 《苏轼文集》卷一〇《范文正公文集叙》。

格选任方面,由于范仲淹不遗余力的倡导和垂范,一定程度上导致了仁、英、神、哲四朝如云蒸霞蔚般灿若群星的可喜局面出现,这是赵宋王朝能在内忧外患中长治久安的百年大计。

天圣七年(1029),范仲淹力谏皇太后不可在殿廷接受仁宗行拜贺之礼,认为这样有损"君体主威";又建议刘太后还政于"春秋已盛"的仁宗皇帝,但春意正浓的皇太后切于权势,疏入不报。仲淹遂自请补外,通判河中府(治今山西永济)。

天圣九年三月,仲淹迁太常博士,徙陈州(治今河南淮阳)通判。知州杨日严(?—1047)乃亳州时顶头上司,继任知州胡则(963—1039),也与仲淹结成忘年再世之交。人在宛丘的范仲淹仍时时关注着朝廷的政治态势、人事变化动向。

明道二年(1033)三月,刘太后撒手人寰西归,仁宗亲政,朝政一新。原先上疏忤刘太后的官员相继得到提拔重用。四月,范仲淹被召回,除右司谏。宋代的台谏官许风闻言事,即可据传闻上疏提出自己的意见,即使失实,也不加罪。这是历代封建王朝望尘莫及的最大限度的言论自由和批评朝政权力。目的在于"折奸臣之萌,而救内重之弊"。苏轼对这种"未尝罪一言者,纵有薄责,旋即超升"①的赵宋祖宗家法最为赞赏,尽管他自己曾蒙受过"乌台诗案"的牢狱之灾。

范仲淹直言极谏,恪尽言责。在太后称制时,劝刘后尽母道;在仁宗亲政后,则劝帝尽子道,调和二宫,煞费苦心。仲淹还受命安抚江淮灾伤,所至措置得宜,如奏蠲舒、庐州等地折役茶、赡军茶、江东丁口盐钱,主张盐法通商等,一定程度上减轻了当地人民的负担。是年岁末,在宰相吕夷简(979—1044)的支持下,仁宗废黜郭皇后。台谏在孔道辅(986—1039)和范仲淹的率领下,群起力争,被责问得张口结舌、理屈词穷的吕夷简玩弄阴谋手法,请台谏次日上朝力陈;仁宗连夜下达诏旨,分贬台谏领袖孔、范出知泰州、睦州,天明即押出国门。台谏官员相继上疏救援、力争,皆不报。在皇权和相权的联合压制下,显然,台谏只能屈居下风。

景祐元年(1034),仲淹出守睦州。在春意绵绵、风景如画的新安江畔,身心疲惫的范仲淹,凭吊严子陵钓台,主持重修了严光祠堂,精神境界有了新的升华。他倡导贪廉儒立的名教思想,"云山苍苍,江水泱泱,先生之风,山高水长",②成为激励人们道德品质修养的千古名言。桐庐郡小政闲,公务之余,范仲淹与幕僚一起登临游赏,交相唱酬,饱享畅游山水之乐。就在仲淹陶醉在江城赏心悦目的诗情画意之中时,同年八月,一道诏令将他调知乡郡苏州。

当时苏州正发大水,宋代任官有避乡贯、亲嫌的规定,不知是否他主修"范公堤"的成功实践促成了这次调动? 范仲淹行装未卸,就赴常熟、昆山实地考察灾情,提出了疏浚五河,引太湖之水注入东海的治水方略,成为苏州地区北宋迄今屡见成效的一种治水主导性思路。回到苏州城内,又全力以赴赈济救助嗷嗷待哺的十万灾民。这是仲淹记事以来第一次回故乡,仅及凭吊吴县天平山的祖茔,察看姑苏城内的祖居,命名其宅西斋为岁寒堂,堂前之松为君子树,树旁之阁为松风阁,各赋诗一首,寓意深矣。

景祐二年(1035)三月,仲淹被擢为礼部员外郎、天章阁待制,跻身侍从,有了更能发挥其才华和更多参预时政的机遇。八月,仲淹以判国子监召回后,言事愈切。老谋深算、城府很深的吕夷简奏请任命范权知开封府,想以繁忙的日常事务困扰之,再相机寻其治政失误而罢黜之。但范精于吏治,治绩无懈可击,京都肃然。

---

① 《苏轼文集》卷二五《上神宗皇帝书》。
② 《范文正公文集》卷七《桐庐郡严先生祠堂记》。

范仲淹耿介正直，容不得吕夷简擅权市恩。他向仁宗上百官图，指出进退官员的大权应由皇帝亲自掌握。又上《帝王好尚》等四论，仲淹不过是从维护赵宋祖宗家法的立场出发，主张强化皇权，侵削相权而已。切中要害的疏论激怒了权势欲极重的吕夷简，他反诉仲淹"越职言事，荐引朋党，离间君臣"①。宠信吕相的仁宗，诏令范仲淹落职出知饶州，这是范仲淹第三次因言事而遭贬黜。阿附权相的侍御史韩渎还奏请以仲淹朋党榜朝堂，戒百官越职言事。当时范仲淹以其刚正不阿的人格魅力已在士林享有重望，馆职余靖（1000—1064）、尹洙（1001—1047）上疏论救，相继被贬外；欧阳修（1007—1072）致书右司谏高若讷（997—1055），斥其迎合时相不论救仲淹为不复知人间有羞耻事，被贬知夷陵。蔡襄（1012—1067）愤而作"四贤一不肖"诗记其事，士论荣之，传诵中外，洛阳纸贵。这场风波史称"景祐党争"，上述诸人后来均成为宋代名臣，范仲淹士林领袖地位逐渐形成。仲淹被贬出京，依例交游官员当祖饯都门，但迫于时相的淫威，前来送行的只有李纮和王质（1001—1045）。

三出专城、屡遭贬黜的范仲淹，虽鬓白如丝，犹素心未改，"许国忘家"②，乃其立朝准则、处世信条。仲淹每守一州，把兴利除弊作为行政首要目标。在饶州，奏免鸟嘴茶充贡和奏免德兴银冶场的贡课，成为他新的德政。南宋初，状元及第的王十朋（1112—1171）在州治创思贤堂，州学建敬爱堂，立颜（真卿）、范（仲淹）庙，以纪念这位前贤。

景祐四年（1037）十二月，因叶清臣（1000—1049）疏请，诏移仲淹知润州（治今江苏镇江），次年到任。宝元二年（1039）三月，又徙知东南重镇越州（治今浙江绍兴）。仲淹在润州尝筹划建州学，重建清风桥，后被改名"范公桥"；在越州，则以德化治，后人建有贤牧亭以祠。他还留下了《清白堂记》，并力邀李觏（1009—1059）来越州州学执教，兴学已成为他关注的焦点。

康定元年（1040），西夏战事骤起，宋军大败于三川口，朝野震惊。仲淹临危受命，先以天章阁待制知永兴军，旋擢刑部员外郎、陕西都转运使，又迁龙图阁直学士、陕西经略安抚副使，赝寄方面。八月，再迁户部郎中，自请代张存（984—1071）兼知延州（治今陕西延安）。在延州实行将兵法，采取积极防御、寻机小规模出击战略，初步稳固鄜延防线。授狄青（1008—1057）《左传》，勉以折节读书，遂成一代名将；又对志在投笔从戎的张载（1020—1078），劝以治《中庸》，张后成关学开山，理学巨擘。仲淹的慧眼识人，于此可见一斑。

庆历元年（1041），韩琦（1008—1075）对西夏采取攻策，仲淹不为所动，结果宋军大败于好水川。仲淹也因私与元昊通书，独犯"人臣无外交"天条而被降官户部员外郎，贬知耀州；韩琦则因败军之罪贬知秦州（治今甘肃天水）。十月，分陕西为秦凤、泾原、鄜延、环庆四路，由韩琦、王沿（？—1044）、仲淹、庞籍（988—1063）分任四路帅臣。仲淹奏上攻守二议，初步形成其独具卓见的加强西北防务、抗击西夏的军事思想。

庆历二年（1042），范上疏再论攻守之策，主张增筑堡塞，行坚壁清野之计，在扩军备战的同时，实施招纳怀抚之策。三月，进筑大顺城，成为楔入双方必争地界的堡垒，进可攻，退可守。范有诗记其事，张载有《记》颂其功。仲淹又主张营水洛城，坚辞邠州观察使之职，不愿以文阶易武阶，这是当时儒臣的普遍心态。闰九月，由于主将葛怀敏"猾懦不知兵"③，轻率冒

---

① 李焘《续资治通鉴长编》（以下简称《长编》）卷一一八。
② 《范文正公文集》卷一五《饶州谢上表》。
③ 《长编》卷一三一。

进,再败于定川砦。仲淹及时从庆州出兵驰援,方稳住阵脚,迫使西夏退兵。十一月,诏命复置四路都部署,以范、韩、庞籍分领之,系衔并带四路招讨使。仲淹上表自请,愿与韩琦共同驻跸泾州,与延州庞籍成掎角之势,又奏请文彦博(1006—1097)知秦州、滕宗谅知庆州,并兼两路帅臣。经过反复探索,在范、韩主持下,宋陕西四路立体纵深攻防体系始构筑完成,宋夏战争进入相持阶段。宋夏和议,仍以延州为管道,正式启动。范仲淹稳妥的积极防御战略初见成效。

庆历三年(1043)四月,范、韩因西线战功而擢拜枢密副使;八月,又除范仲淹参知政事;九月,仁宗开天章阁,诏命近臣条对时政,仲淹上《答手诏条陈十事》,提出明黜陟、抑侥幸、精贡举、择官长、均公田、厚农桑、修武备、减徭役、覃恩信、重命令等十项改革措施,标志着庆历新政之始,且除修武备一项外,其余九项措施均以诏令形式划一颁行。在行之二年的新政期间,尚有溢出十事疏的内容。新政包括澄清吏治、培育人才、富民强兵、强化法制等四个方面内容。

"庆历新政"是中国历史上一次著名的改革,涉及政治、经济、军事、文化、教育、法制等各个领域,是顺应历史潮流,颇有一定深广度和社会效应的一次改革运动,旨在调整封建国家决策体制及运行机制的改革。其中,如"磨勘新制"是对两宋陈陈相因的磨勘旧法唯一一次革故鼎新的强力冲击;厚农桑也确实对兴水利、课农桑、辟田畴、增户口产生了积极影响。最为功德无量的是诏州县立学和改革贡举考试制度,这不仅促进了文风和社会风气的深刻转变,也造就了大量人才的脱颖而出和文化学术事业等精神文明的高度繁荣昌盛。在中国学术史、思想史、文化史、教育史上是有划时代意义的创举,对中国历史进程的发展产生了积极而弥久的影响。庆历新政为熙丰变法及此后的历次改革提供了可资借鉴的经验教训。由于仁宗皇帝的始从终弃,执政大臣的首鼠两端,守旧势力的顽固强大,祖宗家法的掣肘限制,导致了庆历新政的功败垂成。但这是中国古代有着深远历史意义的一次全面政治改革,是范仲淹"以天下为己任"远大抱负的一次可贵实践,其功绩永垂史册。

庆历四年(1044)八月至五年元月,仲淹被命宣抚河东、陕西,在秋冬季节,先后行经今山西及陕西的一些地区,在宋代为交通未便、备极艰辛的极边地区。就在仲淹黾勉王室、艰难跋涉之际,王拱辰等策划了"奏邸之狱",将苏舜钦等改革派新进英锐"一网打尽",矛头直指时相杜衍和参知政事范仲淹,范自请罢执政,求知邠州,得到批准。庆历五年十一月,又诏罢仲淹兼任四路帅臣,以给事中改知邓州。

庆历六年(1146)起,范仲淹在邓州渡过了三年一生中难得的惬意时光。解除了机政和边防重任的范仲淹,在邓州这一风光秀美的重镇,在"幕中文雅尽嘉宾"①和诸子随侍的亲情中悠闲度过了邓州之任。在这里,他的张氏新夫人还生下了季子纯粹,后来成为苏轼的徐州僚友,他请苏轼写下了《范文正公文集叙》。仲淹在邓州,营造百花洲、重修览秀亭,既是对前任、同年谢绛的忆念,又把这风景如画的园囿辟为公园而与民同乐。仲淹在邓州迎来了一生中最重要的一次创作高潮,其杰作《岳阳楼记》及许多诗文均写于邓州。他还兴致勃勃地参加了祠风师、贺瑞雪等民俗活动,祈求农业丰收,百姓安居乐业。每到一地,他总把民众的疾苦安危放在首位。所以当他初任满时,邓民遮道,仲淹也颇愿留任,遂得再任。范仲淹身后,邓人在州治建"景范楼",在百花洲建范公祠,纪念这位名臣在邓州留下的政绩与遗泽。

---

① 《范文正公文集》卷四《寄安素高处士》。

皇祐元年(1049)，范仲淹移守东南重镇杭州。在赴任途中，他最后一次在乡郡姑苏逗留，决定创办范氏义庄。作为元老重臣，这年七月，又擢官礼部侍郎。尽管他未能如唐宋贤守白居易、苏东坡那样在美丽的西子湖畔留下令人赞叹的白堤、苏堤，但他首创的救荒模式，却在中国经济史上留下了浓重的一笔。皇祐二年，两浙路爆发大饥馑，杭州灾情尤重。仲淹一改开仓济民、赈济流亡的常规办法，而是纵民出游竞渡，力倡公私兴工造作，独创以工代赈、募民兴利的救灾新模式。另外，他又抬高粮价，广泛吸纳粮食涌向杭城，导致粮价大幅回落和人心稳定。这种扩大消费，刺激生产，增加就业机会，兴办公共设施和工程项目，组织灾民自救，与运用价值规律调节粮价双管齐下的高明措施，保证了杭州"民不流徙"①，安然度荒。皇祐三年，范仲淹移知青州，与富弼交政后，又逢河朔饥荒，范又成功地将这种管子发明的轻重之术发挥到极致，一举三得，既平抑粮价，又免支移之苦，还帮助青民渡过青黄不接的艰难时光。这充分体现了范仲淹的过人胆识和行政智能。可惜，皇祐四年五月二十日(公元1052年6月20日)，这位杰出的政治家在移守颍州的途中病逝于徐州。

范仲淹"智谋过人远甚"，"文武兼备"②，无论在朝主政，出帅方面，均系国之安危，时之重望于一身；即使在担任地方官的时候，也是殚精竭虑，鞠躬尽瘁。作为宋学开山、士林领袖，他又开风气之先，文章论议，必本儒宗仁义；以其人格魅力言传身教，一生孜孜于教育事业，悉心培养和荐拔人才。乃至晚年"田园未立"③，居无定所，临终又《遗表》一言不及私事。他不凡而短促的人生，谱写了"先忧后乐"的时代乐章。

二

范仲淹生前故后，士大夫对他表示了一致的推崇，绝非偶然。王安石誉之为"一世之师"，"名节无疵"④；司马光(1019—1086)称其"前不愧于古人，后可师于来哲"⑤；黄庭坚(1045—1105)论定为"当时文武第一人"⑥；王十朋更褒为"此志此言高孟轲"，"见公端似见周公"⑦；朱熹(1130—1200)也评为"本朝第一流人物"；元好问(1190—1257)亦推为"求之千百年间，盖不一二见"⑧的圣贤。范仲淹的影响，也超越了时代和国界，如日本著名景观"后乐园"，即由朱舜水取范仲淹名言而命名。近代以来，范仲淹研究成为一门显学，绝非偶然。我在十余年前的一篇文章中，曾名之曰"范学"。范仲淹忧先乐后的风范，刚正不阿的品格，自强不息的意志，爱国忧民的信念，淡泊廉素的作风，泛爱乐善的胸怀，博闻广知的学识，文武全才的智慧，丰富多彩的生活情趣，构成了他"粹然无疵"的完美人生。

范仲淹留给后人的学术论著、诗文不算很多，但其影响却历久而弥远，深刻而惊世。赵宋王朝虽然在内忧外患中支撑了三百二十年，但却创造了封建时代最为兴盛的精神文明，在

---

① 《梦溪笔谈》卷一一。
② 《安阳集》卷二二《文正范公奏议集序》。
③ 《范文正公文集·尺牍》卷中《与韩琦书》三〇。
④ 《王文公文集》卷八一《祭范颖州仲淹文》。
⑤ 《增广司马温公全集》卷一〇八《代韩魏公祭范希文》。
⑥ 《范文正公全集·补编》卷三录黄庭坚《跋道服赞》。
⑦ 《王十朋全集》卷二三《梦人赠文正公集》。
⑧ 《范文正公全集·褒贤》卷五。

当时世界也居领先地位。朱熹已指出："国朝文明之盛,前世莫及。"①近代的两位学术大师陈寅恪(1890—1969)和王国维(1877—1927)先生也认为："华夏民族之文化,历数千载之演进,造极于赵宋之世"②;"前之汉唐,后之元明,皆所不逮也"③。在中国学术思想文化史的历史长河中,宋学是难以逾越的巍巍高峰。宋学突破了汉唐墨守经传旧注训诂的樊篱,倡导义理之学;追求心性修养,及明体达用,经世致用,外王内圣的统一;具有"致广大,尽精微"的博大精深,整合儒释道学的万千气象。其本质特征则是陈寅恪先生总结的："独立精神,自由思想,批评态度。"

宋初即已确立右文崇儒,"以文德致治"④的既定国策,宋代大开孤寒之士通过科举入仕之路,通过馆阁制度培养和储备人才,令其致身通显。宋代士大夫的理想人格中,多蕴涵着爱国热情、忧患意识,"以天下为己任"的人生信念和自觉追求,范仲淹就是其中集政治家、思想家于一体的杰出代表。官僚与学者是他们的一身两面,范仲淹年轻时曾在应天书院学习过,后又执掌书院教席,不仅自己打下了扎实的学问基础,也对教育有了更明晰的认识。庆历新政中的诏州县立学,是功德无量的盛举,奠定了我国九百六十余年以来的地方教育体系基础,为大批人才的脱颖而出创造了条件。他也曾短期担任过判国子监之职,主张办医学等专业教育,培养和荐引了当时最著名的几位太学教授:宋初三先生及李觏。宋代太学、州县官学、书院学等三级教育体系的形成,是中国教育史上值得大书特书的创举,范仲淹视教育为头等大事,培养人才为百年大计,体现了他的远见卓识。

当时的一些知识精英,如宋六家中的欧阳修、曾巩(1019—1083)、王安石,政治家富弼、司马光,著名学者李觏、张载,宋初三先生,均出自高平门下。他与古文学家尹洙、苏舜钦(1008—1049)及名臣韩琦、杜衍(978—1057)、晏殊等也有极为密切的关系。他自己以《十事疏》为代表的政论性散文,五《记》为代表的古文,《易义》为代表的学术著作,骈散结合的律赋创作,乃至脍炙人口的某些诗词也达到很高的水平。尤其是他从不曲学阿世,实事求是的治学风格,融儒释道于一炉的相容并蓄的博大胸怀,使他不失为开风气之先的文化学术思想界领军人物。

范仲淹"积学于书","得道于心"。⑤他哲学思想的基石是:提出了"纲维三才"的天人合一观,穷神知化的辨证思维,理一分殊、内圣外王的四德说,实开《易》学研究中义理派先河。宗经则是其哲学思想的取向,他于六经中求文、道、用的统一,实创"以《易》为宗,以《中庸》为体,以孔孟为法"的治学路子。⑥范仲淹还出入佛老,精研三教经典,力求会通而经世致用,正如他诗中所高度概括的那样:"清静道自生","读《易》梦周公","养志学浮丘"。⑦这种有容乃大、海纳百川的学术视野,使他成为众望所归、当之无愧的宋学开山。

范仲淹的政治思想是中国传统文化中的瑰宝。强烈的忧患意识,体现了他高度的社会

---

① 《楚辞集注》第300页,上海古籍出版社1979年。
② 《金明馆丛稿二编·邓广铭〈宋史职官志考证〉序》。
③ 《王国维遗书》第五册《静安文集续编·宋代之金石学》。
④ 《宋朝事实》卷三《圣学》。
⑤ 《范文正公文集》卷九《与周骙推官书》。
⑥ 《宋史》卷四二七《张载传》。
⑦ 《范文正公文集》卷一《赠张先生》。

责任感,自觉的担当精神,浓郁的人文情怀。他立志"尚经天纬地之业"①,而"忧事浑祛乐事还"②成为他毕生的追求和信念。兼济天下、"爱国忧民"③是范仲淹立身行事,处世立朝的惟一准则,是他光辉一生的真实写照。范仲淹毕生信守不渝的信条是:"不以己欲为欲,而以众心为心"④,所以他能坚持"行己有耻"的高风亮节,不仅在贫贱时能安之若素,富贵时也能保持清正廉明,"为政忠厚,所至有恩"⑤,兴利除弊;晚年又推己及人,设立扶助贫寒族人的义庄。

"素心直拟圭无玷"⑥的范仲淹,开"重名教,以矫衰弊之俗"⑦的时代新风。倡导名教,旨在重建以儒家名教为核心的道德伦理体系。仲淹的名教思想,包含了丰富的内容,不仅有传统意义上的仁义礼智信、诚明、忠孝之类观念,而且也包括恬于进退,淡泊名利,犯颜直谏,气节观念等合乎时代要求的新观念。如果说前者更着重于个人的心性修养层面,后者则更注重于社会责任的层面,两者的和谐统一,即外王内圣贯通的伦理道德规范。范仲淹以名教为乐,"不以物喜,不以己悲",则是其名教思想的集中体现,也是震烁古今、义薄云天的惊世名言。其"至诚许国","不以进退易其守"⑧的情操,不仅两宋时广为传颂,时至今日,犹不失为仪型典范。

范仲淹无论出入中外,执政临民,乃至赝寄方面之际,始终以"犹济疮痍十万民"⑨的执著,为传统的重本抑末经济思想注入了全新的内容。他力主茶盐通商,发展商品经济的远见卓识;主持改革,兴修水利,奖劝农桑的成功实践;以军事、外交、经济(屯垦戍边、坚壁清野)手段三管齐下巩固边防的虑深思远;刺激消费、以工代赈救荒济赡的独特模式;提出"损上益下"、"哀多益寡",⑩摧抑兼并的固本宁邦之策;运用轻重之术平衡粮价,等等。这些虽仅是吉光片羽,但仍不失为中国经济思想上颇具亮色的真知灼见。这不仅是比他的前辈提供给历史的"新的东西",也是为后人提供有益谋谟的宝贵财富。尤其值得一提的是:范仲淹创办的范氏义庄,体现了他一贯的民与物胞的人文情怀,充分反映了他对家族、社会的责任感、爱心奉献及对社会财富分配的一种心态。范的高瞻远瞩,实开宋代赈济、福利事业的先河;南宋不仅富家大族竞起效尤,蔚为时尚,而且,也促进了始于北宋末的官办慈善养济机构的诞生,成为近代各种官方民办扶贫事业的滥觞。范氏义庄的成功实践及其遗韵流泽,对于当今社会保障福利机制的形成及扶贫事业,也有一定的启迪作用。

范仲淹作为宋代诗文革新运动的倡导者之一,提出了"救斯文之薄,而厚其风化"的主张。他还力主"文质相救"⑪,文以载道,将道统与文统完美结合,他有独具一格的诗论和赋论。他对前辈作家王禹偁、穆修比较推崇,对同时代的尹洙、苏舜钦、欧阳修等人"力为古文"

---

① 《范文正公·别集》卷四《赋林衡鉴序》。
② 《范文正公文集》卷四《依韵答蒋密学见寄》。
③ 《范文正公文集》卷一四《祭英烈王》。
④ 《范文正公文集》卷二〇《用天下心为心赋》。
⑤ 《长编》卷一七二。
⑥ 《范文正公文集》卷四《酬李光化见寄二首》之一。
⑦ 《曾巩集》卷一五《上杜相公书》。
⑧ 《渑水燕谈录》卷二。
⑨ 《范文正公文集》卷四《依韵酬吴安道学士见寄》。
⑩ 《范文正公文集》卷五《易义》,《范文正公别集》卷三《天道益谦赋》。
⑪ 《范文正公文集》卷七《奏上时务书》。

的文学造就也颇为赞赏。他自己也创作了文质兼备、情文并茂、骈散结合的散文和律赋。范仲淹与他同时代的作家群体形成了一种新的文风,一扫西昆体"刻辞镂意","专事藻饰,破碎大雅"①的弊弱文风。

范仲淹还主张:在文学创作中须"文辞贯道"②,"意必以淳,语必以真"③。他在《唐异诗序》等文中简要概括了唐诗各种流派的特色,反映了他有较高的文学修养和艺术鉴赏品位,对诗歌的特征及其社会作用有明晰的认识。诗言志,歌咏言,他认为抒发真情实感是诗最本质的特征。范仲淹的诗众体皆备,他的交游诗、山水诗、边塞诗中不泛"格清而意远"④的精品佳作,如《野色》、《和章岷从事斗茶歌》、《献百花洲图上晏相公》等为不可多得的杰作。另外,范仲淹的律赋创作,堪称唐宋大家,尽管他精心编纂的赋汇总集《赋林衡鉴》已佚,但保存下来的序,是一篇十分精彩的赋论。律赋兴于唐,宋代以来,赋主要是应付礼部贡举考试的科举文体,不为人所重。但"少游文场,尝禀词律"⑤的范仲淹,却善于"化腐朽为神奇",创作出不少言为心声的佳作。正如杨万里(1127—1206)所论:"古今文章,至我宋集大成矣。"⑥宋文之盛,正始于庆历,范仲淹无疑是这一作家群体中的重要一员。

作为边塞词人的范仲淹,虽其词作多已散佚,今仅存五首,但却阕阕精彩,字字珠玑。他的词作豪放中有婉约的成分,实开苏辛词风的先河,有一种撼人心魄的节律感,音乐美。范仲淹的散文,题材广泛,是他从政、治军、兴学的实录,具有很高的史料价值,也颇具文学和审美价值,其中不乏佳篇。《岳阳楼记》等五记、《十事疏》、《奏上时务疏》等为传颂已久、脍炙人口的杰作,他的四论也风格犀利,纵横阖捭,还有一些书信及伤悼文字也写来感情真挚,十分动人。总之,范仲淹不失为享有时誉的作家,他的诗文言志抒情,风格清新,自然流畅,立意超迈,醇厚雅正,一如其人,广受当时及后世的人们所喜爱。在中国古代的文学家中,理应有范仲淹的一席之地。

---

① 《范文正公文集》卷六《尹师鲁河南集序》。
② 《范文正公文集》卷一八《举丘良孙应制科状》。
③ 《范文正公文集》卷六《唐异诗序》。
④ 《安阳集》卷五〇《崔公行状》引范仲淹评其诗语。
⑤ 《范文正公别集》卷四《赋林衡鉴序》。
⑥ 《诚斋集》卷八三《杉溪集后序》。

范仲淹、王安石变法比较研究

李裕民

从庆历三年(1043)到熙宁二年(1069),短短 26 年中,宋朝接连出现了两次变法,其领导人是大名鼎鼎的范仲淹(989—1052)和王安石(1021—1086),但前者只实行了一年,便告终结,后者则继续了几十年。然而千百年来,前者却备受赞扬,而后者则背着骂名,甚至在小说、话本中,一个是正面人物,一个成了嘲讽对象。这究竟是为什么?是后人都看走眼了,还是他们本身的差异造成的?这只有对两者作比较才能找到答案。

一、时代背景

不少论著把两人所处的时代背景描绘成民族矛盾、阶级矛盾非常尖锐,政治、经济、军事危机四伏,几乎与康梁变法的背景类同,到了不变法,国家就要灭亡的地步。这样的估计是不准确的,事实根本不是这样。

两人所处的时代背景,大体相同,亦略有不同处。他们离宋建国已八十多年或一百多年,正处在和平发展时期,政局稳定,经济、文化、科技发展进入高峰期,相比较而言,熙宁初则开始出现下滑现象。国家的财政收入当时分三大块:三司的国库、皇帝的内库、地方财政。熙宁之前的几年,国库这部分已出现赤字,需要内库支助。

从真宗开始,皇帝与士大夫共治天下的体制已经确立,这是我国古代皇帝制度下最为民主的体制。士大夫的言论比较自由,他们多是通过科举考试的公平竞争成为进士之后,进入仕途。在一定程度上,国家实行法治,一切依法行事,皇帝也不能例外。监察制度比较完善,中央台谏官的权力相当大,可以弹劾包括宰相在内的各级官员,可以监督皇帝的违法行为。这一切,是宋代进入空前繁荣的政治保证。

与辽的关系,在真宗澶渊之盟后,双方都能遵守协议,维持和平友好的关系。西北出现新的政权——西夏,并时时侵扰宋境,宋、夏经常处于战争状态,而且宋胜少、败多,但基本上还能守住疆土。

国内局势比较稳定,没有出现比较大的农民起义,当然零星的小股起义仍时有发生,但不至于影响大局。所谓"一火强似一火",乃是士大夫的夸张说法,目的是想引起皇帝的重视。

政府面临的问题是,如何能够增强国力,解决西夏的祸患。在守成局面下,官员养成因循守旧的观念,平庸的官员增多,优秀的官员在复杂的考核制度下很难冒尖。大量的农民生活还相当贫寒,一有天灾人祸,就会面临死亡的威胁。在熙宁时,则有如何解决财政赤字的问题。至于收复幽云十六州之事,太宗在几次北伐失败后,就放弃了,只是在少数士大夫的心里仍有这样的念头。

在总体形势不错、问题尚不严重的情况下,范仲淹敏锐地觉察到,并且制订改革方案,预为防止,说明他有着高瞻远瞩的政治目光,确实是一位了不起的政治家。

到神宗时,问题又有发展,特别是如何解决中央财政的赤字,成为急迫的问题,王安石顺势推行其改革主张。

二、个人特点

两人都很清正廉洁,都有政治才干,在任地方官时就关心民瘼,做各种有益的事,政绩卓著。范仲淹又有相当高的军事才干,并有良好表现。① 王安石则未见。

两人都关心国家大事,都有自己的治国方略,在当地方官时,都曾上书朝廷,指斥时弊,发表自己的政见。不怕贬官、丢官。都有文才,散文、诗、词均有成就,而王的文学成就比范更高。

范仲淹非常重视自己的名节,珍惜与朋友的关系。王安石批评他好名,然而好名并非坏事。

王也好名,如辞官之举,扬名天下,但更看重功利,为了施展自己的抱负,不计后果,可以与一批朋友断交,由友变敌,在所不惜。明知是小人,也要结盟变法。

范仲淹极富同情心、爱心,他的"先天下之忧而忧,后天下之乐而乐",使他成为万众仰慕的圣贤。他这样说,也是这样做的。如有一次,在邠州,正登楼摆酒时,看到有一士人死了,缺钱下葬,范即停办宴席,主动掏钱,资助他家办完葬事。② 他能设身处地为人考虑,如王伦造反,攻破了若干州县城,县太爷没有死节,事后,有些领导主张处死这类官员,范仲淹则说:国家没有给他们配备武装,却要求他们抵御强敌,合理吗?于是没有处死。③

王安石个性很强,自己认定是正确的东西,任何力量都休想搬动。他写过一首《商鞅》的诗,说:"今人未可非商鞅,商鞅能令政必行。"④商鞅实行变法的手段是,先说服君主重用他,再设法使民众相信他说话是算数的,然后以严刑对付最重要的反对派,以排除阻力。王也是这样,在实行变法时,只认政见,不认朋友,因而对以前的好友司马光、吕公著,也毫不留情地排挤、打击。但当他离开政治舞台后,仍然会以文会友,如变法时,曾多次在神宗跟前说苏轼坏话,⑤下台后,两人还是友好来往,仍有诗歌赠答。⑥

---

① 《朱子语类》卷一三三:"范公尝立一军为龙猛军,皆是招收前后作过黥配底人,后来甚得其用,时人目范公为龙猛指挥使。又曰:方范公起事时,军政全无统纪,从头与他整顿一番,其后却只务经理内地,养威持重,专行浅攻之策,以为得寸则吾之寸,得尺则吾之尺,卒以此牵制夏人遣使请和。"

② 《渑水燕谈录》卷二。

③ 《隆平集》卷八。

④ 王安石《临川文集》卷三二。李壁《王荆公诗注》卷四六:"范彝叟读此诗云:古人政事本教化而躬率,使人从之,政事要必行,岂是好事?"

⑤ 《长编拾补》卷六、熙宁二年十一月己巳,称苏轼是"邪憸之人",阻止神宗重用。

⑥ 苏作《同王胜之游蒋山》,王作《和子瞻同王胜之遊蒋山》,苏作《至真州再和二首》。王作《池上看金沙花数枝过酴醾架盛开》,苏作《次韵荆公四绝》。

三、改革的推行

（一）两次改革的推行有相同之处

1. 两次改革都是应皇帝要求而提出，改革方案都得到皇帝的支持。"帝方锐意太平，数问当世事"，仲淹"退而上十事"。又是得到皇帝信任而实行的。"天子方信向仲淹，悉采用之"。①
2. 通过正常渠道进行，即领导核心讨论、皇帝首肯，下达诏书，由政府执行。
3. 范仲淹和王安石改革时，其官衔都是参知政事，都不是一把手。都是富有从政经验的中年人。范55岁，在中央和地方从政29年；王49岁，在中央和地方从政23年。
4. 改革之初，他们的名望都很高，都得到大多数官员的支持。
5. 改革一经推行，便遇到阻力，而且越来越大。

（二）两次改革也有很大的不同之处

范仲淹改革的特点：
1. 仁宗皇帝的目的是希望建立一个太平盛世的社会。
2. 改革的内容一次性推出，共十条，即：一明黜陟，二抑侥幸，三精贡举，四择长官，五均公田，六厚农桑，七修武备（府兵法），八减徭役，九覃恩信，十重命令。其中第七条"府兵法，众以为不可而止。"②
3. 改革的重点在于整顿吏治（前五条均属此类）。
4. 依靠清官、君子改革。富弼（1004—1083）、欧阳修（1007—1072）、王素（1007—1073）、蔡襄（1012—1067）、杨纮、王鼎、王绰等。

王安石的改革的特点：
1. 神宗皇帝的目标比仁宗更高，是要富国强兵，将来收复幽云。
2. 王安石吸取范仲淹变法失败的教训，考虑如何越过领导核心，将变法的指导权掌握在自己手中，不再依靠原有国家机构和渠道进行，终于想出一招，那就是另设一个自己能掌控的新机构：制置三司条例司。后来在群臣反对下，取消条例司，又将权力转到司农寺。
3. 王安石的变法方案是全面的，大幅度的，但它深藏在自己心里，不是一次性亮出来，而是看情况，逐步推出。
4. 王安石改革的重点在于理财，要把天下的钱收到中央来，实际上是把个人的钱和地方财政，尽可能收到中央。
5. 王安石起初也想依靠清官、君子改革。以后发现他们大多有异议，便采用实用主义

---

① 《宋史》卷三一四《范仲淹传》。
② 范仲淹《答手诏条陈十事》，《范文正公政府奏议》卷上。

的态度,谁拥护改革就重用谁,谁反对改革就排挤谁。①

四、对待阻力的态度

范仲淹变法,在整顿吏治方面的力度极大,他派出的几名清官,在实践中对不称职的官员下手很猛,打击面比较宽,阻力就很大,以致杨纮、王鼎、王绰被称为"三虎",而另四人被称为"四瞪",②如果各路都这样推行,许多官员都有可能处于被淘汰之列,于是他们群起而攻之。仁宗皇帝在反对声音越来越强之时,他权衡利弊,坚持与士大夫共治天下的政治体制,尊重大多数官员的意见,中止了变法。但他仍然信任范仲淹,把他放到陕西去,解决最难对付的西夏问题。范仲淹看到条件不成熟,既不想勉强在朝坚持变法,也不想改变这一体制,毅然到前线解决国难。

王安石则要坚持改革,实现他的理想蓝图。为此,极力主张神宗要加强独断,利用最高的皇权和皇帝对他的高度信任,去推行新法。神宗则接受他的建议,不顾反对声浪如何高涨,强制推行所有新法。一切以是否拥护新法划线,有不同意见者,即使是多年老友宁愿断交,支持新法者,虽小人也予重用,把台谏官统统换成新法派,不许他们发出不同的声音,使他们变成排挤打击不同政见者的工具。

王安石搞思想的一元化,用《三经新义》统一全国的思想。

五、结局与影响

范仲淹变法只进行一年,便告结束,又过了一年,一切照常,回到起点。这是一次没有成功的试验。范仲淹目光远大,在吏治问题还不太严重时,就抓吏治,无疑是正确的,但过于理想化,具体措施考虑得不够精细,③打击面太大、太急,阻力就大,以致领导圈中无法获得多数人的支持,而遭否决。而范仲淹则能以大局为重,在条件不成熟的情况下,没有强力推行,因此虽然问题没有解决,但整个政治体制没有变动,更没有出现动荡不安的局面。这样,一方面,国家政局保持稳定,经济、文化、科技还在继续前进,出现了庆历之治和嘉祐之治。另一方面,问题也在逐步恶化,吏治没有改善,财政逐步出现赤字。历史的发展证明范仲淹是有战略眼光的,如果此后的领导者能采取范仲淹的基本思想,在实施的方法上适当作一些调整,变法就可能获得成功。

范仲淹变法虽然没有成功,但他大力提倡重视名节,在改变士大夫风气方面起了重要的推动作用。④

王安石变法得到了贯彻,王下台以后,神宗继续维护变法,以后直到北宋灭亡,除了元祐更化的八年之外,都是新法派掌权,都继续走变法之路。理财的效果很明显,中央财政赤字得到解决,府库非常充裕。但出现了更多的问题,主要是:

---

① 《朱子语类》卷七一、第 1799 页:"范文正公等行得尊重,其人才亦忠厚,荆公所用之人,一切相反。"
② 《宋史》卷三〇五《杨纮传》,第 10085 页;卷四六六《孔宗旦传》,第 13154 页;李焘《续资治通鉴长编》卷一六〇、庆历七年四月己酉,第 3869 页。
③ 《朱子语类》卷一二九、第 3085 页:"范文正公虽有欲为之志,然也粗,不精密,失照管处多。"
④ 《朱子语类》卷一二九、第 3086 页:"至范文正时,便大厉名节,振作士气,故振作士大夫之功为多。"

使原来的皇帝和士大夫共治天下的体制遭到严重的破坏,实际上变为皇帝与王安石治天下的新体制,①最终强化了皇帝个人专制独裁之权,这一发展趋势延续几百年后达到顶点,形成了明、清时期最高度专制独裁的政治体制。

台谏官由制约皇帝或大臣违法的机构,蜕化为大臣打击异己的工具,这就为权臣的出现敞开了大门。而失去监督的政权,必然迅速腐败。

王安石提倡"一道德"、无异论,实际上是以思想上的专制主义取代百家争鸣。②

王安石在思想上重视君子,鄙视小人,但在变法中以是否拥护新法划线,实用主义的用人之道,使得君子离开,小人蜂拥而至,以致后来蔡京、王黼之流纷纷掌权,官场风气空前恶化,贪污腐败日益严重。③

军事改革很不成功,军队战斗力没有得到加强,神宗时期,对西夏的战争屡屡失败。

这一切,与王安石所期望的致君尧舜的崇高理想,完全背道而驰。吏治加速腐败,国库财富被统治者随意挥霍,国力衰弱。这一切使得北宋在遇到强敌金兵南侵之时,变得十分脆弱,不堪一击。北宋的迅速灭亡,推其根源,与王安石的种种措施有密切关系。

我们不能以变法时间的长短和规模的大小论英雄,而应该以变法的后果、影响去评价。从变法实行的时间看,王安石变法远比范仲淹变法长,规模也远比范仲淹变法大,以往人们对王的评价也分外的高。但从变法的后果、影响去评价,则完全相反,范仲淹应该得到正面的评价,而王安石变法则应该予以否定。

---

① 用宋代的笔记小说的话说,是"朕与王安石治天下。"(元好问《遗山集》卷三六《东坡乐府集选引》)
② 王安石《临川文集》卷七二《答王深甫书》:"古者一道德以同天下之俗,士之有为于世也,人无异论。"
③ 《朱子语类》卷一三〇、第 3097 页:"新法之行,诸公实共谋之,虽明道先生不以为不是,盖那时也是合变时节。但后来人情汹汹,明道始劝之不可做逆人情底事,及王氏排众议,行之甚力,而诸公始退散。"

从朋党之争看包拯与范仲淹

孔繁敏

包拯(999—1062)与范仲淹(989—1052)同是宋仁宗时代的政治家,都先后做到相当副宰相的高级官职(枢密副使、参知政事)。两人在当时的政治舞台上虽各自扮演不同角色,没有直接交往接触,但有密切的政治关系。尤其是发生在仁宗庆历新政(1043)时期的朋党之争,成为当时政治斗争的重要形式,涉及各类政治人物和利益集团的力量角逐,以后又长期影响北宋的政坛走向。本文主要通过分析宋仁宗时期的朋党之争,看包拯对以范仲淹为代表的新政人物的政治立场和见解,从中进一步说明清官包拯的历史渊源。

一、庆历新政时期包拯与以范仲淹为代表的新政人物改革见解之异同

包拯所处的宋仁宗时代,是一个社会发展与尝试改革的时代。宋仁宗统治距离北宋建国已有60多年,其间经历了宋太祖、太宗和真宗三个皇帝的统治。宋太祖、太宗依恃军力完成统一大业,并通过"创法立制",使政治局面稳定下来,社会经济得以恢复,但也滋长了许多腐败因素。宋真宗统治时期基本恪守"祖宗之法",惟恐惹是生非,致使因循守旧之风不断蔓延,许多积弊得不到解决。宋仁宗亲政以后虽然社会继续发展,但所谓"积贫积弱"的弊端显现,一些地主阶级中下层代表或有见识的士大夫,要求改革呼声高涨。宋仁宗不同于真宗之处在于他有改革之志,他亲政不久便在人事上做了重大的调整,并在庆历三年(1043)下诏推行范仲淹等人提出的"新政"措施。

包拯在庆历新政时期,对社会改革的基本立场、态度,与以范仲淹为代表的新政人物是一致的,但也存在一些重要差异。

首先,在改革方案上。新政推行时,包拯年已四十五,而在此之前,他长期在家乡侍养父母,后来历知天长县和端州,仅五六年时间,到中央任职时官资较浅,对全局情况缺乏了解,对历史与现实问题研究也不太深,所以他一直没能像范仲淹、富弼、欧阳修等人那样提出宏大而系统的改革方案。他主要是从监察官的角度,就具体问题提出一些兴利除弊的改革措施,还达不到范仲淹等改革家的高度。

其次,在改革方针上。新政人物主张对吏治的改革严字当头、大步推进,尤其表现在"择官长"、"精贡举"等举措,对不称职的官吏严惩不贷,以荐举制取代封弥誊录制等,皆体现了从严从快,大刀阔斧地改革精神。包拯则主张严中有宽,循序渐进,如指出对犯一般错误的官吏给予悔过自新的机会,实行荐举制时机不成熟,维持原有的封弥誊录制较为合理等意见,反映了他稳中求进的改革精神。

第三,在政治集团及派别活动方面。新政时期形成以范仲淹、富弼、欧阳修等人为代表

的改革派,以章得象、贾昌朝、王拱辰等人为代表的保守派。改革与保守派是客观存在的两种政治力量,代表不同政治集团的不同利益。两派斗争错综复杂,其间发生一些结党营私的派别活动,严重干扰了改革的正常进行。包拯虽是由保守派的重要人物权御史中丞王拱辰推荐入朝的,台官当时又大都站在新政的对立面,但他却从不追随保守派或掺入派别活动。他站在改革派一边,却又不属新政政治集团、即"君子之党"中的人物,与一些参与新政的谏官欧阳修、余靖等人不同。

包拯在庆历新政时期的角色实际是支持新政的监察官,他以清心、直道为处世原则,对新政措施采取了具体分析的客观态度,既总体上肯定,又提出某些不同的具体意见,表现了一个正直官员的应有品质。

二、包拯坚决反对以朋党之名打击以范仲淹为代表的新政人物

庆历三年(1043),宋仁宗为改善政治局面,对宰相执政班子和谏官御史进行了几次调整。经过调整的班子,章得象升为首相,范仲淹任参知政事,杜衍为枢密使,欧阳修、蔡襄等人为谏官,王拱辰任权御史中丞。仁宗重用有名望、想干事的人,但又重用不同见解的人加以牵制。这个新班子对时局认识及施政方略有重大的分歧,实际上在朝廷中形成了两股对抗的势力。从影响舆论最大的台谏官来说,当时以欧阳修等人为代表的谏官坚决支持新政,而以王拱辰等人为代表的御史多反对新政。反对新政人物的一个主要武器是新政人物结党营私,具体指责范仲淹等人:"凡所推荐,多挟朋党,心所爱者尽意主张,不附己者力加排斥,倾朝共畏。"①

自古及今,"帝王最恶者朋党"。汉代的"党锢",唐代的"牛李党争"都在历史上留下深刻教训。仁宗对"朋党"也是很反感的。有一次,仁宗在上朝时就问范仲淹:"自昔小人多为朋党,亦有君子之党乎?"范仲淹一派人物则以"君子之党"辩解。仁宗开始疑虑这一问题。范仲淹回答说:"臣在边时,见好战者自为党,而怯战者亦自为党,其在朝廷,邪正之党亦然,唯圣心所察尔。苟朋而为善,于国家何害也?"他认为,如果君子结党是为了办善事,那对国家也没有坏处啊。改革派的欧阳修鉴于有人攻击他是范仲淹的"党人",当时也专门奏上一本《朋党论》,具体论证:"君子与君子,以同道为朋,小人与小人,以同利为朋,此自然之理也。然臣谓小人无朋,惟君子则有之。"原因是小人"利尽而交疏","其暂为朋者,伪也。"②虽然范仲淹和欧阳修都是文学大家,把自己的观念阐述得很清楚明白,可是他们公然承认自己为"君子之党"的做法,在政治斗争中却产生了严重的负面影响。

传统的观点否认君子结党。《尚书·洪范》中说:"无偏无党,王道荡荡;无党无偏,王道平平。"《论语》中引述孔子说:"君子周而不比,小人比而不周。"③又说:"君子矜而不争,群而不党。"④朋比为奸、党同伐异才被称为朋党。范仲淹和欧阳修等自命为道义的朋友,是"君子之党",其他为追求利禄的"小人无朋",是暂时结交的伪党,这既不利团结多数人,又孤立了

---

① 《长编》卷一五四庆历五年正月乙酉。
② 《长编》卷一四八庆历四年四月戊戌。
③ 《论语·为政篇》。
④ 《论语·卫灵公篇》。

自己，等于授人以柄，"引火烧身"。仁宗在朋党之争尖锐的时刻，明确表示"至治之世，不为朋党"，并表示对结党营私者要严查。庆历四年(1044)六月，西部边疆吃紧，仁宗伺机下了一道命令，把范仲淹外放到边疆镇守去了。

仁宗在保守派的压力下，将范仲淹、富弼、杜衍等人相继罢政、逐出朝廷。欧阳修闻之又奏上《论杜衍范仲淹等罢政事状》，指出："自古小人谗害忠贤，其说不远，欲广陷良善，则不过指为朋党，——惟有指以为朋，则可一时尽逐。"辩解范、富、杜并未结党："当时奸臣诬作朋党，犹难辩明。——惟愿陛下拒绝群谤，委任不疑，使尽其所为。"①欧阳修此时所论回避了所谓"君子之党"，强调"指为朋党"是保守派打击政敌的武器。无奈仁宗成见已深，"朋党之论滋不可解"。

庆历新政时期，一些主张改革的新政人士多被视为"朋党"，受到诬陷打击，"新政"失败以后，许多臣僚仍然心有余悸，讳言是非。皇祐二年(1050)包拯在所上《论大臣形迹事》疏中指出，"时政之大害"是"进用庶官，裁处大事，必避形迹"。这是朋党之争造成的后遗症。接下来，他引用《唐书》中唐太宗与魏征、唐高宗与李安期对话涉及的以朋党名义压制、陷害人才造成君臣猜忌、人才避嫌的事例，希望仁宗"奋乾刚之威，确然英断，申命宰执进用贤隽，斥去形迹之弊，以广公正之路"。包拯是在从户部副使升任知谏院之初，首先进奏此议，说明他高度关注朝廷用人及朋党问题。

为进一步澄清朋党问题，皇祐三年(1051)，包拯又就"当今之要务"，奏上《七事》，其中尖锐指出："臣伏闻近岁以来，多有指名臣下为朋党者。其间奋不顾身，孜孜于国，奖善嫉恶，激浊扬清之人，尤被奸巧诬罔，例见排斥。故进一贤士，必曰朋党相助；退一庸才，亦曰朋党相嫉。遂使正人结舌，忠言息心，不敢公言是非，明士劝戒，此最为国之患也。"接下来分析"圣明在上，未尝闻有朋党。朋党之来，大抵起于衰暗"，如汉、唐统治末期。而今所谓朋党，"斯乃臣下务相倾轧，自快其志，加诸其人，不顾破坏陛下事业者也"。他特别列举刘向进谏汉元帝的话："孔子与颜渊、子贡更相称誉，不为朋党；禹、稷与皋陶转相汲引，不为比周。何则？忠于为国，无邪心也。"因此建议宋仁宗"端虑以临下，推诚以格物，循名以核其实，因迹以照其心，使忠、邪者情伪毕见，勿以朋党为意，则君子、小人区以别矣"。②包拯这些论述虽然没有直接道出当时官僚的姓名，而联系具体历史条件看，指出所谓朋党常是奸邪之人加诸忠良的一种罪名，君子之间相互称誉"不为朋党"，显然是否定攻击新政人物为朋党的保守派，称誉勇于为国献身的以范仲淹为代表的改革派，并为他们受到的打击而鸣不平。

三、包拯积极主张为范仲淹所选用的"江东三虎"平反复职

在庆历新政彻底失败的情势下，包公没有随波逐流，也没有消沉不振，他不仅顶住压力，对受"朋党"之诬的新政人物予以正面肯定，同时也敢于为他们平反复职。

范仲淹推行新政的一项重要内容是"择官长"，重要措施是命诸道转运兼按察使及选派转运兼按察使弹劾不法或无能官吏，整顿地方吏治。此举的作用及吏治状况如何呢？范仲

---

① 《欧阳文忠公文集》卷一○七。
② 张田编《包拯集》卷一《七事》，北京：中华书局1963年，第7页。

淹在庆历四年(1044)七月《奏灾异后合行四事》中,所云前二事基本回答了这一问题。此奏中首先肯定按察使的积极作用是"能去谬吏而纠慢政",并建议按察使再担负起推选有治绩官吏的任务,亦即讲求"激劝善政之术"。其次指出地方吏治仍很糟,尤其是州县官对"民讼"、"吏奸"不能明辨与防治,"转运使、提点刑狱但采其虚声",以致"刑罚不中,日有枉滥",并直接影响到中央审刑院、大理寺的断案,因此请大臣兼领刑狱,"以慎重天下之法"。① 这种状况也表明已推行了十个月的"择官长"的新政并没有取得显著效果。

由范仲淹、富弼等人所选用的江东转运使杨纮、判官王绰、提点刑狱王鼎,在庆历新政初期,实施"择官长"的新政,纠举所部官吏,"至微隐罪无所贷",时号"江东三虎"。随着新政失败,三人皆"坐苛刻下迁"。包拯认为杨纮等人"止以体量官吏过当,别无罪状",不应"下迁",应受处罚的则是"惨虐不法"的王逵等人。据《曾巩集》卷四十二《王公(逵)墓志铭》载,王逵在仁宗朝,先后任过湖南、江西、湖北、河东、淮南诸路转运使。庆历六年(1046)春,包拯曾上疏弹劾王逵,"先任荆湖南转运使日,非现配率人户钱物上供,以图进用";改任江西路转运使后,"苛政暴敛,殊不畏惮"。当时其他御史台官亦有劾章,王逵因此移任他路差遣。皇祐二年(1050)冬,王逵因朝廷明堂大礼恩,由知徐州迁淮南路转运使。命下之日,包拯等谏官凡七次上疏,论列王逵"累任皆惨虐不法,降黜差遣,纵该赦宥,不可复任职司,乞追还敕命"。疏中还特别列举"杨纮、薛绅、王绰、王鼎,本无残虐之状,只以行事或有过当,尚降差遣,不予牵复职司。较之王逵,徒实非辜"。实际在弹王逵的同时,主张对杨纮等新政人物平反复职。

包拯通过对比了解杨纮等人实属受"朋党"之害,被降级处分不公平,故在皇祐三年(1051)又给仁宗奏上《请录用杨纮等》,其中特别强调:"顷岁以来,凡有才名之士,必遭险薄之辈假以他事中伤,殆乎屏弃,卒不得用,议者迄今痛惜之。"他希望仁宗"申命宰执,应臣僚素有才行,先以非辜被谴,如杨纮、王鼎、王绰等,虽曾叙用,未复职任者,并乞复与甄擢,或委之繁剧,必有成效。如此,则风化日益美,贤杰日益耸,积之以久,和气洽乎上下矣。"②正由于包拯的大力呼吁,仁宗终于采纳了这个意见,对杨纮等人彻底平反,官复原职。③ 由范仲淹、富弼等人所选用的杨纮等人从被仁宗罢免到后来复任,其意义不限职务变动,更重要的是伸张了正义,表明了包拯对新政人物的肯定及对新政的公正态度。

从传世的《包拯集》看,包拯从"安民"的思想出发,在政治、经济、军事诸方面提出许多兴利除弊的改革主张和措施。与同时代的范仲淹等改革家相比,虽然包拯的改革主张和措施还不够系统、宏大,却有具体、可行的特点。尤其在庆历新政失败后,不同利益集团继续明争暗斗,朋党问题已成为打击陷害新政人物的重要武器、选用才能人士的主要障碍。包拯在此情势之下,能尖锐揭示朋党问题的实质与危害,敢于伸张正义,称誉勇于为国献身的以范仲淹为代表的改革派,并积极为受朋党之害的新政人物平反原职,实属难能可贵。包拯清正廉洁,"故人、亲党皆绝之",才有可能大胆为受朋党之害的人昭雪。后世传说包公昭雪冤案的故事,确有一定的历史根据。

---

① 李勇先、王蓉贵校点《范仲淹全集·范文正公政府奏议》卷上《奏灾异后合行四事》,成都:四川大学出版社 2002 年,第 581—582 页。
② 张田编《包拯集》卷三,第 38 页。
③ 《长编》卷一七〇皇祐三年六月丁酉、戊戌。

范纯仁论朋党

——兼析元祐年间"调停"说的起因与影响

顾宏义

一

北宋时期党争剧烈，陷于党争的"君子"、"小人"互以"朋党"之名攻讦对手，危害日深，如南宋人罗大经所云："自庆历以前，无君子、小人之名，所谓本只一家者也，故君子不受祸。自庆历以后，君子、小人之名始立，则有自家、他家之分矣。故君子之受祸，一节深于一节。"①故对于朋党现象及其政治危害，宋代士大夫大多有论析。于宋哲宗元祐年间两拜宰相的范纯仁对此亦有深刻的认识，并在其执政期间多次倡言以朋党之名相互攻讦之害，主张"调停"，从而在一定程度上缓和了元祐年间的新、旧党之间和旧党内部愈演愈烈的党派之争。

范纯仁（1027—1101）字尧夫，吴县（今江苏苏州）人，名臣范仲淹（字希文）次子。皇祐元年（1049）进士及第。治平间为侍御史，因论"濮议"而出通判安州。宋神宗熙宁初召还，任同知谏院，又因反对王安石新法而出知河中府。宋哲宗即位，召除给事中，元祐元年（1086）任吏部尚书，寻同知枢密院事。三年，拜尚书右仆射兼中书侍郎。四年，范纯仁因言官攻讦其"党"蔡确而罢相，出知颍昌府，徙知太原、河南二府。八年，复召拜右仆射。哲宗亲政，再罢相出知颍昌府等，后被贬武安军节度副使，永州安置。建中靖国元年（1101）卒，谥忠宣。其事迹见曾肇《范忠宣墓志铭》及《宋史·范纯仁传》等。

范纯仁有关"朋党"的论说，主要见诸其于元祐前期任职枢密院和初拜宰相时所上奏章之中。然与以欧阳修为代表的宋代多数士大夫所主张的"君子有朋"、"小人无党"之说不同，范纯仁认为"朝臣本无党，但善恶邪正，各以类分"而已，并鉴于"前世朋党之祸"②，极力反对以所谓朋党之罪贬责朝臣。范纯仁此论，因其宰相身份而影响政坛甚大。对于欧阳修等朋党论及其与北宋政治、社会等关系、影响，今人论述颇多，③然少有述及范纯仁之朋党观及其与元祐政治关系者，故本文即据有关史料论析之，兼及元祐年间"调停"说的起因与其影响。

---

① 罗大经《鹤林玉露》乙编卷一《自家他家》，中华书局1983年。
② 脱脱等《宋史》卷三一四《范纯仁传》，中华书局1977年。
③ 如宋鸿《宋代朋党思想及其对北宋政治的影响》，载《河南大学学报（社会科学版）》1991年第4期；成长健、师君侯《从三篇〈朋党论〉看北宋的党争》，载《中国文学研究》1993年第2期；程兆奇《"君子以同道为朋，小人以同利为朋"？——以元祐两案看宋代朋党及其对世风的戕害》，载《学术月刊》2002年第1期；杨胜宽《北宋政坛一个敏感而沉重的话题——欧阳修、苏轼朋党观论析》，载《乐山师范学院学报》2007年第4期，等等。

二

宋代士大夫议论朋党者,以欧阳修所撰之《朋党论》最为著名。范纯仁的朋党观,亦与欧阳修《朋党论》关系颇深。范纯仁于元祐初撰有《缴奏欧阳修〈朋党论〉》一文,略云:

> ……近日颇有匪人架造谤言,毁黩良善,始以疑似之事,玷污一二忠臣,渐兴朋党之名,将以尽逐善类。若陛下辨之不早,必致邪正难分,眩陛下知人之明,失陛下求治之意,浸成遯卦、否卦之象,则是小人道长,亦恐圣功难成。……臣又闻孔子曰:"众恶之必察焉,众好之必察焉。"又曰:"乡人皆好之何如,曰未可也。乡人皆恶之何如,曰未可也。不如乡人之善者好之,其不善者恶之。"大抵善人少而不善人多,则是君子不免为小人所恶,故虽众而必察。若专取善人之好恶,则不善人架造之言易为辨明。若不追监前言,无由防其微渐。臣窃见本朝欧阳修作《五代史》,于《六臣传》后论及朋党之事,辄敢备录上进,伏望万几之暇略赐观览,庶几仰禅四聪之万一也。①

元祐初,宣仁太后当政,起用旧党,贬斥新党出朝。此时范纯仁针对有人"渐兴朋党之名",用以"毁黩良善"、"尽逐善类",故特意抄录欧阳修《朋党论》上进,并又点出欧阳修《新五代史·六臣传论》,说明朝臣私结朋党以及用"朋党之名"攻讦"君子"之害,以期天子分辨"君子"、"小人",而近"君子"、远"小人",化解渐趋激化的朝中党派纷争,以"裁成天地之化"而致天下太平。

是文亦收录于《宋朝诸臣奏议》卷七六,题《上哲宗进欧阳修〈朋党论〉》,皆注云撰于元祐元年范纯仁初任同知枢密院时。然《续资治通鉴长编》载录是文于元祐二年五月,注曰"纯仁所言不得其日";又曰"纯仁奏更详之,或移入王觌贬时"。② 并于元祐三年五月王觌贬官时,云范纯仁上奏营救,"因录进欧阳修《朋党论》",并注曰"此据曾肇《(范纯仁)墓志》"。《东都事略·范纯仁传》亦云,范纯仁"元祐三年拜右仆射兼中书侍郎,谏官王觌坐论朋党贬,纯仁复为辨君子、小人朋党之异,因极言前世朋党之祸,并录欧阳修《朋党论》以进"。③ 当亦据曾肇《墓志》。此说恐不然。因是文中仅言及"近日"有"匪人""渐兴朋党之名,将以尽逐善类",若"辨之不早"将危害不细,与元祐三年党争剧烈,范纯仁向当政太后直言"朝廷本无朋党"④的观点大有不同。又南宋汪应辰曾云:"旧见范忠宣、王正仲、曾子开皆云元祐间有朋党之论,忠宣辨尤力,录欧阳公《朋党论》以进。忠宣《奏议》、《言行录》皆可考,然竟不知何人为党论,其论指何事也。后得一书曰《元祐密疏》者,有刘器之一章,分王安石、吕惠卿、蔡确之党,各具姓名于其下,方知忠宣所争者此也。"⑤可证曾肇所撰《墓志》故意将范纯仁录进《朋党论》之时定在元祐三年,实有难言之隐,即为掩饰刘安世等"分王安石、吕惠卿、蔡确之党"一事。

范纯仁所进的欧阳修《朋党论》撰于庆历四年(1044),是为支持范仲淹"庆历新政"而作。

---

① 范纯仁《范忠宣集》奏议卷下,文渊阁《四库全书》本。
② 李焘《续资治通鉴长编》(以下简称《长编》)卷四〇〇元祐二年五月庚申条、卷四一一元祐三年五月戊午条,中华书局2004年。
③ 王称:《东都事略》卷五九下《范纯仁传》,文渊阁《四库全书》本。
④ 《长编》卷四一一元祐三年五月戊午条。
⑤ 汪应辰《文定集》卷一五《答尤延之》,文渊阁《四库全书》本。

其《朋党论》的主要观点是"君子有朋"而"小人无党"。欧阳修认为"君子以同道为朋",而"小人以同利为朋"。其"小人所好者利禄也,所贪者财货也。当其同利之时,暂相党引以为朋者,伪也。及其见利而争先,或利尽而交疏,则反相贼害,虽其兄弟亲戚不能相保。故臣谓小人无朋,其暂为朋者,伪也"。而"君子则不然,所守者道义,所行者忠信,所惜者名节。以之修身,则同道而相益,以知事国,则同心而共济,终始如一。此君子之朋也"。因此,"为人君者,但当退小人之伪朋,用君子之真朋,则天下治矣"。①

从古代朋党史发展来看,北宋庆历时期是一个重要阶段,而朋党观至此亦发生了重要变化。在此以前,《尚书·洪范》"无偏无党,王道荡荡,无党无偏,王道平平",以及《论语·为政》"君子周而不比,小人比而不周","君子群而不党"等祖训,对士大夫影响极其深刻,故东汉、晚唐时期,虽党争蜂起,但却对"朋党"二字讳莫如深。如唐代"牛李党争"之主要参与者李德裕曾撰《朋党论》,以为"治平之世,教化兴行,群臣和于朝,百姓和于野,人自砥砺,无所是非,天下焉有朋党哉!"而指责"今之朋党者,皆依倚幸臣诬陷君子,鼓天下之动以养交游,窃儒家之术以资大盗"。② 又唐宰相李绛在回答唐宪宗"人言外间朋党太盛"之问时说:"自古人君所甚恶者,莫若人臣为朋党,故小人谮君子者必曰朋党。何则?朋党言之则可恶,寻之则无迹故也。"并声言"夫君子固与君子合,岂可必使之与小人合,然后谓之非党邪!"③但入宋以后,士大夫却认为自古即有朋党。北宋初王禹偁撰《朋党论》指出:"朋党之来远矣,自尧、舜时有之",既有"小人之党",同时又有"君子之党"。④ 发展至欧阳修撰《朋党论》时,不少士大夫接受了"君子有朋"之说。如范仲淹在回答宋仁宗"自昔小人多为朋党,亦有君子之党乎"之问时,即明确宣称:"苟朋而为善,于国家何害也。"⑤即"君子"结"朋而为善",有利国家,而"小人"才结党为恶,危害朝廷。因欧阳修《朋党论》通过义与利两方面的分析,从而"充分肯定了君子结党在义理上的必然性与在治天下中的必要性",所以为不少两宋士大夫尤其是理学家所接受。⑥

欧阳修作《朋党论》,既是当时党争渐趋加剧的产物,同时因其提出要尽逐"小人",故也进一步激化了朝中矛盾。据南宋周必大载:"仁宗时,吕夷简为宰相,范仲淹为侍从。仲淹危言正论,多议朝廷得失,夷简怒而逐之。士大夫往往直仲淹而罪夷简,夷简则指以为党,或坐窜逐,而朋党之论遂成。赖仁宗圣学高明,力排群议,擢仲淹参贰政事,于是党论不攻自破。当是时,欧阳修盖尝为夷简指为党仲淹者,故其为谏官也,首著《朋党论》。"⑦此外,欧阳修还有一篇论说朋党的重要文章,即范纯仁提到过的《新五代史·唐六臣传论》,略云:

> 呜呼!始为朋党之论者谁欤?甚乎作俑者也,真可谓不仁之人哉!……夫欲空人之国而去其君子者,必进朋党之说;欲孤人主之势而蔽其耳目者,必进朋党之说;欲夺国而与人者,必进朋党之说。夫为君子者,故尝寡过,小人欲加之罪,则有可诬者,有不可诬者,不能遍及也。至欲举天下之善,求其类而尽去之,惟指以为朋党耳。……故曰:欲

---

① 欧阳修《欧阳修全集》卷一七《朋党论》,中华书局2001年。
② 李德裕《会昌一品集》外集卷三《朋党论》,文渊阁《四库全书》本。
③ 司马光《资治通鉴》卷二三九唐宪宗元和八年,中华书局点校本。
④ 王禹偁《小畜集》卷一五《朋党论》,《四部丛刊初编》本。
⑤ 《长编》卷一四八庆历四年四月戊戌条。
⑥ 参见沈松勤《南宋文人与党争》,第271—273页,人民出版社2005年。
⑦ 周必大《文忠集》卷一六〇《东宫故事四》,文渊阁《四库全书》本。

空人之国而去其君子者,惟以朋党罪之,则无免者矣。夫善善之相乐,以其类同,此自然之理也。故闻善者必相称誉,称誉则谓之朋党,得善者必相荐引,荐引则谓之朋党,使人闻善不敢称誉,人主之耳不闻有善于天下矣,见善不敢荐,则人主之目不得见善人矣。善人日远,而小人日进,则为人主者,伥伥然谁与之图治安之计哉?故曰:欲孤人主之势而蔽其耳目者,必用朋党之说也。

对是文中观点,今有学者认为是"反朋党论"的,指出"作为宋代'君子有党'论的倡导人,欧阳修曾是一位彻底的反朋党论者",而其"转而宣扬'君子有党'论"的原因,是因其"被吕夷简'指为党仲淹者',故转而宣扬君子结党的合理性和必要性"。① 案此说大不然,《新五代史》成书实在庆历年之后。② 又分析《唐六臣传论》云云可知,欧阳修所痛恨的乃是"小人"利用"朋党之论"蛊惑"人主",以达到"欲空人之国而去其君子"、"欲孤人主之势而蔽其耳目"的目的,故并未与《朋党论》中所倡导的"君子有党"说相冲突。即《朋党论》是从"君子有朋"及君子结党对治天下之作用的角度加以论析,而《唐六臣传论》乃着眼于分析"小人"借口"朋党"说以攻去朝中"君子"的危害。对此,南宋周必大明白指出:欧阳修著《朋党论》"曰小人无朋,同利则暂相党引,见利则反相贼害,惟君子修身则同道相益,事国则同心共济。其后为《五代史·六臣赞》,又反复言之"。③ 这是因为欧阳修《朋党论》出,大大激怒了反对者。《儒林公议》载:"范仲淹、富弼初被进用,锐于建谋,作事不顾时之可否。时山东人石介方为国子监直讲,撰《庆历圣德诗》以美得人,中有'惟仲淹、弼,一夔一契'之句,气类不同者恶之若仇。未几,谤訾群兴,范、富皆罢为郡。介诗颇为累焉"。由于"自昔人君最恶者朋党,而人臣之得罪,亦无大于此",即天子认为"人臣"而朋党者为"不忠"、"不正"、"不公也"。④ 因此,宋仁宗对于"君子有党"论的看法是:"朕闻至治之世,元凯共朝,不为朋党。"而今日"承平之弊,浇竞相蒙,人务交游,家为激讦,更相附离,以沽声誉,至或阴招贿赂,阳托荐贤"。⑤ 结果失去天子信任的范仲淹、富弼等人,被免官出朝。

庆历新政的失败,对欧阳修影响颇大。据载石介"为《庆历圣德诗》,遂偃然肆言,臧否卿相不少贷",孙复闻之曰:"为天下不当如是,祸必自此。"始欧阳修"犹未以为然,及朋党论起,始悟其过,故嘉祐、治平之政施行,与庆历不同。事欲求成,亦必历更而后尽其变也"。⑥ 因此,欧阳修于皇祐间撰《文正范公神道碑》时,特地写出范仲淹起初虽与宰相吕夷简冲突激烈,然"及吕公复相,公(范仲淹)亦再起被用,于是二公欢然相约戮力平贼,天下之士皆以此多二公"。⑦ 此时的欧阳修并未放弃"君子有党"论,但因身经激烈党争的历练,使其对"君子"与"小人"、朋党与朝政等有了更深的考虑,故而利用为范仲淹撰写神道碑的机会,特意写出范仲淹、吕夷简和解之事,以欲消弭党祸。

---

① 见《南宋文人与党争》,第273—274页。
② 中华书局点校本《新五代史》卷首《出版说明》云其书"在景祐三年前已着手编写,到皇祐五年基本上完稿"。又柴德赓《史籍举要》(北京出版社1982年)认为本书"盖其晚年之作";郑学檬、毛章清《〈新五代史〉说略》认为其撰修本书"始于被贬夷陵之时,成于嘉祐五年",见《经史说略·二十五史说略》(北京燕山出版社2002年)第358页。
③ 《文忠集》卷一二〇《试宏词人赵彦中》。
④ 綦崇礼《北海集》卷二一《论赵盾举韩厥事》,文渊阁《四库全书》本。
⑤ 《长编》卷一五三庆历四年十一月己巳条。
⑥ 叶梦得《避暑录话》卷上,文渊阁《四库全书》本。
⑦ 《欧阳修全集》卷二〇《资政殿学士户部侍郎文正范公神道碑铭》。

《新五代史》原属欧阳修私修之史,至熙宁五年(1072)欧阳修卒,宋神宗八月"诏其家上之。十年五月庚申,诏藏秘阁"。① 由于"君子有党"说曾遭宋仁宗的驳斥,故范纯仁借《新五代史》已得宋神宗的肯定而藏入禁中秘阁,而《新五代史》之《六臣传》后论及朋党之事,辄敢备录"欧阳修《朋党论》"上进",以期圣上"观览"后能"仰裨四聪之万一",来识别"君子"、"小人"之不同,明白"小人"以朋党诬陷"君子"的危害,从而达到天下大治的目标。

三

范纯仁虽对欧阳修的《朋党论》、《唐六臣传论》都甚为重视,但因北宋中期以后党争日趋激烈,故使其朋党观前后变化甚大。如范纯仁起初甚反感欧阳修记叙范仲淹与吕夷简"欢然"和解之举;其于英宗、神宗朝弹劾官员时,文字亦十分激烈,往往以"奸邪"相攻讦。然至元祐初虽奏进欧阳修《朋党论》,言辞却大为平缓。此后随着政治环境渐趋恶劣,范纯仁更是屡屡宣称朝臣"无党"、"朋党难辨"、"何烦分辨党人",多方调停朝中党派之争。

(1) 范纯仁削去《范公神道碑》中有关范仲淹与吕夷简"解仇"之记载

皇祐四年(1052),范仲淹卒,范纯仁礼请乃翁挚友欧阳修为撰《神道碑》,但却对欧阳修所记范仲淹已与吕夷简"解仇"之文字绝不接受,于刻石时削去之,欧阳修对此大为不快。两宋之际张邦基《墨庄漫录》云:

> 公(欧阳修)初以范希文(仲淹)事得罪于吕相,坐党人远贬三峡,流落累年。比吕公罢相,公始被进擢。及后为范公作《神道碑》,言西事,吕公擢用希文,盛称二人之贤,能释私憾而共力于国家。希文子纯仁大以为不然,刻石时,辄削去此一节,云:"我父至死未尝解仇。"公亦叹曰:"我亦得罪于吕丞相者,惟其言公,所以信于后世也。吾尝闻范公自言平生无怨恶于一人,兼其与吕公解仇书见在范集中,岂有父自言无怨恶于一人,而其子不使解仇于地下! 父子之性,相远如此。"②

此事虽被范纯仁削去,但欧阳修文集所载《范公神道碑》中仍保存这段文字。是否欧阳修所记,如范纯仁所言并非事实?其实此事,宋人文献中多有记载,如与范纯仁同时的苏轼即记载道:

> 范文正公笃于忠亮,虽喜功名,而不为朋党。早岁排吕许公,勇于立事,其徒因之,矫厉过直,公亦不喜也。自越州还朝,出镇西事,恐许公不为之地,无以成功,乃为书自咎,解雠而去。其后以参知政事安抚陕西,许公既老居郑,相遇于途。文正身历中书,知事之难,惟有过悔之语,于是许公欣然相与语终日。……故欧阳公为《文正神道碑》,言二公晚年欢然相得,由此故也。后生不知,皆咎欧阳公。③

苏轼声称范仲淹"虽喜功名,而不为朋党"并非史实,只是因其记载此事时的政治环境严酷,

---

① 王应麟《玉海》卷四六《五代史记》,江苏古籍出版社、上海书店1987年影印本。
② 张邦基《墨庄漫录》卷八《欧阳文忠公四事》,中华书局2002年。
③ 苏轼《龙川别志》卷上,中华书局1982年。

而不得不如此说。但苏轼所云"后生不知,皆咎欧阳公"之"后生",实指范纯仁。至南宋,朱熹即因"近得周益公书论吕、范解仇事",而对门人述说其因由:范仲淹初遭宰相吕夷简打压,其后"吕公再入(相),元昊方犯边,乃以公(范仲淹)经略西事,公亦乐为之用,尝奏记吕公云:'相公有汾阳之心之德,仲淹无临淮之才之力。'后欧阳公为《范公神道碑》,有'欢然相得,戮力平贼'之语,正谓是也。公之子尧夫乃以为不然,遂刊去此语"。而范仲淹致吕夷简之"奏记","今(范)集中亦不载,疑亦尧夫所删"。并评论道:"范公平日胸襟豁达,毅然以天下国家为己任,既为吕公而出,岂复更有匿怨之意?况公尝自谓平生无怨恶于一人,此言尤可验。忠宣固是贤者,然其规模广狭,与乃翁不能无间,意谓前日既排申公,今日若与之解仇,前后似不相应,故讳言之,却不知乃翁心事政不如此。欧阳公闻其刊去碑中数语,甚不乐也。"又说:"吕申公斥逐范文正诸人,至晚年复收用之,范公亦竭尽底蕴而为之用。这见文正高处,忠宣辨欧公铭志事,这便是不及文正。"①

由此可见,当时范纯仁认为正、邪不并立,其父身为"君子"党之首领,绝无与"小人"之魁"解雠"之事,纵有,亦须讳避之。

(2) 范纯仁于"濮议"中攻讦欧阳修为"奸邪"

范纯仁"君子"、"小人"不并立的观点,在治平年间"濮议"之争中更有淋漓发挥。不但是传统意义上的"小人",就是《朋党论》的著者、宣称"君子有党"论、并以"君子"自居的欧阳修(时参知政事),庆历新政的重要成员韩琦(时宰相),也因"濮议",与御史范纯仁等意见对立,而被攻击为"奸邪"、"首恶"以及欺君之"权臣"。如治平三年(1066)正月壬午,御史吕诲、范纯仁、吕大防合奏曰:

> 豺狼当路,击逐宜先,奸邪在朝,弹劾敢后。伏见参知政事欧阳修首开邪议,妄引经据,以枉道悦人主,以近利负先帝,欲累濮王以不正之号,将陷陛下于过举之讥。朝论骇闻,天下失望。政典之所不赦,人神之所共弃。哀、桓之失既难施于圣朝,褒、犹之奸固难逃于公论,当属吏议,以安众意。

是月癸酉,又奏曰:

> 修备位政府,……希意邀宠,倡为邪说,违礼乱法,不顾大义,将陷陛下于有过之地,而修方扬扬得志,自以为忠。……而又牵合前代衰替之世所行缪迹,以饰奸言,拒塞正论,挟邪罔上,心实不忠。为臣如此,岂可以参国论哉!琦庇恶遂非,沮抑公议,(执政曾)公亮及(赵)槩依违其间,曾不辨正,亦非大臣辅弼之体。伏望圣慈奋然独断,将臣等前后章疏付外施行,庶分邪正,以服天下。

如此激烈的言辞,其目的即欲"能击去奸恶,肃清朝纲"。而范纯仁为打动天子,更上奏声言"秦、汉以来,母后方预少主之政。自此权臣欲为非常之事,则必假母后之诏令以行其志,往往出于逼胁,而天下卒不知事由权臣"。此所谓"权臣欲为非常之事",实为"人臣"十恶不赦之大罪,故韩琦见到范纯仁奏章后感慨道:"琦与希文,恩如兄弟,视纯仁如子侄,乃忍如此相

---

① 黎靖德编《朱子语类》卷一二九,中华书局1986年。

攻乎？"①结果因为"御史以为理难并立"，宋英宗决定留宰执而"出御史"，于是"劾宰相韩琦不忠五罪"、"劾欧阳修首开邪议"的吕诲、范纯仁、吕大防三御史被黜。②

上述吕、范等于正月壬午合上之奏文，亦见于《范忠宣集·奏议》卷上，题《奏论执政尊崇濮王邪议》，然其首作"臣伏见执政首开邪议，妄引经证，以枉道悦人主，以近利负先帝"云云，而无《长编》所引奏章之首语"豺狼当路，击逐宜先，奸邪在朝，弹劾敢后"以及欧阳修之名，此当为日后收入文集时所删改。

吕、范诸人在"濮议"中，动辄以"奸邪"、"不忠"攻击与自己政见不合者，成为宋代党争史上一大恶例，使政坛环境更趋恶劣。此后，党争双方均自称"君子"，而互以私结朋党、危害君权的罪名相攻，无有止日。由此，宋天子对"君子有党"说甚为反感。如宋神宗即位初，召滕元发"问治乱之道，对曰：'治乱之道，如黑白东西，所以变色易位者，朋党汩之也。'神宗曰：'卿知君子、小人之党乎？'曰：'君子无党，辟之草木，绸缪相附者必蔓草，非松柏也。朝廷无朋党，虽中主可以济，不然，虽上圣亦殆。'神宗以为名言，太息久之"。③ 因为此，亦因历事既多，范纯仁对动辄以"朋党"攻讦异见者的危害有所认识，其朋党观发生了很大的转变。

（3）元祐前期范纯仁宣称"朝廷本无朋党"以和缓党争

宣仁太后垂帘听政之初，倚靠司马光、吕公著等旧党以逐去新党，故朝中斗争主要发生于新、旧党之间。为此，元祐元年初拜同知枢密院事的范纯仁即上《缴奏欧阳修〈朋党论〉》，欲使当政太后识别"君子"、"小人"，庇护"君子"，以免抱成团的"君子"被"小人"攻击是朋党，引起"人主"恶感而被逐。但随着朝中党争愈演愈烈，不但新、旧党之间生死相搏，即是同属旧党的洛、蜀、朔诸派间亦大起干戈，水火不容："故方其始也，非惟排斥小人之党，而君子亦自分党，内自相攻，如洛党程正叔为领袖，朱光庭、贾易等为羽翼，川党以苏轼为领袖，吕陶等为羽翼，朔党以刘挚、王岩叟、刘安世为领袖，羽翼尤众"。④ 如元祐三年五月初，授欧阳棐（欧阳修子）为著作郎、实录院检讨官，被称作"殿上虎"、自认"志在徇公，深嫉朋比"的右正言刘安世即上章"论奏欧阳棐朋党奸邪，不当尘玷太史"。待朝廷改授欧阳棐为集贤校理后，刘安世仍不依不饶，宣称欧阳棐"特以阴邪附会，取悦权贵"，并且"自来与程颐、毕仲游、杨国宝、孙朴交结执政吕公著、范纯仁子弟，荐绅之间号为'五鬼'"，一定要宣仁太后罢去欧阳棐新职，以"破执政之私谋"。⑤ 有鉴于此，范纯仁为避免日趋激化的党争危及王朝统治，不仅尽力调和旧党间的矛盾，对遭到攻击的新党成员也屡施援手。

史称当时"言者攻吕惠卿、章惇、邓绾，（范）纯仁为救解，因言：'臣尝为绾诬奏坐黜，今日所陈，恐录人之过太甚，实系国体。'宣仁后嘉纳，因下诏书，前日希合附会之人，一无所问。学士苏轼发策问，为言者所攻，韩维罢门下侍郎补外，纯仁奏：'轼无罪，维尽心国家，不可因谮言黜。'"⑥

---

① 《长编》卷二〇七。
② 《宋史》卷三二一《吕诲传》。
③ 《宋史》卷三三二《滕元发传》。
④ 章如愚《山堂群书考索》续集卷三九《元祐党》，上海古籍出版社1992年影印本。
⑤ 《长编》卷四一一元祐三年五月丁巳条。
⑥ 《东都事略》卷五九下《范纯仁传》。

又元祐三年四月,试御史中丞胡宗愈擢拜尚書右丞,谏议大夫王王觌即上疏弹劾:"宗愈自为御史中丞,论事建言多出私意,与苏轼、孔文仲各以亲旧相为比周,力排不附己者,而深结同于己者。操心颇僻,岂可以执政?"却反遭落职"与外任差遣"的处分,为此吕公著、范纯仁、刘挚等宰执皆劝说太后收回成命,但太后不依,并声言"朋党甚多,宜早施行,恐于卿等不便",故范纯仁特退而上疏曰:

> 以臣愚见,朝廷本无朋党,只是善恶、邪正,各以类分。陛下既用善人,则匪人皆忧难进,遂以善人之相称举者,皆指以为朋党。

范纯仁又以庆历党祸为例,奏云:"昔先臣与韩琦、富弼,蒙仁皇同时用为执政,三人各举所知,引用忠良。有匪人之不得进者,遂构造谤语,指为朋党,先臣与韩琦、富弼皆得补外,所用之人类遭贬逐。当时造谤之人皆欣快相贺,曰:'且得一网打尽。'此事未远,众人犹知,亦可以为朝廷深戒。"并告诫太后"及论朋党事,系善恶消长"。①

范纯仁虽屡在宣仁太后面前宣称"朝廷本无朋党",反对朝臣动辄以"朋党"、"奸邪"之名攻讦对手,然其在章奏中仍以"君子"、"小人"作为评判人贤否的标准,对"奸邪"的"小人"大加谴责,可见范纯仁并未完全放弃欧阳修《朋党论》中观点,故其所谓"朝廷本无朋党"之说,实为从权之策,以期能"调停"、劝解朝廷上下日趋激化的党争。但在营救蔡确一事上,可见范纯仁对朋党的看法有所变化。

(4) 范纯仁营救"奸党"蔡确,并以为朋党起于"趋向异同",故朝廷"何烦分辨党人"

元祐四年,知汉阳军吴处厚指新党蔡确游安州(今湖北安陆)车盖亭时所赋诗中,用唐代大臣郝处俊谏唐高宗传位于武后之事,乃实影射垂帘听政的宣仁太后,诬为谤讪。于是在宣仁太后授意下,大臣梁焘、言官刘安世等竭力赞之,使蔡确终被流放岭南新州(今广东新兴),后卒于贬所。是即"车盖亭诗案"。对此文字狱,范纯仁始终持反对意见,屡于宣仁太后处劝解、营救,然未果。据《东都事略·范纯仁传》载,此事经过大体如下:

> 知汉阳军吴处厚传致蔡确安州所为诗上之,为谤讪,台谏趋和,欲致之重辟,纯仁独于帘前开陈:"方今圣朝宜务宽厚,不可以语言文字之间暧昧不明之过,诛窜大臣。今日举动,宜与将来为法,此事甚不可开端也。"左相吕大防奏:"蔡确党人甚盛,不可不问。"纯仁面奏,以为"朋党难辨,却恐误及善人,此事正宜详审"。继上疏曰:"朋党之起,盖因趋向异同。同我者谓之正人,异我者疑为邪党。既恶其异我,则逆耳之言难至,既喜其同我,则迎合之佞日亲,以至真伪莫知,贤愚倒置,国家之患,率由此也。至如王安石止因喜同恶异,遂至黑白不分,至今风俗犹以观望为能,后来柄臣固合永为商鉴。今责蔡确,不必推治党人,旁及枝叶。臣闻孔子曰:'举直错诸枉,能使枉者直。'则是举用正直,可以化枉邪为善人,不仁者自当屏迹矣,何烦分辨党人,或恐有伤仁化。"执事议蔡确责命也,太师文彦博欲置之岭峤,纯仁谓(吕)大防曰:"此路自乾兴以来荆棘近七十年,吾辈开之,恐自不免。"大防不敢言,唯左丞王存与纯仁相协。纯仁与存上前论之益坚,既

---

① 《长编》卷四一一元祐三年五月戊午条。

又上疏极论。……确卒贬新州,纯仁亦力求罢,乃以观文殿学士知颍昌府。

分析上文,颇可注意者有三:首先,范纯仁认为"朋党之起,盖因趋向异同。同我者谓之正人,异我者疑为邪党",党同伐异,"以至真伪莫知,贤愚倒置",从而危害国家。此是范纯仁身历党争之酷、之害而得之经验、教训,即所谓"君子"以朋党之罪名驱逐"小人"出朝,但"小人"一旦得势,同样会以朋党之罪名报复"君子"。为此范纯仁特举王安石"止因喜同恶异,遂至黑白不分",而"引吕惠卿为大儒,黜司马光为异党"之例以为证明。① 范纯仁此说与欧阳修《朋党论》"君子有党"而"小人无朋"的观点大有差别。从此后蔡京立"元祐党籍碑"、韩侂胄兴"庆元党禁"等,可见宋代党争中因党同伐异而产生的"真伪莫知,贤愚倒置"之恶果。

其次,因"车盖亭诗案"实由宣仁太后所主持,范纯仁虽认为"以语言文字之间暧昧不明之过,诛窜大臣"乃开一恶例,不可"与将来为法",然亦无法改变太后之意。不过针对左相吕大防"蔡确党人甚盛,不可不问"的说法,范纯仁明确反对道:"今责蔡确,不必推治党人,旁及枝叶。"希望朝廷推行"仁化",即"举用正直,可以化柱邪为善人,不仁者自当屏迹矣",而"何烦分辨党人"来扩大打击面,进一步激化矛盾。当时苏轼亦有类似观点:"愚以谓治道去太甚耳。苟黜其首恶,而贷其余,使才者不失富贵,不才者无所致憾,将为吾用之不暇,又何怨之报乎?"② 范纯仁的意见,在一定程度上为宣仁太后所接受,而主张蔡确之党"不可不问"的吕大防,亦因范纯仁的劝阻而作罢。对此南宋有人感叹"宣仁性极刚烈,蔡新州之事行遣极重",而"当时若不得范忠宣救,杀了他,他日诸公祸又重"。③

其三,范纯仁认为"朋党难辨,却恐误及善人",故朝廷为政"宜务宽厚",以消弭党祸。为此,范纯仁特举宋仁宗消弭庆历党争之事,望太后取法:

> 恭惟仁宗皇帝政教施设,实帝王之师,从谏详刑,任贤容众,正与陛下今日之政相同。庆历中,先臣仲淹与韩琦、富弼同时大用,欧阳修、石介以夏竦奸邪,因嫉其党,遂大起诬谤,言先臣与琦、弼有不臣之心。欧阳修寻亦坐罪,石介几至斲棺。其时朋党之论大起,识者为之寒心。上赖仁宗容覆,使两党之隙帖然自消。此事今以为美谈,陛下闻之必熟,则是仁宗所行,陛下可以取为成法。④

范纯仁所言宋仁宗"容覆,使两党之隙帖然自消"之举,与史实并不甚相符,但范纯仁如此篡改史事,从而与其早年坚持的"我父至死未尝解仇"说法相违,实有其不得已之苦衷。而对于欧阳修在《范公神道碑》中写入范仲淹晚年与吕夷简"欢然相得"之语的苦心,范纯仁此时当有深切体会。故范纯仁此后屡有"调停"党争之言论,至其所上《遗表》,还要求宋徽宗能"深絶朋党之论,审察邪正之归"。⑤

范纯仁自早年严格区别"君子"、"小人"之党,至元祐年间宣称"朝廷本无朋党",直至以为朋党起于"趋向异同",指出朝廷不需"分辨党人",而希望宣仁太后取法宋仁宗"容覆"之心,"使两党之隙帖然自消",从而消弭日趋激化的朋党之争,进而要求人主"深絶朋党之论",可见随着北宋中期以后朋党之争日益严酷、危害日甚,范纯仁的朋党观有着很明显的变化。

---

① 《长编》卷四二七元祐四年五月丙戌条。
② 苏轼《苏轼文集》卷四《续欧阳子朋党论》,中华书局1986年。
③ 《朱子语类》卷一三〇。
④ 《长编》卷四二七元祐四年五月丙戌条。
⑤ 《范忠宣集》卷七《遗表》。

四

　　元祐五年中,宰执吕大防、刘挚"欲引元丰党人以平旧怨,谓之调停"。但遭到御史中丞苏辙等强烈抨击,认为君子、小人犹如冰炭薰莸,若起用熙丰"小人","必将戕贼正人,渐复旧事,以快私忿,人臣被祸不足言,所惜者宗庙朝廷也"。其他官员亦有认为"自古君子小人无参用之理"者,故"自是兼用小人之说稍息",①"调停"政策遂作罢。"调停"之举乃吕大防、刘挚所提出,然《元城语录》却云当时"荆公之徒多为飞语,以动摇在位,诱之以利,胁之以祸,无所不至,大臣多首鼠两端,为自全计。吕、范二相尤畏之,欲用其党以平旧怨,谓之调停。差除之际,公(刘安世)与梁焘、朱光庭每极力争论"。② 其说不然,此时已罢相出朝。但吕、刘施行"调停"之举,确与上一年范纯仁为消弭党祸而营救蔡确,并提出朝廷"何烦分辨党人"的说法有很大关系。

　　元祐四年"车盖亭诗案"虽以蔡确被贬新州而告终,但其对元祐后期政局的影响却颇为深广。因有鉴于唐代武则天之事,宋代士大夫对后戚干政甚为警惕,故起初吴处厚疏解蔡确车盖亭诗,亦并未引起宣仁太后的愤怒,朝臣甚至有主张处罚吴处厚以戒"告讦"之风者。据王巩《随手杂录》云:当宣仁太后初得"进呈"之吴处厚文字,"特不怒,但云'执政自商量'",待此后知有人"极论蔡确有策立功,社稷臣也"时,"始怒焉",而"遂促蔡相谪命"。③ 即蔡确被贬的根本原因在于所谓的"策立功",而太后担忧其日后"妄扇事端,规为异时眩惑地"。④ 由于宋哲宗不满垂帘听政的宣仁太后尽改宋神宗"熙丰新法",宣仁太后为此迟迟不还政于天子,并为绝后患,而贬置蔡确于死地。元祐六年,宣仁太后曾明确宣谕曰:"蔡确不为渠吟诗谤讟,只为此人于社稷不利。若社稷之福,确便当死。此事公辈亦须与挂意。"当后来获知蔡确已死于贬所,宣仁太后又对执政大臣说:"蔡确已死。此人奸邪,朋党为害,得它死,是国家福。"⑤可证。然"以语言文字之间暧昧不明之过,诛窜大臣",进一步加剧了新、旧两党间的仇怨。而宋哲宗对熙丰新法的态度,使熙丰新党重新执政已成为必然之事。范纯仁在蔡确被贬新州后担忧"此路自乾兴以来荆棘近七十年,吾辈开之,恐自不免",实自有其由。故当时主张蔡确之党"不可不问"的吕大防、刘挚等,至此为消弭或减轻来日党祸,而提出了"调停"之议,但因遭到坚持"君子"、"小人"之辨的苏辙等人竭力反对而"稍息"。

　　苏辙因攻讦"调停"之说而被擢任参政,而使同称为"君子"之旧党间的冲突更趋激烈。史载苏辙上疏论"调停"之害,宣仁太后"览奏谓宰执曰:'苏辙疑吾君臣兼用邪正,其言极有理。'是年二月,除尚书右丞"。⑥ 对于苏辙所为,朱熹曾评价云:苏辙"虽名简静,而实阴险。元祐末年规取相位,力引小人杨畏,使倾范忠宣公而以己代之。既不效矣,则诵其弹文于坐,以动范公。此岂有道君子所为哉!"⑦亦正因此,宣仁太后便自外召范纯仁入朝拜相,侍御

---

① 吕中《宋大事记讲义》卷二〇《小人诬君子有调停之说》,文渊阁《四库全书》本。
② 马永卿编,(明)王崇庆解《元城语录解·行录附》,文渊阁《四库全书》本。
③ 《长编》卷四二五元祐四年四月癸丑条注引。
④ 《宋史》卷二四二《后妃传》上。
⑤ 徐自明撰、王瑞来校补《宋宰辅编年录校补》卷九元祐元年,中华书局1986年。
⑥ 《宋宰辅编年录校补》卷十元祐六年。
⑦ 朱熹《晦庵先生朱文公文集》卷四一《答程允夫》,上海古籍出版社、安徽教育出版社《朱子全书》本。

史杨畏连疏上言攻讦,"不听。或曰畏与苏辙俱蜀人,前击刘挚,后击苏颂,皆引为辙道地。太皇太后觉辙意,故自外召用纯仁"。元祐八年七月,宣仁太后又召范纯仁曰:"公父仲淹劝仁宗尽子道,可谓忠臣。公名望众人所归,必能继绍前人。"①此时宣仁太后病重,而"上(哲宗)春秋既长,(吕)大防但专意辅导,未尝建议亲政",使宋哲宗甚不满,故宣仁太后召吕大防等曰:"公等亦宜早求退,令官家别用一番人。"②八月,宣仁太后病卒。于是吕、范二相又用"调停"之说,以适应当时政治形势之变化。

对此"调停"做法,因此后有绍圣"小人"借此而得入朝结党为奸、逐去"正人",而终于酿成靖康之祸的说法,故世人评价大有差异。早在范纯仁死时,因正当宋徽宗惩治元祐党人,故曾肇于所撰《范忠宣墓志铭》中已有所讳避,即截口不言"调停"事,仅载当时"公遇事不苟,同列患之。或讽公再相时,御史尝有言,公即避位,不听,固请,上亦固留之。时上方亲政,于大臣中注意独厚"云云。③而王称《东都事略·范纯仁传》隐约将引进"奸人"之罪归于吕大防:范纯仁再相,"于事无所回,同列或病之。会左相吕大防以杨畏为谏议大夫,纯仁以畏非端士,不可。由是乞罢政,不许"。且于《传赞》中称誉曰:

纯仁忠厚仁恕,宰平天下,不澄不挠,人莫能窥其际,而其爱君忧国之心,凛然有仲淹之风。噫!使熙宁用其言,则元祐无更改之患;元祐行其说,则绍圣无党锢之祸。孟子谓"仲尼不为已甚"者,臣于纯仁见之矣。

其评价甚高,但对"调停"事同样讳避之。《范忠宣集》卷十八附录《国史·忠宣公本传》所云大体同于《东都事略》,但明确指出"宰相吕大防引杨畏为谏议大夫以自助"。

与此相反,一向强调"君子"、"小人"之辨的宋代理学家们大加抨击"调停"之事,且多怪罪于范纯仁。如记刘安世之事的《元城语录解·行录附》即云:"宣仁后晏驾,吕丞相使陵下,范纯仁奏乞除执政,即用李清臣为中书侍郎、邓温伯为尚书右丞。时大臣卒用调停之说,遂有李、邓之除。二人皆熙丰之党,屡见攻于元祐,乃以先朝事激怒上意"。又云:"其后范丞相门人状范公之行曰:'使其言行于熙丰时,后必不至纷更;尽申于元祐中,必无绍圣大臣复雠之祸。'或以此问公,公曰:'微仲、尧夫不知君子、小人势不两立如冰炭,故开倖门,延入李、邓,排去正人,易若反掌。调停之说,果何益哉!'"。南宋吕中《宋大事记讲义》亦认为:"元祐之所以为绍圣者,始于朋党,而成于调停。夫以君子而攻君子,固必为小人所乘。以君子而与小人共事,终必为小人所攻。"④朱熹的批评更为严厉,指出"吕微仲、范尧夫用调停之说,兼用小人,更无分别,所以成后日之祸",⑤即北宋灭亡于此肇祸。宋末黄震进而总结道:"宣仁圣烈太后相司马公而天下再安,范纯仁兼用小人,致章子厚、蔡京辈绍述(王)安石,而国家遂有南迁之祸。"⑥

宋理学家就"调停"事多指责范纯仁,其原因大体有二:其一是吕大防与理学家关系密切,而范纯仁相对较疏,故其对吕大防之责颇多掩饰。其二,与吕大防不同,范纯仁于元祐间

---

① 《宋宰辅编年录校补》卷十五元祐八年。
② 《宋宰辅编年录校补》卷十绍圣元年。
③ 曾肇《曲阜集》卷三《范忠宣墓志铭》,文渊阁《四库全书》本。
④ 《宋大事记讲义》卷二〇《小人诬君子有调停之说》。
⑤ 《朱子语类》卷一二三。
⑥ 黄震《黄氏日抄》卷五〇《陈后山》,文渊阁《四库全书》本。

一直主张调和新、旧党之间的冲突以消弭党祸,而反对用朋党之名攻讦异己者,此为理学家们所大不认可。对于范纯仁在"车盖亭诗案"中营救蔡确一事,亦因此被朱熹苛责为是"范公乃欲预为自全之计,是亦未免于自私",① 即认为其所主张的"调停"之说,实是范纯仁包藏"自私"之心而"预为自全之计"。

其实,此"调停"做法,实亦是宣仁太后的意思,宣仁太后再召范纯仁为相,就是要范纯仁主持此事,并"调停"天子与太后间的矛盾,以使亲政后的宋哲宗对元祐党人的报复不至于太严酷。据稍晚之陈瓘所言,"明道中,仁祖欲率群臣为皇太后上寿,范仲淹谏曰:人主无北面之礼。明肃大怒,而仲淹得罪。元祐中,蔡确之贬,范纯仁以为不可,宣仁大怒,而纯仁得罪。……方刘氏甚危之日,极力救护却是仲淹。以宣仁晚年翻然远虑,复思纯仁。知忠言之有益于国家也"。② 而"于宣仁有憾"③的宋哲宗亲政后,不管是否有"调停"之事,必然会召用熙丰党人,吕大防、范纯仁不过是适逢其会而已。而宋哲宗任用章惇等,竭力报复元祐党人,从而使"调停"初衷落空。但元祐"调停"之策虽失败,可其影响并未就此消失,此后每当朝廷党争激化到危及统治稳定时,必定有人提出"调停"之说,如宋徽宗初年的建中靖国时期和南宋"庆元党禁"时期即是,但亦都因党派矛盾无法缓解而告失败。故范纯仁等的"调停"之说,实是元祐时期社会政治矛盾十分激化后的产物,是为消弭党祸以稳定王朝统治的一项不甚得已的政治措施,故而不能仅以所谓"君子"、"小人"之辨简单否定之。

---

① 《晦庵先生朱文公文集》卷三七《答郑景望》。
② 赵汝愚编《宋朝诸臣奏议》卷三五陈瓘《上徽宗论蔡京交结外戚》,上海古籍出版社1999年。
③ 《朱子语类》卷一三〇。

北宋中期文武御边典范
——论韩、范战略与狄青陷阵

赵 雨 乐

一、引 言

  北宋中期,面对西夏元昊入侵,边区防御力量不得不重新评估,当中向为朝廷接受的"文人知军事"和"将门之后"的军事信念面临严峻挑战,大大降低了战略部署所需的协作关系。韩琦、范仲淹等名臣临制西事,讲求行军经略的战术运用,正好体现边防主帅应有的对敌远见,确立文人领兵的实际价值。从初时韩琦的主攻,发展至范仲淹主张的以守为攻,一套配合军事环境而订定的全盘谋策逐步形成,有效地遏制西夏的多方来袭。韩、范为人称道的,为拔擢出色的斗将,在攻守相宜的弹性作战里,阵前勇战仍然是获得军事主导的先决手段。二人专委新晋勇武者防御州军,充分考虑到宋夏正面交锋的优胜劣败,凡此造就狄青短时间内奋战而贵的传奇个案。观韩、范边帅,名噪西夏;狄青披发面铜,夏人呼为"狄天使",各种美谈散见于正史与笔记,反映了北宋中期一种御边典范。[①] 学者研究北宋军事,每以太祖、太宗以降守势渐成,于外族战争乏善足陈,至于在大战略中文臣武将之间如何具体实践协作关系,成功反制西夏,可供发覆之处尚多,是为本文所欲申明之处。

二、元昊寇边与北宋的军事错判

  西夏经过德明的休养生息,至元昊改革踏入全盛时期,北宋屡次兵败西北以后始意识到其国力的威胁,反映宋室近三十年来对西夏军情的掌握不足。不少宋人以为西夏崛兴自落后小羌,物质与精神文明难与中原比拟,必仰息于朝廷岁赐、互市等经济利益,可藉此作为长期的牵制。元昊立国称帝,要求宋朝册封,朝廷尚未深恐,建议发师惩治。[②] 无可否认,德明附宋,每年从宋朝所得金、帛、钱各四万,茶二万斤,积年为可观的财富,他劝诫元昊不可叛

---

  ① "典范"(paradigm)一词,有着相对严谨的学术概念,它本意是指社会公认的科学权威与律则,在设计、制作、操作各环节上均形成特定而传统的处理模型,是某时段内科学家社群赖以解决问题的思考方式。自科学哲学家孔恩(Thomas Kuhn)在《科学革命的结构》一书提出此整体科学观察以后,它逐渐由科学研究范畴,广泛应用于社会人文现象的解读,尤其着重分析各时期所以产生的"典范变迁"(paradigm shift),把握常态、危机而革命的三个发展模式。(参阅 Kuhn, T., *The Structure of Scientific Revolution*, Chicago: Chicago University Press, 1970; Hacking, I., *Representing and Intervening: Introductory Topics in the Philosophy of Natural Science*, Cambridge: Cambridge University Press, 1983.) 这里套用的"典范",虽非严密的社会科学分析,惟于解释宋朝面对军事危机,以致寻求新典范的过程,在文化思维方面不无吻合之处,篇幅所限,不拟探讨细节。
  ② 如《宋史》卷二九一《吴育传》载:"元昊僭号,议出兵讨之。群臣曰:'元昊,小丑也,旋即诛灭矣。'"

宋，或考虑于上述的经济实利。① 但是，观西夏国力的崛起，不能忽略其内部资源因素。早在李继迁时期，他攻陷历来为朔方重镇的灵州，据此可窥视陕西诸路，随时抄掠沿边蕃部的人马资源。大中祥符八年（1015），德明攻取西凉府，消灭六谷联盟政权，随即向甘州回鹘用兵。因此，在表面局势趋于平静的澶渊之盟背后，西夏积极向西拓展疆域，及元昊继位，已握有甘凉、兴灵、横山三大农牧地带，②并将横山、天都山、马衔山发展为水土肥腴的产马线路，沿此分别构筑了西市、龛谷、智固、胜如、七里平、桃堆平、鸣沙川、葭芦、米脂、定边等重点城寨，充当西夏备战的御仓。单是鸣沙川积年的储粮已达百万石，此外如保安军的榷场，西夏便岁输马四千匹，羊两万只，推知其时民间羊马贸易额每年可达数百万。③ 配合国内经济发展的能力，西夏正致力前所未有的军事动员，力图通过不同部族队伍的整合，把军事指挥体制推向巅峰。元昊以黄河为界，划分军队为左、右两厢，设十二监军司，系以军名，规定驻扎所在地，无疑仿照宋代厢军的地方军区制度，务使东西各路兵马可以抽调兼顾。④ 据《宋史·夏国传下》记载，由他命名的新兵种类目繁多，如像"铁鹞子"是西夏最精锐的骑兵部队，配备良马精甲，人数三千，总为十队；⑤卫戍军是西夏的禁卫军，人数五千，均由西夏贵族子弟充任；泼喜军是专门的炮兵，在攻城时用抛石机协助进攻，人数二百；擒生军是西夏在战争中俘获的百姓，将之组成军队后，人数达十万之众。针对宋朝用兵，元昊更把汉人战俘特别组成"撞令郎"，作为先头部队的"伪军"，以此充作战争炮灰，既减少西夏党项兵士的伤亡，对宋军同时构成心理障碍。元昊立国之初，西夏军力号称五十万人，各部落之内又可临时征民为兵，待机宋境的夏兵便不下十万，举国的战争机制已然启动。

仁宗景祐三年（1036）十二月，元昊陷肃、瓜、沙三州，席卷河西以后，随即展开侵宋行动，陕西沿边各路告急，诸军顾此失彼，穷于应付，暴露了宋防御体系的严重不足。陕西沿边路制，可追溯于宋太宗太平兴国七年（982），夏州党项李继迁叛变割据以后，宋廷建立的军政合一的防御区划。其中，鄜延、环庆、泾原三路，虽在至道二年至三年（996—997）基本建置，咸平时期再经加强，但由所委都部署、都监每多走马赴任，不谙边情之余，作风因循保守，故此

---

① 德明戒元昊曰："吾久用兵，终无益，徒自疲耳。吾族三十年衣锦绮衣，此圣宋天子恩，不可负也。"元昊却谓："衣皮毛，事畜牧，蕃性所便。英雄之生，当王霸耳，何锦绮为？"李焘《续资治通鉴长编》（以下简称《长编》）卷一一一，中华书局2004年。

② 《宋史·夏国传》载："其地饶五谷，尤宜稻麦，甘、凉之间，则以诸河为溉，兴、灵则有古渠曰唐来，曰汉源，皆支引黄河。故灌溉利，岁无旱涝之虞。"此外，《金史·夏国传》亦云："土宜三种，善水草，宜畜牧，所谓凉州畜牧甲天下者是也。土坚腴，水清冽，……兴州有汉、唐二渠，甘、凉亦有灌溉，土境虽小，能以富强，地势然也。"

③ 参阅《宋会要辑稿》，《兵》一四及《方域》九；《长编》卷三一八，元丰四年十月丙子条及卷三一九，元丰四年十一月辛卯条；《宋史》卷一七六《食货志》上四；《韩魏公集》卷十二《家传》；苏辙《栾城集》卷四十一《再论熙河边事札子》及卷四十二《乞罢熙河修质孤胜如等寨札子》；《文献通考》卷二十《市籴》一。关于西夏经济实力，学者汤开建具精辟分析，详阅氏著《宋仁宗时期宋夏战述论》，收于《党项西夏史探微》，台北：允晨文化实业股份有限公司2005年，第296—327页。

④ 《宋史·夏国传下》载："每有事于西，则自东点集而西；于东，则自西点集而东；中路则东、西皆集。"

⑤ "铁鹞子"是西夏军的重甲骑队，它在战场上常担任正面冲击突袭的任务，尤利于平原作战。到了后期，尤发展了善于山地作战的步兵种类"步跋子"，配以强弩，步骑相辅地针对宋之战法。《宋史·兵志》即谓西夏军中，"有山间部落，谓之'步跋子'者，上下山坡，出入溪涧，最能逾高超远，轻足善走。有平夏骑兵，谓之'铁鹞子'者，百里而走，千里而期，最能倏忽往来，若电击云飞。每于平原驰骋之处遇敌，则多用'铁鹞子'，以为冒冲奔突之兵；山谷深险之处遇敌，则多用'步跋子'，以为击刺掩袭之用。"参阅王天顺主编《西夏战史》，银川：宁夏人民出版社1993年，第二章，西夏的战争机制，第56—85页。

从未发挥全面协调的军事指挥能力。① 因应元昊寇边,景祐三年三月,秦凤自为一路,陕西四路的格局遂成。宝元元年(1038),宋廷对四路部署人选作出调整,例如徙环庆路副都部署刘平为鄜延路副都部署,知河南府范雍为振武节度使、知延州,并且经常加各路部署一个经略安抚使职衔,以示权责之重。翌年正月,鄜延副都部署刘平兼鄜延、环庆两路安抚使;七月,鄜延、环庆副都部署刘平兼管勾泾原兵马,节制三路;同月,徙知永兴军夏竦知泾州、兼泾原路都部署,知延州范雍兼鄜延、环庆路沿边经略安抚使,皆为其中实例。连番调动,原意在提升延州、泾州为军事部署核心,发挥对鄜延、泾原以至各路的兼顾,诸如范雍的经略安抚延州,以及受其节制的多路都部署刘平,便成为宋方寄望甚厚的指挥区头目。这种迎敌方式于展示政治姿态居多,无助改善陕西防务不振的陋弊。宝元二年冬,元昊加紧展开大规模侵略行动,"点其军作五头项,每头项作八溜,共四十溜。胁降熟户,悉坏沿边篱落,七百里中兵烽不绝"。② 反观宋驻守陕西四路之兵约二十万,实际上常是额存而兵阙,赖此防御宋夏沿边二十四个州军,近二百堡寨,明显分兵薄弱,"既不能独御贼锋,又不能并力掩杀"。③

以鄜、延如此重要的边防线,守军只有两三万人,主力只能倚靠沿边蕃部的支持。如像延州北部设置的金明寨,蕃兵共有十万,却要负责周边三十六小寨的守御工作,在作战指挥上过于分散,帅领、蕃将和兵员之间的统整工作严重不足。内附堡寨的蕃户顺叛不一,党项酋长出身的金明都巡检使李士彬且贪功无智,元昊遂轻易派归降的党项人洞悉寨中虚实,随时发动里应外合。从战略角度而言,元昊主攻延州一带并非偶然,宋夏两国以横山为界,东起麟州,西迄原州、渭州,边防界线长达二千余里,其中鄜州、延州通路畅阔,最便进攻。史称范雍"为治尚恕,好谋而少成",④ 元昊正是看准范雍的温驯性格,一方面派信使提出议和,使雍疏于兵备,同时猛攻延州周围据点。直至范雍得知元昊矛头直指本州时,始惧甚上奏曰:"延州最当贼冲,地阔而砦栅疏,近者百里,远者二百里,士兵寡弱,又无宿将为用,请益师。"元昊军队势如破竹,金明三十余寨蕃兵皆降,继而兵围延州,范雍闭城拒守,只能求助于驻守庆州的鄜延路副总管刘平和石元孙的军马。刘平"刚直任侠,善弓马,读书强记",号为文武全才。父亲刘汉凝是太宗朝功臣,他本人进士及第,备受宰相寇准欣赏,荐为泸州刺史,因平定当地夷人有功,入为监察御史。只因数度上书言事,与丁谓有隙,丁藉言"刘平,将家后代,素知兵,派将西北,可以制敌"。⑤ 将家之后本为提拔之资,没想到成为沉重的军事期望,刘平唯有早日争取边功,才能挽回政治地位。史料记载,刘平援军推进急速,连日未经休息即直趋土门,再经保安、万安镇向延州方向驰往,与鄜延都监黄德和、巡检万俟政及郭遵诸将会

---

① 例如真宗咸平四年九月,李继迁攻陷清远军,环、灵、清远十州军驻泊副都部署杨琼、都监张继能坐拥重兵,不但不救清远,反而焚弃青岗素,李继迁遂得以肆攻灵州。其时,宋廷虽于环庆结集大军,由赵州刺史张凝为邠宁环庆等州副都部署,又有王超为西面行营都部署,统步骑六万企图救援灵州,但由于主战的前相张齐贤被罢免陕西经略使,节制环庆、泾原两路的责任转委王超,超唯有按兵不动,坐失反攻的良机。参阅陈守忠《北宋的陕西沿边五路》,收于氏著《宋史论略》,兰州:甘肃文化出版社2001年,第111—131页。
② 《西夏书事》卷十三,宝元二年、夏天授礼法延祚二年十一月。
③ 《范文正公集补编》卷一《论夏贼未宜进讨》,收于范能睿编集、薛正兴校点《范仲淹全集》,南京:凤凰出版社2004年,第650页。
④ 参阅《宋史》卷二八八《范雍传》。范氏的边政谋略多不可行,复见以下诸事,例如因任职过知永兴军、知河阳和知河南府,便陈述"安边六事",并且"请于天雄军聚甲兵以备河北,于永兴军、河中府益募士兵以备陕西,即泾原、环庆有惊,河中援之"。但是诸路东西中相隔甚远,根本鞭长莫及。此外,"尝请于商、虢置监铸铁钱,后不可行;又括诸路牛以营田,亦随废"。
⑤ 《宋史》卷三二五《刘平传》。

合。西夏得知宋军动静,早于三川口设下埋伏。战事中,刘平率主力步骑一万多人,结阵于雪地迎敌,西夏采用灵活的试探战术,使刘平军队的后阵首先军溃,宋军只留得千余人转斗三日,仍不敌西夏大军的夜袭。是役宋军大部分战死,刘平、石元孙皆为西夏军俘获,范雍以数百守兵侥幸保全延州,左迁户部侍郎、知安州。事后,朝廷对英勇战死的郭遵与虚报军情的黄德和赏罚分明,理清了整场作战的来龙去脉。①

三川口之败,责非全在于范雍和刘平,然而作为地区指挥的最高正、副领导,审时度势,部署合适方略乃朝廷的基本要求,惟事与愿违,一反宋廷素来相信的文武领军效果。盖太祖、太宗时期名将辈出,如石守信、高怀德、曹彬等人,他们南征北讨,立下建国功勋,无不是为从龙功臣。时至真宗、仁宗时代,大量名将之后因荫补制度,继承国家重要武职,仁宗仍然相信这些名将后代类于父祖诸辈,具备临制战争的声誉能力,顺理成章地视之委为处理西事的合适人才。复因重文政策,后周至宋,王朴、范质、陶谷等宰臣均称职于军事论议,为征伐出谋献策,文人知军事成为统一时代的新需要。② 因此,在地方军事制置的过程中,勇武与谋略的内涵元素并重,彼此相辅相成,渐次构成文臣为主帅、武臣为副贰的协力格局。惟宋室承平以降武功废弛,不少武臣虽为将门之后却久不习战,更多的文臣因缺乏军事经验徒具帅兵之名,未能因应实际边情作出适度制置。③ 在宋夏前期战争中,宋之文臣武将常败多于胜,每涉及内部的军事结构性问题。宋兵陷没三川口,朝廷获悉事态严重,将西北战事提升至国家安全层次,于是派遣韩琦、范仲淹等重臣主持较全盘的战区整治,其时北宋失却军事攻略的先机。

三、攻守兼具:韩、范战略的建立过程

韩琦和范仲淹出掌西事以前,在朝廷事务上已然相知,彼此引为同好,在其后很多边防问题上,颇能互通意见,相承学习,呈现高度合作的军区管治,故世有韩、范并称。韩琦三岁父母早亡,由诸兄抚育,从小养成自立向学的意志,这种艰困的少年生活,与自少孤苦好学的范仲淹颇如出一辙。真宗大中祥符八年(1015),范氏举进士,前后出任广德军司理参军及集庆军节度推官,对地方军民生计有深刻认识。天圣年间,他于泰州监西溪盐仓,曾上书武备废弛、官吏冗滥等时弊,受宰相王曾赏识,入为秘阁校理。在京期间,他不惧忤逆权贵,先后上疏太后还政于仁宗,并联同台谏官员与宰相吕夷简争论废后、选官诸事。夷简以范"越职

---

① 《宋史·刘平传》载:"初,德和言平降贼,朝廷发禁兵围其家。及命殿中侍御史文彦博即河中府置狱,遣庞籍往讯焉,俱得其实。遂释其家,德和坐腰斩。"同卷《郭遵传》又载:"会黄德和引兵先溃,敌战益急。遵奋击,期必死,独出入行间。军稍却,即复马以殿,又持大挝横突之。敌知不可敌,使人持大絭索立高处迎擎马,辄为遵断。因纵遵使深入,攒兵注射之,中马,马踠仆地,被杀。……四子尚幼,仁宗悉为赐名,忠嗣西头供奉官,忠绍左侍禁,忠裔右侍禁,忠绪左班殿直。"以遵死前只为左侍禁、閤门祗候,仁宗显然是惜其死而厚其子弟。

② 关于唐五代至宋文人于武人系统内的地位上升过程,详阅拙著《唐宋变革期科举恩门的重建——藩镇体制下进士群的初步考察》,《九州学林》,第19期,2008年,第64—98页。

③ 北宋中期"缺将"问题严重,面对将门素质下降现象,范仲淹上书指出:"昔之战者,耆然已老;今之壮者,嚣而未战。闻名之将,往往衰落。"(参阅《范文正公文集》卷九《上执政书》,《范仲淹全集》,第192页。)前朝将门凭借勋功,或上层官僚姻戚关系,身份上逐渐转为显贵,后人又因荫补入职,已可平流迁上高位,并非战绩彪炳使然。贾昌朝便谓:"太祖所命将帅,率多攀附旧臣亲姻贵胄,赏重于罚……近岁恩幸子弟,饰厨传,沽名誉,不由勋效,坐取武爵者多矣。"(《长编》卷一三八,庆历二年十月戊辰条。)

言事,荐引朋党,离间君臣",出为饶州知州,辗转知润州、越州。① 政治上的挫折,无减范为生民立命的理想,相反令他与言官如余靖、尹洙、欧阳修等友人,赢得"四贤"的时誉。韩琦是知其才具的友人之一。韩弱冠举进士,名列第二后,授将作监丞,入直集贤院、监左藏库,由于处此笼库机构之中,对内臣无印而擅取府物,不按朝廷时日规定监当转运等渎职行为尤为深恶,磨炼出改革不良制度的志向。他经历开封府推官、三司度支判官,入为右司谏以来,"凡事有不便,未尝不言,每以明得失、正纪纲、亲忠直、远邪佞为急",②这与范仲淹在朝主张和抗争对象是一脉相承的,故为名相王曾所雅重。③ 论对夏作经验,韩琦早着先鞭,韩刚卸下解决盐益、利饥荒的体量安抚使职,因论西师形势甚悉,即任为陕西安抚使,协助统领西北防御于陕西经略安抚使夏竦。同时,因韩琦的力荐,范仲淹得以复用,担当陕西都转运使。④ 未几,韩、范为陕西经略安抚副使,韩专责泾原一路,范则管领鄜延,可谓夏竦最得力的左右手。

韩对三川口之败有个人看法,认为宋的防御弱点为一整体的机制问题,不能以刘平领兵成败定夺。再者,刘平因奋战而俘,已尽全力,他力图把战线拉离被围的延州,确减少了元昊军兵对本州的破坏。因此,当部将黄德和企图洗脱自行军溃罪名,反诬刘平率兵降贼,朝廷以此发兵围捕其家人时,韩琦挺身而出,说明曲直,其本传记载:"刘平与贼战,败,为所执,时宰入他诬,收系平子弟,琦辨直其冤。"仁宗对英勇陷阵丧身的郭遵,加以追赠,并为其孤子赐名,凡此反映宋夏战争初期,朝廷上下对骁勇作战的官兵十分重视,其实是认同主动出击的战略意义。但是如何达至主战效果,却须考虑一定的技术因素,夏竦守泾州多年,便指出宋方用兵,"若分军深入,粮糗不支,进则贼避其锋,退则敌蹑其后,费师费粮,深可虞也。若穷其巢穴,须涉大河,长舟巨舰,非仓促可具。若浮囊挽缏,联络而进,我师半济,贼乘势掩击,未知何谋可以捍御!"⑤按此分析,若欲大军渡河攻其银川据地,几乎不大可能;过度纵深的讨击又容易导致孤立无援,反被包抄围困。唯一良法,是于西北各路建立延伸性的堡寨据点,自小寨而大寨互为联系接应,藉此增强内部精兵和物资运送,进行中短程的目标攻略,最终必使西夏地界日蹙,经济愈形困乏枯竭,可以待机攻克。夏竦条陈之十事,正为此做好准备,未尝不为日后韩范帅师的重要参考,其内容包括:一、教习强弩以为奇兵;二、羁縻羌属以为藩篱;三、诏唃厮啰父子并力破贼;四、度地形险易远近,砦栅多少、军士勇怯,而增减屯兵,五、诏诸路互相应援;六、募土人为兵,州各一二千人,以代东兵;七、增置弓手、壮丁、猎户以备城守;八、并边小砦,毋积刍粮,贼攻急,则弃小砦入保大砦,以完兵力;九、关中民坐累若过误者,许人入粟赎罪,铜一斤为粟五斗,以赡边计;十、损并边冗兵、冗官及减骑军,以舒馈运。类似的策略内容,常见于文臣御边的奏议里,反映传统堡寨屯防、藩属安抚等基要治兵方案

---

① 《宋史》卷三一四《范仲淹传》。
② 《宋史》卷三一二《韩琦传》。
③ 真宗之党争延续至仁宗时期,始于言官与宰相吕夷简政治抗争,吕氏因刘皇后的后台,力压反对其施政的台谏官僚和宰相同僚。惟归根究柢,以名相王曾为首的恩科关系,使同朋好友互为依靠,其不畏权势的集体意识和行动,贬而服朝的坚毅决心,则支持了政争的延续时间。无论是尹洙、蔡齐、滕宗谅、欧阳修、韩琦、庞籍、余靖、富弼、文彦博,不是范仲淹的同年进士,即以王曾名节马首是瞻,或在政争中与范共同进退,或与之学术深交者,形成仁宗掌政后重用的朝廷新班子。参阅陈荣照《范仲淹研究》,香港:三联书店1987年,第二章:范仲淹的身世,第61—89页;程应镠《范仲淹新传》,上海人民出版社1986年,二、登进士第、八、朋党之灾,第6—11及45—51页。
④ 《长编》卷一二六载:康定元年二月癸丑,韩琦奏:"雍二府旧臣,尽瘁边事,边人德之,且乞留雍,以安民心。赵振粗勇,俾为部署可矣。若谓雍节制无状,雍当必易,则宜召越州范仲淹委任之。方陛下焦劳之际,臣岂敢避形迹不言,若涉朋比,误国家事,当族。"2981—2982页。
⑤ 《宋史》卷二八三《夏竦传》。

仍然发生效用。

宋夏战事初起,朝廷主攻主守议论纷纷,有认为夏竦之策示人以怯,必以强攻手段为先行;也有认为夏竦并非饰言,颇采其言论。反而在攻守策略的选取中,仁宗倾向韩琦的看法,因而得以力排众议,首先考虑合师会攻元昊。史称韩琦"副夏竦为经略安抚使、招讨使。诏遣使督出兵,琦亦欲先发以制贼,而合府固争,元昊遂寇镇戎。琦画攻守二策驰入奏,仁宗欲用攻策,执政者难之。琦言:'元昊虽倾国入寇,众不过四五万人,吾逐路重兵自为守,势分力弱,遇敌辄不支。若并出一道,鼓行而前,乘贼骄惰,破之必矣。'乃诏鄜延、泾原同出征。"① 韩琦试图集中兵力,主动出击,是考虑到各路分兵不足以固守,早晚为元昊大军逐处击破。② 与其被逼应战,倒不如先创造有利的进军形势,令元昊措手不及。论韩范才具各有所长,韩琦善于料敌,元昊派来使诈为求盟,他已知贼欲犯山外,命诸将妥善戒严,这点比范仲淹处理西夏通使较为明智。③ 年前(康定元年),元昊攻陷乾沟、乾河、赵福等军事重点,韩即派环庆副总管任福率军七千,夜行七十里,突袭白豹城的西夏兵,首度对元昊还以颜色,而对任福的倚重亦自此始。仲淹上任延州,改变了迎敌方法。过去,总管领万人,钤辖领五千,都监领三千,各自为政。西夏一旦兵至,宋军官总以最小武将出御,有违择将取胜之道。他重新简选精锐一万八千,分六将带领,日夜操练,更番守御,于是将兵相随,作战合拍,并于实战中锻炼军力。其后置将之法在各遂行,连西夏亦认识到范仲淹的老练,不比昔日的范雍可欺。④ 庆历元年(1041)三月,元昊欲侵渭州,派兵逼近怀远城,韩琦尽出镇武军兵,且募勇士一万八千余人悉交任福统领,以泾原都监桑怿为先锋,朱观、武英、王珪各以所部从。韩琦的战略是欲以任福自怀远城趋德胜砦,直抵羊牧隆城,出贼之后实行围剿。由于各堡寨相距才四十里,接驳方便,可攻可守,韩作两手准备,吩咐任福如未可战,可即据险置伏,断其归路。临行以前,一再戒之,务必依计行事。此策原以为万无一失,仍然因任福与桑怿轻敌,穷追西夏佯败之兵,改变原先据寨的部署,在距羊牧隆城五里的六盘山下,为元昊伏于好水川的大军全歼。由于事后在任福尸首搜得韩琦檄约的明证,朝廷知道罪不在他,韩仍自劾夺一官,知秦州,不久又恢复其西事要职。韩琦的主攻方略,未得行军将领配合,以败阵告终,继由范仲淹的重守路线补充。

---

① 《宋史》卷三一二《韩琦传》。
② 宋陕西各路兵数有限,过于分守,无以应付西夏的进攻,例如田况《兵策十四事》已详析曰:"陕西虽有兵近二十万,戍城寨二百余处,所留极少。近又欲于鄜延、环庆、泾原三路各抽减防守驻兵,于鄜、庆、渭三州大为屯聚,以备贼至。然今鄜延路有兵六万六千余人,环庆路四万八千余人,泾原路六万六千余人,除留诸城寨外,若逐路尽数那减屯聚一处,更会合都监、巡检手下兵并为一阵,极不上三二万人。贼若分众而来,犹须力决胜负,或昊贼自领十余万众,我以三二万人当之,其势固难力制。"参阅《长编》卷一三二,庆历元年五月,第3130—3131页。
③ 《长编》卷一三一,庆历元年四月癸未条载:"降陕西经略安抚使兼知延州、龙图阁直学士、户部郎中范仲淹为户部员外郎、知耀州,职如故。始,韩周等持仲淹书入西界,逆者礼意殊善。行既两日,闻山外诸将败亡,周等抵夏州,留四十余日。元昊俾其亲信野利旺荣为书报仲淹,别遣使与周俱还,且言不敢以闻。兀卒书辞益慢。仲淹对使者焚其书,而潜录副本以闻,书凡二十六纸,其不可以闻者二十纸,仲淹悉焚之,余又略加删改。书既达,大臣皆谓仲淹不当辄与元昊通书,又不当焚其报。吕夷简诘周不禀朝命,擅入西界,周言经略专杀生,不敢不从。坐削官,监通州税。宋庠因言于上曰:'仲淹可斩也。'杜衍曰:'仲淹本志,盖忠于朝廷,欲招纳叛羌尔,何可深罪?'夷简亦徐助衍言,知谏院孙沔又上疏为仲淹辨。上悟,乃薄其责。"第3114页。
④ 张唐英《范文正公褒贤集》卷一《范仲淹传》载:"仲淹奏请兼领延安军以待寇至,上嘉而从之。阅兵得万八千,选六将俾领之,日夕训练,号为精兵焉。贼闻之,第戒之曰:'无以延州为意,今小范老子腹中自有数万兵甲,不比大范老子可欺。'戎人呼知州为'老子','大范'谓范雍也。"《范仲淹全集》,第934页。

学者分析韩琦是次部署,为一次攻中有守的弹性防御,①他对仁宗提出的攻守二策,与其说是截然不同的行军路线和目标,不如视为在同一较远攻略目的中的防范准备。而且,很大程度上是其总领西北的上司夏竦授意,具备相当的战略识见。史书对夏竦的评价不高,视他为懦弱固守的建言者,惟若不因人废言,考诸其他数据,夏竦每见好战。他曾密谋五路伐夏,尝悬赏"有得赵元昊头者,赏钱五百两,爵为西平王",始终具有攻夏意识。②儒将防御西北,常由战果论其人成败,还其本原,攻守兼具是北宋的边防理想,只是鉴于战况得失,不得不调适当中的进止而已。③ 西夏战胜此役,元昊的汉人军师张元意气风发,于界上寺壁题诗曰:"夏竦何曾耸,韩琦未足奇。满川龙虎辇,犹自说兵机。"④其语多轻侮,但足以将夏竦、韩琦等战术视为一体。庆历元年(1041),朝廷去夏竦西北统帅职务,分秦凤、泾原、环庆、鄜延为四路,以韩琦知秦州,王沿知渭州,范仲淹知庆州,庞籍知延州,正式实行分路防守,每路互为照应。范仲淹有了延州经验,在庆州善于招抚诸羌,令诸羌皆受命,被尊为"龙图老子"。此外,在庆州西北的马铺寨筑起大顺城,亲委儿子范纯佑将兵前往,期间且战且筑,成功建立了解军情的前沿哨站。⑤ 大顺既筑,又城细腰、胡卢等寨,招明珠、灭藏二强族各万人及并环千余帐内附,自此环庆属羌悉为中国所用。

环庆路虽然稳定下来,但是漫长的边境线里,西夏迅即找到攻击的破口。是年深秋,元昊再袭镇戎军,意欲从渭州直指关内。知渭州王沿果然派副总管葛怀敏率兵四路,奔往定川寨,再次为元昊意料之中,伏兵烧断河桥,堵截宋军突围的机会。葛怀敏只能布阵迎敌,夏军乘东北风起,自进攻中军目标转至东北曹英一军,军阵惊散,宋军回逃定川寨,准备再度突围往镇戎军,结果驰至二百里的城濠处为夏军阻截,葛怀敏、曹英等十六将领,全军近万人皆战没。元昊长驱抵渭州,大肆劫掠民畜,尚幸范仲淹率援军至,元昊恐深入必遭诸路合攻,复提防吐蕃背后伏击,才决定回师。是役仲淹早作军事预备,尽力援兵,事前且洞悉怀敏非才,奏报其猥懦不知兵,范氏因种种先见稳住其守边的声名。是年十一月,朝廷调整陕西四路的帅

---

① 所谓弹性防御,是北宋针对西夏入侵而制订的军事部署,既鉴于敌军雄踞横山,暂时无法将部队分散在漫长的战线,作长期虚耗,改以在内线集中相对优势的兵力,逐个击破敌人几个并进的外线军团。此防御的优点良多,一方面可凭借守军对地形的熟悉,隐伏一定兵力,以逸待劳;同时可派出迂回部队于敌军侧后,配合正面的大部队进行前后夹击。万一处于逆势,守军也可以作大幅度的退却,让敌军过度延长的补给线逐渐暴露,乘机予以袭击,待削弱敌军的整体战力后,再集中兵力决战。从行军和战斗的过程而言,难以一概用"积极防御"或"消极防御"的二分概念言全。参阅曾瑞龙《拓边西北——北宋中后期对夏战争研究》,香港:中华书局2006年,第二章:北宋对外战争中的弹性防御——以宋夏洪德城战略为例,第45—77页。
② 孔平仲《孔氏谈苑》卷一"夏竦西伐"条。同卷"竦议五路进伐"条亦载,夏竦密谋五路伐夏,高遵裕轻敌中计。参阅胡玉冰《传统典籍中汉文西夏文献研究》,北京:中国社会科学出版社2007年,第一章六节:宋代史籍及笔记中散见的西夏史料,第128—156页。
③ 庆历初,范仲淹亦上过攻守二策,于"议攻"中认同"可用步兵三万,骑兵五千,军行入界,当先布命令,生降者赏,杀降者斩","拒者并兵以戮之,服者厚其利以安之",并"大为城寨,以据其地,俟城寨坚完,当留士兵以守之"。由此可知,夏、韩、范守边,在某程度上具共同的军事作战方略,不同之处往往在采取行动的力度,以及相应的保障方法。参阅《范文正公文集》卷七《上攻守二策状》,《范仲淹全集》,第137页。
④ 张元僧寺所题诗,一般称为《五言无题诗》,其诗下面尚有"太师、尚书令、兼中书令张元大驾至此"等语。关于其成诗时间,《西夏书事》并考证谓:"张元题诗,《闻见近录》云,在攻鄜延执刘、石时;周辉《清波杂志》记在败任福后,当以周说为是。"见卷十五,庆历元年、夏天授礼法延祚四年春二月。
⑤ 富弼《范文正公仲淹墓志铭》载:"有马寨者,素为贼冲,然地与贼境相冲,久不能城。公至,自领牙兵,出其不意驻柔远寨,别遣蕃将取其地。得之,先命长子入据以率众,公亦亲往劳士。有顷,贼三万骑叩城下,公麾兵力战,贼遽北,戒诸将勿追,已而果有伏兵,夜遁。城既立,诏名大顺。"《范文正公褒贤集》卷一,《范文正公集》,第946页。

臣,均按照仲淹的建议,把同年进士滕宗谅由知泾州徙为环庆路都部署兼知庆州,文彦博由知渭州徙为秦凤路都部署知秦州,张亢从河北调知渭州,任泾原路都部署,鄜延路庞籍留任,而韩琦、范仲淹则分领陕西四路都部署、经略安抚沿边招讨使。仲淹、韩琦同驻泾州,四路都部署司便设于此,统一了各路指挥。由于各人守边均尽忠职守,对西夏虽无明显胜仗,亦无重大失利,整体确保了国土安全。史载"仲淹为将,号令严明,爱抚士卒,诸羌来者,推心接之不疑,故贼亦不敢辄犯其境"。① 其时民谣,有颂其西事功业曰:"军中有一韩,西贼闻之心胆寒;军中有一范,西贼闻之惊破胆。"②韩范御边之深入民心可知。

四、韩、范与狄青的军事配搭

宋代地方统兵系统里,儒将和武将的成分有别。各地总管(部署)、钤辖、都监、监押等将官,在宋初专用武将,到太宗时开始参用文臣,自此文臣任统兵官督率武将,渐成制度,武将为总管(部署)、钤辖、监押等,仍不免受当地行政长官的管辖。③ 总其精神意义,在于"祖宗之法,不以武人为大帅专制一道,必以文臣为经略以总制之。武人为总管,领兵马,号将官,受节制,出入战守,唯所指麾"。④ 这种用文臣监督、指挥武将作战的难度其实极高,三川口、好水川、定川寨诸役之败,皆为帅臣属下于执行军事任务时,发生预想之外的变量,造成严重的指挥脱节。所以如此,往往由于主帅事前考虑未尽周详,或者是武将过于自恃,不依从上级节制的命令。因此,能考虑通盘、且服众心的儒将,辅以勇毅过人、虚怀学习的武将至为难求。在宋人眼中,韩、范固为御边典范,其儒帅战术毕竟源于兵书理论及管军经验。战场上的冲锋陷阵,对西夏来犯的击退,始终责成于实战将士。事实上,积极防御战术有别于消极防御,它的行军目的就是以守为攻,以堡寨作为临时掩护,奇兵劲旅则用于攻略前沿防线。宋夏的几次败仗当中:刘平、任福、葛怀敏诸将一度是宋军争取前线胜利的希望,儒将托附的进讨计划,始终因为本身不在阵中,无法作出敏锐的反应,凡此有赖实战将领的领悟和发挥。故此,韩、范帅领西北期间,以构建堡寨防卫为首要任务,为达至军输民屯无碍的堡寨战线,在择将练兵的环节上同时下了大量工夫。

韩琦授予任福的最初战略指示,本来是利用堡塞之间兵源物资可以调动的定点距离,各节支持,作为一次较远距离的目标攻击。从战果观之,初期行军的路线大致与此构思相差不远,只是最后不倚堡塞为据,遇上不必要的军事歼灭,兵败之处其实距攻占目的地不远。由此,更加印证堡塞的多种防御效用,它不但是平日招聚百姓、蕃户屯田的经济据点,在战争准备至开战期间,也是不可或缺的军事补给线。好水川之役后,陕西抚帅考虑的策略是,尽量先确保堡塞沿线能否稳据,然后再作延伸性的部署,当中主要以范仲淹的意见为据。康定元年(1040)三月,仲淹为陕西都转运使,尝分析关中西线的堡塞虚弱,容易为元昊威胁,其谓曰:

---

① 《宋史》卷三一四《范仲淹传》。
② 朱熹《五朝名臣言行录》卷七之二引《名臣传》。
③ 参阅杨渭生等《两宋文化史研究》,杭州大学出版社1998年,第六章:利弊参半的军事制度,第213—244页。
④ 刘挚《上哲宗论祖宗不任武人为大帅用意深远》,赵汝愚编《宋朝诸臣奏议》卷六五,上海古籍出版社1999年,第724页。

今缘边城寨有五七分之备,而关中之备无二三分。若昊贼知我虚实,必先胁边城。(宋军)不出战,则深入乘关中之虚,小城可围,或东阻潼关,隔两川贡赋。缘边儒将,不能坚守,则朝廷不得高枕矣。为今之计,莫若且严边城,使持久可守;实关内,使无虚可乘。若寇至,使边城清野,不与大战,关中稍实,岂敢深入。①

在范氏军事理论里,"严边实内"的防务策略并无负面意义,相反过于冒进付出的代价更大。因应宋夏边区的现实形势,宁愿清野、浅攻,也不宜劳师大战,依此才能够以逸待劳,保持实力。韩范御边合作紧密,于经营堡塞尤为重视,惟涉及堡塞用兵的缓急先后,却有不同理解。范上疏仁宗即力辩:"又闻边臣多请五路入讨,臣窃计之,恐未可以轻举也。……缘大军之行,粮车甲乘,动弥百里,敌骑轻捷,邀击前后,乘风扬沙,一日数战,进不可前,退不可息,水泉不得饮,沙漠无所获,此所谓无功而有患也。况今承平岁久,中原无宿将精兵,一旦兴深入之谋,系难制之敌,臣以为国之安危,未可知也。"②总结宋败经验,就是劳师动众,深入敌方,既无力集中打击对象,复遭各种伏击,终告无法全身而退。显然,在主战场上弃远就近,加固己方防线是最实际的应对方法,而范仲淹内守多于外攻的军事倾向,亦鉴于北宋之屡屡败阵,其时似无良将可确保进攻计划得以成功执行。虽然如此,守边工作仍然艰巨,为兼顾各种设限条件,对战争良材的需求反而有增无减,例如如何在筑城之际,防止敌人侵袭,便需要且战且筑的伎俩。此外,堡塞开拓的过程中,如何达到招聚蕃部,却须讨击异己,两种恩威并施的手法必须恰到好处。再如每次所谓浅攻的幅度为何,如何有效进行结连堡塞、衍成纵深防御的最终目的,也存在知易行难的人为因素。这些问题,范仲淹倚于能干裨将,都能逐步克服。

以兴筑大顺城为例,史载"大顺既城,而白豹、金汤皆不敢犯,环庆自此寇益少",③符合范氏的战略预期。庆历二年(1042),范仲淹筑细腰城、葫芦砦,是因为地缘上接近环庆之西,镇戎之东的明珠、灭藏、康奴三族,修筑堡塞可以截斩它们与西夏相通,以免危及原、环诸州。结果,新寨筑成以后,明珠等族二万余人和环州千余帐纷纷内附。从此,环州的定边寨、镇戎的乾兴寨、原州的柳原镇等联成一线,构成环庆路的重要屏障。按其治边所以得心应手,在严格遵行攻防策略,其谓:"国家用攻,则宜取其近,而兵势不危;用守,则必图其久,而民力不匮。"④ 这与"兵家之用,先观虚实之势,实则避之,虚则攻之"的原则是吻合的。⑤ 换言之,西夏兵多而来便守,敌兵尚少遂战,有机可击就进击,每占领一地,就在那里筑城修寨,练兵营田,徐图进取。堡寨随守随攻之法可以付诸实行,完全视乎将领素质,为保障能者无一遗类,范仲淹拔用将才甚力,特别认为应给予中下层裨将的升迁机会。《范文正公政府奏议》卷下《奏边上得力材武将佐等第姓名事》,即记他经略陕西时亲荐过的人物和相关评价,其中名列第一等的顺序为泾原路部署狄青、鄜延路部署王信、环庆路权钤辖种世衡、环庆路钤辖范全。名列第二等的四路都监、巡检、知州军者,还有周美、刘拯、谢云行、葛宗古、谭嘉震、黄士宁、任守信、许迁、安俊、张建侯、张宗武等人,各因"有度量勇果,能识机变","忠勇敢战","足机

---

① 《范文正公别集》卷四《论西事札子》,《范仲淹全集》,第464—465页。
② 《长编》卷一二七,康定元年五月甲戌条。
③ 《宋史》卷三一四《范仲淹传》。
④ 《范文正公文集》卷七《上攻守二策状》,《范仲淹全集》,第140页。
⑤ 《长编》卷一二七,康定元年五月甲戌条。

略,善抚驭","武力过人,临战有勇","谙练边情","弓马精强","训练严整","勇而有辩","知书载下","可当军阵"等强项进荐。① 基本上虽包含儒将和武将,但仍然首重执行前线军事作战的四路守将,故陕西军事的指挥体制在庆历后期开始完备,有助阻遏元昊军队的入侵。

韩、范战略无论如何深思熟虑,没法取代战场上将领的实战角色。上述各路将校得以重用,是由于他们在战争中表现勇谋兼具的特质,于善战之余,成功厘行帅首预设的兵机。在众多斗将中,狄青为范仲淹器重,他与其他裨将一样在堡寨的攻防战中脱颖而出,开始受到朝臣注意。② 其后又凭战功速迁。他被韩、范提拔的故事,遂构成仁宗时期儒臣、武将之间军事配搭的典范。③ 韩、范认识狄青始于康定元年(1040),狄青时任延州指挥,翌年授秦州刺史,经略判官尹洙见其才能,不但与他谈兵,还举荐于时为经略副使的韩、范。④ 在此以前,狄青累历不少战功,史载青生于汾州西河县的农家,善骑射,武艺过人,少年时期因避乡里纠纷,天圣四年(1026)投军拱圣营作骑御散直。宝元初年宋夏战争继起,朝廷诏择卫士从边,以青为三班差使、殿侍、延州指使。当日驻守陕西堡寨的禁军略可分为两种,一为东兵,由京师抽调而去,例如拱圣、龙卫、云武、神骑、神卫及龙骑等军;二为沿边厢军、土丁升上来的禁军,例如蕃落、清边弩手、制胜、定功及建威等指挥原是厢军,后升为禁军,至于保捷、青涧等指挥则是由土、乡丁升为禁军。因应对夏的边境形势,堡寨和兵员的地位也容易产生升沉的变化。⑤ 狄青投身属于前者,而且为方便识别正兵及番号,防止地方兵员逃亡,狄青面上也刻有军伍的黥文。⑥

狄青出自骑御散直,膂力过人,很早时候已表现突出的骑射本领。盖禁军本用以守京师,平日较重视武艺操练,素质胜于从事各种杂役的厢兵。北宋于寨上对付西夏步、射、骑兼具的全天候攻势,弓、弩等武器运用尤其基本。考核士兵的军训水平,就是按照挽弓、弩的斗力大小和射箭的准绳度,中的者记录在案,以便作为免除差使、升迁等参考。康定元年(1040),仁宗于便殿亲自检阅各军练习战阵,察觉教练过于形式,临敌难用,遂命令提高动作难度,解镫以弓弩射。于是每营设置三种弓,从一石到八斗,以及四种弩,从二石八斗到二石

---

① 《范仲淹全集》,第557—559页。
② 例如欧阳修便谓:"国家兵兴以来五六年,所得边将惟狄青、种世衡二人而已,……况如青者无三两人。"(《长编》卷一四四,庆历三年十月甲子条);孙甫也强调:"今陕西兵官惟种世衡、狄青、王信材勇,可战可守,自余阘懦险贪者,大臣不可谓不知也。"(《长编》卷一四五,庆历三年十二月庚戌条)。
③ 笔者认为"将帅典范"的建立有一复杂过程,除个人的政治优遇因素以外,还须视乎各种外部诸变。例如与狄青同时期崛起的将佐种世衡,亦著于筑青涧城,且因种放、种谔缘故具备家声时誉。惟庆历年间种世衡早亡,未能延续范仲淹、韩琦入朝,属下佐将益贵的脉络发展。又如刘沪者,曾与狄青争于水洛城,朝廷惜才,但始终重青而轻沪。由此可见,狄青之崛兴,经历同辈类职者的激烈竞争,能最终独存者遂为名将代表。参阅拙著《唐宋变革期之军政制度——官僚机构与等级之编组》,台北:文史哲出版社1994年,第六章:宋中期武臣升转之异例——狄青之研究,第245—276页。
④ 据《太平治绩统类》卷七"康定元昊扰边"条记载:"尹洙为经略判官,青以指挥见洙,与谈兵,善之。荐于副使韩琦、范仲淹曰:'此良将才也。'……"
⑤ 参阅罗球庆《宋夏战争中的蕃部与堡寨》,《崇基学报》新刊号第6卷第2期,1967年,第223—243页;江天健《北宋陕西路沿边堡寨》,收于《宋史研究集》第25辑,台北:编译馆1995年,第27—57页。
⑥ 狄青面上黥文,史书并无具体交代原委,故有罪徒和入军刺面二说。王称《东都事略》卷六十二记载,青之兄素与"铁罗汉"者斗于水滨,险杀之,得青代为认罪,出铁罗汉体内水数斗而救活之。是否因此获罪不得而知。张舜民《画墁录》卷三,则指青通判入京,宿笞赤籍,以三班差使殿侍出为青涧城,然依正史所载,青未尝出青涧城,似与种世衡之事相混淆,不可信也。吴曾《能改斋漫录》卷十二谓青既贵,坚留面上两行黥文,要使之励士卒,可知士卒黥面具普遍性。王珪《华阳集》卷三十九亦指青好将帅之第,故补拱圣军籍。《文献通考》载宋代刺面之刑法,晋汉天福而来,为戢奸重典,按青能升迁枢相,想非罪徒可以为之。故此,狄青入军以后,因转效地方边防,始按军法刺面的可能性较大。

五斗,依次阅习,并下令在陕西、河东、河北三路推行。① 朝廷对禁军及骑兵射术水平素有一套标准,②但是士卒的素质仍然下降,不少是未达预定要求的。③ 及至真实战场,各种人马器具操作较诸平常演练复杂得多,阵中兵员心理素质不稳,容易不战而溃。领军将校的压力亦甚为沉重。宋制对行军作战有严谨规范,凡"临阵先退者,斩";"临阵非主将命,辄离队先入者,斩";"贼军去阵尚远,弓弩乱射者,斩";"临阵弓弩已注箭而回顾者,斩";"不服差遣者,斩";"漏军事或散号漏泄者,斩"。④ 诸如此类,若非将领有独到经验,部队行军应挥兵以应机遇,还是勒兵阵中务求持重,两者均不易为。宋中期朝廷每求良将,然未尝在军事结构层次上改变问题,在地方偏弱、将兵武事生疏,加上军管架构的重重制控下,产生优良将帅的机会愈微,难怪宋人对之渴求久矣。从各项业绩观之,狄青由卒伍而巡检、指挥,必通过上述各种测试与实战要求,才得以优于同侪,晋身管领行列。

《宋史》卷二九〇《狄青传》记载:"时偏将屡为贼败,士卒多畏怯,青行常为先锋。凡四年,前后大小二十五战,中流矢者八。破金汤城,略宥州,屠咙咩、岁香、毛奴、尚罗、庆七、家口等族,燔积聚数万,收其帐二千三百,生口五千七百。又城桥子谷,筑招安、丰林、新砦、大郎等堡,皆扼贼要害。尝战安远,被创甚,闻寇至,即挺起驰赴,众争前为用。临敌被发、带铜面具,出入贼中,皆披靡莫敢当。"凡此可见,在宋总管(部署)——钤辖——都监——巡检的军管架构当中,基层的巡检、指挥使的职责最为繁剧,接战机会也处于第一线,大抵反映范所指以小将出战、大将押后的积弊现象。举凡出阵、破敌、筑寨、守城,莫不属于前锋的职务,难怪出色的斗将,帅领争相采用。⑤ 例如宝元元年(1038),庞籍任为陕西都转运使,察觉浑州西北的桥子谷是西夏攻宋的必经之路,特选善骑射、有谋略的部将狄青在桥子谷旁筑寨驻兵。宝元二年,元昊首先攻击保安军,遭狄青领兵顽强奋击,溃败而逃,只是金明寨方面防御不稳,才招致西夏兵有机可乘。史称韩、范主帅与之会晤,"二人一见奇之,待遇甚厚,仲淹以《左氏春秋》授之曰:'将不知古今,匹夫勇尔。'青折节读书,悉通秦汉以来将帅兵法,由是益知名"。⑥ 此一简扼记载,点出仲淹长期重视将才的选拔,以及兵法的教育灌输。在其《奏陕西河北和守攻备四策》即谓:"专于选将者,委枢密院于阁门祗候使臣已上选人,三班院使臣中选人,殿前马步军司于军旅中选人,或有智略,或有材武,堪边上试用者,逐旋进呈,据选到

---

① 《宋史》卷一九五《兵志》九。
② 例如天圣时期的"禁军选补法"规定,凡选入上四军(殿前司的捧日、天武,侍卫马军司的龙卫,侍卫步军司的神卫),补班直者必须"弓射一石五斗,弩蹴三石五斗"。(《宋史·兵志八》)庆历年间,枢密院建议骑兵须射九斗至七斗三种弓,将战靶画成五晕,限于二十步外发射。(《宋史·兵志九》)迄神宗熙宁元年,朝廷颁令河北各军教阅法,凡弓分为三等,九斗为第一,八斗为第二,七斗为第三;弩分三等,二石七斗为第一,二石四斗为第二,二石一斗为第三,据成绩优劣给予赏罚。(袁裒《枫窗小牍》卷下)
③ 《宋史》卷三二四《张亢传》载:"国家承平日久,失于训练,今每指挥艺精者不过百余人,余皆瘦弱不可用,且官军所恃者,步军与强弩尔。臣知渭州日,见广勇军骁弩者三百五十人,引一石二斗者仅百人,余仅七八斗;臣以跳镫弩试,皆不能张,阅习十余日,裁得百余人。"
④ 《武经总要》前集卷十四《制度·罚条》。
⑤ 此种问题由来已久,实一体两面,站在将校而言工作繁剧,站在主帅而言则因钤辖、都监、巡检以下皆得预参,有权号不专,无以节制部属之感。《蔡忠惠公文集》卷十九《请改军法疏》亦谓:"所谓军法未立者,今之都部署及统帅之名,其钤辖、路分都监、都同巡检等并是佐属神军,各以宾礼相接。主帅等威既不尊异,向下官属无节级相辖之理。及至出军,首尾不能相救,号令不能相通,所以多败也。"
⑥ 《宋史》卷二九〇《狄青传》。

人数,以籍记之,候本路有阙,则从而差授。如此,则三二年间得人多矣。"① 仲淹拔用人才,重视其人是否具备为将的内涵,他于《奏乞指挥国子监保明武学生令经略部署司讲说兵书》中,作过这样的忆述:

> 臣切见边上,甚有弓马精强、谙知边事之人,则未曾习学兵书,不知为将之体,所以未堪拔擢。欲乞指挥陕西路、河东逐路经略司,于将佐及使臣军员中,拣选识文字、的有机智武勇久远可以为将者,取三五人,令经略部署司参谋官员等,密与讲说兵马,讨论胜策。②

仲淹认为路帅首重谋略,凡此引申兵书有助军事划策,可向所部将佐重点培训。以此观之,狄青于西事建功,固为实力使然,惟若无韩、范路帅厚加提拔,始终难成大器,无法迁入泾原路副都总管、经略招讨副使的帅领阶层。

从宝元、康定至庆历初,宋夏大小战争十分频繁,狄青屡战,练就了一种独特的战斗风格,他作战时披发面铜,既可建立慑人威势,在枪林箭雨之间,前锋斗将头首常被流矢所伤,蔽面于战意上亦有助勇往而前。③ 当敌面前,狄青斩关如入无人之境,羌人呼之为"狄天使"。④ 西事平息后,仲淹、韩琦入朝执政,展开庆历新政,青破贼有功,先授捧日天武四厢都指挥使。皇祐初年,辗转任侍卫亲军马步军都虞候及副都指挥使。皇祐四年(1052),广源蛮侬智高叛,韩、范、尹、庞诸臣,对狄青能力相当熟悉,认为是领兵招讨的不二人选。狄青临行前已迁枢副,宰相庞籍谓:"青起于行伍,骤为枢密副使,中外咸以为国朝未有此。"⑤在南征过程中,狄青又表现其智勇双全,⑥翌年大捷归仁铺,足证当日范授以兵略的重要,而青因平南之功晋升枢密使的最高武职。朝廷之爱惜将才,加上狄青的材具,缔造一代名将速迁的异例。王称《东都事略》卷六十二,论赞狄青曰:"为将之道有三:曰智,曰威,曰权。……观狄青之对智高也,可谓能施其智而奋其威,取胜于当世矣。然青之所以能若是者,由仁宗专任而责成之也,是得君之权也。使不得君主权以便其事,则何以有功。"当中揭示了狄青成名的因素,追源溯始,韩、范对其西事功绩的认同,形成朝廷一股正面舆论,却是关键所在。

众所周知,北宋严防武人,仁宗对狄青之优遇亦由于内外战事,及至战争平息,文臣对武人狄青的攻击言论复炽,造成青后期的政治失脚。嘉祐二年(1057)八月,青罢枢密使,外出知陈州,翌年二月病故,终年49岁。回顾这段文臣武将兼容的蜜月期,维时短暂,惟韩、范和

---

① 《范文正公政府奏议》卷下,《范仲淹全集》,第537页。
② 《范文正公政府奏议》卷上,《范仲淹全集》,第499页。
③ 各种迹象显示,狄青披发并带铜面具的作战习惯始于为巡检、指挥之时。余靖《武溪集》卷十九《宋故狄令公墓志并序》亦谓:"其为偏裨时,每被发面铜。"陕西沿边华夷杂处,孕育各式战争文化,至今当地仍保存独特的傩戏和马勺面具,包含大战蚩尤,驱魔除害的本意。外族作战中披发面铜,或涉及建立类似的中原威势,关于北宋政权与民间部族的社会关系一环,宜再深入探析。观狄青入伍面带黥文,本为卑职,不以真相示人而欲令敌兵俱慑,同时可以建构军中声誉,诸种军事迷信和崇拜的因素,未尝不是行军作战的有利手段。史载亦载青"尝战安远,披创甚",当知临战挡敌,暴露甲胄以外之处,尤其头首易为武器所伤,吸收了刘平、任福等败战教训(前者脖子、耳朵为流矢射穿,后者面颊为枪所伤),带铜面具于实战与心理,亦有蔽护的作用。反而说狄青貌如女子,不称勇武外型,因此面铜掩饰,似未有。充分证据。
④ 沈括《梦溪笔谈》卷十三"权智"条。
⑤ 《长编》卷一七四,皇祐五年五月乙巳条。
⑥ 狄青与侬智高战于归仁铺,史料记载甚丰,而宋人笔记颇着墨在狄青用智方面。例如暗以两字钱当众掷地,尽得钱面,使军士以为此行必有神助,因而信心大增;(蔡绦《铁围山丛谈》二)又如三夜大设飨宴,使军士夜乐,自己则藉醉退席,暗夺昆仑关。(沈括《梦溪笔谈》卷十三"权智")其事虽不可信,然至少表示时人对狄青之具谋略一点相当认同。

狄青却被尊崇为一代名将,集体演绎传统兵家智勇双全的完美形象。狄青身故,韩琦为其撰《祭狄相文》,盛言他"忠孝沉厚,出于天资;威名方略,耸于塞外",[①]由于自己"向处边垂,公实俾佐",祭文所述便是韩琦长期与青共事陕西的真实观察。今狄家社村的狄武襄公祠内,仍供奉狄青坐像,身披元帅铠甲,四面有文武侍臣奉宝剑、铜面具、帅印、缨枪,壁间尚留韩琦所撰对联,依稀可追抚昔日韩、范名相眷顾狄青的身影。[②]

五、结　论

总而观之,北宋仁宗面对西夏元昊的军事威胁,寻求良将御敌之心迫切。祖宗时期为君主出谋献策、武功超绝的名将俱往,当朝所见的儒臣和将门之后于战事的表现差强人意,凡此令朝廷上下渴慕重现一种文武俱备的御边典范。而此典型的传统内涵丰富,又不特由一人可以实现,故儒将中特别推重韩、范,武将中看中狄青,成为同时期内军事协调和平衡的最佳例子。韩、范之知名在建立较完备的陕西攻守策略,既强调四路的分御制敌,也注重管辖范围内堡寨人员的驻防,因而从大战略中取得战情改善的契机。无论如何出色的军事家,战谋之付诸行动必倚赖行军战斗的将领先锋,狄青的崛起正在于身先士卒的斗将角色,在对西夏的大小战役上均站在攻敌守寨的前沿线路。狄青荐于韩、范的事迹,不但只是一路军兵的知遇故事,更普遍反映陕西帅臣与裨将两者互补的必要性。其军事的细意分工,只有如韩、范一类对地方军事具改革触觉之士人身上发生;另一方面,斗将决战的心理素质提升,亦只能体现于狄青这类具过人武艺而同时重视上司兵法意见的将领。无论如何,韩、范与狄青的配搭,在充斥各种政治变数的北宋中期可一不可再,更加深了宋人笔记里对这段中兴历史的向往,在往后的岁月里,继续寻求儒臣武将御边的忠勇故事。

---

① 韩琦《安阳集》卷四十三,"祭文"类。
② 现存的狄青庙,位于文水县城南30公里的狄家社村中,又名狄武襄公祠,是为狄青之家祠。相传由狄青次子狄谘率昆弟族人于北宋嘉祐四年(1059)修建,元代元贞二年(1296),狄青七世孙狄晖重修。现存建筑是清朝同治十二年(1873)修建,1957年东西配殿不幸拆除,仅余正殿与山门,1994年狄家社民集资修葺正殿,仍按原制立于八级台阶之上,三楹二柱,廊下东西立碑石数块,其中狄晖所立《狄武襄公祠堂记》最为珍贵。东壁有中堂书画,并联语曰:"看尽好花春卧稳,醉残红日夜吟多",相传为韩琦所撰。参阅《文水县志》,李培信主编,山西人民出版社1994年;并文水"狄青庙"的网站介绍(http://wenshui.china315.com)。

范仲淹"修武备"改革的理论与实践

魏天安

范仲淹是宋代著名的政治家、文学家、军事家,庆历三年(1043)他主持进行了改革,史称"庆历新政",虽时间较短,很快夭折,但所体现的勇于改革的精神,却给后人以启示和鼓舞。范仲淹在中央执政的时间不长,依据他的条陈推行的十项新政,其中"明黜陟"、"抑侥幸"、"精贡举"、"择长官"、"覃恩信"、"均公田"、"重命令"七条属吏治改革,"厚农桑"、"减徭役"二条属经济改革,只有"修武备"属军事改革范畴。不少学者认为,范仲淹"修武备"以唐府兵制为理想,不切实际,实际上也未实施。这种观点有失片面。

为了理解范仲淹"修武备"的真正含义,现将范仲淹革新措施中"修武备"条陈全录如下:

七曰修武备。臣闻古者天子六军以宁邦国,唐初京师置十六将军官属,亦六军之义也。诸道则开折冲果毅府五百七十四,以储兵伍,每岁三时耕稼,一时习武。自贞观至于开元百三十年,戎臣兵伍,无一逆乱。至开元末,听匪人之言,遂罢府兵。唐衰,兵伍皆市井之徒,无礼义之教,无忠信之心,骄蹇凶逆,至于丧亡。

我祖宗以来,罢诸侯权,聚兵京师,衣粮赏赐丰足,经八十年矣。虽已困生灵,虚府库,而难于改作者,所以重京师也。今西北强梗,边备未足,京师卫兵多远戍,或有仓卒,辇毂无备,此大可忧也。远戍者,防边陲之患,或缓急抽还,则外御不严,戎狄进奔,便可直趋关辅。新招者,聚市井之辈,而轻嚣易动,或财力一屈,请给不充,则必散为群盗。今生民已困,无可诛求,或连年凶饥,将何以济?赡军之策,可不预图,若因循过时,臣恐急难之际,宗社可忧。

臣请密委两地,以京畿见在军马,同议有无阙数,如六军未整,须议置兵,则请约唐之法,先于畿内,并近辅州府,召募强壮之人,充京畿卫士,得五万人,以助正兵,足为强盛。使三时务农,大省给赡之费,一时教战,自可防虞外患。其召募之法,并将校次第,并先密切定夺闻奏。此实强兵节财之要也。候京畿近辅召募卫兵已成次第,然后诸道仿此,渐可施行。惟圣慈留意。①

范仲淹首先回顾了唐府兵制的兴衰史。府兵制的基本内容是:一、设置军府。唐初置十二军府,军置将军一人。唐太宗时,设十二卫统领各地府兵,加上不领府兵、类似禁卫军的左右监门卫、左右千牛卫,共十六卫。每卫设大将军一人,将军二人。诸道折冲府是府兵制的基层单位,其首领为折冲都尉一人,别将左、右果毅都尉各一人。诸道折冲府共五百七十四个。② 关内折冲府有二百六十一个,加上接近关中的河东道、河南道,三道共占全国总数的

---

① 范仲淹《范文正公政府奏议》卷下《答手诏条陈十事》。
② 唐代兵府数目,史书记载各异,有573、574、593、594、630、633、634、656府等。

80%。二、折冲府为储兵之所，府兵与均田制结合，从土著农户中拣点，即实行征兵制。府兵制下的士兵，就是均田制下的农户。征差的标准是："财均者取强，力均者取富，财力又均，先取多丁。"① 由于均田制有按勋阶、官职授田的规定，有军功者可授更多田产，对地主和自耕农服兵役有一定的激励作用。服兵役的年龄是二十岁入军，六十岁老免。三、寓兵于农，农战结合。府兵"每岁三时耕稼，一时习武"，即如《新唐书·兵志》所说："初，府兵之置，居无事则耕于野；其上番者，宿卫京师而已；若四方有事，则命将以出，事解辄罢，兵散于府，将归于朝。"折冲府的农户被征为兵后，其未被征召的农户也要负担被征兵士的糗粮、衣被、鞍辔及生活器具等。

范仲淹改革的核心是寓兵于农，以克服现行军备体制下京师集重兵而需远戍、新招军兵多市井之辈而战斗力不强的弊端。民兵为本地军兵，无远戍仓卒之劳，有保家卫国之志，可助正规军戍守，有助于提升现行体制下的军队战斗力。为了保证京师戍卫不被削弱，他主张可从京畿地区试行，再推广到诸路。

范仲淹取唐府兵"农战交修"之意，建议发展民兵，而非主张恢复府兵制。首先，范仲淹虽称"约唐之法"，但不主张设置兵府和实行均田，更未以唐法否定宋代已行兵制，仅建议在兵源不足、需增新兵的情况下，施行"寓兵于农"的新政。民兵是宋已行之法，范仲淹不过是逐步扩大民兵的作用及比例罢了。其次，其兵来自"招募"，而不是如唐府兵那样征点。招募以自愿为原则，至于招募的方式，则根据实际情况试行后再确定，可见范仲淹对招募民兵是比较谨慎的。范仲淹要借鉴和发展府兵"三时耕稼，一时习武"的优点，以省军费，强军备，与恢复府兵制不相干。

宋仁宗天圣九年(1031)，西夏元昊即位，逐步控制了河西走廊、青海河(甘肃临夏县)、湟(青海乐都县)等地区后，在与宋交界的横山一带修筑堡寨三百余处，不断对宋进行骚扰。宋宝元元年(1038)十月，元昊称帝，建大夏国。康定元年(1040)初，元昊率十万之众，进攻陕西防守力量薄弱的延州(今陕西延安)，采取"围城打援"的策略，精心策划，在延州西三川口全歼宋军万余人。这是宋夏间的第一次大战，宋军大败，延州北横山一带被元昊控制。在此严峻形势下，此年五月，范仲淹临危受命，为知延州、陕西都部署兼经略安抚副使，与陕西都部署兼经略安抚使夏竦、陕西都部署兼经略安抚副使韩琦共同措置陕西防务。此后，范仲淹先后任耀州(今陕西耀县)知州，知庆州(今甘肃庆阳市)兼环庆路都部署，陕西四路都部署、经略安抚使兼缘边招讨使等职。庆历三年(1043)四月回京，除枢密副使，不久任参知政事，进行改革。他主持和参与陕西鄜延、环庆路或陕西全境防务三年，对宋在军事方面的弊病了解深刻，在深入了解并有实践经验的基础上提出"修武备"的军事改革，不是空中楼阁，而是经过实践验证的理论。

范仲淹知延州时，就在战略要地修筑堡寨，发展民兵，效果彰显。知延州之初，就派兵夺回被西夏占领的塞门寨(今陕西安塞县北塞木城子)，"募弓箭手，给地居之"。② 从庆历元年正月至四月，他先后六次上奏，请加强战备，修建堡寨，反对韩琦等人的深入进讨策略。范仲淹认为：修复堡寨虽然"烦费不少"，但比之深入夏境，占据人烟稀少的横山以北而不能守护

---

① 长孙无忌《唐律疏议》卷一六《擅兴》。
② 李焘《续资治通鉴长编》(以下简称《长编》)卷一二八，康定元年八月辛亥，中华书局2004年。

相比,"则有经久之利,而无仓卒之患"。① 修筑堡寨后,正规军驻守,可"安存熟户并弓箭手,以固藩篱,俯彼巢穴"。对堡寨附近的蕃部而言,"见汉兵久驻可倚",必降附于宋,"庶可夺其地而取其民也"。② 宋廷批准了范仲淹的规划,在延州防线修复被西夏毁坏或占据的金明(今陕西安塞县南碟子沟)、承平(今陕西子洲县何家集)等十二寨,挫败了元昊二次进攻延州的计划,保安军(今陕西志丹县)至延州一带防务大大加强。

特别值得一提的是,青涧城(今陕西青涧县)的修筑。青涧城在延州东北二百里、青涧河东岸,东距黄河重要支流无定河仅三四十里。无定河谷是横山地区重要通道,是西夏东路入宋的便捷之路。青涧城战略地位十分重要,"左可致河东之粟,右可固延安之势,北可图银夏之旧"。范仲淹接受部下种士衡的建议,上奏朝廷,诏令种士衡修筑青涧城。种士衡边战边修,挖地一百五十尺得到"饮甘而不耗"的泉水,"自兹西陲堡障患无泉者,悉仿此,大蒙利焉"。种士衡还募弓箭手,"建营田二千顷",招徕商贾,通其货贿,使青涧城"刍粮钱币暨军须城守之具,不烦外计,一请自给"。③ 至熙宁元年(1068),青涧城有"弓箭手八指挥"3400余人,马900匹,④成为宋神宗对夏用兵的军事要塞和基地。

庆历元年九月,范仲淹知庆州兼环庆路都部署,主持环庆路防务。他深入调查,十一月上奏《攻守二议》,既反对深入进讨,又反对被动防御,认为:"今之守边,多非土兵,不乐久戍,又无营田,必须远馈。久戍则军情以怠,远馈则民力将竭,岁月绵远,恐生他患,此守御之未利也。"范仲淹主张"近攻",夺取阻隔延州与庆州之间的金汤(今陕西吴旗县金汤乡)、白豹(今甘肃华池县北)、后桥(宋名为马铺寨,后为大顺城。今甘肃怀柔县马铺寨)寨等战略要地,招抚当地蕃汉民户,逃者勿追,居者勿迁,官出钱帛,"召带甲之兵、熟户、强壮"修筑城寨,以据其地,不征差农户,以利耕稼。"俟城寨坚完,当留土兵以守之"。其守策为:发展民兵,兴置营田以安其居。他说:"今之边寨,皆可使弓手、土兵以守之,因置营田,据亩定课,兵获羡余,中粜於官,人乐其勤,公收其利,则转输之患,久可息矣。"如堡寨附近缺闲田,可从蕃部购买,或许蕃部进纳田土,赏以官资。土兵"重田利,习地势,父母妻子共坚其守,比之东兵不乐田利,不习地势,复无怀恋者,功相远矣"。⑤ 庆历时提出的"修武备"的改革,与此时范仲淹重视发展土兵的战略一脉相承。

由鄜延、环庆两路合兵攻取金汤等寨的建议当时虽未被全部采纳,但范仲淹在庆州正是按照其攻守策加强军备的。他多方招抚当地党项诸蕃熟户,依靠归属羌设置堡寨,招募弓箭手。据清人赵本植编撰的《庆阳府志》记载,范仲淹仅在今庆阳地区修建的城寨就有二十九座,⑥招募弓箭手,授给田土,并对降汉的蕃部属户首领封官,使弓箭手人数大大增加。庆历二年三月,范仲淹派遣其子范纯祐和党项983将赵明在庆州东北的马铺寨修筑了大顺城,有力地抵御了西夏的入侵,"大顺既城,而白豹、金汤皆不敢犯,环庆自此寇盗益少"。⑦

庆历二年闰九月,夏元昊进攻泾原路的镇戎军(今宁夏固原市),在定川砦(今宁夏固原

---

① 李焘《长编》卷一三〇,庆历元年正月戊午。
② 李焘《长编》卷一三〇,庆历元年正月丙辰。
③ 范仲淹《范文正集》卷一三《东染院使种君(士衡)墓志铭》。
④ 徐松辑《宋会要辑稿》兵四之五,熙宁元年二月。
⑤ 李焘《长编》卷一三四,庆历元年十一月乙亥。
⑥ 王天顺《西夏战史》,宁夏人民出版社1996年,第159页。
⑦ 《宋史》卷三一四《范仲淹传》。

市宁和乡）大败宋军，宋近万人被俘，泾原路副总管葛怀敏等十数员高级将领战死。西夏虽胜，但连年征战使西夏"死亡创痍者相半，人困于点集，财力不足"，①不断向宋发出和解信息。定川砦战役后，范仲淹针对当时的严峻形势，上《陕西河北和、守、攻、备四策》，系统阐述了自己对夏、辽的军事战略。对西夏求和应对之策为："以盟好为权宜，选将练兵，以攻守为实事。彼不背盟，我则抚纳无倦；彼将负德，我则攻守皆宜。如此则结好之策，未有失也。"即在不拒绝和好之盟的同时，作好战、守的准备。陕西守策的要点为："请缘边城寨，愈加缮完，使戎狄之心，无所窥伺。又久守之计，须用土兵，各谙山川，多习战斗，比之东兵，战守功倍。然缘边、次边土兵数少，分守不足，更当于要便城寨，招置土兵。若近里土兵愿改隶边寨者，即遣其家而团集之。"土兵军费支出少，增加之后，逐步减少远戍之东兵，可节省经费。范仲淹指出：在"缘边无税之地"招弓箭手，每一两指挥即数百人"共修一堡，以完其家"，与屯驻正规军的城寨相互呼应。关于陕西攻策，范仲淹认为，横山一带，东至麟（今陕西榆林市神木县北）、府（今陕西榆林市府谷县）州，西至原（今甘肃镇原县）、渭（今甘肃平凉市），二千余里之间，分布着许多蕃族部落，"人马精劲，惯习战斗"。西夏攻宋，常以横山蕃部为前锋，"西戎以山界蕃部为强兵，汉家以山界属户及弓箭手为善战"，因此，要攻西夏，一定要控制横山蕃族。对蕃族采取"降者纳质厚赏，各令安土；拒者并兵急击，必破其族"的政策，陕西四路互相策应，逐步把沿边堡寨筑成城垒，招抚山界蕃族，使为我用。经过三五年，控制了山界之后，方可考虑攻夏之策，但现在谈论深入进讨西夏的时机远未成熟。

可见，无论是守策还是攻策，其核心是修筑城寨，发展土兵（包括蕃兵），尤其是增招沿边弓箭手，在增强战斗力的同时，减少东兵，节省军费。这一策略，与庆历新政"修武备"的宗旨完全一致。范仲淹发展弓箭手等民兵、控制横山蕃族部落的策略，被宋神宗、宋哲宗对夏用兵时所采用。

陕西弓箭手是北宋时期战斗力最强的民兵武装。弓箭手人授田二顷，有马者加马口分田五十亩，宋代称之为"沿边法"。沿边是个区域性概念，是相对于"近里"州军而言的。弓箭手"无事之时则服田力穑，不仰给于官，农隙之际则操戈挽缰，得以闲习，一有警急，则驰以直前"。② 在西夏人眼中，弓箭手的战斗力比正规禁兵强得多。弓箭手实行招募制，不离乡土，且熟知西夏语言习俗及当地山川地理，有保家卫国之志，"守边捍御，籍为军锋，素号骁勇"，③成为陕西边防的一支劲旅，而其他乡兵多数是强行征差、被迫从戍，这是弓箭手成为战斗力最强的乡兵组织的主要原因。

在北宋实行以役代租的授田制中，唯有弓箭手营田保持长期稳定，为确保沿边军事安全和经济开发起了较大的作用，而其他授田制如"给地牧马法"、"给地募役法"都半途而废。这一方面是因为当地地广人稀，官田充足，有田可授，另一方面，徭役负担较轻是重要原因。除了修筑城寨、屯堡以外，弓箭手一般没有其他负担。即使在战争期间，弓箭手也只是协同正规军屯堡自守，很少被调离乡土。"土人劲悍，便习险阻，利其田产，乐其家室，以战若守，一可当正兵之十，敌惮之"，④有很强的战斗力，也是弓箭手从事农业生产的根本保障。

宋政府将大片官田授给弓箭手，既加强了边防的军事力量，又不需国家供应大量粮饷，

---

① 《宋史》卷四八五《夏国传上》。
② 《宋会要辑稿》兵四之二九，靖康元年二月二十四日。
③ 《宋会要辑稿》兵四之一八，政和二年十二月三十日。
④ 李焘《长编》卷二三八，熙宁五年九月壬申。

而边防的加强又可减少陕西沿边禁兵驻军,省馈运之费,因此,宋政府不遗余力地推行弓箭手授田制,使陕西弓箭手营田不断扩大。宝元元年(1038)以后,由于夏元昊的不断骚扰,陕西沿边许多堡寨被西夏控制,不少地区的弓箭手残破流徙,名存实亡,范仲淹把招募弓箭手作为重整军备的重要举措,使陕西沿边防务得以很快恢复。范仲淹在陕西招募弓箭手、加强军备的措施,正是以土兵补充远戍而来的东兵不足,而"修军备"改革的提出,恰来源于范仲淹在陕西主持军务的实践经验。

范仲淹提出"修武备"的军事改革,并未全盘照搬陕西的经验。陕西沿边地广人稀,可实行由国家授田招募弓箭手的制度,这一制度是唐均田制的遗存,但并不适用于京畿及其他路分,连陕西近里州军也未实行。范仲淹完全了解宋军战备的实际状况,他推崇并希望借鉴唐府兵制的优点,并未把在陕西沿边发展弓箭手等民兵的经验照搬到其他地区实行,而是建议先在京畿地区试行招募民兵以逐步替代部分禁兵,成功后再推广到其他地区。范仲淹的这一构想,与王安石熙宁变法时推行保甲法的目的不谋而合。

庆历改革失败后,诸多新政被废止,但范仲淹发展以沿边弓箭手为主的"修军备"政策,却未中断。庆历年间,西北沿边弓箭手恢复并发展至32474人,人授田二顷,有马者加五十亩,授田约七八万顷。宋英宗治平末年(1067),河东七州军(代、岚、麟、府、丰州,宁化、苛岚军)弓箭手有7500人,陕西沿边十州军(鄜、延、环、庆、原、渭、秦州,镇戎、德顺、保安军)弓箭手并砦户有46300人,砦户仅秦凤路沿边有之,人数极少。如砦户以两千人计,陕西、河东弓箭手共有51800人,按人均二顷计,授田当十万顷以上。陕西弓箭手战斗力强的原因之一是骑兵多,因此,如果加上马口分田,授田总额就达十二三万顷。

宋神宗熙宁、元丰以后,西北拓边,熙(今甘肃定西地区临洮县)、河、兰、会(今甘肃白银市靖远县)、岷(今甘肃定西地区岷县)、洮州(今甘肃甘南藏族自治州临潭县)、西安州(今宁夏海原县西安乡)、西宁州、怀德军(今宁夏固原市西北黄铎堡古城)、绥德军(今陕西榆林市绥德县)、定边军(今陕西榆林市定边县)等相继纳入宋之版图,新边地区增置弓箭手数万人,原旧边地区如环(今甘肃环县)、庆、延州、镇戎、德顺军等地弓箭手也有所加强,授田总额也相应增加。宋徽宗崇宁二年(1103),仅德顺军怀远、隆德、得胜、静边、治平五寨弓箭手就有地土48700余顷,其中弓箭手已耕垦的有39000余顷。史称陕西"诸州并塞之民,皆是弓箭手地分",①如泾原路"沿边城寨廓外居民,尽系弓箭手之家,别无税地人户",②由此可见弓箭手之众,授田之广。南宋绍兴和议后,曾任川陕宣谕使的郑刚中说:"陕西弓箭手,旧一十六万,今存七万,复以土田不均,兵疲无法,虽七万人,未必可用。"③以郑刚中所言,北宋末陕西弓箭手有十六(或十四)万之众,加上马口分田,其授田达三十万顷以上。由此可见,发展民兵以补正规军之不足,加强边防的"修军备"政策,庆历新政后不仅未被废止,而且被沿袭发展了。

不过,北宋末弓箭手的性质发生了变化,战斗力大大减弱。免除税赋是陕西弓箭手制度实施的基础,崇宁年间(1102—1106),蔡京推行"俵籴"之法,征购城乡坊郭户粮斛为军食,对

---

① 《宋史》卷一九〇《兵志四》。
② 《宋会要辑稿》兵四之三〇,建炎元年十月二十九日。
③ 郑刚中《北山集》卷一三《西征道里记并序》。《历代名臣奏议》卷八九《经国》载郑刚中奏文云:"弓箭手旧额一十四万,今犹得六万,是民尚可以为兵也。"

沿边弓箭手"加倍征之,人极为苦",①不少弓箭手不堪重负,破产逃亡。因新拓疆土人烟稀少,人心未附,故所招弓箭手"多浮浪阙食之人,唯幸借贷种粮牛具等钱,而随即逃亡"。河东路"一季之内逃亡至四分"即十分之四。②弓箭手的战斗力大为削弱,至宣和(1119—1125)初年,神宗、哲宗时开边所得土地全被西夏夺回。

弓箭手本是不离乡土的乡兵,宋神宗推行将兵法,把弓箭手与正规禁军一起编制成"将",每将三千至万人,弓箭手离开乡土、随同禁军一起征伐的事就时有发生,但那时一般只把弓箭手征调到相邻路分参战,战事结束,弓箭手就返回原籍。宋徽宗时期,童贯主军政,让弓箭手深入夏境,驻守新边,长期不回。北宋末,知河南府(今河南洛阳市)王襄论当时陕西弓箭手状况时说:"夫弓箭手,民兵,五路之根本也。每差戍守,一月一易,则必人市头口,负干粮、器械所需之物而趋焉。路逢蕃寇,则多致杀掠,或得戍满,三数月间,又当复往,如此劳费,无有已时。"③离开乡土、频繁征战是弓箭手由强悍的劲旅变成"寡弱而不振"弱兵的主要原因。

南宋史学家王称评论说:童贯当政,"大沮祖宗法"。"弓箭手有分地,得以保其乡里坟墓,至是,则皆使居新边",于是,"边备、军政自贯坏矣"。④除长期驻守新边外,宋还调弓箭手镇压方腊等农民起义,进攻辽之燕京,损失惨重。最后宋金战争,京师危急,许多弓箭手被征调到内地"勤王"。北宋灭亡,"勤王"的弓箭手大部分溃散。经范仲淹整顿恢复后又发展壮大的弓箭手民兵武装,北宋末被损耗殆尽。

---

① 陈均《九朝编年备要》卷二七。
② 赵汝愚编《宋朝诸臣奏议》卷一四〇《边防门》,范纯粹《上徽宗论进筑非便》。
③ 赵汝愚编《宋朝诸臣奏议》卷四五《天道门》,王襄《上钦宗论彗星》。
④ 王称《东都事略》卷一二一《宦者传》。

试述北宋边防军中的"指使使臣"与"军员"
——以范仲淹奏状为核心

赵冬梅

北宋雍熙、端拱之后边防军队的组织形式,是以"天子卫兵"——禁军戍边,而在禁军原有组织体系之外别设"兵官"职位体系以统之。禁军以指挥为基本单位番更出戍,"插花式"分布,驻扎在同一地方的禁军可能包括原本属于侍卫马军、侍卫步军和殿前司的多个指挥。① 这些禁军指挥,不论原属何司、是何军号,一律按照守边御敌的需要在驻地被重新组织起来,设置都部署、部署、钤辖、都监、缘边巡检在内的"兵官",总其"部分屯逻"之事。② 这样一来,禁军的组织体系一分为二:在首都,禁军分属三衙,由各级禁军军官统领;在"边防要郡",禁军在"兵官"体系下重组,由正任武官和武选官统领。

"兵官"的职位构成与职能特点,已经有比较清晰的认识,这里无须赘述。③ 那么,在"兵官"之下,边防军队是如何组织的?出戍禁军指挥中的下级军官在边防军中的作用又是怎样的?对这些问题,范仲淹的奏议提供了许多有益的认识线索。这篇小文章试图借助这些线索,深入北宋边防军队的基层,去认识两种下级统兵官员——"指使使臣"和"军员"。

一

在"兵官"之下,存在着大量没有明确职掌的随军"指使"。"指使",顾名思义,是在帐下听候命令、接受上级差遣的意思。与"兵官"一样,"指使"也不属于禁军军职序列,而是由低级武选官三班使臣和通常带有不入流武选官头衔的殿前诸班直担任,因此又习称"使臣"。"指使"是低级武选官和禁军诸班直在边防军中服务的一项重要名目,它没有固定的职掌,使用起来机动灵活,因而数额巨大。大概一路之都部署司、部署司、都巡检司等较高级别的统兵单位都设有"指使"。

"指使"起源于五代的随军使臣。命将出征,皇帝必派供奉官、殿直等低级内职随行,负责在皇帝与行营之间传递信息,并担任押送战俘等任务。比如,后唐长兴元年(930),枢密使

---

① 比如:驻扎在定州的 25 个指挥的禁军当中,就包括属于侍卫马军司的忠猛、散员、骁武、云翼、厅子、无敌、威边,和属于侍卫步军司的振武、招收指挥。王曾瑜《宋朝兵制初探》,中华书局 1984 年,第 43 页。
② 《宋朝兵制初探》,第 61 页。
③ 参王曾瑜《宋朝兵制初探》。陈峰《都部署与北宋武将地位的变迁》,《安徽师范大学学报(人文社会科学版)》,第 29 卷第 3 期,2001 年 8 月,第 416—420、436 页。赵冬梅《北宋前期边防统兵体制研究》,《文史》,第 68 辑,2004 年第 3 辑,第 25—47 页。张邦炜、杜桂英《论北宋前期的都部署问题》,《四川师范大学学报(社会科学版)》,第 32 卷第 2 期,2005 年 3 月,第 86—94 页。

安重诲伐蜀，即有"供奉官周务谦、丁延徽、陈审琼、韩玫、符彦伦等，并从重诲西行"。① 在宋初的统一战争中，随军使臣更活跃在各大行营之中。乾德三年(965)伐蜀，"两路随军使臣，无虑数百"；② 开宝八年(975)打南唐，"军中使臣、内侍凡数十辈"。③"太祖经营四方，有澄清天下之志，励兵谋帅之外，所难者乘使车、传密命之人"，这些"乘使车、传密命之人"就是随军使臣。

北宋中期，内职转变为武选官，担任随军指使仍然是低级武选官的一项重要任务。"三班院使臣数千人，其品流至杂，难于区别，磨勘差遣，日有荣悴"。范仲淹乃"请命辅臣兼判常选，可用于边陲，或可委以钱榖，或可付以亲民，或可任以珍寇，至岁终以所选人数具目进呈"。④"用于边陲"者，除担任寨主、都监、监押等低级兵官以外，应当都是随军"指使"。范仲淹、韩琦有联名奏状，请求酬奖三班奉职张信，称"其人气豪胆勇，武力过人，为一时之猛士，在指使中少见其比"。⑤

殿前诸班直是"随军指使"的另一重要来源。名将狄青"少以骑射为乐"，"弱冠游京师，系名拱圣籍中"，⑥ 成为禁军殿前司骑军士兵。⑦ 宝元元年(1038)，宋夏战争爆发，宋朝"选卫士从边"，⑧ 狄青"初以散直为延州指使"。⑨"散直"是禁军最精锐部队——殿前诸班直之一。⑩ 入选"散直"，表明狄青的骑射能力得到皇帝本人的认可，成了皇帝近卫。狄青获选"从边"之时，还获得了"未得真命"⑪ 的不入流武选官阶——三班差使、殿侍。狄青"以散直为延州指使"，名义上仍然是禁军班直，实际上已经在西北前线服役。宝元二年十二月，宋廷"赏保安军守御之功"，"都巡检司指使、散直"狄青"功最多，故超四资授官"，"为右班殿直"，⑫ 正式获得武选官身份。大约就在此时，狄青得到尹洙、范仲淹等人的赏识提拔，调任鄜延路都部署司指使，并在不到一年以后得到再次升迁，为右侍禁、阁门祗候、泾州都监，在职位上自"指使"使臣进入"兵官"序列。⑬

直接从殿前诸班直中选拔人才，赴边防军中担任"指使"，在战争中锻炼、培养、提拔边防将领，可以绕过"转员"，选拔出更年轻、武勇、有心力之人。范仲淹深知此中利害，因此特别强调要从"散直等处"选人，"在军中使唤，以备边事"。他执政期间，上奏皇帝曰：

> 臣窃知散直并下班殿侍内，甚有经历、吃得辛苦之人，可以边上使唤。乞特降指挥，下殿前司，于散直、下班殿侍内拣选，或有心力，并具姓名闻奏，当议再行拣选；内曾有过犯人，如武勇出伦，亦别具姓名闻奏；本班人员不得抑遏漏落，当行勘断。其拣到人数，

---

① 《册府元龟》卷一二三。
② 李焘《续资治通鉴长编》(以下简称《长编》)卷六，中华书局2004年，第150页。
③ 《长编》卷一六，第354页；《宋史》卷二五七《李继隆传》，第8964页。
④ 《范文正公政府奏议》卷上《奏乞两府兼判》，李勇先、王蓉校点《范仲淹全集》，成都：四川大学出版社2002年，第557页。
⑤ 《范文正公政府奏议》卷下《范仲淹全集》，第620页。
⑥ 余靖《宋故狄令公墓铭并序》，《全宋文》卷五七三，第110页。
⑦ 《宋史》卷一八七《兵志一》，第4586页。
⑧ 《宋史》卷二九〇《狄青传》，第9718页。
⑨ 余靖《宋故狄令公墓铭并序》，《全宋文》卷五七三，第110页。《宋史》卷二九〇《狄青传》，第9719页。
⑩ 《宋史》卷一八七《兵志一》，第4585页。
⑪ 《宋史》卷一六九《职官志九》，第4029页注。
⑫ 《长编》卷一二五，宝元二年十二月乙丑，第2945页。
⑬ 《长编》卷一二九，康定元年十一月丁卯，第3056—3057页。

别分等第,内上等人及识文字者,差在缺人员处,权管勾当,三周年无过犯得力者,令逐处保明奏取旨,使与转三班差遣权管,与依转员例递迁安排,有功劳者特行升擢。大段胜于年老转员之人,有误战敌。缘西北事大,常须先选人在军中使唤,以备边事。①

指使"使臣"没有固定职掌,因此,他们可以随时接受上级差遣,机动灵活地担当各种军事任务,比如"教押军阵"、"管押军队"等。被范仲淹誉为"一时之猛士,在指使中少见其比"的张信,当时任"环庆教押军阵",范仲淹、韩琦建议朝廷将张信"送种世衡手下管押军队,分擘与禁军一两指挥,专切教习,独作一队,为奇兵使唤"。② 范仲淹十分看重像张信这样曾经"押战队"、有一线作战经验的使臣,他所提出的河北防御策略之一为"急于教战",具体做法就是"于陕西四路抽取曾经押战队使臣十数人,更授以新议八阵之法,遣往河北阅习诸军"。③

除"边上"随军"指使"以外,高级官员又有"随行指使",是政府配给的随从。范仲淹在罢相出巡西边之前,上状奏荐他的三位随行指使右班殿直王贵、右班殿直徐正和三班奉职郭庆宗,言此三人"并勘边上任使",请求"朝廷各转一资,充沿边寨主、监押。如未有员缺,即自令随行指使,候到边上,遇有缺处,即具奏差"。三人之中,王贵"在边上三年有余",徐正"在边上二年半",都有随军经历,二人"各好人才弓马,累度随军,出入勾当兵马,须得干办"。郭庆宗"曾经战斗得功,及有心力,缓急使唤得力"。④ 听候"使唤",是"随行指使"的职责特点。王贵等有武干,所以范仲淹派他们"勾当兵马",又推荐他们"边上任使"。范仲淹还有一位指使,名魏佑,负责管理范家在西京的田庄。范仲淹曾写信,嘱咐他从"西京庄课并梨钱内"挪出十贯钱来补助"偃师七郎";又命他"多觅下桑栽",预备"开春便令人勾当栽植"。⑤ 这个人必定是管家的长才。

二

"军员"指禁军军官,与"军职"、"人员"、"员僚"的意思大致相同。由于禁军出戍是以指挥为单位的,因此,一般而言,随赴军前、在边防效力的"军员"多在指挥使以下,属于下级军官。

范仲淹非常重视"军员"的作用,尝言"用兵之处,诸军内若有指挥使员僚得力,则不唯训练齐整,兼临阵之时,各能将领其下,士卒方肯用命;若人员不甚得力,则向下兵士例各骄慢,不受指踪,多致退败。显是军气强弱,系于将校"。⑥ 但是,他对"军员"素质的现状却感到忧心忡忡。"军员"每三岁一迁补"转员",虽然有阅试之制,并由皇帝亲自主持,但是,由于过分强调资历和等级,素质并不理想,其中不乏年老、病患、"因循不敢鏖战士者"。⑦ 这样的"军员"对于军队的战斗力而言,无疑是一剂毒药,在京城宿卫也许不会出太大问题,但是,用来守边,则诚如范仲淹所言:"今来边上诸军人员,甚有年老病患、全不得力之人。兼更有见缺

---

① 《范文正公奏议》卷下《奏乞于散直等处拣有武勇心力人》,《范仲淹全集》,第614页。
② 《范文正公政府奏议》卷下,《范仲淹全集》,第620页。
③ 《范文正公政府奏议》卷下,《范仲淹全集》,第594页。
④ 《范文正公政府奏议》卷上,《范仲淹全集》,第622页。
⑤ 《范文正公尺牍》卷上《指使魏佑》,《范仲淹全集》,第665页。
⑥ 《范文正公政府奏议》卷下《奏乞拣沿边年高病患军员》,《范仲淹全集》,第614页。
⑦ 《宋史》卷一九六《兵志十》,第4881页。

人数不少。若不早行选择,则恐将来依前误事。"①

范仲淹极力主张对开赴边防的禁军指挥的军员进行筛选淘汰,"其逐指挥人员年老疾患不得力者,亦便拣选,别与安排,却于本指挥向下人员、十将内拣选得功并武艺高强人,升一两资权管勾当,候转员日,依本资施行。如本指挥人员、十将内无可选拣,即于以次指挥内选拣,令权管补填勾当,所贵在路便有干了军员部辖,各得齐整,不至依前作过"。②

三

由于北宋边防军中的"军员"基本上是指挥使以下的下级军官,因此,在边防军的组织结构上,"军员"通常是最基层,其上是"使臣",再上是"兵官"。边防军战斗部队的实际组织形式,以"队"为基本单位,"诸处军队,或五十人,或一十五人,或不及二十五人,为一队"。"军员"所统,少则一队,多不过300人。使臣所统,最少为200—300人,最多不过1000人。兵官所统,则在1000人以上。③

"兵官"与"使臣"不仅在职务关系上构成了上下级,其任职者的品位也属于从高到低的同一序列,都是武选官,而非职业军官。"军员"则是职业军官。这种身份差别明确体现在边防军的赏罚条例中。《武经总要》前集卷十四"制度·赏格"保留了最后形成于北宋中期的"阵获转迁赐物等第",是一份很有意思的资料,兹节录解释如下:

三阵:以少击多为上阵,数相当为中阵,以多击少为下阵。

三获:据贼数十分率之,杀获四分以上、输不及一分为上获;二分已上、输少获多为中获;一分已上、输获相当为下获(以上并谓大势得胜者,若有获而奔败,不用此例)。

上、中、下三"阵"是根据敌我双方兵力对比情况所做的战斗分级。上、中、下三"获"是"大势得胜"的战斗的胜利度分级,其依据是消灭敌人的比例与己方战斗减员的比例。"阵"、"获"相参,得到五个"赏等",兹以表格示之如下:

	上阵	中阵	下阵
上获	第一等	第二等	第三等
中获	第二等	第三等	第四等
下获	第三等	第四等	第五等

"钤辖已上"等较高级兵官的筹赏需"定阵获上下奏取朝旨"。而"都监巡检及随军使臣"的"赐物临时准阵获上下约数支给",其"转官"则适用以下规定:

转官:七资为第一等,五资为第二等,三资为第三等,二资为第四等,一资为第五等。

---

① 《范文正公政府奏议》卷下,《范仲淹全集》,第614页。
② 《范文正公政府奏议》卷下《奏乞拣选往边上屯驻兵士》,《范仲淹全集》,第612页。
③ 尹洙《河南集》卷二二《军制·获首级例》,四部丛刊初编本。

右（原文竖排，意为"上述"，下同）转及诸司使副者，即依平转例，以五额为一资。

"军员"与士兵的提升称为"转阶级"。

三转为第一等，两转为第二等，一转为第三等。右厢禁军、蕃落、义军、弓箭手副都头、副兵马使以（下）[上]用此例。凡军头、十将以下，随属处牒补讫奏。副都头、副兵马使以上，先用此例给付身功状凭牒，奏乞降宣。其军都指挥使以上，奏取朝旨。

同"兵官"与"使臣"相比，军员的"赐物"规定更加具体细致：

赐物：绢十疋、钱十贯为第一等；绢七疋、钱八贯为第二等；绢五疋、钱五贯为第三等；绢三疋、钱三贯为第四等；绢一疋、钱三贯为第五等。右厢禁军用此例。军都指挥使以上，委诸主将定功大小，约此等优加酬赏，给讫奏闻。

归纳起来看，宋廷对"兵官"、"使臣"的酬赏政策更侧重于"升官"，即品位提升，对军员、士兵的酬赏政策则更偏重于"发财"，即物质奖励。这种差别一方面反映了宋人对武选官和军员这两类武人的不同定位和预期：武选官是"官"，追求官场升迁；军员是职业军人，追求实实在在的钱财。倘若将文官一并纳入视野，这种观察将更加有意义：在孝道、廉洁等诸多方面，宋人对文官有着远远高于武官的操守要求，文官始终占据着宋代政治文化、政治心理的制高点；武官则被认为在整体素质和道德水准上"等而下之"，武官之中，武选官又被认为要高于职业军人。另一方面，这种差别也有其不得已的原因：武选官所转的"官"是阶官，是单纯的品位标志，要多少有多少；而"军员"是品位与职位合一的，"转阶级"转的是品位待遇，也是职位，数量有限。

北宋的统兵体制以"分权"防变为核心目标：枢密院有调兵之权而无握兵之实，三衙握有重兵却无权调度，枢密院与三衙互相牵制，是第一重防护网；将地方精兵尽数收归中央，使天下之精兵皆为天子之卫兵，是又一重防护；禁军以指挥为单位更成边防，在"兵官"体系下重新组织起来，而"兵官"的人选又是禁军军官以外的武选官和正任武官，这是第三重防护。太宗朝以后，边防压力越来越大，边境屯兵的数量甚至要超过京畿驻军，已经令范仲淹等人感到不安。在这种情势之下，这第三重防护显得更为重要。"兵官"、"使臣"与"军员"的不同质，还是能够为朝廷带来许多安慰的。

范仲淹知邓州与邓州人的景范情结

杨德堂

北宋庆历年间,范仲淹做了三年多的邓州知州,他孜孜民事,政平讼理,创建花洲书院,并于此写下了千古名篇《岳阳楼记》,孕育了邓州绵延千年的人文精神,丰富了中华民族的文化宝库。范仲淹惠泽邓州,遗爱邓人,邓州人永怀不忘,庙祀千龄。如今他知邓州时留下的众多胜迹,已成为邓州发展文化产业、创建文化名市的重要支撑。本文拟就范仲淹知邓州及邓州人对他的追怀情况作一探讨,敬请方家不吝赐教。

一、求解边任 请知邓州

庆历五年(1045),北宋与西夏议和,时为邠州知州兼陕西四路沿边安抚使的范仲淹,遂向仁宗上《陈乞邓州状》,求解边任。其中曰:

> 今又睹朝旨,据鄜延路奏,所定疆界,并已了当,仰保安军、镇戎军权务通行博易者。事或宁静,理当改更。其陕西边事,自有逐路经略使处置。惟此四路安抚司,今后别无事务,欲乞朝廷指挥废罢。臣则宿患肺疾,每至秋冬发动,若当国有急难之时,臣不敢自求便安,且当戮力。今朝廷宣示,西事已定,况邠州原系武臣知州,伏望圣慈,恕臣之无功,察臣之多病,许从善地,就访良医,于河中府、同州或京西襄、邓之间就移一知州,取便路赴任,示君亲之至仁,从臣子之所望,实繫圣造,得养天年。①

范仲淹的以疾请知邓州,还有其无法言表的内在原因,即朝廷内部保守派加紧对革新派的围攻、迫害,不择手段,他觉得自己继续留在西北,挂着军职,无疑祸多福少。他知邠州不久,在给韩琦的信中曾这样描述当时的心境:"盖年向衰晚,风波屡涉,不自知止,祸亦未涯,此诚惧于中矣。"他到任邓州后,给李宗易(字简夫)的《依韵酬李光化见寄》诗中也这样写道:"欲少祸时当止足,得无权处始安闲。"由此可以看出,范仲淹当时所处的环境极其险恶,其心情也极为复杂,所以才上《陈乞邓州状》,求解边任。当年十一月乙卯(十四日),仁宗同意他的请求,仍保留资政殿学士的馆阁职称,并晋升为给事中、知邓州。范仲淹遂带着病残的长子纯祐,从邠州南下,到邓州赴任。

邓州是医圣张仲景的故里,也是邓姓发源地,位于伏牛山脉南部,气候温和,雨量适中,平原沃野,风俗淳朴。夏、商、周三代为诸侯国,公元前 678 年归楚,因人稠物丰,称穰邑,秦设穰县;隋开皇三年(583 年)置邓州,1913 年改为邓县,1988 年撤县建邓州市。宋初的邓州,又叫南阳郡,辖穰、南阳、内乡、顺阳、淅川五县,即今南阳市的大部分地区。治所设在穰

---

① 《范文正公文集》卷二十《陈乞邓州状》,《范仲淹全集》,四川大学出版社 2007 年。

县,即现在的邓州市。当时出知邓州的,多为中央要员,如张永德、赵普、苏易简、寇准、张知白、陈尧咨等,他们或为宰相,或为重臣,或为名将。范仲淹就是在这样的大环境下来到邓州的。范仲淹到任后,看到邓州"风俗旧淳,政事绝简,心方少泰,病宜有瘳",①于是把寄养在京城妻兄李纮家的二儿子纯仁、三儿子纯礼及女儿也接到邓州一起生活。庆历六年(1046),他的新婚妻子张氏夫人,又为他生下了第四个儿子纯粹。范仲淹一生大都在四处奔波中,无暇照顾家室,到邓州后,合家团圆,其乐融融。在新婚妻子的精心照顾和诸子随侍的亲情中,在众多文雅幕僚的陪伴下,度过了一生中极为难得的三年多的惬意时光。

二、孜孜民事　政平讼理

范仲淹请知邓州,尽管政治环境险恶,心情复杂,但忧国忧民的抱负却坚定不移。他在给仁宗的《邓州谢上表》中,陈述了守边首尾四载和改参大政的甜酸苦辣,重申了自己"启沃无隐,出处惟命。持一节以自信,历三黜而无悔"的信条。最后表示:"敢不孜孜于善,战战厥心,求民疾于一方,分国忧于千里。上酬圣造,少罄臣诚。"范仲淹知邓州三载多的情况,《嘉靖邓州志》把它高度概括为"孜孜民事,政平讼理"。

1. 体察民情

范仲淹一到邓州,便深入民间了解民风民俗和百姓疾苦,与邓州百姓同其忧乐。他的"七里河边归带月,百花洲上啸生风"②的诗句,为我们留下了他早出晚归拜询邓州父老的感人情景。他曾兴致勃勃地参加了当地正月二十二日士女游河、三月三日郊外踏青的活动。他在给晏殊的《献百花洲图上陈州晏相公》的诗中,生动地记录下了"彩丝穿石节,罗袜踏青期"的风俗民情,并特加注曰:"襄、邓间,旧俗正月二十二日,士女游河,取小石中通者,用彩丝穿之,带以为祥。"范仲淹体察民情,细致入微,就连小姑娘们游河踏青,用彩丝串石带在身上以祈祥瑞这样的小事都了如指掌。

范仲淹还按照当地风俗,带领僚属参加民众的祭风师活动。他的《祠风师酬提刑赵学士见贻》诗,详细地记述了他在孟春正月祭祀风师的经过和期望。其诗曰:

先王制礼经,祠为国大事。孟春祭风师,刺史敢有二?
斋戒升于坛,拜手首至地。所祈动以时,生物得咸遂。
勿鼓江海涛,害我舟楫利。旱天六七月,会有雷雨至。
慎无吹散去,坐使百谷悴。高秋三五夕,明月生天际。
乃可驱云烟,以喜万人意。愿君入薰弦,上副吾皇志。
阜财复解愠,即为天下赐。八使重古礼,作诗歌祭义。
诚欲通神明,非徒奖州吏。贤哉推此心,良以警有位。③

他祈求风师刮风要大小适时,以使万物生长,老百姓能够安居乐业,不要刮大风影响水路交

---

① 《范文正公文集》卷十八《邓州谢上表》。
② 《范文正公文集》卷六《依韵酬太傅张相公见赠》。
③ 《范文正公文集》卷三《祠风师酬提刑赵学士见贻》。

通。六、七月间雷雨天,不要刮风吹散云彩,引起天旱,使庄稼枯黄。秋高气爽的十五晚上,若有云彩遮住月亮,要把云彩吹散,让天下百姓享受明月清风,尽情高兴。他说,这不只是对地方长官的奖掖,更重要的是有利于天下苍生。为了感动风师,他先行斋戒,再登坛拜祭,以至于叩头至地。他做得很严肃,很认真,很虔诚,表现了他对百姓生活的深切关心之情。

2. 贺雪抒怀

范仲淹虔心敬意祈祷上苍风调雨顺,让老百姓有个好收成。谁知天不随人意,庆历六年(1046),邓州自秋至冬数月干旱,二麦枯黄,百姓发愁,他更是心急如焚:"今之刺史古诸侯,孰敢不分天子忧。自秋徂冬渴雨雪,旬奏空文惭转邮。"①范仲淹不但带领百姓整修陂堰,引水抗旱,还每月三次向朝廷奏报旱情。待到普降瑞雪,人们向他祝贺。他在州衙铃斋置酒款待贺雪的人们。他想到来年五谷丰登的情景,更是高兴得和年轻人一样,饮酒击筹,且舞且歌。这时因公出使邓州的河东提刑张焘,将作监丞、襄州通判贾黯,都赋诗志贺。范仲淹依韵赠答,抒发自己的喜悦心情。他在《依韵答贾黯监丞贺雪》诗中又说:

> 浑袪疠气发和气,明年黍稷须盈畴。
> 烟郊空阔猎者健,酒市暖热沽人稠。
> 常愿帝力及南亩,尽使风俗如东邹。
> 谁言吾子青春者,意在生民先发讴。②

一场大雪使范仲淹顿解愁颜,是因为它将为老百姓带来一个好年景。

3. 寻泉凿井

在古代,兴修水利是厚农桑的主要措施。从范仲淹诗文中反映出,他在邓州一是整修陂堰,引河水灌田;二是带领百姓寻泉凿井,解决百姓生产和生活用水问题。今天,范仲淹带领百姓所凿的水井,基本都已湮没不存,唯有花洲书院内的一口水井保存至今,是因为这口水井的作用更加不同。当时,邓州城东南一带的井水味苦,长期饮用,多生怪病。范仲淹看在眼里,急在心里,便带领学子在书院周围凿井寻泉。最终在书院西侧挖出了一口井,井水甘甜,解决了学子和周围百姓吃水困难。久而久之,怪病也都慢慢好了。为这件事,范仲淹还专门写了一首长诗以记之,其中曰:

> 作诗美佳会,调高继无因。但愿天下乐,一若樽前身。
> 长戴尧舜主,尽作羲黄民。耕田与凿井,熙熙千万春。③

老百姓感念范仲淹恩德,便将此井取名"范公井"。2002年,修复花洲书院时,在井上建了一座无顶六角亭,笔者特撰楹联一副,刻于亭前石柱上,以志纪念:"寻泉凿井滋后士,饮水思源效前贤。"

---

① 《范文正公文集》卷三《依韵答贾黯监丞贺雪》。
② 《范文正公文集》卷三《依韵答贾黯监丞贺雪》。
③ 《范文正公文集》卷三《依韵答提刑张太博尝新酝》。

范仲淹知邓州,政简刑清,一年余而化行俗美,老百姓丰衣足食,安居乐业。他在给邓州相邻的光化军知军李宗易(字简夫)的《酬李光化见寄二首》诗中写道:"庭中无事吏归早,野外有歌民意丰",生动地描绘了当时邓州民乐升平的太平景象。

4. 惠及他州百姓

范仲淹不仅关心邓州百姓,对他州人民的生产生活也十分关心。庆历八年(1048),黄河以北出现严重的旱情,不少灾民来到邓州,范仲淹采取措施,救济他们。有些流民还在范仲淹的资助下到了湖北的随州和江陵。由赈济流民,他想到了在定州的韩琦,挂念那里百姓的生活,遂给老友去信询问灾情:"河朔灾沴非常,大烦忧轸也。麦苗不立,向去如何? 此中亦有北来流民,见行救济,多过随、郢去。"①并告诉韩琦,邓州和往常一样,"夏田丰稔"。后来听说北方落了雨,想来会有个好收成,因此,又给韩琦去信云:"河朔久困,今春少雨。后来闻已滂沛,应有稔意。"同时,给韩琦介绍邓州的情况:"此中蚕麦大获,秋稼亦盛,甚释忧惧,可偃息以从事矣。"②

庆历八年春,范仲淹还平息了与邓州相邻的金、均、房三州的地方骚乱,维护邻州的社会秩序。他在给韩琦的信中说:"所辖金、均、房,相去各五七百里,山川险隔。自冬至春,三州各有小小结构,幸而告败。"③金、均、房三州就在今陕西的安康、湖北的均县和房县,这三个州和邓州均归京西南路(治今襄阳)管辖,应为平等关系,不相隶属,但信中称"所辖金、均、房",看来范仲淹当时还负责京西南路的事务,有待于进一步考证。

三、营苑修圃　与民同乐

范仲淹知邓州时,还整修了邓州名胜百花洲,与民同乐。④

百花洲,在邓州外城东南隅,是邓州的一方文化盛景。据清代邓州花洲书院山长陆钟渭《咏百花洲三十韵》诗中的"闻道东湖风景好,临涯曾建百花洲"诗句推测,那个地方原来叫东湖,后来在湖中建岛,岛上遍植百花,因名百花洲。百花洲辟建于何时,史无记载,现存最早咏百花洲的诗是宋仁宗景祐二年(1035),兵部尚书宋祁给邓州知州燕肃写的《答燕龙图对雪宴百花洲见寄》,诗中有"百花洲外六花寒,使幕凌晨把酒看"之句。宝元二年(1039),谢绛任邓州知州,整修了百花洲,并在百花洲畔的城头上建览秀亭。当年欧阳修、梅尧臣到邓州拜访谢绛,他们在百花洲上泛舟,在览秀亭下抛堶,并赋诗唱和,以记其盛。从欧阳修《和圣俞百花洲二首》诗中的"野岸溪几曲,松蹊穿翠阴。不知芳渚远,但爱绿荷深。""暮角城头起,归桡带明月"推测,那时的百花洲水域面积非常宽阔。

五年后,范仲淹来到邓州,百花洲已有些荒凉,览秀亭也已倒塌。他筹措资金,置办物料,召集能工巧匠,按其家乡苏州的园林风格,再次营建百花洲,重修览秀亭,⑤还在百花洲上

---

① 《范文正公尺牍》卷中《韩魏公》。
② 《范文正公尺牍》卷中《韩魏公》。
③ 《范文正公尺牍》卷中《韩魏公》。
④ 百花洲:邓州现存最早的州志《嘉靖邓州志》卷八《舆地志》记载:"百花洲,在外城东南隅,宋范仲淹所营。"
⑤ 览秀亭:《嘉靖邓州志·舆地志》:"览秀亭,州城上,宋谢绛为守时建。"范仲淹知邓时重修,有《览秀亭诗》。

建嘉赏亭。① 又把邓州西郊各种菊花移到百花洲上建起了菊台。② 为振兴邓州文运,又在附近的城头上创建了春风阁、③文昌阁。④ 使此地风光之盛甲于宛南。百花洲重修后,范仲淹把它辟为园囿与民同乐。他在《定风波·自前二府镇穰下营百花洲亲制》一词写道:

> 罗绮满城春欲暮,百花洲上寻芳去。
> 浦映繁花花映浦。
> 无尽处,恍然身入桃源路。
>
> 莫怪山翁聊逸豫,功名得丧归时数。
> 莺解新声蝶解舞。
> 天赋与,争教我辈无欢绪。

百花洲风光如画,置身其间,恍如世外桃源,他与邓州百姓在这里共同赏春,忘却了一切烦恼,欢乐之情溢于言表。

《献百花洲图上陈州晏相公》是范仲淹送给时任陈州知州晏殊的一首诗。随诗挚献的还有一幅《百花洲图》,此诗算是对《百花洲图》的文字说明。他在诗中写道:

> 穰下胜游少,此洲聊入诗。百花争窈窕,一水自涟漪。
> 洁白怜翘鹭,优游羡戏龟。阑干红屈曲,亭宇碧参差。
> 倒影澄波底,横烟落照时。月明鱼竞跃,春静柳闲垂。
> 万竹排霜仗,千荷卷翠旗。菊分潭上近,梅比汉南迟。
> 岸鹊依人喜,汀鸥不我疑。彩丝穿石节,罗袜踏青期。
> 素发频来醉,沧浪减去思。步随芳草远,歌逐画船移。
> 绘写求真赏,缄藏献己知。相君那肯爱,家有凤皇池。

此诗不仅描绘了百花洲一年四季的优美风光,而且为我们记录下了范仲淹在百花洲上与民同乐的盛况。

范仲淹不仅在百花洲上与民同乐,还经常在这里宴请客人。当时应范仲淹之邀游览百花洲的名贤,有姓名可查的就有致仕宰相张士逊、河东提刑张焘、襄州知州王洙、襄州通判贾黯、提刑赵概等人。范仲淹和他们携手百花洲,踏雪赏梅,游湖寻春,置酒高会,赋诗唱和。保存下来的范仲淹诗词中,咏百花洲的就有14首之多。如大家耳熟能详的《览秀亭诗》、《中元夜百花洲作》、《依韵答王源叔忆百花洲见寄》等诗,都是咏百花洲的名作。其中的《献百花洲图上陈州晏相公》还被清代学人张景星收入《宋诗别裁》。

四、重教办学 振兴文运

范仲淹忧民报国,兼济天下。他从历代王朝的兴衰史中看到了昌文兴教、培养人才的重

---

① 嘉赏亭:《嘉靖邓州志·舆地志》:"宋范仲淹为守时建,今废。"
② 菊台:范仲淹《献百花洲图上陈州晏相公》中有"菊分潭上近"句,并自注云:"菊花潭,在郡之西郊,因有菊潭门,复有菊潭镇。近取菊植于洲中,洲有高台,遂命之曰'菊台'。"
③ 春风阁:《嘉靖邓州志·舆地志》:"春风阁,州城东南隅土城上,宋范仲淹为守时建。"
④ 文昌阁:清嘉庆二十五年(1820)重修文昌阁碑载:"文正公治邓时,于外城东南隅建修文昌阁。"

要性。早在天圣八年,他在《上时相议制举书》中就说:"夫善国者,莫先育材;育材之方,莫先劝学;劝学之要,莫尚宗经。"他在邠州时,曾择地扩建郡学,工程未竣而调任邓州,在邓州撰写了《邠州建学记》,指出:

> 国家之患,莫大于乏人。人岂尝而乏哉?天地灵粹,赋于万物,非昔醇而今漓。吾观物有秀于类者,曾不减于古,岂人之秀而贤者独下于古欤?诚教有所未格,器有所未就而然耶!庠序可不兴乎!庠序者,俊乂所由出焉。三王有天下,各数百年,并用此道,以长养人材,材不乏而天下治,天下治而王室安,斯明著之效矣。

所以,他每到一地都兴办学校,主持庆历新政时,更促成仁宗诏令天下州县皆立学。知邓州后,坚持实践州县办学的宏愿,建书院,育人才。据民国《重修邓县志》记载:"花洲书院,在范文正公祠东。范公出刺邓州,在百花洲上建学舍,以教士子。"书院的讲堂名曰"春风堂",取意于"宣圣春风"的典故。宣圣,即孔子,据《尚友录》记载:"汉武帝谓东方朔曰:'孔颜之德何胜?'方朔曰:'颜渊如桂馨一山;孔子如春风,至则万物生。'"范仲淹将书院讲堂命名为春风堂,是希望教师讲课如春风化雨,学生听讲要感到如坐春风。为了使书院尽快兴盛起来,他常于公余之暇到书院执经讲学。据说,范仲淹的儿子、官至宰相的范纯仁,北宋理学创始人之一的张载,元祐时的邓州知州韩维,均"从师范仲淹学于花洲书院"。① 据邓州人、明宰相李贤主持纂修的《大明一统志》记载,范仲淹曾赋诗"春风堂下红香满"。此诗虽为残句,但可以看出范仲淹是以满怀喜悦的心情,来描绘花洲书院人文蔚起景象的。

创办花洲书院,开邓州千年文运。邓州人贾黯(字直孺)在书院创建的当年便高中状元。清道光二十七年(1847),邓州知州徐柱臣在《重修春风阁碑记》中曰:"贾直孺大魁天下,固证人文之蔚起。要非公之善教,不及此。一时沾化雨、坐春风,接踵而来者,蒸蒸日上。迄今虽人远代隔,而'春风堂下红香满'之咏,犹啧啧人口于不衰。"邓州人把花洲书院视为教育的圣地,人才的摇篮。自宋而后屡圮屡修,办学不断。北宋绍圣二年(1095),范仲淹四子纯粹,子承父业任职邓州,整修花洲遗迹,使书院重振声威。元代曾因战火一度荒废。明代因全国书院的兴起,花洲书院得以恢复,并易名春风书院,嘉靖年间曾三次重修。清代花洲书院达到鼎盛,有记载的修复就有15次之多。其中有三次重大变化。一是乾隆四十一年(1776),知州陈旭将书院移建于城内丁字口西。二是道光四年(1824),代知州马应宿又移建书院于百花洲原址,恢复各类建筑40余间,并复名花洲书院。三是光绪三十一年(1905),知州叶济全面重修书院,并按朝廷诏令,将花洲书院更名为"邓州高等小学堂"。自此儒学形式的花洲书院退出历史舞台,新学则在此基础上发展壮大起来。

近千年来,花洲书院弦歌不断,人才辈出。宋至清末,邓州出了3名状元,56名进士,202名举人。清末至今考入大学进而出国留学的人更是不可胜计,如和邓小平一起留法的文学博士丁肇青,中国社科院院士、《现代汉语词典》的主编丁声澍,著名教育家、儿童文家作家韩作黎,著名作家姚雪垠、二月河等都是从花洲书院走出来的精英。

五、名篇佳作　贯古流今

范仲淹知邓州时,因为民风淳朴,政事绝简,心情舒畅,创作了大量的诗文,这也是他一

---

① 见《嵩阳书院》。

生中最重要的一次创作高潮。据不完全统计,他写于邓州的诗文、书信,现存仍有 74 首(篇),另有 5 篇在别处写的关于邓州的文章,合起来共有 79 首(篇),其中奏章 7 篇,祭文 5 篇,墓志 4 篇,记 2 篇,序 2 篇,书信 17 封,诗词 42 首。

最令人称道的是公元 1046 年,范仲淹应好友滕子京之邀在邓州花洲书院的讲学处春风堂上写下了千古名篇《岳阳楼记》,完整全面地总结了他一生做人之道和为官之本。仅 360 多字的《岳阳楼记》,结构严谨,字字珠玑,文情并茂,气势磅礴。特别是"先天下之忧之忧,后天下之乐而乐"的至理名言更是传千年而不衰,成为中华民族优秀思想的重要组成部分。纵观其一生,可以说范仲淹的"忧乐"思想萌发于孤寒的青少年时代,践行于坎坷的宦海生涯,结晶于民风淳朴、包容大气的厚土邓州,故而也就自然成为邓州人骄傲千年的邓州精神。一篇《岳阳楼记》,不但使岳阳楼的景色更增光辉,也使它的诞生地邓州备受世人青睐。邓州,因一篇名文而长久地留在了人们的记忆里。刘新年先生为花洲书院所撰的一幅楹联,即是很好的概括:

洲孕文显圣,合秦关月楚塞风,先忧国忧民,正气肇穰邑;①
楼因记益名,汇巫峡云潇湘雨,后乐山乐水,浩波撼岳阳。

六、因心交友 唯德是依

宋初士风,受五代影响,大都轻名节而寡廉鲜耻。至仁宗时,由于范仲淹等"以直言谠论倡于朝",于是士大夫"知以名节相高,廉耻相尚,尽去五代之陋矣"。② 所以《宋史·范仲淹传》云:"一时士大夫矫历尚风节,自仲淹倡之。"范仲淹唯德是依,崇尚品德节操,于他在邓州的几件小事上也可见一斑。

1. 拜谒钓台

邓州城北严陵河上有一个钓鱼台,相传就是东汉严子陵垂钓的地方,③这条河也因之称为严陵河。严子陵早年与刘秀同游学,关系甚厚。刘秀起兵南阳,他曾为刘秀出谋划策。刘秀称帝后,严子陵不愿为官,垂钓于严陵河畔。刘秀派人百般寻访,把他请到洛阳,封为谏议大夫。他坚辞不受,远离朝廷,隐居于睦州富春江。范仲淹知睦州时,建严子陵祠堂,撰《严先生祠堂记》。十二年后,范仲淹再次以遭贬之身知邓州。到任后也同样去拜访邓州城北严子陵钓鱼台,并赋诗曰:"汉包六合网英豪,一个冥鸿惜羽毛。世祖功臣三十六,云台争似钓台高。"④高度赞扬了严子陵不慕虚荣名利的高风亮节。

---

① 穰邑,指邓州。
② 《宋史》卷四四六《忠义传序》。
③ 钓鱼台:《嘉靖邓州志·舆地志》:"钓鱼台,州北四十里,严陵河近湍水,旧传子陵垂钓于此。范仲淹知邓有诗。"
④ 见《嘉靖邓州志·舆地志》。

2. 宴请恩相

范仲淹在邓州任上曾热情接待过许多宾朋僚友,致仕宰相张士逊就是其中之一。张士逊是与邓州毗邻的阴城(今湖北光化)人。他早年以儒学起家,为人正直,仁宗朝三度拜相,多次保护范仲淹。76岁时,拜太傅,封邓国公致仕。范仲淹对张士逊的论救之恩向怀感激之情。庆历七年(1047)二月,张士逊回乡省亲,途经邓州,范仲淹热情地款待了这位致仕的恩相,陪着他游览百花洲,回阴城县扫墓,到武当山观光。并多次赋诗,大加称赞,其《即席呈太傅相公》诗云:

> 凤池三入冠台臞,至了升平一品闲。
> 白傅诗歌传海外,晋公桃李满人间。
> 上都云远经时别,故国春浓几度还。
> 太史占天应有奏,寿星光彩近南山。①

又有《纪送太傅相公归阙》诗云:

> 缙绅谁敢望差肩,独向昌期协半千。
> 首会云龙游少海,亲扶日月上中天。
> 碧油两就元戎镇,黄阁三提冢宰权。
> 坐致唐虞成大化,退居师傅养高年。
> 闲披丹诀开炉灶,醉度清歌被管弦。
> 同榜几人登将相,满潮今日羡神仙。
> 松楸薙草思纯孝,里巷挥金过昔贤。
> 归赴诞辰知兑说,轻安拜舞寿筋前。②

这些诗作既描述了太傅相公张士逊回乡省亲的盛况,又对张士逊一生的贡献给予了高度的评价。

3. 送友驾鹤

范仲淹知邓州时,他的好友种士衡、滕宗谅(子京)、尹洙(师鲁),故相李迪,同宗范雍等相继去世,范仲淹非常悲痛,或为之作祭文,或撰墓志,述其生平,以昭来者。尤其是对尹洙的后事安排,不仅让人感动,更重要的是它影响了宋代的文风。

尹洙,字师鲁,河南洛阳人,天圣二年(1024)进士,迁太子中允、馆阁校勘。景祐三年(1036),范仲淹被吕夷简诬为朋党,贬知饶州。秘书丞、集贤校理余靖上疏论救,遭到贬官,监均州酒税。时任太子中允、馆阁校勘的尹洙置个人安危于不顾,接着上疏说:"臣常以范仲淹直谅不回,义兼师友。自其被罪,朝中多云臣亦被荐论,仲淹既以朋党得罪,臣固当从坐。虽国恩况宽贷,无所指名,臣内省于心,有觍面目。况余靖素与仲淹分疏,犹以朋党得罪,臣

---

① 《范文正公文集》卷六《即席呈太傅相公》。
② 《范文正公文集》卷六《纪送太傅相公归阙》。

不可幸于苟免。乞从降黜,以明典宪。"①宰相吕夷简大怒,遂被贬监郢州(今湖北钟祥)酒税。西夏寇边,尹洙到了边防前线,历任泾州、渭州、晋州知州。后以起居舍人、龙图阁直学士任潞州知州时,有一个叫孙用的人由军校补边,成了他的部将。孙用由京城去前线的路费是借的高利贷,无力偿还,尹洙就用公使钱替他还了贷款。因这件事,尹洙被贬为崇信军节度副使,再贬到均州(今湖北均县)监酒税。

尹洙博学有识度,深于《春秋》。自唐末历五代,文格卑弱,尹洙倡为古文,文章简而有法,气韵高古。范仲淹对他非常敬重,到邓州后,听说尹洙患了病,就于庆历六年(1046)七月十四日,给他送去了中成药花蛇散及药方,让他治病。次年,尹洙病情恶化,范仲淹上书报告朝廷,说尹洙身体多病,让他死在那个偏僻的地方实在可惜,请求让他到邓州来治病。过了一百多天,得到提刑司的批准,范仲淹就把他接到了邓州。虽然百般延医调治,还是没能挽救尹洙的性命。庆历七年(1047)四月十日晚,尹洙病危,范仲淹对他说,你平生的节行用心,我将委托韩琦、欧阳修写成文字传于后世。你家贫,我将和他们分俸赡养,不使孩子们没有依靠。当晚这位古文运动的中坚,在邓州西禅寺平静安详地死去,时年47岁。

次日,范仲淹即怀着十分悲痛的心情,写下了著名的《祭尹师鲁舍人文》,称赞尹洙说:"天生师鲁,有益当世。为学之初,时文方丽。子师何人,独有古意。韩柳宗经,班马序事。众莫子知,子特弗移。是非乃定,英俊乃随。圣朝之文,与唐等夷。繄子之功,多士所推。堂堂沂公,延于幕中。矫矫文康,荐于四聪。自兹登瀛,坐扬清风。举止甚直,议论必公。"并且对尹洙之死也给予了特殊的评价:"人皆有死,子死特异。神不惑乱,言皆名理。能齐死生,信有人矣。"②

接着又全力安排尹洙的后事,请孙甫(字之翰)作行状,欧阳修(字永叔)写墓志铭,韩琦(字稚圭)写墓表。到秋天天气凉爽时,又把尹洙的灵柩和家眷送回洛阳。在尹洙的丧事办完之后,范仲淹又将尹洙散存于各地的文章收集起来,编成了十卷本的《河南先生文集》,并写下了著名的《尹师鲁河南集序》,称赞说:"师鲁深于《春秋》,故其文谨严,辞约而理精,章奏疏议,大见风采,士林方耸慕焉。遽得欧阳永叔(欧阳修,字永叔),从而大振之,由是天下之文一变而古,其深有功于道欤!"③精辟地总结了唐宋古文运动的历史经验,高度评价了尹洙对宋代文学发展所作出的重大贡献。《祭尹师鲁舍人文》和《尹师鲁河集序》是范仲淹诗文理论的重要组成部分,在中国文学史上产生了深远的影响。

4. 为国荐才

范仲淹一生重视培养人才,荐拔人才,即使晚年谪守邓州期间,也依旧荐才不辍。在邓州他曾两次上表,推荐人才,希望有用之才为国重用。第一封是庆历七年(1047)所上《乞召还王洙及就迁职任事札子》,举荐襄州知州王洙。他首先说:

> 臣闻国家求治,莫先于擢才;臣之纳忠,无重于举善。臣窃见工部员外郎、直龙图阁、新差知徐州王洙,文词精赡,学术通博,国朝典故,无不练达,缙绅之中,未见其比。

---

① 李焘《续资治通鉴长编》卷一一八,景祐三年五月乙未。
② 《范文正公文集》卷十一《祭尹师鲁舍人文》。
③ 《范文正公文集》卷八《尹师鲁河南集序》。

以唐之虞世南,先朝之杜镐方之,不甚过也。

接着为王洙遭贬辩解,赞扬了王洙在襄州的善治,并提出了自己的建议:

> 后以赴进奏院筵会,乃在京诸司常例,得从一日之休。徒以横议中伤,例谴居外,三经赦宥,未蒙召还,恐非圣朝弃瑕采善之意。臣近见此人来知襄州,复能精勤政治,庶务修举,清简和恕,吏民乐康,乃知其才内外可用。自任工部员外郎,已及六考,不求磨勘。直龙图阁亦又四年,未曾迁改。伏望圣慈,不以人之小累而废其大善。如朝廷采鸿儒硕学,以备询访,则斯人之选,为中外所服。翙有懿文,可以发明议论,润色训谟。欲乞特赐召还,仪表台阁。倪朝廷意切生民,重其外补,则乞就近迁职,别领大藩。

最后还担保说:

> 或不如举状,臣受上书诈不实之罪。如朝廷擢用后犯入己赃,臣甘当同罪。①

第二封是庆历八年(1048)上的《举李宗易向约堪任清要状》,举荐知光化军的屯田员外郎李宗易、知绛州的职方员外郎向约。李宗易,字简夫,天禧三年(1019)考中进士,详于吏治,为官清廉,官至太常少卿。当时在和邓州相邻的光化军(今湖北老河口)任知军,吏民爱戴,人称李光化。向约精通儒学,为官谨慎,范仲淹在知润州时曾约请他为通判,庆历时以职方员外郎知绛州。范仲淹称赞他们二人"久于扬历,各有行实,并堪充清要任使"。也在荐表的后边立下了军令状:"如朝廷擢用后犯入己赃,臣甘当同罪。"②为国惜才之情跃然纸上。

5. 诲人"不欺"

庆历六年(1046),邓州人贾黯考中状元,回乡省亲,专程到花洲书院拜见恩师范仲淹,请求教益。范仲淹对他说:"君不忧不显,惟'不欺'二字,可终身行之。"③贾黯如获至宝,终身佩服践行,后官至左司郎中、知开封府、御史中丞。一生洁身自善,为官耿直,遇事敢做敢为,甚得仁宗叹赏。他还向英宗提出了选用人才的五条建议:知人之明,养育之渐,材不求备,以类荐举,择取自代,受到英宗的褒奖并被采纳。那时公主下嫁,称呼上高一个辈分,贾黯认为,这样有悖人伦,力主改变这种称呼,到死都不放弃自己的主张。贾黯诚实无欺,深孚众望,他常对人说:"吾得于范公者,平生用之不尽也。"④寥寥数语的教诲,能使后生晚辈受用不尽,终生感激,这是何等高洁的情操。

七、怀之不忘　香火千年

范仲淹惠泽邓州,深受邓州人的尊敬和爱戴。庆历八年(1048)春,朝廷将他调往知荆南府(今湖北江陵)时,邓州百姓遮使满道,请求范公留任,范公亦愿留邓,后得到仁宗批准,范仲淹立即上《谢依所乞依旧知邓州表》。表中有云:

---

① 《范文正公文集》卷二十《乞召还王洙及就迁职任事札子》。
② 《范文正公文集》卷二十《举李宗易向约堪任清要状》。
③ 楼钥《范文正公年谱·庆历六年》,《范仲淹全集》附录二。
④ 楼钥《范文正公年谱·庆历六年》,《范仲淹全集》附录二。

臣涉道素浅，立身最孤。早由睿哲之知，荐更繁剧之任。顷升近弼，思副上心，以道直前，虽危不避，竭肝膂以论事，犯雷霆而进忠。未酬天地之恩，已掇风波之议。尚蒙圣渥，俾守善藩。忽此就迁，实隆倚任。臣以本朝圣德，优礼近臣。多处京辅之间，以存国体之重。而又子有疾恙，日常忧虞。复困道途，仍远医药。遂至再三之渎，庶通万一之情。伏蒙皇帝陛下，曲轸洪私，特回中旨。许留旧治，免涉长川。盖推体貌之恩，曷副照临之意。敢不奉奉民政，战战官箴。誓坚介石之心，仰答高穹之造。①

范仲淹在邓又任一年之后，才恋恋不舍地奉命离开了邓州，去杭州赴任。

范仲淹离开邓州后，邓州百姓感其恩泽，在百花洲畔建生祠纪念他。②范仲淹去世后，谥号"文正"，此祠遂名范文正公祠。元丰元年（1078），诗人、书法家黄庭坚来到邓州，陪同他的岳父、谢绛长子谢景初游览百花洲，拜谒范公祠，并以曹植《箜篌引》中的诗句"生存华屋处，零落归山丘"为韵，写了十首诗。其六曰："公有一杯酒，与人同醉醒。遗民能记忆，欲语涕飘零。"那时范公离开邓州已三十年，邓州人说起他来依旧是热泪盈眶，可见他的遗泽之远、邓州人对他的敬仰之深。

自宋而后，范公祠历经沧桑，迭遭兵燹，但累圮累修，使它一直保存到现在，近千年间香火不断，成为莘莘学子及百姓祭典英灵缅怀先贤的一方圣地。

如今的范文正公祠由3间正房，6间厢房，一间大门组成一独立的院落。青砖灰瓦，坐北朝南，与东部的百花洲、花洲书院，南部的景范亭、砚池遥相呼应，浑然一体，古朴典雅，庄严恢宏。正房供奉的是2米多高的范仲淹铸铜坐像，左右厢房是范仲淹纪念馆，介绍范仲淹一生在政治、军事、文化、道德等方面的重大建树。"范文正公祠"匾额为范公后裔著名学者范敬宜先生题写。2004年，原全国政协副主席王文元参观花洲书院，又欣然挥毫为范文正公祠题写了"济世英才"的匾额，更增添了范公祠的文化内涵。

八、顺应民意　从祀孔庙

范仲淹一生重视教育，为儒学在宋代的发展作出了重大贡献。一是他不仅有教育的理论，同时有教育实践，培养了众多人才。如他曾经应晏殊的邀请，掌应天府学。司马光云："范公常宿学中，训督学者，皆有法度，勤劳恭谨，以身先之。……由是四方从学者辐辏。其后宋人以文学有声名于场屋朝廷者，多其所教也。"③二是识拔、团结了一大批教育方面的专家、学者，促进了宋代儒学的发展。如：他手授张载《中庸》，鼓励张载研读儒学，张载后来成了著名的哲学家、教育家、关学的创始人。他资助寒士孙复，授予《春秋》，使孙复成了泰山学派的创始人。他推荐著名学者胡瑗任国子监直讲，官至太常博士，使胡瑗的教学方法不仅在国家最高学府推广，而且影响全国。正是由于范仲淹的发端引序，使宋代学派众多，形成了一个崭新的发展时期。三是范仲淹在主持"庆历新政"时，令天下州县皆立学。虽然后来他调离朝廷，但州县办学却坚持了下来。此举不仅为宋代大量人才的脱颖而出和文化学术事业的高度繁荣准备了条件，而且对宋以后教育史、文化史产生了深远的影响。但是，由于他

---

① 《范文正公文集》卷十八《谢依所乞依旧知邓州表》。
② 曾巩《隆平集·范仲淹传》载："仲淹所至，恩威并行，邓、庆之民并西陲属羌绘像生祠之。"
③ 司马光《涑水纪闻》卷十，中华书局1989年。

在政治上、军事上、文学上的盛名掩盖了他在学术思想方面所作出的贡献,所以自宋代到清初,他都没能被作为儒家先贤从祀孔庙,至康熙五十四年(1715)才由皇帝颁诏入庙配享。

范仲淹从祀孔庙,还有邓州人的一点微薄贡献。这个邓州人叫彭始抟。其父彭而述31岁考中进士,官至广西右布政使,云南左布政使。彭而述对范仲淹和他在邓州的掌故都非常熟悉,经常凭吊范公在邓州的遗迹。有一次他登上因战乱而荒废的春风阁旧址,感慨万千,赋《春风阁旧址》诗一首云:"杰阁峥嵘想像间,台隍流水自潺湲。姑苏人去千年后,魂魄实应恋此山。"后来他去南方做官,到了苏州,在范公二十世孙范安柱的凤来堂,见到了范公手书的《伯夷颂》,油然想起范公知邓惠政,欣然挥毫,跋于文后,曰:"先生曾为吾邓守,遗泽在人,甘棠犹思,矧惟奕世也。百花洲虽复,凌墟而过化,矗矗之石屹屹矣五六百年间。桐乡裔氓得觊手泽,怆然先世之感何如。"记录下了一代又一代邓州人对范公的怀念之情。彭而述子彭始抟,幼承家学。康熙二十七年(1688)考中进士,康熙四十五年(1706),提督浙江学政,在浙江培养和选拔了一大批优秀人才,由于昼夜辛劳,逾岁而须发尽白。次年,康熙帝南巡,亲书"公明尽职"四字赐给他。职满还朝,授内阁学士,兼礼部侍郎、经筵讲官。彭始抟久居京师,时常思念家乡,思念范仲淹的在邓州的遗迹,曾赋诗曰:"几时秋菊潭边酒,共醉春风阁上花。"①"六门召父陂,百花范老阁。胜事继前贤,千载缅犹昨。"②追怀范公惠政,表达了对先贤的敬仰之情。康熙五十四年(1715),江南提督学政余正健奏请,将范文正公入孔庙从祀。康熙帝召集两个大学士、四个学士,共同商议决定是否可以从祀。邓州人、内阁学士彭始抟有幸参加了此次讨论。经过讨论,大家的一致意见是"勿庸议"。当年十一月辛丑,康熙帝颁诏天下:"以宋臣范仲淹从祀孔庙。"③查《乾隆邓州志》,在《文庙祀考》中载:"康熙五十四年,两庑增从祀一人:范仲淹。"范仲淹神主设在西庑,居宋儒第一,位于胡瑗之前。后来打倒孔家店,撤去神主,但范仲淹在儒学发展史上的地位,却从康熙时的一场讨论就被确定了下来。

九、再兴文运　相迹重光

"姑苏人去三千里,宛邓惠沾百万家。"④范仲淹惠泽邓州人,邓州人感恩戴德。他离开邓州后,不仅为他建生祠,在城内建景范楼,⑤还将他供于邓州名宦祠,写入州志《良牧传》。明嘉靖十二年(1533),又在州城内创建三贤祠,内祀范仲淹和韩愈、寇准三位先贤。近年,又将城内的一条主要街道改名三贤路,在新华路与穰城路交叉口建起了高10米的汉白玉范仲淹立像。邓州人对范公手泽花洲书院、百花洲、春风阁更是爱护备至,经常修葺,使之成为邓州的一处重要景观,位居邓州八景之首,明代称"花洲相迹",清时称"花洲霖雨"。从2002年开始,历时三年,筹资1400万元,对花洲书院进行了全面修复。邓州百姓对这一德政工程倾注了大量心血。上至邓州市领导,下到普通群众,以及外地游子、退休干部职工都纷纷解囊捐款,连幼儿园的小朋友都把他们积攒下来的零花钱拿出来,支援花洲书院建设。整个修复工程,辟江南园林百余亩,葺修了春风堂、万卷阁、范文正公祠、景范亭、山长室、教习室,重建了

---

① 彭始抟《寄邓守万公兆文》。
② 彭始抟《送尹公之任邓州》。
③ 《清实录》卷二六六。
④ 易良俶《邓州八景·花洲霖雨》。
⑤ 景范楼:《嘉靖邓州志·舆地志》:"范仲淹为守时建,今废。"

春风阁、览秀亭、文昌阁、百花洲及洲上的嘉赏亭等仿古建筑66座,整修城墙、护城河500米,青石砌坡,石栏护岸,以杏山之石叠山构峰,造湖理水,置瀑布叠水之景。为丰富文化内涵,又于书院内设范仲淹纪念馆、中国书院博览馆、姚雪垠文学馆、邓州名人馆和范仲淹诗文碑廊、中国书法大观碑廊、名人咏邓碑廊和邓州古碑廊。重修后的花洲书院景区,坐北朝南,穿石坊,过范公桥,进牌楼,沿城墙东行百米,拾阶而上书山一览台,百花洲景区尽收眼底。台东为春风阁,台西为览秀亭,台北正对书院中轴线,书院西部为范公祠、姚雪垠文学馆、邓州名人馆。书院东部为百花洲园林:南由龙首山、五峰山、不欺堂组成园中园;西接砚池,北连百花洲主体,在碧波荡漾的湖波中,三岛相望,亭榭相映。沿湖北曲廊东行,可登上城墙,城头建仓颉亭,向南隔文昌阁与春风阁遥遥相望,城墙上松柏森森,城墙外河水环抱,绿柳掩映,使花洲相迹重现昔日的辉煌,成为一处绝美的人文景观。

为了弘扬范公先忧后乐精神,2005年12月,邓州市政协与河南省社会科学院联合发起,以花洲书院为依托,成立了河南省范仲淹文化研究会,现有会员百余人。河南省范仲淹文化研究会在各级领导、省内外专家学者、全体会员的共同努力下,经过几年来努力,取得了不少的成绩。一是召开了四届年会和举办了三届河南范仲淹文化节,文化节期间,举办了范仲淹文化研究高层论坛,许多专家、学者应邀出席了文化节,参加了高层论坛,宣读自己的研究成果。二是开辟了研究阵地,创办了会刊《范学研究》,现已出版12期,发表文章260余篇,计110余万字。三是编辑出版了《范仲淹文化研究》论文集第一集,收文50篇,计40万字。四是编辑出版了《范仲淹的故事》、《范仲淹足迹录》、《千年礼赞范仲淹》、《清廉人生范仲淹》、《范仲淹知邓诗词赏析》。硕果累累,成绩喜人。

花洲书院的重修和河南省范仲淹文化研究会的成立,为范仲淹研究搭建了一个平台,愿专家学者和范仲淹文化爱好者携手共进,共同作好范仲淹文化研究这篇大文章。

《岳阳楼记》留给我们的文化思考和政治财富

梁 衡

文章是思想的载体、艺术的表现。我向来主张文章为思想而写,为美而写。当然,读文章也应从这两方面来读。如果让我在古今文章中选一篇最好的,只须忍痛选一篇,那就是范仲淹的《岳阳楼记》。

千百年来,中国知识界流传一句话:不读《出师表》,不知何为忠;不读《陈情表》,不知何为孝。忠孝是封建道德标准。随着历史进入现代社会,这两《表》的影响力,已在逐渐减弱,特别是《陈情表》,已鲜为人知。但有一个奇怪的现象,同样产生于封建时代的《岳阳楼记》,却丝毫没有因历史的变迁而被冷落、淘汰,相反,它如一棵千年古槐,历经岁月的沧桑,愈显其旺盛的生命力。北宋之后,论朝代,已经南宋、元、明、清、民国及中华人民共和国等六代的更迭;论社会形态,也经封建、半封建半殖民地、社会主义三世的冲击。但它穿云破雾,历久弥新。呜呼!以一文之力能抗六代之易、三世之变;以传统的文字,能表达一种跨越时空的思想,上下千年,唯此一文。

一、我们该怎样做文章——文章达到的"三境之美"

1. 一文、二为、三境、五诀

这篇文章到底好在什么地方?在下评语前,我们不妨先探究一下好文章的标准。概括地说,可以叫做"一文、二为、三境、五诀"。一文是指文采。首先你要明白,你是在做文章,不是写应用文、写公文。文者,纹也,花纹之谓;章者,章法。文章是一门以文字为对象的形式艺术,它要遵循形式美的法则,并通过这个法则表达作者的精神美。"二为"是写文章的目的,一是为思想而写,二是为美而写。既要有思想,又要有美感。既要有思想价值,又要有审美价值。文章有"思"无美则枯,有美无"思"则浮。"三境"是指文章要达到三个层次的美,或曰三个境界。古人论诗词就有境界之说。我现在把境界再细分为三个层次。一是景物之美,描绘出逼真的形象,让人如临其境,谓之"形境",类似绘画的写生;二是情感之美,创造一种精神氛围叫人留恋体味,谓之"意境",类似绘画的写意,如徐渭《青藤》;三是哲理之美,说出一个你不得不信的道理,让你口服心服,谓之"理境",类似绘画的抽象,如毕加索。这三个境界一个比一个高。"五诀"是指要达到这三境的方法,我把它叫做"文章五诀",即"形、事、情、理、典"。文中必有具体形象,有可叙之事,有真挚的情感,有深刻的道理,还有可借用的典故知识。这一切,又都得用优美的文字来表达。这就是"一文、二为、三境、五诀"之法。以

这个标准来分析《岳阳楼记》,我们就会惊喜地发现它所达到的艺术高度,就不难明白它为什么称得上千古第一美文。请看全文:

> 庆历四年春,滕子京谪守巴陵郡。越明年,政通人和,百废俱兴,乃重修岳阳楼,增其旧制,刻唐贤今人诗赋于其上,属予作文以记之。
>
> 予观夫巴陵胜状,在洞庭一湖。衔远山,吞长江,浩浩汤汤,横无际涯;朝晖夕阴,气象万千;此则岳阳楼之大观也,前人之述备矣。然则北通巫峡,南极潇湘,迁客骚人,多会于此,览物之情,得无异乎?
>
> 若夫霪雨霏霏,连月不开;阴风怒号,浊浪排空;日星隐耀,山岳潜形;商旅不行,樯倾楫摧;薄暮冥冥,虎啸猿啼。登斯楼也,则有去国怀乡,忧谗畏讥,满目萧然,感极而悲者矣。
>
> 至若春和景明,波澜不惊,上下天光,一碧万顷;沙鸥翔集,锦鳞游泳;岸芷汀兰,郁郁青青。而或长烟一空,皓月千里,浮光跃金,静影沉璧,渔歌互答,此乐何极!登斯楼也,则有心旷神怡,宠辱偕忘,把酒临风,其喜洋洋者矣。
>
> 嗟夫!予尝求古仁人之心,或异二者之为,何哉?不以物喜,不以己悲。居庙堂之高,则忧其民;处江湖之远,则忧其君。是进亦忧,退亦忧。然则何时而乐耶?其必曰:先天下之忧而忧,后天下之乐而乐乎!噫!微斯人,吾谁与归!
>
> 时六年九月十五日。

全文共有六个自然段。

第一段叙写这件事的缘起。以事起兴,作一个引子,用"事"字诀。

第二段描写洞庭湖的气象,铺垫出一个宏大的背景。借山川豪气写忠臣志士之志,用"形"字诀。

第三、四段作者借景抒情,设想了两种"览物之情",创造出一悲一喜的意境。通过景物描写营造气氛,水到渠成,即用"形"字诀和"情"字诀,由"形境"过渡到"意境"。连用霪雨、阴风、浊浪、星隐、山潜、商断、船翻、日暮、虎啸、猿啼等十个恐怖的形象,然后推出"去国怀乡,忧谗畏讥,满目萧然,感极而悲"的伤感情境。连用春风、丽日、微波、碧浪、鸟飞、鱼游、芷草、兰花、月色、渔歌等十个美好的形象,推出"心旷神怡,宠辱偕忘,把酒临风,其喜洋洋"的快乐情境。

第五段,导出哲理,作者将形和情有意推向理的高度,设问:有没有超出上面那两种的情况呢?有,那就不是一般人,而是"古仁人之心"了。这种人超出物质利益的诱惑,超出个人的私念:在朝为官,不忘百姓;被贬江湖,不忘其君。太平时忧天下,危难时担天下。进也忧,退也忧,那么,什么时候才乐呢?到文章快结束时才推出一声绝响,一个响亮的哲理式结论:"先天下之忧而忧,后天下之乐而乐"。做官要做这样的官,做人要做这样的人!用我们现在的话说,就是无私奉献,全心全意为人民服务。用的是"理"字诀。这个道理一下讲透了,这个标准一下管了一千年,而且还要永远管下去!这是文章的高潮,全文的主题,是作者一生悟出的真理,也是他的信念。不管哪个时代,哪个国家的官员都有忠奸、公私、贤愚、勤惰之分。而公而忘私、"先忧后乐"是超时代、超阶级的道德文明、政治文明;是人类共同的、永远的精神财富。范仲淹道出了这种为人、为臣的本质的理性的大美,文章就千古不朽了。作者讲完这个结论后,文章又从"理"回转到"情":"噫,微斯人,吾谁与归",写出一种向往和惆怅。

第六段，不经意间再轻带一笔转回到记"事"："时六年九月十五日"，照应文章的开头，像一个绕梁的余音。至此文章形、事、情、理都有（注意本文没有用典），形美、意美、理美三个层次皆具，已达到了一个完美的艺术境界。

这篇文章的核心是阐述"先天下之忧而忧，后天下之乐而乐"的道理。但如果作者只说出这一句话，这一个理，就不会有多大的感染效果，那不是文学艺术，是口号，是社论。好就好在它有形、有景、有情、有人、有物的铺垫，而且全都用优美的文字来表述，用了许多修辞手法。在"理境"之美出现之前，已先收"形境"、"意境"之效，"三境"之美俱全，再加上贯穿始终的文字之美，算是"四美"了。在内容和形式两方面都分别达到了很难得的高度，借用王勃在《滕王阁序》里的一句话，就是"四美具而二难并"了，是一种高难度的美。

2. 文章的两类作者：政治家与文人

虽然我们给出了一个"一文"的要求、"二为"的宗旨、"三境"的标准、"五诀"的方法，但并不是谁人拿去一套，就可以写出好一篇好文章。就像数学课上，不是老师教给一个公式，人人都得一百分。这还得有一个艰苦的修炼过程。

凡古今文章，从作者角度分有两大类。一类是文人、专业作家的作品。作者先从文章形式入手，已娴熟地掌握了艺术技巧，然后再努力去修炼思想，充实内容，但无论如何，由于阅历所限，其思想总难拔到多高的境界。就像一个美人，已得先天之美，又想再成就一番英雄业绩，其难也哉！第二类是政治家、思想家之作。这类作者是从思想内容入手。他并不想以文为业，只是由于环境、经历使然，内心积累甚多，如火山之待喷，不吐不快，就借文章的形式表达出来。当然，大部分政治家是写不出好文章的，他们忙于事务，长于公文、讲话、指示等应用文字而不善美文，或者根本就没有修炼到思想的美，很难做到"四美具而二难并"。但也有少数政治家、思想家，或因小时就有文章阅读或写作训练的童子功（如人外表的先天之美），或政务之余不忘治学（如人形体的后天训练），于是便挟思想之深又借艺术之美，登上了文章的顶峰。就像一个美女后来又成就了伟功大业，既天生丽质，又惊天动地，百里挑一。中国文学传统很重视这类人的"道德文章"，如古代的贾谊、诸葛亮、魏征、韩愈、范仲淹，近代的林觉民、梁启超等人的文章。这些都是政治家之文。政治家美文是用个性的话说出个性的思想。如果只会用共性的语言说共性的思想，就是官话、套话，有理而无美，这不叫文章，也不可能流传。另一脉，如古代的司马相如、李白、王勃，现代的许多专业作家的"文人文章"。因为文章第一位还是表达思想，"理境"为"三境"中最高之境，所以相对来讲，先入艺术之门，再求深造思想难；先登思想之峰，再入艺术之门易。况且文人求"情"而不求"理"，是以个性的语言说出个性的情感。常"美"有余而理不足。所以真正的大文章家，政治家、思想家出身的多，而专攻文章，以文为业的反倒少。历史上的范仲淹是一个政治家、军事家、思想家，也许他从来也没有把自己当作一个作家。后人在排唐宋八大家之类的排行榜时，他也无缘入列。但这恰恰是他胜过一般文人之处，或者历史根本就不忍心将他排入文人之列。

所以要弄清《岳阳楼记》的文章之美，还得从思想家和政治家的角度探寻作者的内心世界。

二、我们该怎样做人——独立、牺牲、理性的人格之美

人们都熟知范仲淹在《岳阳楼记》里的名言"先天下之忧而忧,后天下之乐而乐",却常忽略了文中的另一句话:"不以物喜,不以己悲"。前者是讲政治,怎样为政、为官,后者是讲人格,怎样做人。前者是讲政治观,后者是讲人生观。正因为讲出了这两个社会、人生的最基本道理,这篇文章才达到了不朽。其实,一个政治家政治行为的背后都有人格精神在支撑,而且其人格的力量会更长久地作用于后人,存在于历史。"不以物喜,不以己悲":物,指外部世界,不为利动;己,指内心世界,不为私惑。就是说:有信仰、有目标,有精神追求,有道德操守。结合范仲淹的人生实践,可从三个方面来解读。

一是独立精神——无奴气,有志气

范仲淹于宋太宗端拱二年(989)生于徐州,出生第二年父亲去世,29岁的母亲贫无所依,抱着襁褓中的他改嫁朱家,来到山东淄州(今山东邹平县附近)。他也改姓朱,名说。他少年时在附近的庙里借宿读书,每晚煮粥一小锅,次日用刀划为四块,早晚各取两块,拌一点咸菜为食。这就是成语"断齑划粥"的来历。这样苦读三年,直到附近的书已都被他搜读得再无可读。但他的两个异父兄长却不好好读书,花钱如流水。一次他稍劝几句,对方反唇相讥:"连你花的钱都是我们朱家的,你有什么资格说话?"他才知道自己的身世,心灵大受刺激。真是未出家门便感知世态之炎凉。他发誓期以十年,恢复范姓,自立门户。

大中祥符四年(1011),23岁的范仲淹开始外出游学,来到当时一所大书院应天书院(今河南商丘),昼夜苦读。据说一次真宗皇帝巡幸这里,同学们都争先出去观瞻圣容,他却仍闭门读书,别人怪之,他说:"日后再见,也不晚!"可知其志之大,其心之静。有富家子弟送他美食,他竟一口不吃,任其发霉。人家怪罪,他谢曰:"我已安于喝粥的清苦,一旦吃了美味,怕日后再吃不得苦。"真是天降大任于斯人,自觉自愿苦其心志,劳其筋骨。他在大中祥符八年(1015)中进士,在殿试时终于见到了真宗皇帝,并赴御宴。他不久调去安徽广德、亳县做官,立即把母亲接来赡养,并正式恢复范姓。这时离他发愤复姓只用了五年。

在人性中,独立和奴气,是基本的两大分野。从上面的事例中可以看出范仲淹卓然独立的精神。家虽不幸,决不会因寄人篱下而自矮三分,就是对皇帝也不搞盲目的个人崇拜,你过你的路,我读我的书,何必涎着脸去自我表现,这在封建社会是很难做到的。我们不要小看人格的独立。就整个社会来讲,这种道德的进步经历了一个漫长的过程。奴隶制度造成人的奴性,封建制度下虽有"士可杀不可辱"的说法,但还是强调等级、服从。进入资产阶级民主社会,才响亮地提出平等、自由,人性的独立才作为一种普遍的社会标准和道德意识。这一点西方比我们好一些,民主革命彻底,封建残留较少。中国封建社会长,又没有经过彻底的资本主义民主革命,人格中的奴性残留就多。现在许多人也在变着法媚上。对照现实,我们更感到范仲淹在一千年前坚持的独立精神的可贵。正是这一点,促成了他在政治上能经得起风浪。做人就应该"宠而不惊,弃而不伤,丈夫立世,独对八荒"。鲁迅就曾痛斥中国人的奴性。一个人先得骨头硬,才能成事,如果他总是看别人的脸色,他除了当奴才还能干什么?

范自己有独立精神,他对历史上这一类的人也就格外敬仰。景祐元年(1034),当范仲淹第二次被贬到桐庐任上时,他知道这里就是汉代高士严子陵隐居之地。严是汉光武帝刘秀未发迹时的好友,刘称帝,严坚决隐居不出。这种"不以物喜,不以己悲"的独立精神正是他所追求的。他便为严子陵修了一座祠堂,并亲写了一篇《记》文,文末歌曰:"云山苍苍,江水茫茫,先生之风,山高水长!"这四句话流传甚广,也成了他人格精神的写照。

宝元元年(1038),范仲淹第三次被贬赴润州(今江苏镇江)任上时,途中经彭泽拜谒唐代名相狄仁杰的祠堂。狄刚正不阿,不畏武则天的权势,被陷入狱,又贬为县令。范当即为其写一碑文,歌颂他道:

> 呜呼! 武暴如火,李寒如灰,何心不随,何力不回! 我公哀伤,拯天之亡;逆长风而孤骛,溯大川而独航。金可革,公不可革,孰为乎刚! 地可动,公不可动,孰为乎方!①

文字掷地有声。而此时作者也正冒着朝中的"暴火寒灰",独行在被贬的路上,他以诗言志:"心焉介如石,可裂不可夺。"而他所描写的狄仁杰刚不可摧,方不可变,也正是自己的形象。

二是牺牲精神——为官不滑,为人不奸

怎样处理公与私关系,是判断一个人的道德高下的最基本标准。我们熟悉的林则徐的两句诗"苟利国家生死以,岂因祸福趋避之",讲的就是这个道理。有的人,苟利天下,一毫而不拔,宁可我负人,决不人负我。有的人处处为国着想,为别人着想,关键时刻可以牺牲自己。如果社会上都是第一种人,那么,这个世界成天尔虞我诈,偷砖拆瓦,早就毁灭了。幸好还有这第二种人,社会才和谐,才进步。范仲淹一生为官不滑,为人不奸。他的道德标准是只要为国家,为百姓,为正义,都可牺牲自己。兹举两例。

宝元元年(1038),宋西北的夏建国,赵元昊称帝。宋夏战事不断。边防主帅范雍无能,康定元年(1040)仁宗不得不重组一线指挥机构,任命范仲淹为陕西经略招讨副使(副总指挥)赶赴前线,这年他已52岁,这之前他从未带过兵。范仲淹一路兼程,赶到延州(今延安)。延州才经兵火之后,前面36寨都被荡平,孤悬于敌阵前。朝廷曾先后任命数人,都畏敌而找借口不去到任。范说,形势危机,延州不能无守,就挺身而出,自请兼知延州。

范仲淹虽是一介书生,但文韬武略,胆识过人。他见敌势坐大,又以骑兵见长,便取守势,并加紧部队的整肃改编,提拔了一批战将,在当他边民中招募了一批新兵。庆历二年(1042),范仲淹密令19岁的长子纯佑偷袭西夏,夺回战略要地马铺寨。他引大军带筑城工具随后跟进。部队一接近对方营地,他便令就地筑城,仅仅十天,一座新城平地而起。这就是后来发挥了重要战略作用的像一个楔子一样打入夏界的孤城——大顺城。城与附近的寨堡相呼应,西夏再也撼不动宋界。夏军中传说着,现在带兵的这个"小范老子"(西夏人称官为老子)胸中自有数万甲兵,不像原先那个"大范老子"(指前任范雍)好对付。西夏见无机可乘,随即开始议和。范以一介书生领兵获胜,除其智慧之外,最主要的是这种为国牺牲的精神。

范仲淹与滕宗谅(字子京)的关系,是他为国惜才,为朋友牺牲的例证。滕与范仲淹是同

---

① 《范文正公文集》卷十二《唐狄梁公碑》。

年及第的进士,也是一个热血报国的忠臣。西北战事吃紧时,滕也在边防效力,知泾州。当时正是定川砦一役大败之后,形势危机。滕招兵买马,犒赏将士,重振旗鼓。范又让他兼知庆州,亦治理得井井有条。但正因为他干事太多,就总被人挑毛病,有人告他挪用公款15万贯。仁宗大怒,要查办。但很快查明,这15万贯钱,犒赏用了三千贯,其他皆是用于军饷。而这三千贯的使用也没有超出地方官的权力规定范围,但是朝中的守旧派,咬住不放,乘机大做文章,宰相等也默不作声。范这时已回京,他激愤地说,朝廷看不到边防将士的辛苦和功劳,一任有人在这些小问题上捕风捉影,加以陷害,这必让将士寒心,边防不稳。他力保滕宗谅无大过,如有事甘愿同受处分。这样滕才没有被撤职,而贬到了岳阳。可知范后来为他写《岳阳楼记》,本身就是一种对朋友、对正义事业的支持,而这是要冒风险、付代价的。他在文章中他叹道:"微斯人,吾谁与归!"他愿意和志同道合的战友一起去为事业牺牲。

三是理性精神——实事求是,按规律办事

范仲淹的独立和牺牲决不是桀骜不驯的自我标榜和逞一时的匹夫之勇。他是按自己的信仰办事,是知识分子的那种理性的勇敢。在我写关于瞿秋白的《觅渡》一文中曾谈到这是一种像铁轨延伸一样的坚定。范仲淹是晏殊推荐入朝为官的。他一入朝就上奏章给朝廷提意见。这吓坏了推荐人晏殊,说,你刚入朝就这样轻狂,就不怕连累到我这个举荐人吗?范听后半晌没有反应过来,一会儿,难受地说:"我一入朝就总想着奉公直言,千万不敢辜负您的举荐,没想到尽忠尽职反而会得罪于您。"回到家,他又给晏殊写了一封三千字的长信,说:

> 当公之知,惟惧忠不如金石之坚,直不如药石之良,才不为天下之奇,名不及泰山之高,未足副大贤人之清举。今乃一变为忧,能不自疑而惊乎!且当公之知,为公之悔,傥默默不辨,则恐缙绅先生诮公之失举也。①

晏殊是他的恩师,入朝的引路人。这件事充分体现了范仲淹爱吾师更爱真理。

范仲淹刚到西北前线时,朝野上下出于报仇心理和抗战激情,都高喊出击。主帅命令出击,皇上不断催问,左右不停地劝说。但他认为备战还不成熟,坚持不出击。主帅说:"大凡用兵,先得置胜负于度外。"他说:"大军一动就是千万人的性命,怎敢置之度外!"结果,上面不听他的意见,庆历元年(1041)好水川一战,宋军损失6000人。此后宋军不再敢盲动,最终按范仲淹的策略取得了胜利。

纵观范仲淹一生为官,无论在朝、在野、打仗、理政,从不人云亦云,就是对上级,对皇帝,他也实事求是,敢于坚持。这里固然有负责精神,但不改信仰、按规律办事,却是他的为人标准。

"不以物喜,不以己悲。"人能超然物外,克服私心,就是一个大写的人!可惜,千年来人性虽已大有进步,社会仍然没有能摆脱这种公与私的羁绊。这个问题恐怕要到共产主义社会才能解决。你看我们的周围,有多少光明磊落,又有多少虚伪龌龊?凡成大事者,必能为事业从容牺牲自己。许多政治家自不必说,科学家亦然。他们是我们民族的脊梁。我在官场几十年,目之所及,已数不清有多少的事例,让你落泪,又让你失望。有的官员,专研究上

---

① 《范文正公文集》卷十《上资政晏侍郎书》。

司所好,媚态献尽,唯命是从。上发一言,必弯腰尽十倍之诚,而不惜耗部下百倍之力,费公家千倍之财,以博领导一喜。这种对上为奴、对下为虎的劣根性人格,实在可悲。而我的一位领导,战争时期就当记者。工作中他常说,对上负责,先要对实际负责。这种实事求是,又甘为孺子牛的精神,深深感染着我们这些后进。我每次读《岳阳楼记》就会立即联想到周围的现实。"不以物喜,不以己悲",这种对独立、牺牲、理性的人格追求,仍然是我们现在最需要的。《岳阳楼记》是一面镜子,能照一千年,一万年。这就是好文章的作用,是经典的魅力。

三、我们该怎么样做官——忧国、忧民的为政之道

孙中山说,政治是治理众人之事。再说白点,就是治理国家,为百姓办事。这是一个不分时代、不分地域所有的政治家都要面对的问题,是一个需要不断继承和创新的课题。

范仲淹对政治文明的贡献,主要体现在一个"忧"字上。《岳阳楼记》产生于我国封建社会成熟期之宋代,作者生于忧患,成于忧患,倾其一生和一个时代来解读这个"忧"字。好像是中国封建社会发展到转折时期,专门要找一个这样的解读人。

范仲淹的忧国思想,最忧之处有三。也可以说是留给我们的三笔政治财富。

一是忧民。他在文章中写道"居庙堂之高,则忧其民",就是说当官千万不要忘了百姓,官位越高,越要注意这一点。

既然政治就是管理,官和民的关系就是政治运作中最基本的内容。忧民生的本质是官员的公心、服务心,是怎样处理个人与群众的关系。有的人为官,做民众的牛,在服务和奉献中享受快乐;有的人做官,骑在民众的头上作威作福,在攫取和占有中满足私欲。但人民永远是第一性的,任何政权都是靠人民来支撑。一些进步的封建政治家也看到了这一点,强调"民为邦本",唐太宗甚至提出水可载舟,亦可覆舟。范仲淹继承了这一思想并努力在实践中贯彻。他认为君要"爱民"、"养民",就像调养自己的身体,要十分小心,要轻徭役、重农耕。特别是地方官,如果压榨百姓,就是自毁邦本。

范仲淹从大中祥符八年(1015)27岁中进士到天圣六年(1028)40岁进京任职前,已在基层为官13年。如果说27岁以前的"断齑划粥",书院苦读,使他熟悉了治国平天下的儒家政治理论,坚定了他的忧国信念,这13年深入民间,调查研究,则练就了他的忧民之心。这期间,他先后转任广德(今安徽广德)、亳州(今安徽亳县)、泰州(今江苏泰州)、兴化(今江苏南通一带)、楚州(今江苏淮安)五地,任过一些掌管刑狱的幕僚小职,最后一任是管盐仓的小官。他表现出一个典型的有知识、有理想、又时时想着报国安民的青年官吏的所作所为。他按儒家经典的要求"达则兼善天下",但是却扬弃了"穷则独善其身",只要有一点机会,就去用手中的权力为老百姓办事,并时刻思考着只有百姓安康,政治才能稳定。

这期间他较突出的一件政绩是修捍海堤。天禧五年(1021),范仲淹调泰州,任一个管理盐仓的小官。当时泰州、楚州、通州(今南通)位于淮水之南,东临黄海,海堤年久失修,海水倒灌,冲毁盐场,淹没良田,不但政府盐利受损,百姓亦流离失所,逃荒他乡。范仲淹只是一个管盐场的小官,这些地方上的政务、经济上的事本不归他管,但他见民受其苦,国损其利,便一再建议复修捍海堤,政府就干脆任他为灾区中心兴化县的县令。他制订规划,亲率几万民工日夜劳作在筑堤工地。一次大浪淹来,百多人顿时被卷入海底。一时各种非议四起,要求停工罢修,范力排众议,身先民工,亲自督战,前后三年,终使大堤告成。地方经济恢复,国

家增收盐利,流离的百姓又回到故乡。人们感谢范仲淹,将此堤称为"范公堤",甚至有不少人改姓范,以之为荣。就是直到今天,能为范仲淹之后仍是一种光荣。全国为纪念他而建的希望小学就有 39 所。

出身贫寒、起于基层的范仲淹一生不管地位怎么变,忧民之心始终不变。明道二年(1033),江淮地区旱蝗成灾。时范已调回朝中,他上书希望朝廷派员视察,却迟迟得不到答复,他又忍不住了,冒杀头之祸,去当面质问宋仁宗:"我们在上面要时刻想着下面的百姓。要是您这宫里的人半天没有饭吃会是什么样子?今饿莩遍野,为君的怎能熟视无睹?"皇帝被他问得无言以对,就顺水推舟说:"那就派你去赈灾吧。"当年他以一个监盐税的小官因上书自讨了一个修堤的苦差事,这次他这个谏官,又因言得差,自讨了一份棘手难办的赈灾之事。但从这件事情上倒让我们看到了他的办事才干。他一到灾区就开仓济民,组织生产自救。赈灾结束回京后,他还特意带回灾民吃的一种"乌昧草",送给仁宗,并请传示后宫,以戒宫中之奢侈浪费。我想,他的这个举动肯定又引起宫中人的反感。您去赈灾,完成任务回来交差就是,何苦又要借机为宫里人上一堂课呢?就你最爱表现。这怎能不招惹人嫉妒?正如他自己后来所总结的:"一日登朝,则不知忌讳。"

范仲淹是一位行政能力极强的政要。他的忧民,绝不像其他官僚那样空发议论,装装样子。他每治一地,必有创造性的惠民政策。他在西北前线积极改革用兵制度。当时因战事紧张,政府在陕西征农民当兵,士兵不愿背井离乡,便有逃兵。政府就规定在兵的脸上刺字,谓之"黥面"。一旦黥面,他永世,甚至子孙后代都不得脱离军籍。范经调查后体恤民情,认为这"岂徒星霜之苦,极伤骨肉之恩",就进行改革,边寨大办营田,将士可以带家属,又改刺面为刺手,罢兵后还可为民。因此,深得百姓拥护。

宋代税收常以实物缴纳,以余补缺,移此输彼,谓之支移,但运输费要纳税人出。范晚年知青州,百姓往 200 里外的博州纳税,往返经月,路途劳苦,还误农时,运费又多出税额的二到三成。农民之苦,上面长期熟视无睹。范心里十分不安,他改革征税方法,命将粮赋折成现金,派人到博州高于市价购粮,不出五天即完成任务,免了百姓运输之苦,还有余钱。一般地方官都是尽量超征,讨好朝廷。他却多一斤不要,将余钱退给青州百姓。

诚如他言:"求民疾于一方,分国忧于千里。"可以看出他的忧民是真忧,决不沽名,不作秀,甚至还要顶着上面的压力,冒被处分的危险。像上面所举之例,都是问题早就在那里明摆着,为什么前任那么多官都不去解决呢?为什么朝廷不管呢?关键是心中没有装着老百姓。所以"忧民"实际上是检验一个官好坏的试金石,也成了千百年来永远的政治话题。这种以民为上的思想延续到今天,就是彻底地为人民服务。

范仲淹的第二忧是忧国。他说:"处江湖之远,则忧其君",也就是说不论在什么情况下,都想着"君",而他所说的"君"则代表国家。

无论过去的皇帝还是现在的总统、主席,虽权在一人,但却身系一国之安危。忧君便是忧国。于是,以"君"为核心的君民关系、君政关系、君臣关系便构成了一国政治的核心部分。明君贤臣、昏君奸臣,抑或懦君庸臣,就决定了一朝政府的工作质量。忧君不是阿谀奉承,而是从国家利益出发说真话,提意见,犯颜直谏,"直辞正色,面争庭对","敢与天子争是非"。封建社会伴君如伴虎,真正的忧君是要以生命作抵押的。范仲淹因为对君提意见,说真话,前后三次被贬出京城。

天圣六年(1028),范仲淹经晏殊推荐到京城任秘阁校理——皇家图书馆的工作人员。

这是一个可以常见到皇帝的近水楼台。如果他会钻营奉承，很快就可以飞黄腾达。中国历史上有多少官宦、近臣如高述、魏忠贤等都是这样爬上高位的。但是范仲淹的"忧君"，却招来了他京官生涯中的第一次谪贬。

原来，这时仁宗皇帝虽已经20岁，但刘太后还在垂帘听政。朝中实际上是两个"君"。一个名分上的君仁宗皇帝，一个实权之君刘太后。这个刘太后可不是一般人等，她本是仁宗的父亲真宗的一位普通后宫嫔妃，只有"修仪"名分，但她很会讨真宗欢心。皇后去世，真宗无子，嫔妃们都争着能为真宗生一个孩子，好荣登后位。刘修仪自己无能，便想出一计，将身边的一位李姓侍女送给皇帝"伺寝"，果然生下一子。但她立即抱入宫中，作为己子，就是后来的宋仁宗。刘随即因此封后，真宗死后她又当上太后，长期干预朝政，满朝没有一人敢有异议。范新入朝就赶上太后过生日，要皇帝率百官为之跪拜祝寿。范仲淹认为这有损君的尊严，君代表国家，朝廷是治理国家大事的地方，怎么能在这里玩起家庭游戏。皇家虽然也有家庭私事，但家礼国礼不能混淆，便上书劝阻："天子有事亲之道，无为臣之礼；有南面之位，无北面之仪。"干脆再上一章，请太后还政于帝。这一举动震动了朝廷。那太后在当"修仪"时先夺人子，后挟子封后，又扶帝登位，从皇帝在襁褓之中到现在已20年，满朝有谁敢置一喙？今天突然杀出了个程咬金，一个刚来的图书校勘管理员就敢问帝后之间的事。封建王朝是家天下、私天下，大臣就是家奴，哪能容得下这种不懂家规的臣子？他即刻被贬到河中府（今山西永济县）任副长官——通判。他第一次进京，在最方便接近皇帝的秘阁只待了一年，就砸了自己的饭碗。

范仲淹百思不得其解，十三年身处江湖之远，时时想着能伴君左右，为国分忧，现在终于进京，却一张嘴就获罪被赶出京城，这朝中到底是行的什么规则？（他不知道一千年后，人们发明了一个词，叫"潜规则"。）一块石头沉沉地压在他的心头。

范仲淹第二次进京为官是三年之后，皇太后去世。也许是皇帝看中他敢说真话的长处，就召他回朝做评议朝事的言官——右司谏。我国封建社会的政府监察体制分两部分。一是谏官，专门给皇帝提意见；二是台官，专门弹劾百官，合称台谏。到宋真宗时，谏官权已扩大到可议论朝政，弹劾百官。中国封建社会长期稳定，台谏制度有其一功，它强调权力制约，是中国封建制度中的积极部分。便是皇帝也要有人来监督，勿使放任而误国事。中国历史上从秦始皇到溥仪共334位皇帝，就曾有79位皇帝下罪己诏260次，作自我批评。这种对最高权力的监督和皇帝的自我批评是中国封建政治中积极的一面。范二次进京所授右司谏官的级别并不高，七品，但权大、责大、影响大。范仲淹的正直当时已很有名，他一上任立即受到朝野的欢迎。这时的当朝宰相是吕夷简。吕靠太后起家，太后一死他就说太后坏话。郭皇后正直，揭穿其伎，相位被罢。吕也不是一般人等，他一面收买内侍，一面默而不言，等待时机。时皇帝与杨、尚两位美人热恋。一日，杨自恃得宠，对郭皇后出言不逊，郭挥手一掌向她打去，仁宗一旁急忙拉架，这一掌正打在皇帝脖颈上。吕和内侍便乘机鼓动皇帝废后。

后与帝都是稳定封建政权的重要因素，看似家事，常关国运。就是现代社会，第一夫人也会影响政治，影响国事。范仲淹知道这种家事纠纷的背后是正邪之争，皇后易位的结果是奸相专权。他联合负责纠察的御史台官数人上殿前求见仁宗，半日无人答理。司门官又出来将大门砰地一声关上。他的犟劲又上来了，就手执铜门环，敲击大门，并高呼"皇后被废，何不听听谏官们的意见！"这真是有点不知高低，要舍命与皇帝辩论了。看看没有人理，他们议定明天上朝当面再奏。

第二天，天不亮范仲淹就穿好朝服准备出门。妻子牵着他的衣服哭着说："你已经被贬过一次了，不为别的，就为孩子着想，你也再不敢多说了。"他就把九岁的长子叫到面前正色说道："我今天上朝，如果回不来，你和弟弟好好读书，一生不要做官。"说罢，头也不回地向待漏院走去。"漏"是古代计时之器，待漏院是设在皇城门外，供百官暂歇等候皇帝召见的地方。范仲淹这次上朝是在明道二年（1033），比这早46年，雍熙四年（987），宋太宗朝的大臣王禹偁曾写过一篇很有名的《待漏院记》，分析忠臣、奸臣在见皇帝前的不同心理。他说，当大臣在这个地方静等上朝时，心里却在各打各的算盘。贤相"忧心忡忡"。忧什么？有八个方面：安民、扶夷、息兵、辟田、进贤、斥佞、禳灾、措刑。等到宫门一开就向上直言，君王采纳，"皇风于是乎清夷，苍生以之而富庶"。而奸相则"假寐而坐"，"私心慆慆"，想的是怎样报私仇、搜钱财、提拔党羽、媚惑君王，"政柄于是乎堕哉，帝位以之而危矣"。他说，既然为官就要担起责任，那种"无毁无誉，旅进旅退，窃位而苟禄，备员而全身"的态度最不可取。他还要求把这篇文章刻在待漏院的墙上，以戒后人。

不知范仲淹上朝时壁上是否真的刻有这篇文章，但范仲淹此时的确是忧心忡忡。他忧皇上不明事理，以私害公，因小乱大。这种家务之事，你要是一般百姓，爱谁、娶谁、休妻、纳妾也没有人管。你是一国之君啊，君行无私事，君行无小事。枕边人的好坏，常关政事国运。历史上因后贤而国安，后劣而国乱的事太多太多。同是一个唐朝，长孙皇后帮李世民出了不少好主意，甚至纠正他欲杀魏徵这样的坏念头；杨贵妃却引进家族势力，召来安史之乱。

他正盘算着怎样进一步劝谏皇上，忽然传他接旨，只听宣旨官朗朗念道，贬他到睦州（今浙江桐庐附近），接着朝中就派人赶到他家，催他当天动身离京。这果然不幸为妻子所言中，顿时全家老小，哭作一团。显然这吕夷简玩起权术来比他高明，事前已做过认真准备，三下五除二就干净利落地将他赶出京城。他明道二年（1033）四月回京，第二年五月被贬出京，第二次进京做官只有一年时间。

如果说范仲淹第一次遭贬，是性格使然，还有几分书生气，这二次遭贬，确是他更自觉地心忧君王，心忧国事。平心而论，仁宗不是昏君，更不是暴君，也曾想有所作为，君臣关系也曾出现过短时蜜月，但随即就如肥皂泡一样地破灭。范仲淹不明白，几乎所有的忠臣都如诸葛亮那样希望君王"亲贤臣，远小人"，但几乎所有的君王都离不开小人，喜欢用小人。他离京后渐行渐远，忧君之心却越来越重，正如后来在《岳阳楼记》里说的："处江湖之远，则忧其君。"

在专制和权力高度集中的制度下，君既有代表国家的一面，又有权力私有的一面。这就带来了"君"的两重性和"臣"的两重性。君有明、昏之分；臣有忠、奸之别。遇明君则宵衣旰食，如履薄冰，勤恳为国；遇昏君，则独断专行，为所欲为，玩忽国事。"忧君"的实质是忧君所代表的国事，而不是忧君个人的私事。一个领导集体，有君必有臣。忠臣忧君不媚君，总是想着怎么劝君谏君，抑其私心而扬其公责，把国家治理好。奸臣媚君不忧国，总在琢磨怎么满足君的私欲，把他拍得舒服一些。当然，奸臣这种行为总能得到个人的好处，而忠臣的行为则可能招来杀身之祸。范仲淹行的是忠臣之道，是通过忧君而忧国、忧民，所以，当这个"君"与国、与民矛盾时，他就左右为难。这是一种矛盾，一种悲剧，但正是这种矛盾和悲剧考验出忠臣、贤臣的人格，而这种犯言直谏的人格之美又超地域、超时代，成了一种可贵的政治品德、政治文明。

范仲淹的忧国还突出表现在忧政，即政府机关的自身建设。

一个政权的腐败总是先从吏治腐败开始。当一个新政权诞生后，第一件事就是安排干部。通常，官位成了胜利者的最高回报，和掌权者对亲信、子女的最好赏赐。官吏既是这个政权的代表和既得利益者，也就成了最易被腐蚀的对象和最不情愿改革的阶层。只有其中的少数清醒者，能抛却个人利益，看到历史规律而想到改革。

1035年，范仲淹因知苏州治水有功又被调回京，任尚书礼部员外郎，知京城开封府。他已两次遭贬，这次能够回京，在一般人定要接受教训慎言敏行，明哲保身。但这却让范仲淹更深刻地看到国家的政治危机。他又浑身热血沸腾，要指陈时弊了。

这次，范仲淹没有像前两次那样挑"君"的毛病，他主要针对的是吏治之弊，干部制度问题。也就是由尽"谏官"之责，转而要尽"台官"之责了。原来这宋朝的老祖宗，太祖赵匡胤得天下是利用带兵之权，阴谋篡位当的皇帝。他怕部下也学这一招来夺其子孙的皇位，就收买人心，凡高官的子孙后代都可荫封官职。这样累积到仁宗朝时，已官多为患，甚至骑竹马的孩子都有官在身。凡一个新政权大约到50年左右是一道坎，这就是当年黄炎培与毛泽东在延安讨论的"周期率"。到范仲淹在朝时，宋朝开国已半个多世纪，吏治腐败，积重难返。再加上当朝宰相培植党羽，各种关系盘根错节。皇帝要保护官僚，官僚要巩固个人的势力，拼命扩大关系网，百姓养官越来越多，官的质量越来越低。这之前，范两次遭贬，三次在地方为官，深知百姓赋税之重，政府行政能力之低，民间冤狱之多，根子都在朝中吏治腐败。他经调查研究，就将朝中官员的关系网绘了一张"百官图"。景祐三年（1036），他拿着这图去面见仁宗，说宰相统领百官，不替君分忧，不为国尽忠，反广开后门，大用私人，买官卖官，这样的干部路线，政府还能有什么效率，朝廷还有什么威信，百姓怎么会拥护我们？范又连上四章，要求整顿吏治。你想，拔起一株苗，连起百条根，这一整顿要伤到多少人的利益，正如欧阳修所说："如此等事，皆外招小人之怨，不免浮议之纷纷。"皇帝虽有改革之意，但他决不敢把这官僚班底兜翻，范仲淹在朝中就成了一个讨嫌的人。吕夷简对他更是恨得牙根痒，就反诬他"越职言事，荐引朋党，离间君臣"。那个仁宗是最怕大臣结党的，吕很聪明，一下就说到了皇上的痒处，于是就把他贬到饶州（今江西鄱阳）。从他景祐二年（1035）三月进京，第三次被起用，到第二年五月被贬出京，又只有一年多一点。

这次，许多正直有为的臣子也都被划入范党，分别发配到边远僻地。朝中已彻底没有人再敢就干部问题说三道四了。这次范仲淹离京，几乎没有人再敢为他送行。只有一个叫王质的人扶病载酒而来，他举杯道："范君坚守自己的立场，此行比之前两次更加光彩！"范笑道："我已经前后'三光'了。你看，来送行人也越来越少。下次如再送我，请准备一只整羊，祭祀我吧。"他坚守自己的信仰"不以物喜，不以己悲"，虽三次被贬而不改初衷。

从京城开封出来到饶州要经过十几个州，除扬州外，一路上竟无一人出门接待范仲淹。他对这些都不介意，到饶州任后吟诗道："三出专城鬓如丝，斋中潇洒过禅师。""潇洒过禅师"，这是无奈地自我解嘲，是一种无法排解的苦闷。翻读中国历史，我们经常会听到这种怀才不遇、报国无门者的自嘲之声。柳永屡试不中，就去为歌女写歌词，说自己是"奉旨填词"；林则徐被谪贬新疆，说是："谪居正是君恩厚，养拙刚于戍卒宜"；辛弃疾被免职闲居，说是："君恩重，且教种芙蓉"。现在范仲淹也是：君恩厚重，让你到湖边去休息！饶州在鄱阳湖边，风高浪大，范自幼多病，这时又肺病复发。不久，那成天担惊受怕，随他四处奔波的妻子也病死在饶州。未几，他又连调润州（今江苏镇江）、越州（今浙江绍兴）。四年换了三个地方。他想起楚国被流放的屈原，汉代被放逐的贾谊，报国无门，不知路在何方。他说："仲淹草莱经生，服习古训,所学者惟修身治民而已。一日登朝,辄不知忌讳,效贾生'恸哭'、'太息'之说,为报国安危之计。情既龃龉,词乃睽戾……天下指之为狂士。"范仲淹已三进三出京城,从东海边到北地大漠,来回调动已不下20次。他想,看来这一生只有在人们讨嫌的目光中度过了。他坚持独立的人格,决不与腐败的吏治同流合污。

但忠臣注定不得休闲,范仲淹也是这样。自景祐三年(1036)被贬外地四年后,西北战事吃紧,皇帝又想起了他。康定元年(1040),他被派往延州(今陕西延安)前线指挥抗战。庆历三年(1043),宋夏议和,战事稍缓,国内矛盾又尖锐起来。赋税增加,吏治黑暗,地方上暴动四起,仁宗束手无策。庆历三年(1043)四月,仁宗又将他调回京城任为副相,又免了吕夷简的官,请范主持改革,史称"庆历新政"。这是他第四次进京为官了。

这次,他指出的要害仍然是吏治。前面说过,范仲淹第三次被贬就是因为上了一个"百官图",揭露吏治的腐败。七年过去了,他连任了四任地方官,又和西夏打了一仗,但朝中的吏治腐败不但没有解决,反愈演愈烈。他立即上书《答手诏条陈十事》。他说,第一条,先要明确官员的罢免升迁。现在无论功过,不问好坏,文官三年一升,武将五年一提,人人都在混日子。假如同僚中有一个忧国忧民,"思兴利去害而有为"的,"众皆指为生事,必嫉之沮之,非之笑之,稍有差失,随而挤陷。故不肖者素餐尸禄,安然而莫有为也。虽愚暗鄙猥,人莫齿之,而三年一迁,坐至卿、监、丞、郎者,历历皆是。谁肯为陛下兴公家之利,救生民之病,去政事之弊,葺纲纪之坏哉?利而不兴则国虚,病而不救则民怨,弊而不去则小人得志,坏而不葺则王者失政。"你看"国虚"、"民怨"、"小人得志"、"王者失政",现在我们读这篇《答手诏条陈十事》仍能感受到范仲淹那种深深的忧国忧民之心和急切的除弊救政之志。他条陈的第二条是抑制大官子弟世袭为官。现在朝中的大官每年都可自荐子弟当官,"每岁奏荐,积成冗官",甚至有"一家兄弟子孙出京官二十人"。大官子弟"充塞铨曹,与孤寒争路"。范仲淹是"孤寒"出身,深深痛恨这种排斥人才的门阀观念和世袭制度。他条陈的第三条是改革贡举,选拔官员,第四条是选任好的地方官,"一方舒惨,百姓休戚,实系此人"。第五条是职田养廉。十条倒有五条有关吏治。后面还有厚农桑、修武备、减徭役等。我们听着这些连珠炮似的言词,和条分缕析般的陈述,仿佛看到了一个痛心疾首,泪流满面的臣子,上忧其君,下忧其民,恨不得国家一夜之间扭转乾坤,来一个河清海晏,政通人和。

他不但上书,还实干,派许多按察使到地方考察官员的政绩,调查材料一到,他就从官名册上勾掉一批赃官。有人劝道:"你这一勾,就有一家人要哭!"范说:"一家人哭总比一路的百姓哭好吧。"短短几个月,朝廷上下风气为之一新。贪官收敛,行政效率提高。但是,由于新政首先对腐败的干部制度开刀,先得罪朝中的既得利益者,必然会有强大的阻力。

他的朋友欧阳修就最担心这一点,专门向仁宗上书,希望能放心用范仲淹,并能保护他,不要听信谗言。"凡小人怨怒,仲淹当自以身当,浮议奸谗,陛下亦须力拒。"但是皇帝没有为他力拒小人之怨和纷纭的浮议。他一次又一次地无法"自以身当",终于在朝中难以立足。庆历四年(1044),保守派制造了一起谋逆大案,将改革派一网囊括进去。这回还是利用了仁宗疑心重,怕臣子结党的弱点,把改革派打成"朋党"。庆历五年(1045)初,失去了皇帝支持的改革已彻底失败,范仲淹被调出京到邠州(今陕西彬县)任职,这是他第四次被贬出京了。冬天,他又调邓州(今河南邓州),而他的庆历新政的战友们富弼贬青州(今山东益都)、欧阳修贬滁州(今安徽滁县)、滕宗谅贬岳州(今湖南岳阳)、尹洙贬筠州(今江西高安)。这时还不像前三次那样是范仲淹一人出京,而是正义势力、忠节老臣全军覆没,扫地出门。范仲淹当年曾戏说,如再被贬就请准备一只整羊来祭他,现在连祭他的朋友也没有了。

毛泽东说:"政治路线确定之后,干部就是决定的因素。"干部制度向来是政权的核心问题。不管是忧国、忧民,最后总要落实在"忧政"上,即谁来施政,怎样施政。治国先治吏,历来的政治改革都把吏治作为重点。范仲淹当年指陈的吏治弊病至今仍然有现实意义。他在《岳阳楼记》里一再讲的进亦忧,退亦忧,在朝也忧,在野也忧,正是一个政治家对治国实践和历史规律深刻思考。

庆历六年(1046),范仲淹在邓州任上,这年他已经57岁。自27岁中进士为官,四处奔波,三起三落,已经31年。现在他可以静静地回顾一生的阅历,思考为官为人的哲理。忽然一天他的老朋友滕宗谅(字子京)从岳阳送来一信,并一图,画得新落成的岳阳楼,希望他能为之写一篇记。这滕宗谅是他同年中进士的年兄,又在泰州任上和西北前线共过事,是庆历新政的积极推行者。就是因为他敢做敢为,总想干一番事,就常招人忌,甚至被陷害。但滕宗谅总是这样乐观,这次贬岳阳,才两年就政绩显著,还重修名楼。范仲淹看罢信,将图挂在堂前,只见一楼高耸,万顷碧波。胸中不由翻江倒海,那西北的风沙,东海的波涛,朝中的争斗,饥民的眼泪,金戈铁马,阁中书卷,严子陵隐身的钓台,楔入西夏的孤城,仁宗皇帝忽而手诏亲见,忽而挥袖逐他出京,还有妻子牵衣阻劝,长子随他西北前线的冲杀,……一起浮到眼前。他喊一声:"研墨!"挑灯对图,凝神静思,片刻一篇368字的《岳阳楼记》就如珠落玉盘,风舒岫云,标新立异,墨透纸背,洋洋洒洒,震大千而醒人智,承千古而启后人。他将山水、政治、情感、理想、人格全都熔于一炉,用纯青的火候为我们铸炼了一面照史、照人的铜镜。金代学者元好问评价范仲淹说:"范文正公,在布衣为名士,在州县为能吏,在边境为名将。其材、其量、其忠,一身而备数器。"我们还可以再加上一句:"在文坛为大家。其思想、其艺术,光照千年。"

这文章是对我国封建政治文明的艺术性总结。中国封建社会近三千年,政界人物多得数不清,历朝皇帝334个,大臣官员更不知几多,但能写出《岳阳楼记》,并被后人所记住、学习和研究的只有范仲淹一人。现在我们知道要出一篇好文章是多么不容易了。好文章是一个人在一定的时代为背景下全部知识和阅历的结晶,是他生命的写照。其中不知要经历多少矛盾、冲突、坎坷、辛酸、成功与失败。这非主观意志可得,只可遇而不可求。因此一篇好的文章就如一个天才人物、一个历史事件,甚或如一个太平盛世的出现,不是随便就有的,它要综天时地利之和,得历史演变之机,靠作者的修炼之功,是积数十年甚或数百年才可能出现的一个思想和艺术的高峰。千军易得,一将难求;千年易过,好文难有。

范仲淹为我们写了一篇千古美文,留下了一笔重要的文化财富和政治财富,同时他也以不朽的政治家、思想家和文学家载入史册。

《岳阳楼记》的政治文化内涵

李 存 山

庆历六年(1046),范仲淹在知邓州(今属河南)任上,应老友滕宗谅之约,写下了千古名篇《岳阳楼记》。文中无论对"岳阳楼之大观"的描写,还是其"先天下之忧而忧,后天下之乐而乐"的抒怀,都足以使此文彪炳文学史册,激励百世人心。如果注意到,此文以"庆历四年"为起始,以"时(庆历)六年九月十五日"为结句,而此期间正是范仲淹从其一生事业的顶峰跌落到晚年的遭谤毁、受贬谪之时,那么,此文所内涵的政治文化意义就更为重要了。

一

范仲淹在文中说:"居庙堂之高,则忧其民;处江湖之远,则忧其君;是进亦忧,退亦忧。"这里的"忧其民"、"忧其君"表达了他"以天下为己任"的精神境界和政治抱负,而"进"与"退"则凝练地概括了他一生宦海沉浮的四"进"四"退"。

范仲淹在宋太宗端拱二年(989)生于徐州,两岁丧父,母贫无所依,改嫁长山(今山东长山县)朱氏。他21岁时寄居在寺院刻苦读书,①23岁时询知身世来历,感愤自立,佩琴剑径趋南都(今河南商丘),"入学舍,扫一室,昼夜讲诵,其起居饮食,人所不堪,而公自刻益苦",②"冬夜惫甚,以水沃面,食不给,至以糜粥继之",③如此苦学五年乃"大通六经之旨,为文章论说,必本于仁义孝弟忠信"。宋真宗祥符八年(1015),仲淹登进士第,作诗云:"长白一寒儒,名登二纪余。……乡人莫相羡,教子读诗书。"④

欧阳修在《范文正公神道碑铭并序》中说:"公少有大节,于富贵贫贱、毁誉欢戚,不一动其心,而慨然有志于天下。"⑤朱熹也曾说:"且如一个范文正公,自做秀才时便以天下为己任,无一事不理会过。一旦仁宗大用之,便做出许多事业。"⑥

范仲淹先后在广德、集庆(今安徽广德、亳县)和兴化(今江苏兴化)等地任职,为民兴利除害,政绩斐然。最显著者是他在宋仁宗天圣四年(1026)任兴化县令时,发动通、泰、楚、海四州(今江苏南通、泰州、淮安、连云港一带)民夫,建成数百里的捍海堤,民至今享其利,称

---

① 《范仲淹全集》附录二《范文正公年谱》引魏泰《东轩笔录》云:"公与刘某同在长白山醴泉寺僧舍读书,日作粥一器,分为四块,早暮取二块,断齑数茎,入少盐以啖之,如此者三年。"青年毛泽东在1917年《致黎锦熙信》中说:"拟学颜子之箪瓢与范公之画粥,冀可以勉强支持也。"见《毛泽东早期文稿》,湖南出版社1995年,第90页。
② 《范仲淹全集·年谱》,四川大学出版社2007年。
③ 《宋史·范仲淹传》。
④ 《范仲淹全集·年谱》。
⑤ 欧阳修《欧阳文忠公集·居士集》卷二十《范文正公神道碑铭并序》。
⑥ 《朱子语类》卷一百二十九。

"范公堤"。

天圣二年(1024),范仲淹写了《奏上时务书》,提出"救文弊,复武举,重三馆之选,赏直谏之臣,及革赏延之弊"等改革措施。此后,他又写了《上执政书》、《上时相议制举书》等等。在写《上执政书》时,他正居母丧,但"冒哀上书,言国家事,不以一心之戚而忘天下之忧",希望"四海生灵长见太平"。他在书中指出,当时的宋朝已处于"泰极者否"的形势,只有"变"才能"通"而"久"。他所说的"变",就是要"固邦本,厚民力,重名器,备戎狄,杜奸雄,明国听",其中"固邦本者,在乎举县令,择郡守,以救民之弊也","重名器者,在乎慎选举,敦教育,使代不乏材也"。范仲淹继承了儒家传统的"民惟邦本"思想,他所主张的改革是把"举县令,择郡守,以救民之弊",亦即吏治的澄清作为首要。他深切地认识到:

> 今之县令循例而授,多非清识之士。衰老者为子孙之计,则志在苞苴,动皆徇己;少壮者耻州县之职,则政多苟且,举必近名。故一邑之间,簿书不精,吏胥不畏,徭役不均,刑罚不中,民利不作,民害不去,鳏寡不恤,游惰不禁,播艺不增,孝悌不劝。以一邑观之,则四方县政如此者十有七八焉,而望王道之兴不亦难乎!①

吏治的腐败到了如此严重的地步,故改革应从整饬吏治开始。范仲淹又认识到,"举择令长,久则乏人",因此,吏治之源还在于"慎选举,敦教育"。在《上时相议制举书》中,范仲淹说:"夫善国者,莫先育材;育材之方,莫先劝学;劝学之要,莫尚宗经。宗经则道大,道大则才大,才大则功大。"他所谓"慎选举",就是要改变科举考试以诗赋、墨义(记诵经书章句)来取士,而代之以重视经书之"大旨"("理道")和时局之"策论"。他所谓"敦教育",就是要在地方普遍建立郡学,"先之以六经,次之以正史,该之以方略,济之以时务,使天下贤俊翕然修经济之业,以教化为心,趋圣人之门,成王佐之器。"②

天圣六年(1028),范仲淹被授以秘阁校理,这是他进入中央权力机构的第一"进"。当时皇太后垂帘听政,而宋仁宗已18岁。次年,宋仁宗为皇太后祝寿,拟率百官朝拜于天安殿。范仲淹上疏云:"天子有事亲之道,无为臣之理;有南面之位,无北面之仪。若奉亲于内,以行家人礼可也;今顾与百官同列,亏君体,损主威,不可为后世法。"③疏入,不报。他又奏"请皇太后还政",亦不报,遂被贬为河中府(今山西永济县蒲州)通判。这是范仲淹由"庙堂"到"江湖"的第一"退"。

明道二年(1033),章献太后崩,宋仁宗始亲政。范仲淹被召赴阙,除右司谏,此为他的第二"进"。太后有遗诰,以杨太妃为皇太后,参决国事。范仲淹亟上疏言:"太后,母号也,未闻因保育而代立者。今一太后崩,又立一太后,天下且疑陛下不可一日无母后之助矣。"④宋仁宗准其言,免去对杨太妃的"册命"。是年,范仲淹出使江淮一带赈灾,"使还,会郭皇后废,(公)率谏官御史伏阁争,不能得,贬知睦州,又徙苏州",⑤这是他的第二"退"。

景祐二年(1035),范仲淹在苏州奏请立郡学,聘胡瑗为教授。是年冬十月,范仲淹被授尚书礼部员外郎、天章阁待制,召还判国子监,旋又授吏部员外郎,权知开封府,此为他的第

---

① 《范文正公文集》卷九《上执政书》。
② 《范文正公文集》卷十《上时相议制举书》。
③ 李焘《续资治通鉴长编》(以下简称《长编》)卷一〇八,天圣七年十一月癸亥。
④ 李焘《长编》卷一一二,明道二年四月己未。
⑤ 欧阳修《欧阳文忠公集·居士集》卷二十《范文正公神道碑铭并序》。

三"进"。次年,范仲淹与仁宗论迁都事,略谓洛阳险固,宜以将有朝陵为名,渐营储备,"太平则居东京通济之地,以便天下;急难则居西洛险固之宅,以守中原"。① 仁宗将迁都事与丞相吕夷简议,吕称范仲淹"迂阔,务名无实"。范仲淹闻之又上四论,即《帝王好尚论》、《选贤任能论》、《近名论》、《推委臣下论》,大抵讥指时政;又献《百官图》,评论朝臣升迁的"迟速次序,曰某为超迁,某为左迁,如是为公,如是为私",意在批评丞相用人不公。吕夷简大怒,斥范仲淹"越职言事,荐引朋党,离间君臣"。② 范仲淹遂被罢落职,出知饶州(今江西鄱阳),这是他的第三"退"。《范文正公年谱》载:"自公贬而朋党之论起,朝士牵连,出语及公者,皆指为党人。"

庆历三年(1043),范仲淹与韩琦经略陕甘,抵御西夏,"军中为之语曰:'军中有一韩,西贼闻之心胆寒;军中有一范,西贼闻之惊破胆。'"③谏官欧阳修等上疏,言范仲淹"有宰辅才,不宜局在兵府"。仁宗从其请,授范仲淹枢密副使、右谏议大夫,复除参知政事(副宰相)。范仲淹由此进入了中央核心领导层,这也是他最后的第四"进"。当时,范仲淹"每进见,(仁宗)必以太平责之"。后仁宗"赐手诏,趣使条天下事,又开天章阁,召见赐坐,授以纸笔,使疏于前"。于是,范仲淹写了《答手诏条陈十事》,"天子方信向仲淹,悉采用之,宜著令者皆以诏书画一颁下,独府兵法,众以为不可而止"。④ 这"十事"中的许多内容见诸当时朝廷的政令,史称"庆历新政"即是指此。这"十事"是:一曰"明黜陟",即严明对文武百官的"磨勘"(考核),根据其政绩实效来决定其升迁或黜贬;二曰"抑侥幸",即严格限制把官职"赏延"给大臣子弟,"革滥赏,省冗官";三曰"精贡举",即把其"慎选举,敦教育"的思想付诸实施,宋代改革科举,在地方普遍建立郡学,并在京师建立太学,推广胡瑗的"苏、湖之法",自庆历新政始;四曰"择官长",即前述所谓"举县令,择郡守",具体措施是由县级以上层层荐举,按"举主"的多少来安排任用的次序;五曰"均公田",即授予郡县官吏以"职田","使其衣食得足,婚嫁丧葬之礼不废,然后可以责其廉节,督其善政";六曰"厚农桑",即兴修农田水利,发展农业生产;七曰"修武备",即参照唐代的府兵制,招募强壮之人,使"三时务农,一时教战",以强兵节财,抵抗外侮;八曰"减徭役",即精简县邑等地方建置,裁撤其官吏,减轻农民的徭役负担;九曰"覃恩信",即在皇帝大赦天下时要切实使其"恩信"泽及下民,不能虚以应事,致使大赦以后"钱谷司存,督责如旧,桎梏老幼,籍没家产,至于宽赋敛、减徭役、存恤孤贫、振举滞淹之事未尝施行";十曰"重命令",即严明法令,凡违制枉法者,治以重罪。

以上"十事",是以整饬吏治为首要,以砥砺士风、改革科举、兴办学校、认明经旨、培养人才为本源,兼及军事、经济等领域,可谓针对时弊、正本清源、拨乱反正之举。但庆历新政施行仅及一年,便因触犯了权贵阶层的利益,"任子恩薄,磨勘法密,侥幸者不便;于是谤毁浸盛,而朋党之论,滋不可解"。⑤ 党论兴则迫害起,国子监直讲石介因作《庆历圣德诗》,称颂范仲淹、富弼等人,而得罪枢密使夏竦,此时遭报复,被诬陷致死。范仲淹与富弼等"恐惧不敢

---

① 李焘《长编》卷一一八,景祐三年五月戊寅朔。
② 李焘《长编》卷一一八,景祐三年五月丙戌。
③ 《东都事略》卷五九上《范仲淹传》。
④ 《宋史·范仲淹传》。
⑤ 李焘《长编》卷一五〇,庆历四年六月壬子。又朱熹编《五朝名臣言行录》卷七之二《参政范文正公》引《遗事》云:"公为参政,与韩、富二枢并命,锐意天下之事,患诸路监司不才,更用杜杞、张昷之辈。公取班簿,视不才监司,每见一人姓名,一笔勾之以次更易。富公素以丈事公,谓公曰:'十二丈公则是一笔,焉知一家哭矣。'公曰:'一家哭,何如一路哭耶!'遂悉罢之。"

自安于朝,皆请出按西北"。会边陲有警,于是以范仲淹为河东陕西宣抚使。"比去,攻者益急,仲淹亦自请罢政事","其在中书所施为,亦稍稍沮罢"。① 随着范仲淹的第四"退",庆历新政便夭折了。

庆历五年,范仲淹知邠州(今陕西邠县),兼陕西四路安抚使。年末,因朝中有人诬陷范仲淹、富弼助石介谋乱,遂罢范、富安抚使之职。范仲淹引疾求解边任,迁知邓州。次年九月,他写成《岳阳楼记》。可见,此文写在范仲淹的仕宦生涯最低落、最暗淡之时。文中"进亦忧,退亦忧"云云,《范文正公年谱》谓此乃范仲淹"平日允蹈之言也",然而,这里又包含着范仲淹多少人生际遇的感慨,宦海沉浮的回顾,以及新政失败以后的深沉忧患!

二

富弼在为范仲淹作的《范文正公仲淹墓志铭》中说:范仲淹"历补外职,以严明驭吏,使不得欺,于是民皆受其赐。立朝益务劲雅,事有不安者,极意论辩,不畏权幸,不蹙忧患,故屡亦见用,然每用必黜之,黜则忻然而去,人未始见其有悔色。或唁之,公曰:'我道则然,苟尚未遂弃,假百用百黜,亦不悔。'"② 范仲淹之所以有"百用百黜,亦不悔"的思想境界,是因为他心中有个"道",这个"道"就是《岳阳楼记》中所说,"不以物喜,不以己悲",无论仕途的升迁与黜贬,始终"忧其民"、"忧其君",而"忧其君"最根本的也是忧君主不能选贤任能,施行善政,以润泽斯民。同历史上的许多儒家一样,民本主义是范仲淹最根本的价值观。

范仲淹有一首流传较广的诗,即《江上渔者》:"江上往来人,但爱鲈鱼美。君看一叶舟,出没风波里。"这也是他"忧其民"的襟怀袒露,其文字虽然质朴,但诗境不亚于毛泽东的"秦皇岛外打鱼船,一片汪洋都不见,知向谁边"。③ 更足以表达范仲淹的民本思想及其改革志向的是他的《四民诗》。在此诗中,他对农("制度非唐虞,赋敛由呼吸。伤哉田桑人,常悲大弦急。一夫耕几垄,游堕如云集。一蚕吐几丝,罗绮如山人")、工("可甚佛老徒,不取慈俭书。竭我百家产,崇尔一室居")、商("桑柘不成林,荆棘有余春。吾商则何罪,君子耻为邻")在当时所受的压迫、所处的窘境,给予了深深的理解和同情。他所希望的是进行改革:"琴瑟愿更张,使我歌良辰"。范仲淹本人所处的阶层是四民中的"士",他说:"前王诏多士,咸以德为先。道从仁义广,名由忠孝全。美禄报尔功,好爵縻尔贤。黜陟金鉴下,昭昭媸与妍。"这就是说,君主应该像夏商周三代的"前王"那样,以仁义忠孝、贤能功绩为准衡,授予士之爵禄,与君主"共理天下"。但是秦汉以后,"此道日以疏,善恶何茫然","术者乘其隙,异端千万惑",由此造成了士风与吏治的败坏:"学者忽其本,仕者浮于职。节义为空言,功名思苟得。天下无所劝,赏罚几乎息。"这种境况给儒学带来的危害是:"禅灶方激扬,孔子甘寂默。六经无光辉,反如日月蚀。"在此"禅灶"(喻指佛老)激扬、儒门淡薄的情况下,范仲淹发出了复兴

---

① 《宋史·范仲淹传》。
② 《范仲淹全集》附录一《范文正公仲淹墓志铭》。
③ 毛泽东在青年时期就十分钦佩范仲淹,其早年《讲堂录》中记:"有办事之人,有传教之人。前如诸葛武侯、范希文,后如孔、孟、朱、陆、王阳明等是也。宋韩(琦)、范(仲淹)并称,清曾(国藩)、左(宗棠)并称。然韩、左办事之人也,范、曾办事而兼传教之人也。""五代纲维横决,风俗之坏极矣,冯道其代表也。宋兴稍一振,然犹未也。逮范文正出,砥砺廉节,民黎始守纲常而戒于不轨。"见《毛泽东早期文稿》,第591、592页。

儒学的呼声:"大道当复兴,此弊何时抑","愿言造物者,回此天地力。"①

在范仲淹的思想中,民本、士风、吏治与复兴儒学是密切结合在一起的。要使"琴瑟更张",百姓歌咏"良辰",就必须端正士风,整饬吏治;而要整饬吏治,"举县令,择郡守",又必须"慎选举,敦教育",改革科举考试的取士标准,不是以诗赋、墨义为科考的主要内容,而是据经旨、策论来选拔真正的人才,并且在地方普遍兴办学校,向诸生授以"明体达用之学"。② 这种"明体达用之学",已经不是"学者忽其本"的"泛滥词章",也不是"功名思苟得"的进士场屋之学,而是能够认明儒之经旨的"经济"(经世济民)之学;它所培养出来的士,虽然须通过科举考试而进入仕途,但他们的目的不是为了考取功名、达身富贵,而是为了把儒家之道"举而措之天下,能润泽其民"。③ 这种儒家之士即孔门弟子曾参所谓"仁以为己任"者,他们把个人的祸福得失、富贵贫贱置之度外,"不以物喜,不以己悲",仕途的进退沉浮不能改变其志向,故"居庙堂之高,则忧其民;处江湖之远,则忧其君",他们将此作为自身的终极关怀、内在价值。正是因为有了这样的终极关怀、内在价值,所以范仲淹"进亦忧,退亦忧","假百用百黜,亦不悔"。

宋代的"新儒学"之新,最核心的问题是它为当时的士阶层提供了一种不同于佛道二教和功名利禄之徒的新的价值观。如钱穆先生所说:明体达用之学"正宋儒所以自立其学,以异于进士场屋之声律,与夫山林释老之独善其身而已者也","盖自唐以来之所谓学者,非进士场屋之业,则释、道山林之趣,至是而始有意于为生民建政教之大本,而先树其体于我躬,必学术明而后人才出,题意深长,非偶然也"。④

范仲淹在《岳阳楼记》中说:"览物之情,得无异乎?""登斯楼也,则有去国怀乡,忧谗畏讥,满目萧然,感极而悲者矣",亦"有心旷神怡,宠辱皆忘,把酒临风,其喜洋洋者矣","予尝求古仁人之心,或异二者之为"。这里的"二者",或感人生际遇之"悲",或得自然达观之"喜",实是以文学的语言来喻指佛道二教的精神境界。范仲淹"尝求古仁人之心,或异二者之为",就是从先秦儒家的思想中提炼出一种不同于佛道二教的价值取向,此即"不以物喜,不以己悲",无论仕途的进退沉浮,始终"忧其民"、"忧其君","先天下之忧而忧,后天下之乐而乐"。

范仲淹自27岁中进士而步入仕途,官职屡迁,四进四退,"不畏权幸,不蹙忧患,故屡亦见用,然每用必黜之,黜则忻然而去,人未始见其有悔色"。在如此坎坷艰险的仕途中,范仲淹"忻然"而"不悔",这是因为他当官以为民,而不是为一己之富贵利达。如他在谪守饶州时所作《鄱阳酬泉州曹使君见寄》诗云:"吾生岂不幸,所禀多刚肠。身甘一枝巢,心苦千仞翔。志意苟天命,富贵非我望。"⑤

范仲淹在《睢阳学舍书怀》中有云:"瓢思颜子心还乐,琴遇钟君恨即销。但使斯文天未

---

① 《范文正公文集》卷二《四民诗》。
② 参见《宋元学案·安定学案》。按:胡瑗的"苏、湖之法"即所谓"明体达用之学",是范仲淹在苏州聘胡瑗为教授,在范仲淹改革思想的指导下确立的,其向全国推广亦是在范仲淹主持的庆历新政时期。参见李存山《范仲淹与宋代儒学的复兴》,《哲学研究》2003年第10期。
③ 《五朝名臣言行录》卷十之二《安定胡先生》。
④ 钱穆《中国近三百年学术史》,商务印书馆1997年,第3页。参见程颐所说:"今之学者有三弊:一溺于文章,二迁于训诂,三惑于异端。苟无此三者,则将何归? 必趋于道矣。"(《程氏遗书》卷十八)
⑤ 《范文正公文集》卷三《鄱阳酬泉州曹使君见寄》。

丧,涧松何必怨山苗。"①后两句抒发了他要"为往圣继绝学"的情怀,前两句则是宋代新儒家之追求"内圣外王"的一种表达,意谓:儒家把仁义道德的精神境界作为人生的内在价值,故"一箪食,一瓢饮,在陋巷,人不堪其忧,(颜)回也不改其乐";②同时,儒家亦有"以天下为己任"的弘毅志向,一旦如伯牙琴遇到钟子期的知音那样,被人君所用,就要把此志向付诸实施,以润泽其民。

《宋史·张载传》记:"张载……少喜谈兵……年二十一岁,以书谒范仲淹,一见知其远器,乃警之曰:'儒者自有名教可乐,何事于兵!'因劝读《中庸》。"这就是《宋元学案·序录》所谓"高平(范仲淹)一生粹然无疵,而导横渠以入圣人之室,尤为有功"。范仲淹对张载说的"名教可乐",也就是"瓢思颜子心还乐"的乐;他劝张载读《中庸》,则启示了宋代新儒学注重阐发"心性"理论的发展方向。

程颢和程颐早年受学于周敦颐,程颢曾回忆说:"昔受学于周茂叔,每令寻颜子、仲尼乐处,所乐何事。"③周敦颐教导二程所寻的"孔颜乐处",也是"瓢思颜子心还乐"的乐。程颐在早年"闲游太学",当时胡瑗主持太学,"尝以《颜子所好何学论》试诸生,得先生所试,大惊,即延见,处以学职"。④ 胡瑗把《颜子所好何学论》作为太学诸生的试题,当亦是受到范仲淹思想的影响。

周敦颐在《通书·志学》篇提出:"志伊尹之所志,学颜子之所学"。伊尹(商初大臣)之所志,即是"外王"的志向;颜子之所学,即是"内圣"的修养。这种"内圣外王"的追求,在宋儒中范仲淹是最先表达者和实践者。

皇祐元年(1049),范仲淹由邓州徙知杭州。"子弟以公有退志,乘间请治第洛阳,树园圃,以为逸老之地"。范仲淹说:"人苟有道义之乐,形骸可外,况居室乎!"⑤晚年的范仲淹,迁徙于"江湖之远",已没有了再进入"庙堂之高"的希望。他在花甲之年,虽然有"退志",但拒绝子弟为他在洛阳建府第。"道义之乐"的精神,超越了他的"形骸",他又何须去营建"逸老"的安乐巢呢!

三

《岳阳楼记》中的"进亦忧,退亦忧",还没有把范仲淹的"故事"讲完。他既然把"忧其民"、"忧其君"作为他的终极关怀,那么,范仲淹临终时可谓"生亦忧,死亦忧"。

皇祐三年(1051),范仲淹年六十三而徙知青州(今山东青州)。此时范仲淹已体衰病重,虽然有地方政务缠身,但仍然心忧天下,而且,他所最忧者仍然是吏治的腐败。即使在他生命临终之时,对吏治问题仍耿耿于怀。

皇祐四年,范仲淹六十四岁,春正月徙知颍州(今安徽阜阳),在行至徐州时病危,夏五月二十日薨。临终有《遗表》云:

---

① 《范文正公文集》卷四《睢阳学舍书怀》。
② 《论语·雍也》。
③ 《程氏遗书》卷二上。
④ 《程氏遗书》附录《伊川先生年谱》。
⑤ 《五朝名臣言行录》卷七之二《参政范文正公》。

> 臣闻生必尽忠,乃臣节之常守;没犹有恋,盖主恩之难忘。……伏念臣生而遂孤,少乃从学。游心儒术,决知圣道之可行;结绶仕涂,不信贱官之能屈。……预中枢之密勿,曾不获辞;参大政之几微,益难胜责。自念骤膺于宠遇,固当勉副于倚毗。然而,事久弊则人惮于更张,功未验则俗称于迂阔,以进贤援能为树党,以敦本抑末为近名。洎忝二华之行,愈增百种之谤。……君臣之间,岂易忘报。但无恒化,以竭遗忠。敢惮陈于绪言,庶无负于没齿。伏望陛下调和六气,会聚百祥。上承天心,下徇人欲。明慎刑赏而使之必当,精审号令而期于必行。尊崇贤良,裁抑侥幸。制治于未乱,纳民于大中。①

在这篇《遗表》里,范仲淹回顾了他一生从学入仕、数进数退的经历,特别是痛切地回顾了庆历新政的夭折,以及晚年蒙受的"百种之谤"。"生必尽忠,乃臣节之常守;没犹有恋,盖主恩之难忘",这是范仲淹由生至死而不忘"忧其君"。他所希望的是君主能够"上承天心,下徇人欲。明慎刑赏而使之必当,精审号令而期于必行。尊崇贤良,裁抑侥幸。制治于未乱,纳民于大中"。可见,范仲淹的"忧其君"最根本的还是"忧其民",而整饬吏治、"制治于未乱,纳民于大中"则是范仲淹在生死弥留之际最大的遗愿。②

值得一提的是,范仲淹在《遗表》里希望君主"上承天心,下徇人欲",其意义如同古《尚书》所谓"民之所欲,天必从之","人(民)欲"在儒家传统思想中本是褒义之词。程颢在熙宁元年(1068)所上《论王霸劄子》中首开宋明理学的王霸、理欲、义利之辨,他针对熙宁变法的以"理财"为急务,"前后进说甚多,大要以正心窒欲、求贤育才为先",③他所谓"窒欲"就是希望君主克制自己的私欲。然而,在后来宋明理学的演变中,"存天理,灭人欲"成为普遍的道德教条,其弊端竟至发展为戴震所控诉的"后儒以理杀人",④这可谓"伦理的异化"。

在《岳阳楼记》中,我们看到了范仲淹"进亦忧,退亦忧";在他临终所上的《遗表》中,我们看到了范仲淹"生亦忧,死亦忧"。然则范仲淹"忻然"而"不悔",其一生岂无乐耶?其必曰:吾有"道义之乐"!

(原载《湖南社会科学》2005年第1期,收入本文集时,略有修订。)

---

① 《范文正公集》卷十八《遗表》。
② 欧阳修在景祐三年(1036)因为范仲淹辩护,亦坐罪,贬为夷陵令。朱熹编《三朝名臣言行录》记欧阳修在夷陵任上,"取架阁陈年公案反复观之,见其枉直乖错,不可胜数。以无为有,以枉为直,违法徇情,灭亲害义,无所不有。且以夷陵荒远偏小尚且如此,天下固可知也。"此可证当时吏治腐败的严重,非范仲淹一人之见。王安石在《祭范颍州文》中称范仲淹为"一世之师"(《王安石全集》卷八十五)。他在嘉祐三年(1058)写的《上仁宗皇帝言事书》中认为"方今之急,在于人才而已",在吏治腐败的情况下,"朝廷每一令下,其意虽善,在位者犹不能推行,使膏泽加于民,而吏辄缘之为奸,以扰百姓"(《王安石全集》卷三十九)。此亦可证当时吏治腐败的严重。但王安石在熙宁变法时改以"理财"为急务,首先推出为朝廷谋利的均输法和青苗法,宋儒的新旧党之争自此始矣。
③ 《程氏文集》卷十一《明道先生行状》。
④ 《戴东原集》卷九《与某书》。

宋学——中国思想史上的第二个轴心时代

张广保

中国传统思想文化的发展可以区分为三个历史时期,它们分别是:原典时代、轴心时代、复兴时代。原典时代文化创造的成就主要体现在诸种经书中,支配中国政治、社会生活达二千五百年以上。直至今天,仍然对我们社会生活产生深刻影响的经书,就是原典时代的产物。表面上看来,经书中的《尚书》、《易经》、《诗经》不过是夏、商、周三代有关政治、宗教、文学文献的汇编,其中似乎没有包含什么深刻的思想。然而,五经之所以被尊为经,并不是纯粹因为它们出世年代的古老,而是由于它们承载着我们这个民族深层的政治文化理念,此亦即先秦儒家所指的"先王之道"。经书之所以被抬到经的位置,完全是因为它们承载着根本的、至上的大道。自春秋战国始,一代代儒家学者之所以沉醉于注经明经活动,目的也是为了彰明、传续先王之道。按照儒家学者的理解,原典时代实际上是道化流行的黄金时代。在这一时代中,先王之道完全显现于现实的时间、空间之中。因此,在这一时代,不容易发生对道本身的追询。随着原典时代的结束,道也随之退隐于后。道之退隐也就意味"学"的出现。因此,旨在以辨彰先王之道为目的的经学,顺理成章地发生于原典时代的终结。对于中国历史上原典时代的持续时期,我认为至少应从尧舜时代算起,因为按照儒家传统的看法,这一时代确立了中国理想政治的典范。儒家的创始人孔子就是将复现尧舜之治作为毕生追求的目标。

继起于原典时代的轴心时代乃是以对经书的创造性诠释作为根本特征。轴心时代在中国历史上约当于春秋战国时期。这一时期产生了一批开宗立派的思想文化宗师,其中道家有老子、庄子;儒家有孔子、孟子。其他如墨家、法家、名家、兵家、农家、阴阳家等也都纷纷面世,并且一无例外都是人才辈出,群星闪烁。这一时期的文化创造无论是自深度,还是从广度上都极大地丰富了中国传统文化的内蕴,在某种意义上可以说奠定了中国传统思想文化的基本格局。正是居于这一成就,雅斯贝尔斯将中国的春秋战国时期纳入其所谓世界文明历史的轴心时代范域中。不过,他显然没有注意到中国的轴心时代与其他民族例如古希腊的轴心时代并不一样。它在思想文化方面的丰富创造性乃是通过诠释传统而实现的。之所以如此,又是因为在中国的轴心时代之前还存在一个原典时代,而这在古希腊是不存在的。古希腊自然在轴心时代之前也有它的古老史诗《伊利亚特》、《奥德赛》,因此有时人们又称这一时代为史诗时代。然而,古希腊的史诗并不具有经的地位,对以后古希腊文明的发展也无法与中国的五经相提并论。论及于此,也许有人会提出疑问:中国轴心时代中出现的儒家、墨家二支固然具有很强的述而不作的特征,孔子、墨子均以推阐先王之道作为毕生追求的第一目标,然而道家、农家、法家、兵家、名家等其他诸家思想家,在发展他们的学说时并没有先王之道的影子伴随着,他们各自的思想体系应该具有独创性。这一疑问表面看来颇为深刻,实际上却是因为对先王之道缺乏整全的认识。诚然,上述诸家较少从正面谈论先王之道,然而它们其实并没有完全脱离这一主题。道家、法家都从不同的角度批评先王之道,道家思想家通过对儒家先王之道的批判来复兴他们自己心目中的古道,法家则由此提出法后王,而其他各专门的思想流派也都莫不力图推阐先王之道的一端来确立本派的宗旨。对于道之灭裂、分化的这一现象,《庄子·天下篇》有精彩的概述:"天下大乱,圣贤不明,道德不一,天下多得一察焉以自好。譬如耳目鼻口,皆有所明,不能相通。犹百家众技也,皆有所长,时有所用。虽然,不该不通,一曲之士也。判天地之美,析万物之理,察古人之全,寡能备于天地之美,称神明之容。是故内圣外王之道,暗而不明,郁而不发,天下之人各为其所欲焉以自方。悲夫,百家往而不反,必不合矣!后世之学者,不幸不见天地之纯,古人之大体,道术将为天下裂。"又《史记·太史公自序》也说:"易大传:天下一致而百虑,同归而殊途。夫阴阳、儒、墨、名、法、道德,此务为治者也,直所从言之异路,有省不省耳。"这都是以为诸子百家仅得古代道术之一端,是整全道术灭裂、分化之后的产物。

中国历史上思想文化发展的第三个时代始于晚唐时期,历宋、明转入其发展的高峰。这一时期由韩愈撰《原道》、《原性》发其端,至明代王阳明心学思想体系的完成而达至终结。我将其称为中国传统思想文化的复兴时代。这一时期的思想文化创造是在复兴传统的旗帜下进行的。至于其创造的方式乃是通过借鉴、会融佛、道二教的精致义理而达成的。其中由佛教中主要接纳其心性论、修养论,由道教中主要吸纳其宇宙论、形上论的有关思想,因此是一种典型的三教合一的产物。

复兴时代的关键时期是北宋。北宋王朝继承唐代思想多元、三教并重的文化政策,对来自外族的异质文化佛教及源于本土的非正统思想道家、道教均一视同仁、加以扶植。在这种宽松、自由的思想环境的孕育下,宋代尤其是北宋的思想文化领域再度呈现出学派林立、百家争鸣的新气象。从全部中国哲学史、思想史发展的历史看,这一时期乃是继春秋、战国之后第二轮思想创造集中迸发时期。对此,我们如果称之为中国思想史上的"第二个轴心时代",毫不为过。正是通过宋代各派思想家的创造性努力,确定了中国历史中后半段即第二个千年社会发展的思想基础,而为此后的元、明、清所因袭。对此,历史学家陈寅恪高度评价说:"华夏民族之文化,历数千载之演进,造极于赵宋之世。后渐衰微,终必复振。"①

与春秋战国轴心期思想创造期相比,宋代思想发展也呈现出学派林立、思想多元、自由议论、经世致用及怀疑传统等相似特点。其时出现的成熟学派既有雄霸宋代六十年之久的"官学"——荆公新学,也有在野之学如司马光的朔学、张载的关学;既有开启此后理学传统的二程的洛学、朱熹的闽学,也有与之针锋相对的以三苏为代表的蜀学及陆九渊的心学。此外还有崇尚经世致用的功利学派例如永嘉学派、永康学派,及与朱熹闽学形成呼应的张栻的湖湘之学、吕祖谦的金华学派。值得注意的是,这一时期思想发展的主脉乃是经由儒学复兴及与之密切相关的古文运动而达成的。从思想资源看,其中尤为重要的是儒、释、道三家互相交融、互相资取。应该说儒、释、道三家的混融是宋代哲学发展的内在动力。这点从宋代各派哲学家无论是公开尊崇佛老的王安石、苏轼,还是排斥异端的张载、二程、朱熹等,在其一生中都有漫长的出入佛老的思想经历也可印证。此外宋代理学的基本概念、范畴从思想渊源看差不多都可以溯及道家哲学。

北宋的思想文化大师按照他们的学派传承、思想宗旨实际上可以区分为三大阵营。其

---

① 陈寅恪《宋史职官志考正序》,《金明馆丛稿二编》。

一是以程颢、程颐及朱熹为代表的程朱理学。这一派虽然承论内圣外王的统一是圣人之学的主旨,但在实际的思想发展过程中却表现出重视个人存心修性、重视讲学著述的倾向。他们的贡献主要在于通过借鉴佛、道心性论、形上论的有关思想而补充传统儒家一向薄弱的超越层面的人性论及形上论。程朱在经学方面的主要建树乃是拓深了传统儒家的"内圣之道",通过他们的努力,传统儒家的圣人思想既具有超越的境界,同时也有切实可循的修养之途。不过,由于他们过分强调内圣,在外王方面努力不够,因而使原典经学的通经致用、内圣外王之道出现了断裂的危险。程朱之后,儒家的形象越来越向"讲学之儒"靠拢,而与原始儒家治国致太平的形象相背离。如果顺其发展,原始儒家的真精神势必发生蜕变,而最终成为一种纯粹的专门之学。

其二是以陆九渊、王阳明为开派宗师的陆王心学。与程朱一系的理学立学宗旨不同,陆王虽然也极为注重对圣人之学内圣之道的推阐,当然他们推阐的思想方向与程朱相比有重大差异。然而陆王又同时强调事功,看重通过建功立业推扩先王之道。这一点又与荆公新学存在趋同意向。

最后一派以回归孔孟原始儒家为理想,以经世致用、富国强兵为目的,以礼乐刑政相结合为手段,一句话以统合内圣外王为开派宗旨。该派最杰出的代表就是王安石及其荆公新学派,其理论先驱有范仲淹、欧阳修等人。正是王安石和他的学派在中国历史上进行了一次庄严而伟大的政治实践,这就是北宋时期的熙丰新政。王安石的改革一方面固然是为了富国强兵,从根本上改变北宋王朝"积弱"、"积贫"的萎靡局面,另一方面其实也是儒家试图由内圣开出外王的尝试。构成王安石熙丰新政理论基础的乃是他的荆公新学。钱穆先生曾评论说:"安石新政,虽属失败,毕竟在其政制的后面,有一套高远的理想。……这一种理想,自有深远的泉源,决不是只在应付现实,建立功名的观念下所能产生。因此在王安石新政的后面,别有所谓新学。"[①]

荆公新学由于宋神宗、哲宗、徽宗的尊崇,因而成为北宋后期的官学。应该说它当之无愧代表北宋经学的主流,对北宋中后期的学术思想产生了重大影响。

然而长期以来,中外学术界对宋代哲学、思想的研究都存在以偏概全的简单化倾向。首先是在学派上,漠视宋代哲学流派的多样性,人为地虚构出一条以程朱理学贯穿始终的思想发展主线。这显然不符合史实,只能是理学家道统意识对思想史建构的产物。对此,近来研究宋学的学者已做了不少矫正。其次更为重要的是对佛道两家思想对各派哲学家的影响,缺少正本清源的深度分析,这就直接导致对两家思想在宋代哲学中的地位估价严重不足。

---

① 钱穆《国史大纲》第六编第三十二章。

范仲淹与宋代新儒学

李存山

一、范仲淹与"宋初三先生"

宋代新儒学，又称道学或理学。朱熹在《伊洛渊源录》中定周敦颐为道学之开山，但又论："本朝道学之盛……亦有其渐，自范文正以来已有好议论，如山东有孙明复，徂徕有石守道，湖州有胡安定，到后来遂有周子、程子、张子出。故程子平生不敢忘此数公，依旧尊他。"①在这里，朱熹说出了宋代新儒学的兴起"亦有其渐"，这个"渐"的开创者实为范仲淹。

然而，范仲淹的这个开创者的地位一直没有被确认，这与程颐的尊敬胡瑗（安定）很有关系。所谓"程子平生不敢忘此数公，依旧尊他"，在"此数公"中，程颐所最尊敬的实为胡瑗。程颐"始冠，游太学"，胡瑗以《颜子所好何学论》试诸生，得程颐之作，"大惊异之，即请相见，遂以先生为学职"。②《宋元学案·安定学案》载黄百家说：胡瑗对程颐"知契独深"，"伊川之敬礼先生亦至，于濂溪虽尝从学，往往字之曰茂叔，于先生，非安定先生不称也"。程颐敬礼胡瑗，而胡瑗曾与孙复、石介同学，此所以《宋元学案》"托始于安定、泰山者，其意远有端绪"。③ 因为《宋元学案》"托始于安定、泰山"，所以"高平（范仲淹）学案"就被列在了"安定学案"和"泰山学案"之后，范仲淹的开创者地位遂被"宋初三先生"所掩。

《宋元学案·序录》云："宋世学术之盛，安定、泰山为之先河，程朱二先生皆以为然。"又云："晦翁推原学术，安定、泰山而外，高平范魏公其一也。高平一生粹然无疵，而导横渠以入圣人之室，尤为有功。"从这里看不出范仲淹与"宋初三先生"的关系，似乎范仲淹是安定、泰山"而外"或而后的另一支。其实，范仲淹不仅"导横渠（张载）以入圣人之室"，而且也是"宋初三先生"的领路人。朱熹的《三朝名臣言行录》卷十一记载："文正公门下多延贤士，如胡瑗、孙复、石介、李觏之徒，与公从游，昼夜肄业……"这才是范仲淹与"宋初三先生"之关系的实际情况：胡瑗、孙复、石介、李觏等等都是范仲淹门下的贤士。

范仲淹（989—1052）生在徐州，两岁丧父，母贫无所依，改嫁长山（今山东长山县）朱氏。他21岁时寄居在长白山醴泉寺（今山东邹平县南）刻苦读书；④23岁时感愤自立，佩琴剑径趋南都应天府（今河南商丘），"入学舍，扫一室，昼夜讲诵，其起居饮食，人所不堪，而公自刻

---

① 黎靖德编《朱子语类》卷一二九。
② 《程氏文集》卷八。
③ 《宋元学案·序录》。
④ 《范文正公集·年谱》引魏泰《东轩笔录》云："公与刘某同在长白山醴泉寺僧舍读书，日作粥一器，分为四块，早暮取二块，断齑数茎，入少盐以啗之，如此者三年。"

益苦",①"冬夜惫甚,以水沃面,食不给,至以糜粥继之"。② 如此苦学五年,"大通六经之旨,为文章论说,必本于仁义孝弟忠信"。宋真宗大中祥符八年(1015),范仲淹登进士第。

欧阳修在《范公神道碑铭并序》中说:"公少有大节,于富贵贫贱,毁誉欢戚,不一动其心,而慨然有志于天下。"③朱熹也曾说:"且如一个范文正公,自做秀才时便以天下为己任,无一事不理会过。一旦仁宗大用之,便做出许多事业。"④

宋仁宗天圣三年(1025),范仲淹在《奏上时务书》中提出"救文弊"、"复武举"、"重三馆之选,赏直谏之臣,及革赏延之弊"等改革主张。其中"救文弊"的思想,是继唐代韩(愈)、柳(宗元)之后,宋代古文运动的开端,比尹洙、欧阳修、石介等投入古文运动"至少要早十年"。⑤ 他在书中批评当时士人学风和吏治的败坏时说道:

> 修辞者不求大才,明经者不问大旨。师道既废,文风益浇;诏令虽繁,何以戒劝?士无廉让,职此之由。其源未澄,欲波之清,臣未之信也。傥国家不思改作,因循其弊,官乱于上,风坏于下,恐非国家之福也。⑥

范仲淹将士人的学风,即士人能否继承儒家的"师道",认明儒经之大旨,掌握治世之大才,看作国家的治乱之源;而此源头的澄清,又在于国家取士制度的改革和吏治的清明。这一精神一直贯彻到后来的庆历新政中。职此之故,庆历新政不仅关乎宋代的"革新政令",而且更关乎宋代的"创通经义"。⑦

天圣五年(1027),范仲淹寓南都应天府。当时晏殊为留守,请范仲淹掌府学。《宋史》卷三一一《晏殊传》载:"(晏殊)改应天府,延范仲淹以教生徒。自五代以来,天下学校废,兴学自殊始。"范仲淹《年谱》载:"公常宿学中,训督学者,皆有法度,勤劳恭谨,以身先之。由是四方从学者辐凑,其后以文学有声名于场屋朝廷者,多其所教也。"范仲淹在此年写了一万余言的《上执政书》,指出当时的宋朝已经处于"泰极者否"的形势,只有"变",才能"通"而"久"。他系统地提出了"固邦本,厚民力,重名器,备戎狄,杜奸雄,明国听"的改革之策。其中"固邦本者,在乎举县令,择郡守,以救民之弊也",是后来庆历新政之首要;而"重名器者,在乎慎选举,敦教育,使代不乏材也",⑧正是后来庆历新政之首要和本源。也正是在这一年,范仲淹结识了孙复,《范文正公集·年谱》引魏泰《东轩笔录》云:

> 公在睢阳(按即南都,今河南商丘)掌学,有孙秀才者索游上谒公,赠钱一千。明年孙生复谒公,又赠一千,因问:"何为汲汲于道路?"孙生戚然动色曰:"母老无以养,若日得百钱,则甘旨足矣。"公曰:"吾观子辞气非乞客,二年仆仆所得几何,而废学多矣。吾今补子为学职,月可得三千以供养,子能安于学乎?"孙生大喜。于是,授以《春秋》,而孙

---

① 《范文正公集·年谱》。
② 《宋史·范仲淹传》。
③ 欧阳修《欧阳修全集》,《居士集》卷二十。
④ 《朱子语类》卷一二九。
⑤ 参见漆侠《宋学的发展和演变》,河北人民出版社2002年,第193、285页。
⑥ 《范文正公集》卷七《奏上时务书》。
⑦ 钱穆先生论两宋学术云:"宋学精神,厥有两端:一曰革新政令,二曰创通经义,而精神之所寄则在书院。革新政令,其事至荆公而止;创通经义,其业至晦庵而遂。而书院讲学,则其风至明末之东林而始竭。"氏著《中国近三百年学术史》,商务印书馆1997年,第7页。
⑧ 《范文正公集》卷八《上执政书》。

生荐学不舍昼夜,行复修谨,公甚爱之。明年公去睢阳,孙亦辞归。后十年间,泰山下有孙明复先生,以《春秋》教授学者,道德高迈,朝廷召至,乃昔日索游孙秀才也。(又见《宋元学案·泰山学案》附录)

这一段范仲淹与孙复的因缘际会,实为宋代新儒学兴起的一个重要契机。范仲淹对当时穷困潦倒的"孙秀才"给予同情、帮助,补以学职,授以《春秋》,激励他"安于学"。《宋元学案·泰山学案》载:孙复"四举开封府籍,进士不第,退居泰山,学《春秋》,著《尊王发微》十二篇"。孙复在睢阳两次上谒范仲淹,当即孙复四举进士不第之时。他在泰山"学《春秋》",当始于范仲淹在睢阳"授以《春秋》"。孙复不负范仲淹所望,在泰山苦学十年,成为著名的"宋初三先生"之一。

《宋元学案·安定学案》载:胡瑗"七岁善属文,十三(岁)通五经,即以圣贤自期许。……家贫无以自给,往泰山与孙明复、石守道同学"。他生于 993 年,13 岁时是 1006 年,而孙复离开睢阳时是 1028 年,也就是说,在胡瑗 13 岁"通五经"之后,又经历了二十多年的贫困坎坷,然后往泰山与孙复、石介同学。《安定学案》载其在泰山苦学的情况:"攻苦食淡,终夜不寝,一坐十年不归。得家书,见上有'平安'二字,即投之涧中,不复展,恐扰心也。"在此期间,"宋初三先生"相互砥砺,而范仲淹的"慎选举,敦教育"的思想当通过孙复①而传达给了胡瑗、石介。

景祐二年(1035),范仲淹在苏州,奏请立郡学,并且把自己所得南园之地建为"义学",希望"天下之士咸教育于此"。此年,范仲淹延聘胡瑗"为苏州教授,诸子从学焉",同时亦给孙复写信,希望他到苏州"讲贯经籍,教育人材"。② 此年末,范仲淹召还判国子监,朝廷更定雅乐,诏求知音,范仲淹推荐胡瑗,"以白衣对崇政殿,授试秘书省校书郎"。③ 此时,胡瑗 42 岁,经范仲淹的推荐,以"白衣"被授学官之职。

康定元年(1040),范仲淹为陕西经略安抚副使。在戎马倥偬中,他写有《举张问、孙复状》,说孙复"素负词业、经术,今退隐泰山,著书不仕,心通圣奥,迹在穷谷",希望朝廷"赐召试,特加甄奖"。④ 当此时,胡瑗任丹州(今陕西宜川)军事推官,是"范仲淹幕府中的人物"。⑤

庆历二年(1042),朝廷依范仲淹、富弼的推荐,"以处士孙复为国子监直讲",⑥此时孙复 50 岁,距其离开睢阳已经 14 年了。孙复在泰山苦学期间亦曾向范仲淹推荐石介:"执事若上言于天子,次言于执政,以之为学官,必能恢张舜禹文武周公孔子之道,以左右执事,教育国子,丕变于今之世矣。"⑦观此可知,石介为学官也是出于范仲淹的推荐。"宋初三先生"都是因有范仲淹的激励、延聘和推荐,才在宋代思想史或学术史上发生了重要的作用。

在庆历新政推行时(1043—1044),孙复、石介并为国子监直讲。范仲淹又有《奏为荐胡

---

① 孙复在泰山苦学期间与范仲淹声气相通,其《寄范天章书》(见《孙明复小集》,又见《宋元学案·泰山学案》)即与范仲淹的往来书信。
② 《范文正公集·年谱》。
③ 《宋元学案·安定学案》。
④ 《范文正公集》卷十八《举张问、孙复状》。
⑤ 朱熹编《五朝名臣言行录》卷十二:"范公使陕西,辟(胡瑗)丹州推官,改湖州州学教授"。参见漆侠《宋学的发展和演变》,第 240、289 页。
⑥ 《范文正公集·年谱》。
⑦ 《孙明复小集·寄范天章书》。

瑗、李觏充学官》,其中说胡瑗"志穷坟典,力行礼义,见在湖州郡学教授,聚徒百余人,不惟讲论经旨,著撰词业,而常教以孝弟,习以礼法,人人向善,闾里叹伏,此实助陛下之声教,为一代美事"。① 此时,胡瑗的"苏湖(教学)之法"得到朝廷的肯定和推广,胡瑗本人也被召为诸王宫教授(辞疾未行)。石介在当时作《庆历圣德诗》云:"惟仲淹弼(范仲淹、富弼),一夔一契。……众贤之进,如茅斯拔;大奸之去,如距斯脱。"②"宋初三先生"与范仲淹及庆历新政的关系,于此得到充分展现。

庆历新政的夭折,发端于石介的被诬陷而死,③孙复亦被罢贬。后来,孙复得以复职,"稍迁殿中丞,年六十六卒"。④ 胡瑗则在皇祐二年(1050)再次被召,参与"作乐事",受到朝廷的嘉奖。嘉祐元年(1056),胡瑗"擢太子中允、天章阁侍讲,仍专管勾太学。四方之士归之,至庠序不能容,旁拓军居以广之。既而疾作,以太常博士致仕。"⑤程颐的"闲游太学",得到胡瑗的赏识,就是在皇祐或嘉祐年间。⑥

虽然庆历新政夭折了,但其"慎选举,敦教育"的思想则因胡瑗的执掌太学而得以发扬光大,并且形成了与王安石"新学"相抗衡的一股势力。《安定学案》载:

>   是时礼部所得士,先生弟子,十常居四五,随才高下而修饰之。人遇之虽不识,皆知为先生弟子也。在湖学时,福堂刘彝往从之,称为高弟。后熙宁二年,神宗问曰:"胡瑗与王安石孰优?"对曰:"臣师胡瑗以道德仁义教东南诸生,时王安石方在场屋中修进士业。臣闻圣人之道有体、有用、有文。君臣父子、仁义礼乐,历世不可变者,其体也;诗书史传子集,垂法后世者,其文也;举而措之天下,能润泽斯民,归于皇极者,其用也。国家累朝取士,不以体用为本,而尚声律浮华之词,是以风俗偷薄。臣师当宝元、明道之间,尤病其失,遂以明体达用之学授诸生,凤夜勤瘁,二十余年专切学校,始于苏湖,终于太学。出其门者,无虑数千余人。故今学者明夫圣人体用,以为政教之本,皆臣师之功,非安石比也。

熙宁变法时,胡瑗的弟子在朝中"十常居四五",这是一股与荆公新学相抗衡的势力,故而宋神宗有"胡瑗与王安石孰优"之问。刘彝把胡瑗的"明体达用之学"表达得十分清楚,说胡瑗的教授学者之功非王安石可比,这也是事实;但说"今学者明夫圣人体用,以为政教之本,皆臣师之功",却未免尊其师而忽略了范仲淹的重要作用。胡瑗"专切学校,始于苏湖",其在苏州讲学即在明道(按实为景祐)年间,在湖州讲学则在宝元年间。而天圣三年,即胡瑗在苏州讲学的十年之前,范仲淹就已在《奏上时务书》中提出了"救文弊"的思想,指出"文章之薄,则为君子之忧;风化其坏,则为来者之资",批评当时"修辞者不求大才,明经者不问大旨,师道

---

① 《范文正公集·政府奏议》卷下《奏为荐胡瑗、李觏充学官》。
② 吕中《宋大事记讲义》卷十:"大奸指(夏)竦。诗出,孙明复曰:'子祸始于此矣。'时仲淹、(韩)琦适在陕西还朝道中,得诗,仲淹抚股谓琦曰:'为此怪儿坏于事。'……后石介卒,竦言不死,请发其棺。""庆历君子之盛,固石介一诗发之也;庆历小人之祸,亦石介一诗激之也。"
③ 吕中《宋大事记讲义》卷十:"先是,石介奏记于(富)弼,责以行伊周事。夏竦怨介斥己,又欲因是倾弼等,乃使奸阴习介书,改'伊周'曰'伊霍',撰废立诏。仲淹、弼乃恐惧不安,适有边奏,仲淹因请行,乃有是命。"
④ 《宋元学案·泰山学案》。
⑤ 《宋元学案·安定学案》。
⑥ 朱熹作《伊川先生年谱》云:"皇祐二年,年十八,上书阙下……不报,闲游太学。"《程氏遗书》附录这里的"皇祐二年"(1050)可能是嘉祐二年(1057)之误。参见蔡方鹿《程颢程颐与中国文化》,贵州人民出版社1996年,第19—20页。

既废,文风益浇",并且强调"其源未澄,欲波之清,臣未之信也"。两年之后,范仲淹在《上执政书》中提出"慎选举,敦教育"的思想,主张"深思治本,渐隆古道",期以行之数年而使"士风丕变"。又三年之后,范仲淹在《上时相议制举书》(《范文正公集》卷九)中提出"宗经则道大,道大则才大,才大则功大",主张通过改革科举而"使天下贤俊,翕然修经济之业,以教化为心,趋圣人之门,成王佐之器"。① 又五年之后,范仲淹在苏州立郡学,胡瑗始应聘而专切于学校。刘彝所说"国家累朝取士,不以体用为本,而尚声律浮华之词,是以风俗偷薄",胡瑗"尤病其失",实际上,范仲淹"尤病其失"比胡瑗早十年。胡瑗"以明体达用之学授诸生",这是本于范仲淹的"慎选举,敦教育"思想。"今学者明夫圣人体用,以为政教之本",这除了胡瑗的教授之功外,还应归功于范仲淹的首倡敦教育、立郡学。若无范仲淹的延聘和推荐,胡瑗也不可能"始于苏湖,终于太学",成一时教育之盛事。

由于范仲淹和"宋初三先生"等人的共同努力,庆历新政确立了"明体达用之学"。钱穆先生说:明体达用之学"正宋儒所以自立其学,以异于进士场屋之声律,与夫山林释老之独善其身而已者也","盖自唐以来之所谓学者,非进士场屋之业,则释、道山林之趣,至是而始有意于为生民建政教之大本,而先树其体于我躬,必学术明而后人才出,题意深长,非偶然也"。②

二、两次"革新政令"对道学的影响

"明体达用之学"是道学之先驱。前者所针对的"进士场屋之业"与"释、道山林之趣",也正是后者所认为的学之大弊。程颐说:"今之学者有三弊:一溺于文章,二牵于训诂,三惑于异端。苟无此三者,则将何归?必趋于道矣。"③此"三弊"中的"溺于文章"和"牵于训诂"属于"进士场屋之业",而"惑于异端"也就是惑于"释、道山林之趣"。"苟无此三者……必趋于道矣",这说出了从"明体达用之学"向道学发展的必然趋势。然而,从庆历新政到道学,其间经过了王安石的熙宁变法,道学是在庆历新政与熙宁变法的正、反两方面作用下形成的。

庆历新政的实质是:以整饬吏治为首要,以砥砺士风、改革科举、兴办学校、认明经旨、培养人才为本源,兼及军事、经济等领域。范仲淹的改革思想是"以民为本",这在他作的《四民诗》中有鲜明的体现。如关于农:"制度非唐虞,赋敛由呼吸。伤哉田桑人,常悲大弦急。一夫耕几垄,游堕如云集。一蚕吐几丝,罗绮如山入。"关于工:"可甚佛老徒,不取慈俭书。竭我百家产,崇尔一室居。"关于商:"桑柘不成林,荆棘有余春。吾商则何罪,君子耻为邻。"④他对当时农、工、商阶层所受的压迫、所处的窘境给予了深深的理解和同情,此即他在《岳阳楼记》中所说的"忧其民"。他所希望的是进行改革:"琴瑟愿更张,使我歌良辰"。而关于士,他批评自秦汉以来儒家之"道"日益荒疏,善恶失去准衡,士之升迁黜陟不是以仁义忠孝、贤能功绩为标准。虽然"君子不斥怨,归诸命与天",但是"术者乘其隙,异端千万惑",由此造成了士风与吏治的败坏:"学者忽其本,仕者浮于职。节义为空言,功名思苟得。天下无所劝,赏罚几乎息。"这种境况给儒学带来的危害是:"神灶方激扬,孔子甘寂黙。六经无光辉,反如日

---

① 《范文正公集》卷九《上时相议制举书》。
② 钱穆《中国近三百年学术史》,第3页。
③ 《程氏遗书》卷十八。
④ 《范文正公集》卷一《四民诗》。

月蚀。"① 这里的"裨灶"(春秋时期郑国言"阴阳灾异"者)是喻指佛老。他在此所说的佛老"激扬",孔学"寂默","六经无光辉",也正是稍后王安石与张方平的那段问答所反映的情况:"一日[荆公]问张文定公曰:'孔子去世百年生孟子,亚圣后绝无人,何也?'……文定曰:'儒门淡薄,收拾不住,皆归释氏焉。'公欣然叹服。"② 在佛老激扬、儒门淡薄的情况下,范仲淹发出了复兴儒学的呼声:"大道岂复兴,此弊何时抑",尽管是"昔多松柏心,今皆桃李色",但是"愿言造物者,回此天地力"。③ 范仲淹的庆历新政,就是要"回此天地力",复兴儒学,使"琴瑟更张",百姓歌咏"良辰"。

在范仲淹的思想中,民本、吏治、士风与复兴儒学是密切结合在一起的。如他在《上执政书》中所说:"固邦本者,在乎举县令,择郡守,以救民之弊也。"他深切地认识到,

> 今之县令循例而授,多非清识之士。衰老者为子孙之计,则志在苞苴,动皆徇己;少壮者耻州县之职,则政多苟且,举必近名。故一邑之间,簿书不精,吏胥不畏,徭役不均,刑罚不中,民利不作,民害不去,鳏寡不恤,游惰不禁,播艺不增,孝悌不劝。以一邑观之,则四方县政如此者十有七八焉,而望王道之兴不亦难乎!

吏治的腐败到了如此地步,故改革应从整饬吏治开始。因为"举择令长,久则乏人",所以吏治之源的澄清又必须"慎选举,敦教育,使代不乏材也"。范仲淹说:

> 用而不择贤,孰进焉?择而不教贤,孰继焉?宜乎慎选举之方,则政无虚授;敦教育之道,则代不乏人。

所谓"慎选举",就是要改革科举以诗赋为先的考试方式,"先策论以观其大要,次诗赋以观其全才;以大要定其去留,以全才升其等级;有讲贯者,别加考试"。所谓"敦教育",就是要在地方普遍建立郡学,"深思治本,渐隆古道,先于都督之郡,复其学校之制,约《周官》之法,兴阙里之俗,辟文学掾以专其事,敦之以诗书礼乐,辨之以文行忠信"。如此行之数年,可望"士风丕变",此乃"择才之本、致理之基也"。④

在《上时相议制举书》书中,范仲淹也明确地提出:"夫善国者,莫先育材;育材之方,莫先劝学;劝学之要,莫尚宗经。宗经则道大,道大则才大,才大则功大。"科举考试要"先之以六经,次之以正史,该之以方略,济之以时务",从"使天下贤俊,翕然修经济之业,以教化为心,趋圣人之门,成王佐之器"。

庆历三年(1043),欧阳修等上疏,言范仲淹"有宰辅才,不宜局在兵府"。宋仁宗授范仲淹枢密副使、右谏议大夫,复除参知政事。范仲淹"每进见,必以太平责之"。仁宗"赐手诏,趣使条天下事,又开天章阁,召见赐坐,授以纸笔,使疏于前。公惶恐避席,始退而条列时所宜先者十数事,上之"。⑤ 此次上疏即范仲淹的《答手诏条陈十事》,包括"明黜陟,抑侥幸,精贡举,择官长,均公田,厚农桑,修武备,减徭役,覃恩信,重命令"。"天子方信向仲淹,悉采用之,宜著令者,皆以诏书画一颁下,独府兵法,众以为不可而止"。⑥ 史称"庆历新政"即是指此。

---

① 《范文正公集》卷一《四民诗》。
② 宗杲《宗门武库》。
③ 《范文正公集》卷一《四民诗》。
④ 《范文正公集》卷八《上执政书》。
⑤ 欧阳修《欧阳修全集》,《居士集》卷二十《范公神道碑铭并序》。
⑥ 《宋史·范仲淹传》。

"十事"中的第一、二、四、五条都与整饬吏治有关,而第三条的"精贡举"就是"慎选举,敦教育"。范仲淹批评此前的科举"专以辞赋取进士,以墨义取诸科,士皆舍大方而移小道,虽济济盈庭,求有才有识者,十无一二"。当此"天下危困乏人"之时,他主张"教以经济之业,取以经济之才"(范仲淹所谓"经济",即指本于儒家的"经义"或"经旨"而经国济民)。凡各州郡有学校处,"举通经有道之士,专于教授,务在兴行",考试方法则"进士:先策论而后诗赋","诸科:经旨通者为优等,墨义通者为次等","使人不专辞藻,必明理道",如此则"天下讲学必兴,浮薄知劝,最为至要"。① 范仲淹注重"经济",将"辞藻"、"墨义"(记诵经书章句)置于"经旨"、"理道"之下,这对于宋代学风的转变起了关键的作用,开启了宋代经学即"道学"或"理学"的方向。

"庆历中,天子诏下苏、湖取其法,著为令"。② 胡瑗的教学之法得到肯定和推广,即是庆历新政的产物。"庆历四年,天子开天章阁,与大臣讲天下事,始慨然诏州县皆立学,于是建太学于京师,而有司请下湖州,取先生之法以为太学法,至今著为令。"③宋朝在京师建立太学,在各州县普遍建立学校,并且改革了科举考试的内容和评判的标准,自庆历新政始。

然而,庆历新政只推行了一年多,便因触犯了一部分权贵阶层的利益——"按察使多所举劾,人心不自安;任子恩薄,磨勘法密,侥幸者不便"——致使"谤毁浸盛,而朋党之论,滋不可解"。④ 党论兴则迫害起,范仲淹与富弼等"恐惧不敢自安于朝,皆请出按西北","比去,攻者益急,仲淹亦自请罢政事","其在中书所施为,亦稍稍沮罢"。⑤ 就这样,随着范仲淹的贬离中央,庆历新政便夭折了。

虽然庆历新政夭折了,但它对士人学风的影响一直持续。如朱熹所说:"范文正杰出之才。""至范文正时便大厉名节,振作士气,故振作士大夫之功为多。"⑥程颐早年写的《上仁宗皇帝书》和王安石早年写的《上仁宗皇帝言事书》,都可以说是受到了庆历新政之余风的影响。

皇祐二年(1050,或嘉祐二年即1057年),程颐"上书阙下,劝仁宗以王道为心,生灵为念,黜世俗之论,期非常之功,且乞召对,面陈所学"。⑦ 程颐在《上仁宗皇帝书》中指出,当时宋朝已面临"厝火积薪"、"土崩瓦解之势"。他主张推行"五帝、三王、周公、孔子治天下之道",由君主之"仁心"而发以为"仁政"。又说"天下之治,由得贤也",批评科举取士"明经之属,唯专念诵,不晓义理,尤无用也;最贵盛者,唯进士科,以词赋声律为工,词赋之中非有治天下之道也。"⑧这些思想与庆历新政的精神是一致的。

王安石在皇祐四年(1052年,范仲淹病逝)写有《祭范颍州文》,称范仲淹为"一世之师","名节无疵"。⑨ 嘉祐三年(1058),王安石被召入朝,写了《上仁宗皇帝言事书》。其中有云:"臣于财利,固未尝学,然窃观前世治财之大略矣。盖因天下之利,以生天下之财;取天下之

---

① 《范文正公集·政府奏议》卷上《答手诏条陈十事》。
② 《宋元学案·安定学案》。
③ 欧阳修《居士集》卷二十五《胡先生墓表》。
④ 《范文正公集·年谱》。
⑤ 《宋史》卷三一四《范仲淹传》。
⑥ 《朱子语类》卷一二九。
⑦ 朱熹《伊川先生年谱》。
⑧ 《程氏文集》卷五《上仁宗皇帝书》。
⑨ 《王安石全集》卷八十五《祭范颍州文》。

财,以供天下之费。……诚能理财以其道,而通其变,臣虽愚,固知增吏禄不足以伤经费也。"①这段话是与后来熙宁变法的精神相符合的,但它只是《言事书》中的枝节之点。此书先讲改革的必要,然后讲"法先王之政"应该"法其意",接着就提出:当时如欲"改易更革","其势必不能",这是因为"方今天下之(人)才不足"。在吏治腐败的情况下,"朝廷每一令下,其意虽善,在位者犹不能推行,使膏泽加于民,而吏辄缘之为奸,以扰百姓"。因此,"方今之急,在于人才而已"。于是,他向仁宗提出对于人才要"教之、养之、取之、任之"。② 上述的那段话,只是在讲到"养之"时的一个节目而已。《言事书》的精神是改革必须整饬吏治,"方今之急,在于人才而已",这是与庆历新政的精神相一致的。而以后的熙宁变法,则是王安石俯就了宋神宗的意旨,从以人才为急,转向了"以理财为方今先急"。

宋仁宗于嘉祐八年(1063)逝世,继立者英宗在位不满四年而死,其子神宗继位。熙宁元年(1068)三月,神宗对文彦博等大臣提出:"当今理财最为急务,养兵备边,府库不可不丰,大臣共宜留意节用。"③此后的熙宁变法实就是秉承了神宗的这个意旨。当时,这个意旨并未得到大臣们的认可,而逐渐俯从于这个意旨的就是新进的王安石。熙宁二年二月,神宗擢用王安石为右谏议大夫、参知政事,设制置三司条例司,议行新法。神宗问:"卿所施设,以何为先?"王安石答:"变风俗,立法度,最方今所急也。凡欲美风俗,在长君子,消小人。以礼义廉耻,由君子出故也。"④此时,王安石的答问仍是以"风俗""法度"为先。同年三月,神宗显然想加快对"理财"的部署,他问王安石:"制置条例如何?"安石答:"已检讨文字,略见伦绪。然今欲理财,则须使能。天下但见朝廷以使能为先,而不以任贤为急;但见朝廷以理财为务,而于礼义教化之际,未有所及。恐风俗坏,不胜其弊。陛下当深念国体,有先后缓急。"⑤此时,王安石已有了"理财"的方案,但他仍考虑"国体"和"先后缓急"的问题,即认为应以"任贤"和"礼义教化"为先急。

同年四月,"遣使八人察诸路农田、水利、赋役",此八人中不仅有胡瑗门下高弟刘彝,而且有程颢。程颢在熙宁元年就向神宗上《论王霸札子》和《论十事札子》,即主张变法。正如后来朱熹所评论:"新法之行,诸公实共谋之,虽明道先生不以为不是,盖那时也是合变时节。但后来人情汹汹,明道始劝之以不可做逆人情底事。及王氏排众议行之甚力,而诸公始退散。"⑥

引起政争和以后激烈党争的是在同年七月颁布均输法,九月颁布青苗法。这两部"理财"的新法一出,立即遭到司马光、范纯仁、曾公亮、赵抃、富弼、韩琦,以及苏辙、苏轼、程颢等朝臣的反对,而王安石则"排众议行之甚力",并且"急引与己同者以为援",⑦新法的反对派则或罢贬或辞职,"诸公始退散"。

---

① 《王安石全集》卷三十九《上仁宗皇帝言事书》。
② 《王安石全集》卷三十九《上仁宗皇帝言事书》。
③ 《宋史全文》卷十一。
④ 《宋史全文》卷十一。
⑤ 《宋史全文》卷十一。
⑥ 《朱子语类》卷一三〇。
⑦ 《宋大事记讲义》卷二十一:"引用小人自安石始……盖安石之法犹出于所学,章子厚(惇)之法将托安石以报私怨耳,至蔡京则又托绍述以奉人主(徽宗)之侈心耳,愈变愈下,所以致中原之祸也。"王夫之说:"惟是苛政之兴,众论不许,而主张之者,理不胜而求赢于势,急引与己同者以为援,群小乃起而应之。"(《宋论》卷六)"是安石之法,未足以致宣、政之祸,唯其杂引吕惠卿、邓绾、章惇、曾布之群小,以授贼贤罔上之秘计于(蔡)京,则安石之所贻败亡于宋者此尔。"(《宋论》卷八)

熙宁四年二月,王安石对神宗说:"今所以未举事者,凡以财不足故。臣以理财为方今先急,未暇理财而先举事则事难济。"①至此,王安石无论在行动上还是在口头上都与神宗取得了一致。对于王安石的"转向",吕中评论说:"夫安石初意不过欲变法耳,未敢言兴利也;迨青苗既行,始兴利也。"②王夫之评论说:"神宗有不能畅言之隐,当国大臣无能达其意而善谋之者,于是而王安石乘之以进。帝初涖政,谓文彦博曰:'养兵备边,府库不可不丰。'此非安石导之也,其志定久矣。"③

宋神宗和王安石的以"理财"为急务,并不是以发展经济为急务,而是以解决"国用不足"、"府库不丰"即国家的财政问题为急务。引起争论的主要是均输法和青苗法。所谓"均输法"主要是设发运使官,掌管东南六路的税敛、籴买、上贡物品等,"收轻重敛散之权,归之公上",以缓解国家"财用窘急"的问题。"青苗法"则是由国家在春夏粮食未熟时借钱给农民,待收成后加十分之二的利息,随原有的夏秋两税还纳,这被认为是"散惠兴利",抑制兼并,而"其实不过是朝廷按当时一般的利率来放高利贷"。④

程颢在均输法、青苗法颁布后便与新法"意多不合,事出必论列,数月之间,章数十上,尤极论者:辅臣不同心,小臣与大计,公论不行,青苗取息,卖祠部牒,差提举官多非其人及不经封驳,京东转运司剥民希宠不加黜责,兴利之臣日进,尚德之风浸衰等十余事"。⑤ 所谓"辅臣不同心",就是当时的新法引起政争;王安石为推行新法,"举劾不奉行之官",又越次提拔一些"晓财利之人",此即"小臣与大计,公论不行"。程颢认为,在"辅弼大臣人各有心,睽戾不一……中外人情交谓不可"的情况下,变法是难以达到"兴治"的效果的。他更指出,"设令由此侥幸,事有小成,而兴利之臣日进,尚德之风浸衰,尤非朝廷之福"。程颢反对新法,希望神宗"外汰使人之扰,亟推去息之仁",即主张撤免扰乱地方的"提举官",停止"取息"牟利的青苗法,代之以"去息"的仁政。⑥ 当时,二程和张载都主张"复井田",提出了带有均田性质的道德理想主义改革方案,而宋神宗将此视为"致乱之道"。⑦

由熙宁变法引起的朝臣政见之争在熙宁三年发展成为新党与旧党之间的"党争"。这种党争本来是程颢所要避免的,所以他与王安石论事,"心平气和,荆公多为之动",但"言路好直者,必欲力攻取胜,由是(荆公)与言者为敌矣"。⑧ 熙宁三年是道学思想发展的一个转折。在此之前,张载和二程都受庆历新政的影响,热心于"革新政令",希望将"王道"的理想"举而措之天下";此后则更专注于著书讲学,使道学的理论体系臻于完成。

张载在熙宁二年入朝,与王安石"所语多不合,寖不悦。既命校书崇文,先生辞,未得谢,复命案狱浙东。……狱成,还朝。会弟天祺以言得罪,先生益不安,乃谒告西归,居于横渠故居……终日危坐一室,左右简编,俯而读,仰而思,有得则识之,或中夜起坐,取烛以书,其志

---

① 《续资治通鉴长编》卷二二〇。
② 《宋大事记讲义》卷一。
③ 王夫之《宋论》卷六。
④ 蔡美彪等《中国通史》第五册,人民出版社1978年,第145—147页。当时对青苗法批评最力者是司马光,参见《司马温公集》卷四十一《乞罢条例司常平使者疏》。
⑤ 《程氏文集》卷十一《明道先生行状》。
⑥ 参见《程氏文集》卷一《谏新法疏》。
⑦ 《续资治通鉴长编》卷二一三。
⑧ 《明道先生行状》。

道精思,未始须臾息,亦未尝须臾忘也。"①如此至熙宁九年,张载完成了其代表作《正蒙》。

程颢在熙宁三年上《谏新法疏》后即离朝外补,在地方任官一年,旋"以奉亲之故"归洛阳,与程颐等潜心涵泳道德性命之理,共同倡明道学。其弟子邢恕记载:"(程颢)居洛几(近)十年,玩心于道德性命之际,有以自养其浑浩冲融,而必合乎规矩准绳。……先生身益退,位益卑,而名益高于天下。"②在此十年间,二程的洛学达到理论的成熟,并且影响日益扩大。

熙宁变法从反面刺激了道学的发展。从"治道"上说,在熙宁变法之后,张载和二程都明确地认识到"格君心之非"是治世的"大根本"。张载在《答范巽之书》中说:

> 朝廷以道学、政术为二事,此正自古之可忧者。……设使四海之内皆为己之子,则讲治之术,必不为秦汉之少恩,必不为五伯之假名。……人不足与适,政不足以间,能使吾君爱天下之人如赤子,则治德必日进,人之进者必良士,帝王之道不必改途而成,学与政不殊心而得矣。③

张载的理想就是要把"道学"之体施之于"政术"之用,而"朝廷以道学、政术为二事",则其"政术"为无体之用,故改革偏离"王道"的方向。孟子说:"人不足与适也,政不足间也,惟大人为能格君心之非。"④如果能够格正君心,使君主有了"爱天下之人如赤子"的"仁心",那么用人之非、政事之失等等就都可以解决了。二程说:

> 治道亦有从本而言,亦有从用而言。从本而言,惟从格君心之非,正心以正朝廷,正朝廷以正百官。若从事而言,不救则已,若须救之,必须变。大变则大益,小变则小益。⑤

> 君仁莫不仁,君义莫不义,天下之治乱系乎人君仁不仁耳。……夫政事之失、用人之非,知者能更之,直者能谏之。然非心存焉,则一事之失,救而正之,后之失者,将不胜救矣。格其非心,使无不正,非大人其孰能之?⑥

从"格君心之非"这一治道之本来考虑,二程更加严厉地批评了荆公新学,将其视为超过释氏之害的"大患"。二程说:

> 在今日,释氏却未消理会,大患者却是介甫之学。……如今日,却要先整顿介甫之学,坏了后生学者。⑦

> 浮屠之术,最善化诱,故人多向之。然其术所以化众人也,故人亦有向有不向者。如介甫之学,它便只是去人主心术处加功,故今日靡然而同,无有异者,所谓一正君而国定也。此学极有害。以介甫才辩,遽施之学者,谁能出其右? 始则且以利而从其说,久而遂安其学。今天下之新法害事处,但只消一日除了便没事。其学化革了人心,为害最甚,其如之何! 故天下只是一个风,风如是,则靡然无不向也。⑧

---

① 《张载集》附录《吕大临〈横渠先生行状〉》。
② 《程氏遗书》附录《门人朋友叙述并序》。
③ 《张载集·文集佚存》,《答范巽之书》。
④ 《孟子·离娄上》。
⑤ 《程氏遗书》卷十五。
⑥ 《程氏外书》卷六。
⑦ 《程氏遗书》卷二上。
⑧ 《程氏遗书》卷二下。

二程排斥佛教,认为佛教"卒归乎自私自利之规模"。① 荆公新学之害,其所以超过了释氏之害,是因为释氏只是以其术"化众人",而荆公新学却是以功利动"人主心术",君心一动则天下"靡然而同",此其"极有害"之一也。其二,以王安石之才辩,将功利之学"遽施之学者","其学化革了人心",带坏了"后生学者",败坏了天下风气,这不是随着新法的废止所能消除的,故其"为害最甚"。于是,"整顿介甫之学"成为二程洛学的一大急务,而整顿的方法便是更加强调王霸、理欲、义利之辨,"明体达用之学"遂向着更加重视"内圣"的内倾化方向发展。

钱穆先生说,宋学精神的"两端","大抵荆公新法以前,所重在政事;而新法以后,则所重尤在经术","其间区别,盖以洛学为枢机也"。② 在宋学的发展中,之所以出现如此的变化,实是因为洛学受到了庆历新政和熙宁变法正反两方面的影响。因庆历新政之后有熙宁变法的汲汲于"财利",故激起道学家对王霸、理欲、义利的严辨;因庆历新政的夭折和熙宁变法的转向,故使道学家认识到"格君心之非"才是治世的"大根本",只有"君心"一正,然后才可以"讲磨治道,渐次更张"。③ 然而,"君心"并不是道学家所能格正的,而两宋的道学又受到元祐党案和庆元党案两次严重的打击,此所以宋学的革新政令"至荆公而止"。

三、范仲淹与道学在思想上的联系

《宋史·范仲淹传》云:"仲淹泛通六经,长于《易》。学者多从质问,为执经讲解,亡所倦。……每感激论天下事,奋不顾身。一时士大夫矫厉尚风节,自仲淹倡之。"范仲淹是"宋学精神"的开创者,他与道学在思想上也有着密切的联系。

范仲淹的"泛通六经",就是领会六经之大旨、大义,而不是矻矻于经书的章句训诂,"使人不专辞藻,必明理道"。他改变了"修辞者不求大才,明经者不问大旨"的学风,将认明"经旨"、"理道"置于"辞藻"、"墨义"之上,从而开辟了经学历史的"变古时代"。王应麟说:

> 自汉儒至于庆历间,谈经者守训故而不凿。《七经小传》出而稍尚新奇矣,至《三经义》行,视汉儒之学若土梗。④

《七经小传》的作者是刘敞,他于庆历六年中进士,其书一反汉唐章句注疏之学,多以己意论断经义,后来朱熹曾评论"《七经小传》甚好"。⑤ 刘敞的学风正是庆历新政对学人发生影响的反映(刘敞《公是集》卷五《贺范龙图兼知延安》、卷二四《闻范饶州移疾》、卷二六《闻韩范移军泾原兼督关中四路》,皆称颂范仲淹)。皮锡瑞在《经学历史》中将庆历以后称为"经学变古时代",他引王应麟说,"经学自汉至宋初未尝大变,至庆历始一大变也";又引陆游说,"唐及国初,学者不敢议孔安国、郑康成,况圣人乎?自庆历后,诸儒发明经旨,非前人之所及"。⑥ 这

---

① 《程氏遗书》卷十五。
② 钱穆《中国近三百年学术史》,第5、6页。
③ 参见《朱文公集》卷二十九《与赵尚书》。朱熹说:"熹常谓天下万事有大根本,而每事之中又各有要切处。所谓大根本者,固无出于人主之心术;而所谓要切处者,则必大本既立,然后可推而见也。"(《朱文公集》卷二十五《答张敬夫》)"今日之事,第一且是劝得人主收拾身心,保惜精神,常以天下事为念,然后可以讲磨治道,渐次更张。"(《朱文公集》卷二十九《与赵尚书》)
④ 王应麟:《困学纪闻》卷八《经说》。
⑤ 参见《四库全书提要·七经小传》。
⑥ 参见皮锡瑞《经学历史》,中华书局1959年,第220页。

一重大转变始自庆历新政。"诸儒发明经旨",即钱穆先生所说宋学之"创通经义";"其事至晦庵而遂",朱熹成为宋代经学和理学的集大成者。

范仲淹"长于《易》",他著有《易义》一篇,解释了乾、咸、恒、遁等二十七卦的卦义,另有《四德说》、《穷神知化赋》、《乾为金赋》、《易兼三材赋》、《天道益谦赋》等等。胡瑗在太学讲授《周易》,当与范仲淹"长于《易》"有密切的关系,而胡瑗的《周易口义》受到程颐的重视,在《伊川易传》中也有"予闻之胡先生曰"。① 范仲淹在景祐三年(1036)出知饶州(今江西鄱阳),建郡学,"生徒浸盛"。② 宋代易学图书学派的代表人物之一刘牧"起家饶州军事推官……及后将范文正公至,君大喜曰:'此吾师也。'遂以为师。"③李觏结识范仲淹是在景祐四年,其《易论》约作于此时,《删定易图序论》作于庆历七年(1047)。周敦颐在康定元年(1040)担任洪州分宁县(今江西修水)主簿,在庆历四年(1044)调任南安军(今江西大庾)司理参军,二程受学于周敦颐是在庆历六年,周著《太极图说》和《通书》当受到庆历新政的影响。

范仲淹也非常重视《中庸》。天圣六年(1028)他在南都掌府学时作有《南京府学生朱从道名述》,其中有云:

> 道者何?率性之谓也。从者何?由道之谓也。臣则由乎子,忠则由乎孝,行己由乎礼,制事由乎义,保民由乎信,待物由乎仁,此道之端也,子将从之乎!然后可以言国,可以言家,可以言民,可以言物,岂不大哉!若乃诚而明之,中而和之,揖让乎圣贤,蟠极乎天地,此道之致也,必大成于心而后可言焉。④

如余英时先生所说:"此文全就《中庸》发挥,充分表达了由修身、齐家而建立理想秩序的意识,而且也含有'内圣'与'外王'相贯通的观念。"⑤康定元年(1040),范仲淹为陕西经略安抚副使,张载来谒,即《宋史·张载传》所云:张载"少喜谈兵,至欲结客取洮西之地,年二十一,以书谒范仲淹,一见知其远器,乃警之曰:'儒者自有名教可乐,何事于兵!'因劝读《中庸》"。这也就是《宋元学案·序录》所说"导横渠以入圣人之室,尤为有功"。

范仲淹所重视者还有《春秋》。他所作《说春秋序》云:

> 圣人之为《春秋》也,因东鲁之文,追西周之制,褒贬大举,赏罚尽在,谨圣帝明皇之法,峻乱臣贼子之防。……今褒博者流,咸志于道,以天命之正性,修王佐之异材,不深《春秋》,吾未信也。……吾辈方扣圣门,宜循师道,碎属词比事之教,洞尊王黜霸之经,由此登太山而知高,入宗庙而见美,升堂睹奥,必有人焉,君子哉无废。

范仲淹在南都掌府学时收留孙复,即"授以《春秋》"。以后孙复著有《春秋尊王发微》十二篇,强调尊王以正名分是《春秋》之大义,并作有《儒辱》一文,认为"佛老之徒横于中国",是"儒者之辱"。欧阳修评论说:"先生治《春秋》,不惑传注,不为曲说以乱经,其言简易,明于诸侯大夫功罪,以考时之盛衰,而推见王道之治乱,得于经之本义为多。"⑥朱熹评论《春秋尊王发微》

---

① 程颐曾说:"《易》有百余家,难为偏观,如素未读,不晓文义,且须看王弼、胡先生、荆公三家。"(《程氏遗书》卷十九)程颐引述"胡先生曰"见《伊川易传》注《观卦》卦辞和《大畜卦》上九爻辞。
② 《范文正公集·年谱》。
③ 《王安石全集》卷九七《刘君墓志铭并序》。
④ 《范文正公集》卷六《南京府学生朱从道名述》。
⑤ 余英时《朱熹的历史世界》,三联书店2004年,第89页。
⑥ 欧阳修《居士集》卷二七《孙明复先生墓志铭》。

云:"虽未能深于圣经,然观其推言治道,凛凛然可畏,终得圣人意思。"①程门弟子中胡安国著有《春秋传》三十卷,强调尊王之义、华夷之辨和义利之辨。胡氏的春秋学除了受二程的影响之外,亦有范仲淹、孙复的春秋学为之前驱。

范仲淹与道学在思想上的联系,更主要者是他首先在宋儒中提出了"孔颜乐处"②的问题。宋真宗大中祥符七年(1014),也就是范仲淹中进士的前一年,他作有《睢阳学舍书怀》,其中有云:"瓢思颜子心还乐,琴遇锺君恨即销。"③这就是他在睢阳学舍苦学期间的精神境界。欧阳修说他"少有大节,于富贵贫贱,毁誉欢戚,不一动其心,而慨然有志于天下",朱熹说他"自做秀才时便以天下为己任",当主要就是本于此。所谓"瓢思颜子心还乐",就是在箪食瓢饮或"断齑画粥"④的艰苦物质生活中仍有一种自足的"道义之乐",此为儒家的内圣境界;所谓"琴遇锺君恨即销",就是有一种"仁以为己任"、"心忧天下"(为社会谋取幸福)的外王志向,这种志向只有在一定的"时遇"下进入仕途——像伯牙鼓琴遇到锺子期的知音一样——才能得到发抒。前者之"乐",是儒家之"为己"⑤的安身立命之处;后者之"忧",是儒家所区别于释老二教的社会价值取向。合此二者,便是儒家的"内圣外王"境界。

"孔颜乐处"的问题对于宋代新儒家之所以十分重要,就是因为在科举制度下,国家官僚机构的职位有限,能够中举的名额有限,也就是说,能够进入仕途的士人只是极少数,⑥而绝大多数士人免不了终身是一"寒儒"、"白衣"或"处士"。⑦当时的"儒门"之所以"淡薄",也是因为科举竞争的激烈,使"修辞者不求大才,明经者不问大旨","学者失其本","功名思苟得",这些士人在科场困顿、功名之心磨练得淡泊之后,就免不了归佛入老,闲适山林。"孔颜乐处"在本质上是一种超越功利、功名的"道义之乐",亦即由儒家之"道义"而产生的一种精神上的"自足之乐",它可以为未能进入仕途或从仕途遭贬的士人提供一种精神上的安身立命之地;这种"乐"因为是"道义"的,它要"明体达用",怀抱着把儒家之道"举而措之天下,能润泽斯民"的外王志向,所以它又是一种不同于佛老的、亦即儒家的精神境界。可以说,宋明新儒学就是以此来排斥佛老,"收拾"人才,把广大的士人重新召拢在儒家的"道义"旗帜下,

---

① 《宋元学案·泰山学案》。
② 孔子说:"饭疏食,饮水,曲肱而枕之,乐亦在其中矣。不义而富且贵,于我如浮云。"(《论语·述而》)"贤哉回也,一箪食,一瓢饮,在陋巷,人不堪其忧,回也不改其乐。"(《论语·雍也》)
③ 《范文正公集》卷三《睢阳学舍书怀》。
④ 《范文正公集·年谱》引魏泰《东轩笔录》:范仲淹在长白僧舍苦读期间"日作粥一器,分为四块,早暮取二块,断齑数茎,入少盐于咱,如此者三年。"《宋史·范仲淹传》记其在睢阳学舍苦读"冬夜惫甚,以水沃面,食不给,至以糜粥继之"。
⑤ 孔子说:"古之学者为己,今之学者为人。"(《论语·学而》)梁漱溟先生曾给中国文化书院题词:"孔门之学乃为己之学,而己又是仁以为己任的己,此所以孔子周游列国,席不暇暖。"
⑥ 据统计,"到11世纪末约有20万名注册的学生,其中一半将为约500个中举名额展开竞争,从而跻身于约2万人的文官队伍之中(可能只有一半的人有实际的职位)。南宋时期,应试人数不断增加。总之,考试造就了一大批自称为士的人,因为他们培养了能使自己成为士所需的学识,但没有机会使他们在政府中任职。"参见包弼德《政府、社会和国家——关于司马光和王安石的政治观点》,载田浩编《宋代思想史论》,杨立华等译,社会科学文献出版社2003年,第167页。按:宋代士人阶层的扩大,除了科举考试的因素之外,还有印刷术促进了教育的发展。如谢和耐所说:"960—1280年……选拔官吏的需要和国家经济的发展引起了官僚队伍的迅速发展和国家行政机器的改善。比欧洲早五个世纪的大量印刷著作的技术促进了教育的发展以及直到近代始终统治中国政治生活的文人阶级的膨胀。"见氏著《中国社会史》,耿昇译,江苏人民出版社1995年,第21页。
⑦ 范仲淹在考中进士后作诗云:"长白一寒儒,名登二纪余。……乡人莫相羡,教子读诗书。"(《范文正公集·年谱》)胡瑗、孙复在经范仲淹推荐而成为学官之前都是"白衣"或"处士"。

使他们在"道义"的价值取向中也能得到个人的安身立命之地。

范仲淹在 27 岁时登进士第,但他不图个人富贵,而只是忧国忧民。其《鄱阳酬泉州曹使君见寄》云:"身甘一枝巢,心苦千仞翔。志意苟天命,富贵非我望。"①这里的"富贵非我望",亦表达了"孔颜乐处"的内圣境界;而"心苦千仞翔",则表达了忧国忧民的外王追求。

范仲淹在陕西抗击西夏期间接见张载,"警之曰:'儒者自有名教可乐,何事于兵!'因劝读《中庸》。"所谓"名教可乐"也就是儒家的"道义之乐",后来张载说"君子乐得其道",②当是受到范仲淹思想的影响;他发挥《中庸》的"诚明"之说,提出"性与天道合一存乎诚",③这也有范仲淹由以启之的思想渊源。

庆历新政夭折后,范仲淹应老友滕宗谅之约,写下了千古名篇《岳阳楼记》。其中有云:"登斯楼也,则有去国怀乡,忧谗畏讥,满目萧然,感极而悲者矣",亦"有心旷神怡,宠辱皆忘,把酒临风,其喜洋洋者矣","予尝求古仁人之心,或异二者之为"。这里的"二者",或感人生际遇之"悲",或得自然达观之"喜",实是以文学的语言来喻指佛道二教的精神境界。范仲淹"尝求古仁人之心,或异二者之为",就是从先秦儒家的思想中提炼出一种不同于佛道二教的价值取向,此即"不以物喜,不以己悲",无论仕途的进退沉浮,始终"忧其民","忧其君","先天下之忧而忧,后天下之乐而乐"。④

当范仲淹晚年徙知杭州时,"子弟以公有退志,乘间请治第洛阳,树园圃,以为逸老之地"。范仲淹说:"人苟有道义之乐,形骸可外,况居室乎!"⑤这里的"道义之乐"突出地表达了儒家之"乐"的主题。

二程说:"昔受学于周茂叔,每令寻颜子、仲尼乐处,所乐何事。"⑥程颐作《明道先生行状》云:"先生为学,自十五六时,闻汝南周茂叔论道,遂厌科举之业,慨然有求道之志。"⑦朱熹作《伊川先生年谱》亦云:"(先生)年十四五,与明道同受学于舂陵周茂叔先生。"⑧此时正是庆历六年周敦颐在南安军司理参军任上。从时间顺序以及范仲淹在当时居于士人"领袖"地位⑨上说,我们不难看到周敦颐所受范仲淹及其庆历新政的影响。

周敦颐在《通书》中说:

> 伊尹、颜渊,大贤也。伊尹耻其君不为尧舜,一夫不得其所,若挞于市。颜渊不迁怒,不贰过,三月不违仁。志伊尹之所志,学颜子之所学。⑩
>
> 颜子一箪食,一瓢饮,在陋巷,人不堪其忧,而不改其乐。夫富贵,人所爱也,颜子不爱不求,而乐乎贫者,独何心哉? 天地间有至贵至富可爱可求而异乎彼者,见其大而忘

---

① 《范文正公集》卷二《鄱阳酬泉州曹使君见寄》。
② 张载《正蒙·至当》。
③ 张载《正蒙·诚明》。
④ 《范文正公集》卷七《岳阳楼记》。
⑤ 《范文正公集·年谱》。
⑥ 《程氏遗书》卷二上。
⑦ 《程氏文集》卷十一《明道先生行状》。
⑧ 《程氏遗书》附录。
⑨ 欧阳修曾说:"希文(仲淹)平生刚正,好学通古。今其立朝有本末,天下所共知……今班行中无与比者。"(《居士外集》卷十七《与高司谏书》)这正说明范仲淹是当时"士大夫群中众望所归的领袖人物"。参见漆侠《宋学的发展和演变》第 289 页。
⑩ 周敦颐《通书·志学》。

其小焉尔。①

这里的"志伊尹之所志",即新儒家的"外王"志向,如同范仲淹所言"琴遇锺君恨即销";"学颜子之所学",即道学家的"内圣"追求,如同范仲淹所言"瓢思颜子心还乐"。颜子之乐不是"乐于贫",而是有比(物质层面)"富贵"更大的(精神层面)"至贵至富"者可爱可求。这种精神层面的"至贵至富"者就是儒家的"道义":②"天地间至尊者道,至贵者德而已矣","道义者,身有之则贵且尊"。

程颐"始冠,游太学",胡瑗以《颜子所好何学论》试诸生。胡瑗的这个考试题目,正是其"明体达用之学"的题中应有之义,这个应有之义也正是在范仲淹的"慎选举,敦教育"思想中形成的。胡瑗得程颐之作,"大惊异之,即请相见,遂以先生为学职"。程颐的《颜子所好何学论》之所以作得好,是因为他早年受到周敦颐的教诲,对此问题涵泳在心,并有新的体会。他在此论中说:"颜子所独好者,何也?学以至圣人之道也。……凡学之道,正其心,养其性而已。中正而诚,则圣矣。"③由此可以看出,宋代新儒学从"孔颜乐处"向重视"心性之学"的理论发展倾向。④

范仲淹对宋代新儒学的重要影响还有他极其重视教育,大力兴办学校。他登进士第后,调广德军(今安徽广德县)任司理参军,"初广德人未知学,公得名士三人为之师,于是郡人之擢进士第者相继于时",⑤以后徽学的兴盛,范仲淹与有功焉。天圣五年,范仲淹执掌南都府学,"常宿学中,训督学者,皆有法度",在此写有《代人奏乞王洙充南京讲书状》,指出:"致治天下,必先崇学校,立师资,聚群材,陈正道。"⑥景祐二年(1035),范仲淹在苏州奏请立郡学,并将所得南园之地辟为学校,聘胡瑗为教授,由是而有胡瑗的"苏湖之法"。苏州有郡学,自范仲淹始;东南学术之盛,亦自苏州建学始。景祐三年,范仲淹知饶州(今江西鄱阳),在此建郡学,"生徒浸盛",邀李觏到此讲学。景祐四年,范仲淹徙知润州(今江苏镇江),又在此建郡学,再邀李觏。宝元元年(1038),范仲淹徙知越州(今浙江绍兴),李觏应招到越州讲学。庆历三、四年(1043、1044),推行庆历新政,在京师立太学,诏各州县皆立学,取苏湖之法著为令,奏请胡瑗、李觏入太学。庆历五年,范仲淹知邠州(今陕西邠县),在此作《邠州建学记》云:"国家之患莫大于乏人。……庠序可不兴乎?庠序者,俊乂所由出焉。"⑦皇祐元年(1049),范仲淹知杭州,两次推荐李觏入太学,李觏被授为太学助教,后嘉祐四年(1059),胡瑗以病告假,李觏入京管勾太学。范仲淹在仕途中四进四退,所经之地有安徽、河南、江苏、江西、浙江、陕西、甘肃、山西、山东等省份。他在南都,亲掌府学;居庙堂之高,则在京师立太学;处江湖之远,则每到一地,必建学兴教,"立师资,聚群材,陈正道"。宋学精神之所寄在书院,范仲淹对于宋代书院的兴起有开创奠基之功。

---

① 周敦颐《通书·颜子》。
② 周敦颐《通书·师友》。
③ 《河南程氏文集》卷八《颜子所好何学论》。
④ 范仲淹在晚年作有一篇《十六罗汉因果识见颂序》,记其在陕西任宣抚使时,偶得佛书《因果识见颂》,"其字皆古隶书,乃藏经所未录",此书"直指死生之源,深陈心性之法",读后"胸臆豁然"(《范文正公集·别集》卷四)。这表明在范仲淹晚年的思想中也有重视"心性之学"的倾向。
⑤ 《范文正公集·年谱》。
⑥ 《范文正公集》卷十八《代人奏乞王洙充南京讲书状》。
⑦ 《范文正公集》卷七《邠州建学记》。

范仲淹与北宋《春秋》学

罗炳良

在北宋初年治学路径由词章训诂解经之习向自抒胸臆释经之风的转变中,范仲淹起着引领风气之先的作用。① 然而当人们深入考察宋代经学的演进时,有的学者指出:"以范仲淹为中心的一派的学者要以《易》与《中庸》为学问的根本,这一派乃是周敦颐及二程子的先导";"与范仲淹一派相对立的为欧阳修……以《春秋》为中心,与范仲淹一派之专重《易》与《中庸》者,大有差别"。"前一派的目标在于探求仁心的本源","讲究所谓穷理尽性";"后一派的目标在于明示义务的本质","讲究所谓大义名分"。后来"南宋的朱熹把这二派加以综合,他遂集了宋学的大成"。② 这样划分固然有益于加深对宋学的研究,却不可避免地造成对范仲淹思想体系割裂的弊端。事实上,范仲淹对《春秋》学同样有深刻见解和重要贡献,是其复兴儒学思想的一个有机组成部分。深入研究这个问题,有助于认识范仲淹思想的全貌。

一、复兴儒学精神

在中国古代社会里,儒家文化自孔孟以来就形成"文王既没,文不在兹乎"③、"如欲平治天下,当今之世,舍我其谁"④的传道经世传统,士大夫希望通过塑造完整的理想人格对政治生活和社会风貌发挥重要影响。但是,历代儒家学者以天下为己任的理想,由于不同社会提供的历史环境有很大差异,因而在各个历史时期发挥的作用也有很大区别。尤其是唐末五代的武人政治统治,造成文治不兴、礼乐崩溃、士风浇薄、斯文扫地的社会局面,儒学极度式微,士大夫缺乏道德廉耻和忠孝节义价值观念,整个儒士群体的精神面貌萎靡不振。北宋建立以后,惩唐末五代积弊,确立"以儒立国"的治国方略,以保国家长治久安。士大夫阶层苟且偷安、明哲保身的精神状态,显然不能适应时代的要求,迫切需要改变现状,树立一种奋发向上、积极进取、超越个人利益得失和关心国家前途命运的精神风貌。这一时代精神的核心内涵,就是恢复和光大中国儒学的社会伦理价值观念,实现儒家修身、齐家、治国、平天下的最高理想境界。在这一时代洪流中,范仲淹站在历史变革的潮头,肩负起历史的使命和时代的重任,成为复兴儒学精神的领袖。

范仲淹虽然出身宦门,但因家庭变故,幼年时历经坎坷,体验了社会底层的贫困和艰难。这种经历使他少年时即崇"尚经天纬地之业",⑤成为士大夫中间最早具崇高道德理想之人,

---

① 参阅方健《范仲淹评传》,南京大学出版社 2001 年。
② 范寿康《中国哲学史通论》,武汉大学出版社 2008 年,第 257—258 页。
③ 《论语·子罕》。
④ 《孟子·公孙丑下》。
⑤ 《范仲淹全集·范文正公别集》卷四《赋林衡鉴序》。

"少有大节,于富贵贫贱、毁誉欢戚不一动其心,而慨然有志于天下"。① 在应天书院读书时,范仲淹不以贫困为忧,而以刻苦学习为乐,树立了以天下为己任的远大理想。他治学博通儒家经典,饱读史书,增长了阅历,磨砺了意志,打下了坚实的基础,这对他理想人格、道德标准、价值观念的形成具有重大影响。范仲淹志向高远,在政治方面的目标是致君于尧舜:"纯衣黄冕历星辰,白马彤车一百春。莫道茅茨无复见,古今时有致尧人。"②这是他一生为之奋斗的崇高理想,目的在于实现经世济民、治国安邦的宏伟目标。作为士大夫中的一员,范仲淹对于"士"阶层在社会中的地位和作用具有深刻认识,明确揭示出士大夫应负的社会责任。他说:

> 前王诏多士,咸以德为先。道从仁义广,名由忠孝全。美禄报尔功,号爵縻尔贤。黜陟金鉴下,昭昭嫭与妍。此道日已疏,善恶何茫然。君子不斥怨,归诸命与天。术者乘其隙,异端千万惑。天道入指掌,神心出胸臆。听幽不听明,言命不言德。学者忽其本,仕者浮于职。节义为空言,功名思苟得。天下无所劝,赏罚几乎息……禅灶方激扬,孔子甘寂寞。六经无光辉,反如日月蚀。大道岂复兴,此弊何时抑?末路竞驰骋,浇风扬羽翼。昔多松柏心,今皆桃李色。愿言造物者,回此天地力。③

范仲淹认为先秦时期的"士"注重道德修养,具备忠孝仁义,因而三代社会风俗醇厚,国泰民安。自秦汉以下,儒家之道日益疏远,以致世人对善恶失去判断标准,茫然无所适从。于是阴阳谶纬之术、黄老浮屠之学乘虚而入,导致社会风气败坏,士大夫丧尽节义廉耻。阴阳、佛老之学的盛行,使得儒学更加衰微,给儒家文化带来极大危害。在这样的社会局面下,他发出了惩恶救弊、复兴儒道的呼声,为宋代士大夫的行为和思想指明了方向和归宿。此后,范仲淹对其复兴儒学精神的理想采取行动,通过倡导改革和兴办学校两方面来付诸实践。鉴于这方面研究成果已有不少,④这里不再重复赘述。

由于范仲淹的大力倡导和身体力行,到北宋中叶以后,宋代士大夫以天下为己任的儒家经世责任意识不仅得到发扬光大,而且成为士大夫阶层普遍行为准则。南宋陈傅良对此评论说:"宋兴,士大夫之学,亡虑三变。起建隆,至天圣、明道间,一洗五季之陋,知乡方矣,而守故蹈常之习未化。范子始与其徒抗之以名节,天下靡然从之,人人耻无以自见也。"⑤这种积极进取局面的出现,不但是范仲淹提倡名节和以身作则的结果,而且是宋代士大夫希望致君于尧舜而参政议政的反映。朱熹也认为:"本朝惟范文正公振作士大夫之功为多……祖宗以来,名相如李文靖、王文正诸公,只恁地善,亦不得。至范文正时便大厉名节,振作士气,故振作士大夫之功为多。"他回答弟子问"本朝道学之盛"时,更明确指出:"亦有其渐。自范文正公以来已有好议论,如山东有孙明复,徂徕有石守道,湖州有胡安定,到后来遂有周子、程

---

① 《欧阳修全集·居士集》卷二十《资政殿学士户部侍郎文正范公神道碑铭》。
② 《范仲淹全集·范文正公文集》卷四《咏史五首·陶唐氏》。
③ 《范仲淹全集·范文正公文集》卷二《四民诗·士》。
④ 钱穆云:"自朝廷之有高平,学校之有安定,而宋学规模遂建……故言宋学精神,厥有两端:一曰革新政令,二曰创通经义,而精神之所寄则在书院。"(《中国近三百年学术史》,商务印书馆1997年,第7页)李存山《范仲淹与宋代儒学的复兴》,《哲学研究》2003年第10期和《范仲淹与宋代新儒学》《湖南大学学报(社会科学版)》2008年第1期两文也有精辟论述,可以参考。
⑤ 《止斋先生文集》卷三九《温州淹补学田记》。

子、张子出。"①可见引领宋代儒学复兴之功,其源头应当追溯到范仲淹,当之无愧。

二、阐释《春秋》经义

范仲淹一向以政治家和教育家著称于世,没有撰写出专门的学术著作,因而在学术史上的成就不为世人所重视。其实,他对儒家经典颇有研究,"泛通六经,长于《易》"②。尽管范仲淹关于六经旨义的阐发没有成为专家,在经学史上也不占重要地位,但其经学研究形成自己的路径。最显著的特色,就是不拘泥于对经书的章句训诂,而是通过各种形式的议论文章,揭示六经的大旨和要义,开启了宋代学者治经的发展方向,意义更为深远。关于范仲淹的《易》学研究,迄今为止国内学者多有论及,故此这里仅对其阐释《春秋》大义的学术见解略作考察,以窥其经学研究的特色和成就。

首先,关于《春秋》一书的性质,范仲淹认为是警策后世的名教之书。他指出:"孔子作《春秋》,即名教之书也。善者褒之,不善者贬之,使后世君臣爱令名而劝,畏恶名而慎矣。夫子曰:'疾没世而名不称。'……人不爱名,则虽有刑法干戈,不可止其恶也。武王克商,式商容之闾,释箕子之囚,封比干之墓,是圣人敦奖名教,以激劝天下。如取道家之言,不使近名,则岂复有忠臣烈士为国家之用哉?"③这就是说,孔子修《春秋》是通过褒善贬恶警示后世,对世人发挥惩恶劝善的功效。学者只有明确《春秋》一书的性质,才能正确领会经学的旨意,达到经世致用的目的。范仲淹指出:"今褒博者流,咸至于道,以天命之正性,修王佐之异才,不深《春秋》,吾未信也……吾辈方叩圣门,宜循师道,粹属词比事之教,洞尊王黜霸之经。由此登太山而知高,入宗庙而见美,升堂睹奥,必有人焉,君子哉无废!"④他认为《春秋》是圣人"尊王黜霸之经",因而研治《春秋》之学就能有裨世道。范仲淹指出:

> 论者曰:"《春秋》无贤臣,罪其不尊王室也。"噫!春秋二百四十年,天地五行之秀,生生不息,何尝无贤乎?当东周之微,不能用贤以复张文武之功,故四方英才,皆见屈于诸侯与霸者之为,而王道不兴,与无贤同,故论者伤之甚矣……唐季海内支裂,卿材国士不为时王之用者,民鲜得而称焉。皇朝以来,士君子工一词,明一经,无远近直趋天王之庭,为邦家光。吾缙绅先生宜乐斯时,宝斯时,则深于《春秋》者,无所讥焉。⑤

他认为由于王道不兴,故有霸道之世,东周之微和唐季支裂就是霸道存在的社会基础。在这样的社会里,贤才为霸者所用,不能为王道政治服务,实出无可奈何。范仲淹以知人论世的态度,没有一味指责春秋时期为霸者所用的士人不尊王室之罪,更主要的是感伤分裂割据造成的时代悲剧,庆幸北宋统一给士大夫提供了一个能够在封建皇朝中施展抱负的政治舞台。这样理解和阐释《春秋》大义,超越了前代经学家王霸义利之辨的局限,更加突出了经学的经世致用价值。

其次,对于《春秋》经传的关系,范仲淹主张舍传注而信经书。在《春秋》学发展史上,唐

---

① 黎靖德编《朱子语类》卷一二九。
② 《宋史》卷三一四《范仲淹传》。
③ 《范仲淹全集·范文正公文集》卷七《近名论》。
④ 《范仲淹全集·范文正公文集》卷八《说春秋序》。
⑤ 《范仲淹全集·范文正公文集》卷一五《太府少卿知处州事孙公墓表》。

代啖助、赵匡和陆淳等人开始打破汉唐以来治经"疏不破注"的传统,给研究《春秋》学开辟了一条新途径。然而唐代这股释经新风被视作异端,远远没有成为《春秋》学发展的主流。至北宋中叶,治《春秋》者直抒胸臆而不拘守传注成为时代风尚,而范仲淹则是这一治学风气的最早倡导者之一,对缔造新学风发挥了重要作用。他对于唐人开创的经学新天地不但承认,而且积极表彰推崇这一体系下的学术成果。范仲淹曾经上书朝廷说:

> 臣伏见故秘书丞、集贤校理朱寀,幼有俊材,服膺儒术,研精道训,务究本源。越自经庠,擢升文馆。力学方起,美志未伸,不幸天丧,深可嗟悼。寀《春秋》之学,为士林所称。有唐陆淳,始传此义。学者以为《春秋》之道久隐,而近乃出焉。寀苦心探赜,多所发挥。其所著《春秋指归》等若干卷,谨缮写上进,乞下两制详定,如实可收采,则乞宣付崇文院。①

正因为他能够接受和继承啖、赵一派研治《春秋》的学风,所以对前人解释《春秋》的附会与错误具有明确认识,敢于针对传统传注提出怀疑与批评。曾经受学于范仲淹的"宋初三先生"之一孙复在往来书信中说:"复不佞,游于执事之墙藩者有年矣。执事病注说之乱六经,六经之未明,复亦闻之矣。"②这一说法,可以从范仲淹自己的著作中得到证实。他认为《春秋》三传都存在问题,不尽符合孔子之意。范仲淹指出:"圣人之为《春秋》也,因东鲁之文,追西周之制,褒贬大举,赏罚尽在。谨圣帝明皇之法,峻乱臣贼子之防。其间华衮贻荣,萧斧示辱,一字之下,百王不刊。游、夏既无补于前,公、谷盖有失于后。虽丘明之传颇多冰释,而素王之言尚或天远,不讲不议,其无津涯。"③他认为《左传》、《公羊传》和《穀梁传》都没有得到《春秋》大义,和孔子的思想还有很大距离。后世学者不能探本溯源,导致经学荒芜,治经泛滥无归。因此,必须抛开后世注疏的羁绊,直接回归圣人本意,才能够真正探明《春秋》所蕴涵的儒家之道。范仲淹的这一主张,给当时和后来研治《春秋》的学者以很大启示,对宋代经学研究的路径和理学思想的产生起了有力的推动作用,从而开辟了中国"经学变古时代",④在中国学术发展史上具有非常深远的历史意义。

再次,关于经学的研究方法,范仲淹主张以"例"治《春秋》。对于《春秋》是否有"例"的问题,历代经学家聚讼纷纭,莫衷一是。范仲淹承认《春秋》中有"例",因为《春秋》是孔子因鲁史而作,但又不是完全抄录旧文,而是通过用"例"赋予其褒善贬恶之义。他说:"圣人笔削经史,皆因其旧,可者从而明之,其不可者从而正之,未尝无登降之意也……修《春秋》则因旧史之文,从而明之,有褒贬之例焉。"⑤不但如此,而且孔子修《春秋》的主要成就是通过用"例"表现出来,因而成为载道之书。范仲淹指出:"盖《春秋》以时纪事而为名也,优劣不在乎'春秋'二字,而有凡例、变例之文。"⑥正是由于褒贬之例的存在,才使得《春秋》成为名教之书,可以通过褒善贬恶发挥明世教、正君心的作用,达到天下太平,实现王道政治。这一主张尽管不是范仲淹首创,但因其大力提倡而产生了较大作用,对于两宋《春秋》学的发展至关重要,影

---

① 《范仲淹全集·范文正公文集》卷二十《进故朱寀所撰春秋文字及乞推恩与弟寔状》。
② 《孙明复小集·寄范天章书二》。
③ 《范仲淹全集·范文正公文集》卷八《说春秋序》。
④ 皮锡瑞:《经学历史》,中华书局2004年新一版,第156页。
⑤ 《范仲淹全集·范文正公文集》卷十《与周骙推官书》。
⑥ 《范仲淹全集·范文正公文集》卷十《与欧静书》。

响到欧阳修、朱熹一派以书法褒贬研治经史的风貌。

应当指出的是,范仲淹毕竟不是经学家,研究《春秋》的目的不是为阐发经义,而是为其政治变法和学术改革服务。因此,他没有提出系统的《春秋》学主张,形成完整的学术思想,只是利用经学思想来实现倡导"不专辞藻,必明理道"①的风气,作为复兴儒学的手段。范仲淹认识到经学对于国家的重要作用,指出:

> 夫善国者,莫先育才;育才之方,莫先劝学;劝学之要,莫尚宗经。宗经则道大,道大则才大,才大则功大。盖圣人法度之言存乎《书》,安危之几存乎《易》,得失之鉴存乎《诗》,是非之辨存乎《春秋》,天下之制存乎《礼》,万物之情存乎《乐》。故俊哲之人,入乎六经,则能服法度之言,察安危之几,陈得失之鉴,析是非之辨,明天下之制,尽万物之情。使斯人之徒辅成王道,复何求哉!②

他希望通过研究六经内容揭明经旨大义,而不是斤斤纠缠具体的章句训诂,与经学家形成显著的区别。范仲淹评价他人的经学成就,也是围绕这个主题展开。例如他评论尹洙的《春秋》学造诣,赞誉"师鲁深于《春秋》,故其文谨严,辞约而理精,章奏疏议,大见风采,士林方耸慕焉。遽得欧阳永叔,从而大振之,由是天下之文一变而古,其深有功于道欤"!③ 表彰尹洙把《春秋》学大义运用到文章议论中,对宋代古文运动起了推动作用,有功于治道。这表明范仲淹并非把《春秋》学乃至六经视作学者仕进的阶梯,更重要的是强调把经学变成明体达用之学,作为个人和社会增益修养和智慧的载体,为北宋社会树立新儒学道德规范。

三、培育《春秋》学人

范仲淹对复兴儒学精神不仅从学术上加以阐释,而且重视培育经学研究人才,培养学术群体,把复兴儒学精神的事业发扬光大,形成一代风貌。他治学博通六经,"学者多从质问,为执经讲解,亡所倦……每感激论天下事,奋不顾身,一时士大夫矫厉尚风节,自仲淹倡之"。④ 最著名的事例,就是张载和范仲淹的交往。《宋史·张载传》云:"少喜谈兵,至欲结客取洮西之地。年二十一,以书谒范仲淹,一见知其远器,乃警之曰:'儒者自有名教可乐,何事于兵!'因劝读《中庸》。"后来张载成为北宋著名理学家,与范仲淹的引导有直接关系,以至全祖望说范仲淹"导横渠以入圣人之室,尤为有功"。⑤ 不仅是张载,另外"文正公门下多延贤士,如胡瑗、孙复、石介、李觏之徒,与公从游,昼夜肄业",⑥相互探究儒学经旨大义,以复兴儒道为宗旨,为宋学的开创和发展做了重大贡献。下面仅以《春秋》为例,考察范仲淹与北宋文人武士的因缘际会,藉以窥其培养《春秋》学人才的学术成就。

作为政治家的范仲淹,在军事方面也有杰出才能,立志靖边报国。他以诗言志说:"太平燕赵许闲游,三十从知壮士羞。敢话《诗》《书》为上将,犹怜仁义对诸侯。子房帷幄方无事,

---

① 《范仲淹全集·范文正公政府奏议》卷上《答手诏条陈十事》。
② 《范仲淹全集·范文正公文集》卷十《上时相议制举书》。
③ 《范仲淹全集·范文正公文集》卷八《尹师鲁河南集序》。
④ 《宋史》卷三一四《范仲淹传》。
⑤ 《宋元学案》卷三《高平学案序录》。
⑥ 朱熹编《三朝名臣言行录》卷一一。

李牧耕桑合有秋。民得袴襦兵得帅,御戎何必问严尤?"①范仲淹不赞成将帅一味征伐杀戮,徒逞匹夫之勇,而是推崇古之儒将,饱读《诗》、《书》,运筹帷幄,深明大义。他非常重视《春秋》学对为将之道的价值,在陕西抚边期间曾以之传授勇将狄青。宋人邵伯温《邵氏闻见录》卷八记载:"狄武襄公青初以散直为延州指使,时西夏用兵,武襄以智勇收奇功。尝被发戴铜铸人面,突围陷阵,往来如神,虏畏慑服,无敢当者。而识达宏远,贤士大夫翕然称之,尤为范文正、韩忠献、范正献诸公所知。文正公授以《春秋》、《汉书》,曰:'为将而不知古今,匹夫之勇耳。'武襄感服,自勉励无怠,后位枢密。"这表明范仲淹不但研究《春秋》有心得,而且能够用来教育将帅,既可以提高他们的军事水平,又能够培养他们的政治素养,成效非常显著。

范仲淹与孙复的交往,是宋学发展历程中一件大事。宋仁宗天圣五年(1027),范仲淹掌管应天府学,"常宿学中,训督学者,皆有法度,勤劳恭谨,以身先之。由是四方从学者辐辏,其后以文学有声名于场屋、朝廷者,多其所教也"。② 在这一年里,孙复幸遇范仲淹。宋人魏泰《东轩笔录》卷十四记载:

> 范文正公在睢阳掌学,有孙秀才者索游上谒,文正赠钱一千。明年,孙生复道睢阳谒文正,又赠一千,因问:"何为汲汲于道路?"孙秀才凄然动色曰:"老母无以养,若日得百钱,则甘旨足矣。"文正曰:"吾观子辞气,非乞客也,二年仆仆,所得几何,而废学多矣。吾今补子为学职,月可得三千以供养,子能安于为学乎?"孙生再拜大喜。于是授以《春秋》,而孙生笃学不舍昼夜,行复修谨,文正甚爱之。明年,文正去睢阳,孙亦辞归。后十年,闻泰山下有孙明复先生以《春秋》教授学者,道德高迈,朝廷召至太学,乃昔日索游孙秀才也。文正叹曰:"贫之为累亦大矣,倘因循索米至老,则虽人才如孙明复者,犹将汨没而不见也。"

范仲淹培养儒学人才,可见一斑。需要说明的是,孙复受到朝廷征召,也是范仲淹援引和举荐的结果。宋仁宗景祐元年(1034),范仲淹甫由睦州徙苏州,即希望孙复来讲学。他给孙复写信说:"足下未尝游浙中,或能枉驾,与吴中讲贯经籍,教育人才,是亦先生之为政。"③宋仁宗康定元年(1040),范仲淹又向朝廷举荐孙复,其奏状说:"兖州仙源县寄居孙复,元是开封府进士,曾到御前,素负词业,深明经术。今退隐泰山,著书不仕。心通圣奥,迹在穷谷。伏望朝廷依敕文采擢……孙复,乞赐召试,特加甄奖。庶几圣朝涣汗,被于幽滞。"④宋仁宗庆历二年(1042),由于"范仲淹、富弼皆言[孙]复有经术,宜在朝廷。除秘书省校书郎、国子监直讲"。⑤ 孙复的《春秋》学著作主要有《春秋尊王发微》和《春秋总论》两书,其"治《春秋》不惑传注,不为曲说以乱经。其言简易,明于诸侯大夫功罪,以考时之盛衰,而推见王道之治乱,得于经之本义为多"。⑥ 由于他对《春秋》殚精竭虑,见解独到,颇为时人所推许。宋人王得臣指出:"泰山孙明复先生治《春秋》,著《尊王发微》,大得圣人之微旨,学者多宗之。以为凡经所书,皆变古乱常则书之,故曰《春秋》无褒,盖与谷梁氏所谓常事不书之意同。"⑦因此,北宋前

---

① 《范仲淹全集·范文正公文集》卷四《河朔吟》。
② 《范仲淹全集》载楼钥《范文正公年谱》。
③ 《范仲淹全集·范文正公尺牍》卷下《与孙明复》。
④ 《范仲淹全集·范文正公文集》卷一九《举张问孙复状》。
⑤ 《宋史》卷四三二《孙复传》。
⑥ 《欧阳修全集·居士集》卷二七《孙明复墓志铭》。
⑦ 《麈史》卷中《经义》。

期孙复的《春秋》学盛极一时。程颢、程颐回顾孙复任国子监直讲时的讲学盛况说:"孙殿丞复说《春秋》,初讲旬日间,来者莫知其数,堂上不容,然后谢之,立听户外者甚众。当时《春秋》之学,为之一盛。至今数十年,传为美事。"①可见孙复对北宋《春秋》学的发展壮大,做出了不可磨灭的贡献。

胡瑗是范仲淹培养和举荐成名的另一位经学家,对北宋学术风气转变的影响更为显著。宋仁宗景祐二年(1035),范仲淹在苏州创建义学,延请胡瑗"为苏州教授,诸子从学焉"。②此时朝廷"更定雅乐,诏求知音者。范仲淹荐瑗,白衣对崇政殿……授瑗试秘书省校书郎"学官之职。后来"范仲淹经略陕西,辟[胡瑗]丹州推官",参议谋划。③庆历新政期间,京师建太学,各地建府州县学。范仲淹举荐胡瑗等人充学官,上奏说:"臣窃见前密州观察推官胡瑗,志穷坟典,力行礼义。见在湖州郡学教授,聚徒百余人,不惟讲论经旨,著撰词业,而常教以孝弟,习以礼法,人人向善,闾里叹服。此实助陛下之声教,为一代美事。伏望圣慈特加恩奖,升之太学,可为师法。"④于是朝廷下诏湖州,取胡瑗教法颁于学官。庆历新政失败后,范仲淹倡导的教育之法并没有被废除,而且随着宋仁宗皇祐二年(1050)至嘉祐元年(1056)胡瑗任国子监直讲管理太学而更加兴盛。胡"瑗既居太学,其徒益众,太学至不能容,取旁官舍处之。礼部所得士,瑗弟子十常居四五,随才高下,喜自修饬,衣服容止,往往相类,人遇之虽不识,皆知其瑗弟子也"。⑤胡瑗治经和范仲淹相似,精通六经,尤长于《易》学。据程颢、程颐后来回忆说:"往年胡博士瑗讲《易》,常有外来讲听者,多或至千数人。"⑥同时,他对《春秋》学也有精湛的研究,撰著《春秋要义》、《春秋口义》、《春秋辨要》,成果不菲。可惜这些著作已经失传,无法窥见胡瑗《春秋》学的全貌。但由此可见他和范仲淹治学声气相通,共同为北宋《春秋》学发展做出了贡献。

欧阳修一向被视为北宋《春秋》学代表人物,也与范仲淹有频繁交往。全祖望把欧阳修列入"高平同调",⑦说明两人有密切关系。宋仁宗景祐元年,欧阳修致书在南方任官的范仲淹说:"南方美江山,水国富鱼与稻。世之仕宦者,举善地称东南。然窃惟希文登朝廷,与国论,每顾事是非,不顾自身安危,则虽有东南之乐,岂能为有忧天下之心者乐哉!"并且希望"自古言事而得罪,解当复用。远力久处,省思虑,节动作,此非希文自重,亦以为天下士君子重也"。⑧认为范仲淹是士大夫群体的领袖,致以崇高的景仰。两年以后,范仲淹又因忤宰相吕夷简被贬,欧阳修移书右司谏高若讷,指责其趋炎附势,不愿主持公道,诤谏皇帝收回成命。他说:"希文平生刚正,好学通古。今其立朝有本末,天下所共知……自三四年来,从大理寺丞至前行员外郎,作待制日,日被顾问,今班行中无与比者。"⑨宁愿自己被贬官,也不愿缄默不言,不敢承认与范仲淹为同道。宋仁宗康定二年(1041),范仲淹任陕西经略安抚副使,即举荐欧阳修任幕职官。他上奏朝廷说:

---

① 《二程文集》卷六《回礼部取问状》。
② 《宋元学案》卷一《安定学案》。
③ 《宋史》卷四三二《胡瑗传》。
④ 《范仲淹全集·范文正公政府奏议》卷下《奏为荐胡瑗李觏充学官》。
⑤ 《宋史》卷四三二《胡瑗传》。
⑥ 《二程文集》卷六《回礼部取问状》。
⑦ 《宋元学案》卷四《庐陵学案》。
⑧ 《欧阳修全集·居士外集》卷一七《与范希文书》。
⑨ 《欧阳修全集·居士外集》卷一七《与高司谏书》。

> 臣叨膺圣寄，充前件职任，即日沿边巡按。其有将帅之能否，军旅之怯勇，人民之忧乐，财利之通塞，戎狄之情伪，皆须广接人以访问，复尽心以思度，其于翰墨，无暇可为。而或奏议上闻，军书丛委，情须可达，辞贵得宜，当藉俊僚，以济机事。臣访于士大夫，皆言非欧阳修不可，文学才识为众所伏……其人见权滑州节度判官，伏望圣慈特差充经略安抚司掌书记，随逐巡按所典疏奏。①

可见范仲淹对欧阳修同样器重，引为同道中人。然而欧阳修为回避范仲淹有感恩之嫌，并未赴任。"公帅陕西，辟［欧阳］修掌书记，修曰：'吾论范公，岂以为利哉？同其退，不同其进，可也。'辞不就。"②庆历新政失败以后，范仲淹被贬外任，欧阳修多次上疏朝廷，言其不当罢黜，不可听信谗佞之言，希望重新任用范仲淹。例如宋仁宗庆历五年（1045），欧阳修上疏说：

> 臣伏见杜衍、韩琦、范仲淹、富弼等皆是陛下素所委任之臣，一旦相继而罢，天下士皆素知其可用之贤，而不闻其可罢之罪……昔年范仲淹初以忠信谠论闻于中外，天下贤士争相称慕，当时奸臣诬作朋党，犹难辨明。自近日陛下擢此数人，并在两府，察其临事，可以辨也……今仲淹四路之任，亦不轻矣，愿陛下拒绝群谤，委信不疑，使尽其所为，犹有裨补。③

其余奏疏，不再一一缕叙。范仲淹去世后，欧阳修于宋仁宗皇祐四年（1052）作《祭资政范公文》，又于宋仁宗至和元年（1054）作《资政殿学士户部侍郎文正范公神道碑铭》，表达对这位前辈同道的深切景仰和无尽思念。欧阳修治经，虽没有直接材料证明和范仲淹经学的联系，但大旨并无二致。尤其是对于经文和后人注疏关系的认识，欧阳修和范仲淹如出一辙。他说："今尝哀夫学者知守经以笃信，而不知伪说之乱经也。"④由于历代经学家对经典的解释存在许多误解，已经不符合儒家原始的本意。欧阳修指出："自秦汉以来，诸儒所述，荒虚怪诞，无所不有。"⑤这样解经导致了经义的隐晦，不符合经典的原意，以至于出现"《经》不待《传》而通者，十之七八，因《传》而惑者，十之五六"⑥的混乱局面。欧阳修提出治经的原则是："《经》之所书，予所信也；《经》所不言，予不知也。"⑦他的《春秋论》上中下三篇和《春秋或问》，集中代表了研究《春秋》学的成就。其中对《春秋》之例的认识，就和范仲淹相近，只不过将其发展到顶峰罢了。欧阳修"奉诏修《唐书》纪、志、表，自撰《五代史记》，法严词约，多取《春秋》遗旨"，⑧成为运用《春秋》义例修史的代表作。这种宗经而不惑传注和承认孔子修书用例的思想，体现出北宋学者治经的共同精神。

北宋研究《春秋》学造诣最深的学者当属刘敞，通过《七经小传》、《春秋传》、《春秋权衡》、《春秋说例》等著作的阐发，彻底形成了弃传从经的治学风格。刘敞与欧阳修学术交往频繁，时人以为"刘中原父望欧阳公稍后出，同为昭陵侍臣，其学问文章，势不相下，然相乐也"。⑨

---

① 《范仲淹全集·范文正公文集》卷一九《举欧阳修充经略掌书记状》。
② 《范仲淹全集·范文正公言行拾遗录》卷三《欧阳修以书责高若讷》。
③ 李焘《续资治通鉴长编》卷一五五，庆历五年三月己末条。
④ 《欧阳修全集·居士集》卷四三《廖氏文集序》。
⑤ 《欧阳修全集·居士集》卷四八《问进士策四首》。
⑥ 《欧阳修全集·居士集》卷一八《春秋或问》。
⑦ 《欧阳修全集·居士集》卷一八《春秋论上》。
⑧ 《宋元学案》卷四《庐陵学案》。
⑨ 邵博《邵氏闻见后录》卷一八。

在经学造诣方面,刘敞的研究比欧阳修更有深度。两人时常在一起讨论《春秋》问题,刘敞每每胜过欧阳修。宋人记载说:"庆历后,欧阳文忠以文章擅天下,世莫敢有抗衡者。刘原甫虽出其后,以博学通经自许,文忠亦以是推之。作《五代史》、《新唐书》凡例,多问《春秋》于原甫。及书梁入阁事之类,原甫即为剖析,辞辨风生。文忠论《春秋》,多取平易,而原甫每深言经旨。文忠有不同,原甫间以谑语酬之,文忠久或不能平。"①可见刘敞对《春秋》学的贡献,实际上比欧阳修更大。刘敞作为后辈学者,与范仲淹接触自然没有欧阳修密切,但也还是有一定的关系,不可避免地受到范仲淹学术的影响。他所撰《公是集》中有《贺范龙图兼知延安》、《题浙西新学》、《闻范参政巡西边》、《闻范饶州移疾》、《闻韩范移军泾原兼督关中四路》等诗,表达对范仲淹的崇敬之情。尤其是范仲淹兴学倡教,倍受刘敞推崇:"文翁昔时理蜀土,能令蜀人似邹鲁。范公今者镇江东,亦云教化似文翁。文翁范公本同志,蜀人吴人有殊异。蜀人之先自鱼凫,不闻道德能过吴。吴前泰伯后季札,礼让继为天下师。迄今遗风未全灭,得逢贤侯益昭晰……吴人于今歌且仰,我公去矣安所仿?愿公上佐天王明,姬文孔术从兹行。"②刘敞对《春秋》学的经传关系、义例褒贬、尊王黜霸等问题,都和范仲淹具有相似的认识,虽不能直接证明是受到范仲淹的启发和影响,但研究者认为"刘敞的学风正是庆历新政对学人发生影响的反映",③应当说得其大体,可以作为定论。

以上事实证明,从范仲淹到刘敞对于《春秋》学乃至儒家六经的研究,完成了由汉唐章句注疏之学向宋明以己意解经转变的过程。南宋王应麟指出:"自汉儒至于庆历间,谈经者守训故而不凿。《七经小传》出而稍尚新奇矣,至《三经义》行,视汉儒之学若土梗。"④北宋中叶以前,学者研治经学大都遵循"疏不破注"的原则,盲目相信六经及其传注体现了圣贤的思想,不敢表示怀疑,更不敢发挥与传注不一致的见解,极大地限制了经学发展。宋代士大夫比前代具有更加独立的学术意识和批判精神,形成不惧权威和勇于创新的观念。当学者按照这种精神重新审视前人学说和整理古代文献时,就发现了许多历代学者附会在经文之上的错误解释,不尽符合六经文本的原意。因此,他们屏弃汉唐旧的解经体系,宣称要直接孔孟道统。正如欧阳修所言:"正经首唐虞,伪说起秦汉。篇章异句读,解诂及笺传。是非自相攻,去取在勇断。"⑤北宋中叶以后,学者一方面怀疑历代儒家建构的传统学说体系的真实合理性,另一方面也怀疑古典文献以及后代解经史料的真实可靠性,于是形成一股疑古辨伪的学术思潮,迅速蔓延到全社会。北宋"国史云:庆历以前,学者尚文辞,多守章句注疏之学。至刘原父为《七经小传》,始异诸儒之说。王荆公修《经义》,盖本于原父云。"⑥司马光也形容当时的风气说:"新进后生,未知臧否,口传耳剽,翕然成风。至有读《易》未识卦爻,已谓《十翼》非孔子之言;读《礼》未知篇数,已谓《周官》为战国之书;读《诗》未尽《周南》、《召南》,已谓毛、郑为章句之学;读《春秋》未知十二公,已谓《三传》可束之高阁。循守注疏者,谓之腐儒;穿凿臆说者,谓之精义。"⑦可见这股学风至北宋中叶非常盛行。当时专恃胸臆解经的风气尽

---

① 叶梦得《石林避暑录话》卷一。
② 《公是集》卷一七《题浙西新学》。
③ 李存山《范仲淹与宋代新儒学》,《湖南大学学报(社会科学版)》2008年第1期。
④ 王应麟《困学纪闻》卷八《经说》。
⑤ 《欧阳修全集·居士集》卷九《读书》。
⑥ 吴曾《能改斋漫录》卷二《注疏之学》。
⑦ 《司马温公文集》卷六《论风俗札子》。

管也存在穿凿臆说、牵强附会之弊,但不是主要方面,其主流乃是打破前人注疏的羁绊,剔除了汉唐之人的谶纬迷信、天人感应之说,还先秦古籍的本来面目。南宋史家陆游指出:"自庆历后,诸儒发明经旨,非前人所及。然排《系辞》,毁《周礼》,疑《孟子》,讥《书》之《胤征》、《顾命》,黜《诗》之《序》,不难于议经,况传注乎!"[①]说明宋代疑辨学风具有解放思想的作用,在中国学术发展史上具有里程碑意义。

---

① 《困学纪闻》卷八《经说》。

李觏与范仲淹之交游及政治思想刍论

范立舟

南宋学者罗大经说:"国朝人物,当以范文正为第一,富(弼)、韩(琦)皆不及。"①理学之集大成者朱熹对范仲淹更是称颂有加:"本朝惟范文正公振作士大夫之功为多。""祖宗以来,名相如李文靖(昉)、王文正(旦)诸公,只恁地善,亦不得,至范文正时便大厉名节,振作士气,故振作士大夫之功为多。"②《宋史·范仲淹传》则褒扬道:"每感激论天下事,奋不顾身,一时士大夫矫厉风节,自仲淹昌之。"范仲淹一生的文治武功与恢弘胸襟及先忧后乐的崇高精神和风范,博闻广识的精湛学问和志趣,向为时人与后人所称赞。他还善于赏识与鉴拔人才,许多年轻才俊当时都曾受到过范仲淹的帮助和荐举。北宋思想家李觏便是其中的一位。李觏(1009—1059),江西南城人,少即俊异,遍览群书。成年后,屡试不第,以至一生坎坷。李觏博学通识,研极治乱,著述丰宏,智识材术,当时即见称于欧阳修、范仲淹、富弼、余靖等名公巨宦。就其思想本质而论,不仅对王安石学说,而且对后世功利学说影响均甚深甚远。范仲淹年长李觏20岁,曾多次奖擢李觏于草泽之中,对其经明行修、道德沉纯赞叹有加。事实上,范仲淹对李觏的荐拔,乃是源于双方的思想共鸣,他们都有以生民休戚、天下兴衰为己任的胸怀,都有主张变法革新、理财富国、术强图变的思想主张。本文拟就李觏与范仲淹的交游及变革思想之异同进行探讨。③

一

李觏与范仲淹相识于景祐四年(1037)。这一年,李觏29岁,入京参加乡举落第,悲愤彷徨,身疲力竭,而去鄱阳拜访范仲淹,这是李觏第一次见到自己心仪已久的前辈。④ 李觏曾记载此事说,景祐三年时,他"尝游京邑,凡时之所谓文宗儒师者,多请谒焉。但伏执事之名,时

---

① 《鹤林玉露》乙编卷一《韩范用兵》,中华书局1983年。
② 《朱子语类》卷一二九,中华书局1994年。
③ 关于本主题的研究,学界向来未作过多的探寻。胡适《记李觏的学说》(载《胡适文存》二集,亚东图书馆(上海)1940年)对李觏学说第一次进行了以现代学术形式的表述,但未涉及范仲淹与李觏思想影响的探讨。美国学者谢善元的《李觏之生平及思想》(中华书局1988年)对此一主题亦未作过多的关注,只是一笔带过而已。姜国柱的《李觏评传》(南京大学出版社1996年)对李觏哲学、政治、经济、军事等各方面思想多有阐发,且专门探讨了李觏与王安石及后世诸位思想家的思想影响及渊源关系,但对范仲淹与李觏的关系却着墨不多。而事实上,无论是吕振羽的《中国政治思想史》(人民出版社1955年),还是侯外庐主编的《中国思想通史》(第四卷上册,人民出版社1959年),都着重阐发了李觏与王安石的思想渊源,吕著直接认为李觏思想乃王安石的先驱。方健《范仲淹评传》(南京大学出版社2001年)大约以三千字的篇幅,对范、李关系作了阐述,但仍失之于简。
④ 方健教授认为李觏这次未见到范仲淹,参见方著《范仲淹评传》,第352页。

最久矣。谋之于儒林,则又谓执事表知乐之士,有自褐衣而得召者。如觏等辈,庶可依归。"①李觏已知仲淹有知人之明又乐于不次举荐,早就准备去拜访他,但还未来得及前往,仲淹就因与吕夷简的矛盾再次激化而远贬饶州,所以李觏"卒无所遇,彷徨而归"。他回到家乡后,又逢乡举不利,就是在这种"身病"、"力穷"的情况下,"不远五百里,犯风雨寒苦,来拜与庑下"的。② 关于这件事,范仲淹后来在给李觏的信中也提到过,他说:"仲淹白秀才李君:在鄱阳劳惠访,寻以改郡,不敢奉邀。"③此年十二月,仲淹改任润州。到润州后,他把州学"新而广之",又致书邀请李觏为润州郡学教授。他在《与李泰伯书》中说:"今润州初建郡学,可能屈节教授?"但李觏此时正忙于著录《潜书》,他得信后并没有应约前往。

宝元二年(1039)三月,范仲淹改知越州,到任后仍然念念不忘这位饱学多识、胸怀大略的"奇士",很快就写信邀请李觏来当地讲学,态度十分诚恳,他说:"此中佳山水,府学中有三十余人,阙讲贯与监郡诸官,议无如请先生之来,必不奉误……请一来讲说,因以图之,诚众望也!"④这是李觏第二次受到仲淹的热情邀请。这次,李觏应邀前往,他写了《登越山》一诗可以为证:"腊后梅花破碎香,望中情地转凄凉。游山只道寻高处,高处何曾见故乡?"从这首诗中同时也流露出李觏一种不愿久留的思归情绪,之后不久,李觏就回到了他的家乡,继续过着著书立说的清贫生活。据康定二年(1041)李觏得郡举应茂材异等科入京后所作的《上富舍人书》、《上吴舍人书》、《上王内翰书》等来看,此时李觏之志应不在序序之间。在上书中,突出表现的是他对自己在经济、政治、伦理、军事等方面的种种主张、设置能够得以推行施用的强烈愿望,其中也包括对这些王公大臣能够延席聆听他的经国大论,从而被采纳上闻的深切希望。如他在《上富舍人书》中所说:"志将以昭圣人之法,拯王道之纲,制为图书,以备施用。"又说:"古之所谓知己者,信其道也,非徒利其身也。不然何山之深而不可庐,何水之广而不可渔?著书传道,求闻于后世,不犹愈于碌碌食众之食乎?"⑤

庆历三年(1043)八月,范仲淹拜参知政事,庆历新政拉开了序幕,李觏于庆历四年(1044)六月将《庆历民言》三十篇呈于范仲淹和富弼,在该序中他说:"庆历三年,屏居里中,自念生而宦学,其秉心也劳,其虑事也多,既不克进,且为编户以死,终无一言,其何补于世!……故为《庆历民言》,凡三十篇。"⑥关于《庆历民言》的社会作用,祖无择称其"真医国之书"。《直讲李先生年谱》中也有评论说:"先生作《庆历民言》三十篇,《开讳》而下,言言药石,字字规戒。先生斯时无官,守言责,少露梗。概一二年间,杜、富、韩、范、欧、余、王、蔡,君明臣忠,三阳道泰。公既不能为三谏之诗以效君谟,又不能为浓墨之颂以效石介,虽在畎亩,忠赤不能自已,作为此篇。"在《庆历民言》中,李觏把《开讳》作为改革政治的前提,要求君主除忌讳、开言路,正视国家生死存亡的问题,鼓励大臣要敢于直谏帝王的过失。他说:"闻死而愠,则医不敢斥其疾;言亡而怒,则臣不能争其失。疾不治则死,或非命;失不改则亡,或非数。是讳死而速死,讳亡而速亡。"⑦在国家兴衰盛废上,他坚持了人事的作用,这显然是针对因循守

---

① 《李觏集》卷二十七《上范待制书》,中华书局 1981 年。
② 《李觏集》卷二十七《上范待制书》。
③ 《李觏外集》卷二《范文正公三书》。
④ 《范文正公文集·尺牍》,四川大学出版社 2007 年。
⑤ 《李觏集》卷二十七《上富舍人书》。
⑥ 《李觏集》卷二十一《庆历民言序》。
⑦ 《李觏集》卷二十一《开讳》。

旧、钳制言论、指目新进敢言之士为"朋党"的不良朝风而发的。在《谨听》、《止幸》、《防蔽》中也表现了这一层用意。除此之外，他还提出《备乱》、《虑永》等许多切合实际的主张，这些无疑是李觏以一介布衣的身份支持改革并积极参与改革的实际行动。

这份上书是李觏随《寄上范参政书》一同呈送范仲淹的。在书信中，李觏这样说："窃闻明公归自塞垣，参预朝政，无似之人，辱知最厚，延颈下风，忧喜交战。喜者何？谓冀明公立天下之功。忧者何？谓明公失天下之名。……若曰患更张之难，以因循为便，扬汤止沸，日甚一日，则士林称颂不复得如司谏、待制时矣。此所谓恐明公失天下之名也。嗟乎！当今天下可试言之欤！儒生之论，但恨不及王道耳，而不知霸也、强国也，岂易可及哉？管子之相齐桓公，是霸也。外攘戎狄，内尊京师，较之于今何如？商鞅之相秦孝公，是强国也。明法术耕战，国以富而民以强，较之于今何如？是天子有帝王之质而天下无强国之资，为忠与贤可不深计？"①这段文字，尤可见范、李二人相交之厚。李觏不单单以改革所面临的"更张之难"和易犯的"因循之便"谆谆告诫于仲淹，且直以王霸、富兵、强国相责于他，并以士大夫的身名气节相激励，毫不因身份、地位的悬殊而有所顾虑。信中还谈到了节约用度、减轻赋税以免"盗贼"、"乱患"之兴的经济问题及他对朝廷公然卖官，贻祸无穷的强烈反对。

这封信写于庆历四年六月四日，而范仲淹于此年六月二十一日已被任命为陕西、河东路宣抚使。仲淹离开朝廷，实已预示了新政失败的命运，而李觏之书信却恰恰在此期间到达，可以说是姗姗来迟。李觏对仲淹入参大政"忧喜交战"，对当时存在的各种问题坦言以告，信末又说"然恐富贵娱乐，有以移人，故敢告于左右"，"人寿几何？时不可失，无嗜眼前之爵禄，而忘身后之刺讥也。"从这些文字隐约可见李觏对新政措施及其推行过程中所产生的问题是有自己的看法的，这大概也是李觏这封书信及其所附《庆历民言》不是在新政伊始时送达，而是在新政已有所实施，弊端已有所暴露的情形下才发出的原因吧。李觏远在家乡，不可能彻底了解朝堂之上革新派与守旧派之间的炽热斗争，没有预料到范仲淹等会如此之快就被迫离开朝廷，由此也似乎可以说李觏的上书是一封迟到的议政书。

李觏的严辞苛责并没有得罪范仲淹，皇祐元年(1049)，仲淹知杭州，该年十一月二十日，他又上章荐举李觏，荐章中这样说："臣观李觏于经术文章，实能兼富，今草泽中未见其比。非独臣知此人，朝廷士大夫亦多知之……则知斯人之才、之学非常儒也。其人以母老不愿仕宦，伏乞朝廷优赐，就除一官，许令侍养，亦可光其道业，荣于闾里，以明圣人在上，下无遗才。"②在荐举李觏的同时，仲淹呈上了李觏所作的《礼论》七篇，《明堂定制图序》一篇，《平土书》三篇，《易论》十三篇。第二年三月，朝廷决定九月中大祭于明堂，借此机会，范仲淹在六月再次上书指出李觏对明堂制度有研究，"能研精其书，会同大义"，③在十多年前就制出了《明堂图》并作了序。同上次一样，范仲淹又录图并序献了上去，这一次很快就得到了消息：七月，李觏被授将仕郎，试太学助教。④李觏对仲淹不遗余力的举荐充满了感激，作《谢范资政启》以答谢。十月，范仲淹加官户部侍郎，李觏寄信相贺，仲淹回信说："虽德业雅远，未称人望，而朝廷奖善，鸿惭于时，惟聪明精至晓之深矣。"⑤并告知李觏他已改知青州，正准备上

---

① 《李觏集》卷二十七《寄上范参政书》。
② 《李觏外集》卷一《荐章四首·范文正公三首》。
③ 《李觏外集》卷一《荐章四首·范文正公三首》。
④ 《宋史》卷四三二《李觏传》中华书局1977年。
⑤ 《李觏外集》卷二《范文正公三书》。

路,这是范仲淹与李觏间有文字可考的最后书信往来。①

二

　　李觏与范仲淹都出身贫困。李觏14岁时父卒,家境甚贫,衣食不足,幸而其母郑氏,辛勤耕织,勤俭持家,使李觏得以拜师访友,学有所成。他成人后,两次应试,皆不中第,全家仍是"饥寒病瘁,日久颠仆"②,他也自称为"南城贱民"、"江南贱夫"、"南城小草民"等等。虽然如此,但他仍然坚持不懈,孜孜以求,好学进取,著书立说。他之所以家境贫穷而志不衰,被人讥笑而日好学,就在于他志大意坚,为国担忧,为民着想,他自己对此也作了说明:"觏,邑外草莱之民也,落魄不肖。生年二十三,身不被一命之宠,家不藏担石之谷。鸡鸣而起,诵孔子、孟轲群圣之言,纂成文章,以康国济民为意。余力读孙吴书,学耕战法,以备朝廷犬马驱指。肤寒热,腹饥渴,颠倒而不变。"③范仲淹于宋太宗端拱二年(989)出生于徐州掌书记书舍,父亲也是一个小官。仲淹两岁时,父亲去世,他随母亲改嫁到长山,家境也不是十分的宽裕。但他"少有志操",自叹"夫不能利泽生民,非大丈夫平生之志"。④他自幼勤奋学习,刻苦自励,21岁时,"在长白山醴泉寺僧舍读书,日作粥一器,分为四块,早暮取二块,断齑数茎,入少盐以啖之。如此者三年。"⑤忍受着常人难以忍受的艰难。后来他又到应天府书院学习,他志在致天下太平,不计较个人得失,"公少有大节,其于富贵、贫贱、毁誉、欢戚,不一动其心,而慨然有志于天下。"⑥大中祥府八年(1015),考中进士,被授予广德军司理参军,从此踏入仕途。范仲淹做官后,没有忘记自己"起家孤贫",所以他日后虽身居高位,也从来不忘民间疾苦,正如他在奏章中所云:"臣出处贫困,忧思深远,民之疾苦,物之情伪,臣粗知之。"⑦

　　北宋中期,官吏冗滥,人数之多,可为列朝之冠,仅科举录取的名额就超过了唐代二十倍以上。"恩荫"制度又使皇族、外戚、品官子弟获得官位,高官显宦不仅要荫及嫡系子孙,还可以荫及宗族亲属乃至门客医生,从而形成了"比屋皆是衣冠"的庞大官僚队伍。这些官吏俸禄优厚,享有占田免役特权,大都田舍弥望、婢妾成群。李觏和范仲淹都出身贫寒,自学成名,他们对官僚权贵子弟不学无术而坐享恩荫的现象十分不满。李觏描绘贪官污吏的丑态是"希势而惧,怀赂而喜,妥首摆尾",简直使"良犬"都为之羞耻。⑧他把攀结权贵,爬上高位,狐假虎威的人看作"盗贼",并警告当权者不要做这种盗贼的"人质"。他斥责某些居高位的人图国忘身,只是"但行文书,不责事实;但求免罪,不问成功;前后相推,上下相蔽。"⑨范仲淹也批判恩荫制度说:"假有任学士以上官,经二十年者,则一家兄弟子孙,出京官二十人,仍接次升朝,此滥进之极也。"⑩他建议让任荫的特权子弟受儒家经典的训练,同时用考试或保任

---

① 参见郑州大学李迪的硕士论文《范仲淹交游考略》。
② 《李觏集》卷二十七《上苏祠部书》。
③ 《李觏集》卷二十七《上孙寺丞书》。
④ 赵善潦《自警篇》第208页,商务丛书集成本。
⑤ 《范文正公集·年谱》。
⑥ 《欧阳文忠公集·居士集》卷二十《范公神道碑铭》,四部丛刊本。
⑦ 《范文正公文集》卷十七《让观察使第三表》。
⑧ 《李觏集》卷二十《潜书十五篇并序》。
⑨ 《李觏集》卷二十八《寄上孙安抚书》。
⑩ 《范文正公文集·政府奏议》卷上《答手诏条陈十事》。

制度来考核他们的能力,以此来削减恩荫的优待。除恩荫外,宋代吏治中另一项不合理的制度,就是磨勘制。范仲淹对这个问题极为重视,他的《答手诏条陈十事》疏中第一项就攻击这点:"今文资三年一迁,武职五年一迁,谓之磨勘。不限内外,不问劳逸,贤不肖并进。"他提出改革升迁制度的办法是严定考绩之法,使无功不擢,有善必赏,以保任制度来取代例行升迁,因功绩升迁等。李觏指出:"官以资则庸人并进。"①他责问道:"不求功实,而以日月为限,三年而迁一官,则人而无死,孰不可公卿者乎?"②对于"不问其功,而问其久"的考绩方法,李觏讥为"故妄庸人,一出选部,虽梏其手,虽钳其口,而尊爵自至。"③

李觏是庆历新政的积极支持者,他关于改革科举的主张,是与范仲淹的主张完全相同的。李觏对仅凭一纸试卷,专以诗赋声病、记诵默写而取官的科举考试方法,一再提出指责。他认为这种只凭空言选拔人才的方法弊病很多,既不能知其德操,又不申其干事能力,"才不才,决于数百言,难乎为无失矣!"④"一语不中,则生平委地",⑤必然要遗弃人才。因此他主张要"试之以事","事仇于言,然后命以其官"。⑥ 仲淹也指出了科举考试的流弊:"国家专以辞赋取进士,以墨义取诸科,士皆舍大方而趋小道,虽济济盈庭,求其才识者,十无一二。"⑦他要求科举考试"先策论,以观其大要;次诗赋,以观其全才。以大要定其去留,以全才升其等级。"⑧庆历兴学时,他又提出改革科举考试的方法:"进士先策论,后诗赋,诸科墨义之外,更通经旨",⑨"三场通考去留,旧试贴经,墨义并罢。"⑩

范仲淹不但是宋代著名的政治家,也是一位教育家。在他的一生中,无论是担任地方行政,指挥边防军事,或者参政中央,都注意兴办学校,建立书院,培养和提拔人才。景祐元年(1034)六月,仲淹知苏州。苏州是他的家乡,他买了一块地,准备修建住宅,有位阴阳先生对他说,这是块风水宝地,如果在此修建家宅,将来必定家门兴旺,卿相辈出。仲淹听后笑道:"吾家有其贵,孰若天下之士,咸教育于此,贵将无已焉?"⑪不久他就在这块"宝地"上修建学舍,创办了州学。庆历新政时,范仲淹以他多年兴办学校的兴趣和经验,积极地推行全国性的兴学运动,"诏诸路州军监,各令立学,学者二百人以上,许更置县学。自是州郡无不有学。"⑫"宋兴盖八十有四年,而天下之学,始克大立。"⑬他还主张对科举制度进行改革,晚年又在家乡创办了义庄、义学,赒济穷人,资助他们读书。范仲淹对我国古代教育所作的贡献,是不可磨灭的。

李觏一生安于贫困,大多数时间都从事于著书立说和教育工作。他29岁那年,去鄱阳拜访范仲淹,之后经仲淹推荐,去润州讲学,教授诸生。后来,李觏因进士落第而退居乡里,

---

① 《李觏集》卷一《长江赋》。
② 《李觏集》卷十一《官人第三》。
③ 《李觏集》卷二十二《精课》。
④ 《李觏集》卷十一《官人第一》。
⑤ 《李觏集》卷二十七《上范待制书》。
⑥ 《李觏集》卷二十一《考能》。
⑦ 《范文正公文集·政府奏议》卷上《答手诏条陈十事》。
⑧ 《范文正公文集》卷九《上执政书》。
⑨ 《范文正公集·政府奏议》卷上《答手诏条陈十事》。
⑩ 《宋会要辑稿》选举三之三三,中华书局1957年。
⑪ 《范文正公集·年谱》。
⑫ 《宋史》卷一六七《职官志》七。
⑬ 《欧阳文忠公集》卷三十九《吉州学记》。

聚四方之生徒讲学,他的高足弟子邓润甫说:"庆历三年,南城始诏立学,先生为之师,四方来学者尝数百人。"①皇祐二年,经范仲淹两次推荐,李觏先为太学助教,后为直讲。仲淹在荐章中说:"李觏,……善讲论《六经》,辨博明达,释然见圣人之旨。著书立言,有孟轲、扬雄之风义,实无愧于天下之士,而朝廷未赐采收,识者嗟惜,可谓遗逸者矣。"②嘉祐二年(1057),国子监奏荐李觏为太学说书,在奏章中称赞李觏"素负才学,博通史经"。第二年,又被授通州海门县主簿,并继续担任太学说书官,该年七月的告词中称赞李觏说:"说书李觏,……尔醇明茂美,通于经术,东南士人,推以为冠。自佐学政,逾年于兹,孜孜渠渠,务恪厥守。……可特授通州海门县主簿,太学说书如故。"③嘉祐四年,因为胡瑗有病请假回家,李觏于此年同管勾太学。李觏一生,贫而好学,积极进取,安于贫困之境、教书之职。他在《自谴诗》中写道:"富贵浮云毕竟空,大都仁义最无穷。一千八百周时国,谁及颜回陋巷中!"他立志要学颜回,作个学道高尚的人,他的一生正是这样做的。由于他长期从事教育工作,因此门人弟子很多,"从学者常数十百人"④,天下皆尊称他为"泰伯先生"。

三

范仲淹的政治思想主要是在"庆历新政"时期集中展示出来的,既反映了他对当时政治危局的一种对策性的考虑,也反映了他对宋朝国家长治久安之计的一种深层的探索。明黜陟、抑侥幸、精贡举、择官长、均公田、厚农桑、修武备、减徭役、覃恩信、重命令⑤——范仲淹在著名的《答手诏条陈十事》中所提出的十项革新的纲领,亦可视作其政治思想的主干。所陈十事,均针对时弊而发,如明黜陟以严考绩之法,抑侥幸以塞冗官之门,精贡举欲得经济之才,择官长以去昏懦之人,均公田欲以养廉,厚农桑劝民务本,修武备欲去冗兵、寓兵于农,减徭役以纾民困,覃恩信确保恩泽及民,重命令取信于民。在表面上看,条陈十事不过是一些针对弊政的具体对策,也就是一些初步的"当世急务",但从深层意义上追究,则十事之关键与枢纽在于澄清吏治,进用人才。本着有治人无治法的传统儒家政治理念,范仲淹坚持认为"固邦本者,在乎举县令、择郡守,以救民之弊也。"⑥"天下郡邑,牧守为重,得其人则致化,失其人则召乱,推择之际,不可不慎。"⑦举凡"赋役不均,刑罚不当,科率无度,疲乏不恤,上下相怨",一切知州不良现象,均为用非其人所致,故而"自古帝王与佞臣治天下,天下必乱,与忠臣治天下,天下必安。"⑧"王者得贤杰而天下治,失贤杰而天下乱。"⑨而当时的政治架构下的人事选拔机制则完全丧失了选贤任能的功能,"今文资三年一迁,武职五年一迁,谓之磨勘,不限内外,不问劳逸,贤与不贤并进,此岂尧舜黜陟幽明之意耶?"在这种情况下,兴国家之利,救生民之病,去政事之弊,葺纪纲之坏都成为一种空谈,而欲改变这种现象,亦必须从吏

---

① 《李觏外集》卷三《直讲李先生年谱》。
② 《李觏外集》卷一《荐章四首·范文正公三首》。
③ 《李觏外集》卷一《告词二首》。
④ 《宋元学案》卷三《高平学案》,中华书局1986年。
⑤ 《范文正公文集·政府奏议》卷上《答手诏条陈十事》。
⑥ 《范文正公文集》卷九《上执政书》。
⑦ 《范文正公文集·政府奏议》卷上《奏乞择臣僚令举差知州通判》。
⑧ 《范文正公文集》卷九《奏上时务书》。
⑨ 《范文正公文集》卷七《选任贤能论》。

治改革入手,所以"明黜陟"、"抑侥幸"的具体做法则当从"磨勘法"、"任子法"与贡举制度的更张方面着手。这样一来,范仲淹实际上便陷入了一种思想悖论境地,一方面,本着有治人无治法的原则,人才的德行能力是事业成败的根本;另一方面,选拔这种德才兼备的人才之根本保障还在于一种制度,而要建立这样一种制度则又必然要触动既得利益者的利益,"及按察使多所举劾,人心不自安;任子恩薄,磨勘法密,侥幸者不便,于是谤毁浸盛,而朋党之论滋不可解"。①朋党之议,向为人主所患,自晚唐牛李党争始,为帝王者莫不视朋党为影响本身政治权威之大患,视凡结朋党者又莫非小人,所以仁宗有"自昔小人多为朋党,亦有君子之党乎?"的疑问,而范仲淹、欧阳修等庆历新政的主持者则对此作出了与前代议论全然不同的判断。②依照他们的意见,君子之党方是朝廷之幸事,因为"君子"为"四科"全具之人才,何为"四科"?一德行,二政事,三言语,四文学。③四者以"德行"为本,其余三者均为其发用。德之标准有四:元、亨、利、贞。"元者何也?道之纯者也。""亨者何也?道之通者也。""利者何也?道之用者也。""贞者何也?道之守者也。"④"四者未能兼行,则出乎彼而入乎此,出乎此而入乎彼,周施进退,不离四者之中,如是则其殆庶几乎!"⑤正因为要达到如此高的德行标准,所以范仲淹认为有必要提升贡举的层次,贡举新法的内容是如此的丰富,层次如此之高,⑥其目的就是想贯彻一种基本的理念,那就是要把"服法度之言,察安危之机,陈得失之鉴,析是非之辩,明天下之制,尽万物之情"⑦的人选拔出来,辅佐君王,致君尧舜,此事何难?而为达到这种目的,范仲淹是不惜与整个官僚集团、士大夫阶层的既得利益者为敌的。他"视不才监司,每见一人姓名,一笔勾之,以次更易"。富弼有所顾忌,说:"范六丈则是一笔,焉知一家哭矣。"范仲淹的回答则是:"一家哭何如一路哭。"⑧

范仲淹推动庆历新政的思想动力来源于其清晰而又牢固的儒家民本与仁政政治理念。"《书》曰:'德惟善政,政在养民。'此言圣人之德惟在善政,善政之要惟在养民,养民之政必先务农,农政既修则衣食足,衣食足则爱体肤,爱体肤则畏刑罚,畏刑罚则寇盗自息,祸乱不与,是圣人之德发于善政,天下之化起于农亩。"⑨民惟邦本,本固邦宁,澄清与改善吏治不是目的而是手段,其目的是推行仁政,德泽及民,天下大化,践履"博施于民而能济众"的传统儒家政治理想,一方面,阴阳各居其位,阳尊阴卑对应为君尊民卑,乾坤定位,秩序有常,不可僭越,不可更易。但另一方面,君民亦非一种决然分离的二元对决关系,而是一种肌肤之关系,"正四民而似正四肢","调百姓如调百脉"。⑩故而"厚农桑"、"减徭役"便是惠及苍生的立竿见影之政治举措。养民之政、富国之本即在于此。范仲淹民本政治理念的特点则在于他并非胶着于先秦儒家单向度的"德政"、"仁政"说教,而是从吏治入手,以惩治违制官员,选用德才之士的手段来贯彻仁政措施的真正践行。这样一来,实际上范仲淹在追求民本主义本质的"民

---

① 《续资治通鉴长编》(以下简称《长编》)卷一五〇,庆历四年六月壬子条。
② 参见《长编》卷一四八,庆历四年四月戊戌条;《居士集》卷十七《朋党论》,载《欧阳修全集》,中国书店1986年。
③ 《范文正公文集》卷七《推委臣下论》。
④ 《范文正公文集》卷八《四德说》。
⑤ 《范文正公文集》卷八《四德说》。
⑥ 参见《长编》卷一四七,庆历四年三月乙亥条。
⑦ 《范文正公文集》卷十《上时相议制举书》。
⑧ 《范文正公文集·年谱》。
⑨ 《范文正公文集·政府奏议》卷上《答手诏条陈十事》。
⑩ 《范文正公文集·别集》卷二《君以民为体赋》。

有"和"民享"的同时,就触及专制主义本质的"君(官)有"和"君(官)享"。尽管他不可能认真地思考民治的问题,即建立主权在民的政治机制,但毕竟试图构建一种更为合理的利益分配制度,这一制度系统从选拔管理者入手,在政统与法律率由旧章的情况下尽可能多地使民众在经济与社会活动中受益,从而增添政权的合法地位和稳定性,这既是庆历新政之所以失败(触动官有与官享)的原因,也是范仲淹政治思想的精义。①

李觏从肯定"利"的角度切入来展开其政治思想体系的表述。"自孟子以来,儒者承其遗教,多以言利为耻。李氏一反其风,以为圣人无不言利者。"②李觏将利用厚生看作为政之本,他认为:"《洪范》八政:'一曰食,二曰货。'孔子曰:'足食,足兵,民信之矣。'是则治国之实,必本于财用。……礼以是举,政以是成,爱以是立,威以是行。舍是而克为治者,未之有也。是故贤圣之君,经济之士,必先富国焉。所谓富国者,非曰巧筹算,析毫末,厚取于民以媒怨也,在乎强本节用,下无不足而上则有余也。"③从这段文字分析,李觏既肯定了利的价值与地位,又认为对利的追逐,可以通过富国与富民之途表现出来,但富国又端赖于富民之术的落实,而富民之术,便是"强本节用"。何为"强本"?李觏认为就是重农。在传统中国社会,农业是首要的经济事业,"生民之道,食为大"。④"民之大命,谷米也;国之所宝,租税也。"⑤足食足兵的关键,在于农业的繁荣与稳固,而当时妨碍"强本"目的实现的东西,在李觏看来,就是"法制不立,土田不均,富者日长,贫者日削"。⑥ 如前所述,宋代土地制度的一个本质特征就是"田制不立",正是土地自由买卖的政策,导致了贫富分化的发展,由此造成的社会问题,成为困扰国家当政者的首要难题。李觏也认为,分解之方莫过于平均地权以求地尽其用。具体操作方法则是以《周礼》中的田制为蓝本,糅合占田制和均田制的一些成分,按社会等级区别,每个阶层的人都能相应地获得一份土地。这一思路,充分地贯彻了孟子圣君明相"制民之产"的崇高理念,试图以平均地权为首务,开拓一条人尽其力、地尽其利的完美道路,"谷多出而民用富,民用富而邦财丰"。⑦ 只要重新分配土地所有权,恢复自耕农的生产形态,物质财富便会得到空前的增长。

既然要求"强本",相对应的就是要求"抑末",何谓"末"?"所谓末者,工商也。"⑧李觏也看到当时商品经济的迅速发展已构成对自然经济的严重侵蚀,商人资本对农业和农民的掠夺正在不断地加重。人们之所以舍本逐末,商人资本之所以在国家经济与政治生活中拥有一种不可言状的霸气,乃是因为商人阶层操控了物价,工商业者轻获倍利的现象,一方面诱使人们舍本逐末,一方面又损害了农业与农民的利益:"农之粟也,或阖顷而收,连年而出,不

---

① 有关儒家民本思想的探讨,学界所得成果可谓汗牛充栋,兹比一一胪列。近来有一新奇之议论,谓民本乃是专制权力的题内应有之义。因为专制制度是一个等级分明的金字塔,没有"民"所构成的基础和下面的层级,高踞顶端的君主也就失去了凭依。参见李宪堂《先秦儒家的专制主义精神》,中国人民大学出版社2003年,第279—292页。而吕元礼《民本的阐释及其与民主的会通》(载《政治学研究》,2001年第2期)则在区别民主与民本的内在联系的基础上,着力寻求两者的会通。有鉴于我们不能无视民主的传统资源,从文化创新的视觉入手,吕元礼的论述是有道理的。
② 吕振羽《中国政治思想史》(人民出版社1955年),第418—419页。
③ 《李觏集》卷十六《富国策第一》。
④ 《李觏集》卷十九《平土书》。
⑤ 《李觏集》卷十六《富国策第二》。
⑥ 《李觏集》卷十九《平土书》。
⑦ 《李觏集》卷六《国用第四》。
⑧ 《李觏集》卷十六《富国策第四》。

能以足用。及其籴也,或倍称贱卖,毁室伐树,不能以足食。"①所以有必要参照桑弘羊"平准均输"之法,健全"平籴之法"。"《易·系辞》曰:'何以聚人? 曰财。理财正辞,紧民为非曰义。'财者,君之所理也。君不理,则蓄贾专行而制民命矣。上之泽于是不下流而人无聊矣。"②强化政府的行政管理职能,就能淡化农商矛盾,亦为"强本"之方。③

"强本"固然是为政的目的,但也需以"节用"为手段强化之,"节用"顾名思义即量入为出,取用有度。"凡其一赋之出,则给一事之费,费之多少,一以式法。如是,而国安财阜,非偶然也。"④一方面要控制与调节朝廷的支出,另一方面也要注意控制与调节全社会的消费支出,这是实现"国安财阜"的治世之政应注意履行的两个项目。而如果认真地贯彻了"节用"的政策,自然也就形成了"薄赋敛、均力役"的良好的社会治理环境。⑤

任何富国富民之术的实施,都依赖官吏的具体操作,官吏的素质决定着政治的幽明、世道的隆替,所以李觏又提出"慎择守宰"的思想。"君者,亲也;民者,子也;吏者,其乳保也。亲不能自育其子,育之者乳保也;君不能自治其民,治之者官吏也。赤子之在襁褓,知有乳不知有母也;细民之在田野,知有吏不知有君也。乳之不才,则饥之渴之,惊之病之,亲虽慈不能幸其子以生也;吏之不才,财穷之役之,杀之害之,君虽仁不能幸其民以安也。"⑥所以,一切政治议题均化约为"任官"问题亦不为过,"申明宪令,慎择守宰"是为政之枢机。德才兼备,偏重于德是李觏给任官制定的准则,何谓"德"? 最重要的内涵便是奉公无私。惟有奉公守法,勤于王事的官员在任,方能使政通人和,民众对政权才会有信任和依赖。

利用厚生是为政之本,强本节用是为政之具。人们对利益的追求是合理而正当的,但如果不以"礼"为准则,不依"礼"而展开对利益的追逐,也是不妥当的。"利可言乎? 曰:'人非利不生,曷为不可言?'欲可言乎? 曰:'欲者人之情,曷为不可言?'言而不以礼,足贪与淫,罪矣。不贪不淫而曰不可言,无乃贼人瞶声,反人之情。"⑦一方面肯定利欲在造福人生,推进文明中的合理价值,另一方面面对过分的可能招致祸患的欲望则要求以"礼"制欲。在李觏看来,礼就是王道与法制,是政治的一般规定性的原则:"夫礼,人道之准,世教之主也。圣人之所以治天下国家,修身正心,无他,一于礼而已矣。礼、乐、刑、政,天下之大法也。仁、义、礼、智、信,天下之至行也。八者并用,传之者久矣,而吾子一本于礼,无乃不可乎?"⑧显然,礼不仅是"圣人之法制",而是文明社会的道德总纲,是合法律与道德为一体的最高准则。一切政治举措必须在"礼"许可的范围内经营,其最终目的当然是要进入"经国家,定社稷,叙人民,利后嗣"那样一种高层次的理想社会境界。在这种理想社会中,"安民"与"富民"自然不在话下。而那种"亏下以益上,贪功以求赏,不恤人之困乏,皇皇以言利为先者"⑨的官吏行为不符合"礼"的要求,也与理想社会格格不入。因此,萧公权说:"其积极之建设理论,大旨为孟子

---

① 《李觏集》卷十六《富国策第六》。
② 《李觏集》卷十六《富国策第六》。
③ 《中国政治思想史》认为,李觏的"平籴之法",是对大地主高利贷的一种摧抑,亦有几分道理,参见该书第493—494页。
④ 《李觏集》卷五《周礼致太平论》。
⑤ 关于李觏"薄赋均役"思想的阐述,可参见姜国柱《李觏评传》,第175—182页。
⑥ 《李觏集》卷十八《安民策第五》。
⑦ 《李觏集》卷二十九《原文》。
⑧ 《李觏集》卷二《礼论第一》。
⑨ 《李觏集》卷六《周礼致太平论》。

之民本而参以荀子之礼治。此虽因袭前人,而其富有条理,注重实际之特色,则为前所罕有。"①此不刊之论也。

　　由上观之,范仲淹、李觏二人志同道合,都以天下兴衰、民生祸福为己任。李觏虽皇祐元年之前为布衣,但时时不忘天下事,以为"救弊之术,莫大乎通变",多有发表议论,积极地呼吁变法并投身其中,这与范仲淹忧国忧民、变革政治的主张是完全一致的;他著书立说,积极从事教育事业,这与范仲淹主张办学、热心教育的行动也是一相致的;政治思想方面,他提出的强本抑末及富国富民之术与范仲淹亦有内在的契合。正因为如此,范仲淹始终很赏识李觏,多次相邀并全力以荐,二人成为知交。

---

① 《中国政治思想史》,第421页。

庆历新政指导思想探论

郭学信

宋仁宗庆历年间,以范仲淹为首的一批有志改革的士大夫共同推动了一场政治改革运动——庆历新政。对于这场改革运动,前人和今人从不同角度多有论述,然而,对于它的指导思想却很少阐析。从对庆历新政的各项具体内容以及范仲淹有关思想的考察中,我们可以清晰地看到,中国传统文化中的民本、仁政思想,在庆历新政中占有极为重要的地位;完全可以说,庆历新政是范仲淹为首的改革派一次民本、仁政思想的尝试和实践。

一

范仲淹等人在庆历新政中的民本、仁政思想是宋代社会现实的反映。由于北宋政权是在唐末五代约二百年的大动乱之后,通过兵变而建立起来的,没有直接受到农民大起义的打击,对农民起义的威力没有亲身感受。相反,对唐末五代以来统治阶级内部长期的分裂争斗却心存余悸。为了稳定统治,扩大支持面,特别是为了取得地主阶级的广泛支持,北宋政府从建国起就采取"田制不立"①和"不抑兼并"②的政策,对地主阶级采取纵容态度,从而使统一帝国下的地主阶级成了一个"支配社会,占有绝对优势"③的阶层。在北宋政府纵容下,地主阶级大肆兼并农民土地,利用各种手段压榨农民,而集权制度下产生的冗官、冗兵之弊,使国家开支急增,经费入不敷出。为了解决财政危机,政府只好增加赋税剥削,而最终深受其苦的只能是广大人民。因此,尽管宋代在经济上达到空前繁荣的局面,但因冗官、冗兵、冗费所产生的财政匮乏,以及政府"恩逮于百官者,唯恐其不足;财取于万民者,不留其有余"④的政策,使小农仍处于艰难的境地。再加上当时频繁的自然灾害,人民就更无生路了。北宋中期频频发生的农民起义,正是这一严重社会问题的反映。

面对日益严重的社会危机,北宋统治集团中的有识之士,愈益认识到稳定小农对于巩固封建国家的重要性和紧迫性。他们都在考虑如何摆脱社会危机,挽救北宋王朝的统治。在当时士大夫的上疏中,范仲淹于天圣五年(1027)所陈的《上执政书》颇有代表性。他从儒家"民为邦本,本固邦宁"的思想出发,以政治家的敏锐眼光,一下子抓住了问题的关键。他指出,造成百姓困竭的根源在于"国用无度","国用无度则民力已竭",民力已竭则说明"天下无恩","天下无恩则邦本不固"。这里,范仲淹明确提出了统治者应该怎样对待民的问题。换

---

① 《文献通考》卷四《田赋》,中华书局1986年。
② 王明清《挥麈录》后录余话卷一,上海书店出版社2001年。
③ 周谷城《中国通史》(下册),上海人民出版社1981年,第22页。
④ 赵翼《廿二史札记·宋制禄之厚》,中华书局1984年。

句话说,要维护国家的长治久安,就必须对民施行仁政。范仲淹指出,一旦对民施行仁政,使"王道复行",那么就会"使天下为富为寿数百年","得与天下生灵长见太平"矣。

《上执政书》是范仲淹力倡变革的一篇奏议,它开宗明义地阐明了"民惟邦本"和对民实行仁政的基本宗旨,并提出了"固邦本,厚民力,重名器,备戎狄,杜奸雄,明国听"六项改革建议,初步形成了范仲淹庆历新政的基本构想。庆历三年(1043),范仲淹正是在这个构想的基础上,将《答手诏条陈十事》作为改革的基本方案呈献给仁宗皇帝。范仲淹在上疏中再次指出,要使国家"成长久之业",必须效法尧舜,"思变通之道","使民不倦",即对民实行仁政。为此他提出了明黜陟、抑侥幸、精贡举、择官长、均公田、厚农桑、修武备、减徭役、覃恩信、重命令等十条变革措施,由此揭开了宋代历史上有名的"庆历新政"。

二

中国传统文化精神非常重视人的修养。《礼记·大学》把"修身"视为齐家、治国、平天下的基础,指出:"自天子以至于庶人,壹是皆以修身为本";《论语》强调统治者要"为政以德",① 要自身行其正:"其身正,不令而行;其身不正,虽令不从。"②《礼记·哀公问》云:"政者,正也。君为正,则百姓从政矣。"③视为政者的"其身正"为政治上推行仁政的前提。所以孔子说:"修己以安百姓。"④把政府百官的自身修养同"安民"联系起来。亚圣孟子在回答勾践问题时讲得更加明白:"士穷不失义,达不离道。穷不失义,故士得己焉;达不离道,故民不失望焉。古之人得志,泽加于民;不得志,修身见于世。穷则独善其身,达则兼善天下。"⑤指出"修身"的目的是为了"泽加于民"。

范仲淹从中国传统文化中吸取这一精神,从安民的目的出发,十分重视为政者的道德修养,把吏治的好坏同政治上仁政的推行紧密地联系起来。反映到庆历新政中,便是他的以澄清吏治为目的的对官僚制度的改革。范仲淹的《答手诏条陈十事》中作为重点提出的前五事(明黜陟、抑侥幸、精贡举、择官长、均公田),全是关于澄清和改善吏治的,这是庆历新政的核心,也是政治上推行仁政思想的鲜明体现。在范仲淹看来,欲求安民,必先从改革官僚制度做起;只有通过澄清吏治的改革,才能培养和选择贤明能干、爱惜百姓、均其徭役、宽其赋敛、使百姓各获安宁的官吏,才不至于再爆发农民的反抗斗争。这也是他在《答手诏条陈十事》的序言部分中所说的"欲正其末,必端其本;欲清其流,必澄其源"之意义所在。这和孔子"政者,正也。子帅以正,孰敢不正"⑥之说是相通的。

范仲淹之所以要把澄清吏治作为庆历新政的核心,原因就在于宋朝到仁宗年间,冗官已成为宋代统治肌体上的恶性肿瘤。它不仅耗费、侵蚀着国家和人民的大量钱财,成为宋代"积贫"的因素之一,而且更为严重的是"文职三年一迁,武职五年一迁"的磨勘制度,由于"不限内外,不问劳逸,贤不肖并进",造成了大批冗官滥吏因循苟且、不求奋勉的精神状态。他

---

① 《论语·为政》,中华书局1986年。
② 《论语·子路》。
③ 《礼记·哀公问》。见《周礼·仪礼·礼记》,岳麓书社1989年。
④ 《论语·宪问》。
⑤ 《孟子·尽心上》,中华书局1974年。
⑥ 《论语·颜渊》。

们无所作为,只想升官发财,从而使宋代社会出现了"百事废堕,生民久苦,群盗渐起"①的局面。范仲淹对此体察深切,指出"今百姓贫困,冗官至多,授任既轻,政事不举",认为要"兴公家之利,救生民之病,去政事之弊",必须改革腐败的官僚政治,"进有能之吏,退不才之官,去冗食之人,谨入官之路",②以提高官吏素质。

在中国封建社会,要改革封建官僚体制,说起来容易,然而要真正做起来,却似难于上青天,这对宋代来讲更是如此。因为在宋代,官僚地主阶级在官员丧失世袭爵位和封户特权的情况下,为了确保"世守禄位",又参照唐制,制订扩大了中、高级官员荫补亲属的"恩荫"制度。通过恩荫,每年有一大批中、高级官员的子弟获得低级官位,且宋代恩荫,不仅极广,而且极滥,每遇大礼,"臣僚之家及皇亲、母后外族皆奏荐,略无定数,多至一二十人,少不下五七人",并"不限才愚,尽居禄位"。③著名宋史专家朱瑞熙先生在《复杂多变的宋朝官制》一文中统计,宋代的州县官、财务官、巡检使等低、中级差遣,大部分由恩荫出身者担任。这种等同于官僚世袭的制度,使官僚机构中充满了坐食俸禄的权势子弟,导致了"荫序之人,塞于仕路","权贵之子,鲜离上国"。④因此,要打破或限制官僚贵族这一特权,无疑会因触动官僚贵族的利益而遭到他们的激烈反对。这就是为什么王安石变法首先从经济、军事制度的改革做起,而绕过了澄清吏治这类最敏感的社会问题的原因(当然,这里面亦有减少改革阻力的因素)。

"为社稷之固者,莫如范仲淹。"⑤面对北宋官吏猥滥、"贤不肖并进"的社会现象,以及由此而造成的"中外苟且,百事废堕,生民久苦,群盗渐起"的危局,范仲淹痛感官僚制度的腐败,认为官僚政治已到了"不可不更张以救之"的严重地步了。为此,范仲淹在接奉宋仁宗令其将"当世急务可以施行者,并须条列闻奏"的手诏之后,迎难而上,以一般官员所没有的勇气和胆略,将他认为可以"端本澄源"、澄清和改善吏治的五项变革措施作为"当世急务"提了出来,并首先颁行全国,以期达到政治上推行仁政的目的。其要旨是:一是改变以往官员按固定年限升迁的制度,凡有善政异绩,"外任善政著闻,有补风化,或累讼之狱能辨冤沉……或劝课农桑,大获美利,或京城库务,能革大弊,惜费巨万者",均可破格升迁;而对那些"事状猥滥"、"老疾愚昧"、"不堪理民"的官吏,则另行处置,不得升迁,以使"公家之利必兴,生民之病必救,政事之弊必去",从而达到安民的目的。二是严格限制各级官僚子弟"恩荫"做官的特权,以减省冗官。三是按照"先取履行,次取艺业"的取士标准,先策论,后诗赋,严格科举考试。四是基于"圣人养民之时,必先养贤,养贤之方,必先厚禄,厚禄然后可以责廉隅、安职业"的考虑,政府颁给州县官职田,"有不均者均之,有未给者给之,使其衣食得足,婚嫁丧葬之礼不废",以"责其廉节,督其善政",达到安民、养民的目的。

在中国封建社会,地方官僚的个人素质,常常是民生能否安定的关键。因此,中国历代思想家特别重视地方吏治问题,把地方官吏的清明视作统治者在政治上推行仁政的前提。在宋代官僚体系中,知州、知县这两级地方"亲民官"更有着特殊的地位,其职权范围包括了一方军政、民政、财政、刑法等各个方面,并且还是当地的最高赋税长官,与民众疾苦关系极

---

① 《范文正公政府奏议》卷上《答手诏条陈十事》,《范仲淹全集》,四川大学出版社2007年。
② 《续资治通鉴长编》(以下简称《长编》)卷一四二,中华书局1986年。
③ 《长编》卷一三二。
④ 《范文正公文集》卷九《上执政书》。
⑤ 《范文正公言行拾遗事录》卷一,齐鲁书社1986年。

大,可谓"一方舒惨,百姓休戚,实系其人"。① 然而宋代对这些与百姓休戚相关的地方官员的任命情况却是"比年以来,不加选择,非才、贪浊、老懦者,一切以例除之。以一县观一州,一州观一路,一路观天下,则率皆如此。此间纵有良吏,百无一二"。② 其结果只能是:赋税不得均,讼狱不得平,水旱不得救,盗贼不得除,使民生愁怨,邦本不固。

有鉴于此,范仲淹在庆历新政对官僚制度的改革中,又把整顿地方吏治视作急务中之急务。他大声疾呼,对于地方官的选择,政府应赶快采取措施"急救之",而"求之之术,莫若守宰得人",③即要求政府按德才标准选任地方官吏。其实,早在庆历新政之前,范仲淹在《上执政书》中就建议朝廷对诸道知州、通判中的"耄者懦者、贪者虐者、轻而无法者、堕而无政者"进行奏降,以兴利除害。在庆历新政的"择官长"条目中,范仲淹更是将这种思想具体化,建议由中书、枢密院共同遴选转运使、提点刑狱,分赴各路,对现有官员进行考核,将那些不称职者一律罢免。又令中央的两制、三司副使、御史台官员、开封知府推举知州,各路转运使、提点刑狱推举知州、知县、县令,各州知州、通判也同举知县、县令。这种逐级推荐地方官的措施,其目的是把州县官的任命权逐级下放给地方主管官员,以加强地方责任制。范仲淹指出,如此逐级选拔地方官员、各负其责的措施,"则诸道官员庶几得人,为陛下爱惜百姓,均其徭役,宽其赋敛,各获安宁,不召祸乱",④从而达到爱民、固邦本的目的。在选择诸路转运按察使时,范仲淹曾亲自坐镇中央,检查各路监司的名单,发现有不称职的转运使、提点刑狱,"每见一人姓名,一笔勾之,以次更易",⑤毫不留情地将一批老病无能和贪残之辈罢了官。

三

在中国传统文化中,以孔子为代表的儒家学派仁政思想的最高理想是"博施于民而能济众",⑥这一思想的实际意义就是要给予人民一定程度的"宽惠"。正是出于这种"博施于民而能济众"的仁政思想,孔子极力提倡"养民",要求为政者"节用而爱人,使民以时",⑦"因民之所利而利之"。⑧ 孟子在和梁惠王谈到何以战胜秦、楚而王天下时,更是明确提出"施政于民,省刑罚,薄税敛,深耕易耨"、"制民之产"⑨的思想。范仲淹汲取了儒家"博施于民而能济众"的精神,认为君与民的关系就好像肌体一样不可分,"正四民而似正四支","调百姓而如调百脉",⑩因此,君主必须像对待自己的身体一样去爱民养民,以民为本。

怎样爱民、养民呢?范仲淹认为首要的一点就是劝勉农耕,发展生产。他说:"圣人之德,惟在善政;善政之要,惟在养民;养民之政,必先务农。农政既修则衣食足,衣食足则爱肤

---

① 《范文正公政府奏议》卷上《答手诏条陈十事》。
② 《长编》卷一四四。
③ 《长编》卷一四四。
④ 《范文正公政府奏议》卷上《答手诏条陈十事》。
⑤ 《五朝名臣言行录》卷七之二《参政范文正公》,四部丛刊本。
⑥ 《论语·雍也》。
⑦ 《论语·学而》。
⑧ 《论语·尧曰》。
⑨ 《孟子·梁惠王上》。
⑩ 《范文正公别集》卷二《君以民为体赋》。

体,爱肤体则畏刑罚,畏刑罚则盗寇自息,祸乱不兴",所以"圣人之德,发于善政;天下之化,起于农亩",把劝勉农耕、发展生产同国家的长治久安联系起来。他在列举了历史上重视农业而使国家人民获利的事例后指出:五代群雄争霸之时,为了自给自足,特别重视农业生产和水利兴修,江南有圩田,每一圩方圆数十里,中间有河渠,沿堤建有水闸,旱则开闸,引江水之利,涝则关闭闸门,拒江水之害,旱涝都能保丰收;浙西修海塘,抵御海水之患;苏州有营田军四部,共七、八千人,专门从事田间劳作,导河筑堤,以减水患。由于重视农业和水利兴修,所以水患少,粮食丰足,民间白米价格低廉,一石米价格只需五十文。而宋朝统一后,由于"慢于农政,不复修举",而使"江南圩田,浙西河塘,大半堕废,失东南之大利。今江浙之米,石不下六七百文足,至一贯文省,比于当时,其贵十倍,而民不得不困,国不得不虚矣"。①

正是为了改变宋朝统一后"民困"、"国虚"的现实,范仲淹在庆历新政提出的"厚农桑"措施中,建议诸路转运使所辖下的州军吏民,"各言农桑之间可兴之利,可去之害,或合开河渠,或筑堤堰陂塘之类,并委本州军选官计定工料,每岁于三月间兴役,半月而罢"。他认为,如此进行下去,那么"数年之间,农利大兴,下少饥岁,上无贵籴,则东南岁籴辇运之费,大可减省",因而此举实乃"养民之政,富国之本"。②

劝课农桑,发展农业,使稼穑丰足,目的是为了养民,使国库充实。但是,如果徭役繁重,又会挫伤广大农民的生产积极性,摧毁他们从事再生产的能力,最后必然还要造成民困国虚。因此要真正使百姓殷实,国家安定,光劝勉农桑还不够,还必须做到宽赋敛,厚民力,减少百姓力役。范仲淹对此认识深刻,他屡屡上书,提醒朝廷要减轻对百姓的赋役摊派。早在《上执政书》中,范仲淹就提出了"复游散,去冗僭,以阜时之财"为目的的"厚民力"主张。天圣八年(1030),范仲淹通判河中府,根据当时州县户口稀少、吏员众多的情况,即上疏要求合并州县,减轻差役,以定民力。庆历三年(1043),范仲淹入参大政,在《答手诏条陈十事》中的第八条,明确提出"减徭役"的措施。他恳切希望朝廷能效法圣贤之治,依汉光武故事并省县邑,或改邑为镇,使邑中役人各放归农,以期"少徭役,人自耕作",达到安民富民的目的。

"厚农桑"和"减徭役",是范仲淹庆历新政中养民、富民的重要举措,是儒家"节用而爱人,使民以时"、"薄赋敛"等仁政思想的鲜明体现,但这只是儒家思想的翻版,还不能代表他的仁政思想的特色。范仲淹仁政思想的最大特色,在于他并没有完全拘泥于一家之说,而是根据社会现实,兼采众说,来充实和完善自己的思想体系。他感到只强调对民实行仁政在现实生活中还行不通,因为现实生活中,还有扰民害民的贪官污吏。对此,他在《答手诏条陈十事》中揭露得异常深刻。他说:朝廷每三年举行一次郊祀,谒见宗庙,祭祀上帝,郊祀礼仪完成之后,总要大赦天下,称为赦书。为了使皇帝的恩泽尽快布之于百姓,要求以日行五百里的速度,将这项赦书传播到百姓耳中。虽然每遇大赦,天下百姓欢呼万岁,但一两个月之后,地方财政官吏督责百姓交纳钱谷之事依然如旧,如果不能按期交纳,就关押老幼,没收家产。至于宽赋敛,减徭役,存恤孤贫,救济百姓之事,都未尝施行,使天子恩泽于民之意,都变成了一句空话。

范仲淹还指出,以往的明君都是重视法令,使人们对其无敢动摇,目的是为了使国家政令顺利地推行,如果在推行国家政令过程中有敢于枉法的官吏,就要受到法律的制裁。然而

---

① 《范文正公政府奏议》卷上《答手诏条陈十事》。
② 《范文正公政府奏议》卷上《答手诏条陈十事》。

现在朝廷法令，颁行时往往失之轻率，上失其威，下受其弊，等到发现不符合实际情况时再作更改，致使烦而无信，失去了法律的信用。而在执行过程中，对于违抗政府命令的官吏处分过轻，从而造成对法律的践踏和破坏。

因此，范仲淹认为，在对民实行仁政的同时，还必须导入法家的刑治之说，用来惩治违制的官吏，使"法制有立，纲纪再振"，以切实保证仁政措施的贯彻执行。为此，范仲淹在庆历新政中，又实施了"覃恩信"和"重命令"两大举措。在"覃恩信"的条目中，范仲淹提出：政府要取信于民，今后凡是朝廷发布过的赦令，三司、转运司及各州、县必须坚决执行，否则，"并从违制，徒二年断；情重者，当行刺配"。并规定，真宗天禧年前百姓所欠朝廷的赋税，"不问有无侵欺盗用，并与除放，违者仰御史台、提点刑狱司常切觉察纠劾，无令壅遏"；"今后每遇南郊赦后，精选臣僚往诸路安抚，察官吏能否，求百姓疾苦，使赦书中及民之事，一一施行"。①

与"覃恩信"相表里，是"重命令"措施的推行。范仲淹指出，今后颁行的法令条文，务必切实贯彻，"违者请重其法"；②凡"今后逐处当职官吏，亲被制书及到职后所受条贯，敢故违者，不以海行，并从违制，徒二年。未到职以前所降条贯，失于检用，情非故违者，并从本条失错科断，杖一百。余人犯海行条贯，不指定违制刑名者，并从失坐"。③

儒家一味主张"德治"、"仁政"，强调道德的政治作用；法家则一味提倡"法治"，"无教化，去仁爱，专任刑法"，④强调法的作用。范仲淹则兼采儒法之说，将之综合、互辅，认为在对民实行仁政的同时，对不法官吏则必须使用刑法，不能讲仁慈。这是范仲淹仁政思想的鲜明特色，凸现了范仲淹救民之弊的良苦用心。

纵观庆历新政的十项措施，除"修武备"一项措施外，其他九项条目，都直接或间接地反映中国传统文化中的民本、仁政思想。完全可以说，庆历新政集中体现了范仲淹的民本、仁政思想。

当然，由于历史和阶级的局限，范仲淹的所作所为都是为赵宋王朝的长治久安着想，他改革中的具体主张和措施，其目的是为了防止阶级矛盾激化，以免引起农民的反抗斗争，动摇赵宋王朝。但是，这并不能妨碍我们对范仲淹新政意义的肯定。特别是范仲淹在守旧势力已根深蒂固、习惯势力难以冲破的历史情势下，能不顾一己之利害得失，而表现出对国家之兴亡、人民之利病的深切关怀，更为难能可贵。这种"忧以天下，乐以天下"的精神，对我们不是有很好的启迪作用吗？

---

① 《范文正公政府奏议》卷上《答手诏条陈十事》。
② 《范文正公政府奏议》卷上《答手诏条陈十事》。
③ 《范文正公政府奏议》卷上《答手诏条陈十事》。
④ 《汉书·艺文志》，中华书局1995年。

论范仲淹民本思想的内涵

穆朝庆

在以往研究范仲淹思想的著述中,多数学者把他的"忧天下"观简单地归结为以民为本的思想。而对此说提出非议的吕变庭先生则认为范仲淹所述的"天下"是"君天下",并非"民天下"。他在对范仲淹的"先忧后乐"观分析之后强调:"范仲淹的先天下观是一种君本思想,他的思想深处必然会被打上他所代表的那个阶级的烙印,因此我们绝不能毫无分析与批判地去宣传和接受他的先天下思想。"①两种观点,可谓大相径庭。研读有关研究范仲淹的著述,对其先忧后乐思想的赞许是众口一词,认定其具有民本思想,但对其民本思想的内涵尚缺乏深入探讨,说服力不强,难怪有人提出质疑。本文试就范仲淹民本思想的丰富内涵略加辨析,以就教于同仁。

一、范仲淹对传统儒家民本思想的继承与发展

民本思想在中国历史上源远流长,并随着时代的进步而不断丰富与发展。在儒家经典《尚书》等文献中,即有"民为邦本,本固邦宁"的明确表述。范仲淹之前的历代政治家、思想家们在其政论中也时有引鉴,是一种共识度极高的君民关系论。范仲淹饱读经书,不仅熟诵之,而且深思之。在前人的基础上,他对民本思想有进一步深刻地解读与阐发。

首先,在君与民地位关系上,范仲淹确有尊君的一面,在他的论著中,不只一次地把君王比做民的父母,或喻为人"首",居九五之尊,是万民之宗。但是,并不能以此来证明范仲淹是"君本"思想,他在《易义》中说:

……损之无时,泽将竭焉(《兑》为泽)。故曰"川竭必山崩",此之象也。无他,下涸而上枯也。"百姓不足,君孰与足?"其斯之谓欤!

……天道下济,品物咸亨;圣人下济,万国咸宁。《益》之为道大矣哉!然则益上曰损,损上曰益者,何也?夫益上则损下,损下则伤其本也,是故谓之损。损上则益下,益下则固其本也。是故谓之益。②

品读上引释文,不难看出范仲淹坚持了君为上、民为下的政体观,但难能可贵的是他对川竭山崩、下涸上枯的辩证关系的表述与肯定,并在此理论基础之上,更进一步提出"损上益下"的理念。这是典型的民本思想,毋庸置疑。

其次,对于君与"四民"的关系,范仲淹认为是一个互为依存的有机体。他在《君以民为

---

① 吕变庭《范仲淹的"先天下"观是一种"民本"思想吗?》,《党史博采》2005 年年第 6 期。
② 范仲淹《范文正公文集》卷七《易义》,四川大学出版社 2007 年。

体赋》(君育黎庶如彼身体)中说：

> 圣人居域中之大，为天下之君。育黎庶而是切，喻肌体而可分。正四民而似正四支，每防怠堕；调百姓如调百脉，何患纠纷。先哲格言，明王佩服。爱民则因其根本，为体则厚其养育。胜残去杀，见远害而在斯；劝农勉人，戎不勤而是速。善喻非远，喜猷可稽。谓民之爱也，莫先乎四体；谓国之得也，莫大乎群黎。使必以时，岂有嗟于尽瘁；治当未乱，宁有悔于噬脐。莫不被以仁慈，跻于富庶。教礼让而表其修饰，立刑政而防其逸豫。蒸人有罪，谅责己之情深；庆泽无私，讶润身之德著。岂不以君也者舒惨自我，体也者屈伸在予。心和则其体俨若，君惠则其民晏如。……每视民而如子，复使臣而以礼。故能以六合而为家，齐万物于一体。①

这里的君指皇帝，民指广义的黎民，而非某单一的社会阶层，他把君王与黎民的休戚关系比作一个人的头与四肢的关系，"四民"为四支(肢)，即有分工的不同，但都是健康机体不可或缺的组成部分。因此，对"四民"要重"养育"，而礼乐刑政等都是驭民的必需。但"使必以时"，不能竭尽民力。视民如子，使臣以礼，才能达到构建和谐社会的目的。

所谓"民"是一个泛称，指君王之下的各个职业阶层。中国在秦之前，兵尚未职业化，兵农一体是基本状态。同时，佛教亦未传入，道教也未真正形成一种社会力量。因此，儒者均把民分为"士、农、工、商"四大阶层或类别。秦汉以后，不仅兵员逐步职业化，而且佛教传入后发展迅速，道教徒也日为炽烈。因此，对社会阶层的界定又出现了"六民"说，范仲淹即是代表之一。他在《上执政书》中说："古者四民，秦汉之下，兵及缁黄，共六民矣。今六民之中，浮其业者不可胜纪，此天下之大蠹也。"②范仲淹对兵及缁黄二民并未持否定态度，只是在他的更多著述中仍沿用了"四民"说，并对各个阶层的社会功能阐明了他的观点，"君"与"四民"的关系可用两种模式展示：

1. 浅层次关系为两层，即：   2. 深层次关系为三层，即：

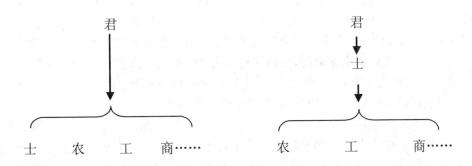

士、农、工、商、兵及缁黄虽然都是各具特色的社会阶层，但其所承载的社会功能不同，其社会地位也有区别。只有从"君"与"士"民的关系，"士"民与农、工、商等阶层的关系，君与农、工、商等阶层的关系论述中，才能窥见范仲淹民本思想的真正内涵，下文将分别予以讨论。

---

① 《范文正公别集》卷二《君以民为体赋》。
② 《范文正公文集》卷九《上执政书》。

二、范仲淹对"士"民阶层的认知逾越先贤

所谓士多指在国家权力机构中任职的官吏,是国家机器赖以正常运转的政治力量,是统治阶级的中坚,是介与"君"和"农"、"工"、"商"之间的一个特殊的社会阶层,但有时儒者也把一般读书人列入"士"的范畴,使"士"也成为知识分子的代称。范仲淹《上张右丞书》中说:"生四民中,识书学文,为衣冠礼乐之士;研精覃思,粗闻圣人道。知忠孝可以奉上,仁义可以施下,功名可存于不朽,文章可贻于无穷。"①这就是范仲淹理想的士民身份形象,其核心是忠孝奉上、仁义施下。只有这样,才能发挥其功能,体现其价值。

范仲淹的《四民诗》·《士》篇如下:

前王诏多士,咸以德为先。道从仁义广,名由忠孝全。
美禄报尔功,好爵縻尔贤。黜陟金鉴下,昭昭嫫与妍。
此道日以疏,善恶何茫然。君子不斥怨,归诸命与天。
术者乘其隙,异端千万惑。天道入指掌,神心出胸臆。
听幽不听明,言命不言德。学者忽其本,仕者浮于职。
节义为空言,功名思苟得。天下无所劝,赏罚几乎息。
阴阳有变化,其神固不测。祸福有倚伏,循环亦无极。
前圣不敢言,小人尔能臆。禅灶方激扬,孔子甘寂默。
六经无光辉,反如日月蚀。大道岂复兴,此弊何时抑?
末路竞驰骋,浇风扬羽翼。昔多松柏心,今皆桃李色。
愿言造物者,回此天地力。②

此诗不仅排列在《四民诗》之首,而且文字数量最多。其内容主要包含三层:一、对"前王"选士坚持以德为先,赏贤以爵禄为重的道义充分肯定。二、对其所处时代的尖锐批评。这里既批评了为君王者"听幽不听明,言命不言德"的昏庸行为;又批评了为"士"民者失之忠孝,即"学者忽其本,仕者浮于职。"三、寄希望于通过改革,复兴大道,抑止时弊,重塑士风,建立新型的君与"士"民关系。需要特别指出的是:范仲淹在此诗中把"士"民实际上又区别为两类,一为"学者",即读书受教育的知识分子;二为"仕者",即完成由布衣到官的阶层转换,是统治集团的成员,肩负着政治使命。这一划分,更具科学性与合理性。

君与"士"民的关系亦称君臣关系。君是一国之主,是政治首脑;臣是君的股肱,是经国济世所必需倚重的政治中坚力量。北宋时代虽然是封建国家政体,但君王在政治权力绝对化上比唐代有明显松动。从宋太祖始即确定与士大夫共治天下的施政理念,士大夫在国家大政乃至皇室继承人的咨询及决策过程中都拥有了更多的参预权。范仲淹生活及从政主要在北宋中期的仁宗时代,他在天圣三年(1025)四月的《奏上时务书》中陈述了为政之急务,并疾呼君王与士大夫"共理天下"。③

那么,君应该如何处理与"士"民的关系呢?也就是说如何体现与其"共理天下"呢?范

---

① 《范文正公文集》卷九《上张右丞书》。
② 《范文正公文集》卷一《四民诗》。
③ 《范文正公文集》卷九《奏上时务书》。

仲淹认为：一、君的首要职责是以德治国，以身作则，表率于民。他在《帝王好尚论》中说："王天下者，身先教化，使民从善。"①二、君的施政主要在于任贤，亦即从民中选拔精英与其共理天下。他在《选贤任能论》中说："王者得贤杰而天下治，失贤杰而天下乱。"②三、君与"士"民（亦即臣）的权力分配是宏观与微观的关系。他在《推委臣下论》中说：君王操控的是"制度"的废立，而具体事务则由臣下为办理。四、君待"士"民应"以礼"，以换取他们的忠心。

从"士"民的角度看，对居于上的君应"极于忠"，对居于下的农、工、商等阶层要施以"诚"。何谓"忠"？范仲淹有其独到的见解。他在举荐李觏的札子中说："为臣者，以举善为忠。"③在《乞召还王洙及就迁职任事札子》中又说："臣闻国家求治，莫先于擢才；臣之纳忠，无重于举善。"④他在临终《遗表》中没有提出涉私的任何要求，而要尽"遗忠"，说："臣闻生必尽忠，乃臣节之常守；没犹有恋，盖主恩之难忘。"并期望仁宗能"调和六气，会聚百祥。上承天下，下徇人欲。明慎刑赏，而使之必当；精审号令，而期于必行。尊崇贤良，裁抑侥幸。制治于未乱，纳民于大中。"⑤范仲淹一再强调的臣对君尽忠，若仅从一方面理解，可以释为忠君思想。孰不知臣对君忠是以君对臣礼为前提的，舍礼则无忠。因此，就君臣关系而论，判范仲淹是"君本"论者殊失公允。

三、范仲淹对"农、工、商"民诸阶层的认知承前启后

就社会结构而论，"农、工、商"民诸阶层处于君、士之下，政治地位的从属性不言而喻，但从社会分工及职能角度细化，农、工、商等阶层也并非处在同一水平线上，各阶层的地位也有差异，从对各阶层的认知中，折射出范仲淹的民本思想的闪光点。

（一）"农"的社会地位

对"农"这一最广泛的社会阶层，范仲淹继承了传统的重农思想，其代表作即为《四民诗》·《农》篇：

圣人作耒耜，苍苍民乃粒，国俗俭且淳，人足而家给。
九载襄陵祸，比户犹安辑。何人变清风，骄奢日相袭？
制度非唐虞，赋敛由呼吸。伤哉田桑人，常悲大弦急。
一夫耕几垄，游堕如云集。一蚕吐几丝，罗绮如山入。
太平不自存，凶荒亦何及？神农与后稷，有灵应为泣。⑥

此诗的基调依然是颂古非今，通过褒扬既往，鞭挞时政，借以阐明他的重农观，其要旨在于批评"制度非唐虞，赋敛由呼吸"，亦即赋役制度伤害了广大农民阶层的利益，理想的远古太平

---

① 《范文正公文集》卷七《帝王好尚论》。
② 《范文正公文集》卷七《选任贤能论》。
③ 《范文正公文集》卷二十《举李觏并录进礼论等状》。
④ 《范文正公文集》卷二十《乞召还王洙及就迁职任事札子》。
⑤ 《范文正公文集》卷十八《遗表》。
⑥ 《范文正公文集》卷一《四民诗》。

时代一去不复返,凶荒则接踵而至。

另外,范仲淹在《稼穑惟宝赋》(王者崇本,民食为贵)中也说:"谓养民而可取,必重谷而无捨。惟农是务,诚天下之本。"①北宋是农业社会,农业在国民经济中的地位至关重要,既是衣食之源,亦是政府财政收入的主体来源,对农业的重视,对农民的体恤即是民本思想的一个侧面。

范仲淹从政历州县逾十,在任之时,均力主兴修水利,搞农田基本建设,巩固农业的基础地位。同时,还力倡轻徭薄赋,以宽民力,尤其在中央任副宰相推行"庆历新政"时,"减徭役"便是新政的重要组成部分,这是民本思想的具体实践。

(二)"工"的社会地位

"工"指手工业阶层,是诸"民"之一,其所生产的产品可概括为两类,一类为生产工具产品,一类为生活消费产品。社会越进步,该阶层的从业者越多,其社会地位也就越提升。范仲淹存世文稿中对"工"的论述有限,代表为《四民诗》·《工》篇:

> 先王教百工,作为天下器。周旦意不朽,刊之《考工记》。
> 嗟嗟远圣人,制度日以纷。窈窕阿房宫,万态横青云。
> 荧煌甲乙帐,一朝那肯焚?秦汉骄心起,陈隋益其侈。
> 鼓舞天下风,滔滔弗能止。可甚佛老徒,不取慈俭书。
> 竭我百家产,崇尔一室居。四海竞如此,金壁照万里。
> 茅茨帝者荣,今为庶人耻。宜哉老成言,欲攫般输指。[15]

该诗首先肯定了"百工"为天下作器,亦是对这一社会阶层的肯定。继之,批评秦汉之后君王们修造豪华宫殿,奢侈之风延至天下。还批评佛老教徒们忘记了其崇尚慈俭的基本教义,所修寺观也金碧辉煌。在欲抑财富占有者的奢侈之风的同时,流露出对"工"民阶层的深切体恤。

(三)"商"的社会地位

"商"是"四民"之一,"商"民虽然是重要的一个社会阶层,但在自然经济时代,人们普遍重农抑商,对"商"民阶层地位的重要性认识不足。北宋时的商品经济空前发达,远逾盛唐,因此,从商的人群逐渐扩大。不过,在北宋政治舞台上,"商"民尚未获得应得的地位,权力的大门始终没有向"商"民敞开,在思想领域,歧视"商"民仍占主流。而范仲淹对"商"民则另眼相看,虽然他也重农,可他并不抑"商",并在某种意义说他是尊"商"。范仲淹《四民诗》·《商》篇云:

> 尝闻商者云,转货赖斯民。远近日中合,有无天下均。
> 上亦利吾国,下以藩吾身。《周官》有常籍,岂云逐末人!
> 天意亦何事,狼虎生贪秦。经界变阡陌,吾商苦悲辛。

---

① 《范文正公别集》卷三《稼穑惟宝赋》。

> 四民无常籍,茫茫伪与真。游者窃吾利,堕者乱吾伦。
> 淳源一以荡,颓波浩无津。可堪贵与富,侈态日日新。
> 万里奉绮罗,九陌资埃尘。穷山无遗宝,竭海无遗珍。
> 鬼神为之劳,天地为之贫。此弊已千载,千载犹因循。
> 桑柘不成林,荆棘有余春。吾商则何罪,君子耻为邻。
> 上有尧舜主,下有周召臣。琴瑟愿更张,使我歌良臣。
> 何日用此言,皇天岂不仁?[16]

此诗与《农》、《工》诗相比,不仅篇幅为长,而且寓意更深。范仲淹对《商》民阶层地位的认识有几层含义:第一,"商"民是货物流通的载体,由于他们的辛勤劳作,才是"远近日中合,有无天下均",他们的劳动是既利国又利身的合法劳动。第二,"商"民早在周朝即是合法的"四民"之一,是一支不可忽视的社会阶层,是本的一支,怎能蔑称他们为"逐末人"呢? 第三,秦汉之后,由于社会的动荡,阶层的重组,一些"游者"加入"商"民行列,其不法行为,沾辱了"商"民的淳源。第四,延至范仲淹生活的时代,富贵之家穷竭山珍,已流弊千载。"商"民尽管是经营者,但不是罪恶之源。第五,他希望君王对"商民"施以仁义,不要"耻为邻",而要正确处理与"商"民的关系,给予这一阶层应有的社会政治地位。

北宋王朝为了扩大财源,官营商业——亦即专卖制度日益严苛,盐、茶生活用品亦在其列。范仲淹对这种专卖政策多有质疑。他在《奏灾异后合行四事》中说:

> 天下茶盐,出于山海,是天地之利以养万民也。近古以来,官禁其源,人多犯法。今又绝商旅之路,官自行贩,困于运置。其民庶私贩者徒流,兵稍盗取者绞配,岁有千万人罹此刑祸。是有司与民争利,作为此制,皆非先王之法也。及以官贩之利,较其商旅,则增息非多,而固护之弊未能革者,俟陛下之睿断尔。臣请诏天下茶盐之法,尽使行商,以去苛刻之刑,以息运置之劳,以取长久之利,此亦助陛下修德省刑之万一也。①

不难看出,范仲淹认为茶盐专卖之法弊大于利,应当改革,让利于"商"民,充分发展民营商业经济,国家才能真正扩大财源,才能固本。

纵观范仲淹对君与士、君与农、工、商及士与农、工、商之间相互关系的有关表述,既有丰富的内涵,又富深邃的哲理。他不仅继承了传统的民本思想,更对这一思想辩难发微,多有创新。如,他对君与士民的关系概括为上礼下忠,而且在尊君的同时强调与士共理天下,是权力民主化的时代呼声。再如,他在当时历史条件下,能够坚持重农不抑商,并且为"商"民鸣不平,是民意的代表。仅此而论,范仲淹的民本思想则在中国古代思想发展史上无疑占有重要的一席之地,是一笔富贵的精神财富。

---

① 《范文正公政府奏议》卷上《奏灾异后合行四事》。

范仲淹民本思想新探

——读《范文正公文集》札记

杨国宜

范国强先生主编的《范仲淹研究文集》，煌煌四巨册，十六开本，近 2000 页。该书收入了近八十年来有关范仲淹研究的重要论文二百九十余篇，字数超过三百万，内容甚广，水平颇高，不少论文多有精辟创见，对弘扬范仲淹文化精神，构建和谐社会大有裨益。但从中也可看到，范仲淹研究还存在不少薄弱环节，某些领域的论述尚有不足，需要继续研究向纵深发展。例如，直接从民本思想角度论述的文章就很缺乏，引用的资料和论述方法，也少有与时俱进的新鲜感。因此，本文试图使用电脑从《范文正公文集》中搜罗资料，对范仲淹的民本思想进行探索，看看能不能获得某些新的认识，请予批评指正。

范仲淹是否具有民本思想，这对中国历史上饱受儒家思想熏陶的知识分子来说，似乎是不成问题的问题。只需从他的言论中找几句"民为邦本，本固邦宁"[①]的老话，从他的行为中找几件关心民众的好事，就可交出答案了。但真要说得更加具体一些，拿出具体数据来，令人肃然起敬，达成共识，恐怕就不那么简单，需要作更多的研究才行了。

我们从"四部丛刊"本的《范文正公集》中，查到的"民"字，凡 695 见，不可谓不多，直接间接地表明了范仲淹对"民"的关注。下面我们将在适当部位引用其中的某些具体内容，论证范仲淹的民本思想究竟如何？

四民、六民

"民"，我们今天习惯把它与"人"联系起来，统称"人民"，似乎其间没有多大区别，民既是人，人也是民。然而在长达数千年的君主制度时期，民却主要是指平民百姓，它与处于统治地位的皇室、贵族和官吏，是很不相同的。

在范仲淹的笔下，多次提到的"民"，有所谓"四民"，即士农工商四种人，是按"职业"划分，自古有之的。士，是指读书求学的知识分子，在未取得官职以前，仍然与农民、工匠、商民一样，属于普通百姓。范仲淹为它们写了《四民诗》，[②]可以概见其境遇和地位。扩而大之，又有所谓"六民"，范仲淹说："古者四民，秦汉之下兵及缁黄，共六民矣。"[③]其实，六民也还不全，范仲淹的笔下还提到了盐民、渔民、猎民、边民，以及属于少数民族的番民等等，都给我们的研究提供了很有价值的线索。

---

① 蔡沈《书经集传》卷二，四库全书本。
② 范仲淹《范文正公文集》卷一，四部丛刊本。
③ 范仲淹《范文正公文集》卷八。

君以民为体（民的重要性）

国无民不立，这个道理是不难理解的。东汉时冯衍写了一首《车铭》诗："乘车必护轮，治国必爱民，车无轮安处，国无民谁与。"①形象地说明了民的重要性。

范仲淹则近取身体为比喻，写了一篇《君以民为体赋》，以"君育黎庶，如彼身体"作中心，多方面论证了君与民的关系，主要内容引录如下："圣人居域中之大，为天下之君，育黎庶而是切，喻肌体而可分。正四民而似正四肢，每防怠堕；调百姓而如调百脉，何患纠纷。爱民则因其根本，为体则厚其养育。谓民之爱也，莫先乎四体；谓国之保也，莫大乎群黎。观其可设，犹指掌以何疑，视之如伤，岂发肤而敢毁，大哉一人养民，四海咸宾，求瘼而膏肓曷有，采善而股肱必臻，每视民而如子，复使臣而以礼，故能以六合而为家，齐万物于一体。"②因为民是身体的部分，密不可分，所以要爱，要养，要视之如子，不能稍有怠惰，更不能稍有毁伤。

赵鹏飞在《春秋经筌》中，明确指出："人君所以立于民上者，以民为本，臣辅之而已，用舍黜陟惟君之欲，而民之心则不可一日而离，无臣不害为国，无民何以为君，故君人者必有结于民心，以为邦本也。"③

民的境遇

民的地位，虽然自古以来就很推崇"民为邦本"，但在实际社会生活中的境遇，却是很成问题。范仲淹写了一组《四民诗》，集中反映了这方面的实况：

士民，为四民之首，是知识分子，他们虽然"十年寒窗无人问"，但很可能"一举成名天下知"，当上"治民"的父母官，在人前人后很风光。可是宋时，"士人家鲜不穷窘，男不得婚，女不得嫁，丧不得葬者，比比有之"，家境清贫的很不少。他们的素质本来应该很高，但在实际生活中却因种种原因，很难尽如人意，出现了不少问题。"前王诏多士，咸以德为先，道从仁义广，名由忠孝全，美禄报尔功，好爵縻尔贤，黜陟金鉴下，昭昭嫔与妍，此道日以疏，善恶何茫然。""学者忽其本，仕者浮于职，节义为空言，功名思苟得。"④士风败坏到了亟须整顿的地步。

农民，是古代社会经济中主要的劳动生产者，人们常说"农不出则乏食"，可见其重要，理应受到统治者的重视和关注。可是宋朝农民的境遇，却非常艰难。"制度非唐虞，赋敛由呼吸，伤哉田桑人，常悲大弦急，一夫耕几垄，游堕如云集。一蚕吐几丝，罗绮如山入。太平不自存，凶荒亦何及，神农与后稷，有灵应为泣。"⑤日子很不好过。

工匠，古代社会虽然是自然经济，但农业与手工业的分工还是缺少不了的，"工不出则乏其事"说的就是这个道理。人民的日常生活既然离不开工匠，工匠最主要的就应该为众多百姓的日常生活服务。可是，宋朝的工匠却迫于官府的压力，去为少数人的奢侈生活服务。以

---

① 佚名《古文苑》卷十三，四库全书本。
② 范仲淹《范文正公别集》卷二。
③ 赵鹏飞《春秋经筌》卷十四，四库全书本。
④ 范仲淹《范文正公文集》卷一。
⑤ 范仲淹《范文正公文集》卷一。

致"竭我百家产,崇尔一室居,四海竞如此,金碧照万里。茅茨帝者荣,今为庶人耻,宜哉老成言,欲攦殷输指。"①不仅自己的生产和生活受到限制,而且遭到众人的指责,真有说不出辛酸。

商民,商业在人们经济生活中也属必需,"商不出则三宝绝",其地位自然十分重要,"尝闻商者云,转货赖斯民,远近日中合,有无天下均。上以利吾国。下以藩吾身。"可是实际生活中,商民不仅没有受到应有的重视,而且遭到误解,把社会腐败、游手好闲、弄虚作假、贫富分化等一切罪名,都加到商民头上,因而受到歧视,"经界变阡陌,吾商苦悲辛。四民无常籍,茫茫伪与真。游者窃吾利,堕者乱吾伦。淳源一以荡,颓波浩无津。可堪贵与富,侈态日日新,万里奉绮罗,九陌资埃尘。穷山无遗宝,竭海无遗珍,鬼神为之劳,天地为之贫。吾商则何罪,君子耻为邻。"②商民心中的痛苦悲辛,有多少人真正理解同情呢!

忧国忧民的意识

范仲淹对"四民"境遇的了解,印象深刻,颇有感触,使他士人传统的忧国忧民意识油然而生。人们对他《岳阳楼记》中的名言"居庙堂之高则忧其民,处江湖之远则忧其君","先天下之忧而忧,后天下之乐而乐"③都很熟悉,这里不必多说。

这里需要稍加补充的是,他在其他文章中,还十多次提到过"忧国"、"忧民",主要有:"臣敢不夕惕三省,寅恭一心,进则尽忧国忧民之诚,退则处乐天乐道之分",④"同心忧国,足得商量",⑤"但忧国家之患,而不暇顾其失体",⑥"爱君忧国,道合志同",⑦"南阳风俗常苦耕,太守忧民敢不诚","寇盗之后不可更有搔扰,此忧民之故也",⑧"来守是邦,忧国爱民此其职也",⑨"求民疾于一方,分国忧于千里"⑩等等。都可概见其忧国忧民的忧患意识,确实扎根甚深,忧深虑远,绝非偶然的一时冲动。当然,他的忧乐关天下,决不会停留在口头上,必然会有所行动的。

陶甄四民的责任心

范仲淹既然发现"四民"境遇存在的问题,产生出强烈的忧患意识,便责无旁贷地认为自己作为"四民"中的一员,应当担当起改变现状的责任。他在《上张右丞书》中说:"某何人也,可预陶甄(意为"治理")之末,其大幸者生四民中,识书学文,为衣冠礼乐之士,研精覃思,粗闻圣人之道,知忠孝可以奉上,仁义可以施下,功名可存于不朽,文章可贻于无穷,莫不感激

---

① 范仲淹《范文正公文集》卷一。
② 范仲淹《范文正公文集》卷一。
③ 范仲淹《范文正公文集》卷七。
④ 范仲淹《范文正公文集》卷十七。
⑤ 范仲淹《范文正公政府奏议》卷上。
⑥ 范仲淹《范文正公政府奏议》卷上。
⑦ 范仲淹《范文正集补编》卷三。
⑧ 范仲淹《范文正公政府奏议》卷上。
⑨ 范仲淹《范文正公文集》卷十。
⑩ 范仲淹《范文正公文集》卷十七。

而兴,慨然有益天下之心,垂千古之志。"①希望自己能做出一番有益天下、名垂青史的事业来。

在《上资政晏侍郎书》中又说:"某天不赋智,昧于几微,而但信圣人之书,师古人之行,上诚于君,下诚于民,韩愈自谓有忧天下之心,由是时政得失,或尝言之,岂所谓不知量也。盖闻昔者圣人求天下之言,以共理天下。"②正是这种执著的"忧天下"的责任心,促使他一定要为治理四民贡献自己的力量。

民为邦本的指导思想

范仲淹意欲陶甄四民,准备用什么思想作指导呢? 在上面的引文中说得很清楚是"圣人之道",也就是忠孝仁义的儒家之道。儒家治国的传统思想是"民惟邦本,本固邦宁"。③ 自幼接受儒家经书熏陶的范仲淹自然是十分熟悉的,在他的《文集》中直接提到"邦本"的文字,就有9次之多。主要有:"民惟邦本,不可侵扰",④"仁及天下,邦本不摇",⑤"天下无恩,则邦本不固","致君之功,正在乎固邦","固邦本者,在乎举县令","厚民力,固邦本之道也","作乱者不能革天下之心,是邦本之固也","吊民者有以革天下之心,是邦本之不固也"。⑥ 可见用民本思想来治国,是范仲淹早已成竹在胸,无需多加考虑的选择。

为何选择民本思想?

选择民本思想治国,除了范仲淹本人的学识条件以外,应该还有实际社会背景的需要,就是宋朝政府这时出现了不易解决的统治危机,老一套的统治方法已经难以稳定局势了。范仲淹说:"我国家革五代之乱,富有四海垂八十年,纲纪制度日削月侵,官壅于下,民困于外,夷狄骄盛,寇盗横炽,不可不更张以救之。"⑦简单说来就是,宋朝的建国是在五代军阀混战、民不聊生的环境下,由骄兵悍将的拥戴,"黄袍加身"而登上皇帝宝座,从而改朝换代的,好不容易采取"杯酒释兵权"⑧的赎买政策稳定了局势,再用"不抑兼并"、⑨"与士大夫治天下"⑩的办法来巩固统治。为了讨好贵族官僚,照顾高级将领的财政需要,执行"恩逮于百官者惟恐其不足,财取于万民者不留其有余"⑪的政策。对人民采取不顾死活的榨取,终于导致了"积贫积弱"的恶果。到范仲淹时,纲纪制度日益败坏,民族矛盾、阶级矛盾日趋激烈,冗官、冗兵和冗费加重了民众的负担,财政陷入困境,统治危机日益严重,再不改弦更张,就无

---

① 范仲淹《范文正公文集》卷八。
② 范仲淹《范文正公文集》卷八。
③ 蔡沈《春秋集传》卷二。
④ 范仲淹《范文正公政府奏议》卷下。
⑤ 范仲淹《范文正公文集》卷九。
⑥ 范仲淹《范文正公文集》卷八。
⑦ 范仲淹《范文正公政府奏议》卷下。
⑧ 谷应泰《明史纪事本末》卷一。
⑨ 王明清《挥麈录余话》卷一。
⑩ 李焘《续资治通鉴长编》卷二二一。
⑪ 赵翼《廿二史札记》卷二五。

法挽救了。

了解民间的疾苦

改弦更张的办法,不是凭空想像就能制订出来的,必须从调查研究入手。体察民意,访贫问苦,从了解民间的疾苦开始。

范仲淹非常关注民情利病,提倡"询访父老,研求利病"的方法,对在这方面做出成绩的官员大加表扬。他的《文集》中有"利"字283个,"病"字59个。"利病"10见,主要有:政府官员必须"至则察民利病",①"悉利病",②"孜孜利病",③"因民之利",④"至于郡县利害",⑤"民间利病及于边机可行之事,恐有漏落"。⑥"铨选至重,利病多矣"。他称赞范雍"公好访问,善开纳,天下金谷之利病,灼然居目",做出了好榜样。⑦"利害"63见,主要有:"相度钱谷利害,求访民间疾苦"。⑧"利害不察,上下相蒙"。⑨"穷其利害"。⑩"攻有利害,守有安危"。⑪"心究利害,目击胜负"。⑫"每岁预下诸路,风吏民言农田利害"。⑬"事有利害者,并从辅臣予夺"⑭等等。

范仲淹通过民间调查,确实了解到不少实际情况,自称:"至于稼穑之难,狱讼之情,政教之繁简,货殖之利病,虽不能辨,亦尝有闻焉。"⑮"臣等于陕西缘边,颇究利害。"⑯"按边陲之利病,咸得闻于朝廷,救生民之困弊。"⑰

对科率、和买的弊民更是特有感触:"兵兴以来,天下科率如牛皮筋角,弓弩材料,箭干枪干,胶鳔翎毛,漆蜡一切之物,皆出于民。谓之和买,多非土产之处,素已难得,既称军须,动加刑宪,物价十倍,吏辱百端,输纳未前,如负重罪。一年之中或至数四,官中虽给价直,岂能补其疮痍。"⑱

财政开支愈来愈多,民众不堪重负。"国用无度,则民力已竭矣,天下无恩,则邦本不固矣。"⑲

---

① 范仲淹《范文正公文集》卷十四。
② 范仲淹《范文正公文集》卷十三。
③ 范仲淹《范文正公文集》卷十四。
④ 范仲淹《范文正公文集》卷二十。
⑤ 范仲淹《范文正公文集》卷十九。
⑥ 范仲淹《范文正公政府奏议》卷上。
⑦ 范仲淹《范文正公文集》卷十三。
⑧ 范仲淹《范文正公政府奏议》卷下。
⑨ 范仲淹《范文正公文集》卷八。
⑩ 范仲淹《范文正公文集》卷十一。
⑪ 范仲淹《范文正公文集》附录卷一。
⑫ 范仲淹《范文正集补编》卷一。
⑬ 范仲淹《范文正集补编》卷二。
⑭ 范仲淹《范文正公政府奏议》卷上。
⑮ 范仲淹《范文正公文集》卷八。
⑯ 范仲淹《范文正公政府奏议》卷下。
⑰ 范仲淹《范文正公文集》卷九。
⑱ 范仲淹《范文正公政府奏议》卷上。
⑲ 范仲淹《范文正公文集》卷八。

政治腐败,官员尸位蠹禄,行政不作为,效率极低。他发现不少地方官员不关心民事,把主要精力花到了送往迎来上。"观今之郡长,鲜克尽心,有尚迎送之劳,有贪燕射之逸,或急急于富贵之援,或孜孜于子孙之计,志不在政功焉。"① 十分感叹,"为郡艮优优,乏才止循循,恬愉弗扰外,何以慰远民"。② 他们占据官位,不干正事,"官实素飡,民则菜色,有恤鳏寡则指为近名,有抑权豪则目为掇祸,苟且之弊积习成风"。③政风败坏,不仅不能为民除害,而且自己本身就成了民众的祸害,"近年诸处郡长以赃致罪者数人,皆贯盈之夫,久为民患"。朝廷有时发现也加以惩处,但只是少数个别,"如此之类,至终不败者,岂止数人而已乎",④大多数仍然逍遥法外,民众很不满意。

政在顺民心

如何消除民众对政府的不满,有什么办法加以解决呢? 封建社会的最高权威是皇帝,是制订国家政策的最高决策人。范仲淹写了不少文章劝说皇帝,阐明"政在顺民心"⑤的道理。一篇题目是《用天下心为心赋》,说"人主当用天下心"。主要内容摘录如下:

> 至明在上,无远弗宾。得天下为心之要,示圣王克己之仁。政必顺民,荡荡洽大同之化;礼皆从俗,熙熙无不获之人。当其治国牧民,以为肆予一人之意,则国必颠危。伸尔万邦之怀,则人将鼓舞。于是审民之好恶,察政之否臧,有疾苦必为之去,有灾害必为之防。苟诚意从乎亿姓,则风化行乎八荒。夫如是则爱将众同,乐与人共。德泽浃于民庶,仁声播于雅颂。通天下之志,靡靡而风从;尽万物之情,忻忻而日用。尧舜则舍己从人,同底于道;桀纣则以人从欲,自绝于天。不以己欲为欲,而以众心为心。达彼群情,侔天地之化育;洞夫民隐,配日月之照临。视以四目,而明乎中外;听以四聪,而达乎远迩。噫! 何以致圣功之然哉,从民心而已矣。⑥

另一篇题目是《政在顺民心赋》,说"明主施政,能顺民欲"。主要的内容摘要如下:

> 阐邦政而攸叙,顺民心而和平,振穷恤贫必俯从于众望,发号施令实允叶于群情。逆其民而理者,虽令不从;顺于民而化焉,其德乃普。是以究其所病,察其所宜。彼患困穷,我则跻之于富庶;彼忧苛虐,我则抚之以仁慈。政者为民而设,民者惟政是平,违之则事悖,顺之则教兴,在上者弗私其欲,居下者孰敢不遵。务材训农,皆因民之所利;布德行惠,常舍己以从人。稽古省方,顺时察俗。上克承于天道,下弗违于民欲。⑦

不仅皇帝要"顺民心",还有各级政府官员以及社会上有地位的人士,都应该体察民情、关注民声。"使缙绅之人皆危其言行,则致君于无过,致民于无怨,政教不坠,祸患不起",就能够

---

① 范仲淹《范文正公文集》卷八。
② 范仲淹《范文正公文集》卷二。
③ 范仲淹《范文正公文集》卷八。
④ 范仲淹《范文正公文集》卷八。
⑤ 范仲淹《范文正公别集》卷一。
⑥ 范仲淹《范文正公文集》卷二十。
⑦ 范仲淹《范文正公别集》卷一。

"太平之下,浩然无忧"了。①

反映民情的"上书"

范仲淹出于忧国忧民的责任感,多次上书,及时把民间的真实情况,反映给皇帝和执政大臣。

早在乾兴元年(1022),他还在作"监泰州西溪镇盐仓"的小官时,就《上张右丞书》,把他所了解到的"穷荒绝岛人不堪其忧"的情况,向时任枢密副使的张知白反映。②

天圣三年(1025)作大理寺丞时,有"上书言事"的权利,便作《奏上时务书》:"伏惟皇太后陛下、皇帝陛下日崇圣人之德,以永服天下之心。若夫敦好生之志,推不忍之心,薄于刑典,厚于恻隐,在物祝网,于民泣辜,常戒百官勿为苛酷,示天下之慈也。"③

天圣五年(1027)他虽丁母忧居家,仍以"民忧"为重,写作《上执政书》,"冒哀上书言国家事,不以一心之戚,而忘天下之忧,庶乎四海生灵长见太平"。④

天圣八年(1030)在《上资政晏侍郎书》中说:"今天下民庶而未富,士薄而未教,礼有所未格,乐有所未谐,多士之源有所未澄,百司之纲有所未振,兵轻而有所未练,边虚而有所未计,赏罚或有所未一,恩信或有所未充。"⑤

天圣八年(1030)在《上时相议制举书》中,反映当时科举考试选拔人才方面的问题很多,"文章以薄,则为君子之忧。风俗其坏,则为来者之资。今朝廷思救其弊,兴复制科。不独振举滞淹,询访得失,有以劝天下之学,育天下之才,是将复小为大,抑薄归厚之时也"。请求务必抓紧时机,予以改革。⑥

关注民生的改革纲领

范仲淹《上执政书》中有一段话:"窃谓相府报国致君之功,正在乎固邦本、厚民力、重名器、备戎狄、杜奸雄、明国听也。"⑦共有六个方面,可以视为他针对当时政局存在的问题,提出进行全面改革的纲领。

接着,他又细致地分项说明:

> 固邦本者,在乎举县令、择郡守、以救民之弊也。
> 厚民力者,在乎复游散,去冗僭,以阜时之财也。
> 重名器者,在乎慎选举、敦教育,使代不乏材也。
> 备戎狄者,在乎育将材,实边郡,使夷不乱华也。
> 杜奸雄者,在乎朝廷无过,生灵无怨,以绝乱之阶也。

---

① 范仲淹《范文正公文集》卷八。
② 范仲淹《范文正公文集》卷八。
③ 范仲淹《范文正公文集》卷七。
④ 范仲淹《范文正公文集》卷八。
⑤ 范仲淹《范文正公文集》卷八。
⑥ 范仲淹《范文正公文集》卷九。
⑦ 范仲淹《范文正公文集》卷八。

明国听者,在乎保直臣、斥佞人,以致君于有道也。

话说得十分清楚,其目的在于:救民弊、丰民财、育人才、固国防、防变乱、纳民听。无一项不是与民众的利益有关,读来令人十分感动。

兴利除弊的具体措施

真正适应民众需要的改革纲领,不能只说空话,必须针对存在的问题进行分析,要以"邦国之利"[①]为标准全盘考虑。要"通天下之利",[②]不能只看到个人眼前的私利,要更多地关怀弱势群体"穷民"的利益。"盖欲苏息穷民,且非利己也"。[③] 要用无私的胸怀,长远的角度,来"研求利病"。[④] 拟定出切实可行的、"救生民之困弊"[⑤]的具体办法,才能真正达到"苏息穷民"的目的。

为了达到这一目的,最重要的是根据民众的意愿办,针对不同的需要办,"夫利者何也,道之用者也,于天为膏雨,于地为百川,于人为兼济,于国为惠民为日中市,于家为丰财为富其邻"。[⑥] 要全方位、多角度地看问题,采取多种措施来体现政府的:

"爱民"(8见),如:"各务爱民求理,不为苛政,足以息生民之怨叛",[⑦]"智识通敏,可干财赋,复能爱民,不为侵刻",[⑧]"爱民则因其根本,为体则厚其养育",[⑨]"圣人爱民恤士"。[⑩]

"惠民"(3见),如:"劝天下者莫大乎推恩而敷惠"。[⑪]

"养民"(10见),如:"德惟善政,政在养民",[⑫]"天地养万物,故其道不穷,圣人养万民,故其位不倾"。[⑬]

"保民"(2见),如:"保民由乎信"。[⑭]

以及"抚民"、[⑮]"恤民"[⑯]等等精神。

当然,为民众办事,真正做到兴利除弊,不仅要有美好的愿望,而且要注意实际的效果。要讲求"功利"(2见),"恐功利不至,为朝廷之忧"。[⑰] 不能走过场应付差事,马马虎虎,敷衍了事,有头无尾,把好事办成了坏事。"忝为辅臣,知利害不能执守,则国家之惠必不能行,生

---

① 范仲淹《范文正公文集》卷十一。
② 范仲淹《范文正公文集》卷十三。
③ 范仲淹《范文正公文集》卷十九。
④ 范仲淹《范文正公文集》卷八。
⑤ 范仲淹《范文正公文集》卷九。
⑥ 范仲淹《范文正公文集》卷六。
⑦ 范仲淹《范文正公政府奏议》卷上。
⑧ 范仲淹《范文正公政府奏议》卷下。
⑨ 范仲淹《范文正公别集》卷二。
⑩ 范仲淹《范文正公别集》卷四。
⑪ 范仲淹《范文正公文集》卷五。
⑫ 范仲淹《范文正公政府奏议》卷上。
⑬ 范仲淹《范文正公文集》卷九。
⑭ 范仲淹《范文正公文集》卷六。
⑮ 范仲淹《范文正公文集》卷五。
⑯ 范仲淹《范文正公文集》卷十四。
⑰ 范仲淹《范文正公文集》卷九。

民之弊亦不能去"。①

　　落实民本思想,需要兴利除弊的事情很多,千头万绪,从何做起呢? 范仲淹认为"固邦本者,在乎举县令、择郡守,以救民之弊也"。② 人们常说:政策确定以后,干部就是决定的因素。在封建社会,郡守县令是承上启下、直接亲民的政府官员,要执行"厚民力,固邦本"的政策,离开他们是"莫之行焉"。③ 因为"抚民人,宣风化,均徭役,平赋敛",④是他们的职责。如果他们能够尽职尽责,能够反映民间的真实,工作并不困难,"当官一无术,易易复循循,长使下情达,穷民奚不伸"。⑤ "但得葵心长向日,何妨驽足未离尘,岂辞云水三千里,犹济疮痍十万民"。⑥ 一定能得到民众的欢迎。范仲淹写了一首《清风谣》:"清风何处来,先此高高台,熙如挹庄老,语人逍遥道,朱弦鼓其薰,可以解吾民"。⑦ 表达了自己对地方官员的期望。如果他们"惟孜孜于生民,将富庶之可期,每布政于畎亩,不饰名于路歧"。⑧ 尽力把尚未开垦的闲田开发出来,"京畿三辅五百里内,民田多隙,农功未广,既已开导沟洫,使民以时,导达沟渎,保其稼穑,俾百姓不饥"。⑨ 一定会收到很好的效果。

　　如果政府官员的素质不高,不能恪尽职责,必将带来严重的后果,"民利不作,民害不去,鳏寡不恤,游惰不禁,播艺不增,孝悌不劝,以一邑观之则四方县政如此者,十有七八焉,而望王道之兴,不亦难乎! 如之何使斯人之徒为民父母,以困穷其天下。"⑩这样的人是不能让他们当官的。

　　范仲淹认为:"善政之要,惟在养民,养民之政,必先务农,农政既修,则衣食足。"⑪因此首先要抓好农业生产。朝廷应该"每岁预下诸路,风吏民言农田利害,堤堰渠塘,州县选官治之,定劝课之法,以兴农利"。⑫ 要"顺其时,与物咸宜,适其变使民不倦"。⑬ 按照农作物的特性,因时因地,合乎时宜,使农民乐于接受,发挥其努力生产的积极性。就能收到丰收的效果,受到农民的欢迎。"常愿帝力及南亩,尽使风俗如东邹。谁言吾子青春者,意在生民先发讴。"⑭要受到农民的欢迎并不困难,农民的感情是非常朴实真诚的,"春耕秋获,笑歌满野,民多富实,往往重门击柝,拟于公府"。⑮

　　水利,是农业生产的命脉,范仲淹所到之处都颇加重视。乾兴元年(1022),他担任"监泰州西溪盐仓"小官时,发现"郡有古堰,亘百有五十里,厥废旷久,秋涛为患"。意欲修复,有人

---

① 范仲淹《范文正公文集》卷十九。
② 范仲淹《范文正公文集》卷八。
③ 范仲淹《范文正公文集》卷八。
④ 范仲淹《范文正公文集》卷五。
⑤ 范仲淹《范文正公文集》卷二。
⑥ 范仲淹《范文正公文集》卷四。
⑦ 范仲淹《范文正公文集》卷一。
⑧ 范仲淹《范文正公文集》卷十。
⑨ 范仲淹《范文正公文集》卷九。
⑩ 范仲淹《范文正公文集》卷八。
⑪ 范仲淹《范文正公政府奏议》卷上。
⑫ 范仲淹《范文正集补编》卷二。
⑬ 范仲淹《范文正公文集》卷一。
⑭ 范仲淹《范文正公文集》卷二。
⑮ 范仲淹《范文正公文集》卷十一。

反对说"将有畜潦之忧"。公曰:"涛之患岁十而九,潦之灾岁十而一。护九而亡一,不亦可乎!"①权衡利弊,以修复为好。修成后果然民受其利,号"范公堤"。景祐元年(1034),公守苏州,发现"姑苏四郊略平,窊而为湖者十之二三。西南之泽尤大,谓之太湖。积雨之时,湖溢而江壅,横没诸邑。河渠至多,堙塞已久,莫能分其势"。②于是组织力量疏通五河,排除积水,使苏州成为沃野千里的粮仓。庆历元年(1041),公知庆州,发现"郡以处高,艰于井饮,旧矣。公至乃以地势迹之,命匠氏直城之西北,凿及甘泉,凡百余井,人无一金之费,日用以足"。③此外,王丝任台州军事判官时,发现"州城据山,病其少井,请陶土为筒,导入于城,复五里一穴,以济行路之渴,于今人赖之"。④(实为简易的自来水),受到范仲淹的称赞。种世衡在泾阳,发现"邑有三白渠,比年浚疏,用数邑力,主者非其才,而劳逸弗等,功利日削,君使勤堕齐其力故功倍,贫富均其流故利广",⑤也受到他的表彰。他参观晋祠时,对其水利设施颇感兴趣,写了一首《晋祠泉》诗:"神哉叔虞庙,观者增恭虔。锦鳞无敢钓,长生同水仙。千家溉禾稻,满目江乡田。我来动所思,致主愧前贤。大道果能行,时雨宜不愆。皆如晋祠下,生民无旱年。"⑥这个"晋祠泉",既能养鱼,又能养花,更可溉稻灌田,当然不是天赐之福,必然经过全面规划,大力兴修,立有严格的规章制度进行管理,才能收到那样良好的效果。范仲淹以之为榜样,对兴修水利发展农业生产更加重视了。

减轻农民负担,是落实民本思想重要措施,范仲淹认为"下者上之本,本固则邦宁,今务于取下,乃伤其本矣,危之道也",⑦不能让农民的负担太重了。根据当时"贫弱之民,困于赋敛,岁伐桑枣鬻而为薪,劝课之方有名无实"的情况看,已经出现严重的后果,"故粟帛常贵,府库日虚,此而不谋将何以济"?⑧如果再不减轻农民的负担,就没有办法渡过难关了。

节省官府的费用,是减轻农民负担的有效措施,范仲淹在一首诗中说:"思阜财于吾民,惧四维之有艰。尚疮痍而百辛,故圣人之宝俭。弗下剥而上侈,思寡费而薄索民。"⑨在这方面位居最高统治地位的帝王,要特别注意自己的影响。他在《帝王好尚论》中说:"老子曰:我无为而民自化,我好静而民自正,我无欲而民自富,我无事而民自朴。此则述古之风,以警多事之时也。三代以还,异于太古,王天下者,身先教化,使民从善。故礼曰:人君谨其所好恶,君好之,则民从之。孔子曰:上好礼则民莫敢不恭,上好义则民莫敢不服,上好信则民莫敢不用情。由此言之,圣帝明王岂得无好,在其正而已"。⑩要给百姓做个好的榜样,要提倡节俭,不要奢侈,浪费人民的血汗。例如:大修寺院宫观,就没有什么好处,"土木之兴,久为大蠹"。"土木之妖,宜其悉罢"。因此多次上书:"不兴土木,示天下之俭也。唯圣人能之"。⑪"侈土木,破民产,非所以顺人心合天意也。宜罢修寺观,减常岁市木之数,以蠲除积负"。⑫

---

① 范仲淹《范文正公文集》卷十一。
② 姚文瀚《浙西水利书》卷上。
③ 范仲淹《范文正公文集》附录卷二。
④ 范仲淹《范文正公文集》卷十四。
⑤ 范仲淹《范文正公文集》卷十三。
⑥ 范仲淹《范文正公文集》卷二。
⑦ 范仲淹《范文正公文集》卷五。
⑧ 范仲淹《范文正公政府奏议》卷上。
⑨ 范仲淹《范文正公文集》卷一。
⑩ 范仲淹《范文正公文集》卷五。
⑪ 范仲淹《范文正公文集》卷七。
⑫ 范仲淹《范文正集补编》卷二。

赈救灾荒,是政府官员应当经常留意的大事。要"抚之育之,以简以爱,优优其政,洽于民心"。① 他请求皇帝下"诏天下州县长吏,访问民间孤独不能存活者,特行赈恤"。② 有一年,大蝗旱,江淮京东滋甚。公请遣使循行,未引起重视,便利用奏事的机会说:"宫掖中半日不食,当何如? 今数路艰食,安可置之不理?"③仁宗为之恻然,乃命其安抚江淮,所至开仓赈之,且禁民淫祀,奏蠲庐、舒、江东等地苛捐杂税甚多。后又"奏乞救济陕西饥民"。④ 还对"捍其大灾,蠲其积负,期月之内,民有复诸业、射诸田者",做出成绩的官员,加以表彰。⑤ 特别值得提出的是,他还发明了"以工代赈"的方法。史称:"皇祐间,吴中大饥,范仲淹领浙西,乃纵民竞渡,与僚佐日出燕湖上,谕诸守者以荒岁价廉,可大兴土木,于是诸寺工作鼎新。"不仅如此,"又新仓廒吏舍,日役千夫"。引起了某些人的反对,"监司劾奏:杭州不恤荒政,游宴兴作,伤财劳民"。范公不得不"条奏"说明:"所以如此,正欲废有余之财,以惠贫者,使工技佣力之人,皆得仰食于公私,不至转徙填壑,荒政之施,莫此为大。"果然,效果不错,"是岁惟杭饥而不害"。这个办法到王安石变法时,得到了肯定加以推广,"熙宁六年诏:自今灾伤,用司农常法赈救不足者,并预且当修农田水利工役募夫数,及其直上闻,乃发常平钱斛募饥民兴修"。⑥ 再次证明范公的办法不仅正确,而且具有创新的重要意义。

民安其业

范仲淹民本思想追求的一个重要目标,是民能安其业。他认为当时社会不安,人心浮动的根本原因,主要是人们被眼前物质利益所驱动,不安其业,不安心本职工作,出现了大量"浮民"。范仲淹说:"古者四民,秦汉之下兵及缁黄共六民矣。今又六民之中,浮其业者不可胜纪,此天下之大蠹也"。"士有不稽古而禄,农有不竭力而饥,工多奇器以败度,商多奇货以乱禁,兵多冗而不急,缁黄荡而不制,此则六民之浮,不可胜纪"。⑦ 不安心各自的生产,就成了吃闲饭不干活的闲人,就是社会的蠹虫,社会当然就无法安定了。

解决问题的办法,就是让"浮民"就业。如何就业呢? 范仲淹所想到的是"诏书丁宁,复游散之流,抑工商之侈,去士卒之冗,劝稼穑之勤,以《周礼·司徒》之法约而行之,使播者艺者以时以度,勤者惰者有劝有戒,然后致天下富之寿之。彼不我富不我寿者,岂能革之哉! 此则厚民力、固邦本之道也"。⑧ 政府尽到了心意,如果还不能革出他们的老毛病,"我富我寿"起来,就无可救药了。特别值得提出的是,范仲淹还认为:

农民,要让其有田可耕,可以把"公田"分给农民。"兵者凶器,食惟民天,出剑戟而铸矣,为稼穑之用焉,我武不施,当四海和平之后,公田尽辟,启兆民富庶之先"。⑨ 但要保护私有田产的所有权,"寇乱之余,民多散亡,未复厥居,上言者请募人占田,可倍其租,朝廷从之,于

---

① 范仲淹《范文正公文集》卷六。
② 范仲淹《范文正公政府奏议》卷上。
③ 李焘《续资治通鉴长编》卷一一二。
④ 范仲淹《范文正公政府奏议》卷上。
⑤ 范仲淹《范文正公文集》卷六。
⑥ 秦蕙田《五礼通考》卷二四八,四库全书本。
⑦ 范仲淹《范文正公文集》卷八。
⑧ 范仲淹《范文正公文集》卷八。
⑨ 范仲淹《范文正公别集》卷二。

是有力者得并其田。公曰夺民世产以资富人,复将召其怨辞,岂朝廷之意耶?乃尽取其田,以归于民"。① 不能让富人钻法律的空子"占田",夺了农民的"世产"。

商民,作为四民之一,千里转货,互通有无,日常生活不可缺少。可是秦汉以来的统治者长期执行抑商政策,对他们多方压制。范仲淹对他们的处境深表同情,"吾商则何罪,君子耻为邻,琴瑟愿更张,使我歌良辰"。② 认为"商旅不通,财用自困",③必须改弦更张,改变政策,提高其地位,不再用传统的歧视抑商政策对待他们。范仲淹针对当时的"官贩"、"科率"等政策,进行了严厉地批评:"天下盐茶,出于山海,是天地之利,以养万民。自古以来,官禁其源,人多犯法。今又绝商旅之路,官自行贩,困于运置",影响很不好。应该"大变商法,以行山海之货"。"使天下之财,通济无滞"。他认为"科率"是对商民的"抑勒",应该加以改革。请求"别置一司,专管天下科率,将二税沿纳钱并场务课利,依市价取人户情愿折纳,不得抑勒"。政府不能与民争利,因此"请诏天下,尽使行商,以去苛刻之刑,以息运置之劳,以取长久之利"。④ 不仅内地要对商人宽刑松绑,甚至边境地区,也应"听民得互市,互通有无"。可以"募人入粟塞下,给以池盐,商嗜其息,而农得以休"。不顾保守派的反对和阻挠,坚持"请通盐商如前,使人入粟塞下,则农不夺时,商不易业,外不为虏利。苟能宽民力,沮虏计",⑤一举多得,何乐而不为呢?

士,居四民之首,是将要从仕当官的知识分子,对他们的培养,除有较高的文化水平、道德规范以外,还要有一定的经济条件加以保证。可是,当时的士风很不正,究其原因可能是"士人家鲜不穷窘,男不得婚,女不得嫁,丧不得葬者,比比有之",于是"复于守选待阙之日,衣食不足,贷债以苟朝夕",以致"到官之后必来见逼,至有冒法受赃赊举度日,或不耻贾贩,与民争利,既为负罪之人,不守名节,吏有奸赃而不敢发,民有豪猾而不敢制,奸吏豪民得以侵暴","于是贫弱百姓,理不得直,冤不得诉,徭役不均,刑罚不正,比屋受弊,无可奈何。"⑥那么,如何解决呢? 范仲淹提出应该"养士",给予必要的经济条件,"天生蒸民各食其力,惟士以有德可以安君,可以庇民,于是圣人率民以养士,傥某无功而食,则为天之螟,为民之螣,使鬼神有知,则为身之殃"。⑦ 用现代语言来说,可能就是"高薪养廉"吧,如果他们仍然"无功而食",不能好好给人民办事,就"为身之殃",只好用刑法处置了。

民的愿望

官府清廉,政刑宽平,四民乐业,衣食无忧,是平民百姓最大的愿望。

范仲淹说:"政者为民而设,民者惟政是平。"⑧因此,分职求理,当任贤者。"尧舜以德,则人爱君如父母"。⑨ 地方官应该像"民之父母"一样,他引用《诗经》的"乐只君子,民之父

---

① 范仲淹《范文正公文集》卷十一。
② 范仲淹《范文正公文集》卷一。
③ 范仲淹《范文正公政府奏议》卷上。
④ 范仲淹《范文正公政府奏议》卷上。
⑤ 范仲淹《范文正公文集》卷十一。
⑥ 范仲淹《范文正公政府奏议》卷上。
⑦ 范仲淹《范文正公文集》卷八。
⑧ 范仲淹《范文正公别集》卷三。
⑨ 范仲淹《范文正公文集》卷七。

母,乐只君子,德音不已"说:"谓利及生民,则树无穷之名焉",①只要给老百姓做了有利的事情,就树立了无穷之名,就会得到百姓的爱戴和拥护。政府对地方官的选择要特别留意,要"别选洁己爱民,显有善政,得百姓心,如倚父母者,各具有的实事状举"。②

全国各地经济发展水平虽然不一样,但正如范仲淹所说"风物皆堪喜,民灵独可哀,稀逢贤太守,多是谪官来"。③ 资源各有所长,人民都很可爱。只有先进后进之别,没有天堂地狱之分。越是后进的地方,派去的更应是"贤太守",不应是被惩罚的"谪官"。如果真是像范仲淹那样被排挤出朝的"谪官",到了后进的地方当然也不会闹什么情绪,而一定会根据当地人民的愿望,把那个地方治理好。为了保证地方官员必要的水平,应该坚持选官的原则,反对"特权",如果使不够条件的"荫序之人塞于仕路,曾未稽古过重,使以司民,国家患之",④就会使人民失望,带来不良的后果。

当时,不少地方刑法过严过重,"五代以来诸侯暴酷,视民如芥,生杀由之"。⑤ 地方官不深入了解案情,动辄"杀人偿命",十分残暴,不肯"宽刑"。知相州的李公发现:"系囚十四人,盗瓜伤其主,吏以极法论"。公曰"饿夫何至此,皆贷死以闻",朝廷阅其奏,即日下密诏,"民有岁凶为盗,长吏得屈法以全之"。⑥ 受到范仲淹的赞赏。

范仲淹在一首诗中说:"但愿天下乐,一若樽前身。长戴尧舜主,尽作羲黄民。耕田与凿井,熙熙千万春。"⑦"子房帷幄方无事,李牧耕桑合有秋。民得袴襦兵得帅,御戎何必问严尤。"⑧形象生动地表达了他以民为本、忧国忧民、发展生产、国富民强、官民同乐的愿望与心情。

庆历新政的性质

"庆历新政"的政治思想,大致都展示在范仲淹《再进前所陈十事》中,其性质如何?原文摘要如下:

一曰明黜陟:将以约滥进,责实效,使天下政事无不举也。

二曰抑侥幸:将以革滥赏,省冗官也。

三曰精贡举:将以正教化之本,育卿士之材也。

四曰择官长:将以正纲纪,去疾苦,救生民也。

五曰均公田:既使丰足,以责廉节,百姓受赐也。

六曰厚农桑:将以救水旱,丰稼穑,强国力也。

七曰修武备:为四方无事,以宁邦国也。

八曰减徭役:庶宽民力也。

---

① 范仲淹《范文正公文集》卷十一。
② 范仲淹《范文正公政府奏议》卷上。
③ 范仲淹《范文正公文集》卷三。
④ 范仲淹《范文正公文集》卷八。
⑤ 范仲淹《范文正公文集》卷八。
⑥ 范仲淹《范文正公文集》卷十一。
⑦ 范仲淹《范文正公文集》卷二。
⑧ 范仲淹《范文正公文集》卷三。

九曰覃恩信：放先朝欠负，以感天下之心也。
　　十曰重命令：为重其法以行天子之命也。①

除一、十两条属于行政管理方面的改革外，其他八条全都直接与"民"有关。不难得出结论："庆历新政"的指导思想是"以民为本"的思想。

最后需要说明的是，本文既然是研究范仲淹的思想，因此几乎全都使用范公本人《文集》中的材料，也就说是"内证"法。为不失其本意，引用原文太多，且又十分琐碎，也许给读者带来不快，只好请求原谅了。

---

① 范仲淹《范文正公政府奏议》卷上。

范仲淹的民本思想及其实践

毛丽娅

范仲淹(989—1052)是我国北宋贤臣、名将。他"以名世之才,致位将相,正色立朝,亟意尊主庇民"。① 无论"居庙堂之高",还是"处江湖之远",他都能胸怀天下,心系百姓,以"天下之心为心,为政心顺乎民"。也正是这种以民为本的思想,使他能清廉为政,赤诚为民,"先天下之忧而忧,后天下之乐而乐"。

一、范仲淹的民本思想溯源

范仲淹以民为本的思想实是对中国先秦以来民本思想的继承和发展。中国政治思想中自古就有以民为本的传统。《尚书》的重民,孔子的爱民,孟子的民贵君轻,荀子的君舟民水,水能载舟也能覆舟……这些民本思想,从先秦、两汉,一直到唐宋,都为历代政治家、思想家阐释并劝诫统治者奉行。

民本思想强调人民的重要,强调君主的施政要以民为本,这既是一种爱民的表现,又是一种限制君主专制的思想。《尚书》中最能表达民本思想的是《洪范》篇,其中谈到了天子要尊重民意,要用心去聆听民众的意见:"汝则有大疑,谋及乃心,谋及卿士,谋及庶人,谋及卜筮。""汝则从,龟从,筮从,卿士从,庶民从,是之谓大同。……汝则从,龟从,筮从,卿士逆,庶民逆,吉。""卿士从,龟从,筮从,汝则逆,庶民逆,吉。""庶民从,龟从,筮从,汝则逆,卿士逆,吉……"②天子、卿士、庶民、卜、筮五者,其中三可二否便可施行。在这里,庶民享有五分之一的决策权,可见对民意的尊重。

孔子主张爱民,"道千乘之国,敬事而信;节用而爱人,使民以时"。③ 认为国家不可失信于民,要节用而爱人。主张施行仁政,孔子曾说:"闻有国有家者,不患寡而患不均,不患贫而患不安。盖均无贫,和无寡,安无倾。夫如是,故远人不服,则修文德以来之。既来之,则安之!"④孔子所关心的是财富的平均分配,是典型的以百姓为施政的对象,而施政的方针就是仁政。

孟子进一步阐发了以民为本的思想。他把民心民意与国家政权联系起来考察,孟子在《离娄·上篇》中说:"桀纣之失天下也,失其民也;失其民者,失其心也。得天下有道,得其民,斯得天下矣;得其民有道,得其心,斯得民矣;得其心有道,所欲予之,聚之,所恶勿施尔

---

① 《范仲淹全集》附录五,范文程《重修先文正魏国公墓道飨堂碑记》。《范仲淹全集》,四川大学出版社2002年。
② 《尚书注疏》卷一一。
③ 《论语全解》卷一《学而》。
④ 《论语注疏》卷一六。

也。"①其中的"失其心",即背逆民意;"得其心",即顺从民意。强调治国的成败在于是否顺应民意,所以孟子指出:"民为贵,社稷次之,君为轻。"②

范仲淹自幼受到儒家思想的教育和熏陶。他"游心儒术",③"大通六经之旨,文章必本于仁义,先天下之忧而忧,后天下之乐而乐"。④ 一生"信圣人之书,师古人之行",⑤他在《上时相议制举书》中说:"盖圣人法度之言存乎《书》,安危之几存乎《易》,得失之鉴存乎《诗》,是非之辩存乎《春秋》,天下之制存乎《礼》,万物之情存乎《乐》。故俊哲之人,入乎六经,则能服法度之言,察安危之几,陈得失之鉴,析是非之辩,明天下之制,尽万物之情。使斯人之徒辅成王道,复何求哉!至于扣诸子,猎群史,所以观异同,质成败,非求道于斯也。"⑥其为官、治边、兴学等,均以儒家思想为指导。清代纪昀对他的评论是:"贯通经术,明达政体",认为他"行求无愧于圣贤,学求有济于天下"。⑦ 不过,他对释、道、墨、兵、法等各家的典籍,无不广泛研读涉猎。实际上,他是以儒家思想为基础,广泛汲取了其他各家的思想精华,从而开启了儒家学说发展的新阶段。

范仲淹"泛通六经,尤长于《易》",⑧并有《易义》传世。他在给仁宗皇帝讲《周易》时,强调爱民。如他在解释《易·损卦》说:"《损》,山泽通气,其润上行,取下资上之时也。夫阳,实也;阴,虚也。下卦二阳,上卦二阴,取阳资阴,以实益虚者也。虚者反实,则实者反虚矣。然则下者上之本,本固则邦宁。今务于取下,乃伤其本矣,危之道也。损之有时,民犹说也。损之无时,泽将竭焉。故曰'川竭必山崩',此之象也。无他,下涸而上枯也。'百姓不足,君孰与足',其斯之谓欤?"⑨以此论证损下而惠上的严重后果。范仲淹利用讲解《周易》之机,强调高以下为基,邦以民为本的理念。他以人事而解《周易》阐述自己的政治理念,贯穿的是以民为本的思想。

范仲淹早年的生活经历以及长期任地方官的生涯,使范仲淹对民间疾苦多有了解。他深知"民之疾苦,物之情伪"。⑩ 早在青年时期,就"慨然有志于天下"。⑪ 步入仕途后,在朝则以"至诚许国",⑫常常"感激论天下事,奋不顾身",⑬受贬则能"求民疾于一方,分国忧于千里",⑭"进则尽忧国忧民之诚,退则处乐天乐道之分",⑮是"进亦忧,退亦忧",知去就之分,得进退之理。他不独"忧其民"与"忧其君",⑯并能"诚于君"与"诚于民",⑰"不以己欲为欲,而

---

① 《孟子集疏》卷七。
② 《孟子注疏》卷一四上。
③ 《范文正公文集》卷一八《遗表》。
④ 《范仲淹全集》附录五,范文程《重修先文正魏国公墓道飨堂碑记》。
⑤ 《范仲淹全集》卷十《上资政晏侍郎书》。
⑥ 《范仲淹全集》卷十《上时相议制举书》。
⑦ 纪昀等《四库全书总目》卷一五二《文正集提要》。
⑧ 《宋史》卷三一四《范仲淹传》,中华书局1977年。
⑨ 《范仲淹全集》卷七《易义》。
⑩ 《范仲淹全集》卷一七《让观察使第三表》。
⑪ 欧阳修《文忠集》卷二〇《范公神道碑铭》。
⑫ 《范仲淹全集》卷一八《谢赐凤茶表》。
⑬ 《宋史》卷三一四《范仲淹传》。
⑭ 《范仲淹全集》卷一八《郑州谢上表》。
⑮ 《范仲淹全集》卷一八《谢转礼部侍郎表》。
⑯ 《范仲淹全集》卷八《岳阳楼记》。
⑰ 《范仲淹全集》卷十《上晏侍郎书》。

以众心为心","何以致圣功之然哉？从民心而已矣。"①

二、范仲淹的民本思想及其实践

范仲淹从任广德军司理参军开始，至皇祐四年病逝徐州，为官三十余年。"然公之惠爱民之多，有不为士大夫之闻者"。② 其民本思想体现在多方面，大致可概括为"忧民"、"爱民"、"富民"、"育民"和"乐民"。

（一）范仲淹的"忧民"

北宋王朝的积贫积弱、内忧外患，使范仲淹不仅具有强烈的忧患意识，而且他一生身体力行，"以天下为己任"。③ 他的"忧民"是与"忧国"紧紧联系在一起的。范仲淹主张为政必须顺应民心，他说："逆其民而理者，虽令不顺；顺于民而化者，其德乃普。"将修身与为政融为一体。范仲淹认为，政为民而设，民为邦之本。他强调国家应该为民着想。治政应顺乎民意，"以见百姓为心"，此谓之"善政"。④

范仲淹认为善政在于养民。在他看来，"民"是最重要的。君主要把"民"当作自己的身体一样去爱护。他在《君以民为体赋》中说："圣人居域中之大，为天下之君，育黎庶而是切，喻肌体而可分。正四民而似正四肢。每防怠堕；调百姓而如调百脉，何患纠纷。先哲格言，明王佩服。爱民则因其根本，为体则厚其养育。胜残去杀，见远害而在斯；劝农勉人，戒不勤而是速。善喻非远，嘉猷可稽。谓民之爱也，莫先乎四体；谓国之保也，莫大乎群黎。使必以时，岂有嗟于尽瘁；治当未乱，宁有悔于噬脐。"⑤而养民必先务农。他在《答手诏条陈十事》中说："书曰：惟德善政，政在养民，……养民之政，必先务农。农政既修，则衣食足；衣食足，则爱肤体；爱肤体，则畏刑罚；畏刑罚，则寇盗自息，祸乱不兴。"⑥只有搞好农业生产，使百姓丰衣足食，国家才会长治久安。他积极实践，为官所至，无不采取惠民措施，力求造福于民。或为民请命，减轻百姓负担，或兴修水利，发展农业生产。

范仲淹深知要使国泰民安，不仅应"上诚于君"，还应"下诚于民"；⑦不仅要以忠孝奉上，还要以仁义施下。他自谓："夫不能利泽生民，非大丈夫平生之志"，⑧正是从这种思想观念出发，范仲淹既以"理或当然，死无所避"的忠心效忠皇帝，又以"先天下之忧而忧"的诚心为广大黎民百姓的疾苦而呼吁请命，兴利除弊。天圣五年（1027），范仲淹正值母亲服丧期间，冒哀上《上执政书》，"言国家事，不以一心之戚，而忘天下之忧"。他直言当时社会状况是中外奢侈、百姓穷困。他指出："中外奢侈，则国用无度；百姓贫困，则天下无恩。""国用无度，则民力已竭矣；天下无恩，则邦本不固矣。"继而提出了"固邦本"、"厚民力"、"重名器"、"备戎

---

① 《范仲淹全集》卷一《用天下心为心赋》。
② 《范仲淹全集》附录五,塞周辅《公庆州祠堂碑阴记》。
③ 《范仲淹全集》附录五,范文程《重修先文正魏国公墓道飨堂碑记》。
④ 《范仲淹全集》别集卷三《政在顺民心赋》。
⑤ 《范仲淹全集》别集卷二《君以民为体赋》。
⑥ 《范仲淹全集》,《范文正公政府奏议》卷上《答手诏条陈十事》。
⑦ 《范仲淹全集》卷十《上资政晏侍郎书》。
⑧ 吴曾《能改斋漫录》卷一三。

狄"、"杜奸雄"、"明国听"等六条改革措施,其改革的重点是整顿吏治。范仲淹以民为本的思想使他特别重视地方官的擢用与黜退,"固邦本者,在乎举县令,择郡守,以救民之弊也"。①即要慎重选择县令、郡守,有效把握地方官的人事任命,以达到救民除弊的目的。庆历新政后,根据欧阳修的建议,任命了一批精明干练的按察使,派往各地,视察官吏善恶。范仲淹每当得到按察使的报告,便毫不留情地罢免一个又一个贪官污吏。这正是他忧君忧民、重国事、重民生的具体体现。

(二)范仲淹的"爱民"

范仲淹以天下之心为心,具体表现在他能先民之忧,解民之困,赈灾济民。如明道二年(1033年),东京、江淮一带大旱,相继又遭受严重的蝗灾,大批百姓流亡。范仲淹对灾民深表同情,立即上书,请求仁宗皇帝立即派人到灾区赈济灾民。可朝廷很长时间没有采取行动。范仲淹便直面君主,指出:"宫掖中半日不食,当如何? 今数路艰食,安可置而不恤?"②范仲淹奉命安抚江淮。他每到一处,便开仓赈济,减轻民众负担,使灾民得以休养生息。"所至开仓赈之,禁民淫祀,奏蠲庐、舒折役茶、江东丁口盐钱。"③

庆历五年十一月,范仲淹诏罢所兼四路帅职,改知邓州。庆历六年,范仲淹至邓州。在任期间,范仲淹孜孜民事,心系百姓。值邓州秋冬旱情十分严重,"今秋与冬数月旱",④"自秋徂冬渴雨雪",⑤他及时向朝廷报告灾情,并亲自带领百姓凿井寻泉。

范仲淹关心百姓疾苦,"饥民有食乌昧草者,撷草进御,请示六官贵戚,以戒侈心。"⑥他"临财好施,意豁如也"。⑦ 对有急难的人,慨然周济。如庆历三年,友人吴遵路病故,家人生活难以为继,他便拿出自己的俸禄。"家无长物,公分俸周其家"。⑧ 为了能长期救济自己的宗族,范仲淹将节省的俸禄,在故乡苏州"买负郭常稔之田千亩,号曰义田,济养群族,择族之长而贤者一人主之"。⑨ 范仲淹创设义庄有助于睦族敦亲、恤贫济困。

宋代著名思想家朱熹称颂范仲淹:"其心量之广大高明,可为百世之师表。"⑩范仲淹所到之处,皆以百姓疾苦为忧,并想方设法为民众直接谋利益,因而赢得了人民的爱戴。"所至民多立祠画像。其行己临事,自山林处士、里间田野之人,外至四裔,莫不知其名字,而乐道其事者甚众"。⑪

---

① 《范仲淹全集》卷九《上执政书》。
② 李焘《续资治通鉴长编》(以下简称《长编》)卷一一二。
③ 《宋史》卷三一四《范仲淹传》。
④ 《范仲淹全集》卷三《依韵和提刑太博嘉雪》。
⑤ 《范仲淹全集》卷三《依韵答贾黯监丞贺雪》。
⑥ 李焘《长编》卷一一二。
⑦ 欧阳修《文忠集》卷二〇《范公神道碑铭》。
⑧ 《范公言行拾遗事录》卷一。
⑨ 龚明之《中吴纪闻》卷三。
⑩ 朱熹《晦庵集》卷三八。
⑪ 欧阳修《文公集》卷二〇《范公神道碑铭》。

(三）范仲淹的"富民"

范仲淹的富民思想主要体现在他极为重视农业,不仅提出了"厚农桑"、"减徭役"、"宽赋敛"等改革主张,而且躬身实践,劝课农桑,兴修水利,尽量减少百姓负担,使人民安居乐业。他在东南以兴修水利、发展农业与减轻农民差役之苦为主;在西北以垦耕荒芜土地,减轻农民差役与支移负担与训练民众备战为其重心。

在中国封建社会,农业具有极其特殊的重要地位,农业直接关系到封建社会经济的发展和封建统治的稳定。作为封建时代政治家的范仲淹,也把发展农业看成王化之基、富国之本。

范仲淹承袭了儒家的仁政思想,主张"善政"。而"善政之要,惟在养民;养民之政,必先务农"。① 强调把发展农业生产放在首位,主张采取厚农桑的政策。范仲淹在《答手诏条陈十事》中提出的十条改革措施中的"厚农桑"、"减徭役"两项是与占绝大多数的农民利益密不可分的,这既是养民之政,又是富国之策。

"厚农桑"即大力发展农业生产,兴修水利。范仲淹指出:此"将以救水旱,丰稼穑,强国力也。"②"此养民之政、富国之本也。"③只有重视发展农业生产,才能使百姓安居乐业。"农政既修,则衣食足。衣食足,则爱肤体。爱肤体,则畏刑罚。畏刑罚,则寇盗自息,祸乱不兴。是圣人之德发于圣政,天下之化兴于农亩。"④发展农业生产成为事关国计民生的大事。范仲淹还指出,要发展农业生产,就必须改善农业生产条件,重视兴修水利。"臣请每岁之秋,降敕下诸路转运司,令辖下州军吏民各言农桑可兴之利,可去之害,或合开河渠,或筑堤堰陂塘之类,并委本州军选官计定工科,每岁于二月间兴役,半月而罢,仍具功绩闻奏。如此不绝,数年之间,农利大兴,下少饥岁,上无贵籴,则东南岁籴辇运之费大可减省。其劝课之法,宜选官讨论古制,取其简约易从之术,颁赐诸路转运使,及面赐一本付新授知州、知县、县令等。此养民之政,富国之本也"。⑤ 范仲淹在力所能及的范围内亲自组织百姓兴修农田水利工程。如主持修复捍海堰、治理苏州水患等等。

宋真宗天禧五年(1021),范仲淹监泰州(今江苏泰州市)西溪盐仓。泰州原有海堰,因"久废不治",每当潮水泛滥,"岁患海涛冒民田",⑥沿海各州县百姓深受其害。范仲淹深入了解民情后,上书江淮发运副使张纶,建议修复捍海堰。张纶支持范仲淹的建议,并奏请朝廷任命范仲淹为兴化县令,主持捍海堰的修复工程。虽然因遭遇大雨雪,工程一度停止,加上范仲淹因母亲去世而不得不辞官服丧,后在张纶、胡令仪的努力下,工程得以再开,并最终修复了长达150多里的捍海堰。捍海堰的修复,保护了泰、海、通、楚四州数十万人民的生命财产和大量良田、盐场。"既成,民至于今享其利"。⑦ 当地人民因感怀他的功德,将此堰命

---

① 《范仲淹全集》,《范文正公政府奏议》卷上《答手诏条陈十事》。
② 《范仲淹全集》,《范文正公政府奏议》卷上《再进前所陈十事》。
③ 《范仲淹全集》,《范文正公政府奏议》卷上《答手诏条陈十事》。
④ 李焘《长编》卷一四三。
⑤ 李焘《长编》卷一四三。
⑥ 李焘《长编》卷一〇四。
⑦ 司马光《涑水记闻》卷十。

名为"范公堤"。

景祐元年（1034）六月，范仲淹徙知故乡苏州。适逢大水成灾，"姑苏之水，逾秋不退"。①他"按而视之，究而思之"，对如何治理此处水患提出了具体疏浚方案。他一方面积极救灾，"夙夜营救"；一方面"日夜谨事"，协力导河，"疏五河，导太湖注之海，募游手兴作"。② 经过两个多月的治理，战胜了诸多困难，终于消除了水患。此后"苏、常、湖、秀，膏腴千里"，以至成为"国之仓庾也"。③

"减徭役"，即裁并天下州县建置，以减少徭役，进而减轻百姓负担，有利于发展农业生产，使人民安居乐业。针对当时差役名目繁多，每每影响农业生产，特别是一些县人口稀少，但差役依旧，范仲淹主张复并县。他在《答手诏条陈十事》中以河南府为例，认为当时户口数尽管比唐代锐减了不少，但由于县数相等，而百姓徭役负担实际上非常沉重。在他的建议下，将西京河南府十九县省并为十三县，裁去大批冗杂吏员，减劳役之人一千五百多户，使他们回到土地上从事生产。通过并县，有效地减轻了农民的差役负担，有利于发展农业生产，也使农民有了富庶的希望，"但少徭役，人自耕作，可期富庶"，④这是社会稳定、国家富强的基础。

为减少沿边地区农民支移之苦，范仲淹在西北地区任地方官时，也奏免关中支移二税，并边上入中斛斗。范仲淹说："臣窃见陕西数年以来，科率百端，民力大困，州县督责，不能存济。兵间最为民患者，是支移税赋，转般斛斗。赴延州保安军，山坡险恶，一路食物草料常时踊贵，人户往彼输纳，比别路所贵三倍，比本处州县送纳所费五倍。害民若此，实非久计。臣等欲乞朝廷指挥都转运司体量关辅今来灾旱，民力困乏，如边储有备，其二税与免支移，并边上入中斛斗，大段价高出却京师见钱银绢，万数浩瀚，亦令相度。"⑤。这是让农民安于田亩的最好办法。

由范仲淹主持的庆历新政虽然失败了，但其影响是深远的。新政实施以后，全国一时出现了清除恶吏、改革弊政、扶植农桑、减轻徭役、兴办学校的热潮。神宗时期王安石变法富国措施中的农田水利法、方田均税法和募役法等，与庆历新政中的厚农桑、轻徭役也是一脉相承的。

（四）范仲淹的"育民"

兴学育才是范仲淹民本思想的重要体现。范仲淹认为，要"固邦本"，除"厚民力"、"重农桑"外，还要兴学育才。在他看来，"国家之患，莫大于乏人"。⑥ 他认为，"夫善国者，莫先育材。育材之方，莫先劝学。劝学之要，莫尚宗经。"⑦而培养和发现人才，就必须多办学校。学校多了，受教育的人也就增多。所以他强调要想实现天下大治，"必先崇学校，立师资，聚

---

① 《范仲淹全集》卷一一《上吕相公并呈中丞谘目》。
② 李焘《长编》卷一一五。
③ 《范仲淹全集》卷一一《上吕相公并呈中丞谘目》。
④ 《范仲淹全集》，《范文正公政府奏议》卷上《答手诏条陈十事》。
⑤ 《范仲淹全集》，《范文正公政府奏议》卷下《奏乞免关中支移二税却乞于次边入中斛斗》。
⑥ 《范仲淹全集》卷八《邠州建学记》。
⑦ 《范仲淹全集》卷十《上时相议制举书》。

群材,陈正道。使其服礼乐之风,乐名教之地,精治人之术,蕴致君之方"。①

范仲淹自入仕后,先后在广德军、泰州、睦州、苏州、饶州、润州、延州、邠州、杭州等地担任过地方官,足迹所至,无不兴学育才。大中祥符八年(1015),范仲淹刚刚步入仕途,担任广德军司理参军。到任不久,就在治所北建立州学,这是他兴办地方学校的开始。汪藻记载说:"初,广德人未知学。公得名士三人为师,于是郡人之擢进士第者相继。于时庆善(洪兴祖)乃求公遗像,绘而置之学宫,使学者世祀之"。② 天圣年间,范仲淹担任兴化县令,在南津里沧浪亭旁修建学宫。自此以后,兴化县"学重于天下,而士得师矣"。③ 景祐元年(1034),范仲淹改知故乡苏州,第二年就奏请创办苏州郡学。他还聘请名儒胡瑗为师,吸引了大批生徒。此后,苏学越办越好,一直名冠东南。饶州(今江西鄱阳县)"为繁剧之郡,民顽好斗,吏狡多梗"。④ 景祐三年(1036),范仲淹由开封府尹贬知饶州,上任伊始,即创设郡学。"公下车,兴庠序,晓教令,待贤爱物,一以恺悌"。⑤ 他在饶州十八个月,着手迁建郡学,并亲自选择校址。但因很快离开饶州,未能正式建立。庆历兴学时,在范仲淹指定的基址上建起了州学,"学既建,而生徒日盛,榜榜有登第者,多巍科异等"。学生人数,"由公迁址,今殆四千人,公之德惠,岂寻常之比哉"!⑥ 范仲淹知润州(今江苏镇江)后,对原来的州学"拓而新之",⑦ 并致力整顿学风。他注意罗致人才,加强师资,并邀请当时江南名士李觏到润州讲学。康定元年(1040),由于西北战事紧急,范仲淹被调往陕西,担任经略安抚副使,不久又兼知延州。范仲淹一面组织力量与西夏军抗衡,修固边城,精练士卒,招抚属羌;一面兴学育才。他在州城东南建起了嘉岭书院,接收当地子弟入学,培养了张载、狄青等优秀人才。

庆历四年(1044),出任参知政事的范仲淹应诏条陈十事,提出了十条改革主张,其中第三项"精贡举",明确主张改革科举制度,兴办学校。仁宗采纳了范仲淹的建议,下诏全国各州县普遍立学:"诏天下州县立学",⑧"诏诸路州军监各令立学,学者二百人以上许更置县学。自是州郡无不有学。"⑨诏令对州县学校的学生名额、管理、校舍、教师及学生入学资格等作了具体规定。庆历兴学中,各地纷纷奉诏建学,"于是州郡不置学者鲜矣"。⑩ 在范仲淹的倡导下,各地纷纷建学。据《苏州府志》卷二十四记载:"苏郡之有学也,自范文正公始。而各地学校次第修建大率皆方于宋代。"据统计,宋代江西各州县都建有学校,共有州县学八十一所,其中有五十六所是庆历以后陆续兴办起来的。而自仁宗景祐元年至庆历三年,州府兴学也不过才十五个,显然庆历兴学后,各地新建的学校急剧增加。陕西是当时西夏兵锋所至之地,在戎马倥偬之际,也办起了汉中府学、宁羌州学、褒城县学、略阳县学等不少学校。⑪

---

① 《范仲淹全集》卷一九《代人奏乞王洙充南京讲书状》。
② 汪藻《浮溪集》卷一八《范文正公祠堂记》。
③ 《范仲淹全集》附录五,陈垓《高邮军兴化县重建县学记》。
④ 雍正《江西通志》卷一五九。
⑤ 《范仲淹全集》附录一三《郡斋》。
⑥ 《范仲淹全集》附录一三《州学基》。
⑦ 乾隆《江南通志》卷八八。
⑧ 《宋史》卷一一《仁宗本纪三》。
⑨ 《宋史》卷一六七《职官志七》。
⑩ 《宋会要辑稿》崇儒二之二。
⑪ 《明一统志》卷三四、雍正《陕西通志》卷二七。

庆历新政失败后,范仲淹黜知邠州,仍然不忘兴学育才。他在州城东南选址,开始修造新学舍。次年,范仲淹引疾知邓州。他在邓州,修建了花洲书院,并在园内春风堂亲自讲经授学。全州百姓,不论身份,不论年龄,不分贫富,来书院求学者一概不拒,且一律免费。为提高教学质量,范仲淹还从各地请来名师执教。皇祐初年,范仲淹知杭州。这时年老且重病缠身的范仲淹仍不忘给朝廷上书,再三强调学校教育的重要,要求扩建杭州州学。

总之,"以天下不己任"的范仲淹把兴学育才作为救世治国的重要手段,他一生中,有三十多年的时间担任地方官,所到之处,都不遗余力地兴学。从饶州、润州,到僻远的延州、邠州,都有范仲淹亲手创办的学校,为宋代地方教育的发展奠定了基础。正是范仲淹热心办学,崇尚道德,并身体力行,率先垂范,对当时士人产生了很大影响,大大改变了宋代士风,士人"以范公之学为学,穷不挫其志,达不变其操",从而使得"士品淳而文风振"。① 不仅如此,地方普遍建学校,适应了一般中小地主子弟读书应举的要求。通过兴办教育,扩大了文化学术的传播,这对于当地文教发展、民风转变都起到了积极作用。范仲淹深信天下无不可教之子民,只要导之以德,则自然恩流海内。他所到之地也致力于醇化民风,改良民俗,如"二浙之俗,躁而无刚",②他对"豪者如虎,示之以文",对"弱者如鼠,存之以仁",于是"吞夺之害,稍稍而息"。③ 彭公曰:"昔范希文自京尹谪守是邦(作者按:即饶州,今江西鄱阳),其为政以名教厚风俗、敦尚风义为先,州人仰慕,咸倾向之,遂以成俗,……久之不变也。"④

(五)范仲淹的"乐民"

范仲淹主张"爱将众同,乐与人共。"⑤范仲淹晚年贬官知邓州。他在邓州能顺从民俗,与民同乐,"但愿天下乐","熙熙千万春",充分表达了他希望百姓安居乐业、永享太平的美好愿望。

邓州自古人杰地灵,范仲淹对邓州民风给予了高度评价,曾赋诗"南阳本佳处,偶得作守臣。地与汝坟近,古来风化纯"。⑥ 他在邓州勤于民事、政平讼理之余,还以余力营建花圃,广植果树,筑台榭之胜,为游咏之观,营建百花洲,"许郡民游乐"。⑦

皇祐元年(1049),范仲淹从邓州移知杭州。刚到任,就遇上杭州一带大饥荒,饥民流离失所,范仲淹立即组织救灾,"发粟及募民存饷,为术甚备。吴人喜竞渡,好为佛事;公乃纵民竞渡,太守日出宴于湖上,自春至夏,居民空巷出游"。⑧ 同时认为,可以通过大兴土木促进经济的复苏。"文正乃自条叙所以宴游及兴造,皆欲以发有余之财以惠贫者,贸易饮食、工技服力之人仰食于公私者日无虑数万人,荒政之施,莫此为大。是岁,两浙惟杭州晏然,民不流徙,皆公之惠也"。⑨ 范仲淹采取的荒政措施实际上是一种寓救济于建设的措施,也是一项

---

① 咸丰《兴化县志》卷四。
② 董棻《严陵集》卷八。
③ 贺复徵编《文章辨体汇选》卷二五六。
④ 赵善璙《自警编》卷八。
⑤ 《范仲淹全集》卷一《用天下心为心赋》。
⑥ 《范仲淹全集》卷三《依韵答提刑张太博尝新醖》。
⑦ 《明一统志》卷三〇。
⑧ 朱熹《五朝名臣言行录》卷七。
⑨ 沈括《梦溪笔谈》卷一一。

安民措施。

纵观范仲淹的一生,在朝忠君勤政,举贤荐能,推行新政,整顿吏治;任地方官则能造福一方百姓,固守边塞,兴修水利,发展农桑。尽管他出将入相,但始终节俭律己。范公"丧其母时尚贫,终身非宾客食不重味",并且"妻子仅给衣食"。① 他认为,"为天下官吏不廉则曲法,曲法则害民"。② 把官吏的廉洁同仁政的推行紧密地联系起来。他主张"清心做官,莫营私利";③"不以己欲为欲,而以众心为心"。④ 他言而有行,忠君爱民,先忧后乐,表现出对国家和人民的一片赤诚。他"进亦忧,退亦忧,何时而乐矣"? 只要天下百姓没有安居乐业,他就永无享乐之时。范仲淹真正不愧为天下第一流人物,"求之千百年之间盖不一二见"⑤的圣人。"朝廷无忧有范君,京师无事有希文"。⑥ 能够"于富贵、贫贱、毁誉、欢戚不一动其心",⑦仍然"惟精惟一",⑧体现了封建社会一个正直士大夫的高尚情操。

在全面构建社会主义和谐社会的今天,范公"先忧后乐"的崇高精神,"不以物喜,不以己悲"的人生境界仍然具有重要的现实意义。特别是从他忧民、爱民、富民、育民、乐民所昭示的以民为本的思想值得后人借鉴,也只有以民为本,国家才能长治久安,社会才能和谐稳定。

---

① 王称《东都事略》卷五九上《范仲淹传》。
② 《范仲淹全集》,《范文正公政府奏议》卷上《再进前所陈十事》。
③ 祝穆编《古今事文类聚》卷七《范文正公与侄帖》。
④ 《范仲淹全集》卷一《用天下心为心赋》。
⑤ 元好问《遗山集》卷三八《范文正公真赞》。
⑥ 王称《东都事略》卷五九上《范仲淹传》。
⑦ 欧阳修《文忠集》卷二○《范公神道碑铭》。
⑧ 《范仲淹全集》附录七,袁洪愈《重修文正书院记》。

范仲淹诗词中的民本思想

卢 荻

北宋名臣范仲淹长期受中华优秀传统文化的熏陶,吸取其精华,以人为本的理念深深植根于思想之中。他寒微之时,便立下"利泽生民"的雄心壮志,不能为良相,便愿作良医,上安社稷,下利生民。日后,他矢志不渝,从政时始终把利泽生民摆在首要位置,忧国忧民,兼济天下,经世致用,关爱苍生,因此,成为宋朝士大夫的代表人物之一。范仲淹民本思想的核心是为民,它包含着重民、爱民、养民、顺民、济民以及乐民等基本要素。范公的民本思想,在他的上书奏议中有大量的阐述,而在他的诗词中也有所反映。本文就其诗词中的民本思想作一梳理探讨,以求教于方家。

一、民唯邦本,重民爱民

范仲淹诗词中民本思想的基本要素之一是重民、爱民。

我国"以人为本"的观念有着深远的历史渊源。春秋时期著名政治家管仲最先提出了以人为本的概念。其他一些古代思想家也都对民本思想作过论述。我国先哲认为:君依于国,国依于民,"国为君之本",[1]君由民立,国由民兴,故《尚书》说:"民可近,不可下;民唯邦本,本固邦宁。"[2]而孟子提出了"民贵君轻"的思想,他说:"民为贵,社稷次之,君为轻。"[3]荀子则提出"民水君舟"之论。他说:"君者,舟也;庶人者,水也。水则载舟,水则覆舟。"[4]范仲淹继承了儒家民唯邦本的思想,在《上执政书》中提出的首项改革建议,便是安邦本,措施是举县令,择郡长,以救民弊。他认为民富才能国强,民安才能邦固。县令、郡守直接统治当地百姓,其得其失,与人民切身利益休戚相关。因此,他主张裁减几百名不称职的县令,降黜和惩罚那些老迈懦弱、贪赃枉法的知州、通判,挑选任用一批较为精明强干的官员,以澄清地方政治,"为国家磐固基本"。[5]

范仲淹认为,民众是社会经济、国家政治生活中最根本、最基础性的要素。因此在《君以民为体赋》中,提出君为民设,"君育黎庶,如彼身体"。君应"正四民而似正四支","调百姓而如调百脉","爱民则因其根本,为体则厚其养育"。"谓民之爱也,莫先乎四体;谓国之保也,莫大乎群黎。"[6]君应视民为肌体,而君则为肌体上之发肤,不能因发肤而毁本体。他还提

---

[1] 《谷梁传·桓公十四年》。
[2] 《尚书·五子之歌》。
[3] 《孟子·尽心下》。
[4] 《荀子·王制》。
[5] 《范文正公文集》卷九,《范仲淹全集》,凤凰出版社2004年。
[6] 《范仲淹全集》,《别集》卷二。

出,人主"当用天下心为心","不以己欲为欲,而以众心为心"。①他深刻认识到得民心者得天下、失民心者失天下的道理,并且以管子提出的"政之所兴,在顺民心;政之所废,在逆民心"②为依据,撰写《政在顺民心赋》。强调:君以民为体,政在顺人心。明主施政,应"顺民心而平和"。他说,"政者为民而设,民者惟政是平,违之则事悖,顺之则教兴","布政从民者,黎元克信;驱民从政者,群心不循。思柔远而能迩,必去逆而效顺"。③他主张"政为民而设",处处以民为本,围绕"为民"来制定治国方略。范仲淹在《周人》一诗中阐述了国家兴废,关键是否顺天意得民心的道理。诗云:

　　　斧钺为藩忍内侵,商人涂炭奈何深?
　　　不烦鱼火明天意,自有诸侯八百心。④

诗中揭示:商纣失道,昏乱暴虐,涂炭生灵,周武王顺天意民心,率师到盟津,准备伐纣,大得人心,八百诸侯不期而会。过了两年,武王率诸侯共讨暴君,消灭商纣。

　　范仲淹民本思想在《四民诗》⑤中作了充分的阐述,既表现了对农工商的同情,也反映了当时上层社会的腐败,极力主张加以纠正。他建议皇帝效法先王:"前王诏多士,咸以德为先。道从仁义广,名由忠孝全。""国俗俭且淳,人足而家给。""先王教百工,作为天下器。""尝闻商者云,转货赖斯民。远近日中合,有无天下均。上以利吾国,下以藩吾身。"

　　在《四民诗·士》中,范仲淹将士、仕共论。士、仕作为统治阶层,在社会发展中起着主导的作用。但北宋前期,社会道德沦丧,士风、官风腐败,因此,范仲淹慨然发出感叹:"此道(仁义之道)日以疏,善恶何茫然(不辨)",并且激切指斥士人,"学者忽其本,仕者浮于职,节义为空言,功名思苟得。"范仲淹对此深感忧虑,认为士风败坏,长此下去,人们行为失去准则,将会导致"天下无所劝,赏罚几乎息","六经无光辉,反如日月蚀。大道岂复兴,此弊何时抑?末路竞驰骋,浇风扬羽翼"。他指出这种种现象,无疑给时人起警示的作用。他批评世人听信术士异端邪说,将士风的堕落"归诸命与天"。以天意来推诿自身的责任,以至于"听幽不听明,言命不言德"。范仲淹此诗,旨在警示士人要以德为先,极力提倡恢复儒家关于仁义忠孝的道德规范。

　　上层建筑中士风、官风的腐败,必然加深对农工商平民阶层的压迫与剥削。为此,范仲淹在《四民诗》中作了充分的揭露,并对平民百姓表示深切的同情。其《农》诗云:"伤哉田桑人,常悲大弦急。一夫耕几垄?游堕如云集。一蚕吐几丝?罗绮如山入。太平不自存,凶荒亦何及?神农与后稷,有灵应为泣。"其《工》诗云:"竭我百家产,崇尔一室居。四海竞如此,金碧照万里。"其《商》诗云:"经界变阡陌,吾商苦悲辛。四民无常籍,茫茫伪与真,游者窃吾利,坠者乱吾伦。……吾商则何罪,君子耻为邻。"这三首诗,都说明了农、工、商在为豪门贵族和官僚阶层忙碌服务,供其享受,自己辛苦劳动,所得无几。豪贵们不知节俭,范仲淹不禁发出呐喊,为百姓说话:"可甚佛老徒,不取慈俭书。""可堪贵与富,侈态日日新。万里奉绮罗,九陌资埃尘。"

---

① 范文正公文集》卷一《用天下心为心赋》。
② 《管子·牧民》。
③ 《范仲淹全集》,《别集》卷三。
④ 《范文正公文集》卷八《周人》。
⑤ 《范文正公文集》卷二《四民诗》。

《四民诗》一方面针砭时弊，痛斥官僚贵族骄奢淫逸之风，批评"学者忽其本，仕者浮于职，节义为空言，功名思苟得"的侥幸心态，另一方面对日夜辛劳，不得温饱的农民、手工业者和长年累月颠沛奔波的商人表示关爱之情。此诗是范仲淹对人生百态的感悟，它对现实作了入木三分的揭露，不啻是天外的惊雷警钟，给世人无尽的警示与震撼。

除《四民诗》外，范仲淹在曲折坎坷的人生旅途中还写下不少重民、爱民的诗词。景祐元年（1034），范仲淹被贬谪睦州，当他所乘之船航行到淮上时，遇到了狂风的袭击，有诗云：

圣宋非强楚，清淮异汨罗。平生仗忠信，尽室任风波。
舟楫颠危甚，蛟鼍出没多。斜阳幸无事，沽酒听渔歌。
妻子休相咎，劳生险自多。商人岂有罪？同我在风波。
一棹危如叶，傍观亦损神。他时在平地，无忽险中人。①

在狂风的袭击下，范仲淹全家随时都有葬身鱼腹的危险，可他心中想的却是"商人岂有罪，同我在风波"。"他时在平地，无忽险中人"。其爱民、忧民之情，实是感人至深。清初诗评家吴乔认为，范仲淹和杜甫诗歌所表现的人格极为相似。他指出，范仲淹这首诗"直是杜诗。余谓是子美之人，方可作子美之诗，于希文验之矣。"②诗中体现了一种由己及人的仁人之心。

在睦州期间，范仲淹还写了一首情节非常感人的长篇叙事诗《和葛闳寺丞接花歌》：

江城有卒老且贫，憔悴抱关良苦辛。
……
中途得罪情多故，刻木在前何敢诉？
窜来江外知几年，骨肉无音雁空度。
北人情况异南人，萧洒溪山苦无趣，
子规啼处血为花，黄梅熟时雨如雾。
多愁多恨信伤人，今年不及去年身，
目昏耳重精力减，复有乡心难具陈。
……③

这首诗如泣似诉地叙述了一位原为花吏的老卒的不幸身世，并联系作者自己的遭遇，深刻地揭露了当时社会一些腐败黑暗现象。诗中的老卒原在御苑当花吏，以高超的接花之术，赢得了"白银红锦满牙床"，原打算"一心岁岁供春职"，却不料命运蹇足，"中途得罪"天子而"窜来江外"，骨肉分离，多年音讯全无。由于愁恨交加，贫穷潦倒，故形容憔悴，目昏耳重，身体日差。作者听罢老卒悲诉，不禁为之叹息不已。

范仲淹在贬守苏州期间，写了一首寓意非常深刻的五绝《江上渔者》：

江上往来人，但爱鲈鱼美。君看一叶舟，出没风波里。④

这首古诗形象鲜明而富哲理，描写了劳动人民的辛苦和勇敢，同时用对比方式揭示了剥削者

---

① 《范文正公文集》卷五，《赴桐庐郡淮上遇风三首》。
② 吴乔《围炉诗话》卷五。
③ 《范文正公文集》卷三。
④ 《范文正公文集》卷二。

与劳动者生活地位对立的社会现实,表达了作者对长年累月不畏风险的渔民表示深切的民情,提醒人们注意:生活中的一切享受,都来自百姓的辛勤劳作。此诗立意和唐代李绅《悯农》之一"谁知盘中餐,粒粒皆辛苦"有异工同曲之妙。诗人把自己对人生的关怀和"先忧后乐"的胸襟与情怀,含蓄地展现在"君看一叶舟,出没风波里"之中。

从康定元年(1040)起,范仲淹担任西帅。在戎马倥偬之中,他曾写下了不少反映西北边塞寒苦、将士英勇抗敌的诗词。《渔家傲·秋思》,就是其中的一首:

　　塞下秋来风景异,衡阳雁去无留意。
　　四面边声连角起。
　　千嶂里,长烟落日孤城闭。

　　浊酒一杯家万里,燕然未勒归无计。
　　羌管悠悠霜满地。
　　人不寐,将军白发征夫泪。①

据魏泰《东轩笔录》卷十一记载:"范文正公守边日,作《渔家傲》乐歌数阕,皆以'塞下秋来'为首句,颇述边镇之苦,欧阳公尝呼为穷塞主之词。"

词的上阕写景,下阕以抒情为主,浊酒一杯难浇离家万里的乡愁。在干戈未息、壮志未酬、欲归不能的情形下,将军愁绪万千,唯有借酒消愁。深夜里,羌笛悠悠,银霜满地,他实在难以成寐。备尝军旅辛劳的将军,久戍边城,已生白发,而广大征夫远离家乡,思念亲人,不禁暗地伤心落泪。在这首词里,范仲淹一方面表达了自己决心抗击西夏侵略者的英雄气概,另一方面也反映了思念家乡的愁绪以及征夫生活的艰苦。"将军白发征夫泪"一句,苍凉悲壮,慷慨生哀。范仲淹爱兵怜兵,关心士卒生活疾苦,他认为:"自古将帅与士旅同其安乐,则可共其忧患,而为国家之用。故士未饮而不敢言渴,士未食而不敢言饥。"②因此,他在生活上与士卒同甘共苦,在作战中注意将士安危。他爱惜生灵,认为战争关系到生死存亡之道,"大军一动,万命所悬,而乃置于度外,仲淹不见其可"。③ 于是采取以守为主,攻守结合的战略战术,既有效地抵御西夏的入侵,保卫了边疆,又保护了广大将士和边民的生命和财产安全。

范仲淹在知邓州期间,有《和李光化秋咏四首》,其《晚》诗云:"晚色动边思,去年犹未归。戍楼人已冷,目断望征衣。"④此诗描写了诗人的边关情思,秋天的晚色使他不禁想起了戍边的将士和城楼。

范仲淹知杭州时,应好友韩琦之邀,作《阅古堂诗》,其中写道:"仆思宝元初,叛羌弄千镡。王师生太平,苦战诚未禁。赤子喂犬豕,塞翁泪涔涔。中原固为辱,天子动宸襟。乃命公与仆,联使御外侵。历历革前弊,拳拳扫妖祲。二十四万兵,抚之若青衿。"此诗依旧表露出重民、爱民的情怀。

范仲淹还有一首《书酒家壁》诗云:"当罏一曲《竹枝歌》,肠断江南奈尔何。游子未归春

---

① 《范仲淹全集·补编》卷一,《诗余》。
② 《范文正公文集》卷一七,《谢观察使第一表》。
③ 李钟侨分纂《历代名臣传》卷二二。
④ 《范文正公文集》卷六《和李光化秋咏四首》。

又老,夜来风雨落花多。"①此诗写远方游子听到凄婉感伤的《竹枝歌》,不禁"肠断江南"。眼看春老难归,加上夜来风雨,落英缤纷,难免触景生情,从而引发一抹离乡思乡的情愁。

二、善政养民,必先务农

范仲淹诗词中民本思想的基本要素之二是养民、顺民、济民。

我国先秦思想家民本思想以保障人民安居乐业为归宿,强调治国为政者的首要任务是富以养民。范仲淹继承这一养民理念,其《王者无外赋》云:"宅六合而化……育兆民而道。"②他认为既要养民,就得重谷。其《稼穑惟宝赋》云:"谓养民而可取,必重谷而无舍。惟农是务,诚天下之本欤!"③他推动以澄清吏治、重视民生为主要内容的庆历新政,其理论依据来源于他清晰而又牢固的儒家民本思想与仁政理念。他提出的十项改革措施中,"厚农桑"和"减徭役"两项是直接关系到民生问题的。在解释"厚农桑"时,他引用《尚书》"德惟善政,政在养民"为依据,开宗明义地指出:"圣人之德,惟在善政;善政之要,惟在养民;养民之政,必先务农。农政既修则衣食足,衣食足则爱肤体,爱肤体则畏刑罚,畏刑罚则寇盗自息,祸乱不兴。是圣人之德发于善政,天下之化起于农亩。"④在范仲淹看来,最好的治国方略,其要义在于养民,以民为本;而养民之法,在于重农、厚农。简言之,治理国家,政治上以民为本,经济上以农为本。

首先,在善政方面,范仲淹强调,"政必顺民,荡荡洽大同之化;礼皆从俗,熙熙无不获之人。当其治国牧民,代天作主"。皇帝和政府官员要关心平民百姓,要"审民之好恶,察政之否臧。有疾苦必为之去,有灾害必为之防"。⑤其《上汉谣》诗亦云:

愿天赐吾君,如天千万春。明与日月久,恩将雨露均。
帝力何可见?物情自欣欣。人复不言天,天亦不伤人。
天人两相忘,逍遥何有乡。吾当饮且歌,不知羲与黄。⑥

范仲淹十分推崇古代推行仁政、德泽及民的贤守循吏。其《河朔吟》云:

太平燕赵许闲游,三十从知壮士羞。
敢话诗书为上将,犹怜仁义对诸侯。
子房帷幄方无事,李牧耕桑合有秋。
民得袴襦兵得帅,御戎何必问严尤。⑦

诗中对运筹于帷幄之中,决胜于千里之外的留侯张良和抗击匈奴,屯田军垦,保边安民的赵国名将李牧表示了由衷的敬意。

景祐元年(1034),范仲淹被贬知睦州。这里属山高皇帝远的地方,"风物皆堪喜,民灵独

---

① 《范仲淹全集·逸文》。
② 《范仲淹全集·别集》卷二《王者无外赋》。
③ 《范仲淹全集·别集》卷三《稼穑惟宝赋》。
④ 《范仲淹全集·政府奏议》卷上《答手诏条陈十事》。
⑤ 《范文正公文集》卷一《用天下心为心赋》。
⑥ 《范文正公文集》卷一《上汉谣》。
⑦ 《范文正公文集》卷四《河朔吟》。

可哀,稀逢贤太守,多是谪官来"。① 针对地方失政、百姓受罪情况,范仲淹虽则被贬,但不忘善政养民的要旨:"不称内朝神耳目,多惭外补救皮肤"。② 他认为虽然不能再在朝中担任耳目官了,但外补为地方官,多少也能起到一种救皮肤的作用。因此,他深入调查研究,广求民间疾苦,认真整顿地方政治,结果"吞夺之害,稍稍而息"。③

庆历新政失败,范仲淹被贬知邓州。他没有因贬谪而消沉下去,仍表示要"孜孜于善,战战厥心,求民疾于一方,分国忧于千里"。④ 他摆脱儒家积极用世中的"独善其身"的消极因素,摆脱个人得失,仍处处以天下国家为己任。当时,他的好友王洙(字源叔)任襄州知州。王洙勤于政事,以千金赎回羊祜祠旧基,进行重修。羊祜乃西晋开国元勋,他出镇襄阳十年间,保境安民,惠政于民,甚得军心。羊祜去世后,百姓不忘其惠爱,于岘山羊祜游憩之所,建碑立庙,岁时飨祭,以纪其德。百姓望碑,想起其平生惠政,莫不堕泪流涕,杜预因名之为"堕泪碑"。后人因用"羊碑"称颂于官吏有惠政于民者。

羊祜祠重修毕,范仲淹有《寄题岘山羊公祠堂》诗云:"休哉羊叔子,辅晋功勋大。化行江汉间,恩被疆场外。中国倚而安,治为天下最。开府多英僚,置酒每高会。徘徊临岘首,兴言何慷慨。此山自古有,游者千万辈。湮灭皆无闻,空悲岁月迈。公乎仁泽深,风采独不昧。于今堕泪碑,观之益钦戴。"并称赞王洙:"千金赎故基,庙貌重营绘。襄人复其祀,水旱有攸赖。太守一兴善,比户皆欢快。源叔政可歌,又留千载爱。"⑤ 该诗一方面记述了羊祜的仁泽风采,另一方面又称赞王洙的善政,认为可留千载爱。

在邓州期间,范仲淹和屯田员外郎、知光化军李宗易(字简夫)酬唱较多。范仲淹在和诗中酬唱道:

老来难得旧交游,莫叹樽前两鬓秋。
少年苦辛名共立,晚年恬退语相投。
龚黄政事聊牵强,元白邻封且唱酬。
附郭田园能置否?与君乘健早归休。⑥

龚、黄即西汉时的龚遂和黄霸,是古代循吏的代表,世称龚黄。《汉书·循吏传》载,龚遂为渤海太守时,劝百姓卖剑买牛,勤勉于农事。黄霸为郡,户口年年增加,治绩为当时第一。范仲淹在给资政殿学士、知青州兼京东路安抚使富弼和诗中,再次提及龚黄:"龚黄政事追千载,齐鲁风谣及万箱。"⑦ 富弼是范仲淹的好友及门生,他的任所正是龚遂担任过太守的地方,故范仲淹祝愿他能像龚黄一样,成为善政爱民的好官。从上述两诗中,可看见范仲淹是十分推崇和钦佩龚遂和黄霸的。

在邓州,范仲淹还有一首《送郧乡尉黄通》的诗:

少年好逸骥,老者重安车。争先尚逐逐,致远贵徐徐。

---

① 《范文正公文集》卷三《新定感兴五首》之三。
② 《范文正公文集》卷三《依韵酬周骙太博同年》。
③ 《范仲淹全集·尺牍》卷下《与晏尚书书》。
④ 《范文正公文集》卷一八《邓州谢上表》。
⑤ 《范文正公文集》卷三《寄题岘山羊公祠堂》。
⑥ 《范文正公文集》卷四《依韵酬光化李简夫屯田》。
⑦ 《范文正公文集》卷六《依韵答青州富资政见寄》。

> 勿言一尉卑,千户系惨舒。外矜固不足,内乐则有余。
> 子游与季路,作邑宁欷歔？五斗对万钟,所问道何如？①

黄通担任均州郧乡尉,负责地方社会治安。可能嫌官小,不安心其职,因此范公劝勉他勿言乡尉官卑职小,它关系到千家的安危与忧乐。

在《阅古堂诗》诗中,范仲淹再次表达了对往昔贤太守的敬慕之心,表示要效法他们：

> 堂上绘昔贤,阅古以儆今。牧师六十人,冠剑竦若林。
> 既瞻古人像,必求古人心。彼或所存远,我将所得深。
> 仁与智可尚,忠与义可钦。吾爱古贤守,馨德神祇歆。
> 典法曾弗泯,劝沮良自斟。跻民在春台,熙熙乐不淫。
> 耕夫与樵子,饱暖相讴吟。王道自此始,然后张熏琴。

其次,在重农、厚农方面,范仲淹深刻认识到"民以食为天"的道理,十分重视农业生产的发展。他主持制定的庆历新政磨勘法规定,今后"凡有善政异绩,或劝农桑获美利,鞫刑狱雪冤枉,典物务能革大弊,省钱谷数多"者,方可迁官升职。② 范仲淹认为,既要养民,就得护民,为民纾困解难。其《水车赋》云："弗驰弗驱,自解成汤之旱。"③他身体力行,在泰州修捍海堤,在苏州治水,在江、淮赈灾,在庆州、邓州掘井抗旱,在杭州施行"钱塘荒政"救灾三策。他的诗词中也有许多重农、劝农的内容。在《四民诗·农》中,他为农桑人请命："制度非唐虞,赋敛由呼吸。"他提醒朝廷,农民赋税不堪重荷,应戒奢靡挥霍之风。其《河朔吟》诗,对"李牧耕桑"赞赏有加。他后来担任西帅时,效法李牧,屯垦戍边,移兵就食,德泽及民。范仲淹在贬守睦州时作的《和章岷从事斗茶歌》,详细地描写了茶农采茶、制茶以及民间斗茶的情况。《和葛闳寺丞接花歌》,叙述了老卒原为花吏时高超的接花技术。

范仲淹知苏州时,有一首《依韵和庞殿院见寄》诗：

> 吴门歉岁减繁华,萧索专城未足夸。
> 柳色向秋迎使馆,水声终夜救田车。
> 丘山在负思朝寄,毫发经心愧道家。
> 不似桐庐人事少,子陵台畔乐无涯。

诗中一句"水声终夜救田车",可以看出当时百姓夜以继日救灾的情景。难怪诗人发出"不似桐庐人事少,子陵台畔乐无涯"的慨叹。

范仲淹宣抚河东时,路经并州,有《晋祠泉》诗一首：

> 神哉叔虞庙,地胜出嘉泉。一源甚澄静,数步忽潺湲。
> 此异孰可穷,观者增恭虔。锦鳞无敢钓,长生同水仙。
> 千家溉禾稻,满目江乡田。我来动所思,致主愧前贤。
> 大道果能行,时雨宜不愆。皆如晋祠下,生民无旱年。

诗中描写在嘉泉的灌溉下,千家稻田茁壮成长,仿若江南水乡。他希望北方苦旱之地"皆如

---

① 《范文正公文集》卷三《送郧乡尉黄通》。
② 李焘《续资治通鉴长编》卷一四四,庆历三年十月壬戌。
③ 《范文正公文集》卷一《水车赋》。

晋祠下,生民无旱年",过着丰衣足食的日子。

范仲淹在知庆州时,有一首《劝农》诗:

> 烹葵剥枣古年丰,莫管时殊俗字同;
> 太守劝农农勉听,从今自愿听豳风。①

周祖后稷一贯重视农业生产,其四世孙公刘在庆州等西北地区"复修后稷之业,务耕种","居者有畜积,民赖其庆,……周道之兴自此始,故诗人歌思其德。公刘卒,子庆节立,国于豳。"②豳风,就是大力倡导重农之风。范仲淹见贤思齐,在庆州城北修建兵马营寨时,发现有许多无主骸骨,于是用自己的俸钱"买近阜民田聚而葬之……是岁久旱,已而复雨,金谓公之阴德,故天报之"。大家都说是由于范仲淹行善积德,感动上天,使庆州久旱得雨。庆州地势很高,范仲淹经过考察,"命匠氏直城之西北凿及甘泉,凡百余井,人无一金之费,日用以足"。③ 这样,既解除了敌军围城切断水源的危机,又保证了军民日常用水。

庆历六年(1046)秋冬,邓州大旱,大小麦眼看无望,作为一郡太守,范仲淹更是忧心如焚。幸而得到了隆冬,下了一场大雪,这才缓和了旱情。这时,河东提点刑狱张焘恰好因事出使邓州。范仲淹有贺雪诗与他唱和:"南阳风俗常苦耕,太守忧民敢不诚。今秋与冬数月旱,二麦无望愁编氓。""昨宵天意骤回复,繁阴一布飘寒英。裁成片片尽六出,化工造物所其精。散乱狂飞若倚势,徘徊缓舞如含情"。"君起作歌我起和,天地和气须充盈。当年此乐不可得,与雪对舞摅平生。共君学取雪好处,平施万物如权衡。"④范仲淹关心人民生活疾苦,"太守忧民敢不诚",说明他对劳动人民怀有较深的感情,因此,当喜降瑞雪时,他高兴得和友人又歌又唱,并表示要学取雪的好处,"平施万物如权衡",公平公正地对待每一个百姓。

范仲淹在依韵酬答襄州通判贾黯的贺雪诗中云:"今之刺史古诸侯,孰敢不分天子忧?自秋徂冬渴雨雪,旬奏空文惭转邮。得非郡国政未洽,刺史闭阁当自尤。"范仲淹不仅为百姓发愁,而且还记述自己焦急之心,每十天即向朝廷报告一次灾情,并且闭阁反省,检讨为政是否有不当之处。当一旦下起瑞雪,他的心情顿时开朗起来,仿佛看到了明年黍稷盈畴,百姓安居乐业,一派喜庆丰收、繁荣热闹的景象:"同云千里结雪意,一夕密下诚如羞。浑祛疠气发和气,明年黍稷须盈畴。烟郊空阔猎者健,酒市暖热沽人稠。光精璨璨夺剑戟,清寒拂拂生衣裘。铃斋贺客有喜色,饮酣歌作击前筹。常愿帝力及南亩,尽使风俗如东邹。谁言吾子青春者,意在生民先发讴。"⑤诗末两句:"谁言吾子青春者,意在生民先发讴。"范仲淹对贾黯这位年青新科状元,寄予了殷切的期望。其后在知杭州时所作《依韵和孙之翰对雪》诗中,又表达了同样的心情:"江干往往腊不雪,今喜纷纷才孟冬。乃知王泽寖及远,益明天意先在农。有年预可慰四海,大瑞且当闻九重。"⑥

再次,在济民方面。范仲淹不仅重民、爱民,还竭尽全力,救济灾民,帮助一些贫民。富弼所撰《范仲淹墓志铭》云:"公天性喜施与,人有急必济之,不计家用有无。"⑦在知苏州时,

---

① 转引自刘文戈《范公拒夏治庆州》,载《范仲淹文化研究》,中国文史出版社2006年,第177页。
② 司马迁:《史记》卷四《周本纪》。
③ 《范仲淹全集·褒贤集》卷三,塞周辅《范公庆州祠堂碑阴记》。
④ 《范文正公文集》卷四,《依韵和提刑太博嘉雪》。
⑤ 《范文正公文集》卷三,《依韵答贾黯监丞贺雪》。
⑥ 《范文正公文集》卷六《依韵和孙之翰对雪》。
⑦ 富弼《范仲淹墓志铭》,《范仲淹全集·褒贤集》卷一。

正好遇到严重水灾,他乘船到了海上,亲自部署,指挥民工开决积水。部役就绪,便赶回郡中救济灾民。关于救灾情况,他在写给晏殊的一封信中说道:"灾困之氓,其室十万,疾苦纷沓,夙夜营救,智小谋大,厥心惶惶,久而未济。"① 范仲淹尽了自己的最大努力,但仍未见有显著成效,他对自己未能及时解除十万户受灾百姓的疾苦而深为内疚。在《依韵酬吴安道学士见寄》诗中,他也提到了这次救济灾民的情况:"岂辞云水三千里,犹济疮痍十万民。"②

宝元年间,范仲淹知越州,户曹孙居中不幸去世,遗下两个幼子和一位少妻。范仲淹见其家贫,以俸钱百缗赒济他们,助孙氏归葬家乡,其他郡官见状,也纷纷解囊相助,其钱数超过范仲淹一倍之多。范公为孙氏遗孀备办一艘大船,派遣办事有经验的老衙校护送他们回乡。他写了一首七绝,叮嘱吏役道:"遇到关津,就将我的诗拿出来给他们看看。"诗曰:

> 十口相将泛巨川,来时暖热去凄然。
> 关津若要知名姓,定是孤儿寡妇船。③

范仲淹这类悲天悯人、体恤民情的善举,一生不胜枚举。晚年,范仲淹竭尽余俸置办范氏义庄,"以聚疏属"。以致自己去世之日,"殓无新衣,友人醵资以奉葬"。④ 这种舍己济民精神,留下千古佳话,实在可嘉。

范仲淹关于养民、济民等一类诗歌,不仅流露出对苦难苍生的深厚同情,更体现出他有为百姓舒困解厄的积极愿望和热忱。

三、忧以天下,乐以天下

乐民是儒家民本思想的题中应有之义。儒家奉行"修齐治平",修身、齐家、治国,最后归宿和落脚点为平天下。太平盛世,百姓安居乐业,这是他们追求的理想目标。他们提倡在情感上与老百姓同忧乐。孟子提出,治国者不可"独乐",力主"与民同乐"。"乐民之乐者,民亦乐其乐;忧民之忧者,民亦忧其忧。乐以天下,忧以天下。"⑤范仲淹深得儒家思想之精髓,在《岳阳楼记》中进一步提出:"不以物喜,不以己悲。居庙堂之高,则忧其民;处江湖之远,则忧其君。是进亦忧,退亦忧。然则何时而乐耶?其必曰:先天下之忧而忧,后天下之乐而乐乎"范仲淹提出的"先天下之忧而忧,后天下之乐而乐"这种忧乐观,为自己也为后人的立身处世,提出了一条高标准的行动准绳。它激励着后世无数仁人志士,忧国忧民,为中华民族的生存和发展而献身。

范仲淹在《今乐犹古乐赋》中,对先忧后乐作出明确解释,先忧而后与民同乐,"但无求于独乐"。他追求的与民同乐,是建筑在"民之乐"和"君之乐"基础之上的。天下太平、政通人和、百姓安居乐业,自己也就自然乐在其中了。

范仲淹乐民思想包含两项重要内容:其一是对百姓安居乐业生活的赞美和讴歌。《赠张先生》诗云:"浩歌七十余,未尝识戈兵。"《和人游嵩山十二题·公路涧》诗云:"近代无战争,

---

① 《范仲淹全集·尺牍》卷下《与晏尚书书》。
② 《范文正公文集》卷五《依韵酬吴安道学士见寄》。
③ 《范仲淹全集·言行拾遗事录》卷一;另见吴处厚《青箱杂记》,中华书局点校本。
④ 《范仲淹全集·褒贤集》卷一。
⑤ 《孟子·梁惠王下》。

常人自来去。"范仲淹对多年没有战争,老百姓免遭兵燹之祸,感到由衷的高兴。

《和僧长吉湖居五题·湖山》诗云:"渔父得意归,歌诗等闲发。"《萧洒桐庐郡十绝》诗云:"家家竹隐泉","春山半是茶","萧洒桐庐郡,千家起画楼。相呼采莲去,笑上木兰舟。"《苏州十咏·洞庭山》诗云:"万顷湖光里,千家橘熟时。"《观风楼》诗云:"山川千里色,语笑万家声。"《和韩布殿丞三首·渔父》诗云:"月色满沧波,吾生乐事多。何人独醒者,试听渥濯歌。"《和延安庞龙图寄岳阳滕同年》诗云:"几处云藏寺,千家月在船。疏鸿秋浦外,长笛晚楼前。旋拨醅头酒,新炰缩项鳊。""只应天下乐,无出日高眠。"《送谢景初廷评宰余姚》诗云:"余姚二山下,东南最名邑。烟水万人家,熙熙自翔集。"《酬李光化见寄二首》之二云:"万里承平尧舜风,使君尺素本空空。庭中无事吏归早,野外有歌民意丰。石鼎门茶浮乳白,海螺行酒潋波红。"上述这些诗歌,既反映了老百姓安居乐业、天下太平的景象,又抒发了范仲淹乐民的喜悦心情。

其二是抒发了与民(友)同乐的情怀。《书海陵滕从事文会堂》诗云:"东南沧海郡,幕府清风堂。诗书对周孔,琴瑟亲羲黄。君子不独乐,我朋来远方。"①此诗反映了范仲淹在海陵时与同年滕宗谅等人高谈阔论、弹琴作乐的情景。

《新定感兴五首》之五云:"江上多嘉客,清歌进白醪。灵均良可笑,终日著离骚。"反映了诗人在睦州江上有嘉客相伴,唱歌喝酒,非常快活。不像屈原(字灵均)那样终日牢骚满腹,表现出作者一种旷达的心情。

《送魏介之江西提点》诗云:"旌旗如火浪如鸥,一路春城次第游。江上高楼欲千尺,便从今日望归舟。"②一幅春日送别,一路春城景色,一路繁华热闹景象,仿佛就在眼前。

范仲淹守邓州时,尽管新政遭受失败,而且年迈有病,但他心情旷达,潇洒飘逸。其《中元夜百花洲作》诗云:"南阳太守清狂发,未到中秋先赏月。""一笛吹销万里云,主人高歌客大醉。客醉起舞逐我歌,弗舞弗歌如老何?"③这首诗表露出他对生活的热爱与拥抱,代表着一种极为健康的生命底色。他追求的是一种生命的酣畅淋漓的状态,狂发高歌,起舞互逐,大有"老夫聊发少年狂"的味道,展现出一派歌舞升平的景象。而《览秀亭》诗,则记述了范仲淹在中秋节和重阳节两次置酒登临,与宾朋览胜赏月的情景:"开樽揖明月,席上皆应刘。敏速迭唱和,醺酣争献酬。"诗人在描写邓州中秋与重阳时美不胜收景色之后,还联想到邓州春天来临时景象:"焰焰众卉明,衮衮新泉流。箫鼓动地喧,罗绮倾城游。"④《定风波》一词,记述了邓州百姓在暮春时节游览白花洲时热闹繁华的景象:"罗绮满城春满暮,百花洲上寻芳去。浦映花,花映浦。无尽处,恍然身入桃源路。"⑤

《依韵答提刑张太博尝新酝》诗云:"况有百花洲,水木长时新。烟姿藏碧坞,柳杪见朱闉。两两凫雁侣,依依江海濒。晚光倒晚影,一川无一尘。悠悠乘画舸,坦坦解朝绅。绿阴承作盖,芳草就为茵。"范仲淹一边欣赏百花洲美景,一边关注着民生。在和朋友相聚、其乐融融之时,还想着天下之人:"但愿天下乐,一若樽前身。长戴尧舜主,尽作羲黄民。耕田与

---

① 《范文正公文集》卷二。
② 《范文正公文集》卷六《送魏介之江西提点》。
③ 《范文正公文集》卷三,《中元夜百花洲作》。
④ 《范文正公文集》卷三《览秀亭》。
⑤ 唐圭璋编《全宋词》第一册,中华书局1965年,第1页。

凿井,熙熙千万春。"①他热切希望天下百姓一样快乐无边,过着无忧无虑的生活。

《献百花洲图上陈州晏相公》诗云:"百花争窈窕,一水自涟漪。洁白怜翘鹭,优游羡戏龟。阑干红屈曲,亭宇碧参差。倒影澄波底,横烟落照时。月明鱼竞跃,春静柳闲垂。万竹排霜仗,千荷卷翠旗。菊分潭上近,梅比汉南迟。岸鹊依人喜,汀鸥不我疑。彩丝穿石节,罗袜踏青期。素发频来醉,沧浪减去思。步随芳草远,歌逐画船移。"②"岸鹊依人喜,汀鸥不我疑"二句,描写了人与自然的和谐景象。"步随芳草远,歌逐画船移",则是他与民同游百花洲时的真实写照。

皇祐二年(1050),两浙大旱,赤地千里,饿莩枕路,哀鸿遍野。时任杭州知州的范仲淹除开仓发粟和劝捐放赈救济灾民外,还想出一个好办法。杭州百姓喜好竞渡,好为佛事,范仲淹于是纵民竞渡,自己每天在西湖游艇上设宴游玩。自春至夏,居民万人空巷出游。随之贸易、饮食等行业也应运而生,迅速发展起来。范仲淹又召见各寺庙长老,告谕他们荒年工价低贱,可大兴土木,各寺主首于是争着大建寺院。范仲淹还招募工匠为官府新建仓库房屋,两项工程合起来,日需成千个工匠。范仲淹采取这些救灾措施,促进了贸易和建筑等行业的发展,因而解决了数万人的度荒问题。范仲淹有诗记述了在西湖设宴游玩和游客无限欢乐的情景。其《依韵和并州郑宣徽见寄二首》之二云:"西湖载客恣游从,湖上参差半佛宫。回顾隙驹曾不息,沉思樽酒可教空。层台累榭皆清旷,万户千门尽郁葱。向此行春无限乐,却惭何道继文翁?"③《依韵答蒋密学见寄》诗云:"鼓吹夜归湖上月,楼台晴望海中山。"④《春日游湖》诗云:"湖边多少游湖者,半在断桥烟雨间。尽逐春风看歌舞,几人着眼到青山。"

范仲淹诗词是特定历史时代的产物,其中充溢着强烈的忧国忧民、爱国爱民的民族意识和文化传统。范仲淹诗词中所包含的民本思想,作为一种历史智慧,在今天仍有着宝贵的借鉴和启迪作用。当前,我们构建和谐社会,就要继承和弘扬范仲淹等古代思想家民本思想中民主性的精华,以人为本,关注民生,重视民生,保障民生,改善民生,认真倾听群众呼声,关心百姓生活疾苦,真正做到权为民所用,情为民所系,利为民所谋。只有这样,才能把我国改革开放和现代化事业不断推向前进。

---

① 《范文正公文集》卷三《依韵答提刑张太博尝新酝》。
② 《范文正公文集》卷六《献百花洲图上陈州晏相公》。
③ 《范文正公文集》卷七《依韵和并州郑宣徽见寄二首》。
④ 《范文正公文集》卷七《依韵答蒋密学见寄》。

略论范仲淹忠道思想的人文价值体系

郭学信

"忠"①是儒家提倡的重要的伦理道德原则,在儒家学说的伦理范畴中占有十分重要的地位。集忠道思想之大成的儒家经典《忠经》的开篇便将忠道视为"天之所覆,地之所载,人之所履"中最大的道。这种道,既能"固君臣,安社稷,感天地,动神明",又能"兴于身,著于家,成于国",②实乃宇宙、社会中的第一要道,以至于《忠经·证应章》中有所谓"善莫大于作忠,恶莫大于不忠"之说。由于儒学的宣扬,忠道同孝道一样,成了对古代中国民众尤其是对广大知识分子影响最为广泛、最为深远的伦理道德规范。

范仲淹是中国古代士大夫阶层中极具儒者风范的典型代表,他自幼受到儒家思想的教育和熏陶,一生"信圣人之书,师古人之行"。③仅从支配其行动的观念上看,范仲淹忠道思想的人文价值体系就鲜明体现出中国传统文化中具有永恒价值的一面。本文拟从以下三个层面加以论证。

一、"事君有犯无隐,有谏无讪"

在中国传统文化精神中,谏和忠是紧密联系在一起的。儒家经典《忠经》就明确指出:"忠臣之事君也,莫先于谏";"违而不谏,则非忠臣";并指明了谏诤的最好方式是"始于顺辞,中于抗议,终于死节"。④认为只要能够最终使君主改正缺点,任何谏诤的方式都是好的,因为它"能使君改过为美,社稷之安固也"。⑤儒家学派的代表人物荀子则把这种思想具体化、系统化,他指出:"从命而利君谓之顺,从命而不利君谓之谄;逆命而利君谓之忠,逆命而不利君谓之篡。"⑥认为真正的忠臣,应当是在违背君王命令的情况下做有利于君主的事情,即所谓"逆命而利君"。

一般而言,"匡主之过"和"逆命"之行为,往往会触怒君主而丢官罢职,甚至招致杀身之祸。因此,儒家又要求为臣者不仅要敢于直谏以益于君,而且要在劝谏君主之过时"奉君忘

---

① "忠"作为一种道德规范,有广义和狭义之分。"广义的忠即原初意义的忠,指的是'发自内心'、'尽心'这一抽象的道德原则。狭义的忠则是这一抽象的道德原则在君臣关系上的具体化和对象化,是古代知识分子在君臣关系上的道德定位"(范鹏,白奚:《"礼"、"忠"、"孝"的现代诠释》,《孔子研究》1997年第4期)。本文所论范仲淹忠道思想的人文价值体系,主要是从狭义层面而论的。
② 《忠经·天地神明章第一》,见夏文华编著《〈忠经·孝经〉白话精解》,北京燕山出版社1991年。
③ 范仲淹《范文正公文集》卷十《上资政晏侍郎书》,《范仲淹全集》,四川大学出版社2007年。
④ 《忠经·忠谏章第十五》,夏文华编著《〈忠经·孝经〉白话精解》。
⑤ 《忠经·忠谏章第十五》注释(8),夏文华编著《〈忠经·孝经〉白话精解》第62页。
⑥ 荀况《荀子·臣道》,辽宁教育出版社1997年。

身,殉国忘家",乃至于"临难死节",①也就是将自己的个人得失、身心性命和家庭亲人的生命置之度外。用《礼记》中的话说:"为人臣者,杀其身有益于君则为之,况于其身以善其君乎?"总之,为了君主的长远利益,杀其身也在所不惜。

范仲淹是个谏臣,他的"事君有犯无隐,有谏无讪,杀其身有益于君,则为之"②的精神,与儒家忠道思想有着息息相关的内在联系。他指出:"儒者报国,以言为先",③"雷霆日有犯,始可报君亲"。④认为"直言之士,千古谓之忠;巧言之人,千古谓之佞",⑤要做一个忠君之臣,首先就要做"直言之士",因为"臣不兴谏,则君道有亏"。⑥所以,作为人臣,不应以一己之私去"逊言逊行",⑦远害全身,而必须"事君无隐","謦狂夫之言"。⑧正是从这样的认识角度出发,范仲淹从入仕的那一天起,每遇国家大事,总是慷慨直言,从不考虑个人的利害得失。虽然他明知"巧言者,无犯而易进;直言者,有犯而难立",⑨但在仕途生涯中,他却始终"不择利害为趋舍","不遵易进之途,而居难立之地,欲倾臣节以报国恩,耻佞人之名,慕忠臣之节,感激而发,万死无恨"。⑩以下不妨略举几例,藉以管中窥豹。

宋仁宗年幼登极,由刘太后垂帘听政。仁宗成年,刘太后仍贪恋权位,不肯还政于仁宗。天圣七年(1029),仁宗准备率百官向刘太后拜寿。对于这种"损主威,不可为后世法"⑪的做法,一般臣僚慑于太后权威不敢反对,范仲淹却毫不畏惧地站出来坚决反对,并进而奏请皇太后还政。事后不久,范仲淹即被贬为河中府通判。

明道二年(1033),范仲淹被召回京城,任右司谏。可是不到一年,又因上疏谏阻仁宗废郭皇后而被贬出京师,出守睦州。范仲淹再次因言获罪,但他到任后,在呈给皇帝的《谢上表》中却进一步表述了自己"理或当言,死无所避"的决心。他说:"有犯无隐,人臣之常;面折廷争,国朝之盛;有阙即补,何用不臧?"⑫

景祐二年(1035),范仲淹再一次被召回京城,进除吏部员外郎、权知开封府。素怀"雷霆日有犯,始可报君亲"⑬信念的范仲淹自还朝后,不但没有接受他多次因言被贬的教训,反而"论事益激"。⑭时宰相吕夷简执政,他利用大权,任亲嫉贤,培植私党,致使官吏升迁无望,庸碌之辈窃据高位。范仲淹对此极为不满,他将吕夷简进退官员的情况绘制成一幅《百官图》呈献给仁宗皇帝,揭露其培植私党。不久,又进四篇政论文章:《帝王好尚论》、《选贤任能论》、《近名论》、《推委臣下论》,大都是"讥指时政",⑮对人才得失在历代兴衰中的作用,君主

---

① 《忠经·冢臣章第三》,夏文华编著《〈忠经·孝经〉白话精解》。
② 《范文正公文集》卷十《上资政晏侍郎书》。
③ 《范文正公文集》卷十七《让观察使第一表》。
④ 《范文正公文集》卷五《出守桐庐道中十绝》。
⑤ 《范文正公文集》卷九《奏上时务书》。
⑥ 《范文正公别集》卷二《从谏如流赋》。
⑦ 《范文正公文集》卷十《上资政晏侍郎书》。
⑧ 《范文正公别集》卷四《移苏州谢两府启》。
⑨ 《范文正公文集》卷九《奏上时务书》。
⑩ 《范文正公文集》卷九《奏上时务书》。
⑪ 《续资治通鉴长编》(以下简称《长编》)卷一〇八,中华书局2004年。
⑫ 《范文正公文集》卷十六《睦州谢上表》。
⑬ 《范文正公文集》卷五《出守桐庐道中十绝》。
⑭ 洪业、聂崇歧等编撰《琬琰集删存》卷二,富弼《范文正公仲淹墓志铭》,上海古籍出版社1990年。
⑮ 《长编》卷一一八。

和众大臣的职责范围作了论述。他还以历代宰相擅权专政而导致社稷易姓的教训,告诫仁宗说,对吕夷简这样的人如果过于信任,将有昔日的王莽篡汉之祸。最后吕夷简以范仲淹"越职言事,荐引朋党,离间君臣"①的罪名控告于仁宗,将范仲淹贬官知饶州。

范仲淹几次入朝为官,又几度因言被贬出京,可谓几起几落,但他始终没有因言被贬而有所悔恨。范仲淹知饶州后,循例呈上《谢上表》,再一次坦陈襟怀:"有犯无隐,唯上则知;许国忘家,亦臣自信。此时为郡,陈优优布政之方;必也入朝,增謇謇匪躬之节。"②当时诗人梅尧臣寄《灵乌赋》,希望他拴住嘴唇,但范仲淹在回赠的同名《灵乌赋》中,表示"宁鸣而死,不默而生"。范仲淹这种"事君有犯无隐,有谏无讪"的人格风范,打破了当时"以宽厚沉默为德"③、"以避谤为智"④的官僚积习,开启了宋代士大夫议政之风。韩琦因此论范仲淹"竭忠尽瘁,知无不为,故由小官擢谏任,危言鲠论,建明规益,身虽可绌,义则难夺。天下正人之路,始公辟之"。⑤

有人称范仲淹:"登朝与国论,每顾是与非,不顾自身安危。"⑥或云范仲淹:"立朝益务劲雅,事有不安者,极意论辩,不畏权幸,不蹙忧患,故屡亦见用,然每用必黜之;黜则忻然而去,人未始见其有悔色。或唁之,公曰:'我道则然,苟尚未遂弃,假百用百黜,亦不悔。'"⑦范仲淹这种不顾个人安危得失的谏诤精神,可以说是儒家忠道思想的集中折射。

二、替君解忧,匡正国家失误

如上所述,"忠"作为处理君臣关系的一种道德规范,其内涵之一就是臣对君在诤谏中的直言敢谏,乃至"奉君忘身,徇国忘家,正色直辞,临难死节"。⑧ 但是儒家学派的代表人物又指出:臣子对君主的忠道并不是简单地为国损家纾难,正言直谏,乃至临难死节;这些虽"皆忠之常道,因所当行",然"未尽冢宰之事",⑨所以不能把它看作真正意义上的忠道,而只能视为表面上的忠。那么,何为真正意义上的忠道呢?《忠经·冢臣章》对此答曰:"在乎沉谋潜运,正国安人。"即去深刻地思谋、筹划,默默地实施安排,替君解忧,匡正国家的失误,安抚人民的不满。⑩《忠经·报国章》也指出,忠道的最好表现即是"报国","不思报国,岂忠也哉?"而报国之道有四:"一曰贡贤,二曰献猷,三曰立功,四曰兴利。"这种着眼于国家、人民利益上的忠道,才是真正的忠道。荀子也认为,在忠臣的道德规范中,谏诤也不是真正的忠道。他把臣子对君主的"忠"分为大忠、次忠和下忠三种,他说:"有大忠者,有次忠者,有下忠者,有国贼者。以德覆君而化之,大忠也;以德调君而辅之,次忠也;以是谏非而怒之,下忠

---

① 《长编》卷一一八。
② 《范文正公文集》卷十六《饶州谢上表》。
③ 《宋史》卷二九九《张洞传》,中华书局1977年。
④ 《宋史》卷二八八《孙沔传》。
⑤ 韩琦撰,李之亮、徐正英笺注《安阳集编年笺注》卷二二《文正范公奏议集序》,巴蜀书社2000年。
⑥ 欧阳修《欧阳文忠公集》卷六六,四部丛刊本。
⑦ 洪业、聂崇歧等编撰《琬琰集删存》卷二,富弼《范文正公仲淹墓志铭》。
⑧ 《忠经·冢臣章第三》,夏文华编著《〈忠经·孝经〉白话精解》。
⑨ 《忠经·冢臣章第三》注释(5),夏文华编著《〈忠经·孝经〉白话精解》,第13页。
⑩ 译文参见夏文华编著《〈忠经·孝经〉白话精解》,第15页。

也。"①在他看来，忠臣进言及进言中的"犯君"、"怒君"属于"下忠"之列，是低层次的忠。在荀子的理想中，臣对君最大的忠是用道德覆育君主而使他感化，使君主成为道德境界之"圣"，从而达到"安人"的目的，也就是使天下太平，百姓幸福。这与《忠经》上讲的"沉谋潜运，正国安人"含义是相通的，都是着眼于国家、人民利益来谈忠君之道。

范仲淹是个忠臣，他的忠不仅表现在事君过程中的"有犯无隐"、"有谏无讪"，以及"杀其身有益于君则为之"的文化品格方面，而且更突出地体现在奉君过程中的替君解忧、诚厚为国、无欺天下的文化品格方面。这是范仲淹忠道思想的根基和主流。

有点历史常识的人都知道，范仲淹所处的时代，正是宋代国势日渐衰微时期。一向被文人士大夫所津津乐道的太平盛世，到宋仁宗庆历年间，已是内忧外患交织在一起，"顾内则不能无以社稷为忧，外则不能无惧于夷狄"，②各种矛盾日趋尖锐，积重难返。此时，宋仁宗万分忧惧，意欲更除天下弊政，以挽救大宋王朝的危机，维持家天下的一统局面。

作为一个大忠之臣，面对北宋内忧外患的严重局势，范仲淹深谙君主维护社稷和家天下的心理意愿。正是从替君解忧、匡正国家失误和巩固社稷的良好愿望出发，范仲淹屡屡上书，"言政教之源流，议风俗之厚薄，陈圣贤之事业，论文武之得失"，其目的在于使"朝廷无过，生灵无怨"，使"君为尧舜之君，民为尧舜之民"，从而"以保天下"。③譬如，天圣五年（1027），范仲淹在洋洋万言的《上执政书》中，从"不以一心之戚而忘天下之忧"的大忠之道出发，毫不隐讳地针砭时政："朝廷久无忧矣，天下久太平矣，兵久弗用矣，士曾未教矣，中外方奢侈矣，百姓反困穷矣……百姓困穷则天下无恩……天下无恩则邦本不固矣。"他尖锐地指出："今圣人在上，老成在右，岂取维持之功而忘磐固之道哉？"矛头直指守旧的执政大臣，力倡变革之道。

从范仲淹一生的政治实践中我们可以看到，每遇国家危难之际，范仲淹总能挺身而出，站在斗争最前列。在地处宋朝西北的西夏反叛后，连续三次被贬的范仲淹被派往边地，任陕西经略安抚招讨副使，兼宋朝西北边境的军事重镇延州的知州。在边地，他一面操练兵将，一面大兴营田，与广大将士艰苦奋战三年多，终于使宋朝西北边陲转危为安。庆历三年（1043），范仲淹被任命为参知政事，进入中央政府。执政后的范仲淹鉴于天下弊事极多的社会危机，"志欲铲旧谋新，振兴时治"。④他于当年九月所上的《答手诏条陈十事》的上疏中这样指出："历代之政，久皆有弊，弊而不救，祸乱必生。"又说："我国家革五代之乱，富有四海，垂八十年，纲纪制度，日削月侵，官壅于上，民困于外，夷狄骄盛，寇盗横炽"，因而"不可不更张以救之。"他引《易经》上"穷则变，变则通，通则久"的教导，强调指出，要使国家"成长久之业"，必须效法尧舜，"思变通之道"，进行改革。为此，他以更大的勇气，"不可折"的锐气，发动领导了以澄清和改善吏治为重点的庆历新政，"一切欲整齐法度，以立天下之本"。⑤

《宋史》本传有云："倚以为治，中外想望其功业。而仲淹以天下为己任，裁削幸滥，考覆官吏，日夜谋虑兴致太平。"这是对范仲淹一生诚厚为国、以天下为己任精神的高度概括和总结。也正是因为范仲淹有了这样一种诚厚为国、以天下为己任的博大胸怀，所以才能在现实

---

① 《荀子·臣道》。
② 《临川先生文集》卷三九《上仁宗皇帝言事书》，四部丛刊本。
③ 《范文正公文集》卷九《奏上时务书》。
④ 田况《儒林公议》卷上。
⑤ 《曾巩集》卷十五，中华书局2004年。

生活中不思远害全身之谋，不顾个人安危得失。诚如他自己所诠释的那样："人皆谓危言危行，非远害全身谋，此未思之甚矣。使缙绅之人皆危言危行，则致君于无过，致民于无怨，政教不坠，祸患不起，太平之下，浩然无忧，此远害全身之大也。使缙绅之人皆逊言逊行，则致君于过，致民于怨，政教日坠，祸患日起，大乱之下，惴然何逃？当此之时，纵能逊言逊行，岂远害全身之可得乎？"①可以说，范仲淹的直言极谏、危言危行，是与他的忧国忧民意识和以天下为己任抱负紧密联系在一起的。

《忠经·扬圣章》在论述臣子的大忠之道时有云："君德圣明，忠臣以荣；君德不足，忠臣以辱。不足则补之，圣明则扬之，古之道也。"认为君主德行的高低关系到忠臣的荣辱，因此忠臣在行忠道时，既要肆力弘扬君主的美德盛名，又要设法补救君主德行的不足。如上所述，范仲淹之所以能称得上一位大忠之臣，也正在于他在行忠道时，能从封建国家的安危出发，为帝王拾遗补阙，匡正国家的失误。虽然当时的政治风尚是"事久弊，则人惮于更张；功未验，则俗称于迂阔"，但范仲淹并没有因此"惜身而少避"，②而是一如既往，知无不言，言无不尽地上书皇帝，日益谋虑兴致太平。就是在他病危之际，念念不忘的还是祈望君主"上承天心，下循人欲。明慎刑赏，纳民于大忠"。③ 这种从忠君出发派生出来的诚厚为国、无欺天下的忧国忧民精神，乃是范仲淹忠道思想的最高境界，也是中国传统文化的精华。

三、"视君之人，如观乎子"

在社会政治生活中，为臣为官者的主要职责是帮助君主治理庶民百姓。因此，为人臣者除了要与君主发生联系外，日常生活中交往更多的则是庶民百姓。为了使庶民百姓沐浴君王的圣明之德而使君道有所弘扬，儒家学派还给为臣者特别是那些直接统治民众的地方官制定了忠道原则，即所谓"视君之人，如观乎子；则人爱之，如爱其亲，盖守宰之忠也"，④要求为官者把君王的臣民，视作自己的儿女一般对待。它包括的具体内涵和道德要求是："民之所好好之，民之所恶恶之"；⑤"在官惟明，莅事惟平，立身惟清"。⑥ 概而言之，就是要爱民，养民，惠民，忧民，恤民；要明晰世情，办事公正，不徇私情；要洁身自爱，清正廉明。一句话，就是要求为官者在为政实践中对民施行"仁政"。

作为一个仁人志士，范仲淹的忠道并未停留在止于忠君的狭小圈子里，相反，终其一生，他总是把"修己以安百姓"放在首位，将仁政视为从政实践的奋斗目标。他曾这样表白："某天不赋智，昧于几微，而但信圣人之书，师古人之行，上诚于君，下诚于民。"⑦又说："粗闻圣人之道，知忠孝可以奉上，仁义可以施下。"⑧正是基于这种"上诚于君，下诚于民"和"忠孝可以奉上，仁义可以施下"的认识，范仲淹在为政实践中，既能以"有犯无隐"、"死无所避"地忠心效忠于皇帝，也能以"先忧后乐"的诚心和仁心时刻关注着与民生休戚相关的社会问题，表

---

① 《范文正公文集》卷十《上资政晏侍郎书》。
② 《范文正公文集》卷十八《遗表》。
③ 《范文正公文集》卷十八《遗表》。
④ 《忠经·守宰章第五》，夏文华编著《〈忠经·孝经〉白话精解》。
⑤ 《礼记·大学》，上海古籍出版社1990年。
⑥ 《忠经·守宰章第五》，夏文华编著《〈忠经·孝经〉白话精解》。
⑦ 《范文正公文集》卷十《上资政晏侍郎书》。
⑧ 《范文正公文集》卷九《上张右丞书》。

现出一股强烈的忧民、爱民的责任意识。为此,他多次上书,提出了一系列"固邦本"、"厚民力"、"以救民之弊"的改革主张,特别对于政府"侈土木,破民产"等扰民作法,他多次上疏谏止,以改变"堪役之家,无所休息"的局面。他大声疾呼:"天之生物有时,而国家用之无度,天下安得不困!"①更可贵的是,范仲淹以积极投入的姿态身体力行,在力所能及的范围内,尽力做一些济世安民的好事。他为官所至,无不采取惠民之政,力争造福于民。或为民请命,减轻百姓负担;或兴修水利,发展农业生产。譬如明道二年(1033),江淮发生灾害,范仲淹请求朝廷遣使巡行,赈济灾民。可朝廷很长时间没有采取行动,范仲淹于是尖锐指出:"宫掖中半日不食,当如何?今数路艰食,安可置而不恤?"②他在奉命安抚江淮之后,每到一处,便开仓赈济灾民,严禁淫祀,并奏免庐州、舒州的折役茶,以及江东丁口盐钱。他还把灾民用以充饥的乌昧草带回京城,请宣示六宫贵戚,以戒奢侈之心。

正是从忧民、爱民的仁政思想出发,范仲淹在实践活动中形成了为政清廉的风格。他认为:"为天下官吏不廉则曲法,曲法则害民",③指出统治民众的官吏只有廉洁奉公,才不至于冒法受赃,侵暴百姓;不至于与民争利,不守名节;也不至于赋役不均,刑罚不正,把官吏的廉洁同仁政的推行紧密地联系了起来。基于这样的认识,范仲淹极力提倡为政者的俭约清廉之节,主张"清心做官,莫营私利",④"洁白而有德义,官师之规也",⑤要"不以己欲为欲,而以众心为心"。⑥他一生言而有行,自奉俭约清廉,"其于富贵贫贱、毁誉欢戚,不一动其心"。⑦即使显贵之后,"门中如贱贫时,家人不识富贵之乐"。⑧

"圣人以天下为心者也,是故以天下之忧为己忧,以天下之乐为己乐。"⑨范仲淹正因为有"以天下为心"之心,所以在现实生活中才能从德行修养开始,"视君之人,如观乎子","先天下之忧而忧,后天下之乐而乐"。⑩

综上所述,可以看出,范仲淹的忠道,直接承继和吸取了中国传统文化的精华。其人格中所表现出来的"事君有犯无隐,有谏无讪"的诤谏精神,从忠君出发派生出来的诚厚为国、无欺天下、关心国家兴亡的精神境界,以及忧民、爱民、为政清廉的思想,无不鲜明体现出中国传统文化中许多具有永恒价值的一面。他是在中国传统文化的土壤中养育和成长起来的志士仁人。

---

① 《续资治通鉴长编》卷一一二。
② 《续资治通鉴长编》卷一一二。
③ 《范文正公政府奏议》卷上《再进前所陈十事》。
④ 《范文正公尺牍》卷上《中舍二子三监簿四太祝》。
⑤ 《范文正公文集》卷八《清白堂记》。
⑥ 《范文正公文集》卷一《用天下心为心赋》。
⑦ 欧阳修《范公神道碑铭》,见《范文正公文集》附《褒贤录》。
⑧ 洪业、聂崇歧等编撰《琬琰集删存》卷二,富弼《范文正公仲淹墓志铭》。
⑨ 《欧阳修全集》卷七六《易童子问》,中华书局2001年。
⑩ 《范文正公文集》卷八《岳阳楼记》。

范仲淹与《十六罗汉因果识见颂》

毛丽娅

尽管范仲淹以"儒者"自称,他"游心儒术",①"泛通六经",②一生"信圣人之书,师古人之行"。③ 清代纪昀评论他:"贯通经术,明达政体。"④但不可讳言的是,范仲淹生活在北宋儒释道三教合一的时代,其思想、行为、心境不可避免地会受到佛道二教思想的影响。再说,宋学之所以能"致广大",与宋儒出入佛道,融佛道入儒直接相关,他们在佛道方面均有很好的修养和极深的造诣。实际上,范仲淹的思想中已透出了他对佛道二教思想的兼容。范仲淹三十六岁时在泰州西溪作的《赠张先生》一诗,其中说"清静道自生","读《易》梦周公","养志学浮丘",⑤最能表明他三教兼容的特点。本文仅以范仲淹发现《十六罗汉因果识见颂》并为之作序一事,谈谈佛教对范仲淹人生的影响。

一、《十六罗汉因果识见颂》略述

"罗汉"是"阿罗汉"的略称。阿罗汉(梵文 Arhat 的音译)在小乘佛教中是修行的最高果位。按照小乘佛教的说法,阿罗汉为小乘声闻四果的第四果,也称"无极果"。获阿罗汉者即断尽了一切烦恼,不再生死轮回,并受到天人供养,是小乘佛教追求的最终目的。

十六罗汉是释迦牟尼佛的弟子。根据佛经记载,他们受了释迦牟尼佛的嘱咐,不入涅槃,常住世间,受世人供养而为众生作福田。关于十六罗汉,现在主要的根据是唐玄奘所译《大阿罗汉难提密多罗所说法住记》(简称《法住记》)一书。难提密多罗,汉译庆友,为佛灭后八百年时师子国(今斯里兰卡)人。《法住记》说:"佛薄伽梵般涅槃时,以无上法付嘱十六大阿罗汉并眷属等,令其护持使不灭没,及敕其身与诸施主作真福田,令彼施者得大果报。"⑥《法住记》所说十六罗汉是:第一尊者宾度罗跋啰惰阇,住在西瞿陀尼洲;第二尊者迦诺迦伐蹉,住在北方迦湿弥罗国;第三尊者迦诺迦跋厘惰阇,住在东胜身洲;第四尊者苏频陀,住在北俱卢洲;第五尊者诺距罗,住在南瞻部洲;第六尊者跋陀罗,住在耽没罗洲;第七尊者迦理迦,住在僧伽荼洲;第八尊者伐阇罗弗多罗,住在钵剌拏洲;第九尊者戍博迦,住在香醉山中;第十尊者半託迦,住在三十三天中;第十一尊者啰怙罗,住在毕利飏瞿洲;第十二尊者那伽犀那,住在半度波山;第十三尊者因揭陀,住在广胁山中;第十四尊者伐那婆斯,住在可住山中;

---

① 《范文正公文集》卷四《遗表》,《范仲淹全集》,四川大学出版社 2007 年。
② 《宋史》卷三一四《范仲淹传》,中华书局 1977 年。
③ 《范文正公文集》卷十《上资政晏侍郎书》。
④ 纪昀等《四库全书总目》卷一五二《范文正公集提要》。
⑤ 《范文正公文集》卷二《赠张先生》。
⑥ 《大正藏》卷四九,第 13 页。

第十五尊者阿氏多,住在鹫峰山中;第十六尊者注荼半託迦,住在持轴山中。①"如是十六大罗汉,一切皆具三明六通八解脱等无量功德,离三界染诵持三藏博通外典。承佛敕故,以神通力延自寿量,乃至世尊正法应住常随护持。及与施主作真福田,令彼施者得大果报"。②自《法住记》一书译出后,对十六罗汉的尊崇就在我国流行起来,唐末,在十六罗汉的基础上开始出现十八罗汉。

范仲淹所发现的《十六罗汉因果识见颂》一卷,③为天竺沙门阇那多迦译,④时代不详,偈颂皆押韵,语义俱妙。其内容是十六国大阿罗汉为摩挐罗多等诵佛说因果识见悟本成佛大法之颂。一尊七颂,总一百一十二颂。经首有对"因果识见"的题解,"因者,因缘;果者,果报;识者,识自本心;见者,见其本性。若因缘有善,果报有福,则自识其本心,见其本性,使万法不生,当得成佛。""因"即"因缘",泛指能产生结果的一切原因,包括事物存在和变化的一切条件。所谓"果",亦称为"果报",即是从原因而生的一切结果。佛教认为任何思想和行为,都会导致相应的后果,"因"未得"果"之前,不会自行消失;没有业因,也不会得到相应的果报,因果相应,这就是佛教所说的"因果报应"。"因果报应"往往与善恶联系起来,即"善有善报,恶有恶报",佛教认为众生之行善或作恶,都会为自己带来相应的果报。佛教宣称善业是清净法,不善业是染污法。不过佛教的人生观实质上就是强调去恶从善、由染转净,"度脱众生,令免离生死之苦"。⑤

二、范仲淹《十六罗汉因果识见颂序》⑥

范仲淹为何为《十六罗汉因果识见颂》作序?根据序文,庆历初,范仲淹任参知政事时,当时西夏背惠,侵扰边境。庆历四年(1044)六月,时年五十六岁的范仲淹奉命宣抚河东沿边居民将士。途中,寓宿保德军(治所在今山西保德县)水谷之传舍,偶然在堂檐缝隙间发现了佛经一卷,名曰《因果识见颂》,"其字皆古隶书,乃《藏经》所未录,而世所希闻者也"。为此,范仲淹感慨:"方知尘世之中有无边圣法,《大藏》之内有遗落宝文。"并且"谨于府州承天寺命僧归依别录藏之。厥后示诸讲说高僧,通证耆达,皆未见闻,莫不钦信"。庆历八年戊子岁(1048),范仲淹徙知邓州,有江陵老僧惠喆来访,谈起《十六罗汉因果识见颂》的诸多秘闻。原来《十六罗汉因果识见颂》在此之前已有别的传本,由"惠喆传之于武陵僧普焕处,宝之三十余年,未逢别本"。即是说惠喆曾将该颂传给武陵僧普焕处,珍藏了三十余年,都未见到别本。范仲淹正想找一副本,所以范仲淹说:"余因求副本,正其舛驳,以示善知。故直序其事,以纪其因。"⑦范仲淹在这里交代了写作该序的原因。就范仲淹极为重视这卷经书,并命承

---

① 《十六罗汉因果识见颂》对十六罗汉的翻译稍有不同,十六罗汉是:第一跋罗驮阇尊者、第二迦诺迦伐蹉尊者、第三诺迦跋厘驮尊者、第四苏频陀尊者、第五诺矩罗尊者、第六跋陀罗尊者、第七迦哩尊者、第八弗多罗尊者、第九戌博迦尊者、第十半诺迦尊者、第十一罗怙罗尊者、第十二那伽犀那尊者、第十三因揭陀尊者、第十四伐那婆斯尊者、第十五阿氏多尊者、第十六注荼半託迦尊者。(《续藏经》第三册,台湾新文丰出版公司1995年,第834—841页。)
② 《大正藏》卷四九,第13页。
③ 《续藏经》第三册,台湾新文丰出版公司1995年,第834—841页。
④ 《续藏经》第三册,第834页。
⑤ 《续藏经》第三册,第841页。
⑥ 《续藏经》第三册,第833页。又见《范文正公别集》卷四《十六罗汉因果识见颂序》。
⑦ 《范文正公别集》卷四《十六罗汉因果识见颂序》。

天寺僧人归依另抄录一本珍藏起来,后来又为之作序来看,这本身就表明了他对佛经的态度并不是虚妄的。他早在《上执政书》中就指出:"夫释道之书,以真常为性,以清净为宗。"①他不仅重视这卷经书,而且看得出范仲淹对这卷经书的态度也是谨慎的,他想找一副本,以校正其中的谬误,以示善知者。

《十六罗汉因果识见颂序》仅五百余字,但包含的内容却很丰富,从中不难看出,范仲淹阅览过《大藏经》,而且字里行间已透出了他对诸佛菩萨普济群生的大愿和对众生的大慈大悲的赞赏和认同。如他在序文中说:"余尝览释教《大藏经》,究诸善之理,见诸佛菩萨施广大慈悲力,启利益方便门,大自天地山河,细及昆虫草木,种种善谕,开悟迷途。奈何业结障蔽深高,著恶昧善者多,见性识心者少。故佛佛留训,祖祖垂言,以济群生,以成大愿。所以随函类众圣之诠,总为《大藏》,凡四百八十函,计五千四十八卷,录而记之,俾无流坠"。

不仅如此,从序文可以看出,该卷经书对他触动很大,并产生了心灵上的共鸣。序文中言及他读《十六罗汉因果识见颂》时是"一句一叹,一颂一悟,以至卷终,胸意豁然,顿觉世缘大有所悟。倘非世尊以六通万行圆明慧鉴之圣,则无以至此"。究其原因恐怕与范仲淹当时的心境有关。从庆历三年任参知政事开始,中经庆历新政,到改革在保守派的反对下失败,再到他请罢参知政事,徙知邓州,前后仅几年时间。其间改革难行到底,这对范仲淹本身是一个沉重打击。从序文中可知,范仲淹发现该卷经书的时间是庆历四年河东宣抚河东途中,而序写于庆历八年徙知邓州期间,序后注有"时戊子仲秋,高平范仲淹序"。戊子岁即庆历八年(1048),这年范仲淹六十岁,经书内容对这时的范仲淹来说更多的是一种开导、一种慰藉。

对于《十六罗汉因果识见颂》的内容,范仲淹在序文中作了高度概括,他指出:"一尊七颂,总一百一十二颂,皆直指死生之源,深陈心性之法,开定慧真明之宗,除烦恼障毒之苦。济生戒杀,诱善祛邪。立渐法,序四等功德;说顿教,陈不二法门。分顿渐虽殊,合利钝无异。使群魔三恶,不起于心;万法诸缘,同归于善。"在这里,范仲淹特别强调佛教劝人去恶从善的本质。再说,佛教宣扬的人生无常、超脱生死等思想,或多或少也是对一生坎坷多舛的范仲淹心灵的一种慰藉,至少使他能以清净之心去看待尘世的一切,坦然地正视现实处境。于是,也不难理解,范仲淹为什么读经以后,因"悟"而豁然开朗。

三、佛教对范仲淹人生的影响

范仲淹的一生可以说是历经坎坷的一生。他一生忧国忧民,常"感激论天下事,奋不顾身",②屡遭贬谪,但他终能调适自己,最终达到"随所住处恒安乐","心平何劳持戒,行直何用参禅"③的境界,在此,笔者认为佛教对他人生的影响是不可忽略的。

佛儒两家都以人为探讨对象,重视人生问题,追求人生的理想境界,致力于建设理想的主体。虽然佛教淡漠人世,弃绝人伦,儒家重视现世,笃于人伦,但是两者都十分重视个体的自我道德修养,都十分重视教化,而且两者的道德规范也是相通的,如佛教的五戒和儒家的仁、义、礼、智、信"五常",虽然具体含义和实践目的不同,但又确是相应的,反映了儒佛两家

---

① 《范文正公文集》卷九《上执政书》。
② 《宋史》卷三一四《范仲淹传》。
③ 《六祖坛经·疑问品》第三。

对人们的基本道德规范的近似看法。①

（一）佛教的大慈大悲、普度众生思想与儒家仁义思想相结合，使范仲淹为官一处，必造福一方。

建立在佛教缘起论基础上的慈悲理念是佛教的核心理念之一，也是佛法中最重大的原则。"慈"是慈爱众生，给予快乐，"悲"是悲悯众生，拔除痛苦，二者合称为慈悲。简言之，慈悲就是"与乐拔苦"。南本《涅槃经》卷十四云："一切声闻、缘觉、菩萨、诸佛如来，所有善要，慈为根本。"②《观无量寿经》云："佛心者，大慈悲是，以无缘慈摄诸众生。"③"又，慈悲为万善之基本、众德之伏藏。"《大智度论》卷二十七云："慈悲是佛道之根本，……亦以大慈悲力故，于无量阿僧祇世生死中，心不厌没。"④中国佛教极度推崇慈悲精神，唐代释道世在《法苑珠林》中就说："菩萨兴行救济为先，诸佛出世大悲为本。"⑤并以诸佛、菩萨为理想人格的化身和学习修持的榜样，也以救度一切众生为最高愿望。这正如《大乘起信论》所说："众生如是，甚为可悯。作此思维，即应勇猛立大誓愿，愿令我心离分别故，遍于十方修行一切诸善功德。尽其未来，以无量方便救拔一切苦恼众生，令得涅槃第一义乐。"⑥诸佛、菩萨以慈悲为怀，表现出对芸芸众生实际的关怀和帮助。

范仲淹生活在宋真宗和仁宗在位时期。这一时期，北宋统治者对佛、道二教采取并重的政策。因此，范仲淹虽自称"儒者"，但他和当时许多宋儒一样，出入佛道，洞悉佛经，并能从中吸取养料，取其大慈大悲、普度众生、甘愿为众生肩荷苦难的菩提精神。从范仲淹为《十六罗汉因果识见颂》作序的内容可知，他自言曾读《大藏经》，其目的就是"究诸善之理"。佛教慈悲观念的内在特质以利他为原则，强调要有利于他人，要为救济一切众生而致力行善；强调对他人及其他生命主体性的尊重、关怀以至敬畏，这与儒家的仁爱思想是一致的。《十六罗汉因果识见颂》云："汝能方便施恩慧，何异修斋与道场。"⑦"鳏寡孤独此四民，困穷无苦在饥贫；汝能济慧加存恤，最向菩提是善根。"⑧"见人患难当危困，方便阴功与救之。"⑨"普施善利救群生，广大慈悲一等平；布施周圆无住相，至哉菩萨道常行。"⑩

范仲淹一生身体力行，为官所至，皆以百姓疾苦为忧，并能想方设法为民众直接谋利益。这也符合佛法的真谛，正如《十六罗汉因果识见颂》所云："夫人发善言者，不如发善心。发善心者，不如行善事。"⑪《宋史》本传载范仲淹"泛爱乐善"，说他"尝推其俸以食四方游士，诸子至易衣而出，仲淹晏如也"。⑫范仲淹一生清心做官，清廉自守，家中"妻子衣食，仅能自充。

---

① 《方立天文集》第4卷《佛教哲学》，中国人民大学出版社2006年，第384页。
② 《大正藏》卷十二，第698页。
③ 《大正藏》卷十二，第343页。
④ 《大正藏》卷二五，第256页。
⑤ 《大正藏》卷五三，第774页。
⑥ 《大正藏》卷三二，第582页。
⑦ 《续藏经》第三册，第835页。
⑧ 《续藏经》第三册，第838页。
⑨ 《续藏经》第三册，第839页。
⑩ 《续藏经》第三册，第840页。
⑪ 《续藏经》第三册，第834页。
⑫ 《宋史》卷三一四《范仲淹传》。

而好施予,置义庄里中,以赡族人。泛爱乐善,士多出其门下,虽里巷之人,皆能道其名字"。①

(二) 佛教的人生观或多或少影响了范仲淹,使之能在复杂多变的人生境遇中清净其心,从而活出人生的价值。

佛教的人生观,是释迦牟尼对人生现象和真相的总看法,其内容有两个方面:一是认为人生一切皆苦,并揭示产生痛苦的原因;二是指出人生应当追求的理想价值,怎样生活才有价值和达到理想境界的道路与方法,实质上就是强调去恶从善、由染转净的个人道德修养。

根据宋代楼钥《范文正公年谱》,范仲淹从四十一岁至五十二岁,始终是处于有道难行而终归外放的境遇中。但他终能调适自己,不以贬谪荣辱为怀,每到一地,都能竭尽所能,为当地百姓造福兴业。一方面,这一时期的范仲淹,涉世已深,涉险亦多,对世间众相多有体悟;另一方面,应该说佛教的人生观或多或少影响了范仲淹。特别是通过他与佛道人士广泛的交游,抚慰了他屡屡受挫的心灵,使之能以一种超然之心去面对现实境遇。如在与佛教寺僧的交往中,面对牵于功名的范仲淹,法师曾以天上卷舒自在、来去自由的云来开导他。其《留题常熟顶山僧居》诗云:"平湖数百里,隐然一山起。中有白龙泉,可洗人间耳。吾师仁智心,爱兹山水音。结茅三十年,不道日月深。笑我名未已,来问无端理。却指岭边云,斯焉赠君子。"②范仲淹也曾经就定慧大师这样的"上人之隐"与"吾儒之隐"作过比较,其《朝贤送定慧大师诗序》中说:"师自言生不血茹,七岁持佛事,隐于灵岩,多历年所。晚岁游名公之门,然亦未尝及利。天圣中,大丞相东平公、清河公怜其旧,奏赐紫方袍,号定惠。乃告归故山,又以诗宠之。"范仲淹为之感动,说:"某感其说,志其事,且知上人之隐,盛于吾儒之隐远矣。"最后慨叹:"斯以见上人之隐,盛于吾人之隐远矣。"③这里的"上人之隐"是指彻底摒弃世俗尘念、染污落尽的无所谓进亦无所谓退的终始得大自在的释者之流,而"吾儒之隐",或"吾人之隐"是指那些怀才而不遇,有志而未展,收心敛行,遁迹山林的隐者之流。前者彻悟众相,虔心向道,毕生礼佛,心是菩提,身如明镜,无尘无染,随缘自适,范仲淹认为这是一个更高层次的精神境界。

佛教的原始出发点和根本思想是"一切皆苦",人的生命、生存、生活就是苦,苦就是人的命运。所谓苦,主要不是专指感情上的痛苦或肉体上的痛苦,而是泛指一种精神上的逼迫性。佛教认为,一切都是变迁不息、变化无常的,广宇悠宙不外苦集之场。由于人不能自我主宰,为无常患累所逼,不能自主,因此,也就没有安乐性,只有痛苦性。一切事物都是无常的,人生有不测之风云、旦夕之祸福,包括世俗社会中的任何快乐都是无常的。范仲淹在给朱氏的书信中也曾流露出"人生忧多乐少,惟自适为好"。④ 这也是范仲淹对自己坎坷人生之路的一种体悟。

视世间名利、荣辱如浮云,这是中年以后范仲淹思想的明显变化,这种变化也不能说没有佛教的影响。如《十六罗汉因果识见颂》云:"世间秤尺并升斗,解使汝心起不平;但看此般

---

① 《宋史》卷三一四《范仲淹传》。
② 《范文正公文集》卷三《留题常熟顶山僧居》。
③ 《范文正公文集》卷八《朝贤送定慧大师诗序》。
④ 《范仲淹全集》尺牍卷上《家书》。

图利者,几人待得白头生。身是僧兮心是僧,身心了了是真僧;世缘不染无烦恼,更有何人得似僧。""内无所得外无求,清净心源万行周;爱欲不生烦恼断,世尊妙旨在勤修。"①"不结良因与善缘,苦贪名利日忧煎;岂知住世金银宝,借汝闲看七十年。"②"不怀仇怨与无明,忍辱持心万事平;彼以恶来还以善,深明三昧号无诤。广开心量无边际,世界山河尽总容;无是无非无所著,常令心等太虚空。""六贼清净无烦恼,烦恼无时慧自明。"③"未来之事思难及,已往之事不足道;祇据眼前为见在,自然烦恼不相随。"④

佛教强调众生平等。《十六罗汉因果识见颂》云:"佛道无私启万门,含生之类性皆存;汝得一念生清净,天上人间见世尊。"⑤"莫把含生性命轻,好生恶杀物之情。"⑥佛教对生命的理解十分广泛,所言众生平等是宇宙一切生命的平等;所言的六道轮回就是在没有解脱之前,生命在天、人、阿修罗、畜生、饿鬼、地狱等六种生命形式中轮回,依据自身的行为业力得来世相应的果报。善有善报,恶有恶报,行善者可以由鬼变成人,作恶者也可能由人变成鬼,他们在表现上有高低序列,但其生命本质是平等的,即可上升进步,也有可能下降堕落。每个生命,既不必自卑,亦不可自傲。范仲淹虽然自称"儒者",但佛教的人生观在调节其情绪、心态方面的确起到了一定的作用。"万事因缘有对持,死生荣辱分皆知;心田自广无忧恼,汤火兵刀不畏之。"⑦

(三) 佛教熔铸了范仲淹"不以物喜,不以己悲"的人生境界。

范仲淹在知邓州期间,应友人滕宗谅(子京)之请,在百花洲春风堂写下了千古名篇《岳阳楼记》,其"不以物喜,不以己悲"的人生境界昭然若揭,这种心不为境转的超然胸怀,甚合佛法的真谛。范仲淹早就说过,研习佛法,有利于修身养性。《十六罗汉因果识见颂》有云:"所欲常教离眼前,六根不被业缘牵;渐持渐戒成真性,对境无心始道全。""人生本性皆清净,万法皆存自性生;心性相符无所动,皎然内外自分明。"⑧"身自无相而受生,心因有境而生灭;若无前境心自无,心性了了佛何别?"⑨"性定心定身自定,脱去之时无所竞。""心源澄澈诸根净,岂在寻山与出家。"⑩这种心不随境迁的境界,是与他长期研习无边圣法,以至"胸意豁然,顿觉世缘大有所悟"有关的。

实际上,佛教和儒家都重视主体的道德修养,在修养方法上也都重视向内用功,强调心性的修炼,内心的体验,为了向内用功,佛教运用禅定、直观,儒家提倡主静、省悟。再说,范仲淹一生与佛教高僧的交往极多,有的交往时间较长,受其影响也是情理之中事。仅见于诗文的有释文光和广宣大师、吴僧长吉、吴僧真上人、吴僧元上人、金山寺识上人、吴僧悦躬、吴

---

① 《续藏经》第三册,第835页。
② 《续藏经》第三册,第837页。
③ 《续藏经》第三册,第838页。
④ 《续藏经》第三册,第840页。
⑤ 《续藏经》第三册,第835页。
⑥ 《续藏经》第三册,第838页。
⑦ 《续藏经》第三册,第841页。
⑧ 《续藏经》第三册,第837页。
⑨ 《续藏经》第三册,第838页。
⑩ 《续藏经》第三册,第839页。

僧文光、吴僧升上人、吴僧希元上人、吴僧虎丘长老、吴僧湛公、吴僧日观大师、吴僧中霭、吴僧文鉴、吴僧定慧大师、吴僧远祖师、吴僧择梧、吴僧遇明等等,其中与擅长唐律诗的日观大师善升为琴中知音。皇祐元年(1049),范仲淹守杭,曾于山中访之。范仲淹知苏州时,吴僧定慧大师宗秀来拜。范仲淹言他"来则谈空实相,号天人师;去则指霞岭,啸风林,天子有赐,三公有赠"。① 范仲淹不仅与寺僧有交往,而且还常常赠以作品。如《赠广宣大师》诗云:"忆昔同游紫阁云,别来三十二回春。白头相见双林下,犹是清朝未退人。"②他曾受天竺山日观大师之请求,为之写塔记,日观大师是钱塘人,姓仲氏,名善升。"十岁出家,十五通诵《法华经》,十七落发受具戒。客京师三十年,与儒者游,好为唐律诗,且有佛学。天禧中,诏下僧录简长等注释御制《法音集》,师预选中。书毕,诏赐师名。遂还故里,公卿有诗送行。师深于琴,余尝听之,爱其神端气平,安坐如石,指不织失,徽不少差,迟速重轻,一一而当。故其音清而弗哀,和而弗淫,自不知其所以然,精之至也。予尝闻故谕德崔公之琴,雅远清静,当代无比,如师则近之矣。康定中,入天竺山,居日观庵,曰:'吾其止乎!'不下山者十余年,诵《莲经》一万过。皇祐元年,余至钱塘,就山中见之。康强精明,话言如旧。"铭曰:"山月亭亭兮师之心,山泉冷冷兮师之琴。真性存兮,孰为古今。聊志之兮,天竺之岑。"③从中不难看出范公不仅与日观大师有过交往,而且对日观大师在佛学方面的造诣,在诗、琴方面的才能以及他的精明表现出由衷的钦佩。

应该说正是范仲淹较高的佛学素养,与寺僧长期的交游,以及他坎坷的人生历程,对世间众相的渐渐了悟,最终熔铸了他"不以物喜,不以己悲"的人生境界。尽管他自言"吾儒之隐"不如"上人之隐",但其人生境界却实实在在地提升了。范仲淹"进则尽忧国忧民之诚,退则处乐天乐道之分"。④ 能够"于富贵、贫贱、毁誉、欢戚不一动其心",⑤仍然"惟精惟一"。⑥ 范仲淹能够不断超越自己,提升其人生境界,这与他出入佛道、融摄佛道是分不开的。

---

① 《范文正公文集》卷八《朝贤送定慧大师诗序》。
② 《范文正公文集》卷六《赠广宣大师》。
③ 《范文正公文集》卷八《天竺山日观大师塔记》。
④ 《范文正公文集》卷十八《谢转礼部侍郎表》。
⑤ 欧阳修《欧阳文忠公集》卷二十《范公神道碑铭》。
⑥ 《范仲淹全集》附录七,袁洪愈《重修文正书院记》。

宋代苏州的范文正公祠

〔日〕远藤隆俊

前　言

南宋中期以后,在江南各地兴建先贤祠和乡贤祠。先贤祠就是祭奠儒学和道学的先觉者的祠堂,乡贤祠就是祭祀乡里伟人的祠堂。在这其中,有被府州县学附设的,也就是在后来书院、宗祠的发展。[①] 但是,为什么在这一时期像这样的祠堂会被大量地修建,其祭奠又是什么样的呢? 以及它们又是如何被管理和运营的呢? 有关这些的问题研究,至今还很不清楚。本文中将以苏州的范文正公祠为线索,将对其设立的背景和运营的实际状态进行考察和研究。

之所以选择范文正公祠,其理由是:首先,享祭者范文正公(范仲淹)为苏州的官员,是北宋政治的重要人物。其次,他也与宋代理学、道学先驱有着重要的关系,从这层意思上看,他是关联朱子学和道学的重要人物。其三,范文正公祠为乡贤祠,同时也具有先贤祠的重要特点和性格。范文正公祠为宋代书院赏赐的匾额,担负了儒学教育的重要作用,并且一直持续到了清代,同时也是从先贤祠、乡贤祠即专祠的变迁的非常好的材料。

作为范氏关系,《范文正公文集》,乾隆十一年重修的《范氏家乘》,关于范文正公祠的记录也可以在此找到。本文拟根据范文正公祠设立的经纬和背景,以及运营的状况,想将以上的问题搞清楚。如果根据这些能够说明专祠的这一类型,笔者会感到非常荣幸。

一、范文正公祠的设立

首先,对享祀者范文正公作以简单介绍。范仲淹(989—1052)字希文,苏州人,文正为其谥号。他年幼丧父,因为母亲改嫁山东朱氏,年轻的时候使用了朱说一名。之后,于南京应天府学习,真宗大中祥符八年(1015)27岁中了进士。在官场上,他刚正不阿,直言不讳,仁宗天圣五年(1027)晋升为秘阁校理。明道元年(1032),章献明肃皇后撤去垂帘听政,政治实权返回给了仁宗,第二年,因反对废除郭皇后又被贬出朝廷;还有景祐三年(1036),献上百官图的同时,受到了宰相吕夷简的批判。

他还活跃于西夏战争前线。宝元元年(1038),西夏李元昊入侵以后,宋军在三川口、好水川、定川砦的战争中大败,战况很惨。在那里,范仲淹与西夏周边的羌族进行了持久战,庆

[①] 王圻《续文献通考》卷六一"学校"、"书院";远藤隆俊《宋代宗族的坟墓与祠堂》,《中国社会历史评论》9,2008年,天津古籍出版社。

历三年(1043)参与讲和。他由于战争的功绩,被擢为枢密副使,不久又升为参知政事,提出了十项改革的提案,也就是"庆历新政"。虽然这次改革遭到失败,但他尖锐地揭示了当时的社会状况,其很多措施也被王安石变法所继承。还有,他还在故乡苏州建立义庄,对一族做出了巨大贡献而非常闻名。义庄就是购置田产将其收入作为宗族的生活保障的组织,他在苏州建立义庄就是他最大的成就。①

就是因为有这样的功绩,所以他才得到了"文正"这样的谥号,被追封为楚国公,并且由欧阳修为其撰写了仁宗御笔题名"褒贤之碑"的神道碑。他的言论行动也得到了"宋代士风确立者"的好评,他的"先忧后乐"的思想,也是后代官僚以及士大夫们的典范。

苏州祭祀范仲淹的范文正公祠的建立,是在南宋末期度宗咸淳十年(1274)。《范文正公褒贤集》卷二"朝廷优崇"《建置祠堂平江府照会尚书省札》中有这样的记载:

> 浙西提举司申:照会:说友蒙恩守吴,惧无补报。窃见先文正范公,本郡人也,道德文章,功名事业,载在国史,实为我朝第一流人物。身没之后,近二百年,凡公过化之地,无不尸而祝之,独本府未有专祠,附庸学宫而已。其于崇祀励贤,见谓缺典。郡虽窘乏,而事关风化,曷敢弗力? 乃卜范氏义庄之东义宅隙土,鸠工度材,为屋六十楹,以奉公祠。仍拨没官田土,拘收租米,充春秋二祀之费。其祠密迩学道书院,春秋二祀,郡守率其属亲莅;及遇月朔,则山长率诸生往拜焉。先择公之后贤者一人,为掌祠。若郡计稍舒,别图收教其子弟,并以附于书院。已涓九月十一日立木,候成舍菜奉安外,所合具申朝省照会,仍乞札下本府照应。伏候指挥。②

建设祠堂的浙西提举司和知平江府潜说友的上奏文书有幸被保存了下来。根据上奏文书上来看,范文正公为宋朝的第一流人物,在他上任过的地方建立祠堂的同时,在他的故乡苏州除了学宫即苏州府学以外没有设置祭祀他的地方。众所周知,范仲淹是苏州府学的创立者,在此建立了他的祠堂。③ 但是,此外没有祭祀他的地方了,于是潜说友提出了设立范文正公祠的申请。

潜说友为理宗淳祐四年(1244)的进士,于咸淳九年(1273)到苏州赴任,直至德祐元年(1275)一直担任知平江府的职务。上面的奏文就是他那时书写的。他曾经附会当时的丞相贾似道,最后投降元军等等,在政治方面的评价并不是很高。但是,他在担任知临安府官职的时候,曾经编撰了《咸淳临安志》,这作为宋元地方志中最为详细的方志而非常有名。特别是他上奏中提到了在苏州城内义宅附近的空地上建设六十楹的祠堂来祭祀范仲淹,拨出没官田亩来作为春秋两祭的费用。结果,在这之后的《省札》中有这样的记载:

> 照得知平江府潜提举申:先贤文正范公,本郡人也,独未有专祠。今卜范氏义庄之东隙土,为屋六十楹,以奉公祠。仍拨没官田亩,拘收租米,充春秋二祀之费。已涓立木,候成奉安外,申乞札下本府照应。合议行下。
>
> 右,札付平江府照应,仍具所拨田亩数目[申]尚书省。准此。

---

① 顾炎武《日知录》卷一三《宋世风俗》。程应镠《范仲淹新传》,上海人民出版社 1986 年;陈荣照《范仲淹研究》,香港三联书店 1987 年;范仲淹研究会《范仲淹研究论集》,苏州大学出版社 1995 年;漆侠《范仲淹的历史地位》,收入《探知集》河北大学出版社 1999 年;方健《范仲淹评传》南京大学出版社 2001 年;〔日〕竺沙雅章《范仲淹》,白帝社 1995 年,东京。
② 又见潜说友《建置范文正公祠堂记事》,《吴都文粹续集》卷十二。
③ 朱长文《吴郡图经续记》卷上《学校》,范成大《吴郡志》卷四《学校》。

咸淳十年九月　　日

又《范文正公褒贤集》卷三"碑记"潜说友《吴郡建祠奉安文正公讲义》中有这样的记载:

> 咸淳十年,平江府太守潜说友,以公乡郡建专祠,为邦人式。得地于公义庄义宅之傍,祠宇数十楹,以奉公祀。奏请于朝,拨田以供春秋二丁祭祀。朝廷从其请。奉安日,潜公讲鲁叔答范宣子不朽之说。
>
> "太上有立德,其次有立功,其次有立言,此谓不朽。"……由此观之,则德也,功也,言也,苟立其一,亦可不朽,而况三者俱立,有如文正范公者乎!

范文正公奉安当天,潜说友就在此处进行了演讲,这样范文正公祠就正式被设立了。① 但是,在南宋晚期为什么将北宋范文正公提了出来呢? 正如潜说友所说的那样,范文正公的祭祀典礼中没有祠堂是不完美的,这也"事关风化"的说法也是事实。说起度宗咸淳四年(1268),蒙古军队马上就要打进来的时候,是社会动荡最为激烈的时期。这样,在对西夏战争中有过丰功伟绩的范文正公,并不仅仅是苏州,也不仅仅是宋朝社会中西北政策中最有功绩的人物的具体典型。这也正是范文正公的祠堂被建设的原因。换言之,莫非范文正公也是在这一时期政治和社会方面得到了很高的评价。在下一个部分,将对此问题进行考察。

二、范仲淹评价的变迁与苏州范文正公祠建置的背景

在谈论范仲淹的评价之前,首先必须参照的是《宋史》卷三一四《范仲淹传》的论赞。其中他被赞为"一代名世之臣"即"弘毅之器",《宋史》论赞中的评价也是最高评价之一。但是这样的评价的确定是在北宋末期以后,在此之前对于范仲淹的批评也是非常多的。关于这方面的内容宫崎市定已经讨论过了,②例如在李焘《续资治通鉴长编》(以下简称《长编》)卷二三四,熙宁五年(1072)六月癸丑纪事中有这样的记载:

> 上论河北兵不可用。王安石曰:"忘战必危,好战必亡。当无事之时作士气,令不衰情,乃所谓不忘战也。……"上悦,因言:"人谓今日朝廷边事胜庆历中,此甚不然,秉常岂谅祚比也?"安石曰:"诚如此。然庆历中,范仲淹非有过人智略,粗知训练持守,元昊已不能侵犯。"上曰:"方仲淹为帅,元昊已困。"安石曰:"虽然,当是时唯仲淹为见称述,即仲淹亦粗胜一时人。仲淹为帅,元昊所以不能犯者,为主客势异,仲淹务自守故也。"

上述对话揭示了王安石对范仲淹的评价。根据文章可以了解到范仲淹在西夏战争中取得胜利的原因,并不仅仅是他卓越的智略,而是国势的不同。还有,《长编》卷二七五,熙宁九年五月癸酉的纪事中有这样的记载:

> 上又论范仲淹欲修学校贡举法,乃教人以唐人赋体《动静交相养赋》为法,假使作得《动静交相养赋》,不知何用? 且法既不善,即不获试行,复何所憾! 仲淹无学术,故措置止如此而已。安石曰:"仲淹天资明爽,但多暇日,故出人不远。其好广名誉,结游士,以为党助,甚坏风俗。"上曰:"所以好名誉,止为识见无以胜流俗尔。如唐太宗亦英主也,

---

① 关于"三不朽"之说,参考《左传》襄公二十四年。
② 宫崎市定《宋代の士风》《辨奸论の奸を辨ず》,收入《宫崎市定全集11·宋元》,岩波书店,1992年,东京。

> 乃学庾信为文,此亦无识见无以胜俗故也。无以胜俗,则反畏俗。俗共称一事为是,而己无以揆知其为非,则自然须从众;若有以揆其为非,则众不能夺其所见矣。"安石曰:"不易乎世,大人之事,故于乾卦言之。"

这表明宋神宗也批判他,范仲淹的学校科举改革遭到失败的原因就是他没有学识,而且他说的和做的不一致。并且王安石对此做出了回答:范仲淹喜好功名,甚至还指出了他破坏风俗的地方。宋神宗、王安石君臣都作出了与范仲淹"宋代士风的确立者"的模范评价相反的评价。①

当然,这样的说法也与新旧两党的斗争有着密切的关系,所以这样的评价也有很大的片面性。正如先前的评价的那样,对于范仲淹的评价也并非是开始的时候评价很高,然后因为政治的原因,这些政治评价又发生了一百八十度的转变。事实上,旧法党抬头的哲宗元祐年间,因为受到这样批判的影响,北宋末的钦宗靖康元年(1126),范仲淹升级为魏国公。但是,据传梅尧臣的作品《碧云騢》中有着这样的记载②:

> 范仲淹收群小,鼓扇声势,又笼有名者为羽翼,故虚誉日驰,而至参知政事。上自即位视群臣多矣,知仲淹无所有,厌之,而密试以策,观其所蕴。策进,果无所有。上笑曰:"老生常谈耳。"因喻令求出,遂为河东陕西宣抚使,因不复用。后为邓、青、杭三州,专务燕游,其政大可笑。自谓已作执政,又知上厌之,不复收群小,笼名士,故底里尽露也。仲淹微时甚贫,常结中吏人范仲尹为族弟。仲淹及第时,姓朱,自朱改范姓,遂与仲尹连名。为谏官,攻吕许公而得罪,仲尹又遭逐。仲尹自中书录事出,合为供奉,许公怒仲尹刺探事令仲淹知,故祗与三班借职,自此家破,囊大有赀蓄,已为仲淹取给尽矣。仲尹贫,仲淹略不抚其家。

但是,到了南宋时代,受到范仲淹政治评价的影响,这种评价也渐渐变得固定化。例如,在南宋李心传《建炎以来系年要录》卷一五四,绍兴十五年(1145)八月丙子的纪事中有样的记载:

> 上与大臣议事,因曰:"朕谓进用士大夫,一相之责也。一相既贤,则所荐皆贤矣。"杨愿曰:"陛下任相如此,盖得治道之要。"上因论史事,秦桧曰:"是非不明久矣。靖康之末,围城中失节者,相与作私史,反害正道。壬子之后,公肆挤排,不遗余力。然岂知人臣遭变,岂夫得已?"上曰:"卿是时独不推戴异姓,围城中人自然不容。"愿曰:"桧非独是时不肯雷同。宣和间,耿延禧为太学官,以其父在东宫,势倾一时,士皆靡然从之,以徼后福。独桧守正,虽延禧倾害,略不为之易节。"桧曰:"臣尝闻范仲淹与其友书云,致位某官,为渠作东宫官,不敢通书。惟圣主于忠义之臣,与夫失节之徒,灼然如此,诚立国之本也。"

上述对话表明,与范仲淹的政治立场迥然不同的秦桧,也对范仲淹作出了"忠义之臣"的评价。还有,在南宋淳熙四年(1177),在太学的孔子庙内进行祭祀的论点也被提出,这也是范

---

① 关于宋代的科举和其起源,见张希清《科举制度的定义与起源申论》,《河南大学学报》(社会科学版)2007年第5期。关于王安石的评价和宋代的皇帝、士大夫,见近藤一成《南宋初期の王安石评价について》,《东洋史研究》38-3,1979,京都;王瑞来《宋代の皇帝と士大夫政治》,汲古书院2001年,东京。

② 刘子健《范仲淹、梅尧臣与北宋政争中的士大夫》,《东方学》14,1958,东京。庄绰《鸡肋编》卷上《天下方俗所讳》。根据《文献通考》卷二一七《经籍考》,《碧云騢》不是梅尧臣的著作,而是魏泰的仿作。

仲淹的评价得到很大提高的一个具体事实。① 这得到具体决定的是朱熹的《名臣言行录》。范仲淹的事迹被收录在了前集的第七卷中,现在看到的批评并没有被记载。当然,这因为是官僚和士大夫的教科书,只记载善行嘉言是一定的。但是《名臣言行录》中,既有表扬的地方,也有对《朱子语类》中的内容严厉批判的地方。并且《朱子语类》卷一二九"本朝三"中对于范仲淹士大夫的风气做出了很高的评价,被称赞为"杰出之才"。范仲淹的次子范纯仁将父亲的墓碑上的污点消去的说法也是很有名的。② 朱熹对于范仲淹的评价也是在南宋时期得到固定化的说法是不夸张的。

潜说友也并不一定是朱熹血统的后继者,在前述的《吴郡建祠奉安文正公讲义》中有这样的记载:

> 考亭朱子论本朝人物,或叹其初,或议其小,独于公而称其杰出之才。其才而谓之杰出,则必有参天地之化,关盛衰之运者矣。盖公之于仁义,如饥渴之于饮食,须臾不置。其见于修身、齐家、处宗族、待闾里、居官行事、爱民利物,浩如也。此非富公所以道大特具者乎。我是以知公之德之立,皆仁义之所充拓。

可以看出他关于文正公祠建设,在《朱子语类》中也提到过。众所周知,范仲淹与宋学先驱胡瑗(安定)、孙复(明复)、石介(守道)都有过很深厚的交往,他们的学问通过二程等人传授给朱熹,并使他继承并得以发扬。③

并且范仲淹的次子范纯仁与司马光共同为旧法党的领袖,其政治立场受到朱熹等人即道学官僚等人的继承和发扬。在金朝侵犯华北的国情下,范仲淹在西夏战争中的功绩得到很高的评价,此评价由于南宋道学的普及和道学官僚的成长而得到固定。蒙古的抬头这一国情的变化与先后的范文正公的祠堂建设有着很大的关系,最终《宋史》中范仲淹的评价到了继承和发扬。而且,在南宋时代,地方政治受到重视,地方官员的业绩评价非常盛行。其中,范仲淹作为地方官也受到了很高的评价,因此他的祠堂被修建。以上就是对于范文正公的评价的变迁和范文正公祠堂设立的政治、社会背景的初步考察。

三、范文正公祠的祭祀

范文正公祭祀的特点,是与书院有着很深的关系。关于范文正公祭祀的内容,在先前提到的"建置祠堂"中有这样的记载:

> 其密迩学道书院,春秋二祀,郡守率其属亲莅;及遇月朔,则山长率诸生往拜焉。先择公之后贤者一人,为掌祠。若郡计稍舒,别图收教其子弟,并以附于书院。④

从中可以看出,春秋两祭中平江府太守带领所属官员前往祭祀。《洪武苏州府志》卷二十《学校·文正书院》中,就有记载祭祀期间郡守即知府率领众官员前往祭祀的内容。一般情况下,被官方公认的寺庙是祭典官员举行祭祀的场所,文正公的祭祀活动也与此相同。

---

① 《建炎以来朝野杂记》乙集卷四《元丰至嘉定宣圣配飨议》。
② 叶梦得《避暑录话》卷上,邵博《邵氏闻见录》卷二一,张邦基《墨庄漫录》卷八。
③ 《宋元学案》卷一一卷三。
④ 《范文正公褒贤集》卷二《建置祠堂平江府照会尚书省札》。

根据前面揭示的"建置祠堂",范文正公的祭祀因为距离学道书院很近,所以每月一日和十五日与书院的山长祠堂举行祭祀活动,如果财政上有富余的话,还将收教范氏子弟,让他们到学道书院读书。学道书院是修建于范氏义庄南面的书院,是在南宋咸淳五年(1269)由知府赵顺孙修建的。①

就像前面叙述的那样,先贤祠中的大多数都附建于学校或是书院,范文正公祠也是同样的。但是《范文正公文集》朝廷优崇"祠设教谕"中有这样的记载:

> 省府范文正公祠照会:本祠见阙训导小学教谕一员。今帖请李前职梦文充本祠教谕。请照应日下供职,具遵禀状申。
> 至元十三年闰月　日帖。
> 帖:
> 中书省札差充平江府儒学教授、兼学道书院山长、提督范祠袁
> 中书省札差充平江府儒学副教授、兼学道书院山长、提督范祠石②

表明范文正公祠是教育机关之一。上面的材料是元代初期书写的,根据材料可以看出范文正公祠设有教谕一名,其名为李梦文。平江府的学官同时也兼任了学道书院的山长和范文正公祠的提督,范文正公祠不仅仅是学道书院的附属,同时也担负了元代儒学教育的一部分。范文正公祠之后更名为"文正书院",这一职能在范文正公祠设立之时就已经具备。

当然祭祀活动也与学校和书院有关系。事实上,除了每月朔望之时书院的山长到此参拜之外,关于春秋祭祀的内容,第一节揭示的《吴郡建祠奉安文正公讲义》中提到了关于春秋二丁的祭祀活动,范文正公的祭祀活动是与书院和学校的释奠是同样的日期。众所周知,春秋二丁即阴历仲春、仲秋的上丁,这些日子从远古以来就是在学校祭祀先圣、先师的。祭祀的日子根据先圣先师的时代的不同而变迁,唐代以后春秋二丁日以孔子为先圣、颜回等为先师来制定祭祀的日期。《宋会要辑稿·礼》一六之一《释奠》中有这样的记载:

> 淳熙四年二月二十七日,户部侍郎兼详定一司敕令单夔言:"《绍兴祀令》文宣王(州县释奠同)为中祀,《乾道祀令》文宣王(州县释奠同)为大祀,所载不同。乞依绍兴七年十月已降指挥,春秋上丁释奠,至圣文宣王,在京为大祀,州县仍旧为中祀。"从之。

南宋时期这样的制度得到沿袭。③ 文宣王也就是孔子的封号。关于范文正公祠《范文正公褒贤集》卷四《文正范公祠记》([元]徐琰撰)中有这样的载:

> 至元壬辰,予奉命廉访浙西,莅吴中,是为文正公之乡。尊贤励俗,政所当先。既仰慕其余烈,奖进其后人,仲秋次丁,有司以故事告,将舍采于公祠,予肃然起敬,日至,当偕像吏拜祠下,与观盛典。是日成礼,访义庄,登岁寒堂,家园之碑,岿然独存。祠正在其左,门堂寝室,严整合度,盖宋郡守潜公说友所建。牲牢器币,则拨田以给之,俾公子孙世守而岁祠焉。荐奠仪文,皆当时所定。

仲秋次丁的日子,有司根据惯例,在范文正公祠举行舍菜的仪式。"舍菜"就是释奠的简化了

---

① 《洪武苏州府志》卷一二、卷四七《学道书院》。
② 《范文正公褒贤集》卷二《祠设教谕平江府中书省帖》。
③ 马端临《文献通考》卷四三、卷四四《祠祭褒赠先圣先师》。

的仪式,在入学等时期举行。这一史料是元代初期至元二十九年(1292)被书写的,荐祭和仪文还是当初的那样,可以认为范文正公的祭祀还是仿效当初的荐祭。就像现有的这样,范文正公祠的祭祀活动并不是上丁而是次丁日举行。在《范氏家乘》卷十八"祭法考"就是祭祀的一个例子。"每岁仲春、仲秋上丁,学宫从祀,次丁官祭专祠,家祭则定期两仲下丁。"

上丁日,在学宫即苏州学府的孔子庙内举行祭祀活动,来祭祀文正公;次丁日,举行专祠即祭祀文正公。提起释奠,就是上丁日在孔庙举行的祭祀活动,范文正公的祭祀活动于次丁日举行。从以上的活动可以看出,范文正公祠的祭祀活动就是在学校和书院附属的先贤祠举行的祭祀活动,可以认为这就是非常接近释奠祭祀活动。这是怎样运作的呢? 在文章的最后会具体说明。

四、范氏义庄与范文正公祠

到前一节为止,可以看出,范文正公祠是官设的祠堂,其运营费用是由潜说友拨给出的田产三百亩的租税收入,并且其祭祀活动有平江府的长官以及属官前来参加。但是,前面介绍的"建置祠堂"中关于"择公之后贤者一人为掌祠"的记载,在《洪武苏州府志》中,则有"大宗子孙世世代代为主"的记载,通常管理者是委任的范氏族人。并且根据《范氏家乘》卷十四《义泽记》,可以了解到因为潜说友拨给的三百亩田产作为义田包含在义庄之内,所以财政的运作也委任给了范氏族人。① 从这层意思上可以看出,范文正公祠其实是半官半民的祠堂。

关于祠堂的管理责任人,在《范氏家乘》卷十六《义庄岁记》咸淳十年(1274)中有这样的记载:

> 郡守潜公说友奏建文正公祠于义宅之东,为六十楹,拨田三顷,供春秋祀事。以士夔年次居长,充专祠主祭兼司计。义庄之有主奉,自此始。

此时族人范士夔为年长者,选为主奉,在祠堂掌主祭兼管会计的职务。《范氏家乘》卷四《宗子传》中收录有他的传记:

> 公讳士夔,字虞卿,文正公七世孙也。于右丞公为来孙。度宗咸淳十年甲戌,领平江府札付,充专祠主祭兼司计,是主奉之始。

可以看出,范士夔作为文正公的七世孙,从平江府得到了札付成为了主奉。札付就是官吏任命的文书的一种,祠堂的管理者被称为主奉。关于主奉,《范氏家乘》卷四《宗子传》的序文中有这样的记载:

> 宗子者何,主奉也。主奉何以名宗子,统族人,洁禋祀,宗道寓焉也。由合族公举,以升监簿之系居多,崇文正重义泽也。非贤能弗推,非衣冠弗任。春秋有事专庙,族有贵显者,弗敢逾凛乎宗子之遗意也。

主奉被称为宗子,率领一族,掌管祭祀的一切活动。范文正公为宋朝的名臣也是范氏的始祖。如在前面提到的《范氏家乘》中祭祀的例子那样,在范文正公祠的祭祀活动中,除了官祭也有家祭即将范文正公作为祖先来祭祀的活动。组织家祭就是宗子作为主奉的作用。并且

---

① 《范氏家乘》卷一四《义泽记》义田总数;宋度宗咸淳十年,郡守潜说友奏拨祭田三百亩。

主奉根据合族的公举被选出,他就可以作为范氏家族的代表。①

但是,在前面揭示的《义庄岁记》可以看到"义庄之有主奉,自此始",主奉是在范文正公祠建成的时候才开始设置的官职。范士夒的传记中也有这样的记载:"是主奉之始",可以看出在此之前范氏家族中是没有"主奉"这一职务的。他是在族内大范围被选出的,同时还掌管了义庄出纳的职务。但是随着主奉这一职务的设置,掌庄就从此被取消,义庄的管理运营也由主奉来担任。这是为什么呢?那就来考察一下义庄运营和主奉设置的关系吧。

就像上面叙述的那样,义庄就是将田产(义田)收入分配给族人的体制,当时的运营状况并不是非常的良好。在南宋中期,《范氏家乘》卷五《贤裔传·宋赠朝议大夫次卿公传》中有这样的记载:

> 公讳良遂,字次卿,赠通议大夫公武第三子也。……大修天平功德寺,奉祖宗香火,聚族数千指。公虑给与不继,置田租五百余石,名小庄,补义庄之乏。……子三,长持家,官训武郎。理宗端平初岁歉,义租不足于给,乃与仲弟达家备米若干石,助给众者一月。

可以看出,范氏子孙已经膨胀到了数百人,对于他们来说义庄米是远远不够的。此时族人范良遂增置田产五百亩。但就是这样,因为当时饥荒很多,义庄的米还是不足。在这样的情况下,范良遂的长子等人于理宗端平元年(1234)对义庄米进行了援助。

但是在义庄中出现了不勤劳工作的人,义米的发放也受到停滞。在《范氏家乘》卷十六《义庄岁记》淳祐十一年(1251)纪事中有这样的记载:"是年士廉以生放为由,通同佃甲犯规侵米,斥退。"朝请房出身的掌庄范士廉以用义米放高利贷给同伙的名义,私吞义米。因为这件事被发觉,所以范士廉不得不辞去长年担任的掌庄这一职务。还是根据《义庄岁记》,从景定元年(1260)到范文正公祠建成的咸淳十年(1274)的十五年间,就连掌庄的选举都没进行,处于非常混乱的局面,义庄面临崩溃。②

就在这样的情况下,潜说友提出设立义庄,将掌庄的职务由新的主奉来代替。他的这一行为对范氏有着怎样的影响,不得而知,但是可以肯定,范文正公祠的建立对于范氏一族的重振起到了很大的作用。也就是说,潜说友提出建置范文正公祠是对面临崩溃的范氏义庄起到了重建的作用,同时也起到了保持社会安定的作用。这样看来,范文正公祠的建置不仅仅是对于范氏家族,同时也是对南宋地方社会起到重要规划作用的重大事件。

结　语

以上通过四个章节对文正公祠的祭祀和运营进行了考察。最后,通过和其他的祠堂进行比较,再对范文正公祠的特点做一些概括。

范文正公祠的第一个特征就是,受到中央政府非常强的影响。这一特征在其他的先贤祠和乡贤祠上也可以发现,但是范文正公祠从设立到祭祀活动都与中央政治有着极大的关系。当然这与范文正公自身在西夏战争中是战绩辉煌的政治家有关,也可以说是道学派官

---

① 远藤隆俊《范氏義荘の諸位、掌管人、文正位について》,《集刊东洋学》60,1988年,仙台。
② 远藤隆俊《宋末元初の范氏について:江南士人層の一類型》,《歷史》74,1990年,仙台;远藤隆俊《宋代蘇州の范氏義荘について》,宋代史研究会《宋代の知識人》,汲古書院1993年,东京。

僚的祖型。这样看来,范文正公祠就像太学孔子庙那样,是与单纯的地方性的乡贤祠和先贤祠是有所不同的。

范文正公祠的第二个特征就是,祠堂的运营是由范文正公的子孙来负责的。像这样的例子并不少见,本文中的学道书院也是言偃的子孙来管理的。但是范文正公的祠堂与义庄一样都是宗族管理的一个环节,这是与一般的乡贤祠和先贤祠有着性质上的区别。这与曲阜的孔子庙是有相似之处的,范文正公祠的主奉就是孔子的子孙衍圣公。也就是说,对于范氏家族来说,范文正公祠就是像宗祠一样,是宗族结合的象征。这的确是官建祠堂,也就是正宗的范氏祠堂。[①] 到了明代,像这样的专祠转变为宗祠的例子是很常见的。可以说,范文正公祠也是其中的一种类型。

至于范文正公祠在此之后是怎样变迁和发展的?这些问题在本文中并没有详细的介绍。对于西夏战争包括对范仲淹的评价以及庆历改革有着什么样的意义等问题,也都没有介绍到。这些都将作为今后研究的课题,本文在此收笔。

---

① 除了文正公祠以外,苏州范氏还有岁寒堂等祠堂。参考拙稿《宋代宗族的坟墓与祠堂》。

略述范仲淹的体病及其生活与养生

王明荪

一、前 言

范仲淹为北宋名臣,在历史上有多方面的表现而受到重视。其一,在政治上为变法改革、抵御西夏。其二,在教育上为倡师道、重兴学。其三,在学术上为弘儒学、重经术。其四,在社会上为创义庄、敬宗收族。其五,在文学上为开古文风气之先,并有词章文学传世。这些方面研讨者已甚多,不再分别说明。但毕竟仲淹及其时代所涉层面广,应仍有可发覆探微之处,若有新史料或由新角度来观察,当宜有可探讨之论题及发现。笔者于读书之际,记得仲淹幼孤贫而身体多病,然其后历任要职,责重事剧之余,尚能得六十四之中寿,故对其体病与生活等有所兴趣,因草此短文,大略陈述之。

二、范仲淹的体病

范仲淹在四十三岁时移官至陈州(今河南淮阳)通判,曾上疏乞将磨勘转官恩泽移赠考妣,疏中说出其自幼即多病:

> 窃念臣襁褓之中,已丁何怙,鞠养在母,慈爱过人。恤臣幼孤,悯臣多病,夜扣星象,食断荤茹。①

仲淹身世,论者皆知,二岁而孤,母改嫁长山朱氏,因以改姓为朱,名说,少年时在长白山醴泉寺僧舍读书,后往南都郡学就读,历经苦读后而考中进士。② 是以少年时孤贫,体弱多病当与此有关。关于仲淹的体病,在《宋史》仲淹传记中仅说:"以疾,请邓州",以及"初,仲淹病,帝(仁宗)常遣使赐药存问",③是仁宗皇帝对大臣的关切,也说明仲淹身体的疾病并非日常生活疏失偶患之小病。然则仲淹到底有哪种体病? 可略作考察。

仲淹体病的纪录约当其四十六岁左右,仁宗景祐元年(1034)出守睦州(今浙江建德东)时,道经桐庐有诗《出守桐庐道中十绝》,④其诗中二首的第一首言:

---

① 参见《范文正公文集》《范仲淹全集》,南京:凤凰出版社 2004 年,以下简称《全集》卷十九《求追赠考妣状》,第 380 页。
② 参见楼钥《范文正公年谱》(以下简称《年谱》),前序传略。《全集》,第 713 页。另见《宋史》卷三一四《范仲淹传》,北京:中华书局 1977 年,第 10267 页。
③ 见《宋史》卷三一四《范仲淹传》,第 10275 页。
④ 参见《年谱》。《全集》,第 728 页。

　　　　分符江外去，人笑似骚人。不道鲈鱼美，还堪养病身。

第二首诗言：

　　　　有病甘长废，无机苦直言。江山藏拙好，何敢望天阍。①

诗中已说到有病之身，但未说明到底是何病？二年后，仲淹落职知饶州（今江西波阳）时，曾有昏倒之症，以后的几年在陕西边区抵御西夏时间为多，直至庆历三年（1043），仲淹五十五岁时，入京为参知政事，并主持著名的"庆历变法"，推行改革的新政。仲淹知饶州时年四十八岁，以后的六、七年间时有体病的现象，据其自言说：

　　　　窃念臣前在饶州日，因学行气，而有差失，遽得眩转之疾，对宾客忽倒，不知人事，寻医救得退。自后久坐则头运，多务则心烦。昨在延安，数曾发动。……赴任耀州，以炎热之期，历涉山险，旧疾遂作，近日颇加。头目昏沉，食物减少，举动无力，勉强稍难。见于永兴军诸医官看治次。其本州公事，权交割通判发遣。②

此段自道病况，是景祐三年（1036）四十八岁知饶州，康定元年（1040）五十二岁任陕西都转运使及陕西经略安抚副使、兼知延州（今陕西延安），庆历元年（1041）五十三岁为户部员外郎、龙图阁直学士、知耀州（今陕西耀县），③这三个时期的体病情形。在饶州时曾有诗句："每疏歌酒缘多病"、"人间祸福何须道，塞上衰翁也自知"，④自说多病与自喻衰翁，是接续此前的体病抑或是因"行气"差失后所导致？仲淹学行气不当，"遽得眩转之疾"，在宾客之前突然昏倒，显然相当严重。

行气出于道家气一元论的生命本原之说，以气为生命构成之基础，故欲延年益寿则须激发此本原，遂产生行气、导引等说法。行气指吐纳、服气、胎息、调息等，从《庄子》的"吐故纳新"，到葛洪的力倡行气，已完成道、医的融合及行气在中医学上的特色与地位。⑤创立及发展导引行气的养生术正是道医的重要成就之一，也是纳入中医体系中的部分。早在马王堆汉墓中有《却谷食气》、《十问》帛书，即记述呼吸调息以食气的方法，导引与行气往往互相配合。自魏晋南北朝至于唐宋以后，道家书及医书颇有谈论行气之说，成为养生、除病、长生的普遍认知。⑥著名的《黄帝内经》中记载：

　　　　黄帝曰：余受九针于夫子，而私览于诸方，或有导引、行气、乔摩、灸熨、刺焫、饮药之一者，可独守耶？将尽行之乎？⑦

据明人张隐庵的批注说病传是"邪"从皮毛而发于腠理，再入于经脉，再传留于五脏。"如邪入于藏（脏），不可以致生"，因病体不同而施以不同的治疗去病之法，如"邪入于中（五脏）者，

---

① 诗句可见于《范文正公文集》（以下简称《文集》）卷五。《全集》，第83页。
② 见《文集》卷十六《乞小郡表》，《全集》，第349、350页。
③ 参见《年谱》。《全集》，第730至739页。
④ 见《范文正公鄱阳遗事录》，《郡斋》诗，《全集》，第851页。
⑤ 参见薛公忱主编《论中国儒道佛》，《论道家的生命观》，北京：中医古籍出版社1999年，第279、280页。
⑥ 参见前注书，《论道医》，第235至237页。以气的修炼法存道家诸书记载甚多，如张君房《云笈七签》卷五八至六二有详细且较多的记载，北京：华夏出版社1996年。在宋代的张杲《医说》卷九《养生修养调摄》载有多条关于练气之事，可见宋代医书中已视练气等道家之说为医学之理，台北：商务印书馆影印四库全书本。
⑦ 《灵枢》"病体第四十二"，收于《黄帝内经素问灵枢合编》，台北：台联国风1982年，第276页。

宣导引、行气以出之"。马元台的批注说："病有不同，故治之亦异也。"① 即因不同之人、不同之病而有各种治疗法，如导引、行气、乔摩、灸熨等等，而各种疗治法也都有其要领及专门的方法。这些自有其专业的学习及训练，且任何一种方法及理论都颇为繁复与讲究。

仲淹"因学行气"，其为自学或学于何人？学习之情形等，因未见记载而不能得知。行气是为养生而去学习？抑或是自觉身体不适而欲学习以健身、治疗？也都无法得知。到庆历二年，仲淹五十四岁时，为请辞邠州（今陕西彬县）观察使，又言及身体之病痛说：

> 况臣懦尪之质，宿患风眩，近加疾毒，复多鼻衄，肤发衰变，精力减竭。②

除去前面说到的体病现象是眩转、头晕、头目昏沉等，加上这里所说的"宿患风眩"，大体情况相同，就是头晕眼花，重者如乘舟车，甚至突然昏倒。中医对于导致眩晕现象指出有多种情形，如风火上扰、阴虚阳亢、心脾血虚、中气不足、肾精不足、痰渴中阻等。③ 至于致病的原因则有情志所伤、饮食所伤、失血、疲劳过度等，但以虚者居其八、九，伤脾而痰浊中阻亦能造成晕眩。④ 笔者因不谙医学，无法多加讨论，同样地，鼻衄有风寒欲解、风热壅肺、胃热、胃中虚火、肝火犯肺、气血两虚等多种症候，⑤ 笔者亦无法推断仲淹宿患风眩，又以"疾毒"而多有鼻孔出血的现象是何种原因？其时仲淹描述自身已是"肤发衰变，精力减竭"，因病而衰老之象，前一年则已是"头目昏沉，食物减少，举动无力"，风眩影响食欲，而食少也导致体虚乏力。

仲淹的体病还不止是"宿患风眩"，在《与石曼卿》书信中说因"朋友来欢，积饮伤肺"，⑥ 饮酒过量而伤及肺。在《与孙元规》书信中说"肺疾未愈，赖此幽栖"，因肺疾而养病。⑦ 在《与滕子京》书信中说"某肺疾尚留，酒量大减，水边林下，略能清吟"，⑧ 以肺疾未愈之故，而饮酒量小。肺病又是仲淹常提及的体病，而疾苦的状况，是在庆历五年（1045）仲淹改知邓州（今河南邓州），时年五十七岁时所说：

> 臣以患肺久深，每秋必发，求去沍寒之地，以就便安之所，庶近医药，存养晚年。⑨

可知肺疾已是多年之患，且是"每秋必发"，受秋天凉寒之气则必发作，因此要求离开西北寒冷之地。肺疾发病应已有多年。又在同年改知邓州的陈乞表上说："臣则宿患肺疾，每至秋冬发动"，看来应是多年患有的疾病。为方便就医，故而又说："察臣之多病，许从善地，就访良医"，企望在河中府、同州（今陕西大荔）或京西襄（今湖北襄樊）、邓之间得知州之任。⑩ 旋即受命往就知邓州，此即《宋史》所载"以疾请邓州"。⑪

---

① 参见前注书，明人张隐庵、马元台之批注，第276页。
② 参见《年谱》，《全集》，第740页。其言见于《让观察使第三表》，《全集》，第359页。
③ 参见邓铁涛《中医诊断学》，北京：人民卫生出版社1995年，第640页。
④ 参见张伯臾《中医内科学》，北京：人民卫生出版社1996年，第439至447页。
⑤ 参见邓铁涛《中医诊断学》，第618页。
⑥ 见《范文正公尺牍》（以下简称《尺牍》）卷下，《全集》，第623页。
⑦ 见《尺牍》卷下，《全集》，第624页。
⑧ 见《尺牍》卷下，《全集》，第625页。滕子京（宗谅）死于庆历七年，见《范文正公文集》卷十一《祭同年滕待制文》，《全集》，第240页。时仲淹年六十，知邓州，于书信中言"肺病尚留"，故知此前即染肺疾。
⑨ 见《年谱》及《文集》卷十八《邓州上谢表》，《全集》，第749、371页。
⑩ 见《文集》卷二十《陈乞邓州状》，《全集》，第396页。
⑪ 见《宋史》卷三一四《范仲淹传》，第10275页。

仲淹体病与肺疾有关的资料大约都在六十岁稍前几年,罢参政而出守西北时。又言咳嗽恐与肺疾有关。书信中说:

> 某到忻、代病嗽,医药过凉,伤及下脏,淋痔并作,日夜苦楚,于今稍间而未止。①

咳嗽病变主脏在肺,又与肝、脾、肾有关,因肺体清虚,不耐寒热,而肺主气,其气又贯百脉而通他脏,受不得外来脏腑病气。肝脉布于两胁而上注于肺,若肝郁化火,气火上逆犯肺而生咳。脾则为肺之母,所谓"手太阴肺经起于中焦,下络大肠,还循胃口"。胃主纳气,为气之根,若肺病及肾,肾虚气逆犯肺,即生咳、喘。故张景岳说:"咳症虽多,无非肺病。"②肺病的病因、病机复杂,与咳嗽、淋、痔一样并不单纯,简略的描述实无法下诊断病,而笔者也无医学的能力来进一步分析。据前文中仲淹重复提及其肺病每至秋冬则发,又"病嗽",仍无法指出是肺气失宣、肺失清润、痰湿热、肝火、肺阴亏、气虚等等,但不知何以会用"医药过凉"致"伤及下脏"?结果发生"淋、痔并作"。淋病的五淋或七淋中,不知仲淹所犯为何种?大概是隋代巢元方所说的"由肾虚而膀胱热也"导致,如过服寒凉会致脾肾两虚,混浊不去,则有"劳淋"之患。③ "痔"当指痔漏之病,痔久成漏,二者不同而有相关。痔又有内、外之痔,其病因是素积湿热、过食炙煿、酒色过度、外感六淫、内伤情志、久坐远行,至于阴阳失调,腑脏本虚而气血亏损。④ 以仲淹而言,似因治肺疾而"医药过凉","伤及下脏"而生淋、痔,其间的关系像是用药不妥而导致,然笔者却无法多加说明。

皇祐元年(1049),仲淹知杭州,时年六十一。在杭州约两年,仍有患病的纪录,"余杭酷热,多在江楼。因病月余,以故久不奏记"。⑤ 病患恐是旧疾,往日在西北燥寒之地易发病,而后到杭州湿热之处也易发病,似体病不易控制。在杭州是仲淹去世前三年余,到皇祐三年,调知青州(今山东益都),病情似已不轻,当时年已六十三,而青州的状况是岁饥物贵、流民待济,又有寇盗之患,可说是事繁任重。⑥ 因病而加以事繁,仲淹遂请求调任颍州(今安徽阜阳)或亳州(今安徽亳州)之地。其上书中说:

> 今守东齐,方面亦重,救灾御寇,敢不尽心。而年高气衰,日增疾恶,去冬以来,顿成羸老,精神减耗,形体尪弱,事多遗忘,力不支持。……自臣抱病,勾管不前,上无分宵旰之忧,下无以逃尸素之诮。⑦

由前一年冬在杭州时的身体状况,到青州事务繁剧,又有腹疾之病,⑧则更加深年老体衰之

---

① 见《尺牍》卷上《与朱氏》。《全集》,第602页。书信所言时间不明,疑当在任知杭州时。书信中言:"吾仁青春,已在馆殿,三五年间,必有异恩,于一第不足忧,此必然之说。"言其子范纯仁,任职馆殿,据《宋史》卷三一四《范纯仁传》,载纯仁因仲淹而荫补为太常寺太祝,于皇祐元年(1049)中进士,见10281页。此即所言"已在馆殿","于一第不足为忧"。仲淹于皇祐元年调任知杭州,见《年谱》,《全集》,第751页。
② 参见张伯臾《中医内科学》,第67页。
③ 参见张伯臾《中医内科学》,第520至528页。
④ 参见邓铁涛《中医诊断学》,第598页。
⑤ 仲淹知杭州,参见《年谱》,《全集》,第751页。患病事见《尺牍》卷中《与韩魏公》,《全集》,第614页。
⑥ 参见《年谱》,《全集》,第753页。青州之事繁任重,见《尺牍》卷中,《全集》,第616页。
⑦ 见《文集》卷二十《陈乞颍亳一郡状》,《全集》,第400、401页。
⑧ 仲淹在青州又患腹疾,见《尺牍》卷中,《全集》,第616页。书信给韩琦,书言:"某顿首再拜观文侍郎,……明公拜命,初以贤辅留滞,不敢修贺,先벮荣问,复稽裁判,为安抚提转相继而来。复又腹疾作,遂成懒慢。"韩琦拜命,系指皇祐三年加观文殿学士再任知定州,见李焘《续资治通鉴长编》卷一七一,"仁宗皇祐三年",第4104页。故知此书信当作于皇祐三年,时仲淹在青州。腹疾又可参见《知府大卿》书,言"累患腹肚",《尺牍》卷下,《全集》,页631。

情,恐不堪重任而无力处事,故请求调任。朝廷亦悯其年老多病,于次年徙之往颍州,当时即抱病上道,①然则于五月途经徐州而去世,享年六十四。②

三、生活与养生

范仲淹四十八岁时曾因学行气而有差失,往后疾病就医药,但似仍未放弃以行气治疗,大约在五十七岁知邓州后,"亦依旧行气不废,且遗疾耳"。③仲淹体病至少达时五年以上,而以行气调治体病恐亦随伴其病而终;对行气的认知与笃信体行系来自于传授或自学? 恐难以得知。行气是道家养生之道,纳入医学后亦成为日常养生以及治疾疗伤之法。仲淹略通医理,稍知医药养生,故清人陆以湉说历代宰相通医理者,自伊尹而后,仅唐代狄仁杰、陆贽及宋代范仲淹,至近代言历代医家,也列入狄、陆、范三人。④据宋人吴曾所言仲淹曾欲为良医,其记事云:

> 范文正公微时,常诣灵祠求祷,曰:"他时得相位乎?"不许。复祷之曰:"不然,愿为良医?"亦不许。既而叹曰:"夫不能利泽生民,非大丈夫平生之志。"他日,有人谓公曰:"大丈夫之志于相,理则当然,良医之技,君何愿焉? 无乃失于卑也?"公曰:"嗟呼! 岂为是哉!? 古人有云:常善救人,故无弃人;常善救物,故无弃物。且大丈夫之于学也,固欲遇神圣之君,得行其道,思天下匹夫匹妇有不被其泽者,若已推而内之沟中,能及小大之生民者,固惟相为然。既不可得矣,夫能行救人利物之心者,莫如良医。果能为良医也,上以疗君亲之疾,下以救贫民之厄,中以保身长年,在下而能及小大生民者,舍夫良医,则未之有也。"⑤

此段纪录虽出于小说笔记,但亦有参考之处,以仲淹之抱负胸怀,是存有大丈夫泽被天下、利救生民之志。为相已见其功业;而欲为良医,不免学习医理。仲淹对医学是有些学习,但未见到关于医学方面的专门论著,言及医学知识大多散见于书信之中,虽是生活日常中的谈论,但仍可看出其医学知识。

在医理方面与生活养生之道有关,仲淹在给其三哥仲温之书信中说身心与饮食的关系云:

> 缘三哥此病因被二婿烦恼,遂成咽塞,更多酒伤着脾胃,复可吃食,致此吐逆。今既病深,又忧家及顾儿女,转更生气,何由得安? 但请思之,千古圣贤不能免死,不能管后事,一身从无中来,却归无中去,谁是亲疏? 谁能主宰? 既心气渐顺,五脏亦和,药方有效,食方有味也。只如安乐人,忽有忧事,便吃食不下,何况久病,更忧生死,更忧身后,乃在大怖中,饮食安可得下? 请宽心,将息,将息!⑥

---

① 参见《尺牍》卷中,《全集》,页617。言"病中捧书"、"扶病上道"。
② 参见《年谱》,《全集》,第755页。《长编》载:"资政殿学士、户部侍郎范仲淹,以疾求颍州,诏自青州徙,行至徐州,卒。"见卷一七二,"仁宗皇祐四年",第4146页。
③ 见《尺牍》卷上《与朱氏》,《全集》,第602页。
④ 参见陆以湉《冷庐医话》,收于曹炳章《中国医学大成》,长沙:岳麓书社1994年,第六册,第763页。何时稀《中国历代医家传录》,北京:人民卫生出版社1991年,第三册,第9页。
⑤ 见吴曾《能改斋漫录》,台北:木铎出版社1983年,卷十三《记事》"文正公愿为良医"条,第381页。
⑥ 见《尺牍》卷上《与中舍》,《全集》,第589、590页。

信末还附言:"今送关都官服火丹砂并橘皮散去,切宜服之服之。"仲温因家事烦恼而患疾,至于饮食受到影响,故劝其宽心,毋须执溺于忧烦与身后事等,又以圣人皆不能免死、管身后事,人是由无中生来,也必将归于无中去,既无能主宰,也无可奈何,不如逍遥自在地生活。以这些劝说为前提,是要其看透人生,如此心气顺、五脏和,药食才皆能有效。仲淹书信中既言人生之理,也是养生的医理。饮食对身体病恶之人有其须注意之处,故又在给仲温三哥的信中叮咛须调节饮食,因脾脏恶湿,不得吃湿面、少羹汤,而宜食焦、蒸饼、软饭,又以道家所言宜食轻干物以益脾脏。仲温忧烦家事,因思虑伤脾,运化功能不健,食欲则不振,脾伤而津液运化无权,除产生内湿外,又可能凝聚为痰、为饮,病症中的呕吐、呃逆、泄泻等都与脾胃之疾有关。脾脏喜燥恶湿,因之于日常生活饮食中宜配合辅助以健脾,至于道家书所言即为养生之饮食原则,实已纳入于中医的理论体系中。

在生活中言及有防疫的方法,如水灾人疫恐生感染,仲淹提示用术置于井中或水瓮浸泡,作为日用生活饮水,可以辟瘟。① 据《神农本草经》所载,术为生于山谷之草,又名山蓟,"味苦温,主风寒湿痹,死肌痉疸,止汗除热",若作煎饵久食,可以轻身,且"延年不饥"。② 术草有苍、白术之别,大体多以白术通用;术草浸水以辟瘟或是民俗之法。又说浸术于水则要用竹篮吊浸,不宜沉入水中泡浸,又是讲究之处。仲淹用灸养生治病亦有记载,要其兄仲温在气海穴灸三百壮(粒)则可益于身,而仲淹本人也曾"某在南阳,灸得五百,至今得力"。③ 仲淹于五十七岁时改知邓州,此即所说的在南阳时,已患风眩、肺病之疾多年,因用灸治而有功效,故将此法提供其兄仲温,又再叮咛"须是多灸,仍服好药,方可图安",④灸气海穴大约是益气为主。养生的医理,仲淹不只与家人兄弟言,也与至交之友韩琦论说:

> 人之生也,分天地之气,不调则其气不平,气不平则疾作,此理之必然矣。今人于十二时中,寝食之外,皆徇外事,无一时调气治身,安得而不为疾也?请那十日功,看《素问》一遍,则知人之生可贵也,气须甚平也。和自此养,疾自此去。……宜少服药,专于惜气养和,此大概养生之说也。道书云:积气成真,是也。为节慎、补气、咽津之术可行之,余皆迂怪。贪慕神仙,心未灰而意必乱,宜无信矣!⑤

仲淹此说重在调气,正与其学行气有关,使气能平和,否则"气不平则疾作";少服药,是指病疾全靠药服,未必得宜,应习气养和,此则为养生之说,以道家"积气成真"即补气、咽津之术;至于道家其他关于气的修炼都属怪诞之论,至于神仙之说则更不可信,看来仲淹对道家说法是有所取舍。仲淹还推崇《素问》,以为是言大道类《三坟》之书,且以为其精妙之处非一般医者所能言。所说即日常生活中宜以调(行)气为养生之道,调气则是以道家的节慎、补气、咽津之术。节慎当指七情六欲的节制与谨慎,补气、咽津为行气的重要方法,如道书《行真先生服内元气诀》中所言的"服气"程序,补气、咽津是由丹田气海中升上的元气,吞服后再以意领

---

① 参见《尺牍》卷上《与中舍》,《全集》,第591页。
② 见吴普(等)述、孙星衍(等)辑、曹炳章圈点《神农本草经》卷一《上经》,收于《中国医学大成》二,长沙:岳麓书社,第8页。
③ 见《尺牍》卷上《与中舍》,《全集》,第591页。
④ 见《尺牍》卷上《与中舍》,《全集》,第592页。
⑤ 见《尺牍》卷中《与韩魏公》,《全集》,第607、608页。

气,沿任、督二脉运转,此即为行气。① 仲淹之行气大体不出于此,也因之如前文所言,主张在气海穴行灸,是为助气之通达。"积气成真"可以养生延命,以至于修炼为仙,不过,仲淹不信也不求神仙,而止于养生。

对医理与医方的了解自可呈现出仲淹对医学的认知,除上所述外,在覆尹洙《问医帖》的信中,虽言及"目疾",但仍旧强调"须惜真气以补之",对于目疾,以为不可急治,"急则伤之也",要渐治渐退以愈,而若食补药不可性热,热则损目,宜用温和性补药。又于信中言及师鲁(尹洙)所要求的药与醋,对于醋说"大热损眼",饮食宜淡,若不能,要用水和之而食,可"庶减毒力"。② 醋有多种,入药常用,以其"谷气全也",③醋与酒皆有助添药势的功能。对于儿科,仲淹也有了解,但不知药方及病情的内容,是仲淹本身所开付之药?抑或如何?未有具体的答案。④ 对于牙疾,仲淹有药方,韩琦因牙痛不已,仲淹去信提出用好的硫磺末来揩涂,疼痛即止,又恐是风壅疾,则用搜风药可治。⑤ 硫磺,味酸温热,主治下元虚冷、寒泄、脾胃虚、坚筋骨、治头秃、疽痔癣、疥等,在药用上是损益兼具,似未见用之于治牙疾。⑥ 其用之于揩牙止痛,或恐是偏方。风壅用"搜风药",不知是否即"定风汤"?此剂治风热牙疼,喜寒恶热,以辛温药材散风,以咸寒药材驱热。⑦ 仲淹在给尹洙的信中言:"合得花蛇散,空心可日一服,甚有功。恐疑之,和方寄上。"此药剂不明,而寄出的药方也未见,当与尹洙得病而赠药有关。⑧

仲淹通医理、知药方,除本人用于养生与治疾外,亦用之于亲朋好友,但具体资料甚少,且记述不够完备,所得未多。仲淹并非医者,未必多能治疾疗病,如其子纯佑得病,也须"不住请医人调理,心闷可知"。⑨ 故朝廷欲差往之荆南府,仲淹上表求依旧知邓州,说:"而又子有疾恙,日常忧虞,复困道途,仍远医药",⑩可知求医治病是为主要的做法,个人的医学知识仍是有所局限,未敢轻易自己看诊治病。

仲淹幼孤贫,读书长白山时生活清苦,以划粥断齑度日,入南都学社,"其起居饮食,人所不堪,而公(仲淹)自刻益苦",尚犹"往往饘粥不充,日昃始食"。⑪ 青少年时清贫刻苦的生活习惯,养成其后俭约朴素的日常生活。三十八岁时仲淹母丧,家境仍清贫,"终身非宾客食不重肉",然仲淹"临财好施,意豁如也,及退而观其私,妻子仅给衣食"。⑫ 家庭生活清简,至仲

---

① 参见苏振兴《略论道家气功学的产生与发展》,收于中国中医药学会等编《中国道家医学文化研究》,合肥:黄山书社1997年,第303至307页。
② 参见《范文正公逸文》,《问医帖》,《全集》,第705页。此逸文出自岳珂《宝真斋法书赞》卷九。
③ 见寇宗奭《本草衍义》卷二十。收于《中国医学大成》二,第94页下。
④ 参见《尺牍》卷下《与睢阳戚寺丞》,《全集》,第630页。
⑤ 参见《尺牍》卷中《与韩魏公》,《全集》,第607页。
⑥ 见吴普(等)述、孙星衍(等)辑、曹炳章圈点《神农本草经》卷二《中经》,第23页。见寇宗奭《本草衍义》卷五,第59页。
⑦ 参见吴鹤皋《医方志》卷五《口齿舌疾门第六十四》,收于《中国医学大成》二,第623页。所用辛温药材为牙皂角、荆芥、葱白,所用咸寒药材为白石膏、朴硝。
⑧ 见《尺牍》卷下《与尹师鲁》,《全集》,第641页。尹洙得病不明,据《宋史》载尹洙任监均州(今湖北均县)时感疾,见《宋史》卷二九五《尹洙传》,第9837页。仲淹在给韩琦信中有所叙述,其时仲淹在知邓州任上,参见《尺牍》卷中《与韩魏公》,《全集》,第604、605页。
⑨ 见《尺牍》卷上《与朱氏》,《全集》,第599页。
⑩ 见《文集》卷十八《谢依所乞就知邓州表》,《全集》,第371页。
⑪ 见《年谱》,《全集》,第716页。
⑫ 见欧阳修《资政殿学士户部侍郎文正范公神道碑铭》,《全集》,第939页。

淹显贵时,生活仍如贫贱时,以至于"家人不识富贵之乐"。① 生活简约却能安贫乐道,前文曾举出仲淹在家书中劝三哥要"放心逍遥,任委来往",又说:"平生之称,当见大节,不必窃论曲直,取小名招大悔矣!"并言及个人经验是:"老夫屡经风波,惟能忍穷,故得免祸","凡见利处便须思患"。② 忍穷是由平生生活养成,持守大节而不沾小名,是清心节行之志。再由仲淹的名篇《岳阳楼记》见其"先忧后乐"之志节,此毋须赘言可知。"乐道自适"应是仲淹一生的生活秉持,所谓"须是以道自乐,荣利无穷,千古困人",③此即说于生也有涯而求无涯荣利,若不能以道自乐,实是千古困人之心患。于交游友朋间常以此相勉,困顿苦厄时,"惟君子为能乐道,正在此日矣!"④"安仁乐道"为誉高明,"砥砺名节"为副知己。⑤ 因能持节立志,故于生活中不难自乐、自得,如其出守睦州时,山水风光与琴诗之会,"其为郡之乐,有如此者"。⑥ 其他诗琴茶酒之会,山川自然之美,僧道逸士之友,书画金石之赏等等,是仲淹除公务外最主要的生活情趣与兴致,实在也是中国士大夫传统之生活的一面。⑦ 生活有雅兴情趣,当能自乐自得,仲淹说:

> 而水石琴书,日有雅味,时得佳客,相与咏歌。古人谓道可自乐者,今始信然。⑧

道可自乐者在此。日常领会自得自乐,在居处之间是:

> 端居萧索,惟道可依,日扣圣门,所得多矣!某此去南阳,亦且读书。涉道贵深,退即自乐,非升沉之可摇也。⑨

因能持节守志,生活中心有主宰,当"非升沉可摇",及遭贬落职时,"当时满朝见怒,惟责己乐道,未始动怀"。⑩ 仲淹的自乐不止在日常生活情趣的自得中,也在于仕宦生活的名节守道之中。

生命在仲淹看来"一身从无中来,却归无中去,谁是亲疏?谁能主宰?"⑪自然肉体的生命归诸于天命所成,甚至生命中之穷达祸福,道之行否臧显,往往亦有难知之天命,"欲一问于苍天,天杳杳而谁穷?"⑫"叔宝多病兮,一朝已而;颜子不寿兮,厥灵何之?神茫茫兮安问?天杳杳兮曷司?"⑬因祸福不测,夭寿难之,仲淹不免说出"死生惟命,幸无伤轸"之句。⑭ 而对

---

① 见富弼《范文正公仲淹墓志铭》,《全集》,第 949 页。
② 见《尺牍》卷上《与朱氏》,《全集》,第 600 页。
③ 见《尺牍》卷下《与工部同年》,《全集》,第 633 页
④ 见《尺牍》卷下《与季寺丞》,《全集》,第 641 页。
⑤ 见《尺牍》卷中《与韩魏公》,《全集》,第 614、616 页。
⑥ 见《尺牍》卷下《与晏尚书》,《全集》,第 619、620 页。
⑦ 关于范仲淹之生活之趣,在其文学作品如诗、词、散文中屡屡能见,如其《萧洒桐庐郡十绝》,吟唱山水闲情,自得之乐的十首诗,参见《文集》,页 84。其他生活参见程光裕《范仲淹对桑梓的贡献及其生活情趣》,《宋史研究集》,台北:编译馆 1993 年,第二十二辑,第 177 至 205 页。
⑧ 见《尺牍》卷下《与王狀元》,《全集》,第 622 页。
⑨ 见《尺牍》卷下《与田元均》,《全集》,第 640 页。
⑩ 见《尺牍》卷下《与仲仪待制》,《全集》,第 638 页。
⑪ 见《尺牍》卷上《与中舍》,《全集》,第 589、590 页。
⑫ 见《文集》卷十一《祭蔡侍郎文》,《全集》,第 235、236 页。
⑬ 见《文集》卷十一《祭陕府王待制》,《全集》,第 240 页。
⑭ 见《尺牍》卷中《与韩魏公》,《全集》,第 608 页。

于好友尹洙病危临终之际,表现略无忧戚,叹说:"庄老释氏齐死生之说,师鲁尽得之,奇异奇异!"① 是对生死的明透达观始能至于此,除服膺齐生死之说外,又何以对待人事、天命之复杂变化? 仲淹说:

> 然人事多端,天假手于人尔。奉忧之心,公必悉之,其如参差,无以为力,奈何奈何? 穷达荣辱,人事分别,至终岂复异哉? 惟信道养性,浩然大同,斯为得矣!②

执守其道而养生,心存浩然之气而能函容万物等齐自得。故而又说:"养生俟死,此其志也。"这是仲淹罢政后,体病恶疾屡作,不欲任繁剧之职差,因而"即有丘园之请,以全苦节"。③

仲淹"乐道自适"的另一说法不妨是"信道养性",其"道"也应是"先忧后乐"之抱负与胸怀,如仲淹曾作《四民诗》,对社会中士、农、工、商各阶层都有其关怀,尤以身为士人是"道从仁义广,名由忠孝全",由此根本出发来复兴大道,评议士人之弊是"学者忽其本,仕者浮于职。节义为空言,功名思苟得"。④ 由此即可知仲淹之"道"乃落实于儒家仁义忠孝之道,也即是士大夫之本分;若守本分、知天命,应即可"乐道自适"矣!

仲淹有一阕词《剔银镫》,读来颇有意思,多少可反反映对人生某些观点与情怀。词句如下:

> 昨夜因看蜀志,笑曹操、孙权、刘备,
> 用尽机关,徒劳心力,只得三分天地。
> 屈指细寻思,争如共刘伶一醉。
>
> 人事都无百岁,少痴呆,老成尪悴。
> 只有中间,些子少年,忍把浮名牵系。
> 一品与千金,问白发如何回避。⑤

四、结 语

在前言中已说及范仲淹的功业与贡献有多方面表现,因之对其了解也应由多方面着手;本文所论不过为一小部分。仲淹历任边防要职,对当时西北国防、战守之策有重要的贡献及历史地位,亦曾主政中央,施行变法改革,虽变法未成,但展现宋代士大夫从政之积极精神与理想抱负的实践。以这两方面而言,都是任务繁重、事情急剧的工作,极耗精神及体力,这也都影响到仲淹的身体之疾。但若从其自幼孤贫出身,又在求学时生活清苦之极来看,恐以至于营养不良,早即造成对身体健康的影响。在入仕为官之后,家庭生活简朴之至,有如清贫,似乎太过于刻苦;然其却不吝于周济,乐善好施,正可见其人格与胸怀的特色。

仲淹约在近五十岁时即有体病的纪录,往后至去世十余年间经常抱病,主要的体病是风

---

① 见《尺牍》卷中《与韩魏公》,《全集》,第605页。
② 见《尺牍》卷下《与知郡职方》,《全集》,第634页。
③ 见《尺牍》卷下《与翰长学士》,《全集》,第635页。
④ 见《文集》卷二《四民诗》。《全集》,第26至28页。
⑤ 见《范文正公逸文》,《与欧阳公席上分题》,《全集》,第681页。

眩、肺疾，间有鼻衄、腹疾、淋、痔等，因有宿疾发作，也有因行气、用药欠妥而引起。仲淹有医学知识，对医理、药物略有所知，亦知养生之理，尤其长年以行气养生。这些医学养生的知识对于仲淹的体病能起何种作用？由于具体且完整的数据未见，如同其体病一样，尚不能有稍多的分析，而笔者的医学所知也无能多作论析，故仅能就史料所载稍加说明而已。但笔者以为仲淹自幼体质本差，日常生活又较清苦，加之重责剧事，都对身体健康有所影响，若非仲淹能乐道自适，胸怀高远，又略通医学，知行气养生，其得寿恐怕还要少些。

宋代官员子弟的家学、姻亲及师友
——以范纯仁为例

游 彪 赵海梅

范仲淹是宋代甚至是整个中国古代都颇具影响的历史人物,官至参知政事,一生交游极广。他以功业名于世,学术上也颇有成就。他精通六经,对《易经》和《春秋》造诣尤为深厚。北宋诸多杰出人士都得益于他的诱导和栽培。不论是其身后主盟北宋文坛的欧阳修、王安石、曾巩等人,还是被誉为北宋五子之一的张载等,无不从学于他。范仲淹一生在各地任职时,延师兴学,培育了不少人才。对一些出身贫寒的中下层人士,也多有提拔。这些人或在学术上颇多建树,或在政坛上叱咤风云。而其子范纯仁出生时,范仲淹39岁,步入仕途十余年,正辗转于各地为官,出生在这样一个官僚家庭里,范纯仁自幼接触到的都是当时一些名士和统治阶级中的中上层人士。这对范纯仁本身的成长、学问德业及至仕途都有深刻的影响。本文拟从其师友、姻亲关系方面来探析范纯仁所处的社会关系网络,以期能更真实地探讨其成长历程与当时社会之间的关系。

一、家 学

范纯仁是北宋名臣范仲淹之次子,生于宋仁宗天圣五年(1027),以父荫补太常寺太祝。自幼勤奋好学,22岁即中皇祐元年(1049)进士,可谓少年得志,成为范仲淹诸子中唯一经过殿试而取得进士出身的。范纯仁恪守孝道,直至范仲淹去世方入仕途为官。初知汝州襄城、开封府襄邑县。英宗治平年间擢殿中侍御史,迁侍御史,"数言人所难言,及争濮王事,引谊据经,语斥大臣尤切,由是名震天下"。[①] 神宗初年为同知谏院,修起居注,因反对王安石变法被罢,外任地方官,直至哲宗元祐元年(1086)才被召回朝。此后,随着"元祐更化"和"绍圣绍述"的推进,朝中所谓的旧党与新党轮番执政,范纯仁的命运亦随之跌宕起伏,两次任相,又两度被罢,但他一直在努力维持着动荡中的政局,致力于消弭纷乱的党争,虽屡遭新党打击迫害而不怨恨报复。于宋徽宗建中靖国元年(1101)正月逝世,享年75岁。

作为庆历名臣范仲淹之子,范纯仁秉承家学,忠直济世。范仲淹恪守"无怨恶于一人"的处世交友原则,这对范纯仁一生影响极大,塑造了他宽广的处世胸怀和特立独行的人格。他为人宽厚正直,有仁者之风,以"厚德"闻名于世。曾肇称其"性夷易宽简,勿以声色加人,及谊所在,则挺然不少屈。诚心好善,不为忮克。尝曰:'吾平生所学,得之忠恕二字而已。'由是,所至人归其仁而惮其正。历事四世,始终无闲言。自为布衣,以至宰相,廉俭恭逊,不少

---

① 《名臣碑传琬琰集》卷一一,曾肇《范忠宣公纯仁世济忠直之碑》。

加损"。① "忠恕"乃是儒家待人接物最为重要的原则之一,可知范纯仁对儒家思想是有其独到理解的,且是以实际行动加以践行的。《宋史·范纯仁传》也沿用了此种说法,其评价应该是客观而公允的。王偁评价道:"纯仁忠厚仁恕,宰平天下,不澄不挠,人莫能窥其际,而其爱君忧国之心,凛然有仲淹之风。"②"世言文正公三子,各得其父一体。长子忠宣得其德量,次子纯礼彝叟得其文学,德孺得其将略也"。③ 观范纯仁一生言行,确如上述评论。在此试举两例加以说明。

其一,《二程遗书》记载:

> 范公尧夫之宽大也。昔予过成都,公时摄帅。有言公于朝者,朝廷遣中使降香峨眉,实察之也。公一日访予,款语,予问曰:"闻中使在此,公何暇也?"公曰:"不尔则拘束。"已而中使果怒,以鞭伤传言者耳。属官喜谓公曰:"此一事足以塞其谤,请闻于朝。"公既不折言者之为非,又不奏中使之过也,其量如此。④

程颢过成都时,范纯仁因反对王安石变法被贬成都府路转运使,"以新法不便,戒州县未得遽行"。⑤ 显而易见,范纯仁是要刻意抵制新法的推行,王安石由此大怒,遂伺机打击范纯仁,"因谗者遣使欲捃摭私事"。⑥ 王安石此举固然不够磊落,他利用御史的指控,派人秘密搜集持不同政见者的材料。"御史薛昌朝言,成都府路自监司以下,饮宴过多,无复忌惮。诏提点刑狱薛繗、李元瑜密体量以闻"。⑦ 但此次倾陷因证据不足而"不能得",而被派去按察范纯仁的使者却以他事鞭伤了传言者,这正是堵塞毁谤的好机会,因此属官奏请闻于朝,然而范纯仁却既不奏使者之过,也不折言者之非。由此事可以看出范纯仁的宽宏大量和仁者风范。

此外,《邵氏闻见录》中记载的另一件事更可以看出范纯仁的德行操守:

> 公帅庆阳时,为总管种诂无辜讼于朝。上遣御史按治,诂停任,公亦罢帅。至公再兼枢密副使,诂尚停任,复荐为永兴军路钤辖,又荐知隰州。公每自咎曰:"先人与种氏上世有契义,某不肖,为其子孙所讼,宁论事之曲直哉!"呜呼,可谓以德抱怨者也。⑧

邵伯温记述的种诂讼范纯仁一事,《宋史》亦有记载,范纯仁亦以此事黜知信阳军。然而,他并没有因此忌恨种诂,睚眦必报,反而在自己担任了高官后提拔了他,还主动检讨自己,其高风亮节于此可见一斑。范纯仁不仅自己宽以待人,还经常告诫子弟要常"以责人之心责己,恕己之心恕人"。⑨ 从处理与种诂之间的恩怨这件事来看,他也是以这种道德原则来严格要求自己的。

直言敢谏、刚直不阿,是范纯仁的另一个品德风格,连司马光都称自己"直不如范纯仁"。⑩ 毕仲游在《祭范忠宣公文》中写道:"方公之未用也,志于仁而好义,人但知其为文正

---

① 《名臣碑传琬琰集》卷一一,曾肇《范忠宣公纯仁世济忠直之碑》。
② 王称《东都事略》卷五九下《范纯仁传》。
③ 徐度《却扫编》卷下。按:范文正公有四子,长子纯祐早亡,《却扫编》将纯仁视为长子,显然为误。
④ 《二程遗书》卷二一。
⑤ 《宋史》卷三一四《范纯仁传》。
⑥ 《宋史》卷三一四《范纯仁传》。
⑦ 李焘《续资治通鉴长编》(以下称《长编》)卷二一八,熙宁三年十二月甲子。
⑧ 邵伯温《邵氏闻见录》卷一五。
⑨ 《宋史》卷三一四《范纯仁传》。
⑩ 邵伯温《邵氏闻见录》卷一一。

之子。及公之既用也,奉其道以进退,人又以为房、魏之流。故每居言路,而举朝想见其议论。"①可见,范纯仁的勇于直谏在当时是颇有口碑的。治平年间,在"濮议之争"中,他与韩琦、欧阳修意见相左,此二人与范仲淹有着深厚私交,且韩、范两家有世交之情,但范纯仁不徇私情,依然直言进谏,虽家居待罪,仍然不改初衷。元祐年间,当朝廷以诗治蔡确之罪时,范纯仁不顾风险,直言上书,极力反对,当时朝中台谏势力嚣张,在大臣多不敢言的情况下,范纯仁此举实属难得,也足见其不畏权要、刚直不阿之精神。观其一生言行,可谓"有砥名励行之志,有面折廷诤之风"。②

在生活上,范纯仁以俭为德,以奢为戒,曾作《布衾铭》以自勉。"藜藿之甘,绨布之温。名教之乐,德义之尊。求之孔易,享之常安。绮秀之奢,膏粱之珍。权宠之盛,利欲之繁。苦难其得,危辱旋臻。取易舍难,去危就安。至愚且知,士宁不然。颜乐箪食,万世师模。纣居琼台,死为独夫。君子以俭为德,小人以侈丧躯。然则斯衾之陋,其可忽诸?"③这篇铭文深为司马光所看重,他恭恭敬敬地抄写在自己的衾头之上,时时告诫自己。

由此可见,尽管范纯仁生于官宦之家,但却没有染上纨绔子弟的种种不良习气。相反,他不仅从其父范仲淹身上继承了学问,"先生既承文正公之家学",④从而使自己具备了扎实而深厚的学术功底,而且还学到了乃父为人处世之道,这为他未来的仕途发展奠定了坚实的基础。因此,可以肯定地说,范纯仁的从政之路与他从小受到的家庭教育是密切相关的,也从一个侧面反映出范仲淹对其子弟要求是极为严格的。这种潜在而无形的影响是其他科举出身者所无法得到的,也是宋代有家学渊源的官宦子弟最为重要的政治资本之一。

二、师 友

有宋一代,大儒辈出。在庆历新政掀起高潮之际,新儒学复兴运动也蓬勃兴起。在范仲淹周围团结着如李觏、欧阳修等知识分子,虽然他们的思想、主张并不完全相同,有的以外王为主,提倡经世致用,也有的以内圣为主,讲求心性修养。⑤ 然而,不同思想的碰撞、交汇、融合,为宋代士大夫的成长及学识修养的提高提供了一个良好的文化环境,范纯仁自然也不例外。"仲淹门下多贤士,如胡瑗、孙复、石介、李觏之徒,纯仁皆与从游"。⑥ 可以说,这些人都是一代儒学宗师,其中胡瑗、孙复、石介,是宋学的奠基者,儒学功底深厚,世谓之"宋初三先生"。而李觏又是宋代杰出的思想家,范纯仁以他们为师友,一生受益颇多。

胡瑗、孙复、石介在经学上都取得了很大成就,在教育方面也做出了巨大贡献。其中对范纯仁影响最深的当属胡瑗。胡瑗字翼之,泰州海陵人,学者尊之为安定先生,是北宋著名的教育家、思想家,与范仲淹关系密切。年轻时与孙复、石介"同读书泰山,攻苦食淡,终夜不寝"。⑦ 十年苦读,学有所成后,胡瑗开始在苏州一带讲学。时范仲淹任职苏州,十分欣赏胡

---

① 毕仲游《西台集》卷一七。
② 《范忠宣集附录·复以观文殿大学士加正议大夫出知颖昌府诰》。
③ 《范忠宣集》卷一〇《布衾铭》。
④ 《宋元学案》卷三《高平学案》。
⑤ 方健《范仲淹评传》,南京大学出版社 2001 年,第 364 页。
⑥ 《宋史》卷三一四《范纯仁传》。
⑦ 朱熹《五朝名臣言行录》卷一〇之二。

瑗的才识。景祐二年(1035),范仲淹奏请创建苏州州学,聘请胡瑗担任州学教授,并令诸子从学。范纯仁此时尚幼,但也与其兄纯祐一起拜胡瑗为师,入州学学习。宝元三年(1040),胡瑗应范仲淹同年好友滕宗谅之请,主持湖州州学。一时四方之士,云集受业。① 其在湖州之学,弟子去来常数百人,各以其经传相传授,其教学之法最备。行之数年,东南之士莫不以仁义礼乐为学。② 庆历四年(1044)春,太学建成,范仲淹推荐胡瑗及李觏教授太学。③ 从皇祐四年(1052)起,胡瑗便为国子监直讲,任职于太学。嘉祐元年(1056),胡瑗被任命为太子中允、天章阁侍讲,仍"管勾太学"。④ "后为太学,四方归之,庠舍不能容,旁拓步军居以广之"。⑤ 由此可见,胡瑗任国子监直讲以后,太学盛况空前。

胡瑗一生以其出色的教育理论和实践著称于世。他的教育方法是经义与时务并重,以期培养出既精通儒学经典,又能在实践中运用的人才。马端临的《文献通考》对此曾经作过高度评价:

> 安定先生胡瑗自庆历中教学于苏湖间二十余年,束修弟子前后以数千计。是时方尚辞赋,独湖学以经义及时务。学中故有经义斋、治事斋。经义斋者,择疏通有器局者居之;治事斋者,人各治一事,又兼一事,如边防、水利之类。故天下谓湖学多秀彦,其出而筮仕,往往取高第,及为政,多适于世用,若老于吏事者,由讲习有素也。⑥

这种分斋教学的制度,培养了一批学有专长的人才。如长于经义之学的孙觉、顾临、倪天隐等,长于文艺的钱藻、滕元发等,长于军事的苗授、卢秉等,及长于水利的刘彝等人。范纯仁本身也受益于此,以长于政事而名。熙宁二年(1069),神宗召对刘彝,上曰:"其(胡瑗)门人今在朝者为谁?"对曰:"若钱藻之渊笃,孙觉之纯明,范纯仁之直温,钱公辅之简谅,皆陛下之所知也。"⑦可知范纯仁亦被纳入了胡瑗门生之列,深受其道德文章之熏陶和影响。

胡瑗在苏、湖执教期间,对学生要求很严格,规定了师生之间的礼节,并注意言传身教,自己也常常"以身先之,虽大暑,必公服终日以见诸生,设师弟子之礼。解经至有要义,恳恳为诸生言其所以治己而后治乎人者"。⑧ 严师出高徒,胡瑗的学徒上千人,"日月刮劘,皆传经义,必以理胜。信其师说,敦尚行实"。⑨ 范纯仁自幼师从胡瑗,在其严格的教育下,读书十分刻苦,"昼夜肄业,至夜分不寝,置灯帐中,帐顶如墨色"。⑩ 正是通过这种艰辛的努力,成就了他扎实的学问功底,为其日后考取功名奠定了坚实的基础。

孙复,字明复,四次参加科举均不第,遂隐居泰山,聚徒讲学,世称"泰山先生"。孙复毕生从事学术研究和教育工作,年轻时受过范仲淹的接济和赏识,后任国子监直讲。他"经术精通,能发圣蕴",著有《春秋尊王发微》、《春秋总论》、《易说》六十四篇等,治经颇有心得,其

---

① 谈钥《嘉泰吴兴志》卷一一《学校》。
② 欧阳修《欧阳修全集》卷二五《胡先生墓表》。
③ 《范文正公政府奏议》卷下《奏为荐胡瑗、李觏充学官》:"胡瑗志穷坟典,力行礼仪,……(伏望)升之太学,可为师法。"
④ 《长编》卷一八四,嘉祐元年十二月乙卯。
⑤ 蔡襄《端明集》卷三七《太常博士致仕胡君墓志》。
⑥ 《文献通考》卷四六《学校考》。
⑦ 朱熹《五朝名臣言行录》卷一〇之二据李廌书,《朱子全书》第12册。
⑧ 蔡襄《端明集》卷三七《太常博士致仕胡君墓志》。
⑨ 蔡襄《端明集》卷三七《太常博士致仕胡君墓志》。
⑩ 《宋史》卷三一四《范纯仁传》。

治经的能力和水平甚至超过了胡瑗,"(胡)瑗治经不如(孙)复"。① 他对传统遵循的《诗》、《书》、《春秋》、《易》等的传、注大胆提出质疑,开宋代"疑经"学术风气之先。他的学术思想与范仲淹有颇多相同之处,一生的关键时刻曾多次受到范仲淹的帮助和推荐,与仲淹也多有书信往来。在这一过程中,范纯仁自然会耳濡目染,受到其父亲的影响,直接或是间接地汲取孙复学术的营养成分。

李觏,字泰伯,曾创建盱江书院,并讲学于此,故学者称之为"盱江先生"。他家境贫寒,但博学通识,一生胸怀"康国济民"之志,以生民休戚、天下兴衰为己任,通过对儒经的探索,在政治、经济、军事上提出了变法革新、理财富国、术强图变的主张。他一生著述甚丰,但都是为了极陈世弊,医国救民,以补于世,是一位面向社会实际,与时代息息相关的思想家。其忧国忧民、变革政治的思想与范仲淹是一致的,二人可谓志同道合。范仲淹年长他20岁,但对其思想学术、人品才华非常欣赏,多次加以擢拔。在润、越、杭任知州时,屡欲招其入掌州学,不仅屡次引荐于朝,而且又介绍其与胡瑗等名士相识。嘉祐四年(1059),胡瑗因病请假归乡,由李觏接任太学教授之职。同年八月,卒于家中。

李觏在中年之后,长期从事教育工作,门人子弟甚多。由于精通经史,道德纯正,孜孜以求,诲人不倦,因此受到诸生的尊敬和爱戴。其道德学问,为世人楷模。据《直讲李先生门人录》载,其有名的弟子38人,但不见范纯仁的名字。《宋元学案》在记载范纯仁与李觏之间的关系时这样写道:"时胡安定瑗与孙泰山复、石徂徕介、李盱江觏,皆客文正公门,先生从之学。(梓材案:楼攻媿《序忠宣文集》云:'盖公天资诚确,笃志学问,承文正公之亲传,博之以泰山孙明复、徂徕石守道、盱江李泰伯三先生师友之益,发为文辞,根柢《六经》,切于论事,无有长语,而一出于正。'据此,则孙、石、李三先生之于忠宣,皆在师友之间,殆泰山与安定为其师,而徂徕、盱江特其友与?)"② 王梓材的推测是很有可能的,范纯仁自幼从师胡瑗,世皆以其为胡瑗子弟,这从前引材料刘彝与宋神宗的对话即可看出。但孙、石、李都与范仲淹交往,其中李觏29岁与范仲淹相识,是范仲淹在经学上的知交,二人保持了长达十余年的友谊和交情,是深受范仲淹器重的青年学者,与范仲淹相知深厚。他们与范仲淹的交往,集中在范纯仁的青少年时期,从小耳闻目睹这些名士的风范,以其为师友,使范纯仁一生受益无穷。

李觏与范纯仁交往的情景,史籍中不见记载,范纯仁是个持重老成之人,他没有吸收李觏的变法图强的改革思想。但李觏关于人才的思想还是影响到了范纯仁。在选材标准上,李觏指出:"人莫不有才,才莫不可用。才取其长,用当其官,则天下之士皆吾臂指也。"③ 人用其才,取其所长,得其所宜,因才使用,有能者举之。同时,选才任人,不论贵贱,而要看贤否,即使出身贵贱,只要是贤才就要进之。人的贤否也要听其言,观其行,以事功取人,以效实用人。对此,范纯仁继承并进一步发展了这种思想。他认为:"知人之难,宜察以事。……取人之道,不可不广,故于九德,各取所长。"④ 这与李觏的观点是一致的。他还说:"人材难得,宜随事有用,则缓急无以应手。七年之病,求三年之艾,非储之以待,则如病者何? 故雅以人才为己任,每有荐引,必先公议。而及其至也,内举有所不避;其不可,则人君所主亦必

---

① 《宋史》卷四三二《孙复传》。
② 《宋元学案》卷三。
③ 《李觏集》卷二二《庆历民言·精课》。
④ 《范忠宣集》卷九《进尚书解·皋陶谟》。

争。"①在他任尚书右仆射时,欲奏举彭汝砺,彭汝砺乃范仲淹的门生,治平二年(1065)进士第一人,时宣仁太后垂帘,疑其有任人唯亲之嫌,于是告诫范纯仁道:"或以谓卿必先引用王觌、彭汝砺,卿宜与吕大防一心。"公谢曰:"此二人实有士望,臣亦知之,臣终不敢保位蔽贤,更望陛下加察。"②并且进一步在奏章中指出:"盖用得其人,则不惟朝廷尊严,亦可使天下士风知所趋向。"③

无论是胡瑗、孙复、石介,还是李觏,这些人都是博学通识的一代鸿儒,他们对儒学思想有深透把握而又能通经致用。鸿儒的最高境界是致广大而尽精微,极高明而道中庸,④故此,他们有一种不离现实而又超越现实的宏观视野。他们治经,如胡瑗之《易》与《洪范》、孙复之于《春秋》、李觏之于《周官》,皆务大体,发新义,不规矩于训诂章句,眼光开放,兴趣横逸,视野宽广。同时,他们治学又不脱离实际,能把握时代的脉动,对国家对社会现实有着很强的忧患意识和经世致用的精神。范纯仁与之游,一生的学问德业无不受此影响。观其奏议,文章多引《易经》、《尚书》、《诗经》等,他常常告诫子弟:"六经,圣人之事也。知一字则行一字,要须'造次颠沛必于是',则所谓'有为者亦若是'尔。"⑤及至为政,他也继承了宋儒能议政、好议论之精神,有强烈的责任感和针对性,直言极谏,不避权势;抨击时弊,不遗余力。

胡瑗他们以经义教授诸生,修己明道,倡明义理,主张以心性义理探索内心世界,加强自我修养功夫,以完善人格,服务于社会。范纯仁从小受此熏陶,故能做到修身正己,以厚德名于世。他又将此进一步运用到政治领域中,扩大其影响。从他所作《进尚书解》中我们可以清楚地看到。《进尚书解》三十章,其中以劝诫君主修德的篇章居多。修身明德乃可以正天下,"人君不修身,则百姓不信其命令。故须先修身,使己之德信于天下,则民从而化之,乃为明主"。⑥"人君又当修德,使正人好于我家,然后人陶善化,而下无罪辜"。⑦"君有明德,则良臣获进;君道烦细,则万事堕惰"。⑧从这些可以看出,当时儒学的复兴的大环境和师从一代儒宗的教育背景,使得范纯仁不但精通儒经,而且学以致用,颇有其师的真传。"而又得安定、泰山之传,其学以忠信为体,六经为功。至其事君,一以正心诚意,格其非心,劝其仁爱万民,毋开边衅"。⑨作为范仲淹的儿子,范纯仁的学问德业有着深厚的家学渊源,除此之外,从师于名儒,以名儒为友,为其成长提供了一个多元化的充满思想活力的空间,潜在地影响了范纯仁的一生。这是其他非官僚阶层子弟无法拥有的巨大优势,也是其父范仲淹为其子孙创造了有利条件的结果。本文限于篇幅,只好省略对范纯仁的朋辈的勾勒。

三、姻 亲

姻亲关系是一种复杂的、多元的社会关系,其与政治相关联,便会对个人、家族的命运乃

---

① 朱熹《三朝名臣言行录》卷一一之一《丞相范忠宣公》。
② 朱熹《三朝名臣言行录》卷一一之一《丞相范忠宣公》。
③ 《范忠宣集·奏议》卷下《奏举彭汝砺》。
④ 赖功欧《一代通儒李觏论》,《抚州师专学报》,2002年第4期。
⑤ 《宋史》卷三一四《范纯仁传》。
⑥ 《范忠宣集》卷九《进尚书解·太甲中》。
⑦ 《范忠宣集》卷九《进尚书解·洪范》。
⑧ 《范忠宣集》卷九《进尚书解·益稷》。
⑨ 《宋元学案》卷三《高平学案》。

至国家政治产生深远的影响。在古代中国,士族之间的婚姻多带有政治色彩,且交错复杂,形成一个庞大的姻亲网络,身处其间的个体的仕途、命运都与之息息相关。

范纯仁家族原来并非大族,只是到了范仲淹这一代时才发展到高峰。范仲淹以贫寒起家,通过科举进入仕途。他没有可以依靠的显赫的家世,但他以独特的人格魅力和卓越的才华很快在政坛上崭露头角,并成为北宋中期历史上颇有影响力的人物,在他在世的时候已经建构起一个稳定而广泛的人际网络,这为范纯仁日后的仕宦生涯提供了一种无形的资本和保障。

就姻亲关系来说,范仲淹发妻李氏是太宗时参知政事李昌龄的侄女,仲淹岳父李昌龄之弟李昌言另有二女分别嫁给了郑戬、骆与京,则仲淹与郑戬为连襟。而李夫人之弟李禹卿则为曾巩之岳父,李夫人之侄女婿分别为王陶、滕甫(后以字元发为名,更字达道)。① 范仲淹另有两位堂连襟阎照、孔宁极,阎照之子充国又娶范仲淹之甥女王氏,继娶李禹卿之女,则与曾巩又为连襟。② 范仲淹官至参知政事,三十多年的仕宦生涯中,他与来自各个阶层的士人都有来往,社会关系极其广阔。其姻亲中既有出身寒门的士人,像阎照、孔宁极,亦有政界名臣,如郑戬、李纮,③ 又有文学大家,如被誉为"唐宋八大家"之一的曾巩。

同时,范仲淹又注重与世家望族联姻,与晁、韩二族结为姻亲。范仲淹第四子范纯粹是晁仲参的女婿,晁仲参为晁迥之孙。范仲淹的第三子范纯礼是韩琦三哥韩琉的女婿,另外,范纯礼的女儿又嫁给了韩琦二哥韩琚的孙子韩跂(继室)。④ 晁氏一族与韩琦家族都是两宋三百年间著名的世家望族,范氏家族与之联姻,对于来自中下层地主阶级的他们来说,也是发展家族和维系家族势力的重要手段,即藉相互通婚来构筑一个庞大的姻亲网络,以便为家族的持久不衰提供内部活力和外部靠山。

因此,范仲淹诸子均官至显位,范纯礼官至尚书右丞,范纯仁两度任相,论其成就、影响均不及其父,但是官位却高过其父,其中原因,除了范纯仁本身的才学和努力外,与范仲淹在世时构筑起的人际关系网络是密不可分的。

婚姻是维系门第、谋求发展的一种手段,是攀附高门或维持现有地位的重要方式。北宋时,门阀政治彻底解体,门第观念也逐渐淡薄,在科举选官制度基础上形成的官僚政治体制,不再注重个人的阀阅家史。因此,士族之间的婚姻已经不问阀阅,但为了家族地位的维持和发展仍然十分注重门第,以便在朝廷中形成姻缘与政治相结合的集团势力,从而维护这些家族既得的和潜在的政治经济利益。士族之间婚姻的门当户对在范纯仁的姻亲关系中也体现得非常明显。

范纯仁妻王氏是王质长女,而王质又是北宋真宗朝名相王旦的侄子。范纯仁的第三女嫁给了司马光的侄子司马宏,⑤ 因此,范纯仁与司马光又是姻亲。另外,范纯仁与韩宗道也是姻亲,⑥ 韩宗道是韩亿的孙子,韩亿一族也是两宋有名的望族,堪与晁氏、韩琦家族相媲

---

① 《曾巩集》卷四五《永安县君李氏墓志铭》;《能改斋漫录》卷一八《李氏之门女多贵》。《琬琰集删存》卷二范镇《王尚书陶墓志铭》;《苏轼文集》卷一五《滕公墓志铭》。
② 《范忠宣集》卷一四《阎君墓志铭》:"初,光禄(充国父阎照赠官)与先文正公、郑文肃公、孔宁极先生实为友婿,世称李氏多贤婿云。""君(充国)三娶皆名族:王氏,我先文正公之甥,李氏,从舅司农少卿禹卿之女。"
③ 李纮乃李夫人之从兄,亦北宋名臣,大中祥符元年(1008)进士及第,历监察御史而为殿中侍御史。
④ 赵鼎臣《竹隐畸士集》卷一八《韩至之墓志铭》。
⑤ 《名臣碑传琬琰集》卷一一,曾肇《范忠宣公纯仁世济忠直之碑》。
⑥ 《长编》卷四〇九,元祐三年四月庚寅:"范纯仁以韩宗道,孙固以文彦博亲嫌为言。"

美。韩亿子孙众多,姻亲繁盛,韩氏家族在当时颇有影响力。李清臣说:"忠宪公益贵,遂占第太庙之通衢。而门族之盛,为天下冠。在朝廷评其德;在士大夫语其学;在公卿之后论其世,咸多韩氏。"① 南宋的洪适也有这样的评价:"韩氏自忠宪公以进士起家,在仁宗朝参大政,其称甚崇。赠太师讳亿,有子八人,达者半。"② 由此可知韩氏家族势力之大。

由此不难看出,从范仲淹到范纯仁,范氏家族的姻亲关系走向呈现出一种向上层统治集团发展的趋势,其姻亲家庭的政治地位和实力越来越强大。从另一方面来说,这种不断壮大的婚姻网,与范氏家族在当时的社会地位和影响是息息相关的。由于范仲淹的势力不断壮大,范家在当时社会成为望族,其本身的政治影响力也在逐渐加强,因此,依附于它的婚姻关系网才会得以向上蔓延和扩展。姻亲关系与政治相结合,归根到底也要为支撑它存在的政治利益服务。范纯仁与这些名家望族结亲对他的仕宦生涯多少有提携和帮助的作用,也便利了其人际关系网的拓展。神宗时期,范纯仁因反对王安石变法被外放任地方官,元祐元年(1086)司马光执政之后,便向宣仁太后推荐了范纯仁。不久,范纯仁自知庆州被召回朝,"召为右谏议大夫,以亲嫌辞,改天章阁待制兼侍讲,除给事中"。③ 在范纯仁晚年,他曾动情地对自己的儿子说:"吾用君实(司马光字)荐,以至宰相。"④ 此语道出了姻亲关系之于范纯仁的重要性。

同时,名族互相为婚,对于北宋政治和社会也会产生重大的影响。范氏家族在范纯仁时已经十分显赫,晁氏、二韩氏均是其姻亲,这些世家望族姻亲繁盛,集结了一大批政治名人和权贵要人,形成庞大的姻亲网络,他们结成一体来参政、议政、持政,在一定程度上削弱了皇权的专制统治,形成了宋代帝王"与士大夫共治天下"的新的政治格局,使宋代出现了相对宽松的政治社会环境。但另一方面,士族姻亲关系盘根错节,也会带来负面的影响,他们在官场上结党营私,互为奥援,往往是不利于社会稳定的。

范纯仁与之结亲的韩亿一族就因势力太盛,引起某些官员的反弹,被苏辙批评为"势家"。《续资治通鉴长编》卷四五三载:

> 本朝势家,莫如韩氏之盛。子弟姻娅布满中外。朝之要官,多其亲党者。昔韩维为门下侍郎,专欲进用诸子及其姻家。陛下觉其专恣,即加斥逐。其后宰相范纯仁秉政,亦专附益韩氏。由此阿私之声,达与圣听。今纯仁罢去未几,而傅尧俞任中书侍郎。尧俞与韩缜通婚,而素与纯仁亲厚,遂擢其弟纯礼自外任权刑部侍郎。曾未数月,复擢补给事中。……惟务成就诸韩。近日韩宗道自权户部侍郎迁试刑部。……出守青州。人言沸腾,徐乃依旧。其他韩氏亲戚,度越众人,与优便差遣者,盖未易一二数也。是以外议纷然,复言谢景温、杜纯、杜纮皆韩氏亲家,尧俞、纯礼窃相私议,欲相继进此二人。⑤

韩氏姻亲众多,这些姻家之间又存在着错综复杂的关系,他们在官场上互相提拔,使得姻亲关系网中的成员的仕途升迁能以各式各样的"理由"顺利进行,这无形中会影响到不在这个关系网中的其他士人的利益,遭到他们的反对,成为朝中政局不稳的重要潜在因素。刘安世

---

① 《名臣碑传琬琰集》卷四一,李清臣《韩太保惟忠墓表》。
② 洪适《盘洲文集》卷七五,《韩承议(黯)墓志铭》。
③ 《宋史》卷三一四《范纯仁传》。
④ 《宋史》卷三一四《范纯仁传》。
⑤ 《长编》卷四五三,元祐五年十二月壬子。

任职台谏时就对这种姻家之间互相提携的现象进行猛烈抨击,范纯仁也在被抨击之列。在其拜相之初,"即用其姻家韩宗道为户部侍郎,妻族王古为右司员外郎"。① 这种一人得道姻亲升天的政治现象从某种程度说是一种常态,在专制社会无论如何是难以根除的。毕竟,用关系亲近的"自己人"总比其他关系的官员要放心得多。

婚姻关系是社会关系的显著标记,尤其对活跃在政坛上的名族士人来说,姻亲关系网是其政治生命中不可或缺的一部分,它牵动着个人、家族群体乃至整个国家政局的脉搏。从范纯仁的姻亲关系中,不仅可以观察其个人仕途的轨迹,还可触摸到他所在时代的政治脉搏的跃动。

四、结 语

从上世纪到目前为止,海内外学者对范仲淹的研究颇多,有关范仲淹的政治、思想、军事、教育、文学等方面的研究成果更是不胜枚举。然而人们似乎很少关注范氏家族另一位颇有影响力的人物——范纯仁。他生活于北宋中后期,宋哲宗元祐年间曾两度为相,在北宋后期的政治舞台上有着重要的地位和影响。他从政近五十年,正是北宋政治动荡的年代,王安石变法革新与司马光废法复制的过程,构成了这一时期变化无常的政治格局。作为北宋重臣,范纯仁不可避免地卷入这些复杂的政治斗争。

考察范纯仁的一生,最为重要的莫过于其对宋代社会的贡献。然而,他之所以能在青史留下踪迹,总是要具备某些必要的条件。因此,应该引起重视的是他本人从出生以来的周遭环境,也就是说,要从各种不同的角度去审视其存在的意义。范纯仁生于高级官僚家庭,从小就受到了与普通读书人完全不一样的良好教育,因而其活动的"圈子"与那些非官僚家庭出身的科举合格者是迥然不同的。伴随他成长过程的可以说都是当时的名流,这样,他便具备了很多其他人不可能拥有的某些优势。虽然宋朝已然不是门阀时代,但官场的潜规则却是任何人都无法否认的。正因为如此,宋代二世、三世政治家并不罕见,无非是官阶高低而已。

通过家学和师承,范纯仁不仅学问方面日益长进,自身文化素质不断提高,而且在为人处世方面页同样受到了相应的熏陶,这为他日后的仕途奠定了坚实的基础。更重要的是,他很早就接触到了众多官场人士,进而通过姻亲关系,等等,逐渐建立起政治上的人际关系网络。所有这些,恐怕都是只有官宦之家才能享有的隐性特权,也是其他非官僚家庭出身的科举合格者无论如何都难以具备的优势。然而,这些潜在而隐性的有利条件通常都会是有所忌讳的,因而在史书中是很难呈现出其真实状态的。有鉴于此,宋代政治史的研究似乎应该对这种体制外的常态和非常态加以高度关注,从个案到整体都要进行细致的疏理,这样才能全面地把握宋代政治的真实。

---

① 刘安世《尽言集》卷一《论差除多执政亲戚》。

从普遍福利到周贫济困
——范氏义庄社会保障功能的演变

王卫平

宗族是以父系血缘关系为纽带的人类生活共同体,在数千年的中国历史中曾发挥过非常独特的作用。自古以来,宗族即具有"赈赡贫穷"的社会保障功能,只是由于社会生产和生活较为落后、简单,社会保障功能也比较单一,因而主要表现为对宗族贫困成员的临时物质救济。如西汉的朱邑,"身为列卿,居处俭节,禄赐以共九族乡党,家亡余财";①东汉的任隗,"所得奉秩,常以赈恤宗族,收养孤寡"等。②

宗族的经济基础是族田。族田及其管理机构义庄是宋代以后各宗族为了保障族众的基本生活而设立的,是地主阶级"敬宗收族"的主要手段。一般认为,族田及其管理机构义庄是范仲淹首创的。范氏义庄突出的社会保障功能得到当代与后世的一致颂扬,在历史上产生了广泛而深远的影响。

一、宋代的范氏义庄奉行普遍福利原则

范仲淹(989—1052)是北宋时期著名的政治家、军事家、思想家和文学家。他为官多年,倡导"先忧后乐",素以国家、生民为念,成为后人立身处事的楷模。皇祐元年(1049),范仲淹出知杭州,考虑到苏州的宗族中尚有不少饥寒的成员,于是"置上田十顷于里中,以岁给宗族",使"虽至贫者,不复有寒馁之忧"。③ 钱公辅撰《义田记》称:范仲淹"于其里中买负郭常稔之田千亩,号曰义田,以济养群族"。范仲淹以俸禄之余购买良田,捐为范氏宗族公产,称为"义田",又设立管理机构,称为"义庄"。义庄的功能,涉及诸多方面,但对宗族成员进行经济生活的保障,是其最为重要的功能之一。

关于范氏义庄,学界已有较多的研究。有些学者认为义庄的设立,是与"立宗子法和强化地主家族、稳定封建统治联系在一起的",义庄制度"助长兼并之风,对农业经济有不良的影响"。④ 这显然与范仲淹设置义田、创设义庄的初衷不符,有将简单的历史事实复杂化的倾向。对此,方健先生辨之甚详。⑤ 就范氏义庄创置的背景而言,早在范仲淹"未贵显"时,

---

① 《汉书》卷八九《朱邑传》。
② 《后汉书》卷二一《任隗传》。
③ 《范文正公集》卷一三《范仲温墓志铭》。
④ 陈荣照博士论文《范仲淹研究》,转引自方健《范仲淹评传》第414、417页,南京大学出版社2001年;同样观点亦见漆侠《范仲淹的历史地位》,收入《探知集》,河北大学出版社1999年,第398页。
⑤ 方健《范仲淹评传》,第414—420页。

见族人中贫富不一,不少成员有"寒馁之忧",即"常有志于是(即设义田)矣"。① 龚明之《中吴纪闻》卷三中记载:有人劝范仲淹去洛阳购地营建别墅,范仲淹加以拒绝,说:"人苟有道义之乐,形骸可外,况居家乎!"决意"俸赐之余宜以赒宗族"。范仲淹自己也说过:"若独享富贵而不恤宗族,异日何以见祖宗于地下,今何颜入家庙乎?"②同僚富弼在《范文正公墓志铭》中评价范仲淹说:"公天性喜施与,人有急必济之,不计家用有无。"③可见,范仲淹创设义田、义庄,是出于爱护族人、共享富贵的目的,这与他一贯爱民的言行、"乐善泛爱"、"临财好施"的个性以及"利泽生民"的社会责任感是完全一致的。正如刘子健先生评述的那样:设立义庄,发挥极大稳定社会和经济的作用,固然反映仲淹对传统宗族组织的重视与族产制度的维护,和他素怀民胞物与的伟大胸襟、博施济众的深厚德泽也是分不开的。④ 这也说明范氏义庄的设立,对当世是产生了积极影响的。至于后世义庄盛行助长兼并之风,实已背离范仲淹的初衷,是不能归罪于范仲淹的。

为了保证义庄的正常运营和久持不坠,范氏义庄设立以后不久,范仲淹即手定"规矩",对义庄收入的分配作了具体安排。义庄所得租米,分与全体宗族成员,"供给衣食及婚嫁丧葬之用"。大致而言:

(一)宗族内部逐房计口给米,男女五岁以上每人每日白米一升;

(二)每人每年冬衣布一匹,五岁以上十岁以下减半;

(三)嫁女者给钱三十贯,再嫁二十贯;娶妇给钱二十贯,再娶不支;

(四)丧葬之事,尊长先后给钱二十五贯,次长十五贯,十九岁以下至七岁以上者分为三档,分别给钱七贯、三贯、二贯;

(五)子弟中有为官者,若在待选、丁忧或任川、广、闽官而留家乡里者,照样赡给米、钱;

(六)乡里、外姻、亲戚中有贫困、急难不能度日者,诸房商议核实,酌量济助;

(七)年成丰熟,必当桩留三年以上粮储,以备凶荒。⑤。

需要说明的是,学者每多不察,往往以宋人钱公辅撰《义田记》描述范氏义庄的赡族举措,以致以讹传讹,如《义田记》所称"嫁女者钱五十千"、"再嫁者三十千"、"再娶(妇)者十五千"、"葬者如再嫁之数,葬幼者十千"等,均与范仲淹所定《义庄规矩》不合。

从范仲淹所定《义庄规矩》可见,第一,范氏义庄的"赡族"措施并不限于贫困族人,而是惠及宗族所有成员,奉行普遍福利的原则;第二,每人每日给米一升,约略相当于每人一天的粮食消耗量。而范氏宗族成员并非仅依赖宗族的救助,大多有其他生活来源,因此仅从给米的数量而言,也难以济贫视之;第三,婚娶丧葬之事,有钱则繁,无钱则简,虽关涉伦常礼教,却与保证人们的基本生活没有必然关联。所以,学术界以社会救济解释义庄的"赡族"行为未必确切。实际上,范氏义庄的"赡族"行为已大大超出社会救济的概念范围,具有社会福利的性质。正因为如此,范氏宗族成员的生活不只能基本维持,而是得到较大改善,普通族人

---

① 钱公辅撰《义田记》,见周鸿度等编著《范仲淹史料新编》,沈阳出版社 1989 年,第 127 页。
② 《范文正公集》附录《言行拾遗事录》卷一。
③ 见周鸿度等编著《范仲淹史料新编》,第 107 页。
④ 刘子健《宋初改革家范仲淹》,中文稿收于段昌国等编《中国思想与制度论集》,引见方健《范仲淹评传》,第 414 页。
⑤ 多贺秋五郎编《宗谱の研究》第三部"资料",株式会社开明堂 1960 年,第 512 页;又见周鸿度等编著《范仲淹史料新编》,第 117—118 页。

自不待言,"虽至贫者,不复有寒馁之忧"。① 明末清初学者顾炎武亦称,自范氏义庄立,"至今裔孙犹守其法,范氏无穷人"。②

二、清代的范氏义庄以周贫济急为宗旨

范仲淹以后,由于时世变迁,社会动荡,范氏义庄历经盛衰兴废。与此相应,义庄的条例、规则也因时而变。范氏义庄规矩曾经多次增删,赡族原则亦有很大变化,主要包括:

(一)由普遍福利逐渐变为以救助贫穷为主

义庄初设时,范氏族人仅90余口,岁入租米800斛,故"以其所入,给其所聚,沛然有余而无穷"。③ 由于宗族成员不断增加,生齿日繁,而义田数量所增有限,且赋繁课重,普遍福利的原则虽未打破,但已窒碍难行,难以为继,逐渐向以救助族中之贫困成员为主转变。这种倾向早在北宋元符元年(1098)六月续定规矩中已见端倪,其中有"诸位子弟官已升朝,愿不请米绢钱助赡众者,听"一条,虽非义庄强行规定,但与范仲淹手定规矩已有所变化。元、明时期,资料阙如,情况不明。清朝康熙十七年(1678)《续申义庄规矩》中规定:"体贫劝学以示教养。祖泽本以周急不以继富,嗣后子孙寡妇贫无子老至六十、贫有子老至七十者,俱计年递加优给;其家殷者,虽老无子,例不加给。"丧葬抚恤亦以贫富为实施原则。④ 逐步明确周贫济困的救助宗旨。其后主奉范能浒再次增改,规定:子孙年满16岁,经审核后可以本名支取一份米粮,"年至六十以上加优老一户,七十以上加二户,八十以上加三户,九十以上加四户,如内有无子孙者再加一户,如有废疾不能自营衣食者再加一户。加给之数通不得过五户。如有家道殷实不愿支给者听";"寡妇守节满三年者,本房房长及亲支保明,批给本名一户米,五年以上加一户,十年以上加二户,十五年以上加三户,二十年以上加四户,过此不加给。"⑤ 在后来的《增定广义庄规矩》中,明确提出"周贫"口号,对贫困族人予以特别照顾,规定:"谨考先规,子孙不论贫富均沾义泽,遇有极贫,量加周赡,似可毋庸再益。但有贫病交加,实在不能自存者,允谊矜念,以广先仁。每岁房支长报名,执事核实,每名给米一户,稍资澶粥,极困者量加。"⑥ 由此可见,时代愈后,范氏义庄愈是强调济贫功能。

(二)保障内容更为广泛

范氏义庄初创时,社会保障的内容仅涉及"供给衣食及婚嫁丧葬之用"。随着时代的发展,义庄的保障内容愈益广泛丰富。

第一,鼓励科举入仕。在古代中国,个人乃至家族的社会地位不是由财富决定,而是由

---

① 《范文正公全集》卷一三《范仲温墓志铭》。
② 顾炎武《日知录》卷六《庶民安故财用足》。
③ 钱公辅撰《义田记》,见周鸿度等编著《范仲淹史料新编》,第127页。
④ 多贺秋五郎《宗谱の研究》第三部"资料",第512页。
⑤ 多贺秋五郎《宗谱の研究》第三部"资料",第516页。
⑥ 多贺秋五郎《宗谱の研究》第三部"资料",第517—518页。

任官的资格决定的。唐宋以来,读书应举作为入仕的主要途径历来受到人们的高度重视,明代上海名士陆楫所言"天下事非科第不可为",①实是对这一现象的最好诠释。科举入仕与门祚绵延是相辅相成的关系,因而能够得到家族的鼓励。熙宁六年(1073)范氏义庄《续定规矩》中规定:"诸位子弟得赴大比试者,每人支钱一十贯文(七十七陌,下皆准此),再贡者减半。并须实赴大比试乃给,即已给而无故不试者,追纳";②嘉定三年(1210),根据物价涨动情况,为使"诸房子弟知读书之美,有以激励",又对"得贡大比者"追加奖励金额,得解赴省,支钱一百千文;中举人及补入太学者,支五十千文。③沿至清代,奖励愈重:"赴省试时给科举米五石,给而不赴试者追缴;得贡入太学者,给匾额米四石,乡试中式者五石,成进士者倍之,及第者再倍之。"④

第二,重视义学教养子弟。范氏义学设于何时,学术界是有争论的。方健《范仲淹评传》一书中认为,范氏义庄中设有义学之说,"其唯一史料依据仍为牟氏(元人牟巘)《义田记》之说。但这种说法是靠不住的。可以断言,义学之设,乃在仲淹逝世之后,在他生前绝无此事"。事实上,据笔者所知,除元人牟巘撰《范氏义塾记》(即《义田记》)中有"范文正公尝建义宅,置义田、义庄,以收其宗族,又设义学以教,教养咸备"的记载外,元至元年间地方官府出具的《范文正公义庄义学蠲免科役省据》所录范仲淹直系后人范士贵给皇帝的告状书中,有"先世范文正公,舍宅为路学,作成人材,置买义庄田,养赡宗族,及创义学,以教子孙"之语。⑤此说出于范仲淹嫡孙之口,又被皇帝圣旨引录,应属可信;又据元至元三十一年(1294)中奉大夫、江南浙西道肃政廉访使徐琰撰写的《文正范公祠记》,也有仲淹"买田以赡族,而族滋大;立塾以教其人,而子孙类份份焉"的说法。⑥则范仲淹创立义学之说,恐难否定。虽然范仲淹手定义庄规矩中未曾提及义学,但仅隔20年后的熙宁六年(1073)《续定规矩》中却有相关规定:"诸位子弟内选曾得解或预贡有士行者二人,充诸位教授……虽不曾得解、预贡而文行为众所知者亦听选,仍诸位共议(本位无子弟入学者不得与议)。若生徒不及六人……"。唯此记载仅言明教授束脩由义庄给予,而义庄对生徒的支助情况还不清楚。直至清朝康熙十七年(1678)所定《续申义庄规矩》中才逐渐明确:"至于祖规设义学教族子弟,今族繁散处,不能在在设学延师。嗣后会文书院举业成篇者,谅给纸笔五斗;文理略通者给一石;文理清(精?)通与游庠贡监并给三石;得与大比试者,每次给科举米五石,稍示劝励,以存教族遗意。"⑦此后,主奉范能浒再次增定规条,于劝学尤为致意,重申:"诸房读书子弟,书院春秋面课,制义成篇者,量给纸笔米五斗;二义粗通与考者,给一石;补郡邑诸生者,给二石;贡监生与大比试者,一体均给。"其后更专门立有"广义庄劝学规矩",详细规定了对宗族子弟读书教学的奖励措施。⑧

---

① 陆辑《蒹葭堂稿》卷四《严亭山正郎书》。
② 多贺秋五郎编《宗谱の研究》第三部"资料",第503页。
③ 多贺秋五郎编《宗谱の研究》第三部"资料",第506页。
④ 多贺秋五郎编《宗谱の研究》第三部"资料",第517页。
⑤ 《范仲淹史料新编》第132—133页。
⑥ 《范仲淹史料新编》第110页。
⑦ 多贺秋五郎编《宗谱の研究》第三部"资料",第512页。
⑧ 多贺秋五郎编《宗谱の研究》第三部"资料",第581页。

(三) 提出了对族人的道德要求

南宋宁宗嘉定六年(1213),范仲淹六世孙范良在《续定规矩》中把扬善惩恶与义庄的赡族行为相联系,加强了对族人伦理道德的要求,规定:"诸房闻有不肖子弟因犯私罪听赎者,罚本名月米一年;再犯者除籍,永不支米(奸盗、赌博、斗殴、陪涉及欺骗善良之类,若户门不测者,非。)除籍之后,长恶不悛,为宗族乡党善良之害者,诸房具申文正位,当斟酌情理,控告官府,乞与移乡,以为子弟玷辱门户者之戒。"清代范氏义庄的道德教化倾向更为严重,《主奉能浒增定规矩》中提出"优老"、鼓励守节等措施,如前引资料中年六十以上的宗族成员,可领取双份乃至五份的米粮资助,从中体现出对老年宗族成员的优待;对于守节寡妇,依其守节年限也有领取双份乃至四份米粮资助的规定,至于未能坚持守节、"失志不终者",则不予资助。

三、范氏义庄宗族社会保障制度的影响

范氏义庄开后世义庄制度的先河,其敬宗收族、维护子孙生存、延续祖宗血脉的功能得到当时及后世的广泛认同,南宋人刘宰在《希墟张氏义庄记》中说,自范仲淹创立义庄后,"吴中士大夫多仿而为之"。① 自此以后,族田义庄的数量大为增加,所谓"苏郡自宋范文正公建立义庄,六七百年世家巨族踵其法而行者,指不胜屈";②"自明以来,代有仿行之(范氏义庄)者,而江以南尤盛。"③如四川成都施扬休,"复割二顷为义田,遵文正公旧规,刻诸石"。④ 浙江东阳人陈德高,割腴田千亩立义庄,"略仿范文正公之矩度而适增损,以适时变"。⑤ 据李文治、江太新先生的粗略统计,明代276年间,各地族田义庄资料约有200宗左右,远远超过宋元两代的总和(400年间约70余宗)。⑥ 清代更出现了设立义庄的高潮,以致有"义庄之设遍天下"的说法。据范金民的统计,至清代末年,仅苏州府的义庄数即达到200个之多。⑦

范氏义庄的影响,很大程度上表现为宗族社会保障功能的发挥。范仲淹手定的《义庄规矩》及后人的《续定规矩》,成为后世各义庄规条的范本,奠定了义庄制度的基础。

后世义庄均设有赡族条例,实即宗族社会保障制度、方法的规定,这些制度规定大体模仿范氏义庄的规条,并在新形势下略加变通。如浙江龙泉汤氏义田收入的分配方法,"大略仿范文正公之成规而微有损益。"⑧江苏暨阳陆氏亦"仿范文正公定义庄法,计口而散之"。或许奉行普遍福利原则的族田、义庄并不多见,但也代有所闻,如安徽歙县余文义所置族田

---

① 乾隆《金坛县志》卷十《艺文》。
② 道光二十一年苏州《济阳丁氏义庄碑记》,见王国平等主编《明清以来苏州社会史碑刻集》,第257页,苏州大学出版社1998年。
③ 冯桂芬《显志堂稿》卷四《武进盛氏义庄记》。
④ 胡寅《斐然集》卷二一《成都施氏义田记》。
⑤ 陆游《渭南文集》卷二《东阳陈君义庄记》。
⑥ 李文治、江太新《中国宗法宗族制和族田义庄》,社会科学文献出版社2000年,第74页。
⑦ 范金民《清代苏州宗族义田的发展》,《中国史研究》1995年3期。
⑧ 《文献集》卷七下《汤氏义田记》。

收入的分配,"人日铺粟一升,矜寡废疾者倍之";①江苏溧阳县钱铎,于明嘉靖时购置族田、建设义庄"以赡其族",直至清代道光年间,"钱氏无失业之民";②清代中后期的盛康,在吴县、武进县分别设置留园义庄和拙园义庄,其中留园义庄的赡给范围限于其直系子孙,"不论贫富皆与焉"。③当然,就其主流而言,后世的义庄更注重保障族中贫困、老残人员的生活,往往立有"赈贫"、"优老"、"恤茕"、"助婚"、"劝学"等规条。追本溯源,这也是与范氏义庄的垂范作用分不开的。

明清时期宗族义庄社会保障的一个突出特点是,在宗族提供物质生活保障的同时,非常注重道德教化,也即是把提供物质生活保障与要求遵守传统伦理道德紧密结合。这种注重道德教化的倾向,虽然与明清时期的社会文化氛围密切相关,却也是与范氏义庄的引领作用分不开的,因为正如上文所指出的,对被救助族人的道德要求,早在南宋嘉定三年(1210)范仲淹六世孙范良绥定的范氏义庄规矩中已经明确。明、清时期,政府更注重对百姓思想的控制,在基层建立了乡饮酒制度、讲"乡约"制度等,围绕皇帝的"圣谕",宣扬封建的道德伦理。宗族作为封建统治的基础,积极配合政府,宣扬封建伦理,注重道德教化,并以之作为向族人提供物质生活保障的前提。明代福建建阳县刘氏义庄在赡族时,规定"患苦乡害及族党者虽贫勿给"。④道光三年(1823)所立无锡安氏《义庄规条》指出:"设义田以赡族而劝惩之意寓焉。族中有孝友克敦贞节可风者,为之请旌,所以振纲常而厚风俗也。其注册先孝顺义节之告匮者,次鳏寡孤独、废疾之无依者"。⑤苏州王鏊《义田记》中也要求:"当周其惸独者,厚其有志务本业者,而游惰者不与,寓劝惩于周恤之中"。⑥不少宗族在其赡族规条中明确指出,只有"安守本分"且贫困之人才予赡助,至于游惰之人或"不守本分辱及祖先自取贫困者,全家不给"。⑦

清代宗族对族人提出的道德要求,尤其集中在敬老和恤寡方面。中国历代封建王朝均十分重视养老问题,清代尤甚,历来为人称道的"千叟宴"等即是清代特有的现象。清代的重视养老,不仅仅停留在表面,而且在国家的政策、法律中有明确规定,如有子孙对祖父母、父母"奉养有缺者,杖一百"等法令。在思想意识方面,提倡孝行,康熙皇帝颁发的"圣谕六条"中强调要"孝顺父母"。为此,政府采取了一系列措施,用以救济贫困年老之人。与此同时,不少宗族也积极响应政府的号召,在宗族举行的社会保障方面突出"优老"举措,如道光十七年(1837)苏州潘氏《松鳞庄赡族规条》中规定:"凡贫老无依者,无论男女,自五十一岁为始,每月给米一斗五升,六十以上给二斗,七十以上给二斗四升,八十以上给二斗八升,九十以上给三斗。"⑧这一措施与康熙年间范氏义庄的做法如出一辙。一些宗族在规则中专门列有"养老叟"、"养老太"、"优老"等条,对族中老人予以特别的关照。

宋代以来,政府加大了对妇女贞节观的宣传力度,"饿死事小,失节事大"的说教,严重束

---

① 嘉靖《徽州府志·质行》。
② 《钱氏家乘》《耆厚春江翁钱处士传》,转引自左云鹏著《祠堂族长权的形成及作用试说》,见《历史研究》1964年5～6期。
③ 俞樾《盛氏留园义庄记》,见民国《吴县志》卷三一。
④ 嘉靖《建阳县志》卷六《麻纱刘氏义庄记》。
⑤ 多贺秋五郎编《宗谱の研究》第三部"资料",第522页。
⑥ 叶耀元编《洞庭王氏家谱》,转引自李文治、江太新《中国宗法宗族制和族田义庄》,第203页。
⑦ 多贺秋五郎编《宗谱の研究》第三部"资料",第524页。
⑧ 多贺秋五郎编《宗谱の研究》第三部"资料",第528页。

缚了人们的思想。为了鼓励妇女守节，地方社会纷纷设立"清节堂"、"恤嫠会"、"儒寡会"等机构或团体，对守节妇女提供衣食等生活保障。在这方面，宗族的作用也不可小视。几乎所有的宗族在义庄章程或赡族规条中都十分强调对寡妇生活的照顾，道光四年（1824）常熟《王氏怀义堂义庄规条》中提出："族中孀妇除给米外，每年加给棉花二十斤以资纺织，俟伊子孙年交十七岁后停给；无子孙之孀妇常给；守寡不终者不给。"①这与康熙年间范氏义庄的规定也非常相似。此外，如海宁查氏《酌定规条》、会稽张氏《义田规条》、山阴徐氏《义仓规条》等均设有"恤寡"、"恤茕"、"励节"、"恤嫠"等项，表明鼓励妇女守节的态度。由此可见，清代宗族社会保障中的道德教化色彩愈趋浓厚。

宗族义庄重视储粮备荒的举措，也明显受到范氏义庄的影响。早在范仲淹创立义庄之时，即已考虑到了义庄的备荒作用，要求："自皇祐三年以后，每一年丰熟，桩留二年之粮；若遇凶荒，除给餕粮外，一切不支……更有余羡数目，不得粜货，桩充三年以上粮储。"②沿至明清尤其清代，义庄族田的备荒作用越来越受到人们的重视，考虑更为周全。如清初苏州吴氏《创立继志义田记》所述吴氏义田600亩，其中"以百亩为备荒田"，专门用以备荒；再如苏州彭氏《庄规》中说："谊庄初创，应筹久计。范庄规条，并无备荒之款，以上年之田租，供次年之支发，如上年歉收，即照所歉收之分数，于次年发款内匀摊减发，自宋以来相沿已久。惟新建之庄情形不同，设遇歉岁，米珠薪桂，仰给于庄者，视丰年尤形拮据。若无备荒之款，族人必多觖望，惟发商生息，总是目前补苴之策，应俟本庄拓地建仓，即以发商银钱籴谷存仓，以足备三年之蓄为度，较之发商，则无歇业亏折之虞，较之存米，则无热蒸熏变之患。若仓廒高敞，收储合法，酌定三年，推陈易新，必更妥协。是在司庄者处置得宜，即永禁发商本折兼收兼放，尤为尽善，万一连遭岁侵，储蓄不继，暂权事之缓急，先凶后吉，酌量停减，一俟丰收，即复旧规"。③可见，清代的宗族义庄（或族田）在救荒防灾方面是发挥了一定作用的。

---

① 多贺秋五郎编《宗谱の研究》第三部"资料"，第525页。
② 多贺秋五郎编《宗谱の研究》第三部"资料"，第502页。
③ 多贺秋五郎编《宗谱の研究》第三部"资料"，第543页。

范仲淹家世考

李裕民

范仲淹(989—1052)这位举世闻名的人物,是我国历史上伟大的政治家、思想家、文学家,从大的方面看,影响到古今中外,从小的方面说,他影响了整个范氏家族。为什么会出现范仲淹这样一位历史人物?为什么范氏家族能重新兴旺?原因不外乎环境、家庭以及个人等因素。这里,只想探讨一下他的家世,从这一角度回答上述问题。所考家世,上溯高祖,下至子孙。现今传世的范氏家谱,与中国各家谱一样,有一个重大缺陷,即重视男人,轻视妇女,妻仅录其姓,女不入谱。本文则力纠此弊,以更全面考察一个家族,了解他们的婚姻观,以及遗传诸问题。范仲淹及其四子,《宋史》有传,本文只记其生卒、字、是否进士,最高官、谥、著作几项。

一、范仲淹的高、曾、祖三代

1. 范仲淹的高祖范隋

范隋本为幽州人。唐末任幽州良乡主簿,咸通二年(661)六月十二日加柱国,有赐诰。十一年(870)四月十一日任处州丽水县丞,因中原大乱,不能归故里,遂定居于吴。① 富弼《范仲淹墓志铭》云:"唐末为幽州良乡主簿,遭乱,奔两浙,家于苏之吴县。"②按唐末中原大乱,幽州比中原处境还好一些,为什么不向北跑,而向南穿越多灾多难的中原往南方跑呢?墓志缺载任处州丽水县丞事,致有此误。

范隋生二子:梦龄、梦均。

2. 范仲淹的曾祖范梦龄

范梦龄,隋的长子。任吴越国中吴军节度判官。③ 庆历三年(1043),以范仲淹为参知政事,追赠太子太保,第二年赠太保,后以范纯仁为宰相,追赠太师、徐国公。

娶陈氏,追封徐国太夫人。

---

① 楼钥《范文正公年谱》,《范氏家谱·范隋传》。
② 富弼《范文正公仲淹墓志铭》,洪业、聂崇岐等编纂《琬琰集删存》卷二,上海古籍出版社1990年。
③ 《范文正公年谱》,《范氏家谱·范梦龄传》,富弼《范仲淹墓志铭》作"苏州粮料判官",《《范文正公集·襃贤集》》将其弟之官误按到兄长头上。

生五子:禹谟、浩谟、光谟、赞时、侯谟。

3. 范仲淹的祖父范赞时

范赞时,梦龄第四子。九岁童子出身,历官朝散大夫、检校少府少监、秘书监。著有《资谈录》六十卷。庆历三年(1043),以范仲淹为参知政事,追赠太子太傅,第二年赠太傅,后以范纯仁为同知枢密院事,追赠太师、曹国公。元符三年追赠唐国公。

娶陈氏,先后追封许国太夫人、韩国太夫人。苏辙为作追赠范纯仁曾祖、曾祖母诰①。

生四子:坚、垌、墉、埙。

二、范仲淹的父母亲

1. 父亲范墉

范墉(?—990),赞时第三子。宋任武宁军(徐州)节度掌书记,卒于任。庆历四年(1044)赠太师,后赠苏国公、周国公。

2. 范墉前妻陈氏

陈氏,后追封为越国、楚国、周国太夫人。苏辙为作赠楚国太夫人诰词,称其"徽柔靖恭,信顺慈孝"②。生四子:仲温、鏻。二子早卒,未名。

3. 范仲淹生母谢氏

谢氏(?—1026),生下范仲淹的第二年,范墉便去世了,守了两年丧后,带着仲淹改嫁朱文翰。范仲淹当官后,迎回奉养,天圣四年(1026)去世,葬于洛阳。曾封吴国夫人③,后封秦国太夫人。④

谢氏的身份是妻还是妾,她为什么要改嫁?李丛昕《范仲淹身世祖籍与出生地点考》作了一番考证,提出了新的观点。⑤ 初看觉得很新鲜,理由似乎蛮充分,当我逐一查对时,发现每一条理由都有问题,他的观点很难成立。下面具体讨论一下他的观点和理由。

其一,李丛昕认为她是妾不是妻,列举了几条理由,兹逐条分析如下:

1. 有的家谱不说"继娶"而说"再娶"谢氏,这是一个"含混不清、捉摸不定的字眼","耐人寻味"。换言之,用"再娶"这个字眼就隐含着可能是妾的意思。按:李丛昕的理解是不正

---

① 苏辙《栾城集》卷三一。
② 苏辙《栾城集》卷三一。
③ 欧阳修《范公(仲淹)神道碑》,见《范文正公集·褒贤集》及《欧阳文忠公文集》卷二十。
④ 范纯仁《范忠宣集》补编,曾肇《范忠宣公墓志铭》,第43页。
⑤ 《范仲淹研究文集之一》

确的,"继娶"与"再娶"意思完全相同,欧阳修先后娶了三位妻子,都是名门女子,苏轼为他作的《神道碑》中说:"初娶胥氏,即翰林学士偃之女。再娶杨氏,集贤殿学士大雅之女。后娶薛氏,资政殿学士简肃公奎之女。"①这里,很清楚,由"初娶"到"再娶"再到"后娶",就是第一次、第二次、第三次之意,三次所娶全是高官之女,绝无当妾的可能。再举一例,毕仲游(1047—1121)为毕从古(1052—1059)作的《行状》说:"先娶梅氏,故侍读学士梅询之女,封永嘉郡君。再娶陈氏,故相陈尧叟之孙,封冯翊县君。"②这里再娶的对象是宰相的孙女,又有封号,绝无解释为妾的可能。范仲淹在为他人所作墓志铭中也常用这一词,如《田锡墓志铭》云:"公娶杨氏,再娶奚氏,封江陵县君。"③第一位妻子可能因为死得早,没有封号,再娶的反而有封号,"再娶"就是"继娶",不是再明白不过的吗?那有"含混不清、捉摸不定"、"耐人寻味"之处呢!

2. 范墉生五个儿子,老二仲温生于雍熙二年(985),老五仲淹生于端拱二年(989)。原配陈氏不可能在雍熙三年(986)至端拱元年(988)年间再生老三、老四。以此来断定娶谢前,陈还健在,两人是妻妾关系。按:首先,从人的生理上说,三年生两个并非不可能。武则天永徽三年(652)生李弘,永徽四年(653)即生李贤。④ 其次,假如老三、老四不全是陈氏所生,也不能排除是其他妾生的可能性。

3. 范仲淹没有将他母亲和父亲一起葬在苏州,而是另葬洛阳。按:一般来说女人再嫁后,应和后夫葬在一起。如李氏初嫁符宝郎钱端义生一女,夫死,又再嫁韩球,成为韩的第二任妻子,生了二子,韩死,便与自己母亲同住。死后,与韩葬在一起。⑤ 谢氏再嫁朱家,并没有离婚,范仲淹接回奉养后,如果将她与初婚的父亲葬在一起,显然不合适,朱、范两家都可能接受不了,如与后夫葬在一起,复姓后的范仲淹感情上接受不了,择地另葬显然是最好的选择。"另葬"不能说明身份必定是妾。

其二,李丛昕认为,谢氏的再嫁是被陈氏逼走的。

理由之一是怀远《范氏家谱》所称谢氏是由于"贫无所依",李丛昕认为不可信,理由是范仲淹写《岁寒堂三题》有西斋、有大松树,有松风阁。"可见其规模之大,绝非一般小康家庭所能拥有。既然有这么丰厚的家产,怎么可能会贫无所依、更适他人去呢?"

按:此说最早来自楼钥编《范文正公年谱》:"夫人谢氏,贫无依,再适淄州朱氏",不是清人杜撰的。究竟贫不贫,需要作具体分析。首先应该确定好鉴别的标准,"岁寒堂"是房产,不是田产,不能生粮食,看家庭经济好坏,不能以此作标准。再说岁寒堂乃是范氏祖业,属范氏家族所有,不是范仲淹小家庭独有的,无权随便变卖。单就岁寒堂的大小,是得不出其家一定比一般小康家庭还富的结论的。鉴别其家经济状况最直接的材料,是范仲淹为范仲温作的墓志,志中明确说:"府君退居四年,宾亲盈门,以东皋所入,日为鸡黍之具,故贫而常乐,顾乡党有急难,则竭力以济之。"⑥由这一记载可以看出:一,这里点明范仲温家是"贫"的,须知这是仲温当了十几年县级官员退休后,其经济状况因为接待宾客而称"贫",其幼年父亲刚

---

① 《欧阳文忠公文集》附录卷二。
② 毕仲游《西台集》卷十六。
③ 范仲淹《范文正公集》卷十二。
④ 刘昫《旧唐书》卷八六。
⑤ 韩元吉《南涧甲乙稿》卷二二《太恭人李氏墓志铭》。
⑥ 《范文正公集》卷十三。

去世时不是更"贫"吗？二，这里需要正确理解"贫"这个词。士大夫笔下的"贫"，与乞丐的"贫"是两回事，只要不能像原先那样过小康生活就算"贫"了。所以仲温尽管贫，遇到"乡党有急难"，还能"竭力以济之"。

探讨谢氏再嫁，不要忘了时代。宋与明、清不同，明、清强调贞节，不到无米时是不能再嫁的，甚至宁愿饿死，决不再嫁。宋人的观念就大不相同了，他们认为妇女应该有自己的家庭婚姻生活，再嫁是合法的，人们普遍认同的，不论上层或下层，在墓志中也不回避，如参知政事（副宰相）李邴生有五女，其中老二"适左迪功郎赵如川，再适朝请郎晁子阁"，老五"适迪功郎马亮，再适迪功郎傅伸"。① 相反，有一位参知政事吴育因为没有及时将寡居的弟媳再嫁出去，御史唐询就上奏章弹劾他"弟妇久寡，不使再嫁"。② 妇女即使富再嫁也是合法的，至于因"贫"而嫁，那就更值得同情的了。这里不妨举一个与谢氏颇类似的例子。北宋晚期，金华姚氏二十来岁时，丈夫三班奉职廖某死了，她决意守志。有一位知识分子郑巨中死了妻子，也不想再娶，然而老母无人奉养，听说姚氏为人很孝顺，"力求妇之"，姚氏虽"坚其志而迫于贫"，"不得已"就再嫁巨中。这种既有志，又因"贫"再嫁，在宋人眼里是值得赞扬的，所以在墓志中特别写出。③ 按说廖某当低级官员，人虽死，家不至于揭不开锅，这里所说的"贫"，显然是指过不上原来那种小康生活了。谢氏在家守了两年丧，开始也可能像姚氏那样想守志，正在此时，出现了朱文翰，朱像郑巨中那样力求娶她，而她还年轻，家"贫"，又觉得朱不错，也就再嫁了，这是很自然的事。楼钥笔下所说的谢氏贫无依而再嫁，与郑刚中笔下的姚氏是同一含意。

理由之二，是范仲淹在谢氏去世后五年，上奏《求追赠考妣状》，文中诉说生母养育之恩，悲痛之情，催人泪下，而于陈氏只字未提。

按：作者以未提陈氏，表明范仲淹对陈氏的怨恨，以此来推论是陈氏逼谢嫁的，从而进一步推定陈、谢是妻妾关系。这一连串的想像实在有点离奇。倘若我们客观一些看这篇文章，"考妣"二字，本身就包含了父亲、父亲的前妻、生母三人，"求追赠"说明对三人都要求赠官，没有高下之分。至于文中表露对生母之情，这是很自然的，因为他从小就是生母历尽千辛万苦抚养大的，文中对父亲和父亲的前妻都没有具体的话语，这是因为对他们几乎没有任何印象。如果放到现在，谁处于范仲淹的地位，即使父亲的前妻、生母都是妻，写文章时还会以重墨写生母的。这只是感情问题，而不反映地位高低。如果说不提"陈氏"就表明怨恨，不提父亲是否表明他也在怨恨父亲呢？

我们再顺着李丛昕的思路去设想一下，倘若陈、谢氏真是妻妾关系，而陈又很毒，要将谢逼走，那肯定是下手得越快越好，让谢氏越难受越好。也就是说，肯定会将谢氏当下逐出家门，让她沦落街头或者被逼为娼。怎么会让她平平稳稳的在家守丧两年，而且还专门等到有身份的朱官人来苏州，将她好好的娶走呢？

李丛昕认为谢是妾，完全建立在假定陈氏还活着的基础之上的，可就是拿不出一条直接的证据来，其实范仲淹在范仲温的墓志中已透露陈氏在范墉之前已经去世的信息了。墓志中说，范的父亲死后，仲温"幼孤，还苏台（即苏州），与诸从兄弟居"，如果陈氏还活着，家又富

---

① 周必大《周文忠公集》卷六九《资政殿学士中大夫参知政事赠太师李文敏公邴神道碑》。
② 李焘《长编》卷一五八、庆历六年六月丙子，第3836页。
③ 郑刚中《北山文集》卷七《族兄巨中嫂王氏姚氏合葬铭》。

有,为什么不是母子在一起生活,而是撇开母亲、撇开小家庭,和诸从兄弟居呢? 假如陈氏是后来死的,宋代父或母去世,按规定,儿子就得离任回家守丧,这在墓志中通常都要记载的,如范仲淹的好友滕宗谅通判江宁府时,其母亲去世("丁太夫人忧"),回家守丧,期满"服除,知湖州"。① 然而仲温志中连连记载他先后任新昌尉、监余杭县市征、知黄岩县等职,中间没有任何守丧的字眼。这只能说明其母早已去世。

总之,说陈氏在谢氏生范仲淹之时尚在世,与谢是妻妾关系以及逼谢再嫁纯属猜测之词,没有可靠的证据。

至于说嫁给朱文翰时,仍然是妾,同样缺乏根据。就李丛昕自己提供的材料,《朱氏三支二门支谱世表》中明确记载:"朱文翰字苑文,元配初氏,生二子,继配谢氏,又生三子。"就足以证明谢的身份是继配,也就是继妻,倘若谢是妾,家谱中是不会将她列入的,更不会擅自改动她的身份。所引清人刘孔怀的考证,根本没有论及谢是妾的内容,怎能作为依据呢? 至于化许多篇幅论证谢与朱家不在一起,这也无助于解决身份问题。因为一个有钱有官位的人有多处住宅,那是司空见惯的事。还应看到,谢氏与范仲淹并没有受到虐待,朱文翰到各地当官经常带着谢氏和范仲淹的。从范仲淹与诸家的信中可以看出,他们的关系是正常的平等的,切不可因为范仲淹劝阻浪费而不听一件事,就否定占主流的正常关系,更不能由此推论出妾的结论。

三、范仲淹及其妻子

范仲淹(989—1052),字希文,大中祥符八年(1015)中进士,官至参知政事,卒谥文正。著《范文正公集》二十卷,《奏议》二卷,《别集》四卷,《续集》二卷,《尺牍》三卷。排行老六,人称范六丈。② 为什么行六? 同父的弟兄总共五人,他是老五,不可能排六。可以肯定这是同祖先的大排行。

范仲淹之妻李氏(约994—1036),宋州楚丘人。出身名门,是参知政事李昌龄(937—1008)的侄女。景祐三年(1036)八月,范仲淹知饶州,李氏随夫至任,卒于鄱阳。封金华县君,③后追封楚国太夫人。范仲淹成年时已离朱家,他的结婚显然与父母之命无关,当是被李家看中的结果。考李昌龄弟兄三人,兄名昌图,国子博士。弟名昌言,职方郎中。昌言子三人:晋卿、仲卿、耀卿。女至少四人,第四女(997—1058)嫁郑戬(992—1053),李昌言选女婿的标准是寒门出身的才子,曾说:"凡择女所配,必于寒素之门。"④便将四女嫁给当时还是布衣的郑戬,果然郑戬后来成了枢密副使,进入执政官行列。范仲淹之妻很可能是昌言之女,以范仲淹比郑戬大三岁看,此女可能是昌言第三女。李家为何赏识范仲淹? 这当是与他赴宋州学舍苦学五年有关,时在大中祥符四年(1011)至八年,如果范仲淹结婚时在26岁前,则也与郑戬一样是布衣。

李氏生三子:纯佑、纯仁、纯礼,二女。《过庭录》:"忠宣曰:'⋯⋯吾七岁丁楚国忧'",范纯仁七岁,在景祐三年(1036),知李氏应卒于是年。以她比老四大三岁计,约生于雍熙元年

---

① 《范文正公集》卷十三《天章阁待制滕君墓志铭》。
② 苏辙《龙川别志》卷上,第83页。
③ 富弼《范仲淹墓志铭》。
④ 王珪《华阳集》卷四十《李氏墓志铭》。

(994)，即比范仲淹小五岁。

继妻聂氏。范仲淹的第四子纯粹生于庆历六年(1046)，小女儿生于庆历二年(1042)，均在李氏去世之后，可见他们不是李氏生的，那么他们的母亲是谁？此人，富弼《范仲淹墓志铭》中不载，家谱上也没有，她究竟姓什么？身份是妻还是妾？我查了许多材料，终于破解了这个谜，确证她姓聂，是续娶的妻。证据是范仲淹写给朱氏的信，摘录如下：

"某到忻、代，病嗽……远承诲问，为慰极多，所议南郊异姓之恩，已发却多日，为妻舅聂升十口日有沟壑之忧，且逐急处行也。吾仁青春已在馆殿，三五年间必有异恩于一第，不足为忧。"①

信中说"到忻(今山西忻州)、代(今代县)"，范仲淹一生到那里只去过一次，那就是庆历四年(1044)出任"陕西河东宣抚使"之时，上距李氏之死已八年。"仁"即其子范纯仁，范仲淹估计他三五年间中进士，果然，皇祐元年(1049)中了进士，上距庆历四年为五年。可证此信必作于庆历四年。所提到的妻，必是继妻。"妻舅聂升"，古代的"妻舅"可以指妻的父亲，也可以指妻的弟兄，无论指父或弟兄，他们都是一个姓，妻舅姓聂，她自然也姓聂，既然称"妻"，则其身份已十分明确，必非妾。其妻舅家十口人，生活困难，正等着范仲淹南郊推恩给聂升一官半职，可见聂的家庭并不富裕，很可能还不是官宦之家。也正因为她是妻，所以才给妻舅官职。此聂氏与李昌言之妻聂氏，有可能出自一个家族。与范仲淹的第三女当是聂氏所生。时在庆历二年(1042)，其与范仲淹结婚应在庆历元年(1041)或稍早。其卒当在生女不久，大约在庆历三、四年间。因为至迟在庆历五年，范仲淹已娶第三位妻子张氏。

张氏(1022—1092)，生纯粹。有墓志出土可证，旧以纯粹为曹氏子，误。②

张氏在家是主持家政的，治家教子有方，为人所羡慕。毕仲游《祭范待制慈母文》称："太夫人躬治其家，既不坠文正公之法度，而生子复能自奋发，入为天子从官，出总边吏，号贤帅，人皆曰：太夫人之教也。夫人治家既率循其先世，教子又贵为时名臣，近代以门户为事者之至愿"。③ 范待制即范纯粹。

聂氏和张氏既然是妻，为何范仲淹墓志铭中不载？这里只能作些推测，一种可能是富弼粗心，遗漏了(墓志中漏写范隋在丽水任官便是其例)，或者是传抄中脱误。至于范纯粹房传下来的家谱，不仅不载聂氏、张氏，甚至将范纯粹说成是李氏所生，实在是不应该有的错误。

四、范仲淹的子女

1. **范纯佑**(1024—1063)字天成，以父荫补将仕郎，官将作监主簿。才高多智，患病十九年而卒，年仅四十。《宋史》卷三一四有传。妻李氏，是范仲淹妻李氏之侄，④这是亲上加亲。生一子正臣，官太常寺太祝。一女，嫁元受。

2. **范纯仁**(1027—1101)字尧夫，排行十三，⑤皇祐元年(1049)进士。官至宰相，是范氏

---

① 《范文正公集·尺牍》卷上。
② 参李伟国《宋故冯翊郡太君张氏墓志铭考》。
③ 《西台集》卷十七。
④ 《将作监主簿天成公传》，见《范忠宣集补编》。《范纯佑墓志铭》，见宋·吕祖谦《皇朝文鉴》卷一三九，《范氏家谱·范纯佑传》。
⑤ 晁说之《晁氏客语》。

家族中官位最高者。谥忠宣。著有《范忠宣公集》二十卷、《尚书解》。《宋史》卷三一四有传。生子五：正民、正平、正思、正路、正国。女五，适崔保孙、庄公岳、司马宏、蔡毂、郭忠孝。

范纯仁妻王氏(1031—1098)，可以说是范仲淹儿媳妇中的代表人物。她是大名人，生于名门大族家庭，伯祖父王旦(957—1017)是真宗朝的名相、配享功臣。① 父亲王质(1001—1045)，官天章阁待制，是范仲淹的患难之交，在范仲淹被贬知饶州，当权派打击范的"党人"时，唯有王质敢于率子弟到东门钱行，大臣批评他，何苦陷入朋党之中。他说："范公，天下贤者，顾某何敢望之，然若得为党人，公之赐某厚矣。"② 王质去世，范仲淹为作墓志铭，文中道出了两家结亲的缘由："余走尘土时，公一接如旧，以道义淡交者有年矣。结二姓之好以亲仁人。"③素质高，品行好，自然是范仲淹的首选。当王氏嫁到范家，人们曾经担心出身贵盛之家的她，受不了范家的俭朴生活，而她却处之泰然。在纯仁步入仕途、直到当上宰相，经济状况越来越好时，她依然保持节俭的家风，将钱财救济族中的孤儿，解决族中婚嫁的困难，多达数十人。为了考虑今后更多人的利益，又买地扩大范仲淹创建的义庄，纯仁在宦海中颠簸沉浮，她则"勉以国事"，家庭有她支撑，是个标准的贤内助。连太皇太后也听说她贤惠而召入宫中见面。范纯仁被贬到永州，她也跟着前去，死于永州。毕仲游感叹地说：范纯仁"一心国事，无所内顾，所得盛名于天下者，夫人之助岂微也哉！"④文学家曾巩之弟曾肇说她"有贤德，能成公志，封魏国夫人。"⑤

纯仁还有一位妻子赵氏(？—约1127)，生子名正国。赵氏的身份有可能是妾。这不仅因为在范纯仁的墓志中未提到她，更重要的是在《范正国传》中称他为"赵太宜人"，如果是正妻，宰相的夫人应该有某国夫人的称号。而宜人级别比较低。宋朝规定：丈夫"朝奉大夫(从六品)以上封宜人，中散大夫(从五品)以上封恭人，太中大夫(从四品)以上封令人，侍郎以上封硕人，尚书以上封淑人，执政以上封夫人"。又规定嫡母、继母之外的生母，其封号随子⑥。赵氏的封号显然随子正国而得，正国最高的官当到朝议大夫(正六品)，其母按规定得封太宜人。有关她的记载只有一条，《范正国传》云："靖康之乱，奉生母赵太宜人避兵蔡州。旋丁母忧。建炎三年(1129)，隆祐太后幸洪州，公以枢密院干办官扈从"。⑦按靖康之乱在靖康元年(1126)，扈从隆祐太后幸洪州时应已服丧毕，其初服丧约在建炎元年(1127)。范纯仁墓志中以正国为王氏子，当是有意回避妾生子的事实。

3. 范纯礼(1031—1106)字彝叟，以父荫为秘书省正字，元符三年(1100)，任尚书右丞(副宰相)。卒谥恭献。《宋史》卷三一四有传。《全宋诗》第12册、第8041页录其诗二首。生一子正己，官京西运判。⑧

娶王氏，质之幼女。这门亲事是范仲淹和王质为子女定的。毕仲游《西台集》卷十四《魏国王夫人墓志铭》："始天章公(王质)与范文正公相友善，约以儿女为婚姻，夫人其长女也，以归高平公，而以次女归今右丞公。"

---

① 李攸《宋朝事实》卷九。
② 欧阳修《欧阳文忠公文集》卷二一《尚书度支郎中天章阁待制王公神道碑铭》。
③ 《范文正公集》卷十三《尚书度支郎中充天章阁待制知陕州军府事王公墓志铭》。
④ 《西台集》卷十四《魏国王夫人墓志铭》。
⑤ 《范忠宣公墓志铭》，《范忠宣集补编》，第42页。
⑥ 《宋会要辑稿》仪制一〇之二八。
⑦ 《范忠宣集补编》，第41页。
⑧ 李心传《建炎以来系年要录》卷二三。

4. **范纯粹**(1046—1117)字德孺,以父荫入仕,官至龙图阁学士知庆州。著有《奏议》十七卷,佚。《宋史》卷三一四有传。《全宋诗》第 18 册、第 11761 页录其诗一首。生子五:正夫,官凤翔令。正图、正途、正舆、正需,女一,嫁纯粹亲姐的二儿子张戬。①

娶邢氏。再娶晁氏(?—1126)。以上据家谱。两人生平、出身、家世均不详。晁氏是个出过许多人才的大家族,如哲学家晁迥,文学家晁说之(1059—1129)、晁咏之、晁补之,目录学家晁公武等。而晁说之曾为纯粹之同胞姐作墓志铭,晁氏很可能出自晁说之家族,但不知此晁氏之父是谁?待考。

5. **长女范氏**,适蔡交。范仲淹为什么要选择蔡交做女婿?其一,蔡交伯父梦臣之子齐(988—1039)是范仲淹同榜进士,而且是头名状元,早在景祐二年(1035)就当上了参知政事。蔡的老家在山东胶水,离朱文翰家很近,范仲淹在中进士前就已经和他相识,对他印象极好。范仲淹在为他作的墓志铭中,说:"自布素从公之游,见公出处语默,无一不善","恕以待人,仁以报国"。② 齐去世时,其子尚幼,不可能选择作婿,于是,范仲淹的目光便投向蔡交。其二,范仲淹对蔡交及其父元卿,相当了解,他还为元卿作墓表。③ 元卿"性本慈孝",而交亦"克孝其亲"。元卿曾从胡瑗学,五年业成,归隐。蔡交则当上了大理寺丞。元卿与蔡齐又有特殊的感情,元卿对齐"亲爱之过于己子"。

关于蔡交夫妻的具体情况,目前所知甚少。范纯仁作《零陵寄三弟五弟二首》诗,自注:"昔蔡氏女兄孀居许下……",④这是纯仁贬永州期间(绍圣四年[1097]二月至元符二年[1099]九月)作的,据此知蔡交早在此前去世,范氏孀居于许州。《鸡肋编》称"纯佑……妹婿蔡交",则范仲淹长女为纯佑之妹,而次女又为纯仁之姐,纯佑天圣二年(1024)生,纯仁天圣五年(1027)生,则范仲淹长女、次女只能分别生于天圣三年(1025)、天圣四年(1026),四年连生二子二女,生育似过于密集,颇疑长女乃纯佑之姐。《鸡肋编》作者庄季裕是范纯仁女婿庄公岳之子,南宋绍兴三年(1133)作,其说当有根据,但也难免会有小的误差。

6. **次女范氏**,为纯仁之姐,封崇德县君。适贾蕃(1020—1089),约生于天圣四年(1026)或略早些。蕃字仲通,开封人。官至朝议大夫、知筠州。父昌龄,太常少卿、直昭文馆。为人"孝友,人皆知之。凡弟兄子侄无远近,不能自养者教养之,女贫无以嫁者嫁之,仕宦可以官其子推与族人者四,及其卒,六人皆未官,"而贾蕃又继承了这一品质。⑤ 昌龄之从兄昌朝(998—1065),《宋史》卷二八五有传。庆历三年(1048)为参知政事,五年正月至七年三月为宰相。其间与范仲淹同在中央共事一年三个月。范氏出嫁可能此期间。范仲淹将女儿许配给贾蕃,当与昌朝相识及贾昌龄、蕃父子为人孝友有关。其女结婚时间不太长,便去世了,贾蕃又娶裴氏,也在贾死前去世。

7. **三女范氏**(1042—1118),聂氏所生,纯粹之姐。十六岁嫁张琬。政和八年七月卒,享年七十七。张琬,陕西韩城人,是张昇(992—1077)季子。昇官至参知政事兼枢密使,正直敢言,《宋史》卷三一八有传。"指切时事无所避",司马光称赞他"为人忠谨清直,不可干以私"。其品格与范仲淹颇多相似之处,这大概是范仲淹和他结成亲家的重要原因。张琬,元祐间知

---

① 晁说之《景迂生集》卷十九《宋故承议郎知楚州张公硕人范氏墓志铭》。
② 《范文正公集》卷十二《户部侍郎赠兵部尚书蔡公墓志铭》。
③ 《范文正公集》卷十四《赠大理寺丞蔡君墓表》。
④ 《范忠宣集》卷二。
⑤ 毕仲游《西台集》卷十三《朝议大夫贾公(蕃)墓志铭》,原注:代范忠宣(纯仁)作。

楚州，卒。卒时家甚贫穷。范氏，其父卒时才11岁，由其兄扶养成人，受其父、兄影响很大。善于治家，个人非常节俭，对女儿也不私下给一文，到晚年置地近百顷，仿范仲淹的义庄为张家建义庄。"文正公于姑苏建范氏义庄，闻天下，夫人抱病，久苦辛，呻吟中思为张成义庄，终不辱其先正也，夫人则曰是楚州之志也云。"张家是个大家族，"内外百口，畏夫人殆不敢平视。"①她可以说是范仲淹女儿中最能干的一位。范氏生三子：张威、张戬、张成，皆卒于官。长女嫁参知政事韩亿的曾孙琏，幼女嫁翰林学士承旨宋祁的孙子颐年。

五、范仲淹的孙子孙女

1. **正臣**，纯佑子，官太常寺太祝。生子、女至少各一人。女嫁后丧夫而疯，病愈，再嫁洛阳人奉议郎任誧。②

2. **范正民**字子政，纯仁长子。排行七。③为单州节度推官，年三十三卒。著《范文政集》，黄山谷为作《书范文政集后》。④子直彦，朝奉郎。

3. **范正平**(1056—1112)字子夷，纯仁次子。绍圣中为开封尉，有事为蔡京所嫉。及京当国，逮入狱，后得释。官至忠武军节度判官。工诗，有《荀里退居编》。卒年五十七。元祐三年(1088)纯仁为相时，年二十余。⑤毕仲游(1047—1121)作《祭范子夷文》。⑥子直雍、直清、直举。

4. **范正思**字子默，纯仁第三子。朝奉郎。著《惜养集》一卷，纂《忠宣公言行录》二十卷。卒年五十八。子直方，司农卿，绍兴间知浔州。

5. **范正路**字子□，纯仁第四子。

6. **范正国**字子仪，纯仁第五子，赵氏所生。以荫补承奉郎，知延津县。靖康之乱，避兵蔡州。建炎三年(1129)，以枢密院判官扈从隆裕太后至洪州。绍兴九年为广西转运判官，十二年改湖北转运判官，⑦终荆湖北路转运使。秩满，居临川，卒年六十二。姑以绍兴二十年(1150)卒计，约生于元祐四年(1089)。生六子，长直筠，官朝奉郎，居临川，后移居乐平。

7. **范正己**，纯礼子，官京西运判。⑧生七子。

8. **范正夫**(？—1127)字子立，纯粹长子。建中靖国元年(1101)以荫补朝奉郎，宣和时官凤翔令。画家，长于水墨画。⑨娶崔氏(？—1104)。生一子直心。

9. **范正图**字子永，纯粹次子。以荫补官，知长社县。娶孙氏。生一子直用。

10. **范正途**字子嘉，纯粹第三子。以荫补，官襄城县主簿。娶龚氏。生二子直虑、直遇。

11. **范正舆**(1098—1143)字子权，纯粹第四子。以荫补官。直龙图阁，诰词称其"名臣之孙，盖旧学传；贤父之子，不坠家声。"知池州。娶韩氏。子直青、直赓、直养。

---

① 晁说之《景迂生集》卷十九《宋故承议郎知楚州张公硕人范氏墓志铭》。
② 庄季裕《鸡肋编》卷中。
③ 范公偁《过庭录》。
④ 黄庭坚《山谷别集》卷十、第4页。
⑤ 《范忠宣集补编》，第41页，《忠武军判官子夷公传》。
⑥ 《西台集》卷十七。
⑦ 《建炎以来系年要录》卷一四七7.《东窗集》卷八《范正国除湖北路转运判官制》。
⑧ 《建炎以来系年要录》卷二三。
⑨ 邓椿《画继》卷三。

12. **范正需**(1101—1136)字子择，以荫补官，监登文检院。娶刘氏。生二子直节、直绍。

13. **范氏**，纯佑女，嫁元设。元设生平籍贯不详。范仲淹曾为元奉宗(961—1038)作墓志铭，① 奉宗，杭州人，景德二年(1005)进士，知海门县。范仲淹称其"迁惠于民，抱道于身"。范待之以乡丈之礼，元设或许是其后人。

14. **范氏**，纯仁长女，适将作监主簿崔保孙。前卒。② 生一子崔豫。③ 崔保孙字祖德，许州人。以舅父程戡恩试将作监主簿，年二十四，居父丧以毁卒。④ 其父良孺(？—1060)，殿中丞，程戡之婿。⑤ 其祖立(970—1043)字本之，官给事中、工部侍郎。著《巴歈集》二十卷。《宋史》卷四二六有传。是位诗人，深得范仲淹赏识。范仲淹曾对韩琦说："余向在江阴，多见崔公诗，格清而意远，诗人之作也。"⑥崔立之女嫁韩琦，韩与范仲淹为同僚好友。

15. **范氏**，纯仁次女，适朝请郎庄公岳。公岳字希仲，泉州惠安人。嘉祐四年(1059)进士，熙宁间官司农寺丞。⑦ 后任湖南提刑。《全宋诗》第12册、第7845页收其诗一首。生子庄季裕，著《鸡肋编》三卷。

16. **范氏**，纯仁第三女，适奉议郎司马宏，前卒。司马宏是司马旦之子，宰相司马光之侄。他们的结合显然也是范纯仁与司马旦、光友情的结合。司马光有《赠康广宏》诗，宏曾于熙宁八年(1075)，请范纯仁为司马光诗集作序。⑧ 司马旦去世后，毕仲游为范纯仁代作祭文，云："某昔谪安陆，与公际会。公德刚明，而志乐易。纳我于仁，援我以义。因得尽心，以济公事。公事之余，尊俎相对，谈笑咏歌，陶陶天地。遂得婚姻，以永今世。"⑨生子司马朴，字文季。从小在范纯仁家长大，纯仁贬官永州，朴随行，后以纯仁遗恩为官，迁兵部侍郎，宋亡，被金虏去，不屈而卒，谥忠洁。《宋史》卷二九八有传。

17. **范氏**，纯仁第四女，适承议郎蔡毂。元祐三年(1088)二月蔡毂卒，范纯仁为作《祭广济使君蔡承议文》称"没于盛年"。⑩

18. **范氏**，纯仁第五女，适通直郎郭忠孝。⑪ 忠孝之父为郭逵(1012—1088)，字仲通，洛阳人，《宋史》卷二九〇有传。早年曾是范仲淹麾下一员小将，识量过人，"仲淹勉以问学"，很快精通兵学，连宋神宗也向他请教，"一时最为知兵"，成为著名军事家，治平三年(1066)四月，为同签书枢密院，这是最高军事首长的副手，进入执政官行列，地位相当于副宰相。后来辞去枢职，极力推荐范纯仁等数人。范祖禹为作《墓志铭》，云："范文正最先知公，奖拔之。韩忠献(琦)、富文忠(弼)、司马文正(光)及今丞相范公(纯仁)皆称公不容口。"⑫他受范仲淹赏识和提拔，又与范纯仁是知交，故结为儿女亲家。元祐三年十二月，范纯仁《祭郭宣徽文》：

---

① 《范文正公集》卷十二。
② 曾肇《范忠宣公墓志铭》，《范忠宣集补编》，第52页。
③ 范公偁《过庭录》。
④ 张耒《柯山集》拾遗卷十二、第16页，《崔君墓志》。
⑤ 韩琦《安阳集》卷四三《祭崔良孺殿丞文》，张方平《乐全集》卷三六《程公(戡)神道碑铭》。
⑥ 《安阳集》卷五十《故尚书工部侍郎致仕赠工部尚书崔公行状》。
⑦ 《长编》卷二五八、熙宁七年十二月己巳，第6296页。
⑧ 《范忠宣集》卷十《司马公诗序》。
⑨ 《西台集》卷十七《代范忠宣祭伯庸文》。
⑩ 《范忠宣集》卷十一。
⑪ 曾肇《范忠宣公墓志铭》，《范忠宣集补编》，第52页。
⑫ 范祖禹《范太史集》卷四十。

"昔我先公,拔公戎行,待以国士。及予之世,重以婚姻"。① 著有《奏议》五十卷、《对境图释》五卷等,均佚。

忠孝(？—1028)是郭逵第三子,字立之,号兼山先生。从小随理学家程颐学《易》、《中庸》。中进士,官至永兴军路提点刑狱,建炎二年正月,坚持抗金,城破而亡。《宋史》列于卷四四七《忠义传》中。著《易说》,也是著名的理学家。

忠孝之子雍(1095—1187)字子和,号白云先生,传其父易学,是著名的理学家,淳熙初,学者编《大易粹言》一书,内收七大理学家精华,七人为二程、张载、游酢、杨时及郭氏父子。《宋史》卷四五九有传。纯仁有恩荫,没有给自己的儿子,而是转赠忠孝之子,大概就是郭雍。

19. **范氏**,纯粹女,嫁纯粹亲姐的二儿子张戬。②

余 论

从婚姻情况看,范仲淹曾、祖、父三代娶的都是陈氏,很可能是一种世婚关系,从遗传角度看,并不是好现象。陈氏祖坟与范氏祖坟相邻,也应是苏州人。从《吴郡志》进士名单看,北宋前期无一名陈姓人中进士,说明文化素质不是太高。倒是范赞时娶了谢氏,毫无血缘关系,生下范仲淹,就与众不同。

从范仲淹娶了大家闺秀李氏以后,婚姻圈明显扩大了,四个孩子都成才并非偶然。范仲淹当高级官员以后,他给孩子娶的媳妇都是在竞争中新兴的名门大族,贤惠、俭朴,会相夫教子的。四子发展为四房。在范氏家族十五房中,从我目前掌握的材料看,这四房的人才比较突出。给女儿找的丈夫主要看素质、品行。婚姻关系中偶尔也有血缘关系较近的情况,如范纯粹的女儿,嫁纯粹亲姐的儿子张戬。当时大族之间有世婚的风气,如宰相范质后代与枢密副使韩亿后代。③ 这一风气并不好,范仲淹家似也未能完全摆脱此风。

妇女再婚视为正常之事,即使得过疯病,病好以后,同样能再嫁一个做官的丈夫,如范纯佑孙女。

由于范仲淹这位伟大的历史人物出现,给范氏家族以很大影响。一、树立了个人奋斗的榜样。在范仲淹以后,有不少人勤奋学习,考中进士。如天圣二年(1024)范镃,天圣五年(1027)范琪(一作范仲琪),天圣八年(1030)范师道,庆历六年(1046)范钧,皇祐元年(1049)范纯仁,皇祐五年(1053)范世京,熙宁三年(1070)范世亮,崇宁五年(1106)范闻,乾道八年(1172)范之柔等。二、由于范仲淹与两子,一位宰相、二位副相,给亲族恩荫(如范仲温),使他们中不少人走上仕途,改变了他们的命运,也改变了他们的婚姻圈,有助于改善人口素质。三、由于范仲淹及其子孙兴建和扩大义庄、兴办义学,使整个家族生活得到改善,文化素质得到提高。增强了家族的凝聚力。这一切,使得范氏家族成为知名的大家族。

---

① 《范忠宣集》卷十二。
② 晁说之《景迂生集》卷十九《宋故承议郎知楚州张公硕人范氏墓志铭》。
③ 刘攽《彭城集》卷三九《乐安县君范氏墓志铭》。

范仲淹及其子是高峰期,他的几个儿子继承了范仲淹的优良传统,当时人们说:范纯仁"得其德量",范纯礼"得其文学",范纯粹"得其将略也,边人至今畏服焉。"①自孙子辈到宋亡,渐趋一般,缺乏大名人。原因大概有二,一是金兵南下的打击,一部分死于战乱,一部分沦于金国统治之下。其二,过多依赖恩荫,南宋以后,靠个人奋斗中进士的人数明显减少。

(原载香港出版《范仲淹研究文集》之二。关于范仲淹第三任妻子张氏一节,系读李伟国《〈宋故冯翊郡太君张氏墓志铭〉考》后作增补修改。)

---

① 徐度《却扫编》卷下。

范仲淹生平事迹记载考辨
——《范文正公年谱》抉误

〔日〕王瑞来

　　范仲淹是宋代重要的政治家、军事家，以主持"庆历新政"和抵御西夏而闻名。研究北宋的政治史、军事史，离不开范仲淹，而研究范仲淹，则离不开《范文正公年谱》这部记载范仲淹生平事迹的最基本的史籍。

　　《范文正公年谱》（以下简称《范谱》），不分卷，南宋楼钥撰。楼钥是南宋的一位政治家，仕履同范仲淹相似，也曾位至参知政事。楼钥素所景仰范仲淹的人品政绩，曾写过《重建文正范公祠记》、《范氏复义宅记》等文章。从楼氏的仕履以及《范谱》撰成后曾经过范仲淹五世孙范之柔的校订等事实考察，可知《范谱》大约撰成于开禧（1205—1207）末、嘉定（1208—1224）初。当时，楼钥由于受权臣韩侂胄的排挤，正担任提举太平兴国宫这样的闲散官，因而有余暇翻检群籍，编撰这样一部年谱。

　　由于楼钥生活的时代，去范仲淹生活的时代已远，因此，他编撰《范谱》，主要是藉助于各类文献的记载。我粗略统计过，在这部篇幅不大的年谱中，有名可稽的引书就达二十多种。通过进一步考察，我发现《范谱》主要依据的史籍则是李焘的《续资治通鉴长编》（以下简称《长编》），包括一些未注明出处的部分也是如此。此外，《范谱》的另一个主要依据对象便是范仲淹的文集、奏议、尺牍等第一手资料。我将现存辑本《长编》、《宋会要辑稿》等文献记载的范仲淹事迹同《范谱》校核一过，发觉《范谱》对范仲淹主要事迹的记载，大致靡有遗漏。从征引文献的翔实、客观、准确来看，《范谱》已具有一定的科学性，对后世科学地编撰年谱产生了好的影响。

　　然而，年谱属于一种编年体传记著作，在时间记载的准确性方面要求严格。由于楼钥在编撰时的疏略以及分析理解史料有误等原因，致使《范谱》存在不少系年方面的失误。结论的正确取决于史料的准确。为了使这部记载范仲淹生平事迹的基本史籍所反映的史实更为准确，二十多年前，我在作《范仲淹集编年校证》以及应中华书局约请，点校《范文正公年谱》时，曾根据现存宋代有关文献仔细校核了《范谱》。这个作业，省略了版本流传方面的讹误，仅是就楼氏原著本身的错误进行的考辨。考证完成后，一直藏于箧底，未加刊行。今发箧董理旧编，分为史事纪年、诗文编年、其他三部分缕述如下。

一、史事纪年类

（一）明道二年（1033）谱文
八月甲申，遂命公安抚江淮。

按，范仲淹受命安抚江淮灾区时间，李焘于《长编》卷一一三卷末自注中明言"范仲淹以七月安抚江淮"。于此已见《范谱》所记之误。又检之历书，明道二年八月甲午朔，月内无"甲申"日。其实，《范谱》关于此事的记载亦源于《长编》。由于《长编》对"甲申"的纪日未加以另外分行单记，而是混于范仲淹请求遣使视察江淮灾区的记载之中，所以楼氏误记作"八月"。

（二）景祐二年（1035）谱文
冬十月，除尚书礼部员外郎、天章阁待制，有《谢表》，见文集。

按，《长编》卷一一六于景祐二年三月己丑条载："知苏州、左司谏、秘阁校理范仲淹为礼部员外郎、天章阁待制。"据此可知，将范仲淹此次除拜系于"冬十月"误。又，作为第一手资料，《范文正公文集》（以下简称《范集》）卷六有《朝贤送定惠大师诗序》一文，文末范仲淹自署："时景祐二年五月八日，尚书员外郎充天章阁待制某序。"根据这一记载，范仲淹在景祐二年五月的撰文已署新官职，由此亦可证，《范谱》记作"十月"误。

（三）景祐三年（1036）谱文
春正月，公上太宗尹京日所判案牍。遂命崇政殿说书贾昌朝、王宗道同编次。

按，《长编》卷一一八于景祐三年二月内载："甲子，命崇政殿说书贾昌朝、王宗道同编次太宗尹京日押字。时范仲淹权知开封府，上太宗所判案牍，故令昌朝等编次。"据此可知《范谱》将此事系于"春正月"误。

（四）宝元元年（1038）谱文
冬十一月，徙知越州。

按，范仲淹徙知越州的时间，在楼钥编《范谱》时即存异说。故楼氏于范仲淹知越州之事后，特记如下数语存疑："按，公文集有《刻唐祖先生墓志于贺监祠堂序》，题曰'宝元元年知越州范某序'，系元年知越州，《长编》却称二年三月丁未，当考。"检《长编》卷一二三，确于宝元二年三月丁未条载："徙知润州范仲淹知越州。"依《长编》的体例，凡有异说，必施注语志疑考辨。此条无之，盖李焘所本之国史、实录、会要等无异说也。又检北宋熙宁年间孔延之编纂的《会稽掇英总集》卷十八《宋太守题名记》，范仲淹自于其上题名云："宝元二年十一月到，康定元年四月授天章阁待制移知永兴军。"此足证范仲淹知越州在宝元二年。盖二年三月敕命差除，十一月到任。楼钥所举范仲淹《刻唐祖先生墓志于贺监祠堂序》，载《范集》卷六，文末纪年如楼氏所云。然而，我颇疑范仲淹原记作"宝元二年"，而"二"字后人不详，误以为系"元"字之重文符号「々」而改成"元"字。

(五)康定元年(1040)谱文

　　七月己卯,公除龙图阁直学士,与韩琦并为陕西经略安抚副使,同管勾都部署司事。

按,据《长编》卷一二七,范仲淹除龙图阁直学士,与韩琦并为陕西经略安抚副使的时间,当为"五月己卯"。《范谱》此事记载全抄《长编》。然将"五月"误成"七月"。

(六)庆历元年(1041)谱文

　　是岁筑大顺城。

按,《范谱》将范仲淹主持修筑大顺城一事系于庆历元年误。《长编》卷一三六于庆历二年五月庚申条载:"庆之西北马铺寨,当后桥川口,深在贼腹中。范仲淹欲城之,度贼必争,密遣子纯佑与番将赵明先据其地,引兵随其后,旬日城成。是年三月也。"此后,李焘自注云:"按,《范仲淹奏议》,仲淹欲城大顺,以三月十三日往柔远寨驻扎,遣将密行占得寨地。又仲淹集有《三月二十七日自大顺回见桃花》诗。"据此可知,范仲淹主持筑大顺城当在庆历二年三月。

(七)庆历二年(1042)谱文

　　三月癸丑,公请给枢密院空名宣及宣徽院头子各百道,以备赏功。从之。

按,《范谱》此记源自《长编》。然《长编》卷一三五将此事记于庆历二年正月癸丑,《范谱》误作"三月癸丑"。此误由较之《长编》更为原始的史籍《宋会要》的记载亦可辨明。《宋会要·兵》一八之二载:"(庆历)二年正月,知庆州范仲淹请给枢密院空头宣及宣徽院头子各百道,以备赏战功。从之。"

(八)庆历二年(1042)谱文

　　传宣:"候将来边事稍宁,诏卿用在两地,非出拟议,亦非臣僚奏举,特出朕意,宣谕卿知。"兼令密举臣僚代边任奏闻。先差入内内侍省高班陈舜封至传宣,又差入内西头供奉官麦知微至,传宣旨抚问,赐凤茶一合。

按,《范谱》此记有两处错误。其一,仁宗传宣当在庆历三年。是年,范仲淹、韩琦等先后除拜枢密副使、参知政事,与传宣"用在两地"之旨相合。《长编》卷一四〇即于庆历三年三月载:"是月,上令内侍宣谕韩琦、范仲淹、庞籍等:候边事稍宁,当用卿等在两地。已诏中书札记。此特出朕意,非臣僚荐举。又令琦等密奏可代处边任者。"据此可知,《范谱》将此事系于庆历二年误。

其二,又差入内西头供奉官麦知微至抚问赐凤茶之事,《范谱》与仁宗传宣事同系于庆历二年,亦误。检《范集》卷十七有《谢赐凤茶表》,《范谱》已将此表系于皇祐元年范仲淹知杭州时。审谢表首句,正为《范谱》于庆历二年此处所记者。可见《范谱》一事两出。考谢表中所云"屡触雷霆之威,数蹈风波之险"等句,与《范集》卷十六《谢传宣表》中语截然不同。盖仲淹谢传宣时正为仁宗所倚重,而谢凤茶时已是在罢参知政事、身被谗言之后。此事《范谱》系于皇祐元年是,系于庆历二年则谬。

(九) 庆历三年(1043)谱文

六月丁丑,除参知政事,固辞不拜。甲申,以公为陕西宣抚使。

按,范仲淹初除参知政事时间,《长编》卷一四二、《宋史》卷二一一《宰辅表》均记于庆历三年七月丁丑。辞参政后,以范仲淹为陕西宣抚使之事,《长编》同卷亦记在七月甲申。检之朔闰,庆历三年六月丙申朔,月内无"丁丑"、"甲申"日;七月丙寅朔,丁丑为十二日,甲申为十九日。据此可知,《范谱》将范仲淹初除参知政事记为陕西宣抚使系于"六月"误。

(十) 庆历五年(1045)谱文

二月癸卯,公请以新建细腰城隶原州。从之。

按,检《长编》卷一五六于庆历五年闰五月内载:"甲辰,以细腰城隶原州,从四路安抚使范仲淹之请也。"从干支纪日看,"甲辰"仅后"癸卯"一日。不同史籍中凡记载同一诏敕时间略差一、二日,一般不视为有误,因不同史籍记录署敕、颁布之时间略有差异。然《范谱》将"闰五月"记作"二月"则误。

(十一) 皇祐元年(1049)谱文

公守杭日,林逋隐孤山。公过其庐,赠诗曰:"巢由不愿仕,尧舜岂遗人。风俗因君厚,文章到老醇。"其激赏如此。《与人约访林处士阻雨见寄》诗、《和沈书记同访林处士》。

按,《范谱》将范仲淹与林逋交游以及与林逋赠答之诗均系于皇祐元年知杭州时,大谬。此时林逋已去世二十多年。林逋卒于天圣六年,此事在《长编》卷一〇六天圣六年十二月丁卯条有明确记载。那么,范仲淹与林逋交游在何时呢?检《林和靖诗集》卷三,有《送范仲淹寺丞》一诗。诗云:"中林萧寂款吾庐,叠叠犹欣接绪余。去棹看当辨江树,离尊聊为摘园蔬。马卿大才常能赋,梅福官卑数上书。黼座垂精正求治,何时条对召公车。"考仲淹生平,天圣二年迁大理寺丞,天圣四年丁母忧,天圣五年寓居南京,晏殊召掌府学。其间为诸生作赋数十首,俱载《范集》。又上书论朝政"凡万余言"。天圣六年服除,以晏殊荐,除秘阁校理。由此可知,林逋与范仲淹交往,当在天圣二年至六年间。时仲淹为大理寺丞,与林逋诗题合。又林逋诗中"马卿大才常能赋,梅福官卑数上书"之句,当系援引汉代典故隐指仲淹为诸生作赋与上万言书之事。据此可知,范、林交往诗作赠答均当系于天圣五年前后。关于范仲淹与林逋的交游,笔者旧有《范仲淹三至杭州考实》一文,有所涉及,见《浙江学刊》1991年第2期。

(十二) 皇祐元年(1049)谱文

正月,帝御便殿,访近臣以备御之策,权三司使叶清臣言,诏问辅弼之能为社稷之固者莫如公,又谓公深练军政。

按,《长编》卷一六六将此事载于皇祐元年二月末。李焘且于此条下自注云:"清臣上对,不得其月,对有仲春之语,因附此月末。"李焘依据叶清臣奏对中"仲春"之语的考证为是,《范谱》系于"正月"不确。

(十三) 皇祐元年(1049)谱文

置义庄于苏州。

按,《范集》附载仲淹所定《义庄规矩》,自署时间为"皇祐二年十月"。据此可知,仲淹置义庄当在皇祐二年,《范谱》系于"皇祐元年"不确。

二、诗文编年类

(十四) 大中祥符八年(1015)诗文系年

登第后,有诗云:"长白一寒儒,名登二纪馀。百花春满路,二麦雨随车。鼓吹迎前道,烟霞指旧庐。乡人莫相羡,教子读诗书。"

按,此诗不载于现存范仲淹集。除《范谱》收录外,尚见于北宋王辟之所撰《渑水燕谈录》卷四。二书所录,文字略异。如"名登"记作"登荣","二纪"记作"三纪","二麦"记作"二月"等。《范谱》所本大约就是《渑水燕谈录》。然而,问题并不在于文字差异,《范谱》将此诗系于范仲淹进士及第这一年是错误的。其一,诗中的"二纪"或"三纪"与事实不合。作为中国古代纪年的一种方式,一纪为十二年。诗所书"二纪"或"三纪",当是二十四年或三十六年。即此诗当是范中淹在及第二十四年或三十六年后所作。其二,诗中的"二月"也与公布进士合格的时间不合。据《长编》卷八四所记,范仲淹的进士及第合格公布的时间是在大中祥符八年三月。综上所考,知仲淹此诗当是其晚年的作品。关于此诗系年之误,我已在《宋代士大夫の精神世界の一侧面——范仲淹を中心に》(《东洋学报》第 82 卷第 2 号,2000 年 9 月。中文版见《宋史研究论丛》第 6 辑,题为《宋代士大夫主流精神论——以范仲淹为中心的考察》,2005 年 4 月)一文中指出。

(十五) 天圣六年(1028)诗文系年

有《南京书院题名记》。

按,范仲淹于天圣五年、六年丁母忧期间,应晏殊之请,掌应天府学。楼氏据此,并据此文之题,即将此文系于天圣六年,实误。此文载《范集》卷七。文中有"今端明殿学士盛公侍郎度文其记,前参预政事陈公侍郎尧佐题其榜"之句。据徐自明《宋宰辅编年录》卷四记载,陈尧佐天圣七年除参知政事,明道二年罢,景祐四年拜相。由此可知,仲淹此文当作于陈尧佐罢参政,而尚未拜相之时。即明道二年至景祐四年之间。《宋宰辅编年录》同卷又载,盛度于景祐二年二月以端明殿学士、礼部侍郎除参知政事。而据仲淹自记,此文当作于盛度未除参政之时。综上所考,知仲淹此文只能作于景祐元年。

(十六) 天圣八年(1030)诗文系年

六月十五日,有《与周揆推官书》。七月十二日,有《与欧静书》。

按,此二文均载于《范集》卷九,如《范谱》所记,前文自署其时为"六月十五日",后文自署其时为"七月十二日"。二文所述,为同一件事,即有关滕宗谅(子京)辑李唐制书拟定书名之事。

如果这两通书信作于同年的话,则当致周揆书在前,致欧静书在后。然据《与周揆推官书》中引述《与欧静书》中语,并云"去年秋滕子京集李唐制书"可知,《与周揆推官书》当作于《与欧静书》之次年。《范谱》将《与周揆推官书》和《与欧静书》系于同年,实误。

(十七) 天圣八年(1030) 诗文系年

十二月,《与唐处士书》。

按,此文载《范集》卷九。《范集》卷六尚载有《唐异诗序》,仲淹于文末自署"天圣四年五月四日序",并于序中提及"尝贻之书",又引述此信中"崔公既没,琴不在兹乎"等语。由此可知,仲淹作序在后,致书在前。从此信所记"十二月日"、序文署"五月日"可知,此书作年不会晚于天圣三年。《范谱》将此信系于天圣八年误。

(十八) 景祐三年(1036) 诗文系年

有《滕公夫人刁氏墓志铭》。

按,此文载《范集》卷十二。刁氏,为滕宗谅之母。仲淹因宗谅之请而作此文。文中云:"时景祐之三载,明年夫人无疾而终,……闰四月举而附之。"据此可知,仲淹此文当作于景祐四年闰四月以后。《范谱》系于景祐三年,实为阅读原文时疏忽所致。又,此误由景祐三年无闰月,景祐四年恰恰闰四月亦可知。

(十九) 景祐三年(1036) 诗文系年

有《灵乌赋》。

按,此文载《范集》卷一。仲淹上书讥切时相吕夷简,被贬落职知饶州。梅尧臣赠以《灵乌赋》,仲淹同题作赋以答之。北宋陈贻范绍圣年间撰有《范文正公鄱阳遗事录》,其中"庆朔堂"条载:"公景祐三年八月三日到任,五年正月十三日移润州。"而《范谱》将此赋系于景祐三年,便与赋中所云"皇皇三月"不合。兼考仲淹于景祐五年正月便已离饶州任,则此赋只能作于景祐四年三月间。

(二十) 景祐四年(1037) 诗文系年

有《润州谢上表》、《移丹阳郡先游茅山》诗、《京口即事》诗、《滕子京魏介之二同年相访丹阳郡》诗。

按,据《长编》卷一二〇,仲淹徙知润州敕命在景祐四年十二月壬辰。然据《鄱阳遗事录》"庆朔堂"条载,仲淹离开饶州,赴润州任已在次年即宝元元年正月十三日。《范谱》于宝元元年内亦明言"春正月十三日赴润州"。由此可知,《范谱》因仲淹徙知润州敕命在景祐四年,而将上述诗文亦系于是年,实误。上述诗文,均作于宝元元年以后。

(二十一) 宝元二年(1039) 诗文系年

有《兵部侍郎胡公墓志铭》。

按,此文载《范集》卷十二。墓志云,胡则卒于宝元二年六月,"明年二月十有一日,葬于杭之钱塘县南山履泰乡龙井源"。据此可知，仲淹此文当作于宝元二年之次年康定元年。一般来说，墓志系年当从葬年，而不当从卒年。因为葬年与卒年未必皆在同一年。《范谱》将此文从卒年系年，显误。

（二十二）宝元二年(1039)诗文系年
公在越有《清白堂记》。

按，《范谱》此文系年依据《范集》卷七本文文末自署："宝元二年月日记。"然北宋孔延之于熙宁间编纂的《会稽掇英总集》卷十九亦收录此文，文末自署写作时间与《范集》异："时康定元年三月二十日。"考《会稽掇英总集》成书早于《范集》，且此文又系孔延之亲录于清白堂，庶几近实。

（二十三）康定元年(1040)诗文系年
有《举张问孙复状》。

按，此文载《范集》卷十八。张问，字昌言。据《宋史》卷三三一本传，"尝仕鄜延幕府"。《长编》卷一三五庆历二年二月辛巳条亦有"仲淹近遣本州推官张问"的记载。孙复，字明复，宋代著名理学家。《宋史》卷四三二有传。《长编》卷一三八庆历二年十一月载："甲申，以泰山处士孙复为试校书郎、国子监直讲。复，平阳人，举进士不中，退居泰山。学《春秋》，著《尊王发微》十二篇，大约本于陆淳而增新意。石介有名山东，自介而下，皆以先生事复。年四十不娶。李迪知其贤，以其弟之子妻之。复初犹豫，石介与诸弟子谓：公卿不下士久矣，今丞相不以先生贫贱，欲托以子，宜因以成丞相之贤名。复乃听。孔道辅闻复之贤，就见之。介执杖屦立侍左右，升降拜则扶之，其往谢亦然。介既为学官，语人曰：孙先生非隐者也。于是，范仲淹、富弼皆言复有经术，宜在朝廷。故召用之。"据此，可知仲淹此举状当作于庆历二年间。《范谱》系于康定元年，误。

（二十四）康定元年(1040)诗文系年
（有）《乞修京城》二札子。

按，文载《范集》卷十九。《长编》卷一三六于庆历二年五月载："戊午，建大名府为北京。……景祐中，范仲淹知开封府，建议城洛阳以备急难。及契丹将渝盟，言事者请从仲淹之请。吕夷简谓：契丹畏壮侮怯，遽城洛阳，亡以示威，必长敌势。景德之役，非乘舆济河，则契丹未易服也。宜建都大名，示将亲征，以伐其谋。诏既下，仲淹又言：此可张虚声耳，未足恃也。城洛阳既弗及，请速修京城。议者多附仲淹议。夷简曰：此囊瓦城郢计也。使敌得渡河而固守京师，天下殆矣。故设备宜在河北。卒建北京。识者韪之。仲淹疏曰（即此札子之一，从略）。契丹既就盟，仲淹复上疏曰（即此札子之二，从略）。"考契丹就盟亦在庆历二年，故仲淹乞修京城二札子均当系于是年。《范谱》将此二札子均系于康定元年，误。又，《宋朝诸臣奏议》卷一二六载仲淹前札，题为《上仁宗论修建北京》，并于札子后附注云："庆历二年八月上，时为陕西四路安抚沿边招讨使。"此记上奏具体时间与《长编》小异，然札子作于此年殆无疑义。

(二十五) 庆历元年(1041)诗文系年

是岁有《举滑州节度判官欧阳修充经略安抚司掌书记状》。

按,此文载《范集》卷十八。《长编》卷一二七于康定元年六月载:"辛亥,复权武成军节度判官欧阳修为馆阁校勘。始,范仲淹副夏竦为陕西经略安抚招讨,辟修为掌书记。修以亲为辞,且曰:今世所谓四六者,非修所好,兼此末事有不待修而能者。又曰:古人所与成事者,必有国士共之,非惟在上者以知人为难。士虽贫贱,以身许人固亦未易。欲尽其死,必深相知。知之不尽,士不为用。今奇怪豪俊之士往往已蒙收择,顾用之如何尔。然尚虑山林草莽有挺特知义慷慨自重之士未得出门下也,宜少思焉。"考仲淹为陕西经略安抚副使在康定元年五月,则知仲淹此举状当作于是年五、六月间。宋胡柯《庐陵欧阳文忠公年谱》亦于康定元年内记仲淹辟欧阳修为掌书记事。欧阳修《居士集》卷四十七有《答陕西安抚使范龙图辞辟命书》,亦明确系于康定元年。综上所考,知《范谱》将此文系于庆历元年误。

(二十六) 庆历四年(1044)诗文系年

夏六月,有《上吕相公书》。

按,《范谱》据《范集》卷九,将仲淹三通作于不同时间的《上吕相公书》笼统系于庆历二年已为不确,又将《上吕相公书》之三析出,复系于庆历四年,尤误。详审此书内容,乃系仲淹恳请收回除其为邠州观察使成命之事。检《长编》卷一三五,除仲淹为邠州观察使在庆历二年四月己亥。可见仲淹上吕夷简恳辞此任之书,当在是年四月颁命之后。仲淹此书前云"六月日",似此书作于六月,然《长编》卷一三六已将朝廷应仲淹之请收回成命记在五月癸亥。仲淹断无朝廷已允其请,复求之宰相吕夷简之理。两种记载之异,或系因是年六月初仲淹远在边上,尚未接到朝廷应允之命,而复求之吕夷简所形成的。但此书作于庆历二年则当毫无异议。从吕夷简生平考察,此书系于庆历四年亦有抵牾。据《宋宰辅编年录》卷五、《宋史》卷二一二《宰辅表》记载,吕夷简已于庆历三年三月罢相,九月致仕。因此,仲淹不可能于庆历四年六月再有致吕相公书。

(二十七) 庆历四年(1044)诗文系年

八月辛卯,……有《上吕相公书》。

按,如前所述,《范谱》据《范集》卷九将仲淹三通作于不同时间的《上吕相公书》笼统系于庆历二年已为不确,又将《上吕相公书》之一析出,复系于庆历四年,尤误。审此书中有云:"张龙图吏道精强,但亲年八十,寓于他乡,复言不练兵律。延安重镇,数郡仰赖,若不主戎政所失则大。"考张龙图为张存,时以龙图阁直学士知延州。在仲淹向吕夷简上此书不久,朝廷即将张存撤换,而以仲淹兼知延州。《长编》卷一二八于康定元年八月载:"庚戌,陕西经略安抚副使范仲淹兼知延州,徙知延州张存知泽州。……先是,……(张存)与仲淹议边事,乃云素不知兵。且以亲年八十求内徙。仲淹因自请代存。从之。"据此可知,仲淹此书作于康定元年明甚。

(二十八) 庆历四年(1044)诗文系年

十一月四日,又有《上吕相公书》。

按，如前所述，《范谱》据《范集》卷九已将仲淹三通作于不同时间的《上吕相公书》笼统系于庆历二年，此处又将《上吕相公书》之二析出，复系于庆历四年。据《宋史》卷十一《仁宗纪》所记，是年九月吕夷简已卒，仲淹焉有十一月四日再向"死魂灵"致书之理？尤大谬。审此书云"前则刘平陷没，范资政去官；次则韩琦与某贰于元帅，不能成绩，以罪失职；复以夏、陈分处二道，期于平定，近以师老罢去，而更张之。三委文帅，一无武功。今归之四路，复皆用儒。"考仲淹所云当为如下事实：范雍去官后，以仲淹、韩琦并为陕西经略安抚副使、同管勾都部署司事，即仲淹所云"贰于元帅"。此见于《长编》卷一二五康定元年五月己卯条记载；而后范、韩相继罢去，即仲淹所云"以罪失职"，此见于《长编》卷一三一庆历元年四月记载；"复以夏、陈分处二道"，指以资政殿学士、右谏议大夫陈执中同陕西都部署兼经略安抚缘边招讨等使、知永兴军，而夏竦仍判永兴军。此见于《长编》卷一三四庆历元年十月甲申条记载；"近以师老罢去"，指夏竦徙判河中府，陈执中徙知陕州。此见于《长编》卷一三四庆历元年十月甲午条记载；"今归之四路，复皆用儒"，指以韩琦管勾秦凤路部署司事，王沿管勾泾原路部署司事，仲淹管勾环庆路部署司事，庞籍管勾鄜延路部署司事。此亦见于《长编》卷一三四庆历元年十月甲午条记载。又《长编》卷一三四庆历元年十一月乙亥条记载，"是月梁适自陕西还，知庆州范仲淹附奏《攻守二议》"，亦与此书前云"十一月四日"之时间及与书中云"附记注梁学士达于台听"之事实相合。综上所考，可知仲淹此通《上吕相公书》作于庆历元年无疑。

（二十九）庆历四年（1044）诗文系年

有《举许渤签署陕府判官事状》。

按，此状载《范集》卷十八。据状中云，许渤时为润州观察使。仲淹子纯仁《范忠宣集》卷十二《秘书丞许君墓志铭》载："君讳渤，字仲容，其先许昌人。……天禧三年举进士。……先文正字饶移润，适君在幕中，遂知其贤。因暇日问之曰：'以君文行之高，何知者之少耶？'君对曰：'相知之道，固未易也。未尝苟欲人知，故人亦不知。盖闻君子病乎无能，不知非所病也。'文正公爱重嗟叹之。遂荐于朝，改著作佐郎。"据此，知许渤为润州观察推官当在宝元间。又据举状之题，知仲淹之荐当在康定间为陕西经略安抚副使时。《范谱》将仲淹此状系于庆历四年，与许渤及仲淹之生平均不合，误。

（三十）庆历四年（1044）诗文系年

十二月，有《祭吕相公文》、《祭陈相公文》。

按，二祭文载《范集》卷十。祭文首句记其时，均作"维庆历四年十一月日"。据此可知，《范谱》系于"十二月"显误。

（三十一）庆历四年（1044）诗文系年

有《举张伯玉应制科状》。

按，此文载《范集》卷十八。《长编》卷一一四于景祐元年六月内载："丙午，以应书判拔萃科潞州司法参军江休复为大理寺丞；张伯玉、林亿、阎询并除两使幕职官。"李焘并于此下注云："二月乙未，已罢书判拔萃科，不知江休复等何故犹以应科除官。按《登科记》云，是年春，诏今后更不置此科。六月，令已应科人不御试，休复盖是不御试迳除官者。"聂崇岐先生《宋代制举考略》认为，书判拔萃科非制科。然宋人则将此科视为有别于贡举之制科。《文献通考》卷三十三《选举考》于"贤良方正"条下载："苗昌言奏：国初尝立三科，景德增而为六。仁宗皇帝时，李景请依景德故事，亲策贤良秘阁六论，专取六经及问时务，其史传注疏乞不条问。帝亦以为问隐奥观其博，不若取其能，明世之治乱，有补阙政。又诏以景德六科为制举之目，俾少卿监已上奏举内外京朝官，增置书判拔萃科、高蹈丘园科、沉沦草泽科、茂材异等科，总为十科，并许布衣应诏。于是，何咏、富弼、余靖、尹洙、苏绅、张方平、江休复、张伯玉辈出焉。"观《通考》所言，当系宋时十科总名制科。其所列举之人，有应贤良方正能直言极谏者，亦有应十科之中其他科者。此亦可证书判拔萃科为制科之一。张伯玉厕名其间，当即指《长编》所记其应书判拔萃科。据此可知，仲淹举状当作于景祐元年。《范谱》系于庆历四年，误。

（三十二）庆历五年（1045）诗文系年

有《邠州建学记》。

此文载《范集》卷七。仲淹于文中云"庆历甲辰岁，予参贰国政，……明年春，予得请为豳城守，署事之三日，谒夫子庙。……遂以建学。……明年夏，厥功告毕。……予既改南阳，郡博士移书请为之记。"据此可知，仲淹此文作于庆历六年知邓州时，《范谱》系于庆历五年误。

（三十三）庆历五年（1045）诗文系年

有《论复并县札子》。

按，此文载《范集》卷十九。检《长编》卷一四三载，仲淹等在庆历三年九月条陈除弊十事，其八曰减徭役，即省并县事。《长编》又于卷一四九庆历四年五月己丑条载，"省河南府颍阳、寿安、偃师、缑氏、河清五县为镇。逐镇令转运司举幕职州县官、使臣两员监酒税，仍管勾烟火公事。又析王屋县隶河南府。始用参知政事范仲淹议也。"审此札中云"臣去年秋才入中书，蒙圣慈差中使催臣言事"，兼考仲淹除参知政事时间为庆历三年八月丁未，可知札中所引仁宗之"西京河阳管界诸县近经驶废，颇闻人民不便，并特令依旧"的敕书，以及仲淹此札，均出在庆历四年。《范谱》将此札系于庆历五年误。

（三十四）庆历七年（1047）诗文系年

二月，有《祭龙图杨给事文》，有《祭尹师鲁舍人文》。

按，二祭文均载《范集》卷十。前文首句记其时为"庆历七年三月日"；后文首句记其时为"庆历七年四月十一日"。由此可知，《范谱》将二祭文总系于"二月"显误。

（三十五）皇祐元年（1049）诗文系年

公在杭有《过余杭白塔寺》诗、《西湖筵上赠胡侍郎》诗。

按，二诗均载《范集》卷四。检《范集》卷三有《赠余杭唐异处士》一诗，诗中自注："时胡侍郎守余杭。"考诸史籍，在仲淹之前知杭州者，胡姓唯有胡则一人。胡则字子正，《宋史》卷二九九有传。仲淹通判陈州时，胡则为知州。胡则于明道二年四月徙知杭州，仲淹为撰《代胡侍郎乞朝见表》；景祐元年，仲淹由睦徙苏，途经杭州，又为撰《代胡侍郎奏乞录余杭州学名额表》；同年，胡则以兵部侍郎致仕，仲淹又作有《贺胡侍郎致仕状》。胡则致仕后，寓居杭州，卒于宝元二年,仲淹撰有《兵部侍郎致仕胡公墓志铭》。《西湖筵上赠胡侍郎》一诗题中之"胡侍郎"即胡则。《过余杭白塔寺》诗中"迁客特依依"之句,即指仲淹因谏废郭皇后先被贬知睦州,继而徙知苏州之事。由此可知,二诗均当作于景祐元年,《范谱》将二诗系于皇祐元年仲淹知杭州时,误。

(三十六) 皇祐二年(1050)诗文系年

有《举李宗易向约堪任清要状》。

按,此文载《范集》卷十九。据举状云,仲淹系依据庆历八年五月十四日敕文荐举李、向二人。由此可知,此举状当作于庆历八年,《范谱》系于皇祐二年误。

(三十七) 皇祐二年(1050)诗文系年

(有)《进故朱寀所撰春秋文字状》。

按,此文载《范集》卷十九,全题为《进故朱寀所撰春秋文字及乞推恩与弟寊状》。《长编》卷一四四于庆历三年十月载:"乙卯,诏修兵书,翰林学士承旨丁度提举、集贤校理曾公亮、朱寀为检阅官。"李焘于此条下自注云:"朱寀九月丙寅以佐著作直讲为集贤校理。寻卒。范仲淹集有奏状、乞录其弟。"据此可知,仲淹此状当作于庆历间。《范谱》系于皇祐二年误。

(三十八) 皇祐三年(1051)诗文系年

有《举彭乘自代状》。

按,此状载《范集》卷十八。彭乘,字利建。《宋史》卷二九八有传。《范谱》将此状系于皇祐三年,误。审此状中有云:"臣奉敕就转尚书户部郎中,依前充职。"仲淹何时转户部郎中,史无明确记载。然据富弼撰仲淹墓志,仲淹为陕西经略安抚副使时迁龙图阁直学士、吏部员外郎。时为康定元年五月。又据仲淹《耀州谢上表》,仲淹因擅答西夏李元昊书,降授户部员外郎,时在庆历元年四月;再据《长编》卷一三三载,仲淹在庆历元年九月复官户部郎中。可知仲淹除户部郎中当在未降户部员外郎之时。史书未载仲淹康定元年八月兼知延州时是否转官,然据前考证,仲淹转户部郎中的时间只能在康定元年五月以后,庆历元年四月以前。又按,据《长编》卷一二二载,宝元元年,彭乘为集贤校理;又据《长编》卷一六六载,皇祐元年时彭乘已为翰林学士,与仲淹举状云其为集贤校理也不合。此亦证《范谱》系年误。

(三十九) 皇祐三年(1051)诗文系年

三月,有《太子中舍上官君墓志铭》。

按,此墓志载《范集》卷十三。墓志中明确记载"皇祐三年四月葬君于济阴县沛郡乡崇儒里"。据此可知,仲淹此文至少当作于皇祐三年四月以后,《范谱》系于"三月"显误。

(四十) 皇祐三年(1051)诗文系年

有《陈乞颍亳一郡状》。

按,此文载《范集》卷十九。检《长编》卷一七二皇祐四年五月丁卯条载:"资政殿学士、户部侍郎范仲淹以疾求颍州。诏自青州徙。行至徐州卒。"仲淹状中亦云:"去冬已来,顿成羸老,精神减耗,形体尪弱,事多遗忘,力不支持。其青州常程公事,已牒通判职官发遣。"考仲淹于皇祐三年三月始赴青州任,此处"去冬",当指皇祐三年冬。而此状为皇祐四年所作则无疑。《范谱》将此状系于皇祐三年误。

(四十一) 皇祐三年(1051)诗文系年

上书言《转运得人许自择知州》。

按,《范谱》此下所记仲淹奏疏,《范集》失载,见于《宋朝诸臣奏议》卷六十七,题作《上仁宗论转运得人许自择知州》。《奏议》于此奏之处注明上书时间:"庆历三年二月上。"据此,可知《范谱》将此奏系于皇祐三年误。

三、其 他

(四十二) 天圣六年(1028)记事

又《奏乞王洙充南京讲书状》。

按,此文载《范集》卷十八。然此文标题内尚有"代人"二字,《范谱》省去,误。考仲淹此状,当系代晏殊所作。天圣五年,仲淹丁母忧期间,应知应天府晏殊之请,出掌应天府学。天圣六年,又因晏殊之荐,入朝为秘阁校理。仲淹此状当作于入朝之前。《宋会要辑稿·崇儒》二之三恰有晏殊于天圣六年荐举王洙充应天府书院说书之记录,可证仲淹此状确系代晏殊而作。

(四十三) 明道二年(1033)记事

是年三月甲子,太后崩。

按,据《宋史》卷十《仁宗纪》、《长编》卷一一二所记,庄献太后崩于明道二年三月甲午。检是年三月丙寅朔,月内无"甲子"日,甲午为三月二十九日。据此可知,《范谱》将"甲午"记作"甲子",当系形近而误。

(四十四) 景祐三年(1036)记事

(五月)遂罢黜,落职知饶州。时朝士畏宰相,无敢过公者,独龙图阁直学士李纮、集贤校理王质出郊饯饮之。

按,《范谱》此记事抄自《长编》卷一一八景祐三年五月丙午条,然将李纮之官职"天章阁待制"误作"龙图阁直学士"。

(四十五) 宝元二年(1039)记事

(元昊)又置十八监军司,委酋豪分统其众,总十五万。又选豪族善弓马三千人迭直,伪号六班直。至是,用其党杨守素之谋,筑坛受册,僭号始受"英武兴法建礼仁孝皇帝"。

按,《范谱》此记数误。其一,记西夏兵力十八监军司总十五万人为误。《长编》卷一二〇景祐四年十二月末载:"置十八监军司,委酋豪分统其众。自河北至卧罗山七万人,以备契丹;河南洪州、白豹、安盐州、罗洛、天都、惟精山等五万人,以备环、庆、镇戎、原州;左厢宥州路五万人,以备鄜、延、麟、府;右厢甘州路三万人,以备西番、回纥;贺兰驻兵五万人,灵州五万人,兴庆府七万人为镇守。总三十余万。"其二,"三千人迭直",《长编》同卷记作"五千人迭直"。其三,僭号始受"英武兴法建礼仁孝皇帝",据《长编》卷一二二、《宋史全文》卷七、《东都事略》卷一二七《西夏传》、《太平治迹统类》卷七《康定元昊扰边》、《宋史》卷四八五《夏国传》,元昊僭号当为"始文英武兴法建礼仁孝皇帝"。《范谱》将"文"记作"受",属上成句,实误。

(四十六) 庆历二年(1042)记事

四月癸亥,除鄜州管内观察使。

按,《范谱》此记亦存数误。其一,据《长编》卷一三五及《范集》卷十六《让观察使三表》所记,仲淹所除为"邠州管内观察使",《范谱》记作"鄜州"误。据《长编》,同日除为鄜州观察使者,乃系庞籍。其二,据《长编》,此次除拜时间为"四月己亥",《范谱》作"四月癸亥"亦误。是年四月甲戌朔,月内无癸亥日,己亥为二十六日。

(四十七) 庆历二年(1042)记事

十月辛亥,以公为枢密直学士、右谏议大夫、鄜延路都部署、经略安抚招讨使。

按,据《长编》卷一三八庆历二年十月辛亥条所记,仲淹所除为"环庆路都部署",《范谱》记作"鄜延路都部署"误。

范纯仁生平事迹钩沉

王 菡

范纯仁(1027—1101),字尧夫,范仲淹次子。范仲淹曾称之"得其忠",①《宋史》有传,有《范忠宣公集》传世。《范忠宣公集》南宋嘉定五年曾经刊刻,见于楼钥《范忠宣公文集序》,曰:"少而读元祐丞相忠宣范公《言行录》,反复终始,正学大节,伟识宏度,赞叹不足于祝巨公闻,尤愿执鞭欲追,逐其万一而不可得也。如《奏议》、《国论》等书,如责人责己、助廉成德之训,又若避好名之嫌,则无为善之路等语,皆当终身诵之。每恨未见其家集也。嘉定五年三月甲戌,公之从元孙中书舍人之柔见过,谓钥曰:忠宣文集未行于世,晚而谪居永州三年,邦人至今怀仰。比因沈史君圻赴郡,以家藏本属之,既已刊就,而旧无序引,径以见委。"②楼钥于范仲淹、范纯仁俱怀崇敬之情,不仅为《范忠宣公集》作序,且为范仲淹编辑年谱,传于今。《范忠宣公集》宋刊本不存,今存元刊明修本、明刊本、清刊本,刊刻递修有绪,祝尚书《宋人别集叙录》③已叙。元刊明修本其卷十八至卷二十系范纯仁《国史本传》及《忠宣公行状》,文字避宋讳,可见避"光庙"之名讳,知延续嘉定刊本之旧。且文集出自家传,④其文献益可信。

据《宋史·范正平传》和李之仪《姑溪居士集》,李之仪曾撰写《纯仁行状》,并因此遭到蔡京迫害,⑤然其中内容没有完全采入《宋史·范纯仁传》。元刊本为天历年间范氏岁寒堂家刻,比《宋史》编撰早十五年左右,大约《宋史》撰修仓促,未及遍访。固然《宋史》本传详于此《国史本传》及《行状》,然二者仍有异。《四库全书》虽然收录《范忠宣集》,其结构内容与元刻本有异,尤其未见《国史本传》及《忠宣公行状》,更显得元刊本《范忠宣公集》可贵。今以《宋史》本传为底本,将《国史本传》及《忠宣公行状》⑥中可增加、辩证之事实钩沉于此,为继之研究者提供线索。凡《宋史》本传已有者,不赘。由于可以增加之事有大有小,有的较为细碎,不及详考,仅选取有关讨论治河、差役法及子嗣、文集等与《宋史》本传区别较大之事罗列于下。

近年研究范仲淹者甚众,对范纯仁渐多关注,笔者因早年写作《宋哲宗》,对范纯仁事迹、品格久怀钦佩,然下笔此文,仍觉积累不足,尚盼方家指正。

---

① 《宋史》卷三一四《范纯仁传》,中华书局 1977 年。
② 《范忠宣公集》,元刻明修本,半叶十二行行二十字。细黑口,左右双边。国家图书馆藏书,书号 7663。
③ 祝尚书《宋人别集叙录》卷八,中华书局 1999 年。
④ 见文集前有楼钥、范之柔序。
⑤ 《姑溪居士文集》中李之仪撰《姑溪居士妻胡氏文柔墓志铭》曰:"崇宁二年,余以撰故宰相范忠宣公行状逮系御史狱,……"然据笔者所见文渊阁本《四库全书》及清宣统三年吴尉刊本《姑溪居士文集》,并未收录此行状。
⑥ 以下所有引文均出自"中华再造善本"《范忠宣公集》(书号 zz0435),其底本藏上海图书馆。

一、有关差役法与回河

宋哲宗时期,朝臣政治命运起伏变化激荡,范纯仁胸怀气度在此时表现得最为充分。《宋史·范纯仁传》[①]记哲宗即位之初事云:

> 时宣仁后垂帘,司马光为政,将尽改熙宁、元丰法度。纯仁谓光:"去其泰甚者可也,差役一事,尤当熟讲而缓行,不然,滋为民病。愿公虚心以延众论,不必谋自己出;谋自己出,则谄谀得乘间迎合矣。役议或难回,则可先行之一路,以观其究竟。"光不从,持之益坚。纯仁曰:"是使人不得言尔。若欲媚公以为容悦,何如少年合安石以速富贵哉。"

而在《行状》中,范纯仁的阐述更加恳切,事情原委也稍有曲折:

> 于是,司马光初相,将尽改熙宁、元丰以来法度,公闻而叹曰:"先帝励精求治十九年间,寤寐尧舜三代之君,如旦暮相与紬绎。但大臣用心太过,希和者不计可行与否,趋风迎意,私致先帝寤寐之求,旦暮之遇,转而之他。今特去其太甚者可矣,又须徐徐经理,乃为得计一时。"与光同者多指公为好名。公闻而叹曰:"是又一王安石矣。"又曰:"差役一事尤不可暴,当择人付之使之,施行以审利害,方可去取。然而不独此也,贤者在位,能者在职,法度无不便者。"

以上两段文字比较,知范纯仁早已经认识到,熙宁变法是宋神宗心血,司马光为相之初便急遽废罢,甚为不妥。在这一点上,司马光之强硬与王安石何其相似。尽管议事见解相左,但是当章惇一贬再贬范纯仁时,范纯仁严厉禁止家人以与司马光政见不同请求减免处罚,[②]可见其行事准则。司马光与范纯仁曾经友谊深厚,文集之前五卷中多首诗记载二人在洛阳交往及优游生活。

元丰、元祐年间,黄河治理是朝议重点之一,《宋史·河渠志》之一二三有很多记载,记录较多苏辙奏疏。元祐三年(1088),范纯仁为相,吕大防、文彦博欲兴河工,要堵塞小吴口,使河水东流。《行状》中记录范纯仁对吕大防、文彦博之说颇有疑惑:

> 元丰中,河决小吴口,水遂北流,神宗命因其性而导之。要功之徒乘时射利,辄谓北流害塘泊,请塞小吴,使之东注。文彦博、吕大防是此说。公曰:"水性故未易知,然水性就下则不待讲而□信。"彦博、大防不悦。公曰:"上初即位,母后垂帘,是岂兴大役时耶?"附会者益众,彦博、大防持益坚,乃议遣使按视,遂以吏部侍郎范百禄、给事中赵君锡为使。既回,具言东流地高,水不可行,议遂罢,然起事者终不快也。

此段文字不见于《河渠志》和本传,不过《河渠志》对此事全过程记录甚详,如范纯仁曾有"四不可"之说,又如《范忠宣公集》[③]中"奏议"之卷收有关"回河"之论三篇,《宋史·范百禄传》记载此次按视亦详,可以参阅。通过朝议种种,既可了解范纯仁持论之正,又可以了解当时诸重臣,尤其是文彦博、吕大防、梁焘等人各自心态。其实,从酬诗可知,范纯仁与文彦博颇

---

① 《宋史》卷三一四《范纯仁传》,中华书局1977年。
② 其言见于《宋史》本传。
③ 文渊阁《四库全书》本。

有交谊,比如《和文潞公归洛赏花》、《洛花已开报潞公》等等,但朝议国是,不可与私谊混淆,这种行事原则,至今仍有现实意义。

《宋史·河渠志三》载张商英奏言:

> 元祐初,文彦博、吕大防以前敕非是,拔吴安持为都水使者,委以东流之事。京东、河北五百里内差夫,五百里外出钱雇夫,及支借常平仓司钱买梢草、斩伐榆柳。凡八年而无尺寸之效,乃迁安持太仆卿,王宗望代之。宗望至,则刘奉世犹以彦博、大防馀意,力主东流。①

元祐八年间治河费工料无数,而无成果。数次回河之议,范纯仁皆力沮之。《行状》记绍圣初事云:

> 颍昌岁料河役,每输七千则免一丁之行,或以为便,已奏得请,公曰:"此有钱而不出力者之便,有力而无钱者何便之有?且用民之力于古有限,而今其远不过五百里,乃一概催之,特在官者与上户为地尔。"复奏罢之。移鄜延路经略安抚使、知延安府。未行,进大学士,改河东路安抚经略使、知太原府。

此段河役议论及官职变迁,《宋史》本传不详。

河役之事尚未就此完结。哲宗亲政之后,因起用章惇,范纯仁自请免职,遂以观文殿大学士加右正议大夫(《国史本传》作"左正议大夫")出知颍昌府(今河南许昌)。临行前到哲宗处辞行,《行状》记载较《宋史》本传详细且有关河役,其曰:

> 遂以公为观文殿大学士加右正议大夫、知颍昌府。陛辞日,赐坐啜茶,慰劳甚渥。上曰:"卿耆德硕望,朝廷所赖,然坚不肯为朕留。卿虽在外,两为宰辅,凡有所以裨益于时政者,但入文字来,无事形迹。"公曰:"敬受命。"既到官,值兴广武埽,役下颍昌、汝州科梢草一百万。公曰:"两处之民不习河役,方荐饥之后,加之道路阻远,乘此急难,又须数倍之价,何以堪?异时遂以为例,则永为深忌。"力请至七八方免。然破产失业已十三四,有至非命而死者矣。报到,闾巷田野,欢呼鼓舞,如脱机阱,方为公立生祠。

广武山,在开封之西,因与汴河临近,指此处汴河河役,可参见《河渠志》。这段文字说明,尽管有哲宗皇帝护佑,减免河役并不容易。河役给百姓带来沉重负担,亦可见端倪。

治河事,既关联神宗治国方略,亦关联西北边防,还与开封城防有关,所以曾经有激烈辩论。范纯仁从民生出发,力求减轻百姓负担,强调治河应当顺从水性,不应强做工程。

二、范纯仁子嗣

关于范纯仁子嗣,《宋史》记载与《国史本传》及《行状》区别甚大。《宋史·范纯仁传》记其子嗣云:"子正平、正思"二人,又称:"没之日,幼子、五孙犹未官。"正平有传。《国史本传》中,记"子正民、正立②、正思、正路、正国"五人,五人均无传。《行状》记"五男:长正民、单州团练判官,次正平,次正思、宣德郎,次正路,次正国;五女:嫁将作监主簿崔保孙,朝请郎、荆

---

① 《宋史》卷九三《河渠志三》。
② 《国史本传》次子作"正立",《宋史》本传、《行状》、曾肇《范忠宣公墓志铭》均作"正平",未能考知"正立"之出处。

湖北路转运使庄公岳,奉议郎司马宏,承议郎蔡毂,通直郎郭忠孝。正民、正路、崔氏、(司)马氏二女皆先公卒。孙七人:直彦,宣义郎,直方、郊社斋郎,直雍,直英,直清,直举,直孺;女一人,嫁长安李琥;曾孙一人。"正国有传,见于《范忠宣集·补编》。①

曾肇撰《范忠宣公墓志铭》,记其子嗣为:"五子:正民、单州团练推官,正平、忠武军节度推官,正思、宣德郎,正路,正国。五女:归将作监主簿崔保孙,朝请郎庄公岳,奉议郎司马宏,承议郎蔡毂,通直郎郭忠孝。正民、正路、崔氏、司马氏二女皆前卒。孙男七:直彦,宣义郎,直方、郊社斋郎,直雍,直英,直清,直举,直孺;孙女一,曾孙一。"②与《行状》小有别,均比《宋史》本传详细。③

《国史本传》中记载,元丰年后期,齐州任职时,"以丧子请罢,得管勾西京留司御史台",知至少一子殇于范纯仁去世之前十七八年。

欲考知范纯仁子嗣,可参考另一书,即范公偁《过庭录》。该书记载范仲淹、范纯仁及作者父亲、祖父事迹,当是听其父祖言传,应属真实可信。今有孔凡礼先生点校本,其"点校说明"借鉴清末陆心源的考证,并参考传世宋代史书,对作者父亲、祖父基本情况一一分析,较之《四库全书总目》似更清晰准确,故不再征引四库馆臣之提要。现将孔凡礼"点校说明"中有关范纯仁子嗣种种的文字移录于此:

> 曾祖是范纯仁,据清末陆心源考证,他祖父范正思,是纯仁的第三子。据本书"忠宣以忠自份处逆境怡然"条,纯仁哲宗绍圣三年知陈州,据本书"忠宣谓光禄为福人"条,正思时年四十六,知正思生于仁宗皇祐三年。据影印《四库全书》文渊阁本《范忠宣集补编·松忠武军判官赠朝奉大夫子夷公传》,正思卒年五十八,知卒于徽宗大观二年。据本书,正思与苏轼有交往。又据陆心源考证,公偁之父乃直方。据本书,直方徽宗崇宁间已出仕。据李心传《建炎以来系年要录》卷四十九、九十、九十三、九十四、一百一、一百二、一百七、一百九、一百一十、一百一十八、一百三十七、一百三十八、一百六十三,直方于高宗绍兴元年十一月,以直秘阁为荆湖广西宣抚使吴敏参谋。五年五月,以知浔州行尚书刑部员外郎;九月,提点福建路刑狱公事;十月,为枢密院检详诸房文字。六年五月,召对于内殿;六月,为左司员外郎仍兼都督府推行实功文字;十二月,宣谕川、陕诸州及抚问吴玠一行将士。七年三月,赐三品服。八年三月,进秩二等。十年八月,以右朝议大夫、直秘阁试司农卿;十月,为淮北宣抚副使杨沂中计议军事,为右正言万俟卨所论,提举洪州玉隆观,与远小监当。二十二年正月,卒,时为左中大夫。据本书"先子言种氏与范氏数代交往"条,正思丧终时,直方三十七岁,知直方约享年八十。范公偁事迹无考。据本书,绍兴丁卯、戊辰这几年,侍于父直方之侧。时直方已是年近八旬的老人,公偁似未出仕。④

从这段文字,可以得知,范纯仁后代南北宋更迭之际活动,而且还可以补充范仲淹等范氏事

---

① 《范忠宣集·补编》,《四库全书》文渊阁本。
② 《范忠宣集·补编》,《四库全书》文渊阁本。
③ 关于范仲淹子嗣,还可以参阅任崇岳《范公偁与〈过庭录〉》一文,《第二届中国范仲淹国际学术论坛论文汇编》,2008年,第184页。
④ 范公偁《过庭录》"点校说明",中华书局2002年。该书卷末附陆心源《仪顾堂题跋》卷九《〈过庭录〉跋》:"愚案,忠宣五子,长正明,次正平,次正思,次正路,次正国。正明官单州团练推官,与正路皆前卒。"称范纯仁长子为"正明",实难知出处,当以元刊本勘为"正民"。

迹，由于已经有点校本，本文不赘。综读该书，更为范氏后代一直保持敦厚、严谨家风而感慨。

三、《范忠宣公集》

据《宋史》本传记载，范纯仁"有文集五十卷，行于世"。《行状》曰："公有文集二十卷，台谏论事五卷，边防奏议二十卷"，似与《宋史》相距不远；而《国史本传》仅称"有文集二十卷"。《直斋书录解题》卷十七著录："《范忠宣集》二十卷，丞相忠宣公吴郡范纯仁尧夫撰，文正公之次子也。文正子四人，长纯佑，尤俊有贤行，早年病废以死，富文忠志其墓，近时吏部尚书之柔者，其四世孙也；次纯礼、纯粹，皆显用至大官。"卷二十二著录："《范忠宣弹事》五卷、《国论》五卷，范纯仁撰。"说明宋代流行范纯仁著述文集二十卷之外，尚有《弹事》、《国论》各五卷。曾肇所撰《墓志铭》称"有文章、论议三十卷"，①与《直斋书录解题》近似。然而《弹事》、《国论》未见宋刊本传世，后世明清刊本着力于辑佚，有《奏议》二卷、《遗文》一卷、《补编》一卷等等。不过，据嘉定四年（1211）范之柔刊书跋文和嘉定五年楼钥序，零陵以范纯仁贬谪之地，曾刊行《言行录》，范之柔跋曰："先忠宣公《国论》、《军事》外有文集二十卷，未曾版行。零陵实谪居之地，仅刊《言行录》。今史君沈公到阙奏事，因过访，语及慨然，欲得锓木，尚友前贤，深所敬叹。即以家藏本属之，仍附以《国史本传》及李姑溪所述《行状》，且识岁月于后云。嘉定辛未上巳日，元侄孙朝散郎、左司谏兼侍讲范之柔谨书。"沈圻跋曰："圻溪次零陵，己巳仲冬入觐过都，得其元侄孙侍讲、司谏家藏全帙，跪受以归。辛未莫春到郡，靖惟零陵寔公旧寓之地，自元符迄今余百年，邦人尚能言之，且堂而思祠而祝。圻既得其文，不敢秘，因与同志精加订正，命工锓梓，以永其传。嘉定壬申元正月，朝散大夫、权知永州军州兼管内劝农营田事、借紫吴兴沈圻，书于思范堂。"②说明嘉定五年刊本是《范忠宣公集》初刊本，《国史本传》及《行状》当时就被收入。《宋史·艺文志》著录"范纯仁《言行录》三卷"，今未见传世。

《范忠宣公集》收范纯仁诗二百余首，其内容多生平纪事、友朋交往，是其本人及同时诸多重臣传记资料很好说明与补充，当有进一步笺注。比如韩缜，字玉汝，官位及相，《宋史》有传。其官声不佳，民间俗语"宁逢乳虎，莫逢玉汝"，形容其暴酷。然而范纯仁与之频有诗传，文集卷五有《奉寄西京玉汝相公》之章，曰："三纪荣途愧汇征，数逢忧患见交情。自注：每迁谪困病，烦公忧恤。"还有《寄西京留守韩玉汝》之章，曰："四朝出处久亲依，共上青云更复谁。……恩荣过分知难报，忧患频经觉早衰。"这些诗章说明他们不仅曾经同朝为官，而且在范纯仁屡遭贬谪时，韩缜曾经尽力予以关切。韩缜乃韩亿之子，韩氏一族是著名望族，范纯仁与之有姻亲关系，这一点，苏辙、刘安世曾经有所指责。③

国家图书馆现存司马光《资治通鉴》残卷，其上有范纯仁手札残存，这是范纯仁致信司马光及其兄司马旦以亲切问候，虽然已经墨笔划删，仍因范纯仁、司马光手迹受到历朝收藏重视。这段文字还可见于明汪砢玉《珊瑚网》卷三，曰："纯仁再拜：近人回曾上状，计必通呈，伏

---

① 《范忠宣集·补编》，《四库全书》文渊阁本。
② 以上二则引文俱出自《范忠宣公集》，元刻明修本，半叶十二行行二十字。细黑口，左右双边。国家图书馆藏，书号A01032。
③ 详参游彪、赵海梅《宋代官员子弟的家学、姻亲及师友——以范纯仁为例》，《第二届中国范仲淹国际学术论坛论文汇编》，2008年，第257页。

惟尊候多福,伯康必更痊乎?纯仁勉强苟禄,自取疲耗,无足此处抹去念者。日企轩驷之来,以释倾渴。天气计寒,必已倦出,应且盘桓过冬,况伯康初山,谅难离去,咫尺无由往见,岂胜思仰之情?更祈以时倍加保重,其他书不能尽。　纯仁顿首上,伯康、君寔二兄坐前。九月十一日。"而国家图书馆今所存《资治通鉴》残卷上,仅"纯仁再拜:近人回曾上状,必计通呈,比来伏惟尊候多福,伯康必更痊乎?纯仁勉强苟禄,自取疲耗"三十馀字,[1]后半八十余字不知何时散佚。若以钤印观之,当是乾隆以前已不存(书影)。由于此卷又被司马光用来撰写《资治通鉴》,说明信函写于司马光居住洛阳期间,彼时范纯仁多在各地任职,大约缘此有"勉强苟禄,自取疲耗"之叹。

　　综上所述,范氏家族自范仲淹,经范纯祐、范纯仁、范纯粹等,以忠直闻世,形成坚实的优良传统。范氏家族以溢美、虚荣为耻,范纯仁事迹、诗文及其后代著述为后世昭示了这一美德。至今,范纯仁文集尚无整理本,对范纯仁研究尚停留在较表面层次,希望研究范仲淹的同时,扩大并深化范纯仁及其家族研究,使其精神传之久远。

---

[1] 笔者根据手书残卷,更正《珊瑚网》卷三著录文字。以上《珊瑚网》著录文字出自国家图书馆藏清抄本,书号6571。

范仲淹后裔范正己任官履历及其蜀中行实考

李勇先

宋代名臣范仲淹是中国著名的政治家、思想家、教育家,在当时就有天下第一伟人的盛誉。范仲淹诸子秉承父志,其文章政事历代传为佳话,并与四川结下了不解之缘。他们在四川任官,政绩卓然,并为四川的发展做出了重要贡献。如范仲淹次子范纯仁尝任成都府路转运使,惠政于民,蜀人感怀其德,于简州倅厅为其修建清远堂以资纪念。① 范仲淹第三子范纯礼尝以秘书省正字出知潼川府(今遂州),政绩卓然,"民图像于庐而奉之如神,名曰范公庵"。② 今四川罗江、华阳、金堂、彭县、攀枝花、射洪、渠县、邻水、井研、宜宾、泸州、江安、珙县、兴文以及川北、陕南、秦巴山区都有范仲淹后裔居住,他们绝大多数都是在明、清时期迁移到四川的,四川已成了范仲淹后裔的桑梓之地。

范正己为范纯礼之子,范仲淹之孙,亦尝任官于四川,并寓居蓬州。范正己作为范仲淹后裔重要的一支,史书有关他的记载比较零散,明万历《四川总志》对范正己寓居四川蓬州的记载主要根据韩城人郑可行所撰墓志铭,而墓志一文今已不可得见,目前学术界还没有专门研究范正己的文章,因此有必要对范正己的任官履历,尤其是在四川的行实作一初步考证。

一、范正己任官履历考

(1) 建炎二年(1128)八月,范正己任杭州司录参军。

根据《会稽志》卷一三记载:建炎二年八月一日夜半,因守臣叶梦得等杀将官田均,杭州第三将下卒陈通等据城叛乱。第二日,外沙巡检司、越州西兴镇沿江巡检司以状告浙东安抚使兼知越州、显谟阁学士翟汝文。第三日,杭州司录范正己适在城外,也以士卒叛乱之事来告。《忠惠集》卷七《奏杭州军贼婴城叛乱状》记载更为详细:"今月初二日,据管下西兴镇沿江巡检及权两浙都巡检、杭州外沙巡检、杭州司录范正己等共六状申,今月初一日夜约三更以来,杭州城内有军贼杀人放火,闭城作过,势焰凶猛,乞救应施行事。臣寻遣人探得,系是杭州决胜、万全、归远、龙骑等指挥及第三将军兵陈通、林永等作过。当夜先杀害本州知州、安抚使叶梦得、通判军州事曾伦、转运通判官吴昉及将官白均等,并其余百姓官吏,亦遭杀害。自今月初一日夜至初十日,依旧关闭城门,每日诸处放火作过未已,臣实时躬亲,带领本州兵将、弓手、保甲等火急前去沿江一带把截,先遣人赍榜入杭州城内晓谕祸福,令军贼等疾速出降。其势未肯听顺,臣已一面分遣属官诣管下六州选发军兵,前来会合。如军贼抗拒,

---

① 《方舆胜览》卷五二,雍正《四川通志》卷二六。
② 《方舆胜览》卷五二,雍正《四川通志》卷二六。

不肯出降,臣即一面将领诸州军兵前去入城讨荡。"《咸淳临安志》卷五三亦云:"参谋惟建炎范正己,后无继者,故不书。"从以上记载可知,建炎初年,范正己尝任杭州司录参军无疑。

(2) 建炎三年五月,范正己任京西路转运判官。

按《建炎以来系年要录》(以下简称《要录》)卷二三记载:建炎三年五月,初,唐州既为金人所残破,乃移治桐柏县。土豪董平尽攒集强壮为兵,朝廷因以为统制。董平以兵势挟制州郡,守臣滕牧不能堪。董平大怒,欲杀之。适逢京西路转运判官、直徽猷阁范正己行部至唐州,滕牧告其状。正己阳数牧罪,下襄阳狱,言于朝。乙巳,诏罢免滕牧官,令疾速取勘候审。据此可知,范正己在建炎三年五月时尝在京西路转运判官任上。

(3) 建炎四年八月,范正己为浙西安抚大使司参谋官。

《要录》卷三六载:建炎四年八月,浙西安抚大使刘光世请直徽猷阁范正己为本司参谋官。从之。不久,尚书省允许浙西安抚大使司设置参谋、参议官各二员,俸赐标准等同杂监司。自是诸路以为例。可见范正己尝任浙西路安抚大使司参谋官。

(4) 绍兴三年(1133)至五年,新知汉州范正己任川陕等路宣抚处置司参议官。

据《要录》卷六九记载:绍兴三年十月,川陕等路宣抚处置司奏,以直徽猷阁、新知汉州(今德阳广汉市)范正己为参议官,左朝请郎、通判成都府虞祺等四人并主管机宜文字,右奉议郎、夔州路安抚司干办公事李邦献、右通直郎、通判成都府安郚等六人并干办公事,亲属四人书写机密文字。

又据《要录》卷八五记载:至绍兴五年二月,范正己仍任川陕等路宣抚处置司参议官。时端明殿学士、川陕宣抚副使卢法原薨于阆州。初,宣抚副使吴玠言法原以憾不济师,不馈粮,不给钱币,不应副器械,功成,又不铨量获功将士。上以手诏诘法原。卢法原辨数甚悉,上不以为是。法原又上疏开具自到任后应副玠军马等事,且言人微望轻,无以塞责,乞一宫观差遣,诏不允。时都督府主管机宜文字杨晨行至达州之通明,而参议官范正己等白以法原久病,乞致仕,即日本司事无人与决,乞速降指挥,晨具以闻。有诏法原委任非轻,义当体国,协济事功,不可托疾引避。

从李心传《要录》前后记载可知,范正己在绍兴三年十月至绍兴五年二月间尝任川陕等路宣抚处置司参议官。

(5) 绍兴五年闰二月,范正己以川陕等路宣抚处置司参议官行本司事。

《要录》卷八六载:绍兴五年闰二月,以卢法原病故,范正己以参议官、直徽猷阁于阆州行本司事。时诏川陕宣抚司近上谋议官一员权管宣司职事,应干军马,权行节制,别听朝旨。时宣抚副使吴玠在军前闻之,檄取其印,时参议官、直徽猷阁范正己等行本司事,不肯与。正己命内外诸军除沿边及调发赴军前并听玠节制外,余委逐军统制官循抚弹压。时金房镇抚使、兼本司同统制王彦有众七千,在渠州。范正己令王彦前往夔州路照管关隘。玠以其不先白己,大怒。三月丁丑行遣。

(6) 绍兴五年三月,范正己罢川陕等路宣抚处置司参议官。

《要录》卷八七载:绍兴五年三月,右朝请大夫、直徽猷阁范正己等降二官,罢川陕宣抚司参谋官,仍令都督行府取勘。时宣抚副使吴玠诬称范正己等乘卢法原病笃,擅移王彦军马,更不与玠商量,离间将帅,有害军机,乞重赐施行。于是正己坐黜。初,玠疑正己等私有印章,下其事于潼川府,签书节度判官厅公事眉山人史炜具以枉报,会朝廷察其实,事乃已①。《斐然集》卷一二有《范正己降两官罢宣抚处置司参议》亦记载此事:'将幕上僚,参决议论,欲其可否相济,协成事功,乃被削书,难逃黜典。尔名臣之子,宜自爱重。从军于外,规益靡闻。元戎露章,罪状显著。黜官二等,免乃攸司。既不谨前,尚思善后。'可见范正己已于绍兴五年三月后已罢川陕等路宣抚司参议官。

(7) 绍兴六年九月,范正己降知衢州。

《要录》卷一○五载:五绍兴六年九月,降授右朝奉大夫、直秘阁范正己知衢州(今浙江衢州)。范正己等始为吴玠所劾,送潼川府治罪。而中书言别无合勘事理,故以郡守处之。范正己知衢州以后任官履历不见于他书记载,故不详。

二、范正己四川行实考

范正己至少在绍兴三年至绍兴五年间在四川任职,并短暂寓居蓬州,《四川通志》有明确记载。根据万历《四川总志》卷一○记载:"范正己,文正公第三子纯礼之子。韩城郑可行撰墓志云:徽猷公正己自杭幕召除京师漕。时二圣北征,乘舆南守,大盗充斥,京城连陷,公以死奉法,守节不挠。抗章论事,知无不言。会分镇,罢监司,襄郢路断,四顾无归,逼迫奔窜,徒步携幼入蜀,丐宫祠于宣司局,苟薄禄以赡养,终家于蓬。"嘉靖《四川总志》卷七、雍正《四川通志》卷三八之二"流寓"门下"范正己"条所载亦同。根据范氏族谱记载,范纯礼仅一子,即范正己。

范正己何时携幼小寓居蓬州?根据万历《四川总志》的记载,当是在朝廷设分镇、罢监司(宋诸路转运使司、提点刑狱使司、提举常平司等有监察各州官吏之责,总称"监司")以后。当时正值金兵南下,襄郢道路阻断,范正己已罢京西路转运判官,"四顾无归,逼迫奔窜,遂徒步携家入蜀,丐宫祠于宣司,苟薄禄以赡养,终家于蓬"。

按议设分镇、罢监司始于建炎四年(1130)五月,由范宗尹提出并实施。据《宋史全文》卷一七下记载:建炎四年,"先是,范宗尹言,从官集议分镇事宜,请以京畿、淮南、湖北、京东西地分并分为镇,除茶盐之利国计所系,合归朝廷置官提举外,他监司并罢。上供财赋权免三年,余令帅臣移用。管内州县官许辟置,知、通令帅臣具名奏差,朝廷审量除授。遇军兴,听从便宜。其帅臣不因朝廷召擢,更不除代。如能捍御外寇,显有大功,当议特许世袭。"从上可知,朝廷设分镇、罢监司之事在建炎四年五月。在建炎四年五月以前,范正己已担任京西南路转运判官。按《宋史》卷八五云:"京西路旧分南、北两路,后并为一路。熙宁五年,复分南、北两路。南路府一:襄阳,州七:邓、随、金、房、均、郢、唐。军一,光化。县三十一。"建炎四年五月设分镇,罢监司。则范正己原所在京西路转运司随即罢去,范正己不再担任京西路转运判官之职,分镇后京西路长官改为襄阳府邓随郢州镇抚使兼知襄阳府。

而浙西安抚使司自建炎三年八月始移治镇江府。据《要录》卷二六记载:建炎三年八月

---

① 《建炎以来系年要录》卷八七。

"移浙西安抚司于镇江府"。建炎四年八月辛未,浙西安抚大使刘光世请直徽猷阁范正己为本司参谋官。《要录》卷三五载:"建炎四年七月,浙西安抚大使刘光世乞依宣抚处置司例合随宜措置事,并从便宜。诏除出奇或事干机会许施行外,余并禀朝旨。"从《要录》卷三六所载"浙西安抚大使刘光世请直徽猷阁范正己为本司参谋官,从之"可知,刘光世请范正己任本司参议官不属于"出奇或事干机会"一类,而须奏"禀朝旨"。

而范正己在建炎四年八月以后是否到镇江府任浙西路宣抚司参谋官之职,根据当时情形分析,我认为范正己并没有赴镇江任职,其理由有三:一是当时金兵南下,已经阻断了襄阳到镇江的道路。二是建炎四年七月,刘豫在金人的扶植下建立起伪齐政权,河北、河南、淮南大部分州县皆入伪境,范正己要到镇江赴任,必须穿越伪境,风险很大。三是当时襄阳情势也十分危急。据《要录》卷三六记载:"建炎四年八月戊戌,武义大夫、忠州刺史、阁门宣赞舍人桑仲为襄阳府、邓、随、郢州镇抚使,兼知襄阳府。初,仲既逐程千秋,即据襄、邓、随、郢数州,有众十余万。久之,其军食绝,乃以人为粮。至是宰相范宗尹念其乡国被祸之酷,请赦仲罪,遂命之。"从《要录》记载可知,当时襄阳府、邓、郢、随诸州军人随处抢夺,甚至"以人为粮",人身安全受到极大威胁。范正己深感时局动荡,四顾无归,既不能赴镇江任职,更无法继续留在襄阳,举目四望,唯有四川才是比较安全的栖身之地,于是在建炎四年八月至绍兴初年间,范正己于匆忙之中"逼迫奔窜,徒步携幼入蜀"。

范正己到四川后,衣食无着,不得不向川陕宣抚司乞请宫祠,"苟薄禄以赡养,终家于蓬"。不久,宣抚司便委任范正己以直徽猷阁知汉州,至绍兴三年(1133)十月,擢任川陕等路宣抚处置司参议官。可见范正己在四川蓬州居住的时间并不太长。

至绍兴六年九月以后,朝廷降授右朝奉大夫、直秘阁范正己知衢州。从此,范正己带着家眷到浙江衢州赴任。今浙江范氏多出自范纯礼支脉,盖本于此。

范仲淹后裔范之柔研究

朱明霞

范之柔,是范仲淹的四世孙,曾主持过《范忠宣集》的编刊,并约请楼钥编写《范文正公年谱》,他自己也撰写了范仲淹《年谱补遗》。因此,将范之柔作为仲淹后代研究的一个例证,这是因为宋代史料中保存了一些关于他的第一手可信资料而已,而决非因为他是宋代范氏裔孙中地位最为显赫之人的缘故。众所周知,南宋中期以后的可信资料,较之北宋或南宋初,不可同日而语。因此,关于范之柔生平资料的考证仍有相当的难度。如其生卒仍只能付之阙如,其淳熙年间的宦历几乎是空白,其诗已全部佚失,其文也仅剩寥寥数篇而已。[1]

一、范之柔生平事迹考

范之柔,其小传见于《淳祐玉峰志》卷中,又见正德《姑苏志》卷四八。但均挂漏甚多,而且又间有疏误。所以很有必要先为之立一个较为详细的小传。

范之柔,字叔刚,自号墨庄。[2] 苏州吴县(治今江苏苏州)人,徙居昆山。范仲淹(989—1052)四世孙,范纯佑[3](1024~1063)玄孙,范正臣孙,[4]赠中奉大夫公武之子。乾道八年(1172)进士及第。淳熙中,曾知台州黄岩县,详见下一节的考证。庆元六年(1200),知富阳县(治今浙江杭州)。[5] 约在开禧(1205~1207)初,为国子监主簿。[6] 开禧三年(1207)八月,已擢任主管官告院,充任国子监发解试的点检试卷官。[7] 嘉定元年(1208),除御史台主簿。[8]《宋会要辑稿》选举二一之一一载:"嘉定二年二月二十五日,铨式、公试、类式,命监察御史范之柔监试。"说明嘉定二年二月,他已在监察御史任上。嘉定三年二月,已任右正言的范之柔兼侍讲。[9] 嘉定四年正月,命吏部侍郎汪逵知贡举,左司谏范之柔等同知贡举;三月一日,得合格奏名进士周端朝以下二百五十五人。[10] 说明此时他已经升任左司谏。嘉定四年五月,

---

[1] 见《全宋文》卷六三四五(第280册,第270—276页),上海辞书出版社、安徽教育出版社2006年。
[2] 乾隆《江南通志》卷一九三著录范之柔有《墨庄诗集》,墨庄,或即其自号。
[3] 富弼撰《范纯佑墓志铭》,吕祖谦《皇朝文鉴》卷一三九。
[4] 范成大《吴郡志》卷二八。
[5] 雍正《浙江通志》卷一九三和《全宋文》卷六三四五"小传"均称其"庆元中"知富阳县。
[6] 蔡幼学《育德堂外制》卷二《范之柔国子监簿制》。
[7] 《宋会要辑稿·选举》二一之一〇载:"开禧三年八月五日,国子监发解,命监察御史黄畴若监试,……主管官告院刘允济、范之柔……点检试卷。"
[8] 马端临《文献通考》卷五三《职官考七·御史台》,又见《宋史》卷一六四《职官志四》。
[9] 《宋会要辑稿·职官》六之七三:"嘉定三年二月,左司谏林琰、右正言范之柔兼试讲。"
[10] 《宋会要辑稿·选举》二一之一二:"嘉定四年正月二十四日,命吏部侍郎汪逵知贡举,……左司谏范之柔同知贡举。"《宋会要辑稿·选举》一之二七:"嘉定四年三月一日,以吏部侍郎汪逵知贡举,……左司谏范之柔同知贡举,得合格奏名进士周端朝以下二百五十五人。"

已任起居舍人的范之柔兼实録院检讨官、兼国史院编修官;五年三月,以(试)中书舍人兼实録院同修撰、兼同修国史。① 同年九月十四日,范之柔的系衔已是朝请郎、试中书舍人、兼修玉牒官、兼侍读。② 即除试中书舍人外,又有了更多的兼官。嘉定六年二月二十五日,已擢礼部侍郎,仍兼中书舍人、兼修玉牒官。③ 嘉定七年正月月二十四日,命刑部尚书曾从龙知贡举,礼部侍郎范之柔等同知贡举。同年三月一日,得合格奏名进士姚宏中以下二百七十人。④ 嘉定八年六月,以明堂大礼,时已任礼部尚书的范之柔充桥道顿递使。⑤ 嘉定九年三月,以礼部尚书兼给事中,论罢徐瑄知宁国府指挥,仅与待阙小郡差遣。⑥ 嘉定九年六月,仍任礼部尚书的范之柔,因蝗灾奉诏赴上天竺灵应观音前行祭祈祷。⑦ 嘉定十年七月,礼部尚书范之柔与权工部尚书刘榘,并兼太子詹事。⑧ 范之柔真拜礼部尚书后,封昆山县开国子,加食邑三百户。⑨ 后以通议大夫致仕,卒赠特进、端明殿学士,谥清献。⑩ 惜现存史料中未记载其卒年及享寿。

范之柔二子:克家、宁家;宁家,奉礼郎。史称子柔以文正奉亲、事君为法,知止畏盈,每有山林求退之志。其弟良遂,初名之傅,字次卿,卜筑昆山马塘,放情山水,长于歌诗,有诗集十卷。以兄而贵,赠官承务郎。弟子庆家,通判建康府。⑪

二、范之柔与孙应时交游考

在现存关于范之柔的宋代可信资料中,尚存一些难解之谜。一是在子柔乾道八年(1172)进士及第后,其宦历在淳熙、绍熙年间几乎是二十余年之久的空白;二是子柔曾二度同知贡举,当为饱学之士,却无诗词传世,其文今存者亦仅《全宋文》辑录的七篇而已,且多为嘉定年间所撰。考察他与孙应时等人的交游,或许可有助于我们破解这两个谜团。先为孙应时其人立一小传,以便下文的探索与展开。

孙应时(1154—1206),字季和,号烛湖居士,又号竹隐先生。绍兴府余姚人。早岁曾师

---

① 《南宋馆阁续录》卷九;《宋会要辑稿·职官》七五之三九:"嘉定五年三月十八日,……以中书舍人范之柔言不宜置词选,缴进词头故也。"
② 《宋会要辑稿·崇儒》七之三二:"嘉定五年九月十四日,……朝请郎、试中书舍人、兼修玉牒官、兼侍读范之柔……札子奏……"。
③ 《宋会要辑稿·职官》二〇之五三:"嘉定六年二月二十五日,礼部侍郎、兼中书舍人、兼修玉牒官范之读范之柔……札子奏"。
④ 《宋会要辑稿·选举》一之二八:"嘉定七年三月一日,以刑部尚书曾从龙知贡举,礼部侍郎范之柔……同知贡举,得合格奏名进士姚宏中以下二百七十人。"《宋会要辑稿·选举》二一之一三:"嘉定七年正月二十四日,命刑部尚书曾从龙知贡举,礼部侍郎范之柔……同知贡举。"
⑤ 《宋会要辑稿·礼》一四之一〇七:"嘉定八年八月六日,以明堂大礼,命右丞相兼枢密使史弥远为大礼使……礼部尚书范之柔为桥道顿递使。"又见《宋会要辑稿·礼》二七之一四。
⑥ 《宋会要辑稿·职官》七五之二一一:"嘉定九年三月十五日,徐瑄差知宁国府指挥寝罢,与待阙小郡差遣。以兼给事中范之柔言其为郎宪部用心深刻,遇事褊躁故也。"
⑦ 《宋会要辑稿·瑞异》三之四六注引《会要》云:"嘉泰九年六月三十日,都省言:日来稍有飞蝗,合行祈祷。诏令范之柔诣上天竺灵应观音前祭。"
⑧ 《宋会要辑稿·职官》职官七之四五:"嘉定十年七月,礼部尚书范之柔、权工部尚书刘榘,并兼太子詹事。"
⑨ 王鏊正德《姑苏志》卷三五。
⑩ 《宋会要辑稿·礼》五八之一〇九:"端明殿学士范之柔谥清献。"
⑪ 《淳祐玉峰志》卷中,至正《昆山郡志》卷四《范之柔小传·附传》。

从陆九渊(1139—1193)，后入太学，淳熙二年(1175)进士及第。六年，除台州黄岩尉，九年，任满。十二年，调泰州海陵县丞。绍熙初，为严州遂安县令。绍熙三年(1192)，应蜀帅丘崈(1135—1208)之辟，充四川制置司幕僚。庆元二年(1195)，知常熟县，历郑若、虞俦、刘诚之三守(平江府)。后因守臣以私意加诬，坐降官废弃。开禧二年(1206)，始明其无罪，授邵武军通判，未赴任而卒。今传《烛湖集》二十卷(其中诗七卷)，有四库全书本等，乃辑自《永乐大典》。孙氏为人豪放善饮，工诗文外尤擅大书小草。①

今考范之柔与孙应时当始识于淳熙中，当时，范知黄岩县，孙为黄岩县尉。《烛湖集》卷三《上黄岩范知县启》有云"四海名流，夙仰相门之旧"，可见此信必致范之柔无疑。又称其"固已践扬州县之久"，可证在淳熙八年前，范之柔已历州县之官数任(如尉、簿、丞、令、从事之类)，这也可证明他在进士及第后未守选待阙太久，之所以留下淳熙间宦历的空白，只是因为史料的阙失。《烛湖集》卷十四《别黄岩范令》，乃孙离任时伤别之咏，按情理范亦应有送行之诗。可以确证范、孙在黄岩时有诗咏唱酬的，乃是其《烛湖集》卷十四的《用范叔刚韵送陈亮功同年》。② 此亦可证范之柔淳熙九年(1182)春仍在黄岩县令任上，聊补史料中关于他宦历之缺如。交游诗文往往是撰写作者小传最可据信的当时人实录，具有无可比拟的可靠性和权威性，不过均须多方考证始能求得。

孙应时《烛湖集》卷八又有《答常郎中褚书》云："比通范叔刚书"；卷十八《寄马塘范叔刚》有"书来金薤剪琳琅"句，③ 均为范孙两人有书信往来之力证。惜范致孙氏的诗文今已只字无存，因此，这种交游关系只能求证于幸存的《烛湖集》中。值得注意的是：《烛湖集》卷六存有孙应时的许婚书《长女答范氏书》称："昔二父之结友，遽一言而许婚。"虽范之柔的求婚书今已无存，但二人为儿女亲家乃不争之事实，即孙氏长女嫁范之长子克家。杨简撰《孙烛湖圹志》云："三女：长适文正范公五世孙克家"之说足证。此外，见于《烛湖集》卷十八的交游诗还有《西溪会范叔刚用旧所寄韵》、《答叔刚见贻》二首、《范叔刚以诗送豆粥次韵答之》三首；卷十九有《昆山龚立道托范叔刚求诗于予》等，皆足以说明两人情亲笃好，由同僚而结成姻亲的密切关系。

三、范之柔其人的评价

范之柔出自名门，进士及第后步入仕途，浮沉州县，继召为台谏官，曾掌外制，预修国史、实录，两度同知贡举，又为侍读，历侍郎而官至刑、礼二部尚书，太子詹事，跻身侍从。其诗文虽多已久佚失传，从其为友人龚昱(字立道)所编的《昆山杂咏》所撰的序言来看，有相当的文学素养和欣赏水平，宜其亦有《墨庄诗集》。他钻研经学，对宋代的典章制度，尤其礼制有较深造诣。他两度同知贡举，对南宋中期科举制度的弊端有切肤之痛。嘉定六年(1213)十月，范之柔指出：辅郡发解试中有考官年老昏聩，滥竽充数及违反规定将经义、词赋混考的现象存在，建议应由漕臣觉察纠正，台官论劾，以绝其弊。④ 嘉定七年三月二十二日，他又与知贡举曾从龙等同上奏章称："国家以进士一科网罗天下之英隽。义以观其通经，赋以观其博古，

---

① 其事见杨简《孙烛湖圹志》、张淏《会稽续志·孙应时传》，俱刊《烛湖集》附编卷下。
② 《烛湖集》卷十四《用范叔刚韵送陈亮功同年》。叔刚，范之柔字。
③ 马塘，昆山之地名。
④ 详见《宋会要辑稿·选举》二二之二四—二五所引范之柔嘉定六年十月二十六日上奏。

论以观其识,策以观其才,异时谋王断国,皆由此进。"但近来"场屋循习,文气不振",多平庸之才;而"学问深醇、文字雅健者"却寥若辰星。究其原因,则"大抵学不务根柢,辞不尚体要。有蹈袭古作至二三百言者,有终篇雷同仅易数字者"。他们提出了应激励"中等之士"勤奋苦学,不甘平庸,锐意进取的对策,又建议命漕司严格选任发解试考官,以便"俾精去取,澄源正本"。① 嘉定七年三月,又针对"词采精纯、记问该贯"的博学宏词科应举人徐凤,仅因援引小误,而被考官黜落的事实,痛切指出,不应责之细苛,要创造让优秀人才脱颖而出的宽松环境,不拘一格选拔颖异的顶尖人才,"以备他日馆阁翰墨之选"。② 他的一系列言论确为改革科场弊端、深中肯綮的有识之见。

范之柔的功绩,则尤在于整顿范氏义庄,续订义庄规矩。皇祐二年(1050),范仲淹创立《义庄规矩》凡十三条。治平元年(1065),范纯仁奏请剳付苏州,如有违反,许令官司受理。后范纯仁于熙宁、元丰、绍圣年间分四次撰修《续定规矩》十三条,元符、崇宁、政和年间,又由纯仁、纯礼、纯粹兄弟共同或分别再续定《义庄规矩》凡十五项。北宋所定《义庄规矩》四十余项曾类编刻石,置于天平山白云寺范公祠堂之侧,如有违犯,许申官理断。但南宋以来,"虽田亩仅存,而庄宅焚毁",义庄已"蠹弊百出,尽失初意"。庆元二年(1196),范之柔与兄弟"协谋同力"整顿,初具规模后,再续订《范氏义庄规矩》十二项,不失为范氏义庄和继承范仲淹初衷的功臣。此后义庄屡有兴废,却延续近八百年之久而不衰,成为我国古代宗族史上的奇观,范之柔也不失为功不可没的关键性人物。他于嘉定三年(1210)奏请剳下平江府重申对违反《义庄规矩》,侵占庄田、庄宅的行为予以惩处,堪称有举足轻重的作用。③

范之柔在嘉定四年(1211)撰《范忠宣集跋》,指出,是他把家藏的范纯仁集原本交付时知永州的沈公刊刻行世,为纯仁文集善本的传世奠定了基础。尤其值得称道的是,他请至交楼钥(1137—1213)撰写了《范文正公年谱》,又亲自进行校订,撰写了《年谱补遗》一卷,为弘扬先祖的嘉言懿行竭尽心力。此谱尽管因为年代久远而有所疏误,但毕竟成为范仲淹生平事迹研究的有意义的开端。遗憾的是,楼钥的《范文正公年谱》及范之柔的《年谱补遗》,直至元天历三年(1330)才刊行于世。

---

① 《宋会要辑稿·选举》二一之二二。
② 《宋会要辑稿·选举》一二之二五。
③ 本节内容及其引文详见四部丛刊本《义庄规矩》;又见苏州市政协编《范仲淹史料新编》,沈阳出版社1989年,第116—130页。其中,孙应时《范氏义庄题名序》、楼钥《范氏复义宅记》、刘榘《范氏义庄申严规式记》,对范之柔及其兄弟良器中兴义庄的功绩称述颇备,皆可参阅。

西方历史学家对范仲淹的描述

〔美〕李弘祺

西方对范仲淹(998—1052)的认识,大约可以从刘子健先生所写有关范仲淹的政事及生平开始,这篇文章是 1957 年刘先生替费正清(John K. Fairbank)的《中国思想与制度》(*Chinese Thought and Institutions*, Chicago: University of Chicago Press, 1957)一书所写的。这是一篇比较平实中允的文字,对于范仲淹的介绍主要集中在他的庆历十事疏,分析他的改革活动及其失败,认为中国历史上的改革失败主要是因为理想型的士大夫在体制上往往缺乏皇帝的支持,又没有同志奥援,因此多半失败。

刘子健这篇作品在六十年代的美国汉学界常被征引,可惜迄今一直没有翻译成中文,而他在编的《两宋史论丛》也没有收入,所以华人知道这篇文章的可能不是很多,顶多或许可以在他所写的中文文章《梅尧臣〈碧云騢〉与庆历政争的士风》一文中略见端倪。所以我们可以说近五十年来西方对范仲淹的认识是源起于刘子健这篇文章。大部分的作者对他的印象基本上是"一个改革失败的政治家"。

这样的印象当然是正确的,不能脱离开一般中国人的见解。但是范仲淹在一般华人的作品和印象当中是正面的,也就是说他是一个理想型的儒家官僚。这一点其实十分重要,因为失败的改革家在中外一般的历史想像中应该是不会引起人们太多的注意的;同情或许有,但是要在历史记忆里占上重要的位置,而被人当作品德的表率,这就并不容易。在西方,如果一个人的政治改革在他生前是失败了,但是他后来被追念成了一个理想或信仰的表率,那么他们的历史学家都会用英雄式的记载来宣述他的成功,比较不会说他是一位"失败的政治改革家"。耶稣为了他的理想被钉上十字架,但几乎不会有人说他是"失败者",甚至于他的"失败"还要被赋上神学的意义,而认为是成功的必要原因。

或许用耶稣的例子不是一个好的例子。我们不如用战败的英雄来看这个问题:古苏美人的 Gilgamesh,迦太基的汉尼拔(Hannibal),百年战争的圣女贞德(Joan de Arc),南北战争的李将军(Robert Lee),二次大战的隆美尔(Rommel),或山本五十六都是打败仗的。然而,他们虽然都知道自己的政府的决策是错的,但却仍然忠于职守,而最后殉职或被打败。他们都可以称作为"失败的英雄":他们是英勇的战士,而他们被纪念的往往是因为他们表现出人性的尊严,而这个人性的尊严使得他们勉强执行的任务或推动的政策显得不重要。从这一点来看,范仲淹在西方人的眼光中可能不算是一个失败的伟人或英雄。

当然，这是一个比较中西思想上面非常深刻的课题，不是我在这里可以讨论的。① 或许我们可以说中国人对岳飞的态度可能更接近于西方人对"伟大的失败英雄"的定义吧！或许我日后可以写一篇《西方著作中的岳飞形象》来讨论这个问题。但是，就目前来说，西方人对范仲淹是一个"失败的改革者"恐怕比较难以产生心灵上的共鸣。

事实上，西方对范仲淹的认识早过刘子健先生这篇文章。② 早在1955—1956年间，德国便有两位学者写了非常详细的论文，一篇讨论范仲淹的生平，是Johanna Fischer写的。另一篇则讨论范仲淹的政治改革，基本上把范仲淹在庆历年间的《十事疏》翻译成德文，作者为Peter Buriks。两篇都登在《远东学志》(Oriens Extremus)。这两篇文字可以说是早期西方汉学传统下典型的作品，因此早年引用的还不少。但是由于这两篇文章毕竟是用德文写的，所以后来渐渐被人所忘记。现在略加介绍如次：

（按，由于这两篇文章不在手边，在台湾又找不到，所以暂时从缺，以后补足。）

由上面的介绍来看，到了一九六〇年代初期，西方学者对范仲淹的了解大致上是认为他是一位宋代的政治改革家，他的改革活动不幸失败了。而其失败的主要原因乃在于中国帝制的集权和独裁性质(absolutism)。

但也就在这时候，另外一篇影响算是也十分深远的文章出版了。这就是崔维泽(Denis C. Twitchett)所写范氏义庄的研究文章。它发表于1959年由David S. Nivison与Arthur F. Wright合编的 *On Fucianism in Action* (Stanford: Stanford University Press, 1959, pp. 97—133)一书。崔维泽当时正对中国传统中的家族制度有兴趣，因此选择了范氏义庄来作研究。③ 但是他认为范氏义庄事实上并不算是一个成功的创举；也就是说他认为范仲淹这位儒家的信徒想要把儒家的理想付诸行动时，并未成功。④

于是范仲淹对义庄的经营从此也变成了近世及近代中国的宗族组织的重要源头。崔氏的文章广受征引，其影响力似乎更甚于刘子健的作品，例如倪豪士(William H. Niehauser)

---

① 或许这与西方对悲剧的解释有关，因此人本身所鼓吹的信念或议题并不是特别重要，而必须是勇于面对命运的追亲或折磨。而最后仍然失败了，这才叫做失败的英雄。Euripides的Oedipus当然是这种悲剧英雄的原型。Moby Dick的Ahab说："我是命运的走卒"〔I am Fates' Lieutenant〕，反映的也是这样的信念。有趣的是日本文学在西方学者的眼光中对"失败的英雄"显出特别的爱好。

② 有趣的是西方人注意到范仲淹这句话的其实远远早过崔维泽和刘子健。早在1877—1880时，就有一位学者翻译中国的启蒙书，里头在武将篇中提到了范仲淹和他在西夏边境的战功，这个可能是英文最早提到他的文章。可惜刊登这篇文章的 The China Review，是在香港出刊的，所以恐怕流通不是很广。按，这篇翻译分成12部分刊登于 The China Review 第六至第八卷(1877—1880)，可惜我暂时无法看出它到底是翻译了哪一本启蒙书，也无法看出作者的文字〔我使用的是香港大学图书馆的"Hong Kong Journals Online: Sunzi1. lib. hku. hk/hkjo"〕。

③ 他在1957年参加日本第十届汉学家会议时，便已撰写了一篇短文表示要了解中国社会的阶级升降，一定要从整国中国社会的宗族入手，而不应只看个人的出身〔所谓个人出身的典型的标准就是考试制度中使用的父、祖、曾祖三代〕。崔氏这篇文章很短，我在1974年曾把它翻译成中文，登于《思与言》上面。这里的见解算是最早对瞿同祖、何炳棣、许琅光及柯睿格〔Edward Kracke〕等人的"中国社会流动"研究的批判。文中他并未直接认为中国社会的流动不像上述诸学者所讲的那么高，但他指出如果连同一个人的家族背景来看，那么可能就不是那么高了。他对范氏义庄的研究显然是承袭这个见解而进行的。但是这时他对中国唐宋以降所谓"宗族"的发展，其运作方式其实还不是有清楚的了解。所以他用clan这个字来翻译范氏义庄的亲属组织，而没有用当时英国研究近代华人〔特别是闽粤地区，因为接近香港与英国势力范围〕的其他英国人类学家所用的 lineage。例如 Maurice Freedman: *Lineage Organization in Southeastern China* (London: Athlone, 1958)，Freedman当时是崔维泽在伦敦大学的同事。

④ 这里所提到的中国宗族的组织及效用的研究可以参考 Michael Szonyi 所编的 *Practicing Kinship: Lineage and Descent in Late Imperial China* (Stanford: Stanford University Press, 2002)。

所编的《印第安纳传统中国文学伴读参考》(*The Indiana Companion to Traditional Chinese Literature*) 一书,出版于 1986 年,其中所列的参考文章三篇就是上面所提到的二篇德文文章及崔维泽的这一篇,而没有列入刘子健的那一篇。相同地,叶文心论民国时代高等教育的书(*The Alienated Academy*, *Culture and Politics in Republican China*, 1919—1937, Cambridge: Harvard Asian Center, 1990)提到士人及其社会责任时,引用了范仲淹为例子(见该书页 339, 注 44),便也指引用了崔维泽的这篇文章,而没有引用刘子健的文章。

事实上,如果要讲读书人的社会责任时,那么范仲淹的名句"先天下之忧而忧,后天下之乐而乐",便应该被提出来。在中国人的共同记忆里,这句话毫无疑问的,恐怕是对范仲淹最好的诠释。有趣的是,虽然刘子健提到了这一个名句,但是似乎没有引起太多的注意,也很少有西方人专门从这句话来作文章。我想这很可能是因为这句话出自《岳阳楼记》,而《岳阳楼记》整篇文章都是借景发挥,反映的虽然是范仲淹(以及藤子京)的心情,没有发挥太多的议论,而该名句虽然是他们仕途不遇,却仍然"宁鸣而生,不默而死"(也就是范仲淹的名句,迄今没有看到英文作品中提到他这句出自《灵乌赋》的话)的心境的总结,却毕竟是孤零零的一句,因此一直很难独立加以思考,引不起研究的兴趣。1994 年,狄培理(Wm. Theodore de Bary)修订他所编的《中国传统数据汇编》(*Sources of Chinese Tradition*),要出修订新版时,曾请我将这句话的前后文(即《岳阳楼记》)翻译出来,有意将它收进去,但是最终决定放弃,因为这孤零零的一句话,实在很难让西方读者感受得到整个儒家思想一脉传承的生命理念。

把"先天下之忧而忧,后天下之乐而乐"的精神理想当作是儒家读书人的抱负,这一点大概一般读者都不会去怀疑。但是早在 1959 年,瑞德(Arthur F. Wright)写《中国历史中的佛教》(*Buddhism in Chinese History*)一书时(Stanford: Stanford University Press, 1959),他却提出说范仲淹的这种理想可能是受佛教影响,因为儒家的"仁"的理念其实是带有所谓的"差等性"(如果用费孝通的话来说,那便是"差序格局"),因此泛爱众、爱无差等的理念在上古(或至少汉代)之后,便已经消沉,必待佛教对众生平等的爱在中国产生影响之后,才会有范仲淹这样的说法。

范仲淹小时候受到深刻的佛教影响,所以说他这种对天下的平等的爱(maitr, 中译文作慈悲, 但慈悲在梵文也作 karuna)或许的确源自于佛教, 但是他这种说法其实也多是揣测之词, 因为儒家思想当中,《论语》、《孟子》都有相似的说法(《孟子》: "独乐乐, 众乐乐, 孰乐?")所以余英时便曾批评瑞德这个说词。不过严格地说, 瑞德也不过是在文章中简短地作了这么一个建议, 的确不外是一种建议而已, 而后续也不再有人对瑞德这个想法作进一步的发挥, 所以我们不必把它当作一个可以深入研究的公案。当然佛教的思想对中国的"爱有差等"是不是有什么影响, 这倒是一个重要的问题就是了。

范仲淹的名字到了 1960 年代以后, 因此逐渐有更多的中国史学者注意到他。百科全书上面也开始收有他的名字, 作为条目。《大英百科全书》当然是所有的百科全书中最有权威的一本, 因此我们就从它谈起。《大英百科全书》的"范仲淹"条, 文长 209 字, 不算长, 大抵上是根据刘子健的文章(因此没有提到范氏义庄), 但是它有几个值得提出来讨论的地方:

一, 它没有提到范仲淹的名言: "先天下之忧而忧; 后天下之乐而乐"。可见这一句话对西方人来说似乎引不起什么兴趣——黑格尔说, 他读了孔子的《论语》, 觉得所说的不外是做人的基本"常识"(common sense), 缺乏深意。或许西方学者对于范仲淹的名句也认为只是

"常识而已"吧?

它说范仲淹对宋代人对《易经》及《中庸》的兴趣及重视有重要的贡献。确实,范仲淹曾经劝孙复和张载读《中庸》,这是广为人知的事,因此说范仲淹提倡《中庸》,这应该是不争的事实,只是在西方学者当中,注意到这一点的几乎没有人,①因此《大英百科全书》竟会提到他对《中庸》研究的贡献,的确令人感到有点意外。至于范仲淹对《易经》的提倡,这就更不用说了:范仲淹对《易经》的态度虽然对宋代有一定的影响,例如他的《易兼三才赋》,其中的思想对于周敦颐的《太极图说》或有影响,而可能源自于相传为陈抟画的《无极图》。② 他另外又写有《易义》、《四德说》、《穷神知化赋》、《乾为金赋》、《天道益谦赋》、《水火不相入而相资赋》等文字,可见他对《易经》当然是有心得的,但是一般学者并不认为他对《易经》有什么特别的发明。《大英百科全书》这篇文字强调他对《中庸》和《易经》的贡献,可见可能是一个学思想史的人所写的。但是平实言之,范仲淹对宋代经学或甚至于儒学的贡献毕竟是相当有限的。③

严格言之,范仲淹对宋代文学的发展实在不能说有什么特殊的贡献。7《大英百科全书》这篇传记的确也没有提到他在文学上的造诣,所以不能挑剔它。但是这篇传记完全没有提到范仲淹带兵打西夏的事迹,这一点究竟应该如何看待,也值得提出来。当然,在中国,注意范仲淹有"儒将"的声望这件事的学者本来也不多,因此不谈他在武功上面的成就,这应该是无可厚非。但是我们或许应该注意这件事:即事实上"儒将"一词在宋代才第一次出现,④所以这一个类型的思维在相当程度上反映了宋代重文轻武的心态。只是不管如何,虽然范仲淹被称为"儒将",他毕竟不算是一个武功显赫的将领,在军事史或外交史上都不是非常重要,因此不能掩盖他在带兵这件事上比较少被人注意的这件事实。《大英百科全书》对范仲淹带兵的事没有着墨,严格地说,也不算是什么缺失,不应加以挑剔。

四,这本百科全书又说范仲淹极端反佛(an ardent foe of Buddhism),这个说法其实是有问题的。范仲淹年轻时曾在佛寺住过,对佛教有相当的了解,也有一定的兴趣,⑤因此说他极端反佛是不正确的。

《大英百科全书》的"范仲淹"条虽然不算完美,但毕竟成为众多百科全书或辞典的蓝本。当然,各辞典的"范仲淹"条都各有所重,因此有各样的出入。例如《世界传记百科全书》(*Encyclopedia of World Biographies*)的"范仲淹"条(可以在 http://www.answers.com 看到),它便比《大英百科全书》略为可靠。首先,这篇传记约 492 字,因此写进更多的内容,并附有简短的参考书目,列举了刘子健和崔维泽的文章。因此从表面上看,这篇文字应当能适当地反映学界的主流意见。而该文也的确提到范仲淹的义庄创举。更重要的是,它开宗明义就提到范仲淹"先天下之忧而忧,后天下之乐而乐"的理想,说这是范仲淹所认为儒者的定义:One who is first in worrying about the world's troubles and last in enjoying its

---

① 包弼德(Peter K. Bol)的名著《斯文:唐宋思想的转型》("*This Culture of Ours*": *Intellectual Transition's in Tang and Sung China*, Stanford: Stanford University Press, 1992)中对范仲淹没有特别的发挥,也没有提到他对张载及孙复的影响。
② 参考慈心《范仲淹的〈易兼三才赋〉》,http://totus.elyoo.com。
③ 参考李存山《范仲淹与宋代儒学的复兴》,刊《哲学研究》2003 年第 10 期。
④ 孙何《上真宗今参用儒将》,收入赵汝愚编《宋朝诸臣奏议》(上海古籍出版社 1999 年)。
⑤ 刘静贞《略论宋儒的宗教信仰——以范仲淹的宗教观为例》,刊《中国历史学会史学集刊》,第 15 期。

pleasures。

但是这篇传记过分交代他的生平。虽然它提到了范仲淹在西夏战争中的事迹,但是可能是受了刘子健的影响,因此除了对他早岁的生平交代比较详尽,以及强调庆历改革的主要内容在于政治及官僚体制的改革(并略及经济的改革如灌溉及淤田)之外,完全没有提到他的思想。与《大英百科全书》一样,这一篇文字也没有提到范仲淹的文学兴趣。

当然,范仲淹的思想如上所说,对于宋代思想的整体(不管是博学的特色,或是道学方面的发展)都不能说有决定性的影响,而且也缺乏系统。因此如果不谈他的思想,这是可以理解的。另外,他在文学及乐律上面的造诣,也不能算杰出,因此如果两条"范仲淹"都没有提及他们,这也是不能苛求的。后面这一篇所犯的错误比较少,但是它选择材料的比重及分配,以及触及的范围则又比《大英百科全书》略嫌过分小心,或者说胆小。①

从上面的讨论我们可以看到《大英百科全书》对于范仲淹的描述还是比较全面的,但是它对范仲淹的文学、乐律以及教育改革的主张都不曾提到,因此可以想像范仲淹这方面的事迹及表现在西方学者的认知里显然比较缺乏。文学与乐律方面我留到最后再谈,而请先从教育方面开始谈起。

范仲淹的庆历改革的十大建议中,其中有一点是关于教育的,这和他平素为人的关心有密切的关系。他早岁在应天府读书,也对应天府书院有长期的关怀,后来又创立苏州州学(所谓吴学),对于当时教育荒废,一以科举为重的学风,颇有感触,因此主张要兴学,更主张考科举的人一定要先到学校读书一段时间。近世中国官学体制的创设,范仲淹居于十分重要的地位。② 因此在西方的著作中近年来也开始注意到这个议题。上面提到《大英百科全书》的"范仲淹"条,其中就提到他对考试只重测验诗文,不重考核实际政事的缺失,以及推动普及官学的主张,这些都在证明《大英百科全书》不愧为"百科全书"的执牛耳的参考书。③

范仲淹参与教育的活动在我本人、贾志扬(John W. Chaffee)以及万安玲(Linda Walton)的书中都可以看到。④由于这三位研究宋代教育、科举及书院的作者写的题目都不是专讲范仲淹,因此他们所能提供的新的形象当然有限,只能说增加了范仲淹的活动的一个新向度而已。在西方作品里,像范仲淹对书院与官学的分别究竟何在,⑤以及他的教育思想

---

① 同一篇传记也收入 bookrags.com 以及 Novelguide.com 两个网站。
② 参考我的《范仲淹与北宋的书院传统》,刊于台湾大学文学院编《范仲淹一千年诞辰国际学术研讨会论文集》(1990), pp. 1399—1426。有关范仲淹的教育思想、活动的中英日文论文和书都很多,不能在这里一一列举。
③ 这里必须提到《维基百科全书》(Wikipedia)的英文版"范仲淹"条。这一条并不长,提到了"庆历改革"(列为一段,但该题本身也独立另列为一条),也提到了范氏的教育改革,(特别列了一段),也提到他的文学作品(也特别列了一段),另外也提到他防御西夏的事迹。替《维基百科全书》写这一篇文字的人一定是一个华人,因为他完全没有参考上述比较重要的英文著作,反而只参考了两本古代中国通史的英文著作(牟复礼[F. W. Mote]的 *Imperial China*, 900—1800, 以及伊沛霞[Patricia P. Ebrey]的《图绘剑桥中国史》[*Cambridge Illustrated History of China*]。后者有中译本),以及一篇袁征所写的英文有关宋代的地方学校的文章。顺便应该提的是,《维基百科》的英文"庆历改革"比"范仲淹"的这一段略长,提及范仲淹及欧阳修,也提及《十事疏》,但没有交代得很清楚。参考的又是牟复礼的 *Imperial China*, 900—1800, 可见两条当是出自同一作者。
④ Thomas H. C. Lee: *Government Education and Examinations in Sung China*(Hong Kong: The Chinese University of Hong Kong Press, 1955)及 *Education in Traditional China, a History*(Leiden & Boston: Brill, 2000); John W. Chaffee: *Thorny Gates of Learning in Sung China: A Social History of Examinations*(New York: Cambridge University Press, 1985),以及 Linda Walton: *Academies and Society in Southern Sung China*(Honolulu: University of Hawaii Press, 1999)
⑤ 参考上页注 4 我的《范仲淹与北宋的书院传统》等。

为何,①恐怕只能俟之他日了。

这就带我们到最近比较重要的论宋代经世思想及实践的书:韩明士(Robert Hymes)与谢康伦(Conrad Schirokauer)所编的《经世:宋代中国对政府与社会的经营》(*Ordering the World*, *Approaches to State and Society in Sung Dynasty China*, Berkeley, Los Angeles & Oxford: University of California Press, 1993)。这本书收了十篇文章,集当代美国汉学界一时之选。书中范仲淹一共出现了 22 次(另外在字汇、书目及引得又出现 4 次),所以说是占了一定的分量,但毕竟远比朱熹(470 次)、欧阳修(45 次)或王安石(224 次)为少。不过这也是合理的。

在这本书中,范仲淹的教育活动(一次),对政治制度的关心及改革(特别对君权的探讨,五次),政治生涯(一次),庆历改革(二次),范氏义庄(五次)等等都有触及。显然,作者们认为范仲淹的政治改革活动,特别是与朱熹的社仓构想的不同以及推动这些知识的理想及实践方法都强调必须仰赖皇帝的支持,因此反而有加强皇权的倾向。虽说朱熹反对君权过分集中,但他却嘉许范仲淹的种种作为。由此可见,儒家对政治机构的理想及实践的确有其内在的矛盾。就这样,作者们似乎对刘子健三十多年前的论点提出了一些批判。

相同的,作者们(特别是万安玲)认为范仲淹的义庄思想及其制度成了后来社仓制度的灵感及基础。虽然社仓的建设以乡社为其根本,是地缘的机构,与以血缘为基础的"义庄"(以及后来渐次成型的"族田")不相同,但两者都逃不掉地域的限制以及由地域的限制所造成的地缘关系及其关心。也就是说,宋代以后的宗族组织一方面是为了保护一定的地域内的亲属,但它为了达到这个目的,就不得不依赖投资土地及参加科举考试,因此宗族和乡社的发展往往分不开。从这个角度来看,作者们对于范仲淹的义庄是采取了比较正面的解释,与崔维泽的看法相左。学术的进展有如是者。

从上面的讨论我们可以这么说,就是大约在四十年之间,西方著作中的范仲淹有了相当的进步,而对他的政治思想及以及社会实践的解释也有了变化,但是总的来说,我们不能不说范仲淹的真面貌也得到了比较平实的评价。由于范仲淹的政绩及思想上的贡献虽然还都是比较正面的,却因为没有产生真正长远或巨大的影响,因此在一般世界史的教科书里也都没有提到他。

(下面原应再继续写西文中范仲淹对文学、乐律[特别是琴]以及佛教的态度,因时间及材料所限,暂时告缺。)

---

① 中文这方面的文章及书很多,这里无法列举。

范仲淹《岳阳楼记》事考

李伟国

北宋名臣范仲淹（989—1052）的名作《岳阳楼记》，以其立意高迈、抒情真切、写景雄奇而传诵千古，"先天下之忧而忧，后天下之乐而乐"的名句，几乎每个有文化的中国人都能背诵，而且激励着一代又一代的志士仁人，成为他们取之不竭的精神力量之源。

但围绕着这篇仅有360字的散文，千年以来，聚讼纷纭，知道的人就不是很多了。有关《岳阳楼记》的最大的悬案，首先是是范仲淹究竟是否到过岳阳楼，此点至今争论不休；第二是古代撰写"记"一类的文字是否一定要亲历其地，此点至今鲜有论及；第三是当时同辈文人为何以为《岳阳楼记》是"传奇"之作或不以为然，此点亦鲜有论及；第四是明代文人为何以为《岳阳楼记》是模仿之作，此点前此尚无人论及。等等。

本文拟就前述诸问题一一剖析，以厘清事实，帮助读者更深刻、更全面地理解《岳阳楼记》，并就正于学界同仁。

一、疑生于后世

自庆历六年《岳阳楼记》问世，从北宋到南宋，二百多年间，尚未发现宋朝的学者文人议及范仲淹写作《岳阳楼记》时有没有到过岳阳楼这一问题的，如南宋朱熹《江陵府曲江楼记》：

> 予于此楼，既未得往寓目焉，无以写其山川风景、朝暮四时之变，如范公之书岳阳也。独次第敬夫本语，而附以予之所感者如此。后有君子，得以览观焉。①

是认为范仲淹应该到过岳阳楼。

提出此点疑问，不知起于何时何人。

现代古典文学学者和宋史学者，多认为范仲淹写作《岳阳楼记》时并没有到过岳阳楼。他们的理由主要是，范仲淹自署《岳阳楼记》作于宋仁宗庆历六年（公元1046年），而其时作者遭贬知邓州（治所在今河南省邓县），从邓州到岳州有近千里路程，其间隔着汉水、长江等大河，那时又没有飞机和火车，要让年已58岁的范仲淹远道赶去，显然是不可能的。所以惟一合理的说法，是范仲淹在邓州写好了《岳阳楼记》，再派驿使专程送去。②

这种说法有一定的合理性，但不是无可辩驳的，甚至可以说是很软的依据。写作《岳阳楼记》时范仲淹确实在邓州，但在邓州任上就不能走动了吗？还有，谁规定到了58岁，没有

---

① 朱熹《朱文公文集》卷七八。
② 金文明《石破天惊逗秋雨——余秋雨散文文史差错百例考辨》人物史事考辨《岳阳楼记传千古，写者不在岳阳楼》，书海出版社2003年。

飞机、火车,就不能赶一千里路了?当时官员的主要交通工具是马和马车,范仲淹虽然是文官,但也是苦出身,还曾上西北战场打过仗,没有那么娇贵。所以光是这些理由还不能服人。

他们还说,范仲淹一生并没有到过洞庭湖,为什么能把八百里洞庭湖描绘得有声有色如此逼真?道理很简单,他虽未到过洞庭湖,却到过太湖、鄱阳湖。他曾出知苏州,并因官职调遣多次往来于苏杭间,有机会游览太湖。他又曾被贬知饶州,流连于鄱阳湖。他正是综合概括了太湖等江南湖泊的特色,以此联想洞庭湖的自然景色的变化,并看了滕宗谅寄来的《洞庭秋晚图》,参以唐贤今人的诗赋,才逼真地描绘了洞庭湖的自然景观,达到使人恍如亲临其境的效果。①

这种说法也有一定的合理性,但其前提是"范仲淹一生并没有到过洞庭湖",恰恰是这一点,也还有探究的余地。

二、《岳阳楼记》的来历

为了解决问题,我们必须先了解《岳阳楼记》的来历。

《岳阳楼记》是范仲淹应滕宗谅之请而写的。滕宗谅(991—1047)字子京,是范仲淹的同年同僚好友。范仲淹曾经称赞他"道味清可挹,文思高若翔"。② 范仲淹在西北经略边防事务,宗谅以天章阁待制知泾州,与范仲淹密切合作,抗御西夏。范仲淹调京参政,推荐宗谅知庆州。滕宗谅是一位有抱负、很能干的人,他在办理公务时,常常为达目的(当然是对国家有利),不注意方法甚至不顾及规矩。在与西夏发生战事的西北前线,他为了搞好与地方酋豪的关系,减弱西夏政权和军队在民众中的基础,花去了大量的钱财,大大越出了预算,被检举擅自动用公使钱。监察御史梁坚上奏章弹劾,揪住不放,梁坚死后,朝廷派燕度到西北边境勘鞠此事,扩大事态,牵连甚广,一直闹到皇帝那里,范仲淹、欧阳修等人大力营救,对方韧劲十足,事情久拖不决,滕宗谅最后终于得罪,被贬到了岳州。到了岳州以后,滕宗谅勤于公务,仅一年多时间便政通人和,百废俱兴。他看到岳阳楼破败不堪,颇为感慨,决心加以修缮。他知道重修岳阳楼一定所费不赀,也许是吸取了在西北战场的教训,于是用了一种非常奇特的办法来解决经费问题:

> 滕宗谅知岳州,修岳阳楼,不用省库钱,不敛于民,但榜民间有宿债不肯偿者,献以助官,官为督之,民负债者争献之,所得近万缗,置库于厅侧自掌之,不设主典案籍。楼成,极雄丽,所费甚广,自入者亦不鲜焉。州人不以为非,皆称其能。③

"不用省库钱,不敛于民",就是既没有动用政府的公款,也没有直接从老百姓那里搜括。那么钱从哪里来呢?他发了一个告示,要求民间凡有别人欠了多年而又不愿意偿还的债务,献出来帮助政府,由政府代为催讨,于是债主先行告发,欠债者争相献出,竟然得到了近一万缗的钱,这是一笔相当大的数字。那个时候没有银行,滕宗谅在自己的办公室旁边设置了一个钱库,将这笔巨款放在里面,也不设专门的主管官吏和账目,由自己亲自掌管。岳阳楼盖得"极雄丽"、"所费甚广",而那些钱并没有花完,他占为己有的也不少。好个滕宗谅,在修建岳

---

① 李涵、刘经华《范仲淹传》第四章,中州古籍出版社 1991 年。
② 范仲淹《范文正公集》卷一《书海陵滕从事文会堂》。
③ 司马光《涑水记闻》卷九。

阳楼的过程中又发生了"经济问题",非法集资,私设小金库,还有贪污的嫌疑,但老百姓不以为非,反而称其能干。这次没有人去告他,也就安然无事了。

看来,滕宗谅真是一个很有魄力的人。但他的心胸并不开阔,总觉得自己在西北的那些事情是冤枉的,钻在里面跳不出来:

> 放臣逐客,一旦弃置远外,其忧悲憔悴之叹,发于诗什,特为酸楚,极有不能自遣者。滕子京守巴陵,修岳阳楼,或赞其落成,答以"落甚成,只待凭栏大恸数场"。闵已伤志,固君子所不免,亦岂至是哉!①

你看,朋友们去祝贺岳阳楼落成,滕宗谅竟说"落什么成,我只想依着栏杆大哭数场",实在是有点过分了。

这些事,想必作为同年好友的范仲淹也是知道的。庆历六年岳阳楼落成以后,滕宗谅希望有一篇"记"以张大其事,他想起了自己的同年好友范仲淹这支大手笔,而范仲淹也正要借机规劝滕宗谅,于是就催生了这篇名作。范公偁《过庭录》云:

> 滕子京负大才,为众忌嫉。自庆帅谪巴陵,愤郁颇见辞色。文正与之同年友善,爱其才,恐后贻祸;然滕豪迈自负,罕受人言,正患无隙以规之。子京忽以书抵文正,求《岳阳楼记》,故记中云:"不以物喜,不以己悲。先天下之忧而忧,后天下之乐而乐。"其意盖有在矣。戊辰十月,因观《岳阳楼记》,遂言及此耳。②

公偁乃范仲淹后人,戊辰,绍兴十八年也。

三、《求记书》

滕宗谅没有文集传下来,他为求《岳阳楼记》而写给范仲淹的信保存在方志里面,信的名称叫《求记书》,其文篇幅几乎是后来求到的《岳阳楼记》的两倍,内容很值得玩味,谨全录如下:

> 六月十五日,尚书祠部员外郎、天章阁待制、知岳州军州事滕宗谅,谨驰介致书,恭投邠府四路经略安抚资政谏议节下。
>
> 窃以为天下郡国,非有山水瑰异者不为胜,山水非有楼观登览者不为显,楼观非有文字称记者不为久,文字非出于雄才巨卿者不成著。今古东南郡邑,当山水间者比比,而名与天壤同者,则有豫章之滕阁,九江之庾楼,吴兴之消暑,宣城之迭嶂,此外无过二三所而已。虽寝历于岁月,挠剥于风雨,潜消于兵火,圮毁于难患,必须崇复而不使随圮者,盖由韩吏部、白宫傅以下,当时名贤辈各有纪述,而取重于千古者也。
>
> 巴陵西跨城闉,揭飞观,署之曰"岳阳楼",不知做落于何人。自有唐以来,文士编集中无不载其声诗赋咏,与洞庭君山率相表里。宗谅初诵其言而疑且未信,谓作者夸说过矣。
>
> 去秋以罪得兹郡,入境而疑与信俱释。及登楼,而恨向之作者所得仅毫末尔,惟有

---

① 周辉《清波杂志》卷四。
② 范公偁《过庭录》。

吕衡州诗云,"襟带三千里,尽在岳阳楼",此粗标其大致。自是日思以宏大隆显之,亦欲使久而不可废,则莫如文字,乃分命僚属,于韩、柳、刘、白、二张、二杜,逮诸大人集中,摘出登临寄咏或古或律歌咏并赋七十八首,暨本朝大笔如太师吕公、侍郎丁公、尚书夏公之作,榜于梁栋间。又明年春,鸠材僝工,稍增其旧制。

古今诸公于篇咏外,率无文字称纪所谓岳阳楼者,徒见夫屹然而踞,岈然而负,轩然而竦,伛然而顾,曾不若人具肢体而精神未见也,宁堪久焉?

恭惟执事,文章器业,凛凛然为天下之时望,又雅意在山水之好,每观送行还远之什,未尝不神游物外,而心与景接。矧兹君山洞庭,杰然为天下之最胜,切度风旨,岂不摅迟想于素尚,寄大名于清赏者哉!冀戎务鲜退,经略暇日,少吐金石之论,发挥此景之美,庶潄芳润于异时,知我朝高位辅臣,有能淡味而远,托思于湖山数千里外,不其胜与。

谨以《洞庭秋晚图》一本随书赘献,涉毫之际,或有所助。干冒清严,伏惟惶灼。

滕宗谅认为,"楼观非有文字称记者不为久,文字非出于雄才巨卿者不成著",滕王阁等著名楼观之所以历经修缮,就是因为有著名的记。

岳阳楼虽然历史悠久,经过精心收集,才发现前人留下的,只有篇咏,[②]"率无文字称纪所谓岳阳楼者",而一座著名的楼观如果没有一篇好的记,"曾不若人具肢体而精神未见也",这问题可是相当严重的。

怎么办呢?

滕宗谅称颂范仲淹"文章器业,凛凛然为天下之时望,又雅意在山水之好,每观送行还远之什,未尝不神游物外,而心与景接",希望范仲淹"戎务鲜退,经略暇日,少吐金石之论,发挥此景之美",以能传之久远,使后人知道我宋朝有人。写信的目的直截了当地表达出来了,那就是请范仲淹来写一篇记。

最后一段话很关键:"谨以《洞庭秋晚图》一本随书赘献,涉毫之际,或有所助。"这就奇怪

---

① 《全宋文》卷三九六。又见雍正《湖广通志》卷九十六,《文渊阁四库全书》本,又见《岳阳纪胜汇编》卷四,隆庆《岳州府志》卷六、《楚纪》卷五二,嘉庆《湖南通志》卷一八〇,道光《洞庭湖志》卷一〇,光绪《湖南通志》卷三四,光绪《巴陵县志》卷七八。

② 《求记书》云:及登楼,而恨向之作者所得仅毫末尔,惟有吕衡州诗云,"襟带三千里,尽在岳阳楼",此粗标其大致。自是日思以宏大隆显之,亦欲使久而不可废,则莫如文字,乃分命僚属,于韩、柳、刘、白、二张、二杜,逮诸大人集中,摘出登临寄咏或古或律歌咏并赋七十八首,暨本朝大笔如太师吕公、侍郎丁公、尚书夏公之作,榜于梁栋间。又其《岳阳楼诗集序》云:"东南之国富山水,惟洞庭于江湖名最大,环占五湖,均视八百里。据湖面势,惟巴陵最胜,濒岸风物,日有万态。虽渔樵云鸟,栖隐出没,同一光影,中惟岳阳楼最绝。古今才人巨公,登临寄傲,流叹声藻,散在编简。或传诵于人口者,纔不过一二。惟唐相张燕公文字最著,询之耆旧,则曰:楼得名,始命于公矣。即指导往迹,参传其说,皆略而不书。顷 三国,兹实战冲,镇守者间有贤杰,非尚智力,则任权术,处清境殆distinct炉炭,岂暇优游坐啸,据发清蕴也哉!六朝通三百三十七年,惟颜延年、阴子铿见于章句,余皆寂寥无闻。李唐恢宇,享祚甚宏远,虽去长安尤僻,在当时,名贤辈出,能至此者,率自迁谪而来,故所属篇,类多《离骚》叹惋之意,然于徘徊幽觉,未尝出盈厌之语。殊俗移人,果如是乎?天宝中,苏源明刺东明,因石潴仿佛遐致,号小洞庭,芳晨良夜以为留客宴喜之地。每冠盖盛集,酒行思绎,苏必雅吟自放,四顾 唱,雕词丽句,传诵不泯。粤自元和五年,令狐楚节制汶上,相去方八十载,咨考故处,已茫然无得矣。既叹而愤,乃引金石,以永好事之意。切寻古之之旷坏高韵,缅慕天末,写千里于一局之水,使彼时风月,独异于他郡,所乐也犹此如。后贤惜其遗音逸事,孜孜重显之,盖于赏情爱景之心无少负也。况仆忝宰于今,旦暮为湖山主事,弗卢乎一旦众作与栋栎同沦委,则后之议我者以为何如?亦将恐风月仇人不浅矣。遂用崇新基址,偏索墙堵,间及本朝诸公歌诗古赋,纪以时代,次以岁月,不以官爵贵贱为升降,俾镌石置于南北二壁中,庶几他日有闻韶忘味君子知仆之志也。然历世寖远,必多遗难备,直以所存者笔之。如其删繁撷英,请俟来者焉。"(《岳阳楼纪胜汇编》卷四,明钞本)

了,滕宗谅不但在信中详细介绍了岳阳楼的历史和现状,还附送一幅图供范仲淹参考,这不明摆着不劳您大驾光临了吗?

由此看来,滕宗谅请范仲淹写《岳阳楼记》,本来就没有要求范仲淹亲自去岳州跑一趟,那么范仲淹没有去云州而在邓州写下了《岳阳楼记》,是极有可能的了。

四、作记本不必亲历其地

滕宗谅的这种做法,在宋代并非绝无仅有,甚至可能是常见之事。

滕宗谅是一位有为之士,他在岳州短短两三年间,既称"百废俱兴",一定为百姓办了不少好事,比如兴学校、修水利等等。据初步查证,滕宗谅当时写了好几封求记信,请他的好友、文章高手为他的事业树碑立传。除了请范仲淹写《岳阳楼记》以外,一封给尹洙求《岳州学记》,一封给欧阳修求《偃虹堤记》,时间都在庆历六年。范仲淹、尹洙、欧阳修三人的文章都求到了,而滕宗谅写给尹洙、欧阳修的信则已佚失。

先看尹洙的《岳州学记》。

> 三代何从而治哉?其教人一于学而已。自汉而下,风化日陵,政之宽暴,民之劳逸,皆系于吏治。吏之治,大抵尚威罚,严期会,欲人奔走其命令,其驱之若是之亟也,又安暇先之以教育,渐之以德义者乎?故号称循良而能以学校教人者,十不一二,去圣益远。至有持律令,主簿领,思虑不出几案,以谓为治之具尽在于是。顾崇儒术、本王化者为阔疏不切于世。噫!其甚哉!
>
> 滕公凡为,必兴学见诸生以为政先。庆历四年守巴陵,以郡学俯于通道,地迫制卑,讲肆无所容,乃度牙城之东,得形胜以迁焉。会京师倡学,诏诸郡置学官、广生员,公承诏忻曰:"天子有意三代之治,守臣述上德,广风教,宜无大于此,庸敢不虔?"于是大其制度以营之,庙像既成,乃建阁以聚书,辟堂以授经,两序列斋,而休诸生。掌事司仪,差以等制,膳饔澣冰,悉严其所,小学宾次,皆列于外。大总作室之数,为楹八十有九。祭器什具,稽于礼,资于用,罔有不备。巴陵之服儒者,毕登于学,公延见,必礼奖其勤,以励其游惰,尚其能以勉其未至,虽新进不率者,皆革顽为恭,磨钝为良,出入闾里,务自修饬。郡人由是知孝悌礼义,皆本于学也。公之树教及人,岂不切于近、通于久乎?
>
> 先是,公领邠宁环庆兵,扞敌为帅臣。来巴陵乃下迁。凡由大而适小,必易其治,或阴愤阳昏,事弛官废,下不胜弊者有之,或慎微虑危,循旧保常,无所设施者有之。若夫用舍一致,其上下所树立,不以险夷自疑于时,如公心之所存,非爱君之深,通道之笃,乌及是哉!今年录其事来告,且曰:"予常守玉山、吴兴、安定,皆立学,其作记必时闻人。子其次之。"某始愧不称,然安定之文,伯氏实承公命,小子奚敢以辞!
>
> 庆历六年八月日记。①

文章的第一部分,是有关办学的历史回顾和思考,可能出自尹洙本人的胸臆,也不排除在滕宗谅的信中有此内容。第二部分记述滕宗谅在岳州的作为,其内容应该出自滕宗谅写给尹洙的信。第三部分记述了滕宗谅的遭际,称颂滕宗谅在由大适小的情况下,仍能有所作为的

---

① 尹洙《河南集》卷四。

精神。整篇文章表明，文章的作者也没有去过岳州，没有实地考察岳州州学。文章写于庆历六年八月，而由文中的"今年录其事来告"之语可知滕宗谅的求记信写于同年。

再看欧阳修的散文名篇《偃虹堤记》，其撰文之缘起与《岳阳楼记》全然相同；所写也是岳阳之事；也是接到了滕宗谅的信以后写的；滕宗谅在送信的同时，也送了一幅洞庭之图；文章写作的日期也是宋仁宗庆历六年。文章开头即交代说：

有自岳阳至者，以滕侯之书，洞庭之图来告，曰愿有所记。

接着说：

予发书按图，自岳阳门西距金鸡之右，其外隐然隆高以长者，曰偃虹堤。问其作而名者，曰吾滕侯之所为也。问其所以作之利害，曰洞庭，天下之至险，而岳阳，荆、潭、黔、蜀四 之冲也。昔舟之往来湖中者，至无所寓，则皆泊南津。其有事于州者，远且劳，而又常有风波之恐，覆溺之虞。今舟之至者，皆泊堤下，有事于州者，近而且无患。问其大小之制，用人之力，曰长一千尺，高三十尺，厚加二尺而杀其上，得厚三分之二。用民力万有五千五百工，而不逾时以成。问其始作之谋，曰州以事上转运使，转运使择其吏之能者行视可否，凡三反复而又上于朝廷，决之三司，然后曰可，而皆不能易吾侯之议也。曰此君子之作也，可以书矣。盖虑于民也深，则谋其始也精。故能用力少而为功多。

夫以百步之堤，御天下至险不测之虞，惠其民而及于荆、潭、黔、蜀，凡往来湖中，无远迩之人，皆蒙其利焉。且岳阳四会之冲，舟之来而止者，日凡有几，使堤土石幸久不朽，则滕侯之惠利于人物可以数计哉！夫事不患于不成，而患于易坏。盖作者未始不欲其久存，而者常至于殆废。自古贤智之士，为其民捍患兴利，其遗迹往往而在。使其继者皆如始作之心，则民到于今受其赐，天下岂有遗利乎！此滕侯之所以虑，而欲有纪于后也。

滕侯志大材高，名闻当世。方朝廷用兵急人之时，常显用之，而功未及就，退守一州，无所用心，略施其余以利及物。夫虑熟谋审，力不劳而功倍，作事可以为后法，一宜书；不苟一时之誉，思为利于无穷，而告来者不以废，二宜书；岳之民人与湖中之往来者，皆欲为滕侯纪，三宜书。以三宜书不可以不书，乃为之书。

庆历六年月日记。①

"发书按图"，就是拿出信，打开图。可以想见，欧公的这篇文章，其所记录的情况，均来自滕宗谅的信中，其对滕宗谅的评价和所发的议论，也没有脱离滕宗谅所提供的材料。由文章本身看来，欧公写这篇记的时候也没有到实地去考察过，是可以肯定的了。欧阳修和尹洙的文章写法套路比较接近，只是欧阳修没有回顾历史而已。

但欧阳修如果在接到滕宗谅的求记书以后，真的要到岳州去实地考察一番的话，他也就不会写这篇文章了。

宋范致明《岳阳风土记》："孟浩然《洞庭诗》有'波撼岳阳城'，盖城据湖东北，湖面百里，常多西南风，夏秋水涨，涛声喧如万鼓，昼夜不息，漱啮城岸，岁常倾颓。滕子京待制欲为偃虹堤以捍之，计成而滕移郡，后遂不果。"范致明（？—1119），宋哲宗元符三年进士，宋徽宗崇宁三年以宣德郎谪监岳州酒税，其书所记应是实地调查的结果。

---

① 欧阳修《欧阳文忠公文集》卷六四　外集卷一四。

又宋祝穆编、祝洙补订《方舆胜览》卷二九湖北路岳州"堰虹堤"条："城濠东北,湖面百里,每西南风,涛声万鼓,昼夜不息,漱啮城下。滕子京欲为偃虹堤以捍之,预求记于欧阳公,未几滕去,遂不果筑。建安胡明仲诗云:'有时风浪战城西,何啻渔阳万鼓鼙。狎水虻虻忘垫溺,谁人能续偃虹堤?'盖伤之也。"其所据或即为《岳阳风土记》,而叙述更为明确。胡寅(1098—1156)字明仲,北南宋之际建宁崇安人,绍兴中为中书舍人,官至吏部侍郎兼直学士院。《方舆胜览》所引之诗为其《岳阳楼杂咏十二绝》之九,全诗颇有意味,恰与岳阳楼相关,谨录如下:

沅澧瀵湘此并行,涨流洄薄又东倾。　西南或与天为际,禹贡如何不记名。
朱楼深稳可凭栏,万顷波光一目间。　不见惊鸿偏凤髻,空余天鉴写云鬟。
黄帝钧天曲未终,至今烟浪舞鱼龙。　临风更欲吹长笛,摇荡波心碧玉峰。
祖龙游豫亦荒哉,风折云飙促驾回。　一怒赭山何所损,依然苍翠似蓬莱。
代马超江又饮湖,湖中今有卧龙无。　青蛾袖手将何用,漫说飞仙胆气粗。
汨潭桂酒奠三闾,尚想夷犹泛五渚。　进退存亡皆有义,怀沙处死是何如。
玄德骁雄世所知,蛟龙宁肯在污池。　馆于贰室谋何陋,借与全荆意自奇。
风烈言言滕子京,岂于荒怪未全明。　尼姑狡狯遥相幻,雷电那知有姓名!
有时风浪战城西,何啻渔阳万鼓鼙。　狎水虻虻忘垫溺,谁人能续偃虹堤?
大手文章浪得名,佐王功业亦何成。　独余不证元忠事,努力还因宋广平。
李杜词源广更深,数篇春涨渺云岑。　争如一首修楼记,妙写仁人出处心。
范公才具济川舟,翰墨居然第一流。　每向遗文窥远意,愿言忧乐继前修。

(《斐然集》卷四　宋胡寅撰)

由此看来,堰虹堤根本就没有修成,也就是说,世界上并没有堰虹堤这一事物,只有《堰虹堤记》这篇文章,那就更足以证明,宋人撰写"记述"一类的文字,常常是不必亲历其地的。

与此同时,欧阳修还写了一首诗,题目是"得滕岳阳书,大夸湖山之美,郡署怀物甚野,其意有恋著之趣。作诗一百四十言为寄,且警激之",其诗曰:

峭巘孤城倚,平湖远浪来,万寻迷岛屿,百仞起楼台。
太守凭轩处,群宾奉笏陪,清霜荐丹橘,积雨过黄梅;
逸思歌湘曲,道文继楚材,鱼贪河岫乐,云忘帝乡回。
遥信双鸿下,新缄尺素裁,因闻夸野景,自笑拥边埃。
龙漠方多孽,旄头久示灾,旌旗时映日,鼙鼓或惊雷。
有志皆尝胆,何人可凿坏,儒生半投笔,牧竖亦输财。
沮泽辞犹慢,蒲萄馆未开,支离莫攘臂,天子正求才。①

这首诗也作于庆历六年,滕岳阳即滕宗谅,他写信给欧阳修,"大夸湖山之美,郡署怀物甚野,其意有恋着之趣",寄寄山水,有鄙弃戎马生涯之意,欧阳修遂写这首长诗寄去,以为激励。滕宗谅的满腹牢骚,看来是人尽皆知了。

以上两例均与滕宗谅有关,再举两个与他无关的例子。

---

①　欧阳修《欧阳文忠公文集》卷五六　外集卷六。

欧阳修的名文《李秀才东园记》①，首句叙作此文之由说："修友李公佐，有亭在其所居之东园，今年春，以书抵洛，命修志之。"又是以一封书信请人作记。当时欧公在洛阳，而李秀才的东园在随县。欧阳修的文章先写随的历史，再写李家的情况以及他自己少时与李氏诸儿为玩伴的乐事，最后发感慨说："噫！予方仕宦奔走，不知再至城南登此亭，复几闰？幸而再至，则东园之物又几变也！……随虽陋，非予乡；然予之长也，岂能忘情于随哉！"整篇文章都可以说明，欧阳修并没有为了写这篇文章而再一次去过李氏东园，但他巧妙地避开了具体的写景，而以历史资料和回忆代之，文章仍然写得很动人。

欧阳修的《真州东园记》②，是一篇与《醉翁亭记》齐名的好文章。文章第一段写真州之形胜及东园之来历。第二段首句说，"岁秋八月，子春以其职事走京师，图其所谓东园者来以示予曰"，以下全借子春的话写东园之美景，段末云，"凡工之所不能画者，吾亦不能言也。其为我书其大概焉"。第三段还是借子春之语而叙。最后一段说，"是皆可嘉也，乃为之书"，这里的"书"是记录的意思。整篇文章都是记述子春的口头描述，当然没有去实地考察过。

以上三例是与范仲淹同时代的情况。再举一个南宋的例子。前述朱熹《江陵府曲江楼记》云：

> 广汉张侯敬夫守荆州之明年，岁丰人和，幕府无事。顾常病其学门之外，即阻高墉，无以宣畅郁湮，导迎清旷，乃直其南，凿门通道以临白河，而取旁近废门旧额以榜之，且为楼观以表其上。敬夫一日与客往而登焉，则大江重湖，萦纡渺弥，一目千里，而西陵诸山，空蒙晻霭，又皆隐见出没于云空烟水之外。敬夫于是顾而叹曰：此非曲江公所谓江陵郡城南楼者邪？昔公去相而守于此，其平居暇日，登临赋咏，盖皆翛然有出尘之想，至其伤时感事，寤叹隐忧，则其心未尝一日不在于朝廷，而汲汲然惟恐其道之终不行也。于戏悲夫！乃书其扁曰曲江之楼。而以书来，属予记之。
>
> 时予方守南康，疾病侵陵，求去不获。读敬夫之书，而知兹楼之胜，思得一与敬夫相从游于其上，瞻眺江山，览观形制，按楚汉以来成败兴亡之效，而考其所以然者。然后举酒相属，以咏张公之诗，而想见其人于千载之上，庶有以慰凤心者。顾乃千里相望，邈不可得，则又未尝不矫首西悲，而喟然发叹也。抑尝思之，张公远矣，其一时之事，虽唐之治乱所以分者，顾亦何预于后之人，而读其书者，未尝不为之掩卷太息也。是则是非邪正之实，乃天理之固然，而人心之不可已者。是以虽旷百世而相感，使人忧悲愉快，勃然于胸中，怳若亲见其人，而真闻其语者。是岂有古今彼此之间，而亦孰使之然哉！诗曰：天生烝民，有物有则；民之秉彝，好是懿德。登此楼者，于此亦可以反诸身而自得之矣。予于此楼，既未得往寓目焉，无以写其山川风景、朝暮四时之变，如范公之书岳阳也。独次第敬夫本语，而附以予之所感者如此。后有君子，得以览观焉。
>
> 淳熙己亥十有一月己巳日南至。③

是朱熹写这篇《曲江楼记》，只是将张栻给他说的一些话编次成文而已，他说张栻写了一封信来，请他作一篇记。其事与范仲淹和滕宗谅的十分相似。其所发感慨和所表达的思想亦很相似："昔公去相而守于此，其平居暇日，登临赋咏，盖皆翛然有出尘之想，至其伤时感

---

① 欧阳修《欧阳文忠公文集》卷六三　外集卷一三。
② 欧阳修《欧阳文忠公文集》卷四〇　居士集卷四〇。
③ 朱熹《朱文公文集》卷七八《江陵府曲江楼记》。

事,瘝叹隐忧,则其心未尝一日不在于朝廷,而汲汲然惟恐其道之终不行也。于戏悲夫"！唯朱熹又明确说,由于生病和路途遥远,他虽然很想去看看,而无法前往。他还说自己没法如范仲淹那样去岳阳楼一次。说明在当时,范仲淹的《岳阳楼记》就已经有巨大的影响。

求记者本无奢求,写记者凭借其写文章的技巧,或避实就虚,或移花接木,或从本已烂熟于胸的历史数据和往事回忆中选择材料,或纯粹将对方提供的书面材料加以剪裁,或索性要求对方详细口述,再形之于笔墨。

这样的做法,至少在宋代应该是惯例。这也是为什么对于范仲淹不能亲临岳阳却写出了《岳阳楼记》没有提出异议的原因。正常的事情,当然不提。

五、《岳阳楼记》文本分析

以上考察了尹洙的《岳岳州学记》、欧阳修的《偃虹堤记》、《李秀才东园记》以及朱熹的《江陵府曲江楼记》等文的本事和内容,现在回过头来用同样的视角考察一下《岳阳楼记》文本本身：

> 庆历四年春,滕子京谪守巴陵郡。越明年,政通人和,百废俱兴。乃重修岳阳楼,增其旧制,刻唐贤今人诗赋于其上,属余作文以记之。
>
> 余观夫巴陵胜状,在洞庭一湖。衔远山,吞长江,浩浩汤汤,横无际涯,朝晖夕阴,气象万千。此则岳阳楼之大观也,前人之述备矣。
>
> 然则北通巫峡,南极潇湘,迁客骚人,多会于此,览物之情,得无异乎？
>
> 若夫霪雨霏霏,连日不开,阴风怒号,浊浪排空,日星隐曜,山岳潜形,商旅不行,樯倾楫摧,薄暮冥冥,虎啸猿啼。登斯楼也,则有去国怀乡,忧谗畏讥,满目萧然,感极而悲者矣。
>
> 至若春和景明,波澜不惊,上下天光,一碧万顷,沙鸥翔集,锦鳞游泳,岸芷汀兰,郁郁青青。而或长烟一空,皓月千里,浮光耀金,静影沈璧,渔歌互答,此乐何极！登斯楼也,则有心旷神怡,宠辱皆忘,把酒临风,其喜洋洋者矣。
>
> 嗟夫！予尝求古仁人之心,或异二者之为。何哉？不以物喜,不以己悲。居庙堂之上,则忧其民；处江湖之远,则忧其君。是进亦忧,退亦忧。然则何时而乐耶？其必曰：先天下之忧而忧,后天下之乐而乐乎！噫！微斯人,吾谁与归？
>
> 时六年九月十五日。①

第一段叙作记的原因,是交代性质的文字,"乃重修岳阳楼,增其旧制,刻唐贤今人诗赋于其上,属余作文以记之"云云,显然出自滕宗谅的《求记书》。同样的话又见之于范仲淹《祭同年滕待制文》："投杼之际,迁于巴陵。巴陵政修,百废俱兴。虽小必治,非贤孰能？"②

第二段并没有描写重修后的岳阳楼如何壮丽,而是总写巴陵洞庭胜状,应出自前人之记述以及过去之印象。以下笔锋一转,"然则北通巫峡,南极潇湘,迁客骚人,多会于此,览物之情,得无异乎？"表明要描绘不同的情景感受了。

---

① 范仲淹《范文正公集》卷七《岳阳楼记》。
② 范仲淹《范文正公集》卷一〇《祭同年滕待制文》。

第三段和第四段,是最有名的写景、抒情的文字,文字极其优美,但都是假设。一个人如果去了实地,写实景,就不可能有如此雄奇的想像之景。但这些想像也是有依据的。如关于洞庭波浪:"气蒸云泽梦,波撼岳阳城"(孟浩然《望洞庭湖赠张丞相》);关于天和水:"洞庭漫汗,粘天无壁。"(韩愈《祭河南张员外文》);与一碧万顷相关的:"层波万顷如熔金。"(刘禹锡《洞庭秋月行》);与皓月千里相关的:"洞庭明月一千里。"(李贺《帝子歌》)

又如宋潘自牧撰类书《记纂渊海》卷七地理部所引:袅袅兮秋风,洞庭波兮木叶下。(《楚辞·九歌》)洞庭西望楚江分,水尽南天不见云。……且就洞庭赊月色,将船买酒白云边。……洞庭湖西秋月辉。……淡扫明湖开玉镜,丹青画出是君山。……帝子潇湘去不还,空余秋草洞庭间。(李白)鲛室围青草,龙堆拥白沙。护江盘古木,迎棹舞神鸦。破浪南风正,回樯畏日斜。湖光与天远,直欲泛仙槎。……洞庭犹在目,青草续为名。……驿边沙旧白,湖外草新青。……湖阔兼云雾。……昔闻洞庭水,今上岳阳楼。……春近岳阳湖。……青青洞庭湖,东浮沧海唇。君山可避暑,况此采白苹。(杜诗)湖光秋月两相和,潭面无风镜未磨。遥望洞庭山木翠,白银盘里一青螺。……楚望何苍然,层澜七百里。孤城寄远目,一泻无穷已。荡漾浮天盖,回环宣地理。积涨在三秋,混成非一水。冬游见清浅,春望多洲沚。云锦远沙明,风烟青草靡。明月出中央,青天绝纤滓。素光淡无际,绿净平如砥。(刘梦得)

范仲淹在写《岳阳楼记》的时候,一定查阅了大量前人歌咏岳阳楼和洞庭湖的诗赋,溶进了自己的文章之中。

最后一段是思想的升华,全文的重点,即古人所谓"结穴"。"不以物喜,不以己悲","居庙堂之上,则忧其民;处江湖之远,则忧其君","先天下之忧而忧,后天下之乐而乐",在后世都是引用率极高的名句。

经过以上考察,已经可以看得很清楚了,这整篇文章除了第一段以外,没有真正的实写,一段总写和两段分写都是假设中的情景,至于最后的议论,更是出自肺腑。当然,假设中的情景,也绝非凭空撰造,是有平时的生活积累的。

为滕宗谅的作为撰造文字以传之后世,在范仲淹等人是极其情愿的,其文其情,均发自内心。滕宗谅拿到了这些朋友的文章,一定十分欣慰,可惜他不久以后被调往苏州,庆历七年二月即英年早逝。范仲淹在为他写的墓志铭中说:"君政尚宽易,孜孜风化。在玉山、雪上、回中、岳阳四郡,并建学校。紫微王舍人琪、翰林张谏议方平、太常尹博士源、弟起居舍人洙,次为之记。重修岳阳楼,刻唐贤今人歌诗于其上,予又为之记。君乐于善,士大夫亦乐于善,而愿书之也,可不谓之君子乎!铭曰:嗟嗟子京,天植其才,精爽高出,诚意一开。抗职谏曹,辩论弗摧,主略边方,智谋横来。嗟嗟子京,为臣不易,名以召毁,才以速累。江海不还,鬼神何意,君昔有言,爱彼九华。书契以降,干戈弗加,树之松楸,蔽干云霞。君今已矣,复藏于此,魂其安欤,神其乐只。寿夭穷通,一归乎至理。"[①]文中所说的王琪、尹源为滕宗谅写的学记均已佚,张方平的《湖州新建州学记》首曰:"宝元二年,上命尚书祠部员外郎滕君守吴兴郡。"末曰:"以是而观,滕志其已远哉。"署"时康定元年六月日记"。

而其文其事,很快就成为美谈:"庆历中,滕子京谪守巴陵,治最为天下第一,政成,增修岳阳楼,属范文正公为记,词极清丽,苏子美书石,邵餗篆额,亦皆一时精笔,世谓之'四绝'

---

① 范仲淹《范文正公集》卷一三《天章阁待制滕君墓志铭》。

云。"① 苏子美即著名文学家苏舜卿,擅书法。滕修楼,范作记,苏书石,邵篆额,四绝也。

六、《岳阳楼记》写了一年三个月吗

滕宗谅致范仲淹的《求记书》中有"去秋以罪得兹郡"之语,滕宗谅于庆历四年谪知岳州,由此推论,《求记书》应写于庆历五年六月十五日,范仲淹的《岳阳楼记》则肯定写于庆历六年九月十五日,其间相差一年零三个月。② 难道范仲淹写《岳阳楼记》用了那么长的时间吗?抑或范仲淹在收到《求记书》以后陷入了长时间的思考未能动笔?并非如此。我们来看一张时间表:

时间	《求记书》	《岳阳楼记》	《祭同年滕待制文》	《岳州学记》	《偃虹堤记》
庆历四年	去秋(岳阳楼记谓庆历四年春,去秋可以说是前年之秋吗)以罪得兹郡	庆历四年春(求记书谓去秋,是实际到任的时间吗),滕子京谪守巴陵郡		滕公凡为,必兴学见诸生以为政先。庆历四年守巴陵	
庆历五年	及登楼,而恨向之作者所得仅毫末尔,惟有吕衡州诗云,"襟带三千里,尽在岳阳楼",此粗标其大致。自是日思以宏大隆显之,亦欲使久而不可废,则莫如文字,乃分命僚属,于韩、柳、刘、白、二张、二杜,逮诸大人集中,摘出登临寄咏或古或律歌咏并赋七十八首,暨本朝大笔如太师吕公、侍郎丁公、尚书夏公之作,榜于梁栋间 《岳阳楼诗集序(岳阳纪胜汇编)》	越明年(一般理解为第二年),政通人和,百废俱兴			
庆历六年	又明年春(为何不写今年,是否可以理解为上述诸事完成于庆历五年,又明年则为庆历六年?),鸠材僝工,稍增其旧制 　　六月十五日	乃重修岳阳楼(亦可理解为庆历六年),增其旧制,刻唐贤今人诗赋于其上,属余作文以记之 　　时六年九月十五日		庆历六年八月日记	庆历六年月日记

---

① 王辟之《渑水燕谈录》卷六。
② 陈湘源《岳阳楼记写于岳阳》,《岳阳职业技术学院学报》2004年第4期。

时间	《求记书》	《岳阳楼记》	《祭同年滕待制文》	《岳州学记》	《偃虹堤记》
庆历七年			维庆历七年三月日具位某谨致祭于故天章待制滕侯同年子京之灵		

我认为"又明年"的"又"字说明是又一个明年。《岳阳楼记》、《岳州学记》、《堰虹堤记》是同一年写成的,从季节和月份来说,《岳州学记》八月,《岳阳楼记》九月,《堰虹堤记》待考,几乎是同时的。而且岳阳楼之重修,实完成于庆历六年。故滕宗谅给范仲淹写《求记书》的时间,应该是庆历六年六月十五日,三个月以后,范仲淹写成了《岳阳楼记》。

七、范仲淹到过洞庭湖

范仲淹写《岳阳楼记》时未专程去过岳阳楼,内证、外证都已具备,无可怀疑了。但范仲淹是否如一些学者所说从来没有到过岳阳楼、岳州甚至洞庭湖呢?① 此点颇值得怀疑。

滕宗谅《求记书》云:"恭惟执事,文章器业,凛凛然为天下之时望,又雅意在山水之好,每观送行还远之什,未尝不神游物外,而心与景接。矧兹君山洞庭,杰然为天下之最胜,切度风旨,岂不撼遐想于素尚,寄大名于清赏者哉!"说明滕宗谅读过范仲淹许多相关诗文,深知范仲淹"雅意在山水之好",又能"神游物外,而心与景接",写出好诗文,对于君山洞庭,也一定能"撼遐想于素尚,寄大名于清赏"的,"素尚"二字,是否可以理解为"以往的观感"? 如是,则滕宗谅应该知道范仲淹曾有过游洞庭湖的经历。

李耕拓先生题为《范仲淹两到岳阳楼》的文章,认为范仲淹至少两次到过洞庭湖和岳阳楼。

一次是明道二年(1033),他受命出京安抚江淮,顺便考察湖南船运,从湖北黄冈经武汉沿长江而上,又经岳阳入洞庭到长沙,在岳阳作了短暂的停留。同年十二月十五日,他在《送韩渎殿院出守岳阳》一诗中,逼真地写到了洞庭涛、古楼月:

仕宦自飘然,君恩岂欲偏? 才归剑门道,忽上洞庭船。
坠絮伤春目,春涛废夜眠。岳阳楼上月,清赏浩无边。②

最后两句"岳阳楼上月,清赏浩无边",正是《岳阳楼记》中所描述的"皓月千里"。由此如断定范仲淹正在前不久登过岳阳楼,也不为无据。

次年正月,即景祐元年(1034年)元月,他被贬知睦州(今浙江建德),途经淮北时又写下了《新定感兴五首》、《赴桐庐郡淮上遇风三首》等诗,对洞庭湖及属于这一水系、因屈原投水而著名的汨罗江有所回忆。前者之四云:"去国三千里,风波岂不赊。回思洞

---

① 李涵、刘经华《范仲淹传》第四章,中州古籍出版社 1991 年。
② 范仲淹《范文正公集》卷三。

庭险,无限胜长沙。江上多嘉客,清歌进白醪。灵均良可笑。终日着离骚。"①后者之一云:"圣宋非强楚,清淮异汨罗。平生仗忠信,尽室任风波。舟楫颠危甚,蛟鼋出没多。斜阳幸无事,沽酒听渔歌。"②既是"回思洞庭险",必然经历了洞庭险;既然将"清淮"与"汨罗"相比较,必定涉足了汨罗江。

在滕宗谅被贬到岳州不久,范仲淹有《和延安庞龙图寄岳阳滕同年》云:

优游滕太守,郡枕洞庭边。几处云藏寺,千家月在船。
疏鸿秋浦外,长笛晚楼前。旋拨醅头酒,新烹缩项鳊。
宦情须淡薄,诗意定连绵。迥是偷安地,仍当饱事年。
只应天下乐,无出日高眠。岂信忧边处,干戈隔一川。
时宣抚岢岚军。③

这是一首写给滕宗谅的诗,"几处云藏寺,千家月在船。疏鸿秋浦外,长笛晚楼前",惟妙惟肖地写出了岳阳楼的位置和景物宽阔之状。"宦情须淡薄,诗意定连绵。迥是偷安地,仍当饱事年。只应天下乐,无出日高眠"云云,语含规劝之意,又与"先天下之忧而忧,后天下之乐而乐"的思想吻合。

李耕拓先生认为,范仲淹第二次到洞庭湖和岳阳楼,正是在庆历六年(1046年)重修岳阳楼之后,受托撰写《岳阳楼记》之时。其理由是,《岳阳楼记》中"予观夫"三字,是作者交代所写洞庭之景是他的耳闻目睹。文中共有三十多句描述了洞庭湖禾口岳阳楼一带的二十多种地理风物特征,种种属实,句句皆真。特别是"吞长江"一句,更写出了洞庭湖不同于太湖、鄱阳湖的特点,是无法从它们那里借鉴而来的,因为两湖均高于长江,无吞吐长江的现象。就是洞庭湖,其"吞长江"的现象,也是在此前五十多年才开始的。

此外,李先生指出,范仲淹在《依韵酬光化李简夫屯田》④一诗中,透露了购田隐退之意。而在湖南省岳阳市的岳阳县、临湘市民间多次重修的《毛氏族谱》中,明确记载了范仲淹在岳州府临湘楚里中(在今岳阳市云溪区云溪乡、岳阳楼区梅溪乡境内)购有田产。范仲淹写此诗、购田产均在他的邓州任上,而滕子京在岳州的任上。后来,范仲淹的孙女即范纯仁的女儿同苏州太守、岳州人毛斌公的儿子祥公结婚,范仲淹就将这份田产作了陪嫁物。⑤

---

① 范仲淹《范文正公集》卷三。
② 范仲淹《范文正公集》卷三。
③ 范仲淹《范文正公集》卷四。
④ 范仲淹《范文正公集》卷四。
⑤ 语文出版社网站义务教育课程标准实验教科书初中语文教学研究。又其他文章,陈湘源《岳阳楼记写于岳阳》,《岳阳职业技术学院学报》2004年第4期。江立中《范仲淹应当到过岳阳》,《云梦学刊》2001年第1期。亦以《岳阳楼记》的有关文字为内证,并提到了范仲淹在岳阳置田产之事。

八、第一时间的评论

《岳阳楼记》问世以后，很快就获得了美誉。但其朋友圈中的第一时间的评论则不是如此。

第一个对《岳阳楼记》作出评论的是尹洙。据陈师道《后山诗话》："范文正公为《岳阳楼记》，用对语说时景，世以为奇。尹师鲁读之曰：传奇体尔。传奇，唐裴铏所著小说也。"①我们来分析一下这段话。第一是"世以为奇"，所奇者乃"用对语说时景"。但在散文中使用一些骈语，是常用的写作手法，何奇之有？此吾所不解也。第二是"传奇体尔"，这是尹师鲁的读后感。第三是"传奇"，这是陈师道对尹师鲁的说法的诠释，传奇就是"唐裴铏所著小说"。这又是令人不解之处了。《岳阳楼记》的写作手法竟如唐传奇？所以我说这是陈师道的解释，未必符合尹师鲁的原意。那么尹师鲁的原意究竟是什么呢？

毕仲询《幕府燕闲录》有类似的记载："范文正公尝为人作墓铭，已封将发，忽曰：不可不使师鲁见。明日以示，尹师鲁曰：希文名重一时，后世所取信，不可不慎也。今谓转运使为部刺史，知州为太守，诚为脱俗。然今无其官，后必疑之，此正起俗儒争论也。希文抚己曰：赖以示子，不然吾几失之。范文正公作岳阳楼记，为世所贵。尹师鲁读之曰，此传奇体也。"②原来范仲淹非常敬重他的这位朋友尹师鲁，写完文章，要让尹师鲁过过目。范仲淹曾经写了一篇墓志铭，已经封好将要发出去了，突然说：不能不让尹师鲁看一看。明日给尹师鲁看了。尹师鲁说，老兄你名重一时，所写的文章，将为后世作为可靠的依据，所以不能不谨慎啊。然后他就开始挑刺了，说范仲淹在文章中把转运使写作部刺史，把知州写作太守，诚然不落俗套，但后世会发生怀疑，引起一些浅薄之人的争论。范仲淹听了，摸着自己的额头说，幸好让您看了看，否则就会发生失误了。看来，范仲淹在尹师鲁面前非常谦虚。那么在范仲淹写完《岳阳楼记》之后有没有先给尹师鲁看过呢？不能确定。但尹师鲁一定很快就读到了这篇文章，而且作出了评论。南宋目录学家陈振孙也记载了这件事并且作出了自己的解释，《直斋书录解题》卷一一："尹师鲁初见范文正《岳阳楼记》，曰：传奇体尔。然文体随时，要之理胜为贵。文正岂可与传奇同日语哉！盖一时戏笑之谈耳。"③陈氏也不能理解尹师鲁的话，他说文体是可以根据需要变动的，总的说来是以观点、说理取胜者为贵，他认为范仲淹的文章不能与传奇同日而语，尹师鲁的话只是一时的戏笑之谈。

上文我已经说到，滕宗谅谪守岳州以后，颇有作为，做了几件大事，一时兴起，广发求记之信，请他的几位朋友、文章大家撰文以记其事，请范仲淹写《岳阳楼记》，请尹师鲁写《岳州学记》，请欧阳修写《堰虹堤记》，他的面子很大，三篇记都求到了。这件事在朋友圈子里应该都是互相知晓的。尹洙的《岳州学记》，除了对地方办学的历史回顾以外，大多是纪实的，而且对滕宗谅在个人遭到不公平待遇之时的兴学之举，称颂有加。在这种情况下，他见了范仲淹的《岳阳楼记》以后诧为"传奇"，可以说是一种惊叹，因为范仲淹的文章与他本人的文章的写法形成了鲜明的比照，范仲淹的大段写景，凭借的是超凡脱俗的丰富想像，而这些想像中

---

① 陈师道《后山集》卷二三。
② 《说郛》卷四一下。
③ 陈振孙《直斋书录解题》卷一一。

的景色的描绘,又都是为他最后提出观点服务的,尹洙有些不理解,"记"这样的文章怎么能这样跳出时空而且几乎全用对语来写作呢?这就是"传奇体尔"所表达的含义了。①

至于欧阳修,据《可斋杂稿》尤焴原序:"文正《岳阳楼记》,精切高古,而欧公犹不以文章许之。然要皆磊磊落落,确实典重,凿凿乎如五谷之疗饥,与世之缔章绘句、不根事实者,不可同年而语也。"②欧阳修同时也应滕宗谅之邀写了一篇《堰虹堤记》,他既没有到岳阳去亲眼看一看,也没有如范仲淹那样花许多心血精心撰写,而是纯以滕宗谅的信中所说的话排比成文,聊以塞责,说实在的,在滕宗谅求得的三篇文章中,古文大师欧阳修的这一篇是比较弱的。但他见到范仲淹的文章以后,就有点不服气了,颇不以为然。这其实是一种妒忌。所以尤焴并不赞同欧阳修的态度,而对范仲淹的文章作出了很高的评价。

九、《岳阳楼记》是模仿之作

范仲淹的这种写作手法,是不是前无古人的、首创的呢?

有一位明朝人指出,《岳阳楼记》是模仿唐朝吕温的《三堂记》而作的。明孙绪《沙溪集》卷一四:

> 范文正公《岳阳楼记》,或谓其用赋体,殆未深考耳。此是学吕温《三堂记》,体制如出一轴。《三堂记》谓寒燠温凉,随时异趣,而要之于不离轩冕而践夷旷之域,不出户庭而获江海之心,极而至于身既安思所以安人,性既适思所以适物,不以自乐而忽鳏寡之苦,不以自逸而忘稼穑之勤。《岳阳楼记》谓,晴阴忧乐,随景异情,而要之于居庙廊则忧民,处江湖则忧君,极而至于先天下之忧而忧,后天下之乐而乐。但《楼记》闳远超越,青出于蓝矣。夫以文正千载人物,而乃肯学吕温,亦见君子不以人废言之盛心也。③

孙绪字诚甫,号沙溪,其文集中有《无用闲谈》六卷,评述古今文章,提出自己的见解,《四库全书总目》称"其文沉着有健气"。上述议论,即出自《无用闲谈》。

吕温(772—811),字和叔,曾任衡州刺史,世称吕衡州,与柳宗元、刘禹锡友善,为文颇富文采,其《凌烟阁勋臣颂》等传诵一时。《虢州三堂记》见《吕衡州集》卷一〇④,我们将其与《岳阳楼记》作一比较:

---

① 郭象《别出心裁借题发挥——读范仲淹岳阳楼记》,《沧州师范专科学校学报》2001 年第 4 期,也研究了"传奇体"的问题,从创作运思入手,对先天下之忧而忧,后天下之乐而乐这个警句和岳阳楼的关系进行了分析,认为二者缺乏内在的必然联系。范仲淹是用了虚拟的写小说的手法才把它们联系上的。
② 李曾伯《可斋杂稿》尤焴原序。
③ 孙绪《沙溪集》卷一四。
④ 吕温《吕衡州集》卷一〇。

内容类型	《虢州三堂记》	《岳阳楼记》
缘起	应龙乘风云,作雷雨,退必蟠蛰,以全其力;君子役智慧,统机剧,退必晏息,以全其性。力全则神化无穷,性全则精用不竭。深山大泽,其所以蟠蛰乎;高斋清池(或作地),其所以晏息乎。 　　虢州三堂者,君子晏息之境也。开元初,天子思二南之风,并选宗英,共持理柄。虢大而近,匪亲不居。时惟五王,出入相授,承平易理,逸政多暇,考卜惟(或作佳)胜,作为三堂。三者,明臣子在三之节;堂者,励宗室克构之义。岂徒造适,实以垂训。居德乐善,何其盛哉。然当时汉同家人,鲁用王礼,栋宇制度,非诸侯居。后刺史马君锡,因其颓陊,始革基构,丰而不侈,约而不陋,以琴竹诗书之幽素,易绮纨钟鼓之繁喧。	庆历四年春(求记书谓去秋,是实际到任的时间吗),滕子京谪守巴陵郡。越明年(一般理解为第二年),政通人和,百废俱兴。乃重修岳阳楼(亦可理解为庆历六年),增其旧制,刻唐贤今人诗赋于其上,属余作文以记之。
四时之景	惟(虽)林池烟景,不让他日。观其广逾百亩,深入重扃,回塘屈盘,沓(或作水)岛交映,溟渤转于环堵,蓬壶起于中庭,浩然天成,孰曰人智。 　　及春之日,众木花坼,岸铺岛织,沈浮照耀,其水五色,于是乎袭馨撷奇,方舟透迤,乐鱼时翻,飘蕊雪飞,溯沿回环,隐映差池,咫尺迷路,不知所归,此则武陵桃源,未足以极幽绝也。 　　夏之日,石寒水清,松密竹深,大柳起风,甘棠垂阴,于是乎濯缨涟漪,解带升堂,晨景火云,隔林无光,虚蕊沉沉,皓壁如霜,羽扇不摇,南轩清凉,此则楚襄兰台,未足以涤炎郁也。 　　秋之日,金飙扫林,蓊郁洞开,太华爽气,出关而来,于是乎弦琴端居,景物廓如,月委皓素,水涵空虚,鸟惊寒沙,露滴高梧,境随夜深,疑与世殊,此则庾公西楼,未足以淡神虑也。 　　冬之日,同云千里,大雪盈尺,四眺无路,三堂虚白,于是乎置酒塞帷,凭轩倚槛,瑶阶如真,玉树罗生,日暮天霁,云开月明,冰泉潺潺,终夜有声,此则子猷山阴,未足以畅吟啸也。	余观夫巴陵胜状,在洞庭一湖。衔远山,吞长江,浩浩汤汤,横无际涯,朝晖夕阴,气象万千。此则岳阳楼之大观也,前人之述备矣。 　　然则北通巫峡,南极潇湘,迁客骚人,多会于此,览物之情,得无异乎? 　　若夫霪雨霏霏,连日不开,阴风怒号,浊浪排空,日星隐曜,山岳潜形,商旅不行,樯倾楫摧,薄暮冥冥,虎啸猿啼。登斯楼也,则有去国怀乡,忧谗畏讥,满目萧然,感极而悲者矣。 　　至若春和景明,波澜不惊,上下天光,一碧万顷,沙鸥翔集,锦鳞游泳,岸芷汀兰,郁郁青青。而或长烟一空,皓月千里,浮光耀金,静影沈璧,渔歌互答,此乐何极!登斯楼也,则有心旷神怡,宠辱皆忘,把酒临风,其喜洋洋者矣。

内容类型	《虢州三堂记》	《岳阳楼记》
思想升华	于戏！不离轩冕而践夷旷之域，不出户庭而获江海之心。趣近悬解，迹同大隐。序阅四时之胜，节宣六气之和。贵而居之，可曰厚矣。若知其身既安而思所以安人，其性既适而思所以适物，不以自乐而忽鳏寡之苦，不以自逸而忘稼穑之勤，能推是心以惠境内，则良二千石也。方今人亦劳止，上思又息，州郡之选，重如庭臣。由是南阳张公，辍挥翰之任，受剖符之寄，游刃而理此焉。坐啸静政，令若水木闲人，民若鱼鸟驯致，其道黯然日章。大人以公挚友也，小子奉命，幸来祗谒，以通家之爱，获拜床下，且齿诸子，侍坐于三堂，见知惟文，不敢无述，捧笔避席，请书堂阴，俾后之人，知此堂非止燕游，亦可以观清静为政之道云。	嗟夫！予尝求古仁人之心，或异二者之为。何哉？不以物喜，不以己悲。居庙堂之上，则忧其民；处江湖之远，则忧其君。是进亦忧，退亦忧。然则何时而乐耶？其必曰，先天下之忧而忧，后天下之乐而乐乎！噫！微斯人，吾谁与归？ 时六年九月十五日。

两篇文章的写法确实比较接近。大体都分为缘起、四时之景和思想升华三大部分，写景又都有总写和分写，分写均按季节。不同之处在于，《三堂记》的缘起中有一段议论性质的虚写作为总冒，《岳阳楼记》则直接交代文章缘起；《三堂记》写景总写很简单，四时之景则分春夏秋冬，《岳阳楼记》写景总写很有气势，分写则只有春秋两季；最后一段表达思想观点，则一详一略。

从文章构造和表现手法方面的异同来说，显然是同多异少，若要说范仲淹从吕温的文章中得到了启发，是可以肯定的，若要说范仲淹模仿了吕温的文章，也能说得过去。我们不妨作这样的想像：收到滕宗谅的《求记信》，范仲淹查阅了许多"唐贤今人"的有关作品，《求记信》提到的吕衡州（有诗云"襟带三千里，尽在岳阳楼"）的诗文集，一定是阅读的重点之一，于是从集中的《虢州三堂记》得到了灵感。

但要说两篇文章的高下，也是很分明的，范高于吕。在写景方面，范既更为精致，更有节奏感，而又更为简明，更有气势。在思想观点的表达方面，《岳阳楼记》全文三个部分，第一部分是不可缺少的铺垫，第二部分已经将情和景结合在一起，景中有情，情从景出，第三部分更是口吐金石、简明扼要、易记易诵，而《三堂记》全文不够精炼，三个部分缺乏有机联系，情与景甚少结合，所表达的思想，未能达到掷地有声、超凡脱俗的境界。所以孙绪谓"《楼记》闳远超越，青出于蓝"，是完全正确的。

范公偁与《过庭录》

任崇岳

《过庭录》是范仲淹玄孙、范纯仁曾孙范公偁写的笔记小说，一卷，共 116 则佚闻遗事，每则之间并无联系，当是作者就所见所闻，信手拈来，遂成一编。书名《过庭录》，系取之于《论语·季氏》：

陈亢问于伯鱼曰："子亦有异闻乎？"对曰："未也。尝独立，鲤趋而过庭。曰：'学诗乎？'对曰：'未也。''不学诗，无以言。'鲤退而学诗。他日，又独立，鲤趋而过庭。曰：'学礼乎？'对曰：'未也。''不学礼，无以立。'鲤退而学礼。闻斯二者。"

陈亢即陈子禽，有的说是孔子学生，有的说不是。伯鱼乃孔子之子，名鲤，字伯鱼。孔子独自站立于庭院中，鲤从庭院走过，孔子教育他学诗、学礼，以为立身行事之本。本书有一大部分都是作者如何聆听乃祖、乃父教诲的记载，犹如孔鲤听从孔子的教诲一样，故取名为《过庭录》。

一、范公偁的家世

范公偁《宋史》无传，身世不详。《宋史·范纯仁传》云："没之日，幼子、五孙犹未官。……子正平、正思。"同书《范正平传》："父纯仁卒，诏特增遗泽，官其子孙，正平推与幼弟。"[①] 正平、正思皆有官职，可见两人还有一个弟弟。《过庭录》一书中范公偁多次称其祖父为"先光禄"，如《忠宣谓光禄为福人》条："忠宣在陈，先光禄侍行后圃。"又称其父为"先子"。《四库全书总目提要》称："纯仁尚有一幼子，光禄即所荫之官。公偁之父，盖即其子。书中称其于纯仁没后，未及释服而卒，故后来不预行状事，而史遂但称纯仁二子耳。以是推之，知为纯仁之曾孙也。"《提要》说公偁系纯仁曾孙，所见甚是，但公偁之祖、父为谁，则无答案。

清末人陆心源《仪顾堂题跋》比《四库全书总目提要》考证更为详尽，他说："愚按：忠宣五子，长正明，次正平，次正思，次正路，次正国。"正国乃其幼子，但并非范公偁的祖父，因为他并未任过光禄寺的官，因此陆心源认为，范公偁所称先光禄，决非正国，可知矣。据他考证，《过庭录》中称子正为六伯祖，子夷为七伯祖，两人分别为纯仁长子正民、次子正平。而对于公偁的祖父，则转述纯仁之语，称为八郎。八郎为纯仁第三子正思，他任过宣德郎，宣德郎是光禄寺的属官，因此公偁称祖父为"先光禄"。"由是推之，公偁之祖，乃正思也。"又根据《过庭录》中十次提及"先子"，并根据其先子的官职考证出公偁之父为直方。结论是："公偁当为忠宣（即范纯仁）第三子正思之孙，直方之子，非幼子正国之孙也。"

《四库全书总目提要》与陆心源的推论，大致可信，但也有小小的舛误。《提要》根据《宋史·范纯仁传》及《范正平传》推测出范纯仁有三个儿子，不确。陆心源认为范纯仁有五个儿

---

① 《宋史》卷三一四《范正平传》，中华书局 1957 年。

子,甚是,但名字有误。修于北宋年间的吴县《范氏家乘》中第三世各房中有范正民而无范正明,这本家乘"内容丰富翔实,是千年以来一直为范氏族人所推崇的家史记录。"① 河南伊川县是范仲淹的长眠之地,他的裔孙也窆窀于此,从范仲淹之母谢太夫人至仲淹曾孙的世系图是:

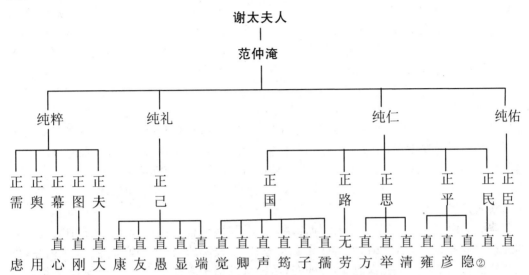

从此表看,范直方是纯仁第三子正思之子,纯仁五子中长子是正民而非正明,这与吴县的《范氏家乘》契合,证明陆心源所说不确,正明当是正民之误,因音近而讹。陆心源又说:"忠宣孙七人:直彦、直方、直雍、直英、直清、直举、直儒。"事实上纯仁有孙十三人,除了他说的七人外,尚有直筠、直声、直卿、直觉、直端、直显等六人未提及。陆心源说的"直英"其人,吴县《范氏家乘》也作"直英",而伊川墓志却写作"直劳","劳"当系"英"之误,因形近而讹。又,"直儒"的"儒"字,《范氏家乘》与河南伊川范氏墓均作"孺",考《宋史·范纯粹传》,纯粹字德孺,他的子孙辈中不应有此字,应作"儒"字。

范公偁之父直方,《宋史》也无传,他的事迹散见于《建炎以来系年要录》一书中。绍兴元年(1131)十一月,以直秘阁为荆湖广西宣抚使吴敏参谋;五年(1135)五月,以"直秘阁知浔州范直方行尚书刑部员外郎";九月,"直秘阁提点福建路刑狱公事。"③ 后为"左司员外郎仍兼都督府推行赏功文字"。④ 绍兴六年八月,"诏侍从官更互赴行在所供职……右司员外郎范直方皆为行府属"。⑤ 这年十二月,"宣谕川陕诸州及抚问吴玠一行将士",此前朝廷已派出宣谕使,但川、陕未派,故"命直方劳军,且察官吏能否,上召见赐御宝手历而遣之"。⑥ 可以看出,高宗还是很信任直方的。绍兴七年十二月,范直方宣谕川、陕时,"乞金字旂榜一副,所过缓急招收盗贼,许之。"也许是范直方的建议甚合高宗之意,高宗"赐直方三品服遣行"。⑦

---

① 陈捷先《从吴县〈范氏家乘〉看宋代恩荫制度》,载范国强主编《范仲淹研究文集》第四册第 344 页,人民出版社 2003 年。
② 范红纬《范仲淹墓概说》,载刘道兴主编《范仲淹文化研究》,中国文史出版社 2006 年,第 286 页。
③ 李心传《建炎以来系年要录》卷八九,影印文渊阁四库全书本。
④ 《建炎以来系年要录》卷一〇一。
⑤ 《建炎以来系年要录》卷一〇四。
⑥ 《建炎以来系年要录》卷一〇七。
⑦ 《建炎以来系年要录》卷一〇九。

绍兴七年四月,范直方由右司员外郎转为左司员外郎。绍兴八年二月,直方自川陕抚谕还朝,进秩二等,即连升两级。但不久即遭殿中侍御使张绚的弹劾,说他"自为宰属,私有附丽,间谍庙堂",于是直方被贬为直秘阁、主管洪州玉隆观,这已是一个闲散差使了。不过,朝廷还未彻底疏远直方,绍兴十年八月,范直方又当上了试司农卿。过了两月后,"直方以司农卿为淮北宣抚使杨沂中计议军事",此时右正言万俟卨诬陷直方"怯懦沮师,又言军之进退必观机会而乃昧于兴举之谋,但为保身之计"。① 朝廷不察究竟,免了他的职务,贬往远方去了。绍兴二十二年(1152),卒于右中大夫任上。据本书《忠宣谓光禄为福人》条,"忠宣在陈,先光禄侍行后圃,忠宣问曰:'八郎,尔今几岁?'光禄应曰:'某四十六矣。'"纯仁知陈州是在哲宗绍圣二年(1095),这年九月,"知陈州范纯仁闻吕大防窜居远州,终身勿徙,欲斋戒上疏申理之"。② 由是可知绍圣二年正思46岁,往上溯46年,知正思生于仁宗皇祐二年(1050)。又据《范忠宣集初编·宋忠武军判官赠朝奉大夫子夷公传》,正思享年58岁,可知他卒于徽宗大观元年(1107)。另据本书《先子言种氏与范氏数代交往》条:"忠宣谪守信阳,家府自洺之恩平簿免归,终光禄丧,时年三十七,怡然无干禄意。"这里的"家府"即家父,指公偶之父直方。正思于大观元年(1107)卒时,直方37岁,他死于绍兴二十二年(1152),可知直方享年82岁,可谓耄耋老人了。

范纯仁的幼子正国曾任江东转运判官,赐三品服,因为自己谋私利,受到了中书舍人胡寅的弹劾:"昔者纯仁生存之时,所得恩泽先及异姓,次及疏族,比其薨谢,子孙尚多未命,世以是高其德。今正国陈乞先世恩泽,凡四资,尽欲官其诸子之在襁褓者,而亲兄之子年已长大,贫窭不能自存,反不及焉,其行己处事如此,可谓不肖子矣。夫陛下以义行,而正国以利报,何其轻上施蔑大德乎?此而不正,余风相效,亦非所以恤故家之门户,彰勋贤之遗烈也。"高宗览奏,"诏正国与宫观"。③ 宫观官只是拿俸禄而无具体职掌的闲散官,说明正国因自私而受到了惩罚。如果这一段记载属实,则正国的行为辱没了先人,仲淹、纯仁父子鞠躬尽瘁,公忠体国,而正国为在襁褓中的儿子求官,亲兄之子贫窭到了不能自存的地步,他却不闻不问,与乃祖、乃父相比,思想境界相去何啻霄壤!

二、《过庭录》所记佚闻遗事足资考证

这部分有54则,记录了宋代士大夫的佚闻遗事,足资考证。尤其本书所录之诗、词,多为《全宋诗》、《全宋词》所未录入者。这些佚闻遗事可分为三类:

一是文坛掌故。如《名落孙山》条:"吴人孙山,滑稽才子也,赴举他郡,乡人托以子偕往。乡人子失意,山缀榜末,先归。乡人问其子得失,山曰:'解名尽处是孙山,贤郎更在孙山外。'""名落孙山"的典故流传至今。又如《范文正规滕子京》条云:滕子京谪巴陵郡,愤郁见于颜色,仲淹正患无隙劝说,"子京忽以书抵文正,求《岳阳楼记》,故记中云:'不以物喜,不以己悲,先天下之忧而忧,后天下之乐而乐。'其意盖有在矣。"这则记载从侧面证明范仲淹并未到过岳阳,对于研究这一桩聚讼纷纭的公案大有裨益。再如《前辈为文不易》条载,韩琦判相州时,曾求欧阳修写一篇《昼锦堂记》,欧阳修应命写成,开头是:"仕宦至将相,富贵归故乡。"韩琦甚为欣赏。几天后,欧阳修派人又送来了一篇,说:"前有未是,可换此本。"韩琦再三玩味,

---

① 《建炎以来系年要录》卷一三八。
② 毕沅《续资治通鉴》卷八四,古籍出版社1957年。
③ 《建炎以来系年要录》卷九四。

和前文并无不同,"但于'仕宦'、'富贵'下各添一'而'字,文义尤畅。先子(按:指公偁之父直方)云:前辈为文不易如此。"加上两个"而"字,文章便显得跌宕起伏,意味隽永了。《建业进士诗干韩魏公》条云,建业(今江苏南京)有一进士,贫不能自给,以诗向宰相韩琦求助,其中一联说:"建业江山千里远,长安风雪一家寒。"韩琦读了,顿生恻隐之心,解囊赒济。《蔡持正山寺书壁》条云,蔡确(字持正)未第时,在泗州中山寺读书,僧人厌其居住太久,蔡确便在墙壁间写诗明志曰:"窗前翠竹两三竿,潇洒风吹满院寒。常在眼前君莫厌,化成龙去见应难。"后来蔡确在神宗时当了宰相。此类事例甚多。

二是通过一件小事以见士人品质者。如《张永锡义娶吉氏》条,称张孝纯(字永锡)微时娶滕县吉氏,后孝纯渐显而吉氏卒,吉氏之妹双目失明,无人肯娶,孝纯娶为继室,其人品颇可称道。可惜他后来守太原时降金,晚节不忠,成为白圭之玷。《崔子厚诗警韩持国》条云,韩维(字持国)神宗年间权知开封府,后知许州,值韩生辰,阿谀奉承者甚众,独有崔子厚其人者,献上"衣锦荣名虽煊赫,挂冠高节莫因循"两句诗,韩维便急流勇退,挂冠而去。《刘商父惩姚医》、《刘商父惩狱吏》两则犹使人拍手称快。刘商父作县令时,郡医姚生结交权贵,恃势不纳赋税,官员不敢奈何,刘商父不畏强御,宁可解印而去,也要惩处刘医。他任赵州林城县令时,狱吏勾结强盗作伪证,欲从中谋利,被商父识破,重惩狱吏,由是人不敢欺。这几则佚闻不见于正史,但对于考察宋代的社会生活,有一定参考价值。

三是本书所引诗词文采藻然,引人遐思,可补宋代诗词之阙。如《李诚之别桂词》云:

子规啼破城楼月,画船晓载笙歌发。
两岸荔枝红,万家烟雨中。

佳人相对泣,泪下罗衣湿。
从此音信稀,岭南无雁飞。

李师中字诚之,楚丘(今山东曹县)人,曾在桂州(今广西桂林)为官,因善抚土著,边民呼之为"桂州李大夫"。他是政治人物,诗集流传不多,这首词状景抒情,委婉空灵,别具一格,可补宋词之阙。

再如《曾子天丐祠归江南别僚属词》:

岁晚凤山阴,看尽楚天风雪。
不待牡丹时候,又使人轻别。

如今归去老江南,扁舟载风月。
不似画梁双燕,有重来时节。

曾肇是唐宋八大家之一的曾巩之弟,他的二哥曾布曾任宰相,他本人当过馆阁校勘兼国子监直讲,修仁宗、英宗两朝正史,是满腹经纶的学者,但在诗词上建树不多,中国文学史也很少提及,这首诗对于了解曾肇的经历有一定帮助。

《刘原父别茶娇诗》写刘敞(字原父)知长安时结识了妓女茶娇,刘敞被召还朝,茶娇相送,刘敞赠诗云:

画堂银烛彻宵明,白玉佳人唱渭城。
唱尽一杯须起舞,关河风月不胜情。

依依惜别之情,溢于言表,欧阳修戏谑地说:"原父,非独酒能病人,茶亦能病人多矣。"这里的

"茶"是指妓女茶娇。

还有一些不知名的士人,偶然为诗,也颇可玩味。如《燕仲明诗》条载,阳翟(今河南禹州)一个叫燕仲明的人,读书不仕,生计索然,有诗云:

> 女娇儿痴十口余,进时无业退无庐。
> 一窗风雪韩城夜,火冷灯青照旧书。

独处荒村,竹篱茅舍,风雪敲窗,一灯如豆,伏案读书也是一种乐趣。

《赵信可赠先子词》载,许州一个叫赵信可的人,在某年八月十四日夜赠范直方词云:

> 今夜阴云初霁,画帘外,月华如水。
> 露霭晴空,风吹高树,满院中秋意。
>
> 皎皎蟾光当此际,怎奈何、不成况味。
> 莫近檐间,休来窗上,且放离人睡。

此词写中秋节前一天阴云已退,皓月当空,秋风飒飒,使人无法入睡,非常贴切。类似诗词还有不少,可供治宋代文学史者参考。

三、有关范氏家族的记载

有关范氏家族的记载是全书的重心所在。全书提及范氏家族的共57条,是了解研究范氏家族弥足珍贵的资料。这些佚闻遗事多是范公偁从其父直方处得来,皆翔实可信,可与《宋史》及其他笔记小说互相发明印证。本书涉及范仲淹、范纯佑、范纯仁、范纯礼、范纯粹、范正民、范正平、范正思、范直方等人。

有关范纯佑的记载只有《纯佑幼有智略》一条,说他十余岁时见富弼家办丧事,随葬品全是锡制品,却制成黄金的样子,观者如堵,歆羡不已。纯佑随手折断,露出锡块,富氏子弟以为是嘲笑其家贫窭,大怒不已。纯佑则说,外人见是金器,便有掘墓之虞,如果知道是锡器,盗贼就不会光顾,坟茔便可保全了。富氏子弟这才恍然大悟,非常感激。《宋史·范纯佑传》称他"十岁,能读诸书,为文章,籍籍有称"。① 《墨庄漫录》则称他"自幼警悟,明敏过人,文正公所料事必先知之"。② 《鸡肋编》说他"材高善知人,如狄青、郭逵时为指挥使,皆礼异之,又教狄以《左传》,幕府得人,多所荐达。又通兵书,学道家能出神"。③ 看来纯佑聪慧有才智,众口一词,绝非虚妄。

有关范纯仁的记载有10则左右,显示他是磊落坦诚,为民请命之人。他知洛阳时,有个叫谢克家的人自河阳来,途中见一老翁在墙下晒太阳,有人连续两次给老翁说,他家的牛被人偷走了,老翁不予理会,后黄牛失而复还,老翁说:"范公居此,孰肯为盗,必无此理。"(《忠宣信及百姓》)还有一次,纯仁从许州至洛阳扫墓,在一村店小憩,孙子直方侍于侧,一老翁得知是纯仁到此,纳头便拜。原来他因意外争斗至官,应受杖罚,纯仁见他已有悔改之意,便从轻发落,从此"此乡化之,至今无斗争者"。(《丞相尹洛以德化罪人》)这两则故事说明纯仁所至之处,政通人和,弊绝风清。凡是忠谠之士,纯仁均举荐之,如江夏县令湛朴临民御政,从

---

① 《宋史》卷三一四《范纯仁传》。
② 张邦基《墨庄漫录》卷五《范纯佑善能出神》,中华书局2002年。
③ 庄绰《鸡肋编》卷中《范仲淹逸事》,中华书局1983年。

不懈怠,政绩卓著,"忠宣荐其才"。(《忠宣荐湛子文》)《宋史·范纯仁传》说:"纯仁凡荐引人才,必以天下公议,其人不知自纯仁所出。"纯仁喜欢周济贫穷之士,知陈州时,"以己俸作布衾数十幅待寒士。"(《忠宣作布衾待寒士》)《宋史》说他"自为布衣至宰相,廉洁如一,所得俸赐,皆以广义庄"。① 他给外孙崔豫的信说:"我平生所学唯忠恕二字,一生用不尽。至立朝事君,接待僚友,未尝顷刻离此。"(《忠宣答外孙崔豫书论忠恕》)《宋史·范纯仁传》也有这几句话。忠是忠于国家,恕则是接人待物诚恳宽厚。别人给他的评价是:"贵者见之忘其贵,贱者见之忘其贱。"(《李子美谓忠宣贵者见之忘贵贱者见之忘贱》)这一评价真是切中肯綮。《宋史·范纯仁传》说他知襄城县(今属河南)时教民蚕织、课农桑;知襄邑县(今河南睢县)时惩治践踏禾稼的卫士,可知他心忧天下,不谋私利。他临死前在遗表中说:"盖尝先天下之忧,期不负圣人之学,此先臣所以教子而微臣所以事君。"②他死后有人评价他说:"每思捐身而开策,尝愿休兵而息民。只知扶危而济倾,宁恤跋前而疐后。"又说他"徇公忘己,为国惜贤"。③ 这一评价非常惬当。

范纯礼曾任尚书右丞,是一位嫉恶如仇、关心民瘼的政治家。他在朝任职时,宦官阎守忠恃宠专恣,百官畏其权势,缄默不言,独纯礼作色叱之。众人为他捏一把汗,他却谈笑自若(《右丞折宦官阎守忠》)。他知永安军(今河南巩义)时,宰相曾公亮主持修仁宗曹皇后陵寝,有司科敛甚急,乡闾骚然,独纯礼不肯奉命,对曾公亮说:"山陵所在,财用已羡二倍,民力竭矣。永安山陵所在正宜惜一方力,以坚崇奉意。"(《右丞谓曾鲁公曹后山陵应惜民力》)曾公亮纳其言,不再科敛百姓。《宋史·范纯礼传》载,他待人忠恕,有乃父、乃兄之风。知开封府时,有人告享泽村民谋反,纯礼审其故,乃村民观戏,于归途中见匠者作桶,取而戴于首,戏称刘先主,被匠人擒拿。徽宗问如何发落,纯礼说村民无知,杖之足矣,村民性命始得保全。他自奉俭约,公偁之父直方初仕平恩县(今河北曲周东南)主簿,携10担行装赴任,纯礼训斥说:"尔初仕已如此,若久官,奈何?我昔赴遂州守时,只有三担,罢官仍旧。"(《右丞责先君初仕行装过多》)此类事例甚多。

范纯粹是仲淹的第四子,《宋史·范纯粹传》称他"沉毅有干略"、"论事剀切",《过庭录》中称为"五侍郎"。他在洛阳做官时,严惩"秽行甚彰"的僧人,又巧妙地审出偷商人银两的盗贼,这两则记载分见《侍郎守洛严惩佛牙院主》、《侍郎尹洛破盗案》,显示出纯粹过人的才智。

此外,书中还有关于纯仁长子正民(书中称"六伯祖子正")、次子正平(书中称"七伯祖子夷")、公偁祖父正思(书中称"先光禄")及公偁之父直方的二十余条记载,皆是秉笔直书,翔实可信。从本书可以窥知,从范仲淹至范直方四代人丹心辅国、忠厚传家的可贵品质,是一个值得研究的家族。范氏家族的嘉言懿行,至今仍有借鉴意义。

---

① 《宋史》卷三一四《范纯仁传》。
② 丁传靖辑《宋人轶事汇编》卷八《范仲淹》,中华书局1981年。
③ 《墨庄漫录》卷一《邓忠臣作范尧夫谥议》。

《宋故冯翊郡太君张氏墓志铭》考

李伟国

一、缘　起

2008年5月28日，在苏州木渎"苏州市范仲淹研究会第三届学术研讨会暨范仲淹诞辰1020年纪念活动"期间，获读范氏后裔范章先生《范仲淹夫人张氏墓志考》，①与会学者甚为关注，然对这一近年发现的墓志铭，亦颇以为疑。特别是范仲淹专家方健先生，初查之下，提出了多处有待解决的疑问。比如第一，范仲淹的夫人，史书有李氏、聂氏、曹氏的记载，没有张氏的记载，学界一般认为范纯粹为曹氏所出，今新发现的墓志表明范纯粹生母为张氏，其可靠性如何？第二，墓志铭第一段说此志为李清臣应陕西漕运副使"井君季能"之请而撰，而如此一位具有较高级别的大官，亦史无明文；第三，墓志铭中所涉及的范纯粹、井季能、李清臣、彭汝砺、韩宗道等人的官衔，是否准确；第四，墓志铭记载张氏的父亲是张亢，但与范仲淹同时的名臣张亢虽有四个女儿，却没有一个有嫁给范仲淹的可能；第五，按墓志铭所述，张氏进入范家的年龄很小，究竟为何种身份？等等。承方先生指点，我回上海以后查阅资料，略有所得，方先生所提各问题，大多可以得到解答，今谨写出，以就正于方家。

二、墓志铭概述

这方墓志题为《宋故冯翊郡太君张氏墓志铭》。关于出土过程，千唐志斋博物馆馆长赵根喜先生在《新中国出土墓志（河南【叁】千唐志斋【壹】）》的《前言》中说："2002年3月3日，笔者在许营一农民家中见一宋志，因征集时唐以后墓志基本不收，未予注意，不经意间读到'文正公'、'宝文公'字样，始知为范仲淹妻冯翊郡太君张氏墓志铭。该志形体阔大，九十二公分见方，叙事甚详。撰文为资政殿学士李清臣，书者为中大夫充宝文阁待制、开封府兼畿内劝农使韩宗道，篆盖为尚书吏部侍郎彭汝砺。经询问得知，墓志出土地点在范仲淹墓园东侧三里处，因地面塌陷得见，遂追寻墓志盖下落，不几日亦得之。可惜因厚重搬运不易，已被一分为二。张氏何以葬在范园之外，不得而知。张氏墓志载其为钱塘人，归文正公凡二十年。范仲淹卒时，其子纯粹（即宝文公）仅七岁，而后却能'克承厥美，昌大于后，与其伯仲同时立于朝，由夫人教谕有法'。张氏墓志记范仲淹父子行迹甚详，对研究范氏家族及其生前身后人事迁变意义重大。……洛阳所出北宋墓志皆硕大厚重，制作精细。万安山出土宋志不多，范仲淹妻张氏墓志并苏氏家族墓志堪为宋志典范。"②

---

① 范章《范仲淹夫人张氏墓志考》，"苏州市范仲淹研究会第三届学术研讨会暨范仲淹诞辰1020年纪念活动"会议论文，2008年，尚未见发表。

② 中国文物研究所、千唐志斋博物馆编《新中国出土墓志（河南【叁】千唐志斋【壹】）》，北京：文物出版社2008年。

此墓志铭拓片现已由文物出版社收入《新中国出土墓志（河南【叁】千唐志斋【壹】）》一书中出版，此前并经过标点，载于《全唐文补遗——千唐志斋新藏特辑》。北京大学图书馆近年购入了一批墓志拓片，其中就包括这方墓志，馆方发布消息说："此次新收墓志均系近十年出土的新志，出自唐东都洛阳邙山古墓葬区者尤多，墓主多为官宦士人及亲属，不乏如丞相、大臣级别的重要官员，有些资料相当重要，如李清臣撰《范仲淹妻張氏墓誌》涉及范氏家室生平，提供了范氏研究的重要信息，非常珍贵。"①

三、墓志铭原文

现据《新中国出土墓志（河南【叁】千唐志斋【壹】）》移录《宋故冯翊郡太君张氏墓志铭》全文如下（空行空格均据原样）：

宋故冯翊郡太君张氏墓志铭
　　资政殿学士、通议大夫、充真定府路安抚使、兼马步军都总管、兼知成德军府事及管内劝农使、上柱国、平原郡开国公、食邑二千八百户、食实封捌百户李清臣撰。
　　中大夫、充宝文阁待制、权知开封府兼畿内劝农使、上柱国、赐紫金鱼袋韩宗道书。
　　左朝散郎、试尚书吏部侍郎、上轻车都尉、赐紫金鱼袋彭汝砺篆盖。
　　宝文阁待制、鄜延路经略安抚使范公，守边岁余，方饬治文武，欲以清定外寇，而母夫人终于守治之寝。乃奉匶还河南，卜葬万安山尹樊村　先文正公茔域之次。陕西转运副使井君季能，录其谱系事实以来曰：　夫人，宝文待制公所生母；而宝文公，　文正公之幼子也。　　文正公盖以忠义事　　仁宗皇帝，其名传四夷，书国史。而宝文公克承厥美，昌大于后，与其　伯仲同时立于　　朝，由　夫人教谕有法。仆幸与宝文公数联职相好也，敢为请铭。清臣诺之曰："是皆应志铭法。"　夫人张氏，生钱塘。曾祖讳几，祖讳望之，考讳亢。　夫人髫髻，相者言当显父母，乃相谓：以嫁庸儿，终湛里巷，尔岂若从贤者处乎？遂以归　文正公。而　嫡夫人蚤世，夫人用　文正公指意，佽助家事，敬老字孤，隆姻穆族，凡二十年。温庄靖共，动必于礼。　文正公出入省府，长民赋政，提兵临边，参中书政事，已而报罢。其间升黜进退去就，盖有义　夫人能识其所以然者。　文正公家无余赀，喜施予。内恤疏属，外赒士大夫。家人常飦脱粟，　夫人悦乐推顺之。至于衾具褚衣，或奉以为助。宝文公生七岁，　文正公寝疾，属　夫人曰："是儿亦当大成，吾不及见之矣！逮其长也，使知吾所守所者。"及居　文正公丧，虽困窭，未尝有不足之叹。宝文公初就学，　夫人告之以　文正公之遗意。既束发，又告之以　文正公所以治身治家之法。及其立　朝，又告之以　文正公所以事　君者。谆复不已，柔爱在心，严厉在色，族人师仰之。熙宁中，宝文公为中书检正官，以正论忤柄臣，且以罪去，惧伤　夫人，意徐入开白。夫人曰："吾从尔　先君，固屡逐，直道不可诎也，绌去庸何伤？子怀禄，诡事人，非父母之耻耶？"宝文公为陕西转运副使，议者欲再兴师。公上书极论非计，人为公惧。　夫人慰勉之曰："不辱　先君，尔大节也，或失禄养，吾能安之。"奏上，　神宗皇帝谓辅臣曰："范纯粹论事，遂有父风，其言可听也。"卒罢大举。未几，召以为尚书右司员外郎。及　神宗晏驾，入临还家，　夫人执手恸哭曰："汝踈远小臣，　先帝所识拔，中间妄意言大事，在它人则贬，在汝则听。此宜如何报？吾所以恸也？"嗟惋不食，是日感

---
① 北京大学图书馆馆长办公室编《北京大学图书馆通讯》，总第58期，2008年4月11日。

风痹之疾。宝文公帅环庆，　夫人曰："襄从尔　　先君开府于此，汝今嗣之，荣孰比！然　先君有德在人，慎毋失父老之望。"后五年，宝文公以户部侍郎召还须　朝。夫人疾有加。会延安阙帅，　　朝廷重其选，以命宝文公，公以侍亲不可以远行，辞之至五六。　　二圣遣使谕曰："延安重寄，军事方起，从　夫人辍爱子以往，可乎？"夫人谓宝文公曰："　　君命不可终拒，吾虽羸老，当力疾以行也。"　诏赐茶药数十百斤，听择名医二人以偕。慰宠恩数，未尝有也。延亦　　文正公之旧治。既至岁余，病益剧，乃以元祐七年壬申九月二十七日丁未，弃孝养，享年七十有一。　夫人慈懿肃雍，出于天性。自宝文公显贵，　夫人多以俸赐分宗属，力行　文正公之意。平居服澣衣，燕坐终日，诵佛书，食不营甘脆，室不陈绘绣。闻宝文公延接知名士，则喜曰："尔得所亲矣！"初，　文正公赐三品服，无金鱼，以金涂银鱼佩之，　夫人宝藏，以示宝文公曰："前人清德如此，可尚也！"韩康公留守北都，以幕府辟召，　夫人曰："韩公何如人也？士大夫公议之所与乎？"宝文公曰："旧德名臣也。"　夫人曰："如是可从矣。"及韩康公薨，方卧疾，挥涕曰："始终知尔者，韩康公也，其可忘乎！"熙宁十年，宝文公升　　朝，恩封乐寿县太君。宝文公初帅环庆，愿以一官易命服，　　二圣语执政曰："范纯粹之母，　　朝廷自当与，何待其请。"遣使赐之。　夫人之亡，　诏赠冯翊郡太君，皆异数也。　夫人唯一子。孙男三人：正夫，陈州录事参军；正图，太庙斋郎；正谟，尚幼。孙女六人：长适知陈州录事参军、监开封府陈留县仓高公尹；次适右承奉郎张戬；次适知陇州吴山县事、监蔡州税高公应。余在室。葬以明年正月七日乙酉。铭曰：

　　於惟夫人，　温嬺在躬。　见闻习熟，　文正之风。　以饬厥嗣，以仪厥宗。以庆于初，以荣于终。　命服是加，　汤沐是封。　夫人有德，是以有子。　庀司干方，　内外任使。　文武能之，无择彼此。　夫人寿考，　享是孝敬。　异窆联域，从于　文正。　　　　　　　　　王诚刻。①

篆盖的文字为"宋故冯翊郡太君张氏墓志铭"。关于此铭的说明文字为：

　　元祐八年（1093）正月七日。

盝顶盖。志、盖均长九二、宽九二厘米。盖文四行，满行三字。篆书。四刹为四神及云卷纹。志文四十行，满行四三字。正书。盖右边残缺。

　　二〇〇二年二月伊川县彭婆乡范仲淹墓墓园东侧出土。同年三月三日伊川县彭婆乡许营村征集。现藏千唐志斋博物馆。

四、关于范纯粹和其母的相关史事

《墓志铭》中的"宝文阁待制、鄜延路经略安抚使范公"，即范纯粹。范纯粹（1046—1117），宋苏州吴县人，字德孺，仲淹第四子。神宗熙宁中，以荫入仕，迁至赞善大夫、检正中书刑房，出知滕县，迁提举成都诸路茶场。元丰中，为陕西转运判官。宋师五路伐西夏，无功而返，神宗谋欲再举，纯粹上奏称公私困乏，不可兴师，为神宗所采纳。知庆州，时与西夏议划疆界，奏请弃所取西夏地，边境方得安宁。哲宗元祐中，除宝文阁待制。哲宗亲政，以弃地事降直龙图阁，又以"元祐党人"夺职知均州。后以徽猷阁待制仕卒。

---

① 中国文物研究所、千唐志斋博物馆编《新中国出土墓志（河南【叁】千唐志斋【壹】）》，北京：文物出版社2008年。

《墓志铭》有曰:"韩康公留守北都,以幕府辟召,夫人曰:'韩公何如人也?士大夫公议之所与乎?'宝文公曰:'旧德名臣也。'夫人曰:'如是可从矣。'及韩康公薨,方卧疾,挥涕曰:'始终知尔者,韩康公也,其可忘乎!'熙宁十年,宝文公升朝。"

据《宋史·韩绛传》:"熙宁三年,参知政事。……明年,以观文殿学士徙许州,进大学士,徙大名府。七年,复代王安石相。……哲宗立,更镇江军节度使、开府仪同三司,封康国公,为北京留守。……元祐二年,请老,以司空、检校太尉致仕。明年,卒,年七十七。"①是韩绛两次守北京大名府,元祐年间那一次,范纯粹一直在环庆路经略安抚使任上,入幕府应在熙宁四年至七年韩绛守大名府时。也就是说,在范纯粹担任中书检正官之前,曾入韩绛大名府幕。这一点,尚未见其他史料记载。

哲宗元祐末,"户部侍郎、宝文阁待制范纯粹知延安府"。② 据《宋史·地理志》:"延安府,中都督府,延安郡,彰武军节度。本延州,元祐四年升为府。旧置鄜延路经略安抚使。统延州、鄜州、丹州、坊州、保安军四州一军,其后增置绥德军,又置银州,凡五州二军,银州寻废。"③故又与"鄜延路经略安抚使"相合。

哲宗元祐中,在延安前线与西夏的对峙和拉锯战中颇有经验和建树的名将赵卨去世,朝廷议论继任人选,韩忠彦、王岩叟、吕大防等大臣都认为范纯粹合适,王岩叟说"纯粹壮年有风力,似其父。又尝在延安,委任极得人也",这项建议得到了太皇太后的认同。但范纯粹以母亲老病上章辞免,相关臣僚聚集都堂,"纯粹至,范既以亲老而疾,人子之心安委以去,辞帅甚哀"。朝廷曾欲换人,苦于没有合适的人选。于是从同僚到宰相一直到垂帘听政的太皇太后,反复劝慰,软硬兼施,甚至有提出"严与一指挥"或"范若免,须与宫观"者。王岩叟说:"塞上数十万生灵,性命系一主帅。恻隐此一人,不若恻隐及数十万人也。"刘挚《日记》记录了他自己的意见:"急难之时,则可以一切断之。今幸平居无事,亦可以少伸臣子之情。范母七十,风病八年,卧于床,止有一子,从来饮食起居,赖以为命。今使之离去,似非人情。"《墓志铭》中说范纯粹的母亲张氏"感风痹之疾"是在"神宗宴驾"之后。以元祐六年上推八年,恰为元丰之末。

宰相吕大防出了个主意,他对太皇太后说:"臣昔为陕西经略判官,而先臣病于家。蒙先帝遣中使按问。今乞遣人问劳范母以遣其子之意,边事了,即召归矣。"帘中可之。太皇太后遣人谕范母,"至其家,果病不虚。""然纯粹卒不免延安之行"。《墓志铭》所记述之"后五年,宝文公以户部侍郎召还朝。夫人疾有加。会延安阙帅,朝廷重其选,以命宝文公,公以侍亲不可以远行,辞之至五六。二圣遣使谕曰:'延安重寄,军事方起,从夫人辍爱子以往,可乎?'夫人谓宝文公曰:'君命不可终拒,吾虽羸老,当力疾以行也。'诏赐茶药数十百斤,听择名医

---

① 脱脱等《宋史》卷三一五《韩绛传》,北京:中华书局1977年。
② 李焘《续资治通鉴长编》(以下简称《长编》)卷四五九,哲宗元祐六年六月丙申,北京:中华书局2004年。又刘敞《彭城集》卷二二有《知庆州范纯粹可宝文阁待制再任制》,上海古籍出版社,《文渊阁四库全书》影印本1990年。
③ 《宋史》卷八七《地理志三·陕西》。

二人以偕。慰宠恩数,未尝有也。"与史籍所载可以互相参证。①

第二年,"(哲宗元祐七年冬十月乙丑)陕西转运使李南公为直龙图阁、知延安府,范纯粹遭其母丧故也。"②据《墓志铭》,"(范纯粹)既至岁余,(范母张氏)病益剧,乃以元祐七年壬申九月二十七日丁未弃孝养,享年七十有一"。范母于九月去世,朝廷于十月遣李南公接替范纯粹,此次动作够快的。

但再过两年,哲宗亲政以后,范纯粹又被派往延安前线,"(绍圣元年)八月二日,丁忧人前左朝请郎、宝文阁待制范纯粹降一官,为直龙图阁、知延安府。以御史郭知章论其在元祐间尝献议弃安疆、葭芦、吴堡、米脂等寨故也"。③ 又:"绍圣元年八月十四日,诏:范纯粹已差知延安府,不得辄有辞免。候大祥毕,更不候禫除,速赴本任。"④这时候范纯粹还在丁忧期间。

但除了《墓志铭》以外,以上有关记载,均未说明范纯粹生母之姓氏。但经反复查检,获得了一条前人未曾注意的记载,《续资治通鉴长编》卷三八八哲宗元祐元年九月癸未载:"权

---

① 李焘《长编》卷四五九:(哲宗元祐六年六月)丙申,户部侍郎、宝文阁待制范纯粹知延安府。先是,枢密院闻赵卨死,韩忠彦与王岩叟议所以代卨者,惟纯粹可。及都堂聚议,吕大防亦以为莫如纯粹。忠彦曰:"向以纯粹轻,尝议韩缜。"大防曰:"老矣,亦难往。"刘挚曰:"前执政中宜有人。"众不应。苏辙曰:"旧闻曾欲用范尧夫。"大防曰:"尝有言者,遂已。"苏颂、傅尧俞无所可否。岩叟谓无以易纯粹。于是进呈纯粹除目。岩叟曰:"纯粹壮年有风力,似其父。又尝在延安,委任极得人也。"挚及忠彦曰:"纯粹方自边上来,必以母老辞。"岩叟曰:"国事为重。"太皇太后以岩叟言为然。而纯粹果上章辞免。太皇太后曰:"来恰一两月。"大防曰:"在纯粹不得不辞免。且依前降指挥。"他日,枢密院又言差纯粹极当,乞以恩意慰遣。太皇太后曰:"三省适欲遣中使。"岩叟曰:"甚善。"都堂又召纯粹面谕,纯粹犹不肯受命。三省、枢密院言:"朝廷恩意如此,若固辞免,朝廷何以使人?"欲限五日朝辞,如不行,则须与行遣。纯粹乞八月初赴任,从之。大防又谓同列曰:"延安虽去,终恐心不安。万一厥母道亦卒,不如易之。"岩叟曰:"谁可?"曰:"渭帅可乎?"岩叟曰:"渭方有警,却谁可?"大防无以对。岩叟又与忠彦论不可易之理,谓同列曰:"塞上数十万生灵,性命系一主帅。恻隐此一人,不若恻隐及数十万人也。"(此用王岩叟《系年录》修入,刘挚《日记》载此事尤详,今附注此。六月七日除目,以范纯粹知延安。吾尝白众:"纯粹母老,方自外来,恐难便遣。"微仲、彦霖皆谓:"边事熟,无若此人者。"及进呈,又以其亲老而病,彦霖曰:"国事重,私计轻。"众和曰:"然。"遂可。十二日,范刑侍以纯粹事来。十七日,集都堂,纯粹至,范既以亲老而疾,人子之心安委以去,辞帅甚哀。昨日上前,吾亦略为言其故,而吕相决欲其去。吕相非有他意,特以右府主之固,右府亦特以王彦霖确不肯移。然大抵皆以纯粹习边事详且久耳,此固国事也,不当以私义免。然吾尝白二三公,以谓:"急难之时,则可以一切断之。今幸平居无事,亦可以少伸臣子之情。范母七十,风病八年,卧于床,止有一子,从来饮食起居,赖以为命。今使之离去,似非人情。"吕相曰:"适以鄜延边地,有边机之事未了,故须其人。"吾曰:"所谓边事,是地界也。地界之办,于本路者已了当。自来只有熙河地界,未必在延安适议。近已有指挥,令夏人遣使自诣熙河说话,则延安无所事矣。"又:"陕西门户在延安,不独熙兰地界也。"吾曰:"使纯粹死,则延安遂不差人乎?"韩师朴亦曰:"诚是,诚是。使其丁忧,则又如何?"吕相曰:"事至如此,则须别论也。"吾于上前虽开陈其端,而不欲极力论之。盖吾所主者,纯粹之私计;彼所主者,为王择人。上之听有难易也。吕相因请:"臣昔为陕西经略判官,而先臣病于家。蒙先帝遣中使按问。今乞遣人问劳范母以遣其子之意,边事了,即召归矣。"帝中可之。今日,范至都堂,具道昨日宣谕之说。吕相语之曰:"便归矣,莫且勉为朝廷行。"范恳甚切至。既去,吕相曰:"莫须别商量。"师朴欲以韩玉汝,苏子由欲以范尧夫,吕相欲以苗授,又欲以刘舜卿。吾以班簿示吕相曰:"请于学士、待制或前执政内选人。"皆不可。吾曰:"从官内外如林,岂无一人可帅者乎?"蒋之奇、钱勰皆在陕西久,可择一人。"吕相曰:"皆难保。"彦霖曰:"纯粹遣不行,则他人若再辞,岂当强之?"师朴曰:"不若且令纯粹去,严与一指挥。"曰:"范若免,须与宫观。"顾师朴曰:"请谕如此,来日且再遣之,更看上面何如。"议事之难,大约如此。十八日,延和谕曰:"昨日遣人谕范母,至其家,果病不虚。"三二公执前议,仍云若坚辞,须当行遣,与一闲慢差遣。吾曰:"彼以亲疾而辞,亦须甘心。"遂不允其乞,仍限五日朝辞。过都省,微仲留叩下。范纯粹来,云见吕相,已有回意,将诣右府。按:挚所称右府,指韩忠彦及王岩叟在枢密也。忠彦同知,岩叟签书。然纯粹卒不免延安之行。)

② 李焘《长编》卷四七八。

③ 徐松辑《宋会要辑稿》职官六七之九,北京:中华书局1957年。又杨仲良《续通鉴长编纪事本末》卷一〇一:"绍圣元年(甲戌,1094)八月辛未,诏丁忧人左朝请郎、宝文阁待制范纯粹降一官,为直龙图阁、知延安府。以御史郭知章论其在元祐间尝献议弃安疆、葭芦、吴堡、米脂等寨,故有是命。"《续修四库全书》,上海古籍出版社2001年。

④ 《宋会要辑稿》职官七七之七。

发遣庆州范纯粹乞回纳一官换冠帔授所生母乐寿县太君张氏。诏特赐,不为例。"范纯粹所生母为张氏,史有明文矣。

《墓志铭》载:"熙宁十年,宝文公升朝,恩封乐寿县太君。宝文公初帅环庆,愿以一官易命服,二圣语执政曰:'范纯粹之母,朝廷自当与,何待其请。'遣使赐之,夫人之亡,诏赠冯翊郡太君,皆异数也。"其事相同而更详。

可见《墓志铭》所述范纯粹和范母张氏在元祐六年至七年的事迹,与史料所载并无不合之处。

五、关于"井君季能"

《墓志铭》一开始就说:"宝文阁待制、鄜延路经略安抚使范公,守边岁余,方饬治文武,欲以清定外寇,而母夫人终于守治之寝。乃奉柩还河南,卜葬万安山尹樊村先文正公莹域之次。陕西转运副使井君季能,录其谱系事实以来曰:夫人,宝文待制公所生母;而宝文公,文正公之幼子也。文正公盖以忠义事仁宗皇帝,其名传四夷,书国史。而宝文公克承厥美,昌大于后,与其伯仲同时立于朝,由夫人教谕有法。仆幸与宝文公数联职相好也,敢为请铭。"这里有一位与范纯粹"数联职相好"的"陕西转运副使井君季能"出现,而且"录其谱系事实"以告李清臣,说明井姓的陕西转运副使与范纯粹是亲密同事,而且范纯粹将母亲的有关情况告诉井,让他记下来交给李清臣。李清臣在墓志铭中称其为"井君季能",则季能一定是井君的字。那么这位井季能到底是谁呢?

据《续资治通鉴长编》卷四〇九记载:

> 哲宗元祐三年三月,朝请郎、河东路转运副使井亮采知滑州。亮采前自京东路转运判官徙河东,及是,京东民饥,无以赈给,故黜之。(亮采为京东运判,在元丰八年四月;徙河东,在元祐二年九月。此据刘攽《制集》增入。攽制并责张璹,而《实录》无之,今附此。攽制云:"河东运副井亮采可知滑州,朝奉大夫张璹可知唐州。外计之任,表率一道,邦用莫重于金谷,民务莫先於调度,智弗及之,旷职甚矣。尔等前假使传,往莅东土,不知轻重之要,曾无聚敛之术,以致民饥而无以赒赈,粮绝而劳于转发。责其无状,宜有惩罚,黜守一邦,是为宽典。"张璹元祐元年七月自河北提刑改京东运判,未见迁徙,今乃以朝奉大夫同亮采责知州,而《实录》亦不书,附见当考。

又:《长编》卷四五四哲宗元祐六年正月戊寅载:"左朝请大夫、梓州路转运副使井亮采为度支员外郎。"《长编》卷四七四哲宗元祐七年六月戊寅载:"度支员外郎井亮采权发遣陕西路转运副使。"《长编》卷四八〇哲宗元祐八年正月庚寅载:"侍御史杨畏言:'昨西贼寇环州,本州、路奏报灭裂,朝旨令井亮采体量,已与本路所奏不同,终不如专使之为愈。乞特差官体量,仍面戒所遣使,稍涉隐庇,重行降黜。'诏令井亮采详所奏体量,仍具无漏落及未尽事理以闻。(《新》无井亮采何官,七年六月二十六日,亮采除陕西漕副。)

范纯粹元丰中为陕西转运判官,进而为转运副使;哲宗立,为京东转运使,元祐六年以宝文阁待制知延安府。差不多同一时间,井亮采先后任京东路转运判官、河东路转运副使、陕西路转运副使。特别是当井亮采被任命为陕西路转运副使时,范纯粹在知延安府任上,正是同事。

但井亮采死得很早:哲宗元符二年冬十月,"吕希纯、井亮采已身亡。"①

看来,这位井亮采字季能,即墓志铭中的井君,大体是可以肯定的了。史料中没有说井亮采的字是什么,墓志铭提供了这一信息。《书·舜典》载:"舜曰:'咨,四岳!有能奋庸熙帝之载,使宅百揆亮采,惠畴?'""亮采"和"能"从古人的名和字的角度来说,也是可以对应的。

六、关于李清臣、韩宗道、彭汝励等

《墓志铭》的撰写人李清臣、书写人韩宗道和篆盖者彭汝砺,都是北宋名人,今仅考其相关时代与范纯粹有关的事迹。

李清臣(1032—1102),字邦直,安阳人。七岁知读书,日数千言,暂经目辄诵,稍能戏为文章。皇祐五年(1053)中进士。欧阳修壮其文,以比于苏轼。曾作《韩琦行状》,神宗读之,认为有良史之才,召为《两朝国史》编修官,撰《河渠》、《律历》、《选举》诸志,文直事详,人以为不减《史》、《汉》。元丰六年,拜尚书右丞。哲宗即位,转左丞。时熙丰法度一切废除,固争之,贬为资政殿学士、知河阳,徙河南永兴。徽宗即位,为门下侍郎、仆射,为曾布所诬陷,出知大名府,不久去世。其文简重宏放,自成一家。②

《续资治通鉴长编》卷四六五、哲宗元祐六年闰八月壬申载:"资政殿学士知永兴军李清臣知成德军。"③《净德集》中有《资政殿学士通议大夫知成德军李清臣可户部尚书制》。④《墓志铭》中李清臣的职衔是"资政殿学士、通议大夫、充真定府路安抚使、兼马步军都总管、兼知成德军府事及管内劝农使、上柱国、平原郡开国公、食邑二千八百户、食实封八百户",与史载相合。

韩宗道,字持正,开封雍丘(今河南杞县)人。韩亿孙,韩综子。嘉祐四年(1059)中进士。元祐三年(1088)擢权户部侍郎,以宝文阁待制权知开封府。绍圣初,除宝文阁直学士、知成都府,后徙知青州、瀛州、杭州。⑤《墓志铭》中所署的职衔是"中奉大夫、充宝文阁待制、权知开封府兼畿内劝农使、上柱国、赐紫金鱼袋",也与史载相合。

彭汝砺(1041—1095),饶州鄱阳人,字器资。英宗治平二年(1065)进士第一。历任幕职官。所著《诗义》为王安石见重,补国子直讲。元祐二年(1087),入为起居舍人。擢集贤殿修撰,入权兵、刑二部侍郎,迁吏部侍郎。哲宗亲政,权吏部尚书。⑥《墓志铭》中所署的职衔是"左朝散郎、试尚书吏部侍郎、上轻车都尉、赐紫金鱼袋",亦与史载相合。

七、关于"应志铭法"

《墓志铭》第一段,说到井季能拿了范纯粹母亲张氏的谱系材料去请求李清臣写墓志铭,李清臣说:"是皆应志铭法。"(《全唐文补遗——千唐志斋新藏特辑》标点为:"是。"皆应志铭

---

① 李焘《长编》卷五一七。
② 《宋史》卷三二八《李清臣传》。
③ 李焘《长编》卷四六五。又同书卷四八三,哲宗元祐八年夏四月甲子,"资政殿学士通议大夫知永兴军李清臣为吏部尚书。六年闰八月八日永兴召为吏书,既而寝之。十六日改知真定。今复自永兴召为吏书,五月三日又改真定。《政目》无此。永兴军恐当作成德军。"
④ 吕陶《净德集》卷八,上海古籍出版社,《文渊阁四库全书》影印本,1990年。
⑤ 据《宋史》卷三一五、李焘《长编》卷四四九、四七五等。
⑥ 《宋史》卷三四六《彭汝砺传》等。

法。)

考韩愈《河南少尹李公墓誌铭》云:"元和七年二月一日,河南少尹李公卒,年五十八。敛之三月某甲子,葬河南伊阙鸣皋山下。前事之月,其子道敏哭再拜,授使者公行状,以币走京师,乞铭于博士韩愈曰:'少尹将以某月日葬,宜有铭。其不肖嗣道敏杖而执事,不敢违次不得跪以请。'愈曰:'公行应铭法,子又礼葬,敢不诺而铭诸?'"①"公行应铭法"的含义应该是"死者的一生事迹符合写墓志铭的规矩",在交代写墓志铭的缘起时使用这样一个提法,自韩愈始。

在李清臣撰写的其他墓志铭中也有类似的用法:"然将葬,吴氏孤又谓李清臣曰:'自先公总史事,君尝为属。子其铭。'清臣再拜跪曰:'公德义劳烈,实应铭法。'"②

其后用例甚多。

如陆游《知兴化军赵公墓志铭》云:"庆元二年八月辛亥,朝请郎、新知兴化军事赵公以疾卒于第。越十月庚午,葬于会稽五云乡汤家畈之原。明年九月乙卯,诸孤……泣且言曰:'先君之葬,将请铭于执事。以大事之日迫,方伏苦块间,不能自通。今幸逾年未即死,敢以承事郎、签书平江军节度判官厅公事莫君子纯之状来告,惟公幸许之,某等即死无憾。'予以老疾辞,请益牢。维公文学治行,皆应铭法。"③

又如林景熙撰《宋朝请大夫太常寺簿知台州周公墓志铭》云:"故台守常簿周公既葬之三年夏,其孤益昌以公行状来泣请铭。余谓:'公行应铭法,宜求当代鸿笔,仆非其人,敢辞。'益昌固请。④

黄宗羲《铭法例》:"祭统铭之义,称美而不称恶,此孝子孝孙之心也。故昌黎云'应铭法'。若不应铭法,则不铭之矣。以此寓褒贬于其间。"⑤

这一提法的使用,在韩愈以后,宋代首先是李清臣、陆游等人都已经是南宋作家。

八、关于范纯粹母亲之父张亢

《墓志铭》说:"夫人张氏,生钱塘。曾祖讳几,祖讳望之,考讳亢。"很容易使人想到张氏之父为与范仲淹同时的北宋名臣张亢。

张亢字公寿,临濮(今山东鄄城)人。举进士,累迁知鄜州。元昊攻宋,数论边将士卒之设置失当、损兵折将之原因、陕西民调发之困苦等。修建宁砦,西夏屡出兵相争,以虎翼军击败西夏,筑清塞等五堡。迁泾原路经略安抚招讨使、知渭州,徙瀛州。加领眉州防御使。夏竦为枢密使,夺防御使,降知磁州。官至徐州总管,卒。⑥ 在宋代史料和笔记小说中有大量的关于张亢的事迹的记载,此不赘。

韩琦撰《故客省使眉州防御使赠遂州观察使张公墓志铭(并序)》载:"故赠遂州观察使张公亢之将葬也,诸孤具公之官次与平生之施为泣来告曰:'公曩帅西边,我先子实备将佐,其忘身扞寇,勤苦百为,固不待疏列,而公知之详矣。昔种侯世衡事范文正公,宣力环延,及其

---

① 《东雅堂昌黎集注》卷二五,上海古籍出版社,《文渊阁四库全书》影印本,1990年。
② 杜大珪编《名臣碑传琬琰之集中》卷二七李清臣撰《吴正宪公充墓志铭》,上海古籍出版社,《文渊阁四库全书》影印本,1990年。
③ 陆游《渭南文集》卷三四,上海古籍出版社,《文渊阁四库全书》影印本,1990年。
④ 林景熙《霁山文集》卷五,上海古籍出版社,《文渊阁四库全书》影印本,1990年。
⑤ 黄宗羲《金石要例》,上海古籍出版社,《文渊阁四库全书》影印本,1990年。
⑥ 《宋史》卷三二四本传等。

亡也,文正亲为文以志其墓,盖悉其故吏之劳,书之所以为劝也。我先子之事其著如此,公忍遗而不书哉?'予哀其诚而义不可以辞,故为之叙曰:公字公寿,其先濮州临濮人。曾祖裕恬,晦不仕,祖居实,鄂州嘉鱼令,父余庆,太子右赞善大夫、赠吏部尚书。逮嘉鱼葬于宋,故今为宋人。……嘉祐六年六月二十九日以疾卒,时年六十三。……女四人:长适殿中丞赵约之;次适著作佐郎高士纶;次适太原府阳曲县主簿荣咨道;次在室。"①

也就是说,张亢共有四个女儿,在张亢生前,前面三个均已嫁人,而且夫婿有名有姓,最小的女儿还在闺中待字。张亢去世的嘉祐六年(1061),距范仲淹去世已经有十年了。如此看来,张亢的女儿要嫁给范仲淹是不可能的。这是方健先生提出的疑问中最难解决的一点。

我认为,答案只能是:此张亢非彼张亢。北宋名臣张亢为临濮人,在今山东鄄城;而张氏之父、祖、曾祖均为钱塘人,即今杭州人。北宋名臣张亢之父、祖、曾祖名讳"裕恬"、"居实"、"余庆",与张氏之祖、曾祖之名讳"望之"、"几",亦全不合。北宋名臣张亢甚为显赫,不需要靠女儿求贵;而《墓志铭》中有"夫人鬈鬈,相者言当显父母"云云,说明张氏之家为一普通人家,且《墓志铭》又说:"乃相谓:'以嫁庸儿,终湛里巷,尔岂若从贤者处乎?'遂以归文正公。而嫡夫人蚤世,夫人用文正公指意,佽助家事,敬老字孤,隆姻穆族,凡二十年。"说明张氏到范仲淹家里时,开始不是明媒正娶的夫人,在嫡夫人去世以后,她才开始操持家务。

安徽蚌埠李丛昕先生在读到拙文初稿以后,来信认为:还可将范妻张氏与临濮张亢从年龄上再加以比较,从中更可进一步得出"此亢非彼亢"的结论。据《安阳集》:临濮张亢卒于嘉祐六年(1061),享年六十三,逆推其生年当为公元999(真宗咸平二年);亢有九子,除一人早夭,至亢卒时皆已入仕;四女,至亢卒时其三适人,惟一幼女在室。而据范妻张氏墓志:此张氏卒于元祐七年(1092),享年七十有一。逆推其生年,当为公元1022(真宗乾兴元年。顺便说一下,范章先生定为1021年,是按之实足年龄计算法,有小误)。两相比较可知:一、临濮张亢仅比范妻张氏大23岁;二、在范妻张氏出生时,24岁(虚岁)的张亢已生有九男三女。要说范妻张氏即为此张亢之幼女,显然不合情理。三、此张亢卒时,范妻张氏已40岁(虚岁),要说此时尚为张亢唯一待字闺中之幼女,亦显然不合情理。由此归谬法,也只能得出"此亢非彼亢"的结论。

九、关于张氏之在范家"二十年"

《墓志铭》谓张氏在范家"用文正公指意,佽助家事,敬老字孤,隆姻穆族,凡二十年"。范章先生文章的推测和描述是基本合理的:

> 这里的"凡二十年"之说,当指文正公生前的二十年。因为包括文正公逝世后的时间,那就不是二十年了。仅从皇祐四年(1052年)文正公逝世到元祐七年(1092年)张夫人病逝,即已有四十年时间。因此说是文正公生前的二十年,而且早在李夫人病逝前四年即明道二年(1033年)已入范门,因为李夫人只比文正公早逝十六年。再从张夫人的生年来推算,她病逝于"元祐七年(1092年)九月二十七日",享年七十有一。以元祐七年(1092年)向前推七十一年,即宋真宗天禧五年(1021年)。再从天禧五年(1021年)到明道二年(1033年),她才十三岁,不可能结婚。但文中却说:"文正公出入省府,长民赋政,提兵临边,参中书政事,已而报罢,其间升黜进退去就,盖有义夫人能识其所以然者。文正公家无余赀,喜施予。内恤疏属,外赒士大夫。家人常饲脱粟,夫人悦乐推顺

---

① 韩琦《安阳集》卷四七,上海古籍出版社,《文渊阁四库全书》影印本,1990年。

之。至于衾具褚衣，或奉以为助"。又说："夫人曰：'吾从儿先君，固屡逐，直道不可诎也。绁去庸何伤，子怀禄谄事人，非父母之耻耶？'"第一段文中所说的出入省府等数语，说明自文正公景祐元年(1034年)遭贬以后以至于逝世的经历事故，张夫人都跟随着起伏风尘，且能识其所以然而悦乐推顺之。第二段文中所说："吾从儿先君，固屡逐"，屡逐就不是只逐一次，进一步说明了范文正公的"景祐三贬"她都与文正公同舟共济。这样即如从景祐元年算起，至文正公逝世也有十九年时间，看来文中所说跟随文正公"凡二十年"是名副其实。这"凡二十年"之初，夫人年龄确实太小，这是怎么回事？……古人称出嫁某人为适某人。这里只称归，不称适。说明了虽归属文正公，但没有结婚，遂已服侍文正公了。文中说：宝文公帅环庆，夫人曰"曩从尔先君开府于此，汝今嗣之"数语，说明文正公于庆历元年(1041年)在环庆路挂帅平叛其间，夫人是跟着服侍文公的。那么什么时候结了婚？庆州有传说："文正公在庆州(今时甘肃庆阳)，继娶夫人张氏"。看来像是于庆历年间在庆州成了婚礼。以庆历元年算，这时张夫人已二十岁，至庆历六年在邓州生纯粹时已二十五岁，也符合情理。

关于张氏夫人之葬地，李丛昕先生也有一番考证：这方墓志的出土地点，据河南千唐志斋博物馆馆长赵根喜先生介绍："在范仲淹墓园东侧三里处，因地面塌陷得见……张氏何以葬在范园之外，不得而知。"据我实地踏看并对照图籍所知，河南伊川万安山前之范氏墓园，分为前后两域。前域葬范仲淹、范母谢氏、长子纯佑等；后域葬纯仁、纯礼、纯粹等。首先可以肯定，此墓志出土处即为张氏夫人原葬地，并未经过迁葬或者扰动。墓志铭文之最后两句："异窆联域，从于文正"可证。那么，张氏为什么没有与范仲淹"同域同窆"而实行"异窆联域"的葬法呢？这可能与张氏在范家的地位名分以及当时的丧葬规制有关，也可能与当时墓园中的实际安葬情况有关。张氏归文正"凡二十年"，以文正去世之皇祐四年(1052)上推二十年，当为公元1032年，张氏年方10岁左右。其时仲淹元配李氏夫人尚在。张氏初入范家，就其名分而言，显然只能是侍婢之类。后来张氏封县太君、郡太君，无他，皆因"母以子贵"而得。及至张氏安葬之日，能不能劈开范仲淹与李夫人(说不定还有其他夫人)之墓实行同穴合葬，不仅要有礼法规制上的考虑，即使实际操作起来，恐亦多有不便。在这种情况下，实行"异窆联域"，倒是较好的选择。

十、关于范仲淹"新妇曹氏"

范仲淹嫡夫人为李氏，此点没有疑问。范仲淹又有一位继夫人张氏，也已得到证实。但在《宋会要辑稿》中有两条大同小异的材料，说范仲淹有一位"新妇""曹氏"：

(元丰五年)四月七日，上批范仲淹新妇文安郡夫人曹氏，昨以太皇太后遗恩进封，增给俸钱等。有司自陈，以为误支，可依旧支破。①

上批范仲淹新妇文安郡夫人曹氏，昨以太皇太后遗恩进封，增给俸钱等。有司自陈，以为误支，可依旧支破，仍免追理。②

---

① 《宋会要辑稿》仪制一〇之二七。
② 《宋会要辑稿》职官五七之四四。

众多宋史学者据此推理,曹氏即范纯粹所生母。① 但对两条材料的含义,尚未见有人予以诠释,比如"新妇"是什么意思,这位"曹氏"的出身如何,为什么在范仲淹去世三十年以后得以进封和增俸,"太皇太后"又是哪一位,等等。

按"太皇太后"即宋仁宗曹皇后,英宗入为嗣子,后赞策居多。嘉祐八年(1063)英宗即位,尊为皇太后。英宗病,请权同处分军国事。次年,英宗疾愈,即降手书还政。治平四年(1067)神宗即位,尊为太皇太后。元丰二年(1079)薨,谥慈圣光宪。神宗办完了隆重的丧仪以后,开始了大规模的推恩。

得到推恩的,主要是曹皇后的弟弟曹佾及其家族,惠及曹后的从兄弟及其家族。② 前引《宋会要辑稿》中的"范仲淹"或《续资治通鉴长编》中的"仲潦"之"新妇""曹氏",应即为曹后的侄女、从姊妹中的一员。

范仲淹生于宋太宗端拱二年(989),其主要活动年代则在仁宗朝,可以说与曹后、曹佾为同时代人,但比曹后(1016—1079)年长二十七岁,比曹佾(1018—1089)年长二十九岁,如果是曹后的从姊妹嫁给了范仲淹,在一般情况下,她应该较范仲淹小二十五到三十岁,则范仲淹早已有夫人李氏,皇后之从姊妹(曹彬的后人)嫁人做小,实属无稽;若是李氏死后续娶,亦应成为当时的一件大事,不会没有记载。若说是曹皇后的侄女、侄孙女辈中人嫁给了范仲淹,从年辈上来说,更几乎是不可能的,不待此辈长成,范仲淹早已去世,以如曹氏这样显赫家族的一员、未长成而入范家为童养媳,也是不可能的事情。

所以这两条材料颇有疑问。

同一件事情,《长编》卷二三五亦有记载:神宗元丰五年夏四月戊午,上批:"仲潦新妇文

---

① 范章先生的文章说:1986 年 10 月,上海人民出版社出版程应镠著《范仲淹新传·范仲淹事迹著作编年简录》载:"庆历六年,五十八岁。李夫人景祐三年死,继娶曹氏,此年生纯粹。"这是笔者第一次见到的继室之说。不知所出,不过,程老是宋史专家,可能有出处我不知道。但程老也没有明说纯粹是曹氏所生。只是从语气来看,似有曹氏所生之意。1991 年,中州古籍出版社出版李涵、刘经华著《范仲淹传·范仲淹生平大事年表》载:"1046 年(庆历六年),五十八岁,在邓州。李夫人死,继娶曹氏,此年生纯粹"。2000 年 7 月,西安图书出版社出版董平著《伟大的教育家范仲淹·范文正公行状编年纪》载:"庆历六年(1046),五十八岁,秋七月四子纯粹生,母曹氏。"肯定了纯粹为曹氏所生。2001 年 12 月,南京大学出版社出版方健著《范仲淹评传·范仲淹年谱简编》载:"58 岁,庆历六年,七月,四子纯粹(1046—1117)生。乃继室曹氏夫人所生"。2002 年 1 月,甘肃人民出版社出版刘ма戈先生所著《范仲淹知庆洲》一书中的纯粹传,开头一段即说:"范纯粹,字德儒,他是范仲淹的继室曹氏于宋仁宗庆历六年,也就是在范仲淹 58 岁知邓州时所生。"也肯定了纯粹为曹氏所生。

② 李焘《长编》卷三○三,神宗元丰三年春三月己丑,景灵宫使、昭德节度使、兼侍中曹佾为护国节度使,守司徒、兼中书令,出入如二府仪,公使半给见钱,后无得为例,又给宣借兵五十人。又以慈圣光献皇后侄左藏库使、康州刺史、带御器械诵为东上閤门使,六宅副使谕为供备库使,西上閤门使评为四方馆使、庆州刺史,左藏库使、昌州刺史誌为皇城使、荣州团练使,西京左藏副使读为文思副使、兼閤门通事舍人,西京左藏库副使、兼閤门通事舍人诱为东上閤门副使;侄孙西头供奉官、閤门看班祗候唤(日旁)为东头供奉官,閤门祗候,试大理评事时等七人各迁两官,白衣曬等七人并为右班殿直;侄曾孙白衣温等五人并为三班奉职;从弟皇城使偃为西上閤门使,雄州刺史;从侄成州团练使、驸马都尉诗等三十二人各迁两官,候服阕除防御使,白衣谋等五人并为三班奉职;从侄孙左藏库副使明等三十六人各迁一官,白衣习等四十五人并为三班借职;侄女四人各迁一等;又封弟妇赠昭庆军节度使亿妻申国夫人徐氏为楚国夫人;侄女七人、从姊妹六人、从兄弟妇八人,并为郡君,已为县主者改郡主,增料钱二十千;侄孙女十五人并为郡君,已为郡君者迁一等,未有冠帔者与冠帔,为尼者赐法名、紫衣师号。上以慈圣光献故,大推恩于曹氏。于后为兄弟行者进三官,子行进两官,孙行者进一官,凡被赏者百余人,且欲以佾为正中书令。吕公著言:"正中书令,自宋兴以来未尝除人,况不带节度使,即宰相也,非所以宠外戚。"上曰:"此诚阔典,第不如是,不足以称厚恩尔。"公著固争,乃以节度使兼中书令。他日,佾又奏:"臣向除兼侍中,三子皆以臣故改官。今除兼中书令,乞用前比进三子官。"公著言:"佾除兼侍中,曹氏子孙皆不迁,故特以佾故迁其三子。今佾三子已用泛恩进两官矣,何可复加?"上曰:"理固如此,第以元舅之请,不可违尔。"上又曰:"褒宠外戚,诚非国家美事。顾以慈圣光献有功于宗社,宜优恤其家尔。"公著因言:"自古亡国乱家,不过亲小人,任宦官、通女谒、宠外戚等数事而已。"上深以为然。时王中正、宋用臣等任事,故公著假此以讽上。既退,薛向叹曰:"公乃敢言如此事,使向汗流浃背。"

安郡夫人曹氏，时以太皇太后遗恩，进封、增给俸钱等，有司自陈以为误支。可依旧支破，仍免追理。"与《宋会要辑稿》不同的是，"范仲淹"作"仲潦"。"淹"和"潦"形近易讹，究竟以孰为是？

查《长编》中此类记载不少，如哲宗元符二年三月"己酉，青州观察使仲觉卒，赠开府仪同三司，追封沂国公，谥良信。"① 观察使为武官阶，无职掌，低于节度使，高于防御使。一位青州观察使，死后经有如此荣宠，他究竟是什么身份？查《宋史·宗室世系表》有"沂国公谥良信仲觉"。② 可知仲觉非姓仲名觉，乃赵仲觉也。宗室中人为观察使者甚多，③ 宋代史料中同类记载亦甚多，均不著姓。④

疑《长编》卷三二五之"仲潦"，亦为一赵氏宗室人名。查《宋史·宗室世系表》太宗长子汉王元佐房，有"沂国公谥敏某仲淹"，或即此人。⑤ 则此"仲淹"乃赵仲淹。《长编》"淹"讹"潦"，《会要》则误加"范"字，所谓"范仲淹新妇曹氏"，实为天大之误解矣。

材料中的"新妇"，前辈学者和同仁多解释为"新夫人"、"非第一位夫人"，因为只有这样解释才能说曹氏是范仲淹的继室。但事实上"新妇"一词并没有这样的含义。新妇为新娶之妇，后即指妻子。亦有弟妻、儿媳等义，尊者称卑者之妻、卑者对尊者称己妻，及已婚妇女对公婆、丈夫及夫家长辈、平辈亲属谦卑的自称等亦常用。如《旧唐书》卷一〇五《韦坚传》："肃宗时为皇太子，恐惧上表，称与新妇离绝七载。"《旧唐书》卷一〇七《李琰传》："琰顿首谢曰：'臣之罪合死矣，请一言以就鼎镬。然臣与新妇情义绝者二年于兹。'"

宋代史籍中涉及宗室成员和"新妇"的用例很多。例如：

一、"天禧元年（1017）三月，太极观奉册礼毕，百官诣崇德殿称贺。时安王新妇卒，疑作乐有妨。礼仪院上言：'大礼庆成，百僚公会。安王新妇，族居卑幼，服止功缌。王侯绝期周之文，典经有厌降之礼。况元天大圣后，位号至崇，仪范弥重，群臣称贺，非以宴私，在于举乐，别无妨碍。'从之。"⑥

二、嘉祐二年（1057）"十二月十一日，大宗正司言，故从善新妇张氏奏，蒙宣以故仲郢男士朋充继嗣，乞依例赐士朋依本宫行从名连令宁称呼。从之。"⑦ 其时赵从善均已死，所以在名衔前加"故"字，如依此例，"范仲淹"的名衔之前也要加"故"字了，且在此"新妇"仍是妻子之意，非"新娶之妇"也。

三、熙宁二年（1069）十月"十七日，贵州防御使宗悫降左武卫将军莱州防御使。坐于亲

---

① 李焘《长编》卷五〇七。
② 《宋史》卷二三〇《宗室世系表》十六。
③ 如洪迈《夷坚志》乙集卷一六《赵令族》："令族既免，续又有宗室五观察来居之，不半年死。"北京：中华书局1987年
④ 如《宋会要辑稿》帝系四之一一："（嘉祐二年）十二月十一日，大宗正司言，故从善新妇张氏奏，蒙宣以故仲郢男士朋充继嗣，乞依例赐士朋依本宫行从名连令宁称呼。从之。"又同上帝系二之四二："政和七年三月诏：'故宗室仲旳，濮安懿王孙，年高官卑，未尝求进。聚族百余人，无所依赖，殊可矜悯。其见居宫宇，可特拨赐本位子孙，永充己业；其妻滕氏，可特封国夫人恩例请给，并依仲缩新妇例倍给。'"又同书帝系五之二六一二七记同一件事："（政和七年三月）二十七日，诏：'故濮王孙仲旳，年高官卑，未尝干托求进，家贫累重，聚族百余人，并无依赖，殊可矜悯。其见居宅屋等，可特拨赐本位子孙，永充己业；其妻滕氏，恩例请给并依仲缩新妇例倍给，仍封康国夫人。'"又同上："九月十六日，故太师惠王宗楚新妇濮国夫人尹氏言，乞与男仲璩转官，女族姬二人各封宗姬。从之。以尹氏故夫宗楚曾任嗣濮王，特从其请。"又同上五之二八："（政和八年）三月十六日，故宗楚新妇濮国夫人尹氏表孙男二人朝服郎提点彭真观士恺、朝奉大夫前知滁州士〈片虎〉，各除十一省曹寺监近见阙烦要差遣。诏依。所乞士恺除卫尉寺丞。"
⑤ 《宋史》卷二二四《宗室世系表》十。
⑥ 《宋会要辑稿》礼三五之八。
⑦ 《宋会要辑稿》帝系四之一一。

弟新妇处借钱物不还,又行殴打,法止赎铜,案奏,特有是命。"①

四、熙宁三年(1070)正月十七日,"祖宗袒免亲新妇日给食,并夫亡无子孙食禄者料钱衣赐依旧,余请给物皆罢。祖宗袒免及非袒免男、女、新妇诸请给物,係降敕已前合支者,依旧例。"②

五、政和七年(1117)三月"二十七日,诏:故濮王孙仲的,年高官卑,未尝干托求进。家贫累重,聚族百余人,并无依赖,殊可矜悯。其见居宅屋等,可特拨赐本位子孙,永充己业。其妻滕氏,恩例请给并依仲绾新妇例倍给,仍封康国夫人。"③荣国公谥孝节赵仲的、荣国公谥敏僖赵仲绾,均为宗室中人。④

六、政和七年(1117)"九月十六日,故太师惠王宗楚新妇濮国夫人尹氏言:乞与男仲璩转官,女族姬二人各封宗姬。从之。以尹氏故夫宗楚曾任嗣濮王,特从其请。"⑤

七、高宗建炎四(1130)年六月"九日,诏:昨在京师,南班宗室留下新妇见随大宗正司人数,有子孙见食禄人外,余緦麻亲新妇,每月特支料钱八贯,春冬衣罗、大绫各二疋,小绫各四疋,绢各六疋,冬加绵八十两;祖免亲新妇,每月料钱五贯,春冬衣大罗、大绫各一疋,小绫各二疋,绢各三疋,冬加绵四十两。并许随司批勘。仍令大宗正司具的实合该请给南班宗室妇数目各人服属,申尚书省,其逐人旧请并罢,止依今来则例支破。从大宗正司之请也。"⑥

八、绍兴十六年(1146)七月"乙酉,封恩平郡王新妇靳氏为齐安郡夫人。"⑦

九、乾道三年(1167)"闰七月十九日,诏:安恭皇后弟夏执中特与转宜州观察使,新妇宜人谌氏与加封令人,门客邓伯济特与补将仕郎。"⑧此为外戚之例。

由此看来,宗室、外戚成员之夫人称"新妇",是一种常例。下面一个著名的故事更能直接说明问题。李焘《长编》卷二九七,元丰二年(1080)三月末载:

> 岐王颢之夫人,冯侍中拯之曾孙也,失爱于王,屏居后阁者数年。是春,岐王宫遗火,寻扑灭,夫人闻有火,遣二婢往视之。王见之,诘其所以来。二婢曰:"夫人令视大王耳。"王乳母素憎夫人,与二媵人共谮之曰:"火殆夫人所为也。"王怒,命内知客鞫其事,二婢不胜考掠,自诬云:"夫人使之纵火。"王杖二婢,且泣诉于太后曰:"新妇所为如是,臣不可与同处。"太后怒谓上必斩之,上素知其不睦,必为左右所陷,徐对曰:"彼公卿家子,岂可遽尔!俟按验得实,然后议之。"乃召二婢,命中使与侍讲郑穆同鞫于皇城司,数日狱具,无实。又命翊善冯浩录问。上乃以具狱白太后,因召夫人入禁中。夫人大惧,欲自杀。上遣中使慰谕曰:"汝无罪,勿恐。"且命径诣太皇太后宫,太皇太后慰存之。太后与上继至,诘以火事,夫人泣拜谢罪,乃曰:"纵火则无之,然妾小家女福薄,诚不足以当岐王伉俪,幸赦其死,乞削发出外为尼。"太后曰:"闺诅詈岐王,有诸?"对曰:"妾乘忿或有之。"上乃罪乳母及二媵人,命中使送夫人于瑶华宫,不披戴,旧俸月钱五十缗,更增倍之,厚加资给,曰:"俟王意解,当复迎之。"(此据《记闻》,附于月末。)

---

① 《宋会要辑稿》帝系四之一九。
② 《宋会要辑稿》帝系四之一九。
③ 《宋会要辑稿》帝系五之二六—二七。
④ 见《宋史》卷二三二《宗室世系表》十八、卷二二五《宗室世系表》十一。
⑤ 《宋会要辑稿》帝系二之四二。
⑥ 《宋会要辑稿》帝系五之三三。
⑦ 李心传《建炎以来系年要录》卷一五五绍兴十六年七月乙酉,上海古籍出版社,《文渊阁四库全书》影印本,1990年。
⑧ 《宋会要辑稿》后妃二之一四。

"新妇"即夫人甚明。盖从赵宋皇室来说,宗室子弟娶妻,都是新妇,所以在涉及宗室成员之妻子的时候,在正式公文中也都称为"新妇"了。

当然,在某些场合,"新妇"也指儿媳妇。

徐自明《宋宰辅编年录》卷十六载:"(绍兴)十五年。先是,诏赐秦桧第一区。六月己酉成,上幸其第,桧妻王氏封两国夫人,新妇曹氏封郡夫人。"《宋会要辑稿》礼五二之一六记其事稍详:"(绍兴十五年)六月三日,幸太师秦桧新第。桧降制加恩妻封两国夫人,新妇封郡夫人,孙女封令人,孙并除直秘阁、赐紫章服,干办使臣推恩有差。"《宋史》卷四七三本传则较为简单:"(绍兴)十五年,熺除翰林学士兼侍读。四月,赐桧甲第,命教坊乐导之入,赐缗钱、金绵有差。六月,帝幸桧第,桧妻、妇、子、孙皆加恩。"这里的"妻妇子孙"很明显是指秦桧的妻子、儿媳妇、孙女和孙子。

至于方健先生等以为范纯粹所生母为曹氏,仅为依年代推测所得,前文已考证,范纯粹所生母为张氏,史有明文。

范仲淹没有曹氏夫人,可以作结论了。

总之,《墓志铭》所述没有与史料矛盾的地方,相应的叙述,内容多一致而文字稍有异,《墓志铭》中的鲜活叙述,具有很高的史料价值。

附录：宋故冯翊郡太君张氏墓志铭

三四六　北宋故冯翊郡太君张氏（范仲淹妻）墓誌銘

元祐八年（一〇九三）正月七日盝頂蓋。誌、蓋均長九二、寬九二厘米。蓋文四行，滿行三字，篆書。四殺為四神及卷雲紋。誌文四〇行，滿行四三字。正書。蓋右邊殘缺。

二〇〇二年二月伊川縣彭婆鄉范仲淹墓園東側出土。同年三月三日伊川縣彭婆鄉許營村徵集。現藏千唐誌齋博物館。